HÖRT DIE SIGNALE

KREMAYR & SCHERIAU

AUFSTIEG UND FALL DES
SOWJETKOMMUNISMUS

HÖRT DIE
SIGNALE

HUGO PORTISCH

Die Deutsche Bibliothek – CIP-Einheitsaufnahme

Hört die Signale : Aufstieg und Fall des Sowjetkommunismus /
Hugo Portisch. – Wien : Kremayr und Scheriau, 1991
ISBN 3-218-00535-3
NE: Portisch, Hugo

Dieses Werk ist eine Ergänzung zur
Fernseh-Dokumentation „HÖRT DIE SIGNALE"
und wurde in Zusammenarbeit
mit dem ORF erstellt.

© 1991 by Verlag Kremayr & Scheriau, Wien

Vertrieb in der Bundesrepublik Deutschland durch
vgs Verlagsgesellschaft, Köln

Kartengestaltung: Wilhelm J. Wagner
Lektorat: Helga Zoglmann
Herstellung: Claudia Griebsch
Schutzumschlag: Kurt Rendl, Wien
Satz und Reproduktion: SRZ Korneuburg
Druck und Bindung: Wiener Verlag, Himberg bei Wien

1. Auflage
1.–30. Tausend

ISBN 3 218 00535 3

Inhaltsverzeichnis

Vorwort

Die dritte Revolution

Wieso die Sowjetunion in so kurzer Zeit zerfallen, die Sowjetmacht in so wenigen Tagen gebrochen werden konnte, das erklärte mir ein enger Berater Gorbatschows so: „Wenn Sie bei einem Elektromagneten den Strom abschalten, hört er auf, ein Magnet zu sein. Wenn Sie in unserer Art des Sozialismus die Gewalt aufgeben, bricht er zusammen." Im August 1991 ist der von Lenin weitgehend auf Gewalt aufgebaute Sowjetstaat zusammengebrochen. Das Volk hat sich gegen die Gewalt gestellt und sie überwunden. Für die Welt kam der schnelle Zusammenbruch dennoch überraschend.

Sieben Jahrzehnte lang war die Sowjetunion vom Westen zuerst politisch, dann auch militärisch als außerordentliche Bedrohung angesehen worden. Politisch war sie das Zentrum einer weltweiten revolutionären Bewegung, des internationalen Kommunismus. Militärisch entwickelte sie sich neben den USA zur zweiten Supermacht. Die Kommunisten und viele Sozialisten in der ganzen Welt hingegen verstanden die Sowjetunion 70 Jahre lang als ein Modell, als den ersten Staat mit einer neuen, alternativen Gesellschaftsordnung. Hier werde der Sozialismus verwirklicht, der neue Mensch geschaffen. Gewiß, die sowjetische Praxis sah vielfach anders aus. Aber jene, die daran glauben wollten, daß hier die Welt von morgen entsteht, hatten Erklärungen, Entschuldigungen bei der Hand: vorübergehende Deformationen, herbeigeführt durch einen einzelnen, wie Stalin. Am Siegeslauf des Sozialismus werde dies nichts ändern. Es seien die feindlichen, die kapitalistisch-imperialistischen Kräfte in der Welt, die die Sowjetunion zwängen, sich bis an die Zähne zu bewaffnen. Selbst bedroht, bedrohe sie niemanden. Die Unterstützung, die sie den kommunistischen Parteien und nationalen Befreiungsbewegungen in aller Welt gewähre, sei Hilfe zur Selbstbefreiung und daher legitim und begrüßenswert.

Andere sahen dies anders. Von Moskau aus wurden die meisten kommunistischen Parteien der Welt gelenkt und für vielfältige Zielsetzungen der Sowjetunion eingesetzt. Solcherart konnte Moskau zeitweise selbst die Innenpolitik so großer Staaten wie Frankreich und Italien mitbestimmen. Durch militärische und wirtschaftliche Unterstützung trug die Sowjetunion auch nicht wenig zum Sieg der kommunistischen Bewegungen in China, in Indochina, auf Kuba und in einigen Staaten Afrikas bei. Politisch und militärisch hatte die Sowjetunion in Ostmitteleuropa, in weiten Teilen des Balkans, in Mittelasien und selbst in Fernost ein Imperium errichtet, wie es die Weltgeschichte in diesem Ausmaß bis dahin nicht gekannt hatte. Atemberaubend auch die sowjetische Rüstung: In den neuesten Waffenkategorien, bei Atombomben und Raketen, zog die Sowjetunion mit den USA gleich und konnte sie zeitweise sogar überholen. Als erste glückte ihr der Vorstoß in den Weltraum, als erster kreiste ein Sowjetbürger in einer Raumkapsel um die Erde. Moskau stellte auch mehrfach unter Beweis, daß es sein ausgedehntes Imperium mit Gewalt beherrschte. Wo sich Protest oder gar Aufstand regte, wurde er prompt und hart niedergeschlagen, in der DDR 1953, in Polen 1956, in Ungarn 1956, in der Tschechoslowakei 1968. Und selbst in Afghanistan intervenierte die Sowjetarmee.

Mächtig also stand sie da, die Sowjetunion, mächtig und mit dem Anspruch, bereits die Welt von morgen zu repräsentieren. Bis Gorbatschow uns eines Besseren belehrte: Der Koloß stand seit geraumer Zeit auf tönernen Füßen. Und nicht nur das, seine gesamte politische, gesellschaftliche und wirtschaftliche Struktur scheint von Anfang an eine Fehlkonstruktion gewesen zu sein, trotz aller erbrachten Leistungen. Es war die Sowjetführung selbst, die dies noch eingestand, und es sind die russischen Historiker, die dies mit immer mehr bestürzenden Details aus der Vergangenheit beweisen. Das stellt die Welt vor einen Katalog von Fragen: War schon die Idee falsch, der Marxismus? Oder wurde sie nur falsch umgesetzt? Von Stalin? Oder schon von Lenin? Wieso, wenn es eine Fehlkonstruktion war, konnten dann von dieser Sowjetunion derartige Leistungen vollbracht werden? Und woran eigentlich ist dieses gewaltige Experiment gescheitert? Hatte sich die Welt bei ihrer Einschätzung der Vorgänge in der Sowjetunion geirrt, noch dazu so oft?

Diese Fragen und viele mehr drängen sich auf, seit Gorbatschow den Eisernen Vorhang und die Mauer in Berlin niedergerissen hat, seit die kommunistischen Regimes in Ostmitteleuropa gefallen sind, seit auf dem Gebiet der bisherigen Sowjetunion selbst eine neue, eine dritte Revolution im Gang ist. Und diese Fragen werden sich erst recht stellen, wenn die Revolution vorüber ist. Denn – und das lehrt uns jede Geschichtsbetrachtung – erst, wenn wir wissen, weshalb es geschehen ist, können wir verstehen, was heute geschieht. Erst, wenn wir die Zusammenhänge und die Hintergründe einer großen historischen Entwicklung kennen, finden wir die Orientierung für das Morgen.

Dieses Morgen soll uns das gemeinsame Haus Europa bringen. Das kann und wird nicht nur ein Europa der EG, der Europäischen Gemeinschaft, sein – außer diese Gemeinschaft wird wirklich, was ihr Name besagt: europäisch, also gesamteuropäisch. De Gaulle nannte das ein Europa vom Atlantik bis zum Ural; in Moskau glaubt man sogar, ein Europa vom Atlantik bis zum Pazifik, bis nach Wladiwostok, anbieten zu können, trotz, nein wegen des Zusammenbruchs des kommunistischen Systems. Die Sowjetunion, Rußland, hat die Geschichte Europas, ja der Welt, in diesem Jahrhundert in einem ganz außergewöhnlichen Maß mitbestimmt, mitgeformt. Das weitere Schicksal der Sowjetunion, Rußlands, wird auch den künftigen Weg Europas, ja der Welt, mitbestimmen und mitformen.

Es waren diese Fragen und diese Perspektiven, die den Österreichischen und den Bayerischen Rundfunk bewogen, mich mit einer Bestandsaufnahme des Aufstiegs und des Falls des Sowjetkommunismus, mit einer Aufbereitung der sowjetischen Geschichte für das Fernsehen zu betrauen. Für diese Fernsehserie ist in fast allen großen Film- und Bildarchiven der Welt nach neuen, bisher unbekannten Materialien gesucht worden. Insbesondere in der Sowjetunion. Und wir haben dabei unglaubliche Funde gemacht: Fotos und Filme von Ereignissen, die die offizielle sowjetische Geschichtsschreibung nie wahrhaben wollte oder nachträglich ausgelöscht hat. Und so wurden diese Fotos und Filme geheimgehalten. Jetzt zum ersten Mal haben wir auch in diese bisher verschlossenen Archive Zugang gefunden, konnten diese Schätze heben. Vieles davon bekamen die Zuschauer in der Fernsehserie zu sehen. Vieles aber auch nicht, da es sich um viele hundert Fotos handelte, die in der stets zu knappen Sendezeit nicht gezeigt werden konnten. Dieses Buch soll daher die Fernsehserie ergänzen. Auch noch aus einem anderen Grund: Für die Fernsehserie haben wir 26 sowjetische Historiker interviewt, Historiker, die erstmals Zugang haben zu Dokumenten, die ebenfalls bisher niemand einsehen durfte. Was sie uns berichteten, fand Eingang in die Fernsehserie. Vieles aber konnte, ebenfalls wegen der begrenzten Sendezeit, nicht berücksichtigt werden. In diesem Buch ist dies möglich. Es ist dennoch kein Geschichtswerk, keine Geschichte der Sowjetunion oder des Sowjetkommunismus im herkömmlichen Sinn. Dieses Buch will nichts anderes sein als eine journalistische Darstellung der oft atemberaubenden Ereignisse, die aus Rußland die Sowjetunion werden ließen und nun aus der Sowjetunion wieder Rußland werden lassen. Sollte dieses Buch seine Leser dazu anregen, sich für mehr Details zu interessieren, so darf ich auf die detaillierten Geschichtswerke verweisen, die im Literaturverzeichnis dieses Buchs angeführt sind.

Meinen Mitarbeitern und mir geht es mit diesem Buch vor allem darum, unseren Lesern etwas von dem zu vermitteln, was wir bei der fast dreijährigen Erarbeitung der Materie, und besonders in der letzten Phase, so stark verspürt haben: Die Faszination, die von einem der größten Experimente in der Geschichte der Menschheit ausgeht. Im russischen Text der Internationale heißt es: „Zerstören wir diese Welt bis auf ihre Grundmauern, damit wir eine neue auf ihnen errichten können!" Sie haben sie zerstört und gleichzeitig große Erwartungen erweckt. Sie haben die destruktivsten und gleichzeitig die kreativsten Kräfte vieler Millionen Menschen geweckt. Sie haben Großartiges vollbringen lassen und Grauenhaftes vollbracht. Das eine hat uns mit Erstaunen und oft auch Ergriffenheit erfüllt, das andere mit Betroffenheit, Trauer, Entsetzen. Berührt und aufgewühlt hat uns alles an dieser Geschichte.

H. P.

Da ein Buch wie dieses ohne die Hilfe vieler nie zustande kommen könnte, habe ich mich bei vielen für ihre Hilfe zu bedanken. Da es viele sind, sei es gestattet, dies in einer gesonderten Danksagung auf Seite 443 zu tun.

8

Die Februarrevolution

Es ist der 23. Februar 1917. In Petrograd, der Hauptstadt Rußlands, wird stürmisch die Feier des Internationalen Frauentages gefordert. Das ist für den heutigen Betrachter der russischen Geschichte aus mehreren Gründen erstaunlich: Denn wir haben es mit dem Rußland des Zaren zu tun, und dieses zaristische Rußland galt und gilt im Bewußtsein selbst geschichtsinteressierter Menschen als ein besonders abgeschlossenes Land, im Jahr 1917 zusätzlich isoliert durch den Krieg. Auch mit den politischen Freiheiten, würde man meinen, konnte es in diesem Rußland nicht weit her gewesen sein. Und da ziehen an diesem 23. Februar, gerechnet nach dem alten Julianischen Kalender, Tausende Frauen durch die Straßen Petrograds, um etwas so Kosmopolitisches und Sozialistisches zu fordern wie den Internationalen Frauentag. Zunächst sind es die Textilarbeiterinnen, dann die Frauen, die von den Werkbänken der Petrograder Fabriken kommen, Arbeiterinnen aus den Munitionsfabriken, in denen sie die zur Armee eingezogenen Männer ersetzen.

Der Demonstrationszug erhält rasch Verstärkung durch die Frauen, die entlang des Wegs in vielen langen Schlangen – wie jeden Tag – stundenlang anstehen, um ein Stück Brot oder eine Handvoll gefrorene Kartoffeln zu ergattern. Es ist der dritte Kriegswinter, und seit Monaten gibt es kaum noch etwas zu essen. Was als Kundgebung für die Solidarität mit dem internationalen Kampf um die politischen Rechte der Frauen begann, wird im Nu zu einer Demonstration gegen den Hunger, gegen den Krieg, gegen die Regierung und gegen den Zaren. Die Frauen fordern ein Ende der Not, ein Ende der politi-

Im Februar 1917 verweigern die Soldaten der Garnison Petrograd dem Zaren den Gehorsam. Sie sind nicht bereit, auf demonstrierende Frauen und Arbeiter zu schießen. Schließlich werden sie selbst Revolutionäre (oben). Drei Jahre Krieg liegen hinter ihnen, ein blutiger Opfergang, für den sie Zar Nikolaus II. (links) verantwortlich machen.

9

schen Unterdrückung. Und bald sind es nicht mehr die Frauen allein. In den Vorstädten Petrograds, in den großen Rüstungsbetrieben, treten an die 200 000 Arbeiter in den Streik. Das ist mehr als die Hälfte des Petrograder Proletariats.

Zwei Tage später, am 25. Februar, ist aus den spontanen Arbeitsniederlegungen ein Generalstreik geworden, aus den Demonstrationszügen der Frauen ein Aufstand auf den Straßen: „Nieder mit dem Krieg!", „Schluß mit der Autokratie!", heißt es auf den Transparenten, und in Sprechchören wird das Ende der Zarenherrschaft gefordert. Die Polizei greift ein, stellt sich den Demonstranten entgegen, prügelt, schießt, wird verprügelt und überlaufen. Jetzt erhält die Petrograder Garnison, erhalten die Soldaten, die Kosaken, die Garde des Zaren den Befehl, den Aufstand zu ersticken: Nicht Platzpatronen, scharfe Munition wird ausgegeben.

Doch als sie schießen sollen, lassen die meisten Soldaten die Gewehre sinken; was ihnen da entgegenkommt, das sind sie selbst, das russische Volk; und was ihnen entgegenschallt, das denken sie selbst schon lange – Schluß mit einem Krieg, der nicht mehr zu gewinnen ist, aber täglich Hunderte und Tausende Menschenleben auslöscht, weg mit einer Herrschaft, die nur noch unterdrückt und nicht regiert. Die meisten Soldaten verbrüdern sich mit den Demonstranten, marschieren mit ihnen und sind bereit, auf jene zu schießen, die sich dem Aufstand entgegenstellen, die dem Zaren noch gehorchen wollen.

Der Aufstand wird zur Revolution. Man zieht über die Brücken der Newa, hinüber nach Peter-Paul, der Festung, die Petrograd in Schach halten sollte, mit ihrer militärischen Besatzung, ihren gewalti-

Die Revolution beginnt mit einer Demonstration der Frauen. Sie fordern Brot und Frieden (oben). Dann schließen sich Arbeiter aus den Petrograder Rüstungsbetrieben den Frauen an, strömen die Bürger auf die Straße und folgen selbst die Soldaten den Bannern der Revolution (rechts). Zum Ruf nach Brot und Frieden kommt die Aufforderung zum Sturz des Zaren.

gen Arsenalen, ihren Gefängnissen und Kasematten. Peter-Paul wird
gestürmt, ihre Arsenale werden aufgebrochen, Munition und Waffen
verteilt, die Gefängnisse geöffnet. Im Nu hat die Revolution auch ihre
Führer. Die Bahnhöfe der Stadt werden besetzt, die Eisenbahner blok-
kieren die Bahngeleise und damit die einzige Möglichkeit, in dem
tiefverschneiten Land zarentreue Truppen zur Niederschlagung der
Revolution nach Petrograd zu bringen. Auch die Hauptpost und das
Telegrafenamt sind besetzt, das Personal hat sich dem Aufstand angeschlossen. Aber es ist bereit, die Telegramme weiterzuleiten, die der
Präsident der Duma, des in Petrograd tagenden Parlaments, Michail
Wladimirowitsch Rodzjanko an den Zaren Nikolaus II. richtet: „Die
Lage ist ernst. In der Hauptstadt ist Anarchie, die Regierung ist gelähmt. Verkehr, Versorgung und Heizung sind in voller Verwirrung.
Die allgemeine Unzufriedenheit wächst. Auf den Straßen wird ord-
nungslos geschossen. Truppenteile beschießen sich gegenseitig. Es ist
unumgänglich nötig, sofort einer Persönlichkeit, die das Vertrauen
des Landes genießt, die Bildung einer neuen Regierung anzuver-
trauen. Eine Verzögerung ist unmöglich. Jedes Zaudern wäre der Tod.
Ich bete zu Gott, daß in dieser Stunde keine Verantwortlichkeit auf
den Träger der Krone falle. Rodzjanko."

Der Zar, seit 1915 Höchstkommandierender der russischen Armeen, weilt zu dieser Stunde im Militärischen Hauptquartier in Mo-
gilew. Als er das Telegramm erhält, sagt er zu seinem Hofminister
Frederiks: „Der dicke Rodzjanko hat mir wieder einmal allen möglichen Unsinn geschrieben, auf den ich nicht einmal antworten werde."
Es ist Sonntag, der 26. Februar. Am 27. Februar erhält der Zar ein

Soldaten und bewaffnete Arbeiter bei einer gemeinsamen Patrouille in den Straßen von Petrograd, in den Revolutionstagen des Februar 1917.

zweites Telegramm Rodzjankos: „Die Lage verschlimmert sich. Es müssen sofort Maßnahmen getroffen werden, denn morgen wird es zu spät sein. Die letzte Stunde ist angebrochen, in der das Schicksal des Vaterlandes und der Dynastie sich entscheidet. Rodzjanko."

In Petrograd wird eine Antwort des Zaren nicht mehr abgewartet. Im Taurischen Palast, dem Gebäude, in dem die Duma tagt, wählen die Abgeordneten ein „Komitee zur Wiederherstellung der staatlichen und öffentlichen Ordnung". Praktisch ist das eine Regierung. Der Taurische Palast ist seit Beginn des Aufruhrs von Tausenden Demonstranten umlagert. Und von Anfang an haben sich Demonstranten und Duma-Abgeordnete solidarisiert. So ist es nunmehr die Duma, die den Rücktritt des Zaren fordert, im Namen des Volks. Und es ist der Duma-Präsident Rodzjanko, der versucht, die Revolution in halbwegs geordnete Bahnen zu lenken.

Im Zarenreich gibt es daher eine parlamentarische Vertretung. Und wie man sieht, sind die Abgeordneten der Duma sogar handlungsfähig. So absolut war daher die Herrschaft des Zaren nicht, bzw. nicht mehr, zur Zeit der Februarrevolution. Und Rußland war auch nicht mehr ein von der übrigen Welt total isoliertes, wirtschaftlich zutiefst rückständiges, politisch weitgehend unterentwickeltes Land. Diese Vorstellungen stammen aus der Zeit des ausgehenden 19. Jahrhunderts, als unter dem Zaren Alexander III. versucht wurde, die Selbstherrschaft in einem schon längst von der Aufklärung erfaßten Rußland noch einmal zu festigen. Die Wende kam mit dem russisch-japanischen Krieg 1904/05. Im Fernen Osten, in der Mandschurei, stießen der russische und der japanische Imperialismus aufeinander. Die Russen waren bis Port Arthur vorgedrungen und machten ihren Einfluß in der Mandschurei und in Korea geltend; das rasch aufstrebende Japan fühlte sich bereits stark genug, den Russen diese Gebiete streitig zu machen. Wie rund vier Jahrzehnte später in Pearl Harbor griffen die Japaner in der Nacht vom 8. auf den 9. Februar 1904 ohne

12

Auch unter dem Zaren gibt es schon eine parlamentarische Vertretung in Rußland – die Duma. Sie tagt unter dem Bild Nikolaus' II. (links). Nach dem von der Duma erzwungenen Rücktritt des Zaren wird das Bild aus dem Sitzungssaal des Parlaments entfernt (rechts). Die Abgeordneten haben sich auf die Seite der Februarrevolution gestellt. Das Parlament tagt während der Revolutionstage in Permanenz.

Kriegserklärung völlig überraschend die russische Flotte im Hafen von Port Arthur an und versenkten eine Reihe von Schiffen. Ein Krieg hatte begonnen, der Japan über Nacht zur Großmacht werden ließ. Denn als der Zar seine Flottenverbände aus der Ostsee in monatelanger mühevoller Reise rund um den halben Erdball nach dem Fernen Osten schickte, um Japan eine Lektion zu erteilen und ihm die Beute wieder abzunehmen, wurde die mächtige russische Armada in der Straße von Tsushima von den aus ihren nahen Stützpunkten operierenden japanischen Kriegsschiffen abgefangen und innerhalb weniger Stunden versenkt. Es war eine der größten Tragödien der Seekriegsgeschichte. Aber es war diese Niederlage, die die Verwundbarkeit des Zarenreichs offenlegte. Und da auch schon während dieses Kriegs in den Städten Rußlands der Hunger geherrscht hatte und mit dem Leben der vielen einfachen Soldaten und Matrosen so leichtfertig umgegangen worden war und da auch schon damals der Zar, sein Hofstaat und die diesen so eng verbundenen Großgrundbesitzer ihre Untertanen zum Teil schlechter als das Vieh behandelten, war das Volk schon damals aufgestanden, waren die Arbeiter, auch wenn es erst einige hunderttausend waren, in den Generalstreik getreten, hatten die landlosen Bauern Gutsherren überfallen und rund 2 000 Gutshöfe in Brand gesteckt. Und am Sonntag, dem 9. Januar 1905, marschierten in St. Petersburg, wie die Hauptstadt Rußlands damals noch hieß, rund 150 000 Menschen aus mehreren Richtungen sternförmig auf den Winterpalast des Zaren zu. Friedfertig und in Demut wollten sie den Zaren um Reformen ersuchen, um politische Freiheiten, um Rede-, Presse- und Versammlungsfreiheit, um Grund und Boden für die Bauern. Diese Forderungen kamen nicht von ungefähr. Wie im übrigen Europa, so hatten sich auch in Rußland in der zweiten Hälfte des 19. Jahrhunderts politische Kräfte gebildet, die gegen die überkommenen Strukturen und zur politischen wie wirtschaftlichen Befreiung der Menschen antraten. Rußland hatte Napoleon aus dem

Land getrieben und ihn mit besiegt, die Ideen der Französischen Revolution waren jedoch auch in diesem Land aufgegriffen worden, von der sogenannten Intelligenzija, aufgeschlossenen Adeligen, fortschrittlichen Schriftstellern, leidenschaftlichen Studenten und streitbaren Bürgern. Und mit der in Rußland einsetzenden Industrialisierung und dem Heranwachsen eines Proletariats fanden auch die Lehren eines Karl Marx und eines Friedrich Engels ihre Verfechter und Vorkämpfer in diesem dem übrigen Europa angeblich so sehr nachhinkenden Land. Schon richtig: Die politische Unterdrückung war hier rigoroser als in anderen europäischen Staaten, die Geheimpolizei des Zaren, die Ochrana, allgegenwärtig und hart im Durchgreifen. So mußten viele politische Aktivitäten im Untergrund bleiben, in der Illegalität. Aber vorhanden waren sie, und gerade Verfolgung, Verhaftung, Verbannung nach Sibirien gaben den einzelnen politischen Führern besonderes Profil, ließen um sie eine Aura entstehen, die ihnen später Autorität und hohes Ansehen bei breiten Bevölkerungsschichten einbrachte.

Politische Parteien entstehen

In diesem politischen Untergrund gab es im wesentlichen vier Hauptströme: Eben jene schon erwähnte Intelligenzija als Trägerin liberalen Gedankenguts; und „liberal" hieß friedliche Umwandlung Rußlands in eine konstitutionelle Monarchie, etwa nach britischem Vorbild. Es gab mehrere Versuche der Parteienbildung, bis sie im Revolutionsjahr 1905 gelang. Die Liberalen nannten sich „Konstitutionelle Demokraten", und aus ihren Anfangsbuchstaben K. D. ergab sich ihre landläufige Bezeichnung „Kadetten". Die Kadetten wollten dem Zaren die bürgerlichen Freiheiten abtrotzen, ohne den Herrscher selbst zu stürzen. Die Bauern wurden von einer anderen politischen Gruppierung angesprochen, „Narodniki" nannte man sie, Volkstümler, und auch sie entwickelten sich zur Partei. Man nannte sie die „Sozialrevolutionäre". Im Gegensatz zu den Kadetten waren sie revolutionär, forderten den Sturz des Zaren, die Umwandlung Rußlands in eine demokratische Republik, die Enteignung der Großgrundbesitzer, die Aufteilung des Bodens unter die landlosen Bauern. Anders als die Kadetten wurden sie daher auch von der Ochrana ständig verfolgt, operier-

Zar Nikolaus II. befindet sich im Hauptquartier der Nordfront, in Pskow, als ihn die Aufforderung der Duma erreicht, zurückzutreten. Um die Krone zu retten, will er sie an seinen Bruder weitergeben, doch dieser verzichtet. Das ist der Sieg der Revolution. Es ist die bürgerliche Revolution des Februar 1917, die die Herrschaft der Romanows über Rußland beendet.

ten deshalb vorwiegend im Untergrund und versuchten den Staat und die Zarenherrschaft durch Attentate und Mordanschläge zu destabilisieren; das Gros der zahlreichen politischen Morde ging auf ihr Konto. Bald auch zerfielen die Sozialrevolutionäre in einen rechten und einen linken Flügel, wobei die Linken sich weitgehend marxistische Auffassungen zu eigen machten und daher bald in die politische Nähe der Bolschewiki gerieten, mit denen sie nicht nur Marx, sondern auch das Streben nach einem gewaltsamen Umsturz verband.

Die ersten Marxisten schlossen sich 1883 in einem Verband zusammen, den sie „Befreiung der Arbeit" nannten, Georgi Walentinowitsch Plechanow war ihr prominentester Vertreter. Zwei Jahre später gründete Wladimir Iljitsch Uljanow, der sich den Kampfnamen Lenin gab, in St. Petersburg den „Kampfbund zur Befreiung der Arbeiterklasse". Sie alle zogen noch an einem Strang und gründeten 1898 in Minsk die Sozialdemokratische Arbeiterpartei Rußlands. Ihre Ideologie war der Marxismus. Und in praktischer Übertragung der marxistischen Prinzipien forderten sie den Sturz des Zaren, die Zerstörung des Kapitalismus und seines Trägers, des Bürgertums, die Aufhebung jeglichen Privateigentums, die Überführung der Produktionsmittel und auch von Grund und Boden in das Gemein- oder Staatseigentum. Durch proletarische Revolution zur Diktatur des Proletariats – und über sie zum Aufbau des Sozialismus, des Kommunismus, der klassenlosen Gesellschaft.

Es dauerte nicht lange, da zeigten sich auch in der russischen sozialdemokratischen Bewegung die beiden Grundtendenzen, die es früher oder später in der gesamten Sozialdemokratie gab: Man sprach zwar von der Revolution, aber die Mehrheit der sozialdemokratischen Politiker wollte die Ziele der Revolution auf demokratischem Weg, durch Reformen, erreichen; ihre Kampfmittel sahen sie viel mehr im Streik und im Generalstreik als im bewaffneten Aufstand, im Bürgerkrieg. Eine Minderheit verstand ihren Marx anders: Obwohl Karl Marx sie nicht bindend vorschrieb, sprach er doch von der Revolution als dem Instrument zur Überwindung bisheriger Staatsstrukturen und vor allem des Kapitalismus; Marx sprach vom Klassenkampf, und er sah auch – allerdings nur als zeitlich begrenztes Zwischenstadium – die Diktatur des Proletariats vor, also die Herrschaft einer Klasse über alle anderen, wie die „linken" Führer in der

Sozialdemokratie meinten. Und so lehnte dieser Flügel die bürgerliche Demokratie ebenso ab wie die Reformen, trat für die konspirative Vorbereitung der Revolution ein, des bewaffneten Aufstands, des gewaltsamen Umsturzes, für die Ablösung der Diktatur des Zaren und des Kapitals durch die Diktatur des Proletariats. Den gemäßigten Sozialdemokraten schien dies auch vom marxistischen Standpunkt aus falsch und irregeleitet: Denn Marx spricht ausführlich von der Notwendigkeit, erst die bürgerlichen Freiheiten zu erringen, den bürgerlich-demokratischen Staat auf- und auszubauen, den Kapitalismus sich zu voller Blüte entfalten zu lassen, und erst wenn das geschehen ist, wenn der Kapitalismus für den Überfluß an Produktionsmitteln und Waren gesorgt hat, würde sich der Sozialismus geradezu naturgesetzlich einstellen und den Kapitalismus ablösen; Revolution und Diktatur des Proletariats nennt Marx als mögliche Alternativen in diesem Stadium der gesellschaftlichen Entwicklung, aber beide mit dem Ziel, den Staat absterben zu lassen, die staatlichen Bürokratien durch Selbstverwaltung zu ersetzen und den Menschen ein größtmögliches Maß an Freiheit zu gewähren. Nirgendwo spricht Marx sich gegen eine demokratische Entwicklung aus, im Gegenteil: Für ihn ist Demokratie eine wesentliche Voraussetzung zur Erreichung der von ihm beschriebenen Ziele. So nimmt es auch nicht wunder, daß in so gut wie allen sozialdemokratischen Bewegungen die Mehrheit der führenden Politiker den Weg der Demokratie und der Reformen eingeschlagen hat, während die Radikalen, die Revolutionäre, überall und fast immer in der Minderheit blieben.

Nur einmal war das für einen Moment anders: im August 1903, als sich die Führer der russischen Sozialdemokratie zu einem ihrer illegalen Parteikongresse in London zusammensetzten. Diese Kongresse fanden wegen der Verfolgung durch die Ochrana fast immer im Ausland statt, und selbst dort wurden sie nicht selten von den örtlichen Behörden aus Rücksicht auf die guten Beziehungen zu Rußland verboten bzw. zerstreut. Plechanow war anwesend, Lenin und Leo Trotzki. Mit Mühe gelang es, sich auf ein gemeinsames Parteiprogramm zu einigen, und auch das nur, indem man es in ein Minimal- und ein Maximalprogramm teilte. Minimal waren die bürgerlichen Freiheiten anzustreben, Rede-, Presse- und Versammlungsfreiheit, das Streikrecht, die Demokratie, das Wahlrecht; maximal die Revolution, der Sturz des Zaren und die Diktatur des Proletariats. Dann ging es um den inneren Aufbau der Partei, um das Parteistatut. Plechanow und die Gemäßigten wünschten sich eine Massenpartei, alle Arbeiter, ja alle arbeitenden Menschen sollten der Partei beitreten können, und solcherart sollte die Partei durch demokratische Wahlen mehrheitsfähig werden und mit ihrer parlamentarischen Mehrheit schließlich jene Reformen erreichen, die der Verwirklichung marxistischer Ziele dienten.

Lenin dachte da ganz anders: Dieser Weg würde das Proletariat nie ans Ziel führen, auf dem Weg dorthin würde die Partei verbürgerlichen und an ihren Kompromissen mit dem Kapitalismus zugrunde gehen. Die Partei sollte daher nur entschlossenen Revolutionären offenstehen, die auch bereit waren, alles zu opfern, um durch einen gewaltsamen Umsturz das große Ziel zu erreichen, nämlich die Diktatur des Proletariats. Die Partei, das müsse die Avantgarde des Proletariats sein, stets in der Lage, anstelle des Proletariats zu handeln. So müßten auch die Mitglieder der Partei eine Elite sein, eine Elite von Berufsrevolutionären, straff geführt und einer strengen Disziplin unterworfen.

Es war Trotzki, der bei diesem Parteikongreß in London gegen Lenins Konzept auftrat: Eine solche Partei würde nicht mehr die Arbeiterklasse vertreten, sondern nur noch das Kampfinstrument ihres jeweiligen Führers sein. In einer solchen Partei würde jedes kollegiale

Eine Barrikade in den Straßen Moskaus in den Revolutionstagen des Jahrs 1905. Lenins Machtergreifung im Oktober 1917 gehen also zwei Revolutionen voraus, die verlorene von 1905 und die siegreiche im Februar 1917.

und demokratische Prinzip ausgeschaltet werden. Mit 28 gegen 22 Stimmen wurde Lenins Konzept verworfen, noch blieb Lenin, wenn auch nur knapp, in der Minderheit.

Und dann ging es auch um die Frage, ob die Sozialdemokratische Partei nicht gerade in Rußland einen föderativen Charakter haben müßte, der auf die einzelnen Nationalitäten in diesem Vielvölkerstaat Rücksicht zu nehmen hätte. Lenin lehnte das strikt ab: Der Marxismus kenne keine Nationalitäten, sondern nur Klassen, und auch die seien durch die klassenlose Gesellschaft abzulösen. Dieses Argument zog. Aber noch immer wäre Lenin vermutlich in der Minderheit geblieben, hätten nicht sieben Delegierte von 51 aus Protest die Sitzung verlassen. Lenins Standpunkt wurde mit knapper Mehrheit, 24 gegen 20 Stimmen, gebilligt. Und von diesem Moment an nannte Lenin seine Fraktion innerhalb der Sozialdemokratischen Arbeiterpartei Rußlands „Bolschewiki", abgeleitet von dem russischen Wort für Mehrheit; die übrige Partei ließ sich das gefallen und gab sich mit dem Namen „Menschewiki" für Minderheit zufrieden, obwohl Lenins Fraktion bis zum Herbst 1917 meist weit in der Minderheit blieb. Schon dieser Trick hätte alle Anwesenden erkennen lassen müssen, mit welch einem ungemein geschickten, zielstrebigen Taktiker sie es zu tun hatten. Von nun an setzt Lenin seine Fraktion deutlich von der übrigen Partei ab, er erweitert ihren Namen um einen Klammerausdruck: „Sozialdemokratische Arbeiterpartei Rußlands (Bolschewiki)".

Der Blutsonntag von St. Petersburg

Zurück zu jenem 9. Januar 1905, an dem sich 150 000 Menschen in St. Petersburg auf den Winterpalast des Zaren zubewegen. Es sind keine Revolutionäre, sie planen keine Gewalt, im Gegenteil, ihrem Zug werden Ikonen vorausgetragen, Bilder des Zaren und Fahnen in den russischen Nationalfarben. Doch schon allein dieser friedliche Aufmarsch wird vom Zaren und seinen Beratern als unerhörte Auflehnung, als Bedrohung, als Revolution angesehen. Die den Zarenpalast abschirmenden Soldaten eröffnen das Feuer, Kosakenverbände reiten Attacken gegen die Demonstranten. Als das Gemetzel vorüber ist, liegen an die tausend Tote in den Straßen und auf den Plätzen von St. Petersburg. Der 9. Januar 1905 geht unter dem Namen „Blutsonntag" in die russische Geschichte ein.

Doch die Hoffnung der Hofkamarilla, mit diesem Blutbad dem aufsässigen Volk die Macht demonstriert zu haben und das Volk von nun an wieder unter die Knute nehmen zu können, erfüllt sich nicht. Eine revolutionäre Welle erfaßt das ganze Land, nicht mehr friedfertig wird marschiert, nun kommt es zum offenen Aufstand, zu immer wiederkehrenden blutigen Auseinandersetzungen mit Polizei und Militär, zu Bauernaufständen, zu Überfällen auf Gutshöfe. Die Anschläge und Attentate der Sozialrevolutionäre nehmen an Zahl zu. Der Onkel des Zaren, Großfürst Sergej, wird ermordet. Ein Streik folgt dem anderen. Insgesamt beträgt 1905 die Zahl der Streikenden 2,8 Millionen. In der Flotte herrscht größte Erregung über die Katastrophe in der Straße von Tsushima. Auf dem Panzerkreuzer „Potemkin" meutern die Matrosen, werfen den Kommandanten und die Offiziere über Bord. Auf den Kriegsschiffen im Schwarzen Meer und in der Ostsee wird gestreikt. Im Oktober 1905 treten Eisenbahner, Postbeamte, Telegrafisten in den Ausstand. Der gesamte Verkehr, auch das Transportwesen, kommt zum Stillstand, die Versorgung bricht zusammen. Zentrum der Streikbewegung ist St. Petersburg, und die Streiks werden von einem „Rat der Arbeiterdeputierten" geleitet, an dessen Spitze Trotzki steht.

Lew Dawidowitsch Trotzki, mit dem bürgerlichen Namen Bronstein, ist einer der begabtesten Köpfe der russischen Sozialdemokratie. Als Sohn eines jüdischen Landwirts aus dem Gebiet Cherson in der Ukraine geboren, genießt er eine gründliche schulische Ausbildung in Nikolajew und in Odessa, lernt und beherrscht mehrere Sprachen, ist allseits gebildet und eine der scharfsinnigsten und eloquentesten Persönlichkeiten der Bewegung. Doch gerade diese Eigenschaften machen ihn auch zum Außenseiter – Trotzki steht zwischen Plechanow und Lenin. An Lenin gefällt Trotzki dessen unerbittliche Forderung nach revolutionärer Tat, nach Kampf, nach Sieg – das ist ganz nach Trotzkis Geschmack. Aber an Lenin mißfällt ihm das diktatorische Vorgehen innerhalb der eigenen Partei, der Mangel an Einsicht, an innerer Demokratie. Trotzki nimmt sogar öffentlich gegen Lenin Stellung. In einer Broschüre mit dem Titel „Unsere politischen Aufgaben" unterzieht Trotzki Lenins undemokratisches Verhalten einer vernichtenden Kritik. Bemerkenswert: In dieser Schrift sagt Trotzki erschreckend genau den Weg voraus, den eine Partei unter Lenins Führung und ein Rußland unter der Führung der Bolschewiki nehmen werden, ja nehmen müssen – es ist ein Weg der brutalen Unterdrückung aller Freiheiten, der Verfolgung aller, die sich nicht dem Willen des Führers beugen.

Und doch bleibt Trotzki angezogen von diesem Wladimir Iljitsch Uljanow, dem kleinen, fast schmächtigen Mann aus Simbirsk (dem späteren Uljanowsk), einem Städtchen an der Wolga, wo sein Vater sich zum Studienrat für Mathematik und zum Volksschulinspektor hinaufgedient und sogar den erblichen Dienstadel erworben hat. Wladimirs Mutter ist die Tochter eines Arztes aus St. Petersburg. Ihre Mutter entstammte der Kaufmannsfamilie Großschopf, Deutsche, die

Die Symbole des Zarentums, Wappen und Fahnen, werden verbrannt (links oben). Die Revolutionäre sammeln sich um neue Fahnen, gestiftet von den Arbeitern der Putilow-Werke, mit der Aufschrift: „Lang lebe die russische Revolution als Auftakt zur sozialen Revolution in Europa! Unter diesem Banner schwören wir, die Verbrüderung aller Nationen herbeizuführen!" (links unten).

Jubelnd begrüßen die Soldaten den Sieg der Revolution (rechts oben). Alle politischen Gefangenen werden auf freien Fuß gesetzt, darunter auch viele Bolschewiki (rechts Mitte). Auf dem Marsfeld von Petrograd werden die Toten der Februarrevolution bestattet. Die Bevölkerung der Stadt und die Soldaten der Garnison geben ihnen das letzte Geleit (rechts unten).

aus Lübeck nach Rußland eingewandert waren. Eine bürgerliche Familie, diese Uljanows, der Vater ein zarentreuer Beamter, die Mutter von strenger Ordnungsliebe, aber doch aufgeschlossen, musikalisch, sprachbegabt. Sechs Kinder haben die Uljanows, drei Söhne und drei Töchter. Die Söhne absolvieren das Gymnasium – Wladimir sogar mit Auszeichnung – und kommen an die Hochschule. Als Studenten engagieren sie sich bald in der Politik, und Wladimirs älterer Bruder Alexander stößt zu einem radikalrevolutionären Kreis. Die Ochrana deckt die „Verschwörung" auf, und Alexander wird als Terrorist zum Tod verurteilt und hingerichtet. Dieses Schockerlebnis stellt die Weichen für die weitere Entwicklung Wladimir Iljitschs. Auch er engagiert sich nun in studentisch-revolutionären Zirkeln, wird verhaftet, aufs Land verbannt. Als nach seiner Rückkehr seine Wiederzulassung zum Universitätsstudium abgelehnt wird, nimmt er statt dessen das Studium der Schriften von Marx und Engels auf. Und es gibt noch keine KP, die Wladimir Iljitsch daran hindern würde, die marxistischen Auffassungen auch kritisch zu betrachten, sie nicht als Doktrin aufzufassen, sie in manchen Aspekten in Zweifel zu ziehen, für überholt zu erklären und sie neuen Gegebenheiten anzupassen. Während Marx zunächst nur die Arbeiterklasse als die Vertreterin des revolutionären Kampfs und als Trägerin künftiger Gesellschaftsstrukturen ansieht, ergänzt Lenin, daß auch das Bauerntum über eine erhebliche revolutionäre Kraft verfüge, gerade in Rußland, wo ein Großteil der Bauern kein eigenes Land besitze und somit praktisch ein ländliches Proletariat darstelle. Auf diese These gestützt, tritt Lenin für eine revolutionäre Kampfgemeinschaft des Proletariats mit den armen Bauern ein: Gemeinsam könnten sie auch in Rußland vollbringen, was Karl Marx dem Proletariat nur der fortgeschrittensten Industrieländer zumutete, die Revolution.

Daraus ergibt sich fast zwingend Lenins weitere Denkweise: Während die übrige Sozialdemokratie zunächst bürgerliche Freiheiten, Wahlen und eine parlamentarische Vertretung anstrebt und sich zur Erreichung dieser Ziele nur ein Bündnis mit den anderen freiheitlichen Kräften vorstellen kann, also vor allem mit dem liberalen Bürgertum, muß das Leninsche Konzept gerade diesen Weg und diese Art der Koalition ablehnen; würde doch die Aussicht auf ein Gelingen dieses Wegs jede Hoffnung auf eine revolutionäre Kampfgemeinschaft des Proletariats mit den armen Bauern von vornherein erstikken. Konsequent stellt sich daher Lenin nicht nur gegen die Auffassung der Mehrheit in der eigenen Sozialdemokratischen Partei. Vehement lehnt er auch jedes Zusammengehen mit irgendeiner bürgerlichliberalen Gruppierung ab und bekämpft selbst die revolutionären Vertreter bäuerlicher Interessen wie die Narodniki und deren Nachfolger, die Sozialrevolutionäre. Will er sein Konzept verwirklichen, muß Lenin jede Zusammenarbeit mit jeder anderen politischen Richtung ablehnen, kann seinen Weg nur allein gehen und sein Ziel, die Revolution und die Diktatur des Proletariats, nur mit Hilfe seiner straff disziplinierten Partei der Berufsrevolutionäre erreichen. Das trennt ihn noch von Trotzki, der zwar auch nur an die Revolution und an die Gewaltanwendung glaubt, aber bereit ist, auf dem Weg dorthin jede Koalition einzugehen und taktisch begründete Konzessionen zu machen, wenn dies hilft, dem Ziel näherzukommen. Anders als Lenin setzt Trotzki auch auf die Massen, traut sich zu, diese zu organisieren und in den Kampf zu führen. Sie und nicht eine kleine Elite von Berufsrevolutionären würden den Sieg über Zarismus und Kapitalismus erringen.

Daher findet das Revolutionsjahr 1905 Leo Trotzki an der Spitze der Streikbewegung, an der Spitze der sich spontan bildenden Arbeiterräte, der Sowjets (Sowjet ist das russische Wort für Rat). Diese Sowjets sind basisdemokratische Vertretungen der Arbeiterschaft, in

Die Februarrevolution wird im ganzen Land begrüßt. Außerhalb Petrograds kommt es fast nirgendwo zu Kämpfen. Soldaten und Arbeiter schließen sich in Kundgebungen den demokratischen Revolutionszielen an. Unser Bild oben zeigt eine Kundgebung der Tomsker Eisenbahner in Sibirien. Auf einem Transparent wird der Achtstundentag gefordert, auf dem anderen sind die Parolen zu lesen: „Proletarier aller Länder vereinigt Euch" und „Es lebe die Sozialdemokratische Arbeiterpartei".

ihrer Mehrheit gehören die von den Arbeitern in die Sowjets gewählten Vertreter keiner Partei an; in den Sowjets befinden sich selbst die Sozialdemokraten in der Minderheit, die Menschewiki, und erst recht die Bolschewiki. Aber die Sowjets sind handlungsfähige Organe, können Streiks anordnen, Demonstrationen und Protestkundgebungen. Die Sowjets sind erstmals legitimierte politische Vertretungen der Arbeiterschaft. Trotzki erkennt die politische und auch die revolutionäre Potenz der Sowjets, und das Jahr 1905 sieht ihn daher dort, wo die Aktion ist.

Anders Lenin. Wie Trotzki befindet sich auch Lenin bei Ausbruch der revolutionären Unruhen im Exil im Ausland. Aber während Trotzki sofort nach St. Petersburg eilt, kehrt Lenin erst am 7. November 1905 nach Rußland zurück, gerade noch rechtzeitig, um die Verhaftung aller Mitglieder des Petersburger Sowjets mitzuerleben. Der Moskauer Sowjet steht zu diesem Zeitpunkt unter der Führung bolschewistischer Funktionäre und antwortet auf die Verhaftungswelle in St. Petersburg mit einem bewaffneten Aufstand. Tagelang wird in den Straßen von Moskau blutig gekämpft. Doch für Lenin sind die Sowjets noch keine brauchbaren Organe, von dieser Art der Basisdemokratie und direkten Vertretung der Arbeiterschaft hält er wenig. Er weiß auch, daß die Barrikadenkämpfer von Moskau auf verlorenem Posten stehen. So eilt er nicht nach Moskau, sondern zieht sich in das relativ sichere Finnland zurück, um in Tammerfors eine Konferenz der bolschewistischen Fraktion abzuhalten.

Das spricht nicht gegen Lenin, eher für seinen scharfen politischen Verstand, und läßt auch erkennen, daß die Sowjets für Lenin keinen politischen Stellenwert besaßen, solange sie noch nicht von den Bolschewiki beherrscht und als Instrumente zu deren Machtergreifung eingesetzt werden konnten.

21

Die Duma wird zum Parlament

Doch damit sind wir den Ereignissen vorausgeeilt. Noch befinden wir uns bei unserer Rückschau im Jahr 1905. Die Streikbewegungen, die Aufstände, die revolutionären Kämpfe als Antwort auf den Blutsonntag erschüttern das Zarenreich. Teile der Regierung, an ihrer Spitze der Ministerpräsident Graf Sergej Witte, drängen den Zaren, durch Zugeständnisse den revolutionären Druck zu vermindern. Nikolaus II. empfängt eine Abordnung liberaler Kreise unter der Führung des zarentreuen Fürsten Sergej Trubezkoi, die die sofortige Einsetzung einer echten Volksvertretung fordert. Am 6. August 1905 erläßt der Zar ein entsprechendes Dekret. Er genehmigt eine Duma, ein Parlament. Aber das Wahlrecht, nach dem die Abgeordneten in diese Duma gewählt werden sollen, ist so eingeschränkt, daß von einer Vertretung des Volks nicht die Rede sein kann; außerdem sollte diese Duma nur beratenden Charakter haben, keinen gesetzgebenden. Nun lehnt sich alles auf: selbst die zarentreuen Bürgerlichen und Liberalen, ein Städtekongreß, zu dem sich Deputierte aus den 68 größten Städten Rußlands zusammengefunden haben, die regionalen Selbstverwaltungen, die Semstwo-Bewegung. Erst recht die Sozialdemokraten: „Fort mit der beratenden Duma", heißt ihre Parole. „Nieder mit der zaristischen Regierung! Weiterführung des revolutionären Kampfes zum Zwecke, diese Regierung zu stürzen! Nicht der Zar, sondern die provisorische revolutionäre Regierung soll die erste, die wahre Volksvertretung in Rußland einberufen!" Die Enttäuschung führt zum Generalstreik.

Auf dringendes Anraten des zaristischen Ministers Sergej Witte entschließt sich Nikolaus II. zu einem Manifest, das am 17. Oktober 1905 damaliger russischer Zeitrechnung proklamiert wird, und so geht es als Oktobermanifest in die russische Geschichte ein. Es enthält erstaunliche Zugeständnisse: Die Freiheit des Gewissens, des Wortes und der Versammlung wird gewährt, die Unverletzlichkeit der Person, eine Volksvertretung soll es geben, erkoren auf der Grundlage eines allgemeinen Wahlrechts, und erstmals soll Rußland eine der Duma verantwortliche Regierung erhalten mit einem Ministerpräsidenten an der Spitze. Wörtlich heißt es in dem Manifest Nikolaus' II.: „Es sei unser fester Wille, daß kein Gesetz ohne die Zustimmung der Staatsduma in Kraft treten soll." Während man in Rußland dem Manifest des Zaren noch immer mit viel und auch berechtigtem Mißtrauen begegnet, wird das Oktobermanifest außerhalb Rußlands gerade von den Sozialdemokraten lebhaft begrüßt. Auf dem in Wien stattfindenden Parteitag der Sozialdemokratischen Arbeiterpartei Österreichs wird das Oktobermanifest feierlich verlesen, und die österreichischen Sozialdemokraten beschließen, nun auch ihr Wahlrecht vom Kaiser und der kaiserlichen Regierung energisch einzufordern. In der gesamten österreichisch-ungarischen Monarchie kommt es zur bisher größten Wahlrechtsbewegung; und 1907 wird in Österreich das allgemeine Wahlrecht gewährt, das allerdings „allgemein" nur dem männlichen Teil der Bevölkerung zugestanden wird.

In Rußland entschärft das Oktobermanifest erwartungsgemäß die revolutionäre Stimmung. Man scheint doch viel erreicht zu haben. Die Streikbewegung nimmt zunächst ab, die Aufstände auf dem Land gehen zurück, die örtlichen Sowjets sind sich in der weiteren politischen Zielsetzung uneinig. Das benützt der Zar zu einem Überraschungsschlag gegen alles, was sich in diesem Revolutionsjahr an Widerstand organisatorisch geformt hat. Wie schon berichtet, werden die Mitglieder des St. Petersburger Sowjets schlagartig verhaftet, auch Trotzki, der nach einem aufsehenerregenden Prozeß in die Verbannung geschickt wird. Der Moskauer Sowjet wird in neuntägigen

Im Taurischen Palast, im großen Sitzungssaal der Duma, tagt nach der Februarrevolution auch der Petrograder Sowjet der Arbeiter- und Soldatendeputierten. Als basisdemokratische Vertretung gedacht, wird er doch bald ein zweites Machtzentrum. Der Dualismus wird sich für das weitere Schicksal Rußlands als verhängnisvoll erweisen.

harten Kämpfen blutig niedergerungen; die revolutionären Parteien, die Sozialdemokraten und die Sozialrevolutionäre, werden verboten und in den Untergrund gedrängt. Lenin kehrt erst gar nicht nach Rußland zurück, sondern geht von Finnland ins Exil.

Das Regime schickt Strafexpeditionen aus zur „Wiederherstellung der Ordnung" auf dem Land. An den Bauern wird grausame Rache geübt. Wo es Aufstände gab, Gutshöfe überfallen, Adelssitze in Brand gesteckt worden waren, werden die Bauern kollektiv an die Wand gestellt, erschossen. Öffentliche Auspeitschungen sind an der Tagesordnung. Die Befehlsgewalt liegt meist in den Händen der örtlichen Gutsherren, und diese befehlen den Bauern, ihre Henker mit Brot und Salz, dem alten russischen Willkommensgruß, zu empfangen. Wladimir Woytinski schreibt in seinen Erinnerungen: „Diese Bauernscharen, die stundenlang auf den Knien im Schnee lagen, diese anbefohlene feierliche Einholung der Henker! Keine tragischeren, keine hoffnungsloseren Bilder hat das russische Leben je gezeigt." In den Großstädten gibt es zwar auch spontane Erschießungsaktionen, doch werden sie bald durch Massenprozesse gegen die Teilnehmer an der Revolution abgelöst; zu Tausenden wandern sie in die Gefängnisse

oder in die Verbannung. Dazu kommen Säuberungsaktionen der Regierung: Zu Hunderten und Tausenden werden Dorfschullehrer, Ärzte, Stadt- und Landesbeamte, die man des fortschrittlichen Denkens verdächtigt, aus dem Dienst gejagt. Massenentlassungen gibt es vor allem unter den effektivsten Helfern der Streik- und Revolutionsbewegung, den Eisenbahnern, den Post- und Telegrafenbediensteten.

Die vom Zaren zugesagten Wahlen werden jedoch durchgeführt, und am 23. April 1906 wird die erste Reichsduma Rußlands im Winterpalast durch den Zaren selbst eröffnet. Die revolutionären Parteien haben die Wahlen boykottiert, sie hätten sich auch kaum mit eigenen Kandidaten beteiligen können. Die Kadetten, die Konstitutionellen Demokraten, erhalten ein Drittel aller Sitze. Als größte bäuerliche Fraktion ziehen die „Trudowiki" in die Duma ein. Sie stehen den Sozialrevolutionären nahe und fordern die entschädigungslose Verteilung staatlicher und privater – also feudaler – Ländereien an die Bauern. Einige Nationalitäten sind durch eigene Abgeordnete vertreten, darunter Polen, Ukrainer, Moslems. Die konservativen Oktobristen stellen ebenfalls einige Abgeordnete. Haben der Zar und seine Ratgeber jedoch eine gefügige Duma erwartet, so werden sie enttäuscht. Die Mehrzahl der Abgeordneten erklärt sich mit den von der Regierung vorgesehenen „Reform"-Gesetzen nicht einverstanden. Zwi-

Der bekannteste lebende Dichter Rußlands jener Zeit, Maxim Gorki (Mitte), steht auf der Seite der Februarrevolution. Unser Bild zeigt ihn auf dem Weg zum Petrograder Sowjet der Arbeiter- und Bauerndeputierten. Er wird begleitet von den beiden Revolutionären Badajew und Sorin. Badajew (links) hat als Zeichen seiner revolutionären Gesinnung seine Krawatte abgeschnitten.

schen Duma und Regierung kommt es fortlaufend zu harten und in der Presse auch veröffentlichten Auseinandersetzungen. Schon nach 73 Tagen befiehlt die Regierung die Auflösung der Duma. Doch selbst durch diese Maßnahme werden weder der Zar noch die Regierung die unangenehmen Kritiker los: 180 Abgeordnete der aufgelösten Duma setzen sich nach Vyborg im bereits weitgehend autonomen Finnland ab und treten dort zusammen, um die Regierung und den Zaren des Verfassungsbruchs anzuklagen.

Letztlich hält das Regime die Opposition nicht aus. Am 20. Februar 1907 gibt es den zweiten Versuch, eine Volksvertretung einzusetzen, die zweite Reichsduma. Auch von ihr kann man nicht sagen, daß sie ein gehorsames Instrument der Regierung oder des Zaren wäre. Die Opposition ist kräftig vertreten: Die Kadetten stellen 99 Abgeordnete, die Menschewiki 36 und selbst die Bolschewiki sind mit 18 Mandataren vertreten. So erwirbt sich die Versammlung auch schnell den Beinamen „Duma der Volkswut", denn die Abgeordneten gehen mit den Gesetzesanträgen der Regierung scharf ins Gericht. So scharf, daß auch dieser Duma nur eine kurze Lebensdauer beschieden ist. Knapp vier Monate nach ihrem Zusammentritt wird sie schon wieder aufgelöst. Und das Risiko, sich erneut eine lautstarke Opposition auf den Hals zu hetzen, geht die Regierung nicht mehr ein. Sie ändert erneut das Wahlrecht und stellt sicher, daß nur jene Bevölkerungsschichten wahlberechtigt sind, die vorwiegend regierungstreue Abgeordnete in das Parlament entsenden werden.

So ist es auch: In der nächsten, der dritten Duma gibt es eine solide regierungstreue Mehrheit monarchistisch-rechtsbürgerlicher Abgeordneter. Und doch: Auch in dieser Duma wird eine kräftige Opposition toleriert – Kadetten, Menschewiki, Bolschewiki sind mit rund 100 Abgeordneten vertreten. Das reicht nicht aus, um Regierungsvorlagen zu verhindern. Aber es reicht, um die Bevölkerung mit oppositionellem Gedankengut vertraut zu machen, es reicht, sich über die Regierung und den Zaren hinweg an das Volk zu wenden. Und was im Parlament gesagt wird, findet seinen Niederschlag in den Zeitungen. Die zaristische Zensur läßt vieles durch, was mit umgekehrten Vorzeichen später einmal die bolschewistische Zensur nie durchlassen wird: Zwischen 1906 und 1914 gibt es im zaristischen Rußland mehr als 3 000 marxistische Publikationen, die völlig legal erscheinen; von 1912 bis 1914 gehört dazu auch die marxistische Tageszeitung „Prawda", das (spätere) Zentralorgan der Bolschewiki. Im gleichen Zeitraum erscheinen auch viele Tausende oppositionelle Pamphlete, Zeitschriften und Zeitungen nichtmarxistischer Prägung.

Die ersten Reformen

Die Revolution von 1905 ist zwar blutig niedergeschlagen worden, aber sie hat doch dem autoritären Regime eine ganze Reihe bedeutender Konzessionen abgerungen. Das ist zunächst einmal die Duma selbst, die Einsetzung einer Volksvertretung, die zwar manipuliert wird, aber in der doch hörbar Opposition gemacht werden kann. Das ist ein gewisses Maß an Pressefreiheit, ein hohes Maß sogar, gemessen am Zustand der Presse unter anderen diktatorischen Regimen. Das ist weiters die Zulassung einer Selbstverwaltung der Hochschulen. Dafür sind 1905 Professoren und Studenten gemeinsam auf die Barrikaden gestiegen, und sie haben es erreicht: Die Hochschulen werden weitgehend dem autoritären Diktat des Staats entzogen. Wie wichtig das ist, zeigt die rasch zunehmende Anzahl der Studenten; 1914 sind es bereits 90 000, dreimal mehr als im Jahr 1900. Das hält sogar schon einem Vergleich mit politisch und wirtschaftlich viel weiter fortgeschrittenen Staaten in Europa stand. Und auf einem Sektor sind die russischen Hochschulen den westlichen sogar weit voraus: Der Anteil der weiblichen Studierenden beträgt in Rußland 1914 bereits 23 Prozent! Das ist für damalige Verhältnisse auch im internationalen Maßstab sensationell.

In der russischen Wirklichkeit bedeutet dies alles noch mehr. Denn diese 90 000 Studenten sind in ihrer Mehrzahl politische Feuerköpfe, stehen der Autokratie skeptisch bis feindselig gegenüber, und sehr viele von ihnen vertreten revolutionäre, meist marxistische Ideen. Sie alle wollen Rußland retten und wenn möglich durch ein vorbildhaftes Rußland auch Europa, die Welt, die Menschheit, in ein neues Zeitalter der Freiheit, der Gleichheit, der Gerechtigkeit führen. Das Aufblühen der Hochschulen bringt auch einen starken Austausch an Professoren und Gelehrten zwischen Rußland und der übrigen Welt mit sich. Die Zahl russischer Gastprofessoren im Ausland und ausländischer Professoren in Rußland erhöht sich sprunghaft. Das bedeutet eine wesentliche Befruchtung des gesamten geistigen und kulturellen Lebens.

In der russischen Literatur entstehen nun die großen realistischen Prosadichtungen. Nach neuen Sprachformen wird gesucht, und sie finden Ausdruck in der Lyrik, auf dem Theater. Der geistige Aufbruch, der zunehmend rasanter werdende Höhenflug russischen Kulturschaffens, findet auch vollen Ausdruck in der Musik, in der bildenden und in der darstellenden Kunst. Die jungen russischen Maler brechen mit bisherigen künstlerischen Normen und bilden eine Avantgarde, die zunehmend Weltgeltung gewinnt. Im Revolutionsjahr 1917 und in den Jahren danach wird dies alles zu ganz großer Blüte gelangen und für lange Zeit den Bolschewiki den Ruhm einbringen, die Künste und die Künstler befreit und Rußland sehr rasch

Bilder aus der Arbeitswelt des vorrevolutionären Rußlands. In den Kohlengruben wird fast ohne Sicherheitsvorkehrungen gebückt und liegend gearbeitet (ganz oben). Das Bild oben zeigt eine der primitiven Anlagen zur Erzaufbereitung. Rechts Mitte: Einkauf von Baumwolle in Usbekistan. Rechts unten: Eine Baumwollfärberei jener Tage.

26

zu einer kulturellen Großmacht geführt zu haben. Doch der Befreiungsakt wurde schon 1905 gesetzt. Und es ist ganz verständlich, daß die Wissenschaften, die Literatur, die Kunst, das Theater, die Musik einige Jahre der Entwicklung benötigten, um die so schwer errungenen Freiheiten in neue bahnbrechende Formen umzusetzen. Dies anzumerken erscheint deshalb so wichtig, weil die russische Geschichte nach dem Sieg der Bolschewiki fast ausschließlich nur noch von eben diesen Siegern, den Bolschewiki, gedeutet, geschrieben und in einem hohen Maß verfälscht worden ist; so als hätte alles erst mit Lenin begonnen, als sei alles erst durch seine Revolution ermöglicht worden. Tatsächlich war sehr vieles, wenn nicht fast alles, was der Welt im Revolutionsjahr 1917 und in den paar Jahren danach so viel Anerkennung für die kulturellen Leistungen in Rußland abrang, bereits vor dem Ersten Weltkrieg und während des Kriegs entwickelt worden.

Dennoch dürfen die liberaleren Errungenschaften der Revolution von 1905 uns den Blick nicht verstellen auf die anderen, noch sehr dunklen Seiten des damaligen Rußlands und seines zaristischen Regimes. Auch sie, diese dunklen Seiten, sind aufschlußreich. Zunächst müssen wir uns vergegenwärtigen, daß Rußland auch schon damals das europäische Land mit der weitaus größten Einwohnerzahl war – 135 Millionen waren es im Jahr 1914, wenn auch einschließlich all der vom zaristischen Imperialismus dem Russischen Reich eingegliederten nichtrussischen Völkerschaften im Kaukasus, in Zentralasien, im Baltikum, in Mitteleuropa. Rußland erstreckte sich von Warschau bis Wladiwostok, über zehn Zeitzonen, flächenmäßig das größte Land der Erde. Potentiell verfügt es auch über die vielfältigsten und größten Rohstoffvorkommen der Welt, über alle Arten von Erzen und Mineralien, über die größten Kohle- und die größten Erdölvorräte, in seinen Flüssen steckt das größte Potential an Hydroenergie.

Grenzenlos also schienen die Möglichkeiten seiner wirtschaftlichen Entwicklung zu sein. Und doch war Rußland bis 1914/17, und auch noch danach, vorwiegend ein Agrarland, und ein unterentwickeltes noch dazu. 80 Prozent seiner Bevölkerung arbeitete in der Landwirtschaft. 77 Prozent der russischen Gesamtexporte in den Jahren vor 1914 bestanden aus Getreide. Hauptabnehmer dieses Getreides waren Deutschland und England, und sie kauften in Rußland, weil das russische Getreide billiger war als jedes andere. Dabei kamen die russischen Getreideernten ohne technische Hilfsmittel zustande, es gab kaum Traktoren, kaum irgendeine andere Art von Mechanisierung; die gewaltigen Getreidemengen wurden von den Bauern praktisch mit bloßen Händen und oft genug mit der Zugkraft ihrer Frauen und Kinder erarbeitet, da es auch an Pferden und Ochsen fehlte. Aber erst aus den Erlösen der Getreideexporte konnten die Importe bezahlt werden, die Importe an Maschinen und Werkzeugen, die die Industrialisierung des Landes ermöglichen sollten.

Der Stand der Industrialisierung

Bevor wir uns dieser Industrialisierung zuwenden, noch ein Wort zu den Bauern: Die Bauernbefreiung hat Rußland erst spät erreicht, die Entlassung der Bauern aus der Leibeigenschaft erfolgte erst 1861. Doch waren sie dadurch noch nicht zu freien Bauern geworden, denn der Grund und Boden blieb zum größten Teil im Eigentum der meist adeligen Gutsherren, der Großgrundbesitzer. So gab es zwar viele Millionen Bauern, doch diese waren landlos und mußten ihre Arbeitskraft erneut dem Gutsherrn verkaufen. Das „freie" Land wurde in der Regel der Dorfgemeinschaft unterstellt, in deren Verantwortung es lag, den Boden den Bauern zuzuteilen, jedoch nicht als Besitz, sondern stets nur auf Zeit. Dies sollte für ein besonders gerechtes

Abschrift.

Vorbereitung eines politischen Massenstreiks in Russland.

Es soll für den Frühling ein politischer Massenstreik in Russland vorbereitet werden unter der Losung : Freiheit und Frieden. Das Centrum der Bewegung wird Petersburg sein; hier wiederum die Obnuhowschen, Putilowschen und Baltischen Werke. Der Streik soll die Eisenbahnverbindungen Petersburg-Warschau, Moskau - Warschau und die Süd-West-Eisenbahn erfassen. Der Eisenbahnstreik wird vor allem in den grossen Centralen mit starker Arbeiterschaft, den Eisenbahnwerkstätten etc. durchgeführt werden. Zum Zwecke seiner Verallgemeinerung werden überall womöglich die Eisenbahnbrücken gesprengt, wie dies auch bei der Streikbewegung 1904/1905 der Fall war.

Konferenz russischer sozialistischer Führer.

Dieses Werk kann nur unter der Leitung der russischen Socialdemokratie zustande kommen. Der radikale Teil der letzteren ist bereits in Aktion getreten. Es ist notwendig, dass sich auch die gemässigte Minoritätsfraktion anschliesse. Bis jetzt waren es zumeist die Radikalen, die eine Einigung verhinderten. Der Führer des letzteren, Lenin, hat aber vor zwei Wochen selbst die Frage nach einer Einigung mit der Minorität aufgeworfen. Eine Einigung auf einer mittleren Linie im Sinne der Notwendigkeit, die durch den Krieg geschaffene Schwächung des administrativen Apparates im Innern des Landes zur Einleitung einer energischen Aktion gegen den Absolutismus auszunützen, dürfte sich herbeiführen lassen. Es ist zu bemerken, dass der gemässigte Teil stets am stärksten unter dem Einfluss der deutschen Social-

demokratie

Wladimir Iljitsch Uljanow, genannt Lenin. Er gehört zum radikal-revolutionären Flügel der Sozialdemokratischen Arbeiterpartei Rußlands. Lenin übernimmt die Spitze des linken Flügels der Partei, der sich bald den Namen „Bolschewiki" gibt, die russische Bezeichnung für „die Mehrheit"; sie haben bei einer einzigen Abstimmung die Mehrheit errungen. Die übrige Partei, getragen von der überwältigenden Mehrheit ihrer Mitglieder, wird von den Bolschewiki schon mit dem Namen auf den Platz einer Minderheit verwiesen – „Menschewiki". Lenins Bolschewiki werden zu einer Partei der Berufsrevolutionäre. Ihr Ziel ist es nicht, Wahlen zu gewinnen, sie wollen durch gewaltsamen Umsturz an die Macht. Das radikale Konzept Lenins findet im deutschen Auswärtigen Amt und bei der deutschen Heeresleitung besondere Beachtung.

Mit dem Sturz des Zaren erhofft sich die deutsche Führung einen Kriegsaustritt Rußlands, doch Kerenski führt den Krieg weiter. So finanzieren die Deutschen radikale Revolutionäre im Ausland, mit Lenin an der Spitze, und unterstützen auch deren Rückkehr nach Petrograd. Die Deutschen kennen Lenins Parolen „Friede, Land, Brot". Lenin soll in Rußland „das Chaos schaffen" und den Krieg beenden. Deutsche Politiker hatten schon früher Pläne für die Entfachung von Unruhen in Rußland ausgearbeitet. Links ein solcher Plan vom 9. März 1915. Die Februarrevolution 1917 und selbst Lenins Oktoberaufstand kamen dieser Planung erstaunlich nahe.

und soziales System sorgen, aber machte aus Landarbeitern bloß Pächter und nicht das, was man einen eigenständigen Bauern nennt. Hinzu kommt, daß es auf dem flachen Land nur wenige Schulen gab, und selbst diese wenigen waren meist einklassig. Nur jeder vierte dörfliche Bewohner konnte recht und schlecht lesen und schreiben. Tiefe Armut war die Folge all dessen.

Armut, doch nicht mehr Demut. Das revolutionäre Potential in der Landbevölkerung war nahe einer Explosion und entlud sich ja auch in zahllosen Bauernaufständen und bäuerlichen Überfällen auf die Herrschaftshäuser der Gutsbesitzer – nicht nur im Jahr 1905, sondern auch noch in den Jahren danach. Da 80 Prozent der Gesamtbevölkerung Rußlands Bauern waren, hatte man es mit einem gewaltigen revolutionären Potential zu tun. Dieses Potential zu entschärfen mußte vordringliches Ziel der Regierung sein. Der gleiche Ministerpräsident, Pjotr Stolypin, der nach 1905 die rücksichtslosen Strafexpeditionen zur Niederwerfung der aufständischen Bauern in Marsch setzte, machte sich nun daran, das revolutionäre Potential auf dem Land politisch zu entschärfen. Möglichst vielen Bauern sollte Grund und Boden gegeben werden, eigenes Land. Da die rechtsgerichtete Regierung dieses Land den Großgrundbesitzern nicht wegnehmen wollte und konnte, mußte es neu erschlossen werden. In einer großen Kolonisationsbewegung wurden über 2,5 Millionen Bauern auf Neu-

land in Sibirien angesiedelt. Weiteren 5 Millionen Bauern verhalfen die Reformen Stolypins im europäischen Teil des Russischen Reichs zu eigenem Grund und Boden; diese Bauern waren in der Lage, Land zu kaufen, auch wenn sie sich dabei verschulden mußten.

Zweierlei hat die Stolypin-Reform bewirkt: Rußland erhielt zum ersten Mal eine Schicht eigenständiger, besitzender Bauern, die auch relativ bald gut zu verdienen und ihren Wohlstand zu vermehren begannen. Die Bolschewiki werden sie später Kulaken nennen, wohlhabende Bauern, obwohl auch sie im Vergleich zu den Bauern in Mittel- und Westeuropa meist noch immer als ärmlich zu bezeichnen waren. Doch hat der Aufstieg dieser neuen Bauernklasse andererseits auch eine weitere Verarmung der landlosen Bauern mit sich gebracht, in absoluten Zahlen, und erst recht kamen sich nun diese armen Bauern im Vergleich zu den Kulaken noch ärmer vor. Was Stolypin als eine Barriere gegenüber den revolutionären Tendenzen unter den Bauern geplant hatte, nämlich die Schaffung einer besitzenden Klasse, sollte sich bald als zusätzlicher revolutionärer Zündstoff erweisen; schon weil es Lenin und den Bolschewiki ermöglichte, nun auch die bäuerliche Bevölkerung in Besitzende und Besitzlose aufzuteilen und die Besitzlosen als die Proletarier des Landes anzusprechen, sie zum Bündnis mit den Proletariern in den Fabriken aufzufordern.

Das bringt uns zum Stand der Industrialisierung Rußlands. Auch diesbezüglich herrscht im Westen vielfach die Meinung vor, im zaristischen Rußland hätte es kaum Industrien gegeben, diese wären erst in der Sowjetunion unter Lenin und Stalin entstanden. Doch gilt für die Industrie ähnliches wie für die Wissenschaften und die Künste:

Dieses Bild wird von den offiziellen sowjetischen Stellen als eine Aufnahme ausgewiesen, die 1914 im Gebirge bei Zakopane in Galizien gemacht worden sein soll. Sie zeigt Lenin beim Spaziergang. Er weilt 1914 nicht zufällig in diesem Gebiet. Hier verläuft die Grenze zwischen Österreich-Ungarn und Rußland. Lenin befindet sich auf österreichischem Gebiet in Sicherheit, denn jenseits der Grenze, in Rußland, wird nach ihm gefahndet wegen revolutionärer Tätigkeit. Von Österreich aus hält er Kontakt mit seinen Bolschewiki in Rußland. Bei Kriegsausbruch wird er allerdings von den Österreichern festgenommen. Der revolutionäre Russe in Grenznähe ist ihnen nicht geheuer. Doch der Führer der österreichischen Sozialdemokratie, Viktor Adler, interveniert, und Lenin wird auf freien Fuß gesetzt. Nach einem kurzen Besuch in Wien geht er nach Zürich ins Exil.

Die Bitte des Auswärtigen Amts in Berlin an das Reichsschatzamt für „politische Propaganda in Rußland", fünf Millionen Mark zur Verfügung zu stellen. Das Datum „März" ist auf 1. April ausgebessert. Um diese Zeit soll Lenin von Zürich nach Petrograd gebracht werden.

Die Wohnung Lenins in der Züricher Spiegelgasse über dem Restaurant „Zum Jakobsbrunnen".

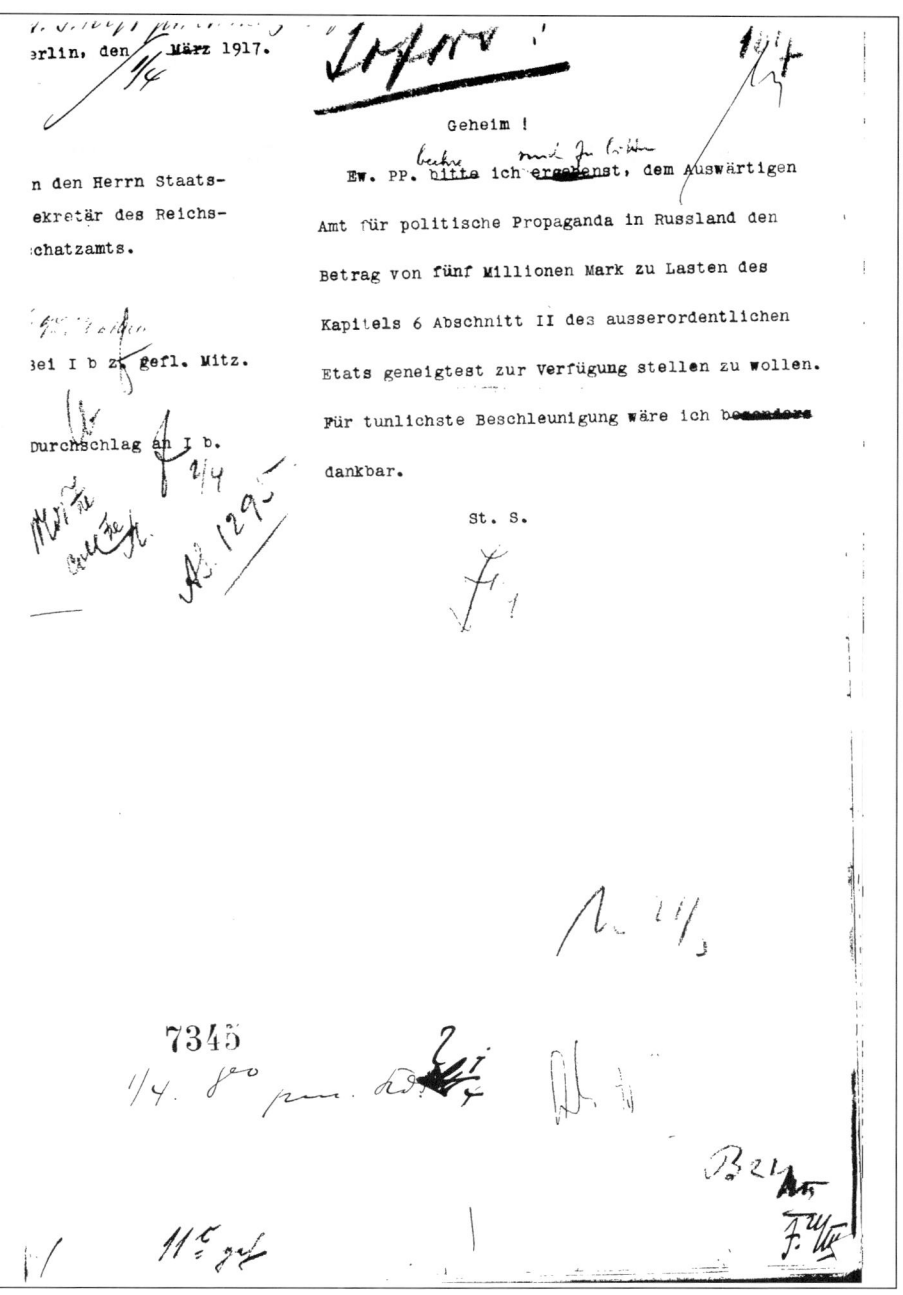

Bereits im ausgehenden 19. Jahrhundert, und verstärkt in den Jahren 1900 bis 1914, wurden entscheidende Fundamente für die Industrialisierung Rußlands gelegt. Es begann mit dem Bau der Eisenbahnen. Die verkehrsmäßige Erschließung dieses Riesenreichs erforderte gewaltige Mengen an Eisenbahnschienen, an Montagematerial, an Lokomotiven und Waggons. Die Eisenwerke, die diesen Ausstoß zu erzeugen hatten, waren in entsprechender Größenordnung anzulegen. Das hieß von vornherein, daß die russischen Hüttenwerke jene der bis dahin höchstindustrialisierten Staaten Europas an Dimension zumindest erreichen, wenn nicht übertreffen mußten. 1913 existierten allein in St. Petersburg 14 Betriebe mit zum Teil weit über 5 000 Arbeitern; in Deutschland gab es nur zwölf Betriebe dieser Größenordnung. Allein in den Putilow-Werken in St. Petersburg waren über 28 000 Arbeitnehmer beschäftigt, 4 100 weitere in den Putilow-Werften. Die Wachstumsrate der russischen Wirtschaft betrug in den Jahren zwischen 1900 und 1914 durchschnittlich 8 Prozent jährlich. Sie war damit die höchste in Europa. Die Kohleproduktion stieg von 1,8 Millionen Tonnen im Jahr 1880 auf mehr als 26 Millionen Tonnen im Jahr 1913; die Eisen- und Stahlerzeugung von 3,7 Millionen Tonnen auf fast 30 Millionen Tonnen. Erdöl, das zu dieser Zeit nur im Raum

G.A.

Lersner telephoniert:

1.) S.M. der Kaiser hat heute beim Frühstück
angeregt, den durch Deutschland transportier-
ten russischen Sozialisten Weissbücher und
ähnliche Schriften wie Abdruck der Osterbot-
schaft und der Kanzlerrede mitzugeben, damit
sie in ihrer Heimat aufklärend wirken könnten.

2.) Für den Fall dass dem Russentransport
die Einreise in Schweden verweigert werden
sollte, wäre O.H.L. bereit, die Reisenden
durch die Deutschen Linien nach Russland hineinzubefördern.

3.) O.H.L. wäre bereit solche Russen, die
sich noch in der Schweiz aufhalten durch
unsere Linien nach Russland hineinzubefördern.
Telegramm hierüber folgt.

D963421

von Baku gefördert wurde, erreichte erst um die Jahrhundertwende
größere Bedeutung als Energieträger. Immerhin förderte Rußland um
1900 bereits an die 10 Millionen Tonnen Erdöl im Jahr, eine Förder-
menge, die sich bis 1914 beinahe verzehnfachte. Dem entsprachen
auch die Produktionszuwächse in der Schwerindustrie, von 1900 bis
1913 betrugen sie 25 Prozent bei Rohstahl, 46 Prozent bei Eisen, 74
Prozent in der gesamten Schwerindustrie, 80 Prozent bei der Kohle-
förderung. Das Schienennetz hatte 1890 bereits eine Ausdehnung
von 28 000 Kilometern und wurde bis 1913 auf 69 000 Kilometer erweitert.

Verglichen mit dem Bauernstand war die Zahl der Industriearbei-
ter gering, insgesamt waren es rund 3 Millionen. Immerhin schon 3
Millionen. Und sie waren ärmer als ihre Klassengenossen in Mittel-
und Westeuropa. Im Grunde stammten sie samt und sonders aus den
am meisten Not leidenden Bauernschichten, waren entwurzelt und
hatten unter den unwürdigsten Verhältnissen zu leben, in Massen-
quartieren, bei Hungerrationen und niedrigster Entlohnung, obwohl
die Arbeitszeit täglich 11½ bis 12 Stunden betrug, einschließlich
samstags. Nicht wenige dieser 3 Millionen Arbeiter waren Frauen
und Kinder. Das behördlich zugelassene Arbeitsalter war acht Jahre.
Schutzbestimmungen gab es kaum für Kinder und so gut wie keine
für Frauen. Auch dürfen die hohen Zuwachsraten und relativ hohen

Auf ihn setzt die deutsche Oberste Heereslei-tung große Hoffnungen – Lenin. Denn entge-gen allen Erwartungen hat der Sturz des Zaren und der zaristischen Regierung in Rußland kein Chaos hervorgerufen, keinen Austritt Rußlands aus dem Krieg bewirkt. Lenins Konzept sieht den Sturz auch der demokrati-schen Regierung vor und den Austritt Ruß-lands aus dem Krieg. Sofortiger Friede ist seine Parole.

Lenin und eine Handvoll weiterer russischer Revolutionäre werden mit deutscher Hilfe von Zürich quer durch das kaiserliche Deutschland über Schweden und Finnland nach Petrograd gebracht.

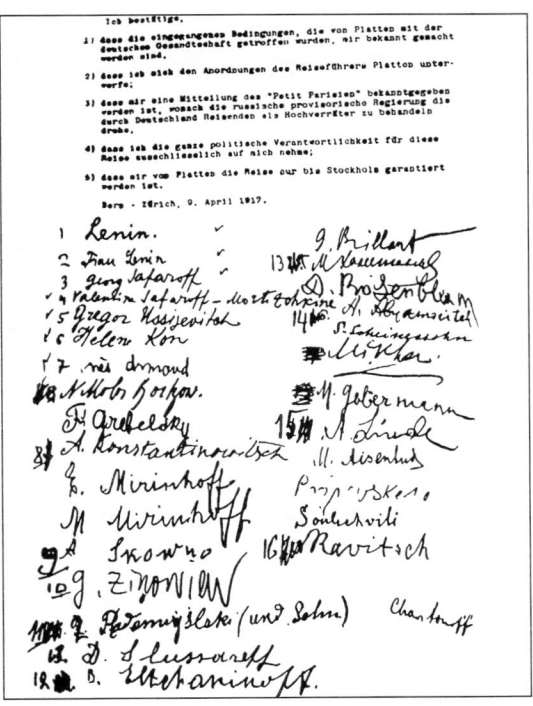

Produktionsziffern nicht darüber hinwegtäuschen, daß Rußland indu-striell wie gesamtwirtschaftlich weiterhin ein rückständiges Land war: Es gab so gut wie keine eigene Maschinenerzeugung; Maschinen und Werkbänke mußten importiert und mit Devisen bezahlt werden. Es existierte keine Autoindustrie, keine Chemieerzeugung, keine Kunst-düngerproduktion, es handelte sich also zunächst um eine recht ein-seitige industrielle Entwicklung. Am weitesten entwickelt war die Rü-stungsindustrie: Kanonen, Granaten und Kriegsschiffe konnte Ruß-land ausreichend erzeugen, ausreichend für den „Normalbedarf"; im Kriegsfall blieb auch die Munitionsversorgung hinter dem Bedarf zu-rück, was sich schon im russisch-japanischen Krieg und noch deutli-cher dann im Ersten Weltkrieg bemerkbar machte.

Diese kurze politische und wirtschaftliche Bestandsaufnahme läßt uns schon erkennen, unter welchen Voraussetzungen es zu der großen und erstmals erfolgreichen Revolution im Februar des Jahrs 1917 kommt. Zunächst einmal: Die Völker Rußlands sind politisch keineswegs so unmündig, wie dies aufgrund späterer bolschewisti-scher Darstellungen erscheinen mochte. Für alle Volksschichten gibt es bereits politische Vertreter, ja Parteien und für manche auch parla-mentarische Repräsentanz. Das Wahlrecht ist zwar noch einge-schränkt, aber dennoch ein bereits wohlbekanntes Instrumentarium, die Bürgerrechte sind vielfach definiert. Die Forderung nach Gewäh-rung dieser Rechte ist von vielen politischen Strömungen gestellt und so gut wie allen Bevölkerungsschichten geläufig. Die Intelligenzija, also die elitäre Intelligenzschicht, mag zwar im Verhältnis zu anderen mittel- und westeuropäischen Staaten prozentuell kleiner sein, dafür ist sie in Rußland politisch und sozial um so engagierter. Dieses Ruß-land ist auch bei weitem nicht so vom übrigen Europa isoliert, wie es nachträglich den Anschein hatte, insbesondere nachdem man sich über viele Jahrzehnte an den erst von den Kommunisten errichteten Eisernen Vorhang gewöhnt hatte. Gewiß: Auch unter dem Zaren gibt es Reisebeschränkungen für die eigenen Bürger wie für die Auslän-der, die nach Rußland kommen, aber sie sind lange nicht so rigoros wie später unter den Bolschewiki. Vor allem eines: Das damalige Rußland fühlt sich ganz und gar Europa zugehörig, fühlt sich als Teil der europäischen Staaten- und Völkerfamilie und steht keineswegs im Gegensatz zu ihr. Die russische Gesellschaftsordnung ist zwar autokratischer als die Ordnung in manchen anderen europäischen Staaten, aber sie durchläuft dieselben Entwicklungsstadien, die es eben auch dort einmal gegeben hat. Das Wirtschaftssystem ist kapitalistisch, wenn auch notgedrungen mit starken staatskapitalistischen Komponenten. Denn trotz hoher ausländischer Kapitalbeteiligungen reichen die Investitionen der Ausländer nicht aus, um den Kapitalbedarf der rasch wachsenden Großindustrien zu decken, so gibt es in vielen Fällen staatliche Beteiligungen.

Wir haben es also insgesamt mit einem Rußland zu tun, das in seiner politischen, seiner wirtschaftlichen, seiner geistig-kulturellen Entwicklung ein Teil der gesamteuropäischen Entwicklung ist. Obwohl es gewiß auch viele Differenzen gibt, Unterschiede, die in der zum Teil ganz anders gelagerten Geschichte Rußlands begründet sind, etwa in der jahrhundertelangen Auseinandersetzung mit den Mongolen, jenen kriegerischen Volksstämmen, die aus dem Inneren Asiens immer wieder tief nach Rußland hineinstießen, es besiegten, eroberten, beherrschten. Dieser tatarisch-asiatische Einfluß macht sich in vielerlei Hinsicht bemerkbar, nicht nur in der russischen Kultur, auch in der gesellschaftlichen Struktur, ja selbst in den landwirtschaftlichen und wirtschaftlichen Organisations- und Verwaltungsformen. Doch sind diese Einflüsse weitgehend absorbiert und europäisiert, so daß man Rußland ihretwegen nicht von Europa trennen darf, ebensowenig wie es zulässig wäre, Spanien wegen der von ihm absorbierten maurischen Einflüsse als außereuropäisch zu betrachten. Es erscheint wichtig, dies zu betonen, eben weil sich das „übrige Europa" in der Zeit der uneingeschränkten kommunistischen Herrschaft über Rußland daran gewöhnt hat, die Sowjetunion als etwas Gesondertes, als ein völlig eigenes staatliches, politisches, wirtschaftliches und kulturelles Gebilde zu sehen. Diese Sicht hat nur wenig mit Rußland, viel jedoch mit der kommunistischen Ideologie und Praxis zu tun. Das ist ungeheuer wichtig für unsere heutige Einstellung zu den Vorgängen in diesem großen Reich. Das war aber ebenso wichtig für alles, was in jenem entscheidenden Revolutionsjahr 1917 in Rußland geschah.

Wir kehren damit zurück in die Tage der Februarrevolution 1917. Und so manches an Erstaunlichem, was sich in jenen Tagen begab, dürfte uns jetzt nicht mehr so erstaunlich erscheinen. Etwa die Existenz der Duma, des Parlaments in Petrograd. (Auch Petrograd bedarf einer Erklärung, der Name der Hauptstadt St. Petersburg wurde am 1. August 1914 russifiziert, in Petrograd umgewandelt, da man meinte, einen deutschen Namen für Rußlands Hauptstadt nicht tolerieren zu können, während man sich mit Deutschland im Krieg befand.) In diesem Petrograd gibt es 1917 also eine parlamentarische Vertretung, und die Abgeordneten befinden sich zum größten Teil in Opposition zu der bis dahin zarentreuen Regierung. Auch sie hatten bei Kriegsbeginn 1914 dieser Regierung und dem Zaren zugejubelt, so wie sich die Parlamente in Deutschland, in Frankreich oder in Großbritannien bei Kriegsausbruch jubelnd und patriotisch hinter ihre jeweiligen Regierungen stellten, einschließlich der meisten, wenn nicht aller sozialdemokratischen Abgeordneten. In Rußland lehnten nur die Bolschewiki den Krieg konsequent ab, aber sie waren eine verschwindende Minderheit. Im Lauf der Kriegsjahre jedoch wurden auch die anderen Abgeordneten zunehmend skeptischer: Nach anfänglichen Erfolgen mußte Rußland eine militärische Niederlage nach der anderen einstecken; aus eigener Kraft war dieser Krieg für Rußland nicht zu gewinnen. Jedes Durchhalten an der Seite der westlichen Alliierten, der

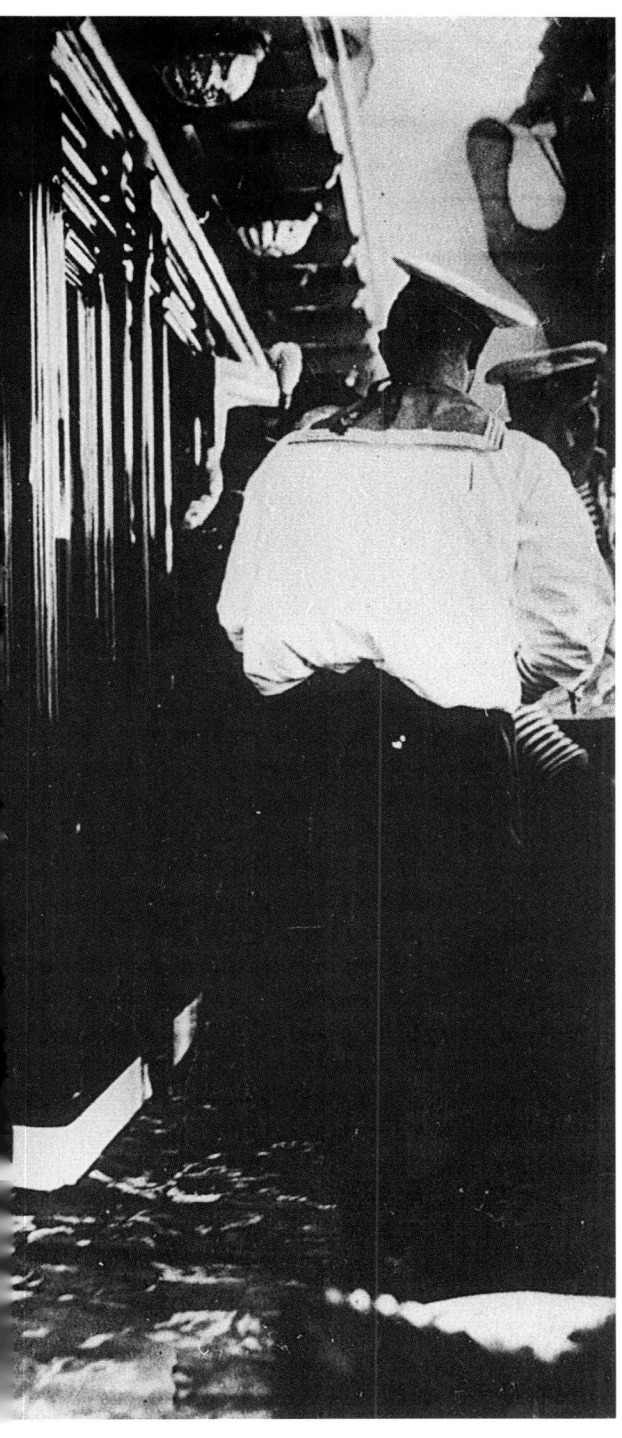

Auftakt zum Krieg. Der französische Präsident Raymond Poincaré auf Staatsbesuch bei Zar Nikolaus II. Es ist die Allianz zwischen Frankreich und Rußland, die den Zaren an einen raschen Sieg über die Mittelmächte glauben läßt, die aber auch den deutschen Generalstab dazu verleitet, mit der Generalmobilmachung auch schon in den Krieg zu ziehen, um die Gegner im Westen und im Osten rasch hintereinander zu schlagen, ehe diese gemeinsam Deutschland angreifen können.

Entente-Mächte, ließ zwar noch einen insgesamt siegreichen Ausgang des Kriegs erhoffen, kostete aber Tag für Tag Hunderte, ja Tausende Menschenleben, brachte Tag für Tag Hunger und neues Leid über die Bevölkerung, steigerte von Tag zu Tag auch die Unlust der Menschen, sich den harten Lebens- und Produktionsbedingungen zu unterwerfen, die schlimmen Nachrichten von der Front hinzunehmen, sich diesem Regime und seiner Politik zur Verfügung zu stellen.

Zwischen den Streikenden, den Aufständischen, den Revolutionären einerseits und den Abgeordneten der Duma andererseits gab es daher beim Ausbruch der Februarrevolution weitgehende Übereinstimmung in der politischen Zielsetzung, nämlich den Zaren zur Abdankung zu zwingen und eine Regierung einzusetzen, die der Bevölkerung die vollen bürgerlichen Freiheiten bringen würde. Der Forderungskatalog der Revolution von 1905 war zu erfüllen: Weg mit dem Zaren, volle Presse-, Rede- und Versammlungsfreiheit, freie, allgemeine und uneingeschränkte Wahlen, Wahl einer konstituierenden Versammlung, die dem Land eine neue, demokratische Verfassung zu geben hatte. Aber auch Enteignung des Großgrundbesitzes, Verteilung von Grund und Boden an die landlosen Bauern. Es war also auch eine neue Sozialstruktur für Rußland zu schaffen. All das waren die Forderungen der entweder offiziell oder aber, gut organisiert, im Untergrund tätigen politischen Verbände bzw. Parteien. Die Abgeordneten der Duma, bzw. der von ihnen gewählte „Provisorische Ausschuß", sind nun bereit, alle diese Forderungen zu erfüllen.

Die Provisorische Regierung und die Sowjets

Bereits fünf Tage nach Beginn der Revolution wird aus den Reihen der Duma eine provisorische Regierung gebildet. Ministerpräsident und Innenminister wird Fürst Georgi Lwow; ein Fürst zwar, aber ein Vorkämpfer liberal-bürgerlicher Rechte und als solcher auch von den linken Kräften innerhalb und außerhalb der Duma anerkannt. Außenminister wird der ebenfalls als liberal geltende Pawel Miljukow, dessen Haltung allerdings bald umstritten sein wird. Wichtigster Mann in der neuen Regierung ist Alexander Kerenski, er wird zum Justizminister bestellt. Die Justiz ist in revolutionären Zeiten ein bedeutendes Ressort. Und es wird mit Kerenski einem Mann anvertraut, der weit in linke Kreise hinein als unermüdlicher Vertreter der Bürgerrechte, der Interessen der geschundenen Arbeiter und der armen Bauern gilt. Diesen Ruf und diese Achtung verdankt Kerenski nicht zuletzt seinen außerordentlichen rhetorischen Fähigkeiten, kaum einer, der es so wie er versteht, die Menschen mitzureißen, sie zu begeistern. Und das bringt Kerenski auch gleich eine Doppelfunktion ein. Er ist nicht nur Mitglied der Duma und der neuen Provisorischen Regierung, er wird auch in den Petrograder Sowjet gewählt, in den Rat der Arbeiter- und Soldatendeputierten.

Wie erinnerlich, sind die Sowjets, diese 1905 entstandenen Räte, eine revolutionäre Vertretung der Arbeiter und nun eben auch der Soldaten und der Bauern. Solange es keine parlamentarische Vertretung und auch keine vom Volk gebilligte Regierung gab, sollten die Sowjets die Interessen der arbeitenden Bevölkerung vertreten. Nun, im März 1917, da das zaristische Regime gestürzt ist, da es eine Regierung gibt, die allgemeine, freie und geheime Wahlen zu einer konstituierenden Versammlung ausschreiben will, könnte sich die Frage stellen, ob die Sowjets überhaupt noch eine Existenzberechtigung haben. Doch diese Frage wird in den Revolutionstagen nicht gestellt: Es gilt als selbstverständlich, daß jene, die einst Träger des revolutionären Kampfs waren, sich nun auch als Organe des revolutionären Kampfs etablieren. Überall im Land, nicht nur in Petrograd, formieren sich die Räte, die Sowjets. Gewählt werden ihre Deputierten durch die Arbeiter, durch die Soldaten, durch die Bauern selbst, fast immer in offener Abstimmung, nachdem sie von dieser oder jener politischen Gruppierung nominiert worden sind oder sich selbst als Kandidaten aufgestellt haben. Die Zusammensetzung der Sowjets ergibt einen guten Durchschnitt des herrschenden politischen Spektrums im Rußland jener Tage. Die überwiegende Mehrheit der Deputierten wird von den Sozialrevolutionären gestellt, die sich als die revolutionären Vertreter der bäuerlichen Interessen verstehen, und von den Menschewiki, den gemäßigten Sozialisten, die im wesentlichen sozialdemokratische Grundsätze vertreten. Die Bolschewiki, der radikale Flügel der russischen Sozialdemokratie, befinden sich in allen Sowjets in der Minderheit, ja in einer oft verschwindend kleinen Minderheit.

So sind die in den Revolutionstagen 1917 entstehenden Sowjets durchwegs von Menschewiki und Sozialrevolutionären dominiert. Das unterscheidet die Sowjets von der Duma, deren Abgeordnete zum letzten Mal 1912 nach einem sehr restriktiven, den Interessen einer reaktionären Regierung dienenden Wahlrecht gewählt worden sind. In der Duma dominieren die Konstitutionellen Demokraten, die Kadetten, während Menschewiki und Bolschewiki nur eine Minderheit stellen. Doch mit der Konstituierung der Sowjets neben der Duma und deren Provisorischer Regierung bilden sich in Rußland zwei Machtzentren heraus. Jedes dieser Zentren, Regierung und Sowjet, fühlt sich zur Lenkung der Geschicke des Landes berufen. Dieser Dualismus wird sich bald als verhängnisvoll erweisen.

Das zeigt sich schon in den allerersten Manifesten und Verordnungen dieser beiden Gremien. Die Provisorische Regierung wendet sich am 3. März mit einem Manifest an das Volk: „Mitbürger! Das große Werk wurde mit mächtigem Schwung vollendet. Das russische Volk stürzte die alte Regierungsform. Ein erneuertes Rußland ist geboren, das lange Kampfjahre nicht erreichen konnten!" Und die Provisorische Regierung erklärt, sich „von folgenden Prinzipien leiten zu lassen":

Sofortige Amnestie für alle politischen und religiösen Vergehen einschließlich terroristischer Angriffe, Revolten, Verbrechen in der Landwirtschaft. Damit gehen mit einem Schlag alle politischen Gefangenen frei, aber auch alle Terroristen einschließlich jener, die sich keineswegs nur den Sturz des Zaren und des zaristischen Systems als Ziel gesetzt haben, sondern durchaus selbst an die Macht kommen wollen, auf kurzem Weg, ohne sich demokratischer Instrumente zu bedienen.

Freiheit der Rede, der Presse, Vereins-, Versammlungs- und Streikfreiheit und Ausdehnung all dieser Freiheiten auch auf die gesamte Armee. Die militärische Disziplin wird von der Provisorischen Regierung damit nicht abgeschafft, aber indem sie allen Soldaten und Matrosen die politischen Freiheiten im vollen Umfang gewährt, gibt sie allen politischen Kräften den Weg frei zur politischen Argumentation innerhalb des Heers.

Abschaffung aller benachteiligenden Unterschiede durch Zugehörigkeit zu bestimmten Ständen, Religionsgemeinschaften und Nationalitäten. Das soll die Unterdrückung der vielen Nationalitäten und Religionsgemeinschaften aufheben, die unter den zaristischen Regierungen geradezu selbstverständlich war und bei den Nationalitäten vor allem die asiatischen Völkerschaften, aber auch die Polen und zum Teil die Ukrainer traf, und unter den Religionsgemeinschaften in erster Linie und oft in grausamer Form die Juden. Die Regierung versucht, die Repression, die Ungleichheit zu beseitigen, billigt den Nationalitäten eine gewisse Autonomie zu, jedoch nicht das Recht auf Austritt aus dem Russischen Reich, das Recht auf Eigen-

Der Eingang zu den Putilow-Werken in Petrograd während eines Streiks. Die Arbeiter der Putilow-Werke gehören zur Avantgarde der Februarrevolution. Für Lenins Oktober treten nur die Bolschewiki ein, sie stellen einen Teil von Trotzkis Roter Garde.

staatlichkeit. Um den Krieg weiterzuführen, ihn zu gewinnen, mußte das Reich in voller Größe erhalten bleiben, durfte keine Absplitterung von Armeeteilen erfolgen. Neue politische Strukturen für die Nationalitäten sollten von der Konstituierenden Nationalversammlung festgelegt werden.

Sofortige Vorbereitungen zur Einberufung einer konstituierenden Versammlung auf der Grundlage des allgemeinen, gleichen, geheimen und direkten Wahlrechts, welche die Verfassungsform des Landes bestimmen soll. Das wohl ist die wichtigste Zusage der Provisorischen Regierung: Das entscheidende Wort über die Zukunft Rußlands soll das Volk selbst sprechen, soll sich dazu in allgemeiner, gleicher und geheimer Wahl seine Vertreter erküren. Und erst diese werden dem Russischen Reich die endgültige Staats- und Gesellschaftsform geben. Doch auch bei diesem Versprechen macht die Provisorische Regierung bereits einen entscheidenden Fehler: Sie spricht von Vorbereitungen zur Einberufung einer konstituierenden Versammlung, sie setzt keine Daten fest, keine Fristen. Das Versprechen bleibt in der Luft hängen.

Zwei Umstände verdienen hier unser besonderes Augenmerk: Es ist diese Revolution im Februar 1917, die den Zaren stürzt und die eine bürgerlich-demokratische Regierung an die Macht bringt. Und es ist diese Regierung, die Rußland nun Freiheit, Recht und Demokratie bringt. In der späteren, von den Bolschewiki beeinflußten Geschichtsdarstellung wird der Eindruck erweckt, als hätten zwar die revolutionären Kräfte in den Februartagen gesiegt, doch seien sie von einer bourgeoisen kapitalistischen Regierung verraten worden, als hätten die alten reaktionären Kräfte in Rußland weiterregiert, ein Zustand, der erst durch Lenins Zutun, durch seine Oktoberrevolution beendet worden sei. Nein, es war die Februar- und nicht die Oktoberrevolution, die Rußland befreit hat und die Rußland die Demokratie, die Parteienvielfalt, die bürgerlichen Freiheiten, die Menschenrechte und auch die Ansätze zu einer neuen sozialen Ordnung gebracht hat. All dem wird Lenin durch einen Staatsstreich im Oktober 1917 ein Ende bereiten und Rußland erneut einer Diktatur unterwerfen, seiner Diktatur und der seiner Partei von Berufsrevolutionären.

In diesem Zusammenhang gebührt unsere Aufmerksamkeit auch dem neben der Provisorischen Regierung entstehenden Sowjet der Arbeiter- und Soldatendeputierten. Er ist wie gesagt keineswegs von den Bolschewiki dominiert. Aber er ist ein von den Linksparteien beherrschtes Forum und hat daher in manchen Bereichen andere Vorstellungen und andere Ziele als die Provisorische Regierung. Der Sowjet beansprucht auch eine eigene legislative und exekutive Gewalt. Mit anderen Worten, er beginnt in die Geschäfte der Provisorischen Regierung hineinzuregieren. In seiner ersten Erklärung, die gleichzeitig mit dem Manifest der Regierung erscheint, stimmt er mit den Zielen der Regierung noch völlig überein: Amnestie, Konstituierende Versammlung, Demokratie, Disziplin in den Streitkräften. Doch schon bald erläßt der Petrograder Sowjet einen eigenen „Appell an die Völker der ganzen Welt": „Genossen – Proletarier und Werktätige aller Länder! Wir, die russischen Arbeiter und Soldaten . . . entbieten Euch unsere flammenden Grüße und machen Euch Mitteilung von einem großen Ereignis: Die russische Demokratie hat den alten Despotismus des Zaren gestürzt und tritt nun ebenbürtig in Eure Familie ein, um ihre ganze Kraft in dem Kampf für unsere allgemeine Befreiung einzusetzen. Unser Sieg ist ein großer Sieg für die Freiheit und Demokratie in der ganzen Welt."

Soweit die Eigendefinition. Doch dann wendet sich der Petrograder Sowjet „an alle Völker" und fordert sie auf, „mit den räuberischen Bestrebungen der Regierungen aller Länder aufzuräumen". Weiter heißt es: „Die Zeit ist gekommen, in der die Völker die Entscheidung über Krieg und Frieden in ihre eigenen Hände nehmen . . . Wir appellieren auch an unsere proletarischen Brüder von der österreichisch-deutschen Koalition und vor allem an das Proletariat Deutschlands . . . Befreit Euch vom Joch Eures halbautokratischen Regimes, wie sich das russische Volk von der zaristischen Autokratie befreit hat. Weigert Euch, zum Werkzeug der Eroberung und Gewalttätigkeit in den Händen von Königen, Grundbesitzern und Bankiers zu werden, und wir werden in gemeinsamer Anstrengung der fürchterlichen Schlächterei ein Ende bereiten . . . Arbeiter aller Länder! Wir reichen euch brüderlich die Hand über Berge von gefallenen Brüdern, über Ströme von Tränen und unschuldigem Blut, über die rauchenden Ruinen der Städte und Dörfer, über die Schutthaufen der Kultur, und fordern Euch auf, die internationale Einigkeit wiederherzustellen und zu stärken. Darin liegt die Garantie unserer zukünftigen Siege und der völligen Befreiung der Menschheit." Der Appell schließt mit dem Ruf: „Proletarier aller Länder, vereinigt Euch!"

Ein entscheidender Unterschied zwischen der Haltung der Provisorischen Regierung und dem Sowjet wird deutlich: Die Regierung nimmt volle Rücksicht auf die westlichen Alliierten Rußlands, auf die Entente-Mächte. Auch für die neue demokratische Regierung bleiben

Die Revolution hat gesiegt. Die Soldaten und die Menschen in den Straßen Petrograds erwarten das Ende des Kriegs. Doch die neue demokratische Regierung Rußlands hält an den Bündnisverträgen mit Frankreich und Großbritannien fest. Sie setzt den Krieg fort. Eine Fehlentscheidung, die Lenin zu nützen weiß.

sie Verbündete, und das kann nur heißen, daß Rußland an ihrer Seite den Krieg gegen Deutschland, Österreich-Ungarn und die Türkei fortsetzen wird. Der Petrograder Sowjet hingegen ruft alle Völker, auch jene des verbündeten Frankreichs und Großbritanniens auf, sich gegen die eigenen Regierungen zu erheben, um den Krieg zu beenden, um sie zum Frieden zu zwingen. Man kann sich vorstellen, welche Verwirrung diese unterschiedlichen Haltungen der beiden gleichrangigen Führungszentren bei der Bevölkerung, vor allem aber bei den Soldaten an der Front hervorgerufen haben müssen: Geht der Krieg nun weiter, oder bringt die Revolution den Frieden? Muß man wieder in die Schlacht, in diese schreckliche Todesmühle, oder kann man endlich heimgehen?

Diese Verwirrung wird noch wesentlich verstärkt durch den „Befehl Nr. 1", den der Petrograder Sowjet schon am 1. März erlassen hatte: „An alle Soldaten . . ." In diesem Befehl wird den Millionen Soldaten und Matrosen der russischen Streitkräfte befohlen, unverzüglich Soldatenräte zu wählen und sie in den Sowjet zu entsenden. Damit würden alle Truppenteile „in allen politischen Angelegenheiten" dem Sowjet der Arbeiter- und Soldatendeputierten unterstellt. Wörtlich heißt es dann: „Die Befehle der militärischen Kommission der Reichsduma sind nur in den Fällen auszuführen, wenn sie zu den Befehlen und Beschlüssen des Sowjets der Arbeiter- und Soldatendeputierten nicht im Widerspruch stehen." Und schließlich: „Alle Waffen sind unverzüglich unter die Kontrolle der Soldatenräte zu stellen und dürfen unter keinen Umständen den Offizieren ausgeliefert werden." Mit diesem „Befehl Nr. 1" entzieht der Petrograder Sowjet der neuen russischen Regierung praktisch weitgehend die Verfügungsgewalt über die Armee. Mehr noch: Er untergräbt die Autorität der Offiziere und macht die Soldatenräte zu Kontroll- und Schiedsorganen über die militärische Führung auf allen Ebenen.

Aber noch handeln Regierung und Sowjet weitgehend im Einvernehmen. Zwar fordert der Sowjet eine möglichst rasche Beendigung des Kriegs, doch auch der Sowjet will keine Kapitulation Rußlands, keine Niederlage, keinen Schandfrieden. Ein Frieden soll geschlossen werden, bei dem alle kriegführenden Mächte auf jeglichen Territorialgewinn verzichten, bei dem niemand Reparationen oder Kriegsentschädigungen zu zahlen hat. Am Ende dieses Kriegs soll alles wieder so sein, wie es vor dem Krieg war. Das scheint dem Sowjet eine gerechte Basis für den künftigen Frieden. Und solange die Mittelmächte, Deutschland, Österreich-Ungarn, Bulgarien und die Türkei, nicht bereit seien, den Frieden auf dieser Grundlage zu schließen, müsse der Krieg wohl fortgesetzt werden. Damit decken sich die unmittelbaren Ziele der Regierung mit den Ansichten des Sowjets: Der Krieg wird an der Seite der westlichen Verbündeten fortgesetzt.

Außenminister Miljukow geht allerdings in einer Note der neuen russischen Regierung an die westlichen Verbündeten über die vom Sowjet angestrebte begrenzte Kriegführung weit hinaus. Am 18. April versichert er Großbritannien, Frankreich und den USA: „. . . der nationale Wille, den Weltkrieg bis zum entscheidenden Ziele fortzusetzen, hat sich noch verstärkt . . . Jedermann weiß . . . daß die Provisorische Regierung, indem sie die Rechte des Vaterlandes schützt, den gegenüber den Alliierten Rußlands eingegangenen Verpflichtungen gewissenhaft treu bleiben wird."

Lenins Reise durch Deutschland

In Berlin und im Großen Hauptquartier der deutschen Heeresleitung ist man über diese Haltung der neuen russischen Regierung enttäuscht. Man hatte gehofft, die Revolution werde Rußland kriegsunfähig machen und zum raschen Abschluß eines Separatfriedens zwingen. Die deutschen Truppen entlang der gesamten Ostfront könnten dann nach dem Westen geworfen werden zum letzten entscheidenden Stoß gegen Frankreich, der Deutschland den Sieg bringen müßte. Nun muß an der Ostfront weitergekämpft werden. Aber die Revolution scheint doch Möglichkeiten zu bieten, die Lage in Rußland zu beeinflussen. So telegrafiert der deutsche kaiserliche Gesandte in Kopenhagen, der spätere deutsche Außenminister Ulrich Graf von Brockdorff-Rantzau, an das Auswärtige Amt am 3. April 1917 (westliche Zeitrechnung) unter anderem: „. . . In diesem Falle müssen wir unbedingt jetzt suchen, in Rußland ein größtmögliches Chaos zu schaffen." Und er empfiehlt, alles daranzusetzen, „unter der Hand die Gegensätze zwischen den gemäßigten und den extremen Parteien zu vertiefen. Denn wir haben das größte Interesse daran, daß die letzteren die Oberhand gewinnen, weil dann die Umwälzung unvermeidlich und Formen annehmen wird, die den Bestand des Russischen Reichs erschüttern müssen."

Und der kaiserliche Gesandte in Bern, Gisbert Freiherr von Romberg, hält auch schon Kontakt mit jenen „extremen Parteien", die in der Lage wären, in Rußland das größtmögliche Chaos herbeizuführen. Einer wäre es vor allem – Wladimir Iljitsch Uljanow Lenin. Bei Kriegsbeginn befindet sich Lenin im österreichischen Galizien in der Nähe Krakaus und hält von dort aus Kontakt mit den in Rußland befindlichen bolschewistischen Revolutionären. Doch den Österreichern war die Anwesenheit eines für sie undurchsichtigen russischen Agitators verdächtig: Sie nahmen Lenin fest.

Galizien war seit Kriegsbeginn Kampfgebiet und stand unter Standrecht. Lenin wurde am 8. August 1914 als „russischer Spion" verhaftet. Er war in Lebensgefahr, da Militärbehörden Spione hängten. Galizische Abgeordnete im österreichischen Reichsrat wandten sich an den Führer der österreichischen Sozialdemokratie Viktor Adler. Dieser intervenierte beim österreichischen Minister des Innern Baron Karl Heinold: Lenin sei unversöhnlicher Feind des Zarismus und könne daher unmöglich russischer Spion sein. Heinold telefonierte noch in Gegenwart Adlers mit den Behörden und dem Armeeoberkommando in Galizien. Daraufhin wurde Lenin am 19. August 1914 entlassen, traf am 30. August in Wien ein und besuchte Adler in der Redaktion der „Arbeiter-Zeitung", um seine Weiterreise zu besprechen. Auch über Politik wurde geredet. In Lenins Augen war Adler ein Opportunist, in Adlers Augen war Lenin ein starrer Dogmatiker. Dennoch verwendete Lenin später für Adler nie den Ausdruck „Verräter" wie für die anderen sozialdemokratischen Führer. Vielleicht war Lenin von Adlers Menschlichkeit und Integrität beeindruckt. Auf jeden Fall verdankte Lenin Adler seine Freilassung, vielleicht seine Lebensrettung.

Von Wien fuhr Lenin kurz nach Zürich, dann nach Bern, wo er seinen Wohnsitz nahm. Im Januar 1916 bezieht er dann in der Züricher Spiegelgasse in einem Zimmer über dem Restaurant „Zum Jakobsbrunnen" gemeinsam mit seiner Lebensgefährtin, Nadeschda Krupskaja, Quartier. Von der Februarrevolution in Rußland erfährt Lenin erst aus der „Neuen Zürcher Zeitung". Und nun unternimmt er alles, um möglichst rasch nach Petrograd zu kommen. Das ist nicht einfach. Zwischen der Schweiz und Rußland liegen die kriegführenden Mittelmächte, liegen die Fronten. Der Schweizer Sozialist Fritz Platten ist bereit zu vermitteln. Der deutsche Gesandte Romberg erbittet Weisung von Berlin für den Fall, daß „hervorragende hiesige Revolutionäre den Wunsch hätten, über Deutschland nach Rußland heimzukehren". Das geht nur mit Zustimmung des Großen Hauptquartiers, und das heißt, mit Zustimmung des deutschen Oberbefehlshabers Generalfeldmarschall Paul von Hindenburg und des Ge-

In den Betrieben werben bolschewistische Redner Rekruten für die Rote Garde Trotzkis an
(oben). Das Bild rechts zeigt das Betriebsko-
mitee des Petrograder Werks „Vulkan". Vier
der Betriebsräte sind Bolschewiki. Sie sind
leicht zu erkennen – sie tragen Kappen statt
Hüte.

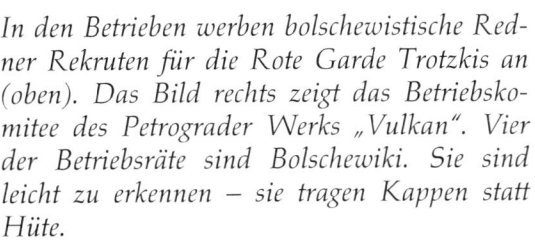

neralquartiermeisters Erich Ludendorff. Sie lassen das Auswärtige Amt wissen: „Gegen Durchreise russischer Revolutionäre keine Bedenken, wenn sie in Sammeltransport unter sicherer Begleitung erfolgt . . ."

Gesandter Romberg gibt die Nachricht an die Revolutionäre weiter. Gleichzeitig fordert er in einem streng geheimen Telegramm an den Reichskanzler Theobald von Bethmann Hollweg weitere Geldmittel zur Unterstützung dieser Revolutionäre. Es geht nicht nur um das Reisegeld. Es geht um größere Summen zur Finanzierung ihrer revolutionären Tätigkeit, wenn sie einmal in Petrograd eingetroffen sein werden. Für Berlin ist dies kein ungewöhnliches Ersuchen: Schon seit Kriegsbeginn sind, meist über die deutsche Gesandtschaft in Stockholm und von dort über Finnland, große Summen Geldes von Berlin an verschiedene revolutionäre Kreise in Rußland geflossen, um deren Untergrundarbeit zu finanzieren. Von Anfang an hatte man gehofft, daß es den Anarchisten und Revolutionären gelingen möge, durch Attentate und Aufstände, durch defätistische Propaganda das Regierungssystem in Rußland zu zerrütten und die Soldaten zu demoralisieren. In der Februarrevolution erblickt man in Berlin daher auch einen Erfolg dieser Art der Untergrundpolitik. Einen Teilerfolg. Wenn es jetzt auch noch gelänge, durch Lenin und seine Bolschewiki Rußland zur Gänze ins Chaos zu stürzen und damit aus dem Krieg auszuklammern, so sollte dies noch einige Millionen Goldmark wert sein.

Daß deutsche Geldmittel in größerem Umfang nach Rußland geflossen sind und daß sie dort verschiedene revolutionäre Gruppen erreicht haben, darüber gibt es keine Zweifel. Die Anforderungen an das deutsche Schatzamt liegen vor, die Bewilligungen und die Quittungen ebenfalls. Ungewiß jedoch waren immer schon und sind auch noch heute die Empfänger. Das liegt in der Natur der Sache: Revolutionäre, die Geld aus den Händen des Feindes nehmen, pflegen nicht mit eigenem Namen zu unterschreiben. Lenin ist gleich nach seiner Rückkehr nach Petrograd beschuldigt worden, nicht nur die Transportmittel des Feindes in Anspruch genommen zu haben, sondern von Deutschland auch finanziert zu werden. Er hat dies stets vehement in Abrede gestellt. Heutige sowjetische Historiker neigen dazu, an diese Finanzierung Lenins zu glauben, aber sie messen diesem Umstand keine größere Bedeutung bei: Lenin hätte sich sogar mit dem Teufel verbündet, wenn er dafür heimkehren und seine Revolution hätte machen dürfen. Daß diese Revolution den Mittelmächten von großem Nutzen war, sei eine unvermeidliche Wirkung gewesen, die man in Berlin zwar erwartet, die Lenin aber kaum wegen Berlin herbeigeführt habe.

Jedenfalls nimmt Lenin das Angebot der Deutschen an, sich von der Schweiz über deutsches Gebiet nach Schweden bringen zu lassen, um von dort über Finnland den Heimweg nach Petrograd anzutreten. Lenin und die Krupskaja reisen nicht allein, sie werden von 30 weiteren russischen Emigranten begleitet, unter ihnen so prominente Weggefährten Lenins wie Grigorij Sinowjew und Karl Radek, der aus dem österreichischen Galizien stammt, sich aber auf die Revolution in Deutschland spezialisiert hat. Fritz Platten hat diese Abreise der Revolutionäre aus Zürich später in seinem Buch „Die Reise Lenins durch Deutschland im plombierten Wagen" ausführlich beschrieben: „Am 9. April 1917, zweieinhalb Uhr, bewegte sich vom Restaurant Zähringer Hof in echt russischer Reiseaufmachung – mit Kissen, Decken und wenigen Habseligkeiten beladen – das Emigrantentrüppchen zum Bahnhof Zürich." Und Platten vermerkt, daß der Zug selbstverständlich fahrplanmäßig und pünktlich um 3.10 Uhr Zürich verlassen habe.

An der deutschen Grenze wird umgestiegen. Für die russischen Emigranten steht ein eigener Waggon bereit. Zwei deutsche Offiziere

Die Februarrevolution bringt die Gleichberechtigung der Frau in Rußland. Als die Regierung Kerenski zur Fortsetzung des Kriegs bis zum Sieg aufruft, eilen auch Frauen zu den Fahnen. Die beiden Bilder rechts zeigen die Vereidigung weiblicher Rekruten in Moskau auf dem Platz zwischen dem Kreml und dem Kaufhaus GUM, heute Roter Platz. Die kahlgeschorenen jungen Frauen werden auf die Fahne des neuen demokratischen Rußlands und auf eine Marien-Ikone vereidigt.

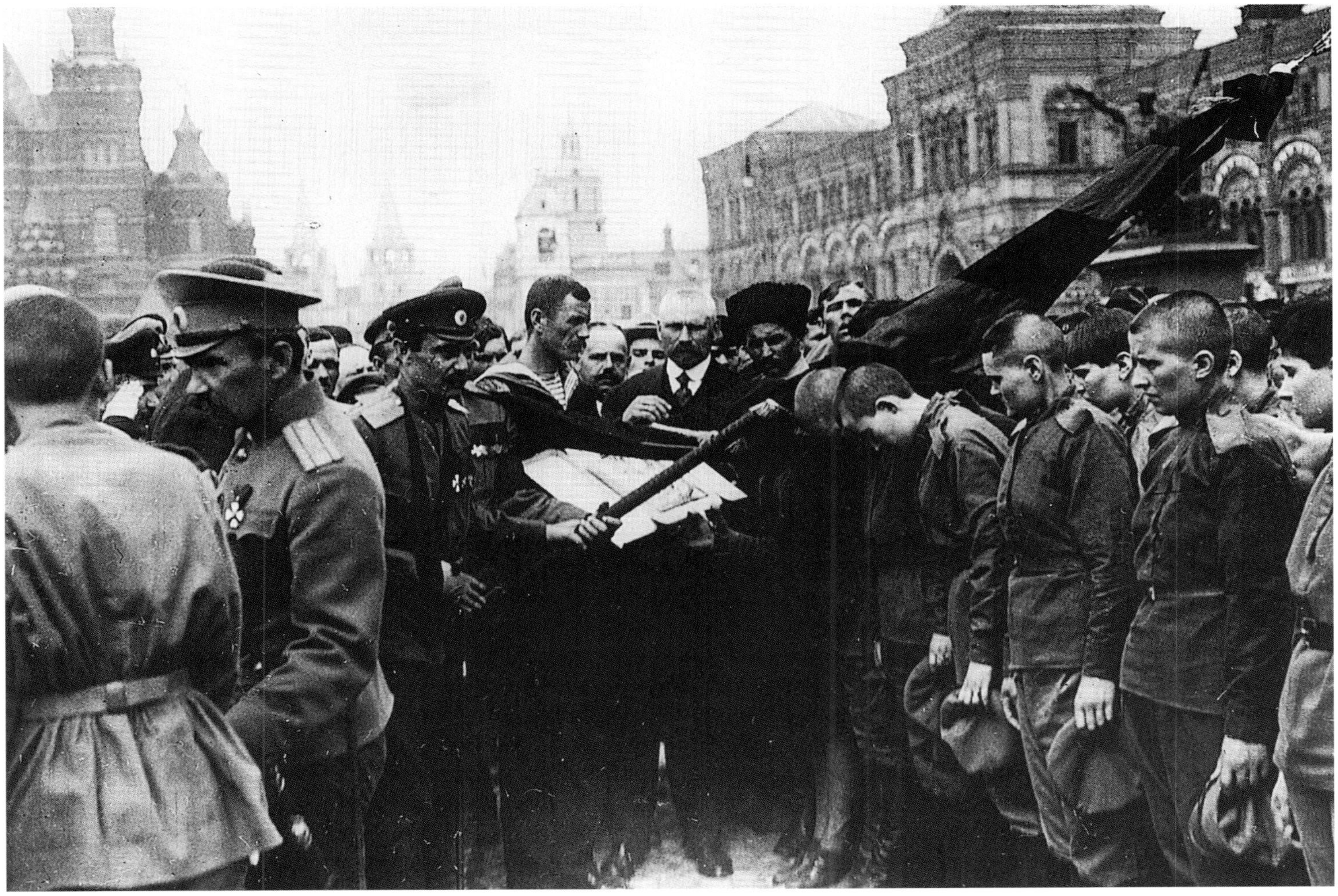

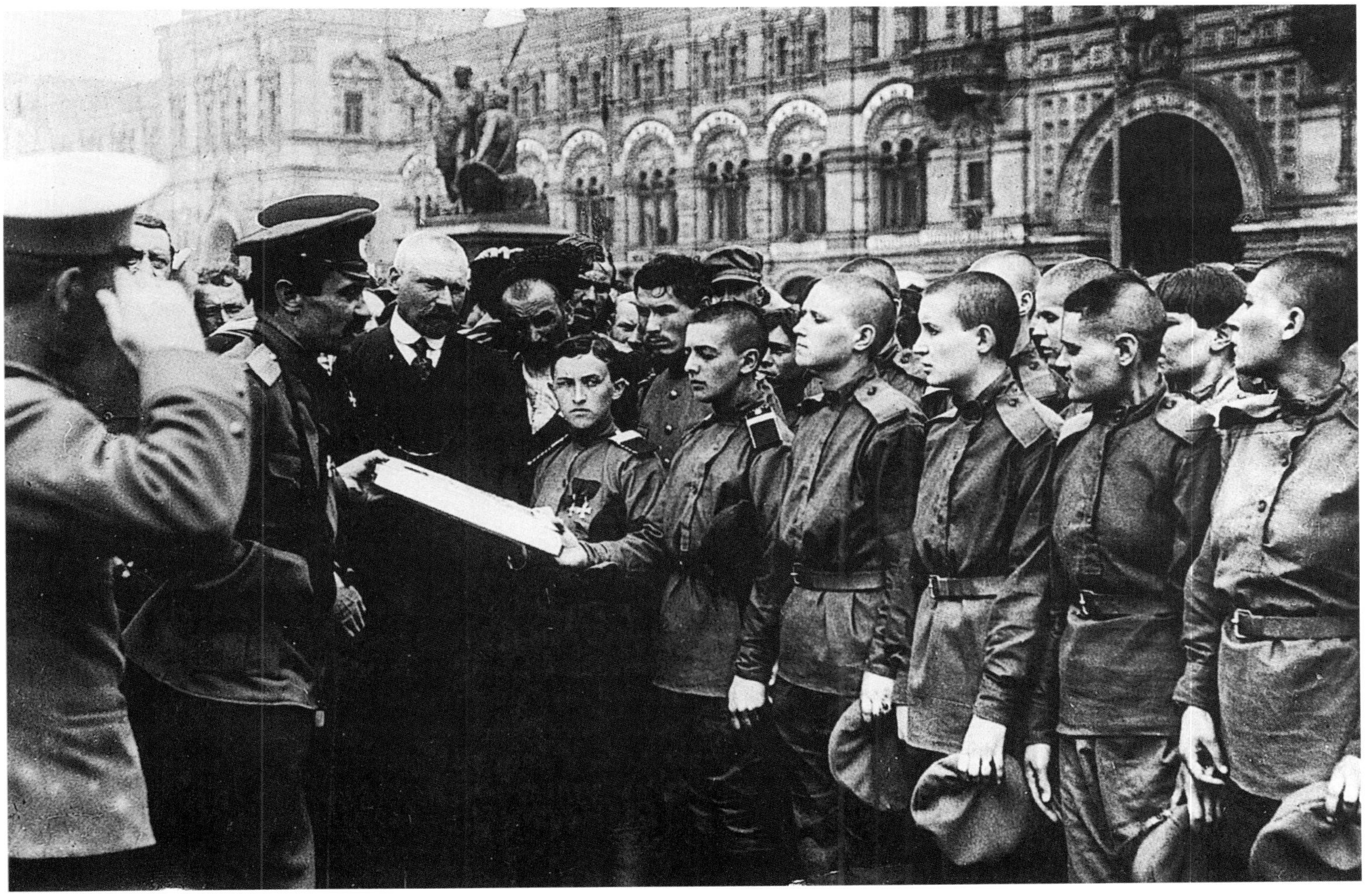

stellen das Begleitpersonal. Sie ziehen auf dem Boden des Waggons einen Kreidestrich: Er trennt ihr Abteil von den Abteilen der Russen; die Russen müssen sich verpflichten, diesen Kreidestrich nicht zu überschreiten, er bildet eine Art deutsch-russischer Grenze. Die drei Waggontüren, zu denen die Russen Zugang haben, werden plombiert. Während der Durchreise durch Deutschland ist es den Russen verboten, den Waggon zu verlassen.

Bei den Russen herrscht dennoch beste Stimmung: Es geht nach Hause. Und – wenn man Lenins feurigen Reden trauen darf, geht es auch in eine neue Revolution. Während die übrigen Reiseteilnehmer heftig debattieren und immer wieder die Marseillaise und andere französische und russische Revolutionslieder anstimmen, arbeitet Lenin, in sein Abteil zurückgezogen, fieberhaft an Organisationsplänen und am Wortlaut jener Reden und Manifeste, mit denen er in Petrograd gleich an die Öffentlichkeit treten will.

So bringt ein Zug des kaiserlichen Deutschlands den Führer des Bolschewismus und Rufer nach der Weltrevolution quer durch Deutschland seinem Ziel entgegen: Rußland, das Lenin zur Sowjetunion machen wird. Nie zuvor war das Schicksal Deutschlands und Rußlands so eng verzahnt wie in jenen Stunden, da die deutsche Führung dafür sorgte, daß der Kommunismus in Rußland zum Sieg geführt werden konnte.

Das stimmt nicht überein mit den Lehren des Karl Marx. Laut Marx hätte sich wie gesagt zunächst die bürgerliche Revolution zur Gänze zu entfalten, müßten erst einmal demokratische Verhältnisse geschaffen werden, durch freie Wahlen und eine parlamentarische Vertretung, hätte sich über lange Zeit der Kapitalismus zu entwickeln, und erst nach abgeschlossener Industrialisierung, sich auf eine breite proletarische Schicht stützend, wäre dann eine sozialistische Revolution denkbar. Lenin will diesen langwierigen, vermutlich Generationen dauernden Prozeß abkürzen und die bürgerliche Revolution sofort in eine sozialistische überführen. Lenin weiß, daß er damit gegen Karl Marx verstößt. Aber er baut sich eine ideologische Notbrücke: Gewiß, in Rußland kommt die sozialistische Revolution viel zu früh, jedoch in Deutschland, in England, in Frankreich wäre sie nun, wie Lenin glaubt, auch nach den Marxschen Vorstellungen fällig: Haben doch diese Länder ihre bürgerlichen Revolutionen schon lange hinter sich und sind kapitalistisch-industriell bereits hoch entwickelt. Aber wer weiß, ob es in Deutschland oder in England diese längst fällige sozialistische Revolution überhaupt geben werde, wenn das dortige Proletariat nicht einen kräftigen Anstoß von außen erhalte: durch eine siegreiche sozialistische Revolution in Rußland. Dort sei sie nämlich jetzt möglich, ermöglicht durch ihn, Lenin. Aus eigener Kraft werde zwar das rückständige Rußland nicht in der Lage sein, den Sozialismus einzuführen, aber wenn das russische Beispiel einmal dafür gesorgt hat, daß es auch zur Revolution in Deutschland kommt, dann wird dieses revolutionäre hochentwickelte Deutschland dem verbündeten revolutionären Rußland mit aller Kraft helfen, seine Rückständigkeit zu überwinden und sich ebenfalls sozialistisch zu entwickeln. Dann aber sei auch die Weltrevolution nicht mehr aufzuhalten, würden sich die proletarischen Massen erheben, die Kapitalisten zum Teufel jagen und dem Sozialismus in der ganzen Welt zum Sieg verhelfen. Dann erst werde der Weltfrieden für immer gesichert sein, wenn es keine Rüstungskonzerne mehr geben werde, keine Kriegsprofiteure, keine machthungrigen Kolonialherren, sondern an ihrer Stelle ein sozialistisches Weltsystem: „Proletarier aller Länder, vereinigt Euch!"

Merkwürdig: Der von Karl Marx zutiefst überzeugte Lenin setzt eine der grundlegenden Thesen des Karl Marx einfach außer Kraft, um sich eine Welt zu zimmern, die seinen persönlichen revolutionä-

Die Regierung Kerenski kann die beiden Hauptforderungen der Bevölkerung nicht erfüllen – Friede und Brot. Während in den Rüstungsfabriken weiterhin auf Hochtouren gearbeitet wird – unser Bild links oben zeigt Arbeiterinnen bei der Montage von Granaten –, herrscht in den Straßen der Hunger (rechts). Das Bild links Mitte zeigt arme Bauern, die sich bei einer öffentlichen Brotverteilung anstellen. Bild unten: Eine der von der Provisorischen Regierung eingerichteten Volksküchen, mit denen versucht wird, dem Hunger entgegenzuwirken.

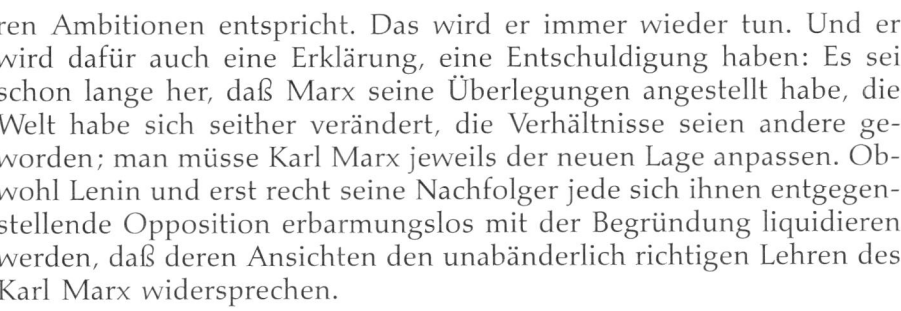

ren Ambitionen entspricht. Das wird er immer wieder tun. Und er wird dafür auch eine Erklärung, eine Entschuldigung haben: Es sei schon lange her, daß Marx seine Überlegungen angestellt habe, die Welt habe sich seither verändert, die Verhältnisse seien andere geworden; man müsse Karl Marx jeweils der neuen Lage anpassen. Obwohl Lenin und erst recht seine Nachfolger jede sich ihnen entgegenstellende Opposition erbarmungslos mit der Begründung liquidieren werden, daß deren Ansichten den unabänderlich richtigen Lehren des Karl Marx widersprechen.

Lenins Kampfansage – die Aprilthesen

Noch in Zürich hat Lenin eine Reihe von Thesen verfaßt, die er bei seiner Ankunft in Petrograd verkünden will. In seinem Zugabteil auf der Fahrt durch Deutschland überarbeitet er sie noch einmal. Diese Thesen sind Lenins Programm zur Machtergreifung in Rußland. Hier ihre wesentlichen Aussagen:

> Sofortige Beendigung des Kriegs, denn der von der Provisorischen Regierung weitergeführte Krieg bleibt ein imperialistischer Raubkrieg; Frieden ohne vorhergehenden Sturz des Kapitals sei unmöglich. Daher Beendigung des Kriegs nach erfolgreicher zweiter Revolution.

Folglich auch keine Unterstützung der jetzigen Provisorischen Regierung; und auch keine Zusammenarbeit mit irgendeiner der anderen Parteien, die diese Regierung unterstützen. Sie alle seien den Täuschungen und dem Einfluß der Bourgeoisie und des Kapitals erlegen.

Die gesamte Staatsgewalt müsse von der Regierung auf die Arbeiterräte übergehen, die Sowjets. Jedoch sei es eine Tatsache, „daß in den meisten Arbeiterdeputiertenräten unsere Partei in der Minderheit ist, vorläufig sogar in einer schwachen Minderheit gegenüber dem Block aller kleinbürgerlichen, opportunistischen, dem Einfluß der Bourgeoisie unterlegenen und diesen Einfluß im Proletariat zur Geltung bringenden Elemente, von den Volkssozialisten und Sozialrevolutionären bis zum Organisationskomitee". Daher sei es Aufgabe der Bolschewiki, die Massen unermüdlich aufzuklären, sich den praktischen Bedürfnissen dieser Massen anzupassen und durch unermüdliche Kritik und Aufdeckung der Fehler der anderen Parteien die Sowjets zu erobern und danach die Staatsgewalt auf sie zu übertragen.

So ist die parlamentarische Republik abzulehnen, zu verwerfen. An ihre Stelle habe eine Republik von Arbeiter- und Bauerndeputiertenräten zu treten.

Die Polizei, die Armee, das gesamte Beamtentum seien abzuschaffen. Neue Beamte müßten gewählt werden und dürften nicht mehr verdienen als ein Arbeiter.

Der gesamte adelige Grundbesitz sei zu enteignen, wie überhaupt der gesamte Boden im Land zu nationalisieren sei. Über seine Verwendung sollten die örtlichen Landarbeiter- und Bauerndeputiertenräte verfügen. Es seien besondere Deputiertenräte der armen Bauern zu schaffen. Lenin spricht auch schon die künftige Kollektivierung an: Musterwirtschaften aus allen großen Gütern seien zu errichten unter der Kontrolle der Landarbeiterdeputiertenräte.

Sämtliche Banken seien zu einer Nationalbank zu verschmelzen, die der Kontrolle der Sowjets zu unterstehen habe.

Sofortige Übernahme der Kontrolle über sämtliche Produktionsmittel und Produktionsstätten durch die Arbeiterdeputiertenräte; und sie hätten auch für die Verteilung der Erzeugnisse zu sorgen.

Ein Parteitag sei einzuberufen, das Parteiprogramm zu ändern: Dieses Programm habe die sofortige Beendigung des Kriegs und die Forderung nach der Errichtung eines „Kommune-Staates" zu enthalten. Auch sei der Name der Partei zu ändern: nicht mehr Sozialdemokratische Arbeiterpartei (Bolschewiki) soll sie heißen, sondern Kommunistische Partei. Und in logischer Ergänzung fordert Lenin auch die Errichtung einer neuen Internationale, die die bisherige sozialdemokratische Internationale abzulösen habe, eine kommunistische Internationale, mit der Aufgabe, die Revolution in die ganze Welt zu tragen.

Der Waggon mit den russischen Revolutionären verläßt bei Saßnitz deutschen Boden. Die Reisenden werden auf der Fähre „Königin Viktoria" nach Trelleborg in Schweden gebracht. Die schwedischen Sozialdemokraten sehen in Lenin und seinen Gefährten befreundete Genossen. So begrüßen sie sie freundschaftlich, auch der Bürgermeister Trelleborgs ist gekommen. In Malmö erwartet die Reisenden ein opulentes Frühstück. Karl Radek schreibt darüber: „Wir armen Leute, die wir in der Schweiz daran gewöhnt waren, einen Hering als Abendessen anzusehen, erblickten diesen riesigen Tisch mit der unendlichen Zahl der Vorspeisen, stürzten wie Heuschreckenschwärme darüber her und leerten ihn restlos zum unerhörten Erstaunen der

An der Front kommt es zur Verbrüderung zwischen russischen und deutschen sowie österreichisch-ungarischen Soldaten. Die Russen wollen nicht mehr weiterkämpfen, und die bolschewistischen Agitatoren rufen die Soldaten beider Seiten auf, die Waffen niederzulegen. Das hindert die Regierung Kerenski nicht daran, die Armee noch einmal zur großen Offensive antreten zu lassen. Sie scheitert. Unter der Kriegsbeute finden deutsche Soldaten Fahnen mit der Aufschrift „Es lebe die demokratische Republik und die Internationale!" (Bild rechts).

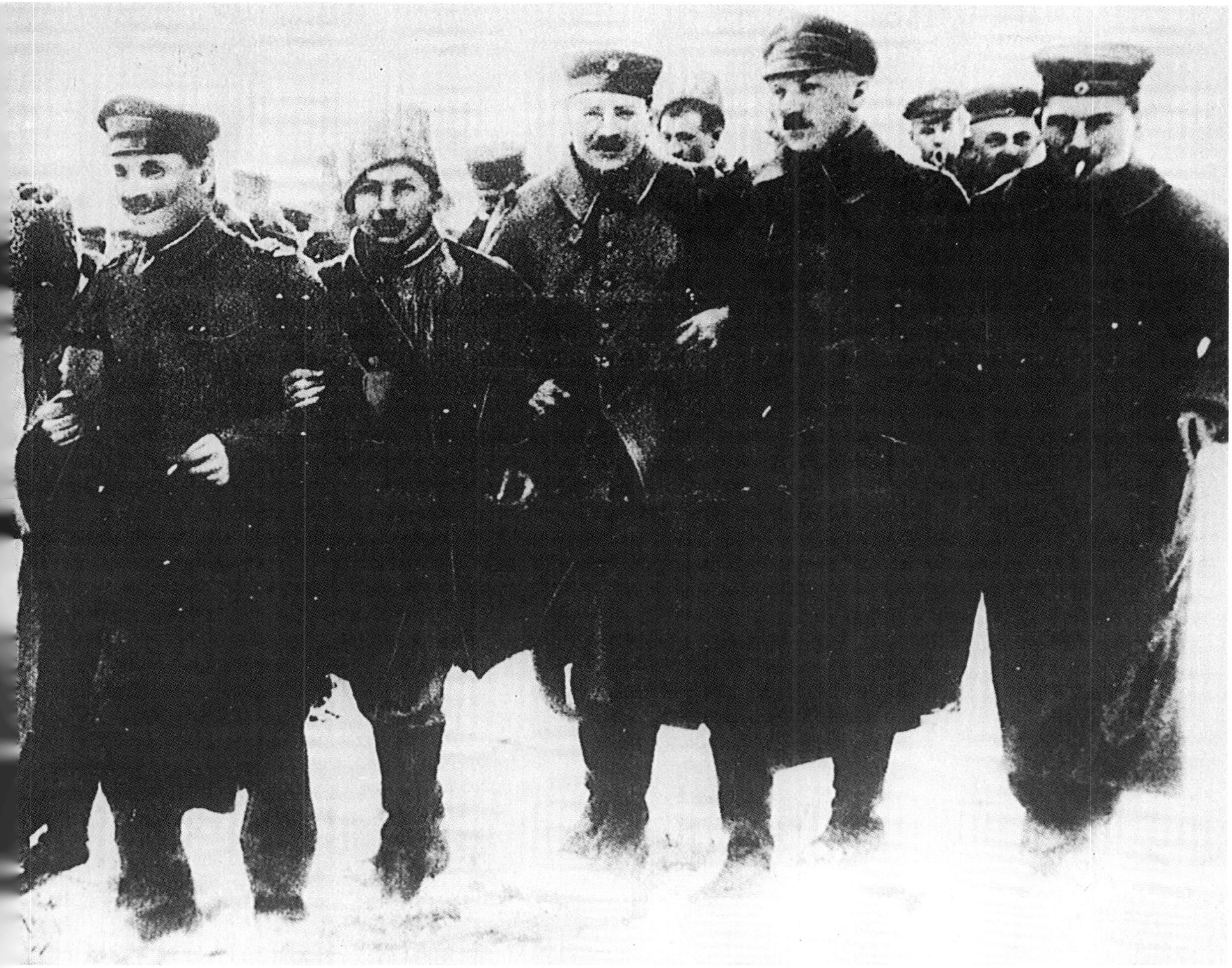

Да вздравствуетъ
Демократическая респу-
блика и
интернацiоналъ!

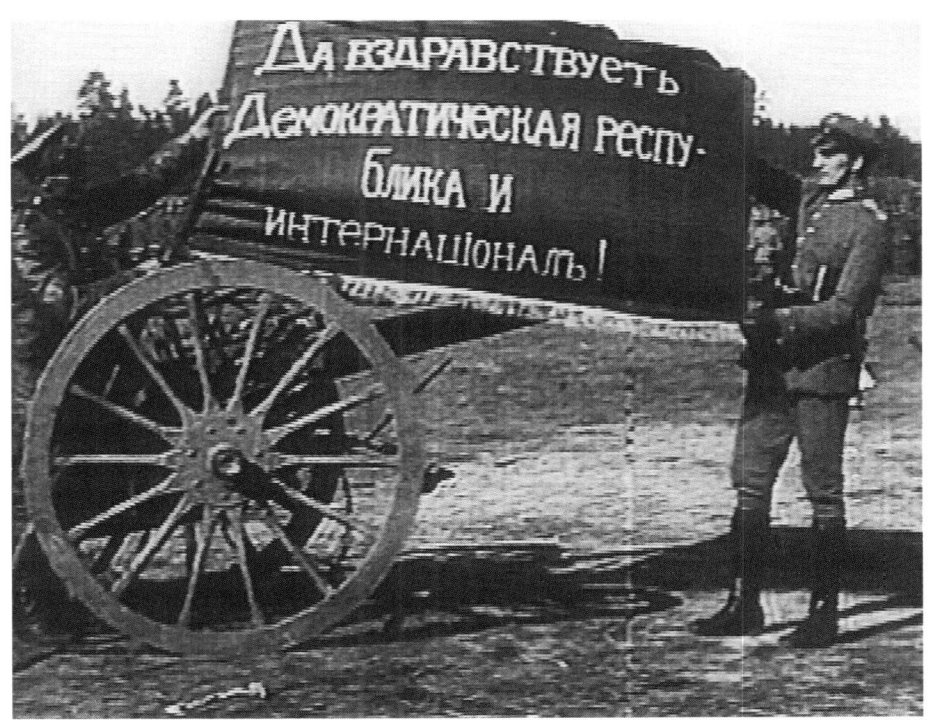

Kellner, die am Smörgastisch nur zivilisierte Leute zu sehen gewohnt waren." Nur Iljitsch, so vermerkt Radek, aß nichts; fieberhaft versuchte er von den schwedischen Gastgebern möglichst viele Details über die russische Revolution zu erfahren.

Mit dem Nachtzug geht es weiter nach Stockholm; auch dort findet sich, neben führenden schwedischen Sozialisten, Reportern und Fotografen, der Bürgermeister zur Begrüßung ein. Lenin nützt den Tag in Stockholm zu pausenlosen Verhandlungen und Vorbereitungen für ein geplantes Auslandsbüro. Aber es gelingt, ihn dazu zu überreden, sich in Stockholm mit einer neuen Hose und einem Paar normaler Schuhe zu versorgen, anstelle der genagelten Schweizer Bergschuhe, die er bis dahin getragen hat. Dann besteigt man den Zug nach Finnland. Laut Radek hob „irgendein Russe" auf dem Bahnsteig zu einer Abschiedsrede an. Lenin winkte ärgerlich ab, er wollte nicht schon wieder gelobt werden. Doch der Mann sprach einen historischen Satz: „Sieh zu, teurer Führer, daß du in Petrograd keinen garstigen Unfug anrichtest!"

Diese Befürchtung wird auch von den meisten der bolschewistischen Genossen in Petrograd geteilt, als Lenin dort eintrifft. Sie erwarten ihn und seine Reisegefährten auf dem Finnischen Bahnhof. Die Nachricht „Lenin kommt!" war wie ein Lauffeuer durch Petrograd gegangen. Lenin, der sich immer wieder in illegalen Zeitungen, Pamphleten und Flugschriften und in den letzten Wochen sogar ganz legal im bolschewistischen Zentralorgan „Prawda" an die Arbeiter, die Soldaten und die armen Bauern Rußlands gewendet hat, genießt bei den revolutionär gesinnten Massen hohes Ansehen. Er gilt als einer der konsequentesten Verfechter der marxistischen Lehre, als unermüdlicher Kämpfer für die Revolution. Aus Zürich hatte Lenin einige „Briefe aus der Ferne" an die „Prawda" gerichtet. Nicht alle hat der Redaktionsstab der „Prawda" veröffentlicht. Mit einigen der von Lenin vertretenen Forderungen war man gar nicht einverstanden: mit seiner Ablehnung der Provisorischen Regierung, mit seinen Angriffen auf die anderen diese Regierung unterstützenden Parteien, die Menschewiki, die Sozialrevolutionäre.

Der Redaktionsstab der „Prawda" wie überhaupt die sich inzwischen in Petrograd versammelnden Führer der daheimgebliebenen oder schon aus der Verbannung und dem Gefängnis befreiten Bolschewiki traten durchaus für eine Unterstützung der Provisorischen Regierung ein, sahen in ihr eine Errungenschaft der Februarrevolution und sind daher auch zu einer Zusammenarbeit mit den anderen Parteien, vor allem mit den Linksparteien bereit. Ihrer Ansicht nach vollzog sich in Rußland durch die Februarrevolution und mit Hilfe der Provisorischen Regierung und der sie unterstützenden Parteien genau das, was Karl Marx als Voraussetzung für eine spätere sozialistische Entwicklung vorausgesagt, ja vorgeschrieben hatte: die Ablösung der Autokratie durch eine parlamentarische Demokratie, die Erfüllung der bürgerlichen Revolution und der Ansatz zur vollen Entwicklung des Kapitalismus. Und das alles wollte Lenin nicht wahrhaben? Über all das wollte er sich hinwegsetzen, es durch eine zweite Revolution ablösen?

Der Redaktionsstab der „Prawda" – das waren keine unbedeutenden Leute, das waren bekannte und anerkannte Revolutionäre: Alexander Schljapnikow, später erster Volkskommissar für Arbeit, Wjatscheslaw Molotow, später Außenminister und Ministerpräsident. Ab Mitte März leiten das Zentralorgan kollegial Lew Kamenew, Matwej Muranow und Josef Wissarionowitsch Dschugaschwili, genannt Stalin. Alle drei waren erst am 12. März aus sibirischer Verbannung in Petrograd eingetroffen. Alle drei gehören der bolschewistischen Parteiführung an, Kamenew und Muranow als wortgewaltige Ideologen. Stalin hatte sich als Organisator im Kaukasus bewährt. Auch Stalin

Lenin verkündet seine Aprilthesen (oben), die er bereits in Zürich niedergeschrieben hat (unten). Erstmals proklamiert er: „Alle Macht den Sowjets!"

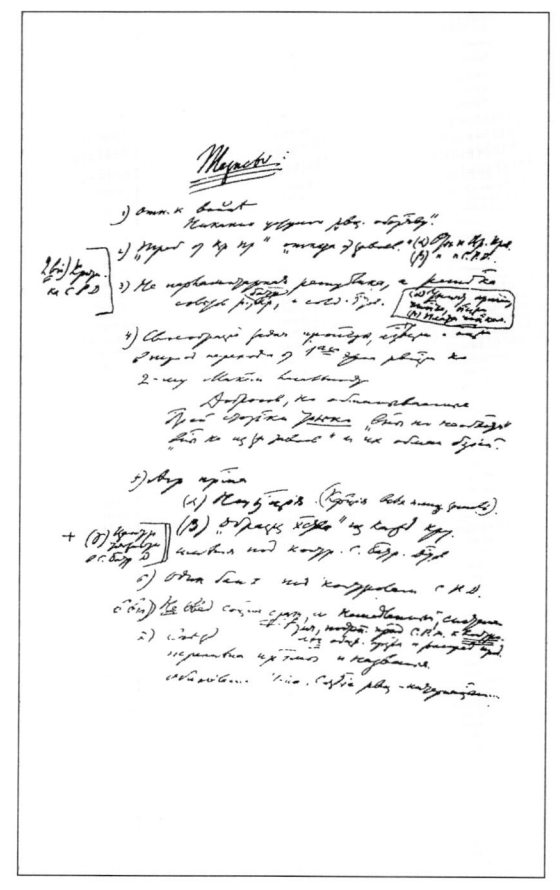

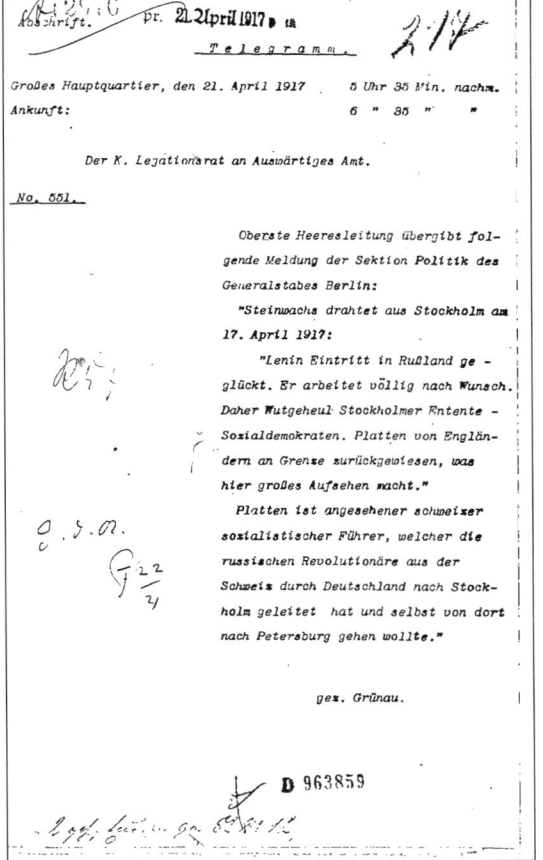

Der Abwehrchef der deutschen Gesandtschaft in Stockholm, Legationsrat Steinwachs, meldet nach Berlin: „Lenin Eintritt in Rußland geglückt. Er arbeitet völlig nach Wunsch."

war wie fast alle bolschewistischen Führer mehrfach von der Ochrana verhaftet und auch nach Sibirien verbannt worden. Und wie fast allen bolschewistischen Führern gelang es auch ihm, aus der Verbannung immer wieder zu entkommen, an Parteikongressen im Ausland teilzunehmen, wieder heimzukehren und sich erneut revolutionär zu betätigen. Denn die Verbannten der Ochrana waren weder in Gefängnissen noch in Konzentrationslagern eingesperrt, sie durften sich an ihrem Verbannungsort frei bewegen, durften Zeitungen und Briefe empfangen und auch selbst Briefe schreiben, durften gesellschaftlichen Umgang mit der örtlichen Bevölkerung pflegen, sie sogar zu ihren Ideen bekehren. Sie alle haben daraus ihre Lehren gezogen: Die künftige Geheimpolizei wird ihren Gefangenen dergleichen nicht zubilligen.

Solcherart sammelt sich um den Redaktionsstab der „Prawda" gleich nach der Februarrevolution eine ganze Reihe aus der Verbannung oder aus dem Exil heimkehrender Bolschewiki, unter ihnen Jakow Swerdlow, Staatsoberhaupt von 1917 bis 1919, Grigorij „Sergo" Ordschonikidse, der gemeinsam mit Stalin die Rückeroberung Georgiens betreiben wird, Andrej Bubnow, späterer Volkskommissar für Volksbildung, sowie die beiden bekannten Revolutionärinnen Jelena Stassowa und Alexandra Kollontaj.

Die meisten von ihnen sind nun am Finnischen Bahnhof erschienen, um Lenin willkommen zu heißen. Auch eine Abordnung Matrosen der Baltischen Flotte marschiert auf, in deren Namen der revolutionäre Seekadett Maximow Lenin auffordert, sofort in die Provisorische Regierung einzutreten, eine Aufforderung, die Lenin mit einem mitleidigen Lächeln quittiert. Vor dem Bahnhof hat sich eine große Menschenmenge versammelt und jubelt Lenin zu. Lenin erklimmt ein Panzerauto und hält eine Rede. Schon hier und etwas später auf dem Balkon des Palais Kschesinskaja, dem Hauptquartier der bolschewistischen Partei, verkündet Lenin die Quintessenz seiner Thesen:

Nein zur Provisorischen Regierung. Nein zur Zusammenarbeit mit anderen Parteien. Nein zur Fortführung des Kriegs. Nein zur parlamentarischen Republik. Dafür: „Es lebe die soziale Revolution!"

Lenin stellt sich damit gegen die bisher von der „Prawda" und von den übrigen Bolschewiki in Petrograd vertretenen Linie. Die „Prawda" druckt Lenins Ansichten am 7. April 1917 vier Tage nach seiner Rückkehr ab. Sie werden unter der Bezeichnung „Aprilthesen" in die Geschichte eingehen. Kamenew kommentiert die Thesen skeptisch bis negativ. Man bedauert, daß der Genosse Lenin mit derart verwirrten Ansichten nach Petrograd heimgekehrt sei, doch das käme davon, daß er eben so lange in der Emigration war, er würde die russischen Realitäten bald erkennen.

Doch die Dinge laufen umgekehrt: Lenin setzt die sofortige Abhaltung eines Parteitags durch, vertritt vehement seine Thesen und überzeugt den Großteil der Delegierten und auch nicht wenige der anderen bolschewistischen Führer von der Richtigkeit seiner Ansichten. Zwei bleiben jedoch bei ihrer Meinung: Kamenew und der mit Lenin heimgekehrte Sinowjew. Stalin laviert geschickt zwischen den Fronten. Lenin wird vom Parteitag mit großer Mehrheit als oberste Autorität der Partei anerkannt und als ihr Führer bestätigt. Das bedeutet aber noch nicht die endgültige Billigung seiner Thesen. Im übrigen hält man diese für weitgehend utopisch. Jene jedoch, die das glauben, unterschätzen Lenins unerschöpfliche Energie, seinen unermüdlichen Einsatz; er ist pausenlos unterwegs, spricht vor Arbeitern, vor Soldaten, motiviert und entsendet Funktionäre in alle Teile des Landes und wird nicht müde, nach der sofortigen Beendigung des Kriegs zu rufen, nach der Enteignung des Großgrundbesitzes, wird nicht müde, die Verteilung des Bodens an die armen Bauern zu fordern, die Unterstellung aller Industriebetriebe unter die Kontrolle der

Arbeiter. Utopisch? Vielleicht, aber immer mehr Frauen und Soldaten stimmen seiner Forderung nach sofortigem Frieden zu, immer mehr Bauern neigen dazu, den radikalen Thesen Lenins statt den vagen Landreformversprechungen der Regierung zu vertrauen. Noch sind die Bolschewiki überall in der Minderheit, aber ihr Einfluß beginnt zu wachsen, die Zahl der mit ihnen sympathisierenden Deputierten in den Räten nimmt zu.

In einem Telegramm an das deutsche Auswärtige Amt meldet der Abwehrchef der deutschen Gesandtschaft in Stockholm, Legationsrat Steinbach: „Lenin Eintritt in Rußland geglückt. Er arbeitet völlig nach Wunsch." Auch dieses Telegramm scheint zu beweisen, daß die deutsche Führung an Lenins Rückkehr ganz bestimmte Erwartungen geknüpft hat und daß Lenin diese Erwartungen zunächst offenbar erfüllte. Für die weitere Geschichte des Sowjetkommunismus dürfte das dennoch nicht von großem Belang gewesen sein. Hingegen ist an Lenins Haltung in jenen Apriltagen, nach seiner Rückkehr nach Petrograd, etwas anderes von großer Bedeutung für die Weiterentwicklung der kommunistischen Bewegung innerhalb und außerhalb Rußlands: Lenin führt hier zum ersten Mal vor, daß ungeachtet jeglicher ideologischer Grundsätze in dieser neuen Kommunistischen Partei nur eines gilt: der Wille des jeweiligen Führers. Und dieser Führer kann seine Ansichten jederzeit ändern, kann von einem Tag auf den anderen das Gegenteil behaupten, gutheißen, verurteilen; die Partei hat zu folgen. Und bald wird es heißen: Weh dem, der nicht rechtzeitig folgt. Man hat in den Aprilthesen und in deren konsequenter Durchsetzung durch Lenin innerhalb der Partei die Geburtsstunde eines neuen Parteiverständnisses erkannt, den Ursprung einer

Zwei Bilder, die den Unterschied zwischen der bürgerlichen Februarrevolution und dem bolschewistischen Oktober zum Ausdruck bringen. Oben: Mitglieder der Arbeitermiliz in den Februartagen. Rechts oben: Mitglieder der Roten Garde in den Oktobertagen.

neuen Art der Ideologie-Anwendung: den Leninismus. Denn diese Prinzipienlosigkeit, diese opportunistische Anpassung an die jeweilige Realität bei gleichzeitigem Anspruch, daß dies stets die Wahrheit sei und objektiv allein richtig, was der Partei nützt, das wird zum Charakteristikum fast aller kommunistischen Parteien, die sich an Lenin und seiner Partei orientieren bzw. sich diesen unterwerfen werden.

Der Juliputsch

Mit sicherem Instinkt hat Lenin erkannt, wo die Sehnsüchte der Menschen in jenen nachrevolutionären Tagen in Rußland unerfüllt bleiben: Die Regierung setzt den Krieg fort, und die Regierung zögert, die versprochene Landreform durchzuführen. Statt des Friedens versucht die Regierung noch einmal alle Kräfte des Landes zu einem großen militärischen Schlag gegen Deutschland und Österreich-Ungarn zu mobilisieren, und sie tröstet die landlosen Bauern mit dem Hinweis, erst die neuzuwählende konstituierende Versammlung sei berechtigt, die Besitzverhältnisse, also auch das Eigentum an Grund und Boden, zu verändern. Man würde meinen, dies sei eben Ausdruck der vorwiegend konservativ-bürgerlichen Zusammensetzung der Provisorischen Regierung. Doch nein: Die Provisorische Regierung wird mehrfach umgebildet. Ab Mai gehören ihr sechs sozialistische Minister an, davon zwei Menschewiki. Der im Petrograder Sowjet beliebte linksliberale Kerenski hat das Kriegs- und Marineministerium übernommen. Und Kerenski ist es, der Offiziere und Soldaten aufruft, den Krieg bis zum siegreichen Ende fortzusetzen, ja der diesem Krieg nun auch eine betont ideologische Bedeutung gibt: Es ist ein Krieg des demokratischen Rußlands, gegen das imperialistische Deutschland, gegen das reaktionäre Österreich-Ungarn.

Kerenski begibt sich immer wieder an die Front, hält zündende Ansprachen und bereitet die Armee auf einen „letzten entscheidenden Waffengang" vor. Die von Kerenski befohlene Offensive beginnt am 18. Juni. Die Russen verfügen über viel mehr Soldaten und auch über mehr Geschütze als die Deutschen und die Österreicher. Sie könnten, sie sollten erfolgreich sein. Doch die russische Offensive bricht schon nach wenigen Tagen kläglich zusammen: Viele Truppenteile weigern sich zu kämpfen, einige laufen über, gehen freiwillig in Gefangenschaft, andere drehen sich einfach um, um nach Hause zu gehen. Das ist nicht zuletzt auf die Agitation der Bolschewiki unter den Soldaten zurückzuführen. Und die Bolschewiki nützen auch die Stunde: In allen großen Städten Rußlands halten sie Kundgebungen ab, machen die Provisorische Regierung für die Niederlage an der Front, für alle Opfer verantwortlich; und sie verstärken ihren Ruf nach sofortigem Frieden.

In Petrograd kommt es zu anhaltenden Demonstrationen gegen die Regierung. Marodierende Soldaten, voll bewaffnet, schließen sich den Demonstranten an. Diese erhalten weiteren Zuzug, fast 10 000 Matrosen marschieren in Petrograd auf. Viele von ihnen greifen willig die bolschewistischen Parolen auf: „Nieder mit der Regierung! Sofortiger Friede!" Und dann erschallt auch schon der Ruf nach Errichtung einer Räteregierung, obwohl der Petrograder Sowjet wie auch die meisten anderen Sowjets im Land weiterhin hinter der Provisorischen Regierung stehen und mit ihr für die Fortsetzung des Kriegs bis zum Sieg eintreten. Die demonstrierenden Massen sind also führungslos, eine Chance für die Bolschewiki. Doch Lenin zögert. Als er am 4. Juli von einem Erholungsaufenthalt in Finnland nach Petrograd zurückkehrt, wird er von Parteifreunden gedrängt, der demonstrierenden, bewaffneten Masse das Zeichen zum Sturm gegen die Regierung, das Zeichen zur zweiten Revolution zu geben. Doch ohne Unterstützung der Sowjets? Wie wird sich die Petrograder Garnison verhalten? Werden sich die Soldaten wie in den Februartagen auf die Seite der Revolutionäre stellen?

Es ist bis heute umstritten, ob Lenin das Zeichen tatsächlich gegeben hat oder ob er den Sturm, von dem die Massen kaum noch abzuhalten waren, nur geschehen ließ. Kerenski, der inzwischen als Ministerpräsident an die Spitze der Provisorischen Regierung getreten ist, gibt den Befehl zur Niederschlagung der Revolte. Und die Soldaten der Petrograder Garnison gehorchen. Die Demonstrationszüge werden auseinandergeschossen. Hunderte Tote und Verletzte bleiben auf den Straßen und Plätzen liegen. Die Bolschewiki, und insbesondere Lenin, werden von der Regierung für diesen Aufstand verantwortlich gemacht: Juliputsch wird man ihn nennen, einen gescheiterten Versuch Lenins, durch bewaffneten Aufstand an die Macht zu kommen.

Die Redaktionsräume der „Prawda" werden gestürmt, besetzt, zerstört. Eine Reihe bolschewistischer Führer wird verhaftet, unter ihnen auch Trotzki, der sich nach kurzem Zögern Lenin angeschlossen hat und der nun sein großes Organisationstalent in den Dienst der Bolschewiki stellt: Trotzki versucht, die während der Februarrevolution entstandenen Arbeitermilizen in eine bewaffnete Kampftruppe der Partei zu verwandeln, die er „Rote Garde" nennt. Seine Rotgardisten waren am Juliputsch schon beteiligt.

Während Trotzki verhaftet wird, gelingt Lenin die Flucht. Zunächst in das Dorf Rasliw, außerhalb Petrograds. Reproduktionen der Laubhütte, in der er die nächsten Wochen verbringt, werden später

Nach der gescheiterten Kerenski-Offensive kommt es in Petrograd zu Demonstrationen, bei denen die Beendigung des Kriegs gefordert wird (rechts oben). Die Parolen auf den Transparenten der Soldaten lauten: „Schluß mit dem Krieg!" „Es lebe die Internationale!", „Es lebe die Volksrepublik!" Am 4. Juli wird aus den Demonstrationen ein Sturm auf die Regierungsgebäude, geführt von den Bolschewiki. Doch die Soldaten der Petrograder Garnison stehen auf der Seite der Provisorischen Regierung. Der Putschversuch wird blutig niedergeschlagen (rechts unten).

53

beliebte Ausstellungsstücke in den verschiedenen Leninmuseen sein. Anfang August rasiert sich Lenin den Bart ab, setzt sich eine Perücke auf, benützt gefälschte Papiere und gelangt solcherart unerkannt nach Finnland. Finnland gehört noch zu Rußland, auch wenn es eine gewisse Autonomie genießt, und so muß Lenin sich auch dort verstecken. Die bolschewistische Partei geht in den Untergrund. Nicht wenige sowjetische Historiker sind heute der Auffassung, daß sich die Bolschewiki von diesem Schlag, wenn überhaupt, so nur schwer erholt hätten. Ihre Popularität sank nach der blutigen Niederschlagung des Juliputschs auf einen Tiefpunkt.

Kornilows Marsch auf Petrograd

Die Kerenski-Regierung hat sich noch einmal behaupten können. Mehr war es nicht, denn auch sie findet kaum noch Unterstützung im Volk, auch nicht in der Armee. Anstelle der versprochenen Reformen hat sie bisher nicht viel mehr getan, als den Krieg weitergeführt; anstatt den Bauern Land zu geben, versucht sie die Bauern zur Ablieferung des wenigen Getreides zu zwingen, das diesen noch verblieben ist; die Fabriken aber erzeugen weiterhin Munition anstelle von Konsumgütern. Die Folge: Es gibt wieder Hunger, und für die wenigen Waren sind von Tag zu Tag höhere Preise zu zahlen, der Geldwert nimmt rapid ab. In den Fabriken kommt es wieder zu Streiks, in den Dörfern erneut zu Bauernaufständen. Und der Juliputsch hat der Regierung und den demokratischen Kräften Angst eingejagt, Angst vor dem nächsten bolschewistischen Putsch.

Kerenski versucht sich und seine Regierung zu retten, indem er die Flucht nach vorn antritt: Am 12. August beruft er eine „Staatskonferenz" nach Moskau, bei der er nochmals alle demokratischen Kräfte zur Rettung des Landes mobilisieren will. In Moskau, weil sich Kerenski dem Druck des Petrograder Sowjets und der schlechten Stimmung in der Hauptstadt entziehen will. Doch die Wahl des Orts ist ein Fehler, denn in Petrograd steht die Neuwahl des Sowjets unmittelbar bevor. Die Bolschewiki beschuldigen die Regierung, sie wolle Petrograd räumen, die Hauptstadt den im Baltikum vorrückenden deutschen Armeen überlassen.

So ersucht Kerenski den neuen Oberbefehlshaber des Heers, Lawr Kornilow, loyale Truppen in die Hauptstadt zu entsenden. Kornilow versteht dies als Hilferuf der Regierung, als Aufforderung, in Petrograd für Ordnung zu sorgen. Es kommt zu weiteren Mißverständnissen, und so sieht sich Kornilow plötzlich in der Rolle eines Retters des Vaterlands. Am 27. August wendet sich Kornilow direkt an die Bevölkerung: „Russisches Volk, unser großes Vaterland geht zugrunde! Die letzte Stunde ist nahe!" Er beschuldigt die Provisorische Regierung, „unter dem Druck der bolschewistischen Mehrheit der Sowjets, in vollem Einverständnis mit den Plänen des deutschen Generalstabs zu handeln", und fährt fort: „Die schmerzliche Erkenntnis von der Unvermeidlichkeit der Vernichtung des Landes befiehlt mir, das ganze russische Volk zur Rettung des sterbenden Vaterlandes aufzurufen." Er, Kornilow, Sohn eines Kosakenbauern, gelobe, nichts anderes zu begehren, als die Wahl zur Konstituierenden Versammlung sicherzustellen, die dann das Schicksal des Landes und dessen Regierungsform entscheiden möge. Der Appell Kornilows schließt mit den Worten: "Ich kann Rußland nicht den Händen seines erbittertsten Feindes, dem Deutschen, übergeben und das russische Volk zum Sklaven der Deutschen machen lassen!"

Kerenski hatte Kornilow gebeten, ihn mit loyalen Truppen zu unterstützen, doch im Aufruf Kornilows glaubt Kerenski zu erkennen, daß der General selbst die Macht ergreifen will. Kerenski wendet

Der Aufstand im Juli 1917 bricht zusammen (Bild links). Da sich die Bolschewiki an seine Spitze gestellt haben, werden die bolschewistischen Führer wegen Hochverrats gesucht. Trotzki wird verhaftet, doch Lenin gelingt die Flucht. Er hat sich den Bart abrasiert und eine Perücke aufgesetzt (Bild oben) und kann sich verstecken. Später flieht er mit Hilfe gefälschter Papiere über die Grenze nach Finnland.

sich in einem Akt der Verzweiflung an den Petrograder Sowjet, fordert alle dort vertretenen politischen Gruppierungen auf, sich mit der Regierung gegen die anmarschierenden Kornilow-Truppen zu stellen: Alle revolutionären Kräfte sollen sich erheben gegen das, was ganz nach Konterrevolution aussieht.

Die Bolschewiki, gerade erst selbst als Putschisten geschlagen, erkennen ihre Chance: Als erste wenden sie sich mit einem Aufruf „an alle Werktätigen, an alle Arbeiter und Soldaten von Petrograd!" Und dieser Aufruf hat es in sich: „Die Konterrevolution marschiert gegen Petrograd. Der Verräter an der Revolution und Feind des Volkes, Kornilow, führt die Truppen, die er betrogen hat, gegen Petrograd. Die ganze Bourgeoisie ... begrüßt nun den Verräter und wird mit ganzem Herzen Beifall spenden, wenn Kornilow die Straßen Petrograds mit dem Blute der Arbeiter und revolutionären Soldaten rot färben wird." So geht es weiter und endet in dem Aufruf: „Soldaten! Im Namen der Revolution – auf in den Kampf gegen General Kornilow! Arbeiter! Schließt die Reihen, um die Stadt der Revolution gegen den Angriff der bourgeoisen Konterrevolution zu verteidigen!" Unterzeichnet ist der Aufruf vom Zentralkomitee der bolschewistischen Partei und der bolschewistischen Fraktion des Petrograder Sowjets.

Aus dem Gefängnis heraus erreicht Trotzki, daß der Petrograder Sowjet ganz offiziell für die Bewaffnung der Roten Garden sorgt, die zur Verteidigung Petrograds antreten. Insgeheim aber läßt er seine Unterführer wissen: Erst Kornilow, dann Kerenski. Doch soweit kommt es erst gar nicht. Die Eisenbahner legen wieder einmal die Transportwege lahm, Kornilows Truppen bleiben auf dem Weg nach Petrograd stecken; viele desertieren, andere verweigern den Befehl. Kornilow gibt auf, ehe er Petrograd erreicht hat. Er gibt auch auf, weil sich die Regierung gegen ihn gestellt hat; dachte er doch zu ihrer Rettung anzutreten. Kerenski läßt Kornilow verhaften.

Die Regierung scheint damit auf der ganzen Linie gesiegt zu haben: Lenin ist geflohen und sitzt in seinem finnischen Versteck, und die Gefahr eines Militärputschs ist mit der Verhaftung Kornilows abgewendet. Von den westlichen Alliierten erwartet Kerenski neue Kredite, vor allem von den erst im selben Jahr in den Krieg eingetretenen USA.

Und um dem ganzen Land ein Signal zu geben, ruft die Regierung Rußland nunmehr zur Republik aus, ein Schritt, den ursprünglich erst die Konstituierende Versammlung hätte setzen sollen. Die Wahlen zu dieser Konstituierenden Versammlung werden für den 12. November ausgeschrieben. Und unmittelbar nach ihrem Zusammentritt soll die Konstituierende Versammlung endlich auch die Landreform in Angriff nehmen.

In Wirklichkeit ist dies alles nur noch ein Wettlauf mit der Zeit, ein Wettlauf zwischen der Regierung und den Bolschewiki. Denn ihr sofortiges und entschiedenes Eintreten zur Verteidigung Petrograds und der (Februar-)Revolution hat den Bolschewiki einen großen Prestigegewinn gebracht. Der Juliputsch erscheint plötzlich in einem anderen Licht, so als hätte er nicht der Vernichtung, sondern der Rettung der Regierung und der Rettung der Revolution gegolten. Trotzki, Kamenew und die anderen Führer der Bolschewiki werden nun, da sich die Partei doch so entschlossen auf die Seite der Regierung gestellt hat, aus dem Gefängnis entlassen. Sie werden im Sowjet triumphal empfangen.

Von dieser Stimmung getragen, erringen die Bolschewiki bei den Wahlen in den Sowjet sowohl in Petrograd als auch in Moskau erstmals die Mehrheit, knapp über 50 Prozent, aber es reicht.

Zum Vergleich: Im Juli verfügten sie im Petrograder Sowjet über rund 10 Prozent der Delegiertenstimmen. Und Trotzki wird nun nicht nur von den Bolschewiki, sondern auch von den linken Sozialrevolu-

*Eine Abteilung der Roten Garde in Petrograd.
Nach dem bolschewistischen Putschversuch im
Juli wurde sie entwaffnet. Als General Kornilow gegen Petrograd marschiert, ordnet Trotzki
vom Gefängnis aus die Wiederbewaffnung seiner Rotgardisten an. Von nun an sind sie die
bewaffnete Macht der Bolschewiki.*

tionären und dem linken Flügel der Menschewiki, also von einer soli-
den Mehrheit, zum Präsidenten des Petrograder Sowjets gewählt.
Dennoch ist Trotzki klar: Gelingt es der Regierung, sich über die
Wahl der Konstituierenden Versammlung hinaus zu halten, ist die
Chance einer bolschewistischen Machtergreifung vorbei. Denn im
Gegensatz zu den Wahlen in die Sowjets werden die allgemeinen
Wahlen in Rußland keine bolschewistische Mehrheit bringen, und die
Konstituierende Versammlung wird als legale Vertretung des Volks
Rußland eine parlamentarisch-demokratische Verfassung geben, und
die Bolschewiki werden als kleine Oppositionspartei wieder ganz von
vorn anfangen müssen.

Lenin ist der gleichen Auffassung. Von seinem finnischen Versteck aus fordert er die Parteiführung auf, den Aufstand raschest vorzubereiten, den Sturz der Regierung.

Trotzki geht umsichtig vor und setzt einen Schritt nach dem anderen, um den Erfolg sicherzustellen: Auf seinen Vorschlag wird ein Allrussischer Sowjetkongreß nach Petrograd einberufen, der zweite seiner Art. Trotzki verbindet die Einberufung schon mit einem Programm: Der Kongreß möge beschließen, daß alle Macht in Rußland den Sowjets übertragen werde. Im Allrussischen Sowjetkongreß haben die Bolschewiki nicht die Mehrheit, es steht also weder fest, daß der Kongreß die Forderung der Bolschewiki aufnehmen wird, noch daß die Bolschewiki über den Kongreß an die Macht kommen. Nein, dazu bedarf es noch des entscheidenden Schritts, des geglückten Staatsstreichs: Der Kongreß muß vor vollendete Tatsachen gestellt werden und soll unter diesem Eindruck die Machtergreifung der Bolschewiki quasi legalisieren.

Lenin hält es nicht mehr in seinem finnischen Versteck. Wann genau er nach Petrograd zurückgekehrt ist, steht bis heute nicht fest. Sicher ist, daß am 10. Oktober unter Lenins Vorsitz das Zentralkomitee der Partei in Petrograd zu einer Geheimsitzung zusammentrat. In dieser Sitzung fallen die Würfel. Lenin tritt entschieden für den Aufstand, für den Staatsstreich ein. Es ist nicht leicht, die Mitglieder des Zentralkomitees von der Richtigkeit dieses Standpunkts zu überzeugen. Lenin nimmt auch bei dieser Sitzung Zuflucht zu Halbwahrheiten und glatten Erfindungen: Ein Sonderfrieden zwischen Deutschland und den westlichen Alliierten stünde bevor, mit dem Ziel, Rußland gemeinsam anzugreifen; Kerenski sei im Begriff, Petrograd den Deutschen preiszugeben; in ganz Europa seien die proletarischen Massen bereit zur Revolution, wenn das Zeichen aus Rußland komme; ein neuer Kornilow-Putsch sei gewiß, wenn man nicht rechtzeitig selbst losschlage.

Kamenew und Sinowjew lehnen Lenins und Trotzkis Pläne entschieden ab. Die Bolschewiki könnten sich nicht gegen alle übrigen Kräfte im Land stellen; die Hoffnungen des Landes seien auf die Konstituierende Versammlung gerichtet. Ein Putsch gegen die Regierung sei daher auch ein Putsch gegen diese Versammlung. Die Bolschewiki hätten nicht das Recht, die ganze Zukunft Rußlands allein in ihre Hände zu nehmen. Doch der Standpunkt Lenins und Trotzkis setzt sich durch. Als im Zentralkomitee abgestimmt wird, sprechen sich zehn der zwölf anwesenden Mitglieder des Zentralkomitees für den Staatsstreich aus. Kamenew und Sinowjew bleiben mit ihrem Standpunkt allein.

Aus dem Gefängnis entlassen und zum Vorsitzenden des Petrograder Sowjets gewählt, ruft Leo Trotzki (Bild oben) zum bewaffneten Aufstand gegen die Regierung Kerenski. Er folgt

Diese Situation wird blitzschnell genützt. Auf Wunsch Lenins soll die Partei von nun an nicht mehr vom Zentralkomitee, sondern von einem eigenen, bedeutend kleineren Gremium geleitet werden, einem politischen Büro. Seine Mitglieder werden sogleich bestimmt: Lenin, Trotzki, Stalin, Sokolnikow und Bubnow. Erstaunlicherweise werden auch Kamenew und Sinowjew in das Politbüro gewählt, weil man auf ihre Autorität und Popularität nicht verzichten will, vielleicht auch, um sie als Opposition unter Kontrolle zu halten.

Der Allrussische Sowjetkongreß war für den 20. Oktober nach Petrograd einberufen, wurde jedoch auf den 25. verschoben. Und so legt Trotzki den 25. Oktober auch als den Tag des Staatsstreichs der Bolschewiki fest, bzw. die Nacht vor diesem Tag. Trotzki zieht weitere Fäden. Er schürt das Gerücht, die Regierung wolle Petrograd kampflos den Deutschen überlassen. Der Petrograder Sowjet zeigt sich alarmiert und fordert die Übernahme der militärischen Verteidigung Petrograds durch den Sowjet. Zu diesem Zweck wählt die bolschewistische Mehrheit ein eigenes „Militärrevolutionäres Komitee". Alle Truppenteile werden aufgefordert, ab sofort nur noch im Einvernehmen mit und auf Befehl dieses Komitees zu handeln. Das Militärrevolutionäre Komitee aber wird dem Präsidenten des Petrograder Sowjets unterstellt, und der heißt Leo Trotzki. Das Komitee entsendet

damit einer dringenden Aufforderung Lenins. Zwei prominente bolschewistische Führer sind dagegen: Lew Kamenew (links unten) und Grigorij Sinowjew (unten).

Kommissare in die Kasernen der Petrograder Garnison, um sie für den Aufstand zu gewinnen. Trotzki eilt von Truppenteil zu Truppenteil, hält zündende Reden und stellt sicher, daß das Militär nichts ohne ausdrückliche Genehmigung des Sowjets unternehmen werde.

Der Oktoberaufstand

In den Zeitungen wird offen über den beabsichtigten Aufstand berichtet. Kamenew und Sinowjew wenden sich in Maxim Gorkis Zeitung „Nowaja Shisn" gegen den geplanten Aufstand. Die Regierung nimmt dies alles nicht sehr ernst. Kerenski hat ein eigenes Kriegskabinett gebildet, dessen Sitz sich im Winterpalais befindet. Eine Abteilung von Offiziersschülern und ein Teil des Petrograder Frauenbataillons sind zum Schutz des Palais abkommandiert. Einem bewaffneten Angriff der Roten Garden könnten sie kaum Widerstand leisten. Im ganzen geschieht wenig, um den drohenden Staatsstreich abzuwehren. Ab 24. Oktober sind Trotzkis Rote Garden überall unterwegs, sie besetzen Betriebe, Brücken, Amtsgebäude. Zwei unbewaffnete Kommissare übernehmen das Haupttelegrafenamt und unterstellen es bolschewistischer Kontrolle. Hilferufe der Regierung würden nicht mehr weitergeleitet werden. Doch solche Hilferufe gibt es nicht. Immerhin beschließt die Regierung, gegen die Mitglieder des Militärrevolutionären Komitees Strafverfolgung einzuleiten, sie verhaften zu lassen. Doch das hätte eine aufwendige Aktion erfordert, und so streicht man sie wieder von der Tagesordnung. Die nach dem Juliputsch verhafteten und später gegen Kaution freigelassenen Führer der Bolschewiki aber werden zur Festnahme ausgeschrieben und die Zeitungen der Bolschewiki sofort verboten. Als die Polizei Redaktionsräume und Druckerei des „Rabotschi Putj" (Arbeiterweg), wie sich die noch verbotene „Prawda" zur Zeit nennt, betritt, läßt Trotzki über das Militärrevolutionäre Komitee die Parole verbreiten: „Die Feinde des Volkes sind zum Angriff übergegangen", und gibt damit das Signal zum offenen Aufstand.

Noch sind nicht alle Deputierten aus den Provinzen in Petrograd eingetroffen, um sich zum Zweiten Allrussischen Sowjetkongreß zu versammeln, der am folgenden Tag, dem 25. Oktober, zusammentreten soll. Eine bolschewistische Mehrheit auf diesem Kongreß ist abzusehen, aber ob sich auch alle bolschewistischen Deputierten für eine bolschewistische Machtübernahme aussprechen werden, das ist ungewiß. Für Trotzki heißt das, rasch zu handeln, denn der Kongreß muß vor vollendete Tatsachen gestellt werden. In der Nacht zum 25. Oktober besetzen Trotzkis Garden die Bahnhöfe, Kraftwerke und Versorgungsstationen.

Um halb vier Uhr früh geht auf der Newa, vor der Nikolaibrücke, der Kreuzer „Aurora" vor Anker. Die Brücke wird von revolutionären Matrosen besetzt. Panzerautos fahren auf. Endlich treffen aus Kronstadt die Schiffe „Amur" und „Habicht" ein, etwas später der alte Panzerkreuzer „Sarja Swobody". Die Kronstädter Matrosen, in schwarzen Uniformen, mit Gewehren und Patronentaschen, werden ausgeschifft, um an der Besetzung des Winterpalasts teilzunehmen.

Um 10 Uhr vormittag verfaßt Lenin eine Bekanntmachung, die im Namen des Militärrevolutionären Komitees im Lauf des Tages über die Funkstation der „Aurora", in Flugblättern und in Zeitungsartikeln verbreitet wird: „An die Bürger Rußlands. Die Provisorische Regierung ist gestürzt. Die Sache, für die das Volk gekämpft hat: das sofortige Angebot eines demokratischen Friedens, die Aufhebung des Eigentums der Gutsbesitzer an Grund und Boden, die Arbeiterkontrolle über die Produktion, die Bildung einer Sowjetregierung – sie ist gesichert."

Die Morgenzeitungen des 25. Oktober hinken hinter dieser Bekanntmachung her. In der „Iswestija", dem Blatt des Allrussischen Zentralexekutivkomitees der Sowjets, wird vor dem „Wahnsinn" und „Abenteuer" einer bolschewistischen Machtübernahme gewarnt, die nur zu „Chaos und Bürgerkrieg" führen würde. „Ist es möglich, daß die Leute nicht begreifen, daß Diktatur und Terror nicht die Mittel sind, mit denen man ein Land organisieren sollte?"

Lenin, der sich auch in Petrograd noch immer versteckt hielt, verläßt nun dieses Versteck und begibt sich zum Sitz des Militärrevolutionären Komitees in das Smolny-Institut. Ob er das am Abend des 24. Oktober oder im Lauf des 25. tat – darüber sind sich die Chronisten uneins. Auf jeden Fall fährt er mit der Straßenbahn in das Institut. Denn alles in dieser Stadt funktioniert noch ganz normal. Die Aktivitäten der Roten Garden und einzelner revolutionärer Truppenteile fallen zwar auf, finden aber keine sonderliche Beachtung. Mit der Ankunft Lenins im Smolny-Institut ändert sich aber die Dynamik des Aufstands. Energisch fordert Lenin die Besetzung des Winterpalasts: „Man darf nicht warten! Man kann alles verlieren! Die Regierung schwankt. Man muß ihr den Rest geben, koste es, was es wolle. Eine Verzögerung der Aktion wäre der Tod!"

Im Smolny tagt seit dem Nachmittag des 25. Oktober unter Trotzkis Leitung eine Sondersitzung des Petrograder Arbeiter- und Soldatensowjets. Trotzki meldet, daß einige Minister bereits in Haft seien, die Provisorische Regierung nicht mehr existiere. „Man hatte uns gesagt, daß der Aufstand im gegenwärtigen Augenblick zu Pogromen führen und die Revolution in Strömen von Blut ersäufen

Auf Vorschlag Trotzkis setzt der Petrograder Sowjet ein Militärrevolutionäres Komitee ein (oben). Alle Truppenteile der Petrograder Garnison werden angewiesen, Befehle nur zu befolgen, wenn sie von diesem Komitee bestätigt werden. In der entscheidenden Oktobernacht gibt es den Truppen den Befehl, in den Kasernen zu bleiben.

Revolutionäre Wachen mit Schnellfeuerkanonen vor den Toren des Smolny-Instituts. Das Smolny, ursprünglich ein Internat für höhere Töchter, ist Sitz des Petrograder Sowjets und während der Oktobertage Hauptquartier des Militärrevolutionären Komitees. Von hier wird der Aufstand gegen die Provisorische Regierung gelenkt.

würde. Uns ist auch nicht ein einziges Opfer bekannt!" ruft Trotzki den Delegierten zu. Dann tritt Lenin vor die Versammlung, zum erstenmal nach seiner Flucht, und verkündet seinerseits den Vollzug der „Arbeiter- und Bauernrevolution, von deren Notwendigkeit die Bolschewiki all die Zeit gesprochen haben". Lenin weiß, daß der Winterpalast zu diesem Zeitpunkt noch nicht eingenommen ist, und es tatsächlich, so wie Trotzki sagt, keinen Schußwechsel in Petrograd gegeben hat. Die Besetzung der Ämter, der Bahnhöfe, der Brücken hat sich unblutig, ja geradezu in aller Stille vollzogen.

An diesem Abend wird im Petrograder Marientheater, dem späteren Kirow-Theater, eine normale Vorstellung gegeben: „Don Carlos" von Verdi. Den König Philipp singt der weltberühmte Fjodor Ilianowitsch Schaljapin. Die Vorstellung ist ausverkauft. Eine kurze Stromstörung wird vom Publikum lässig hingenommen. Am Ende der Vorstellung gibt es nicht enden wollenden Jubel um Schaljapin. Endlich, es ist inzwischen 23 Uhr geworden, geht das Publikum nach Hause. Die meisten Opernbesucher benützen dazu die Straßenbahn. Es ist die Nacht vom 25. auf den 26. Oktober.

In dieser Nacht, um 22.45 Uhr, tritt der Zweite Allrussische Sowjetkongreß zusammen. Unter den 670 anwesenden Delegierten sind 390 Bolschewiki; die Partei kann sich damit auf mehr Delegierte stützen als je zuvor und besitzt in diesem allrussischen Forum zum erstenmal die Mehrheit. Menschewiki und Sozialrevolutionäre erheben heftige Vorwürfe: Lenin, Trotzki, die Bolschewiki hätten hinter dem Rücken des Sowjetkongresses eine Verschwörung angezettelt, den Allrussischen Sowjet überrumpelt, einen unverantwortlichen Anschlag gegen die Revolution verübt. Die Bolschewiki werden aufgefordert, unverzüglich eine Koalitionsregierung zu bilden und die Macht im Staat mit den anderen Parteien zu teilen, zumindest mit jenen, die in den Sowjets vertreten sind. Als die Bolschewiki ablehnen, verläßt ein Teil der Menschewiki und der Sozialrevolutionäre den Saal. Trotzki ist es, der den Staatsstreich in einer seither berühmt gewordenen Rede verteidigt, in der er unter anderem erklärt: „Der Aufstand der Massen bedarf keiner Rechtfertigung ... Die Volksmassen folgen unserem Banner und unser Aufstand hat gesiegt. Und nun schlägt man uns vor: Verzichtet auf euren Sieg, erklärt euch zu Konzessionen bereit, schließt einen Kompromiß. Mit wem? ... Mit jenen kläglichen Gruppen, die den Saal verlassen haben? Mit denen, die diesen Vorschlag machen? ... Hinter ihnen steht doch niemand mehr in Rußland ... Nein, hier ist kein Kompromiß mehr möglich. Denen, die hinausgegangen sind und denen, die uns Vorschläge machen, müssen wir sagen, Ihr seid klägliche Bankrotteure. Eure Rolle ist ausgespielt; geht dorthin, wohin ihr gehört: auf den Kehrichthaufen der Geschichte!"

Tatsächlich können die protestierenden Delegierten der Sozialrevolutionäre und Menschewiki den Bolschewiki keinen größeren Gefallen tun, als den Saal zu verlassen: Jetzt gibt es einhellige Zustimmung, von jetzt an können die Bolschewiki den Kongreß steuern, wie sie wollen.

In dieser Nacht auch wird das Winterpalais eingenommen. Eingenommen, nicht gestürmt. Dazu besteht keine Notwendigkeit mehr. Unter den Bewachern des Palais, den Offiziersschülern und Frauensoldaten, spricht es sich herum, daß die Regierung nichts mehr zu reden hat. Das Häuflein der Verteidiger wird von Stunde zu Stunde kleiner. Die Aufständischen, Rotgardisten und bolschewistische Matrosen, betreten das Palais durch einen unbewachten Dienstboteneingang an der Hinterseite. Das Signal zur „Erstürmung des Palais" sollte der Kreuzer „Aurora" geben, durch einen Blindschuß seines Buggeschützes. Trotzki hatte diesen Schuß angeordnet, als sich bei einem versuchten Uhrenvergleich herausstellte, daß die meisten der bolschewistischen Anführer keine Uhren besitzen. Der Schuß soll die Aktionen zeitlich koordinieren. Das Winterpalais wird tatsächlich von der Artillerie der Peter-Paul-Festung unter Feuer genommen. Jedoch nur zwei der rund 30 abgefeuerten Granaten treffen das Palais, sie richten nur geringfügigen Schaden an.

Die Besetzung des Palais geht fast unblutig vor sich. Die Offiziersschüler erkundigen sich bei dem im Palais tagenden Kriegskabinett, ob sie Widerstand leisten sollen, die Minister winken ab und ergeben sich Minuten später selbst den eindringenden Rotgardisten. Ministerpräsident Kerenski hat an dieser Sitzung nicht mehr teilgenommen, er hat Petrograd verlassen, in der Absicht, regierungstreue Truppen heranzuholen. Das ist ihm nicht mehr gelungen. Und nach der Festigung der bolschewistischen Herrschaft hat Kerenski Rußland für immer verlassen, hielt sich dann viele Jahre in Paris und schließlich in New York auf, wo er 1970 starb.

Um 2 Uhr früh ist das Winterpalais in bolschewistischer Hand. Mit dieser Nachricht eilt Lenin zu dem noch immer tagenden Allrussischen Sowjetkongreß, in dem die Bolschewiki nun den Ton angeben. Lenin wird von ihnen mit stürmischen Ovationen begrüßt. In einer kurzen Ansprache teilt er mit, daß er selbst die neue Regierung bilden werde, eine Regierung, ausschließlich aus Bolschewiki bestehend. Schon am nächsten Tag stellt er die Männer vor und läßt sie vom Sowjetkongreß bestätigen. Die Regierung bezieht ihre Legitimation damit erstmals von einem Sowjetkongreß. Von nun an werden sich die Bolschewiki immer auf diese Legitimität berufen: Die Soldaten-, Arbeiter- und Bauerndeputierten, diese in direkter Demokratie

Der Kreuzer „Aurora" hat auf der Newa Anker geworfen. Seine Matrosen besetzen die wichtigen Brückenübergänge. Mit einem Blindschuß aus ihrem Buggeschütz wird die „Aurora" das Zeichen zum Aufstand geben. Trotzki hat den Schuß angeordnet, weil die Kommandanten der Rotgardisten und der Matrosen über keine Uhren verfügen.

gewählten Vertreter des Volks, hätten sie, die Bolschewiki, zur Regierung berufen. Alle Macht im Staat gehe von den Sowjets aus, vom Volk direkt. Es sei schon hier vermerkt, daß Lenin auch die Sowjets sehr bald von jeglicher Machtausübung ausschaltete, ihre Mitsprache konnte er nicht brauchen, ihre Einmischung hätte ihn an der zügigen Durchführung seiner Pläne gehindert. Dennoch gilt seither das Sowjetsystem als neue Regierungsform innerhalb dessen, was bis dahin das Russische Reich war.

Am Morgen des 26. Oktober 1917 denkt Lenin nicht daran, die soeben eroberte Macht je wieder herzugeben. Noch am gleichen Tag bildet er die erste Sowjet-, das heißt Räteregierung: den Rat der Volkskommissare; die Bezeichnung Minister wird durch den Titel „Volkskommissar" ersetzt. Den Vorsitz im Rat der Volkskommissare führt Lenin selbst; Trotzki wird Volkskommissar für das Auswärtige, Alexej Rykow Volkskommissar für das Innere, Anatoli Lunatscharski übernimmt die Volksbildung, Stalin wird Volkskommissar für die Nationalitätenfragen.

Die Sowjetkongresse sollen die Rolle einer gesetzgebenden Versammlung übernehmen, doch werden sie nur sehr sporadisch tagen und nur noch Zeit finden, die Beschlüsse des Rats der Volkskommissare gutzuheißen; an ihrer Statt wird ein Allrussisches Zentralexekutivkomitee der Sowjets wenn notwendig der Regierung zur Verfügung stehen, aus ihm wird sich der spätere Oberste Sowjet entwikkeln. Erster Vorsitzender dieses Zentralexekutivkomitees wird der enge Lenin-Vertraute Jakow Swerdlow.

An dieser Stelle sei noch einmal darauf hingewiesen, daß alle bisher genannten Daten dem damals in Rußland gebräuchlichen Julianischen Kalender entsprechen. Die übrige Welt stützt sich auf den Gregorianischen Kalender, der später auch in der Sowjetunion Gültigkeit haben wird. Die Bolschewiki werden ihre Machtergreifung, die sich nach dem Julianischen Kalender am 25. Oktober vollzog, daher auch Oktoberrevolution nennen, genau „Große Sozialistische Oktoberrevolution". Wollte man zynisch sein, könnte man bemerken, daß alle vier in dieser Bezeichnung enthaltenen Behauptungen nicht stimmen: Die widerstandslose Besetzung der Petrograder Regierungsämter einschließlich des Winterpalais war zunächst nur ein Staatsstreich und keine große Revolution. Da sie noch im Namen der Verteidigung der Februarrevolution erfolgte, ist auch die Bezeichnung „Sozialistisch" nicht gerechtfertigt. Und nach dem heute gültigen Kalender, da wie dort, fällt der Jahrestag der Revolution auf den 7. November.

In ihrer Ausgabe vom damaligen 27. Oktober verkündet die „Prawda" als Zentralorgan der Bolschewiki: „Wir übernehmen allein die Macht; wir stützen uns dabei auf die Stimme des Landes und rechnen mit der freundschaftlichen Hilfe des europäischen Proletariats. Aber einmal an der Macht, werden wir mit eiserner Hand Saboteure und Feinde der Revolution vernichten . . . Sie haben die Diktatur Kornilows herbeigewünscht . . . wir geben ihnen die Diktatur des Proletariats."

Trotzdem: Lenins Herrschaft steht noch auf schwachen Füßen, die Machtübernahme ist zunächst nur in Petrograd gelungen. In Moskau stellen sich die Garnison und der nichtbolschewistische Teil des Sowjets gegen die Bolschewiki. Sieben Tage lang wird hier noch heftig gekämpft, dann haben auch in Moskau die Bolschewiki gesiegt.

Gar nicht sicher ist, wie sich die einzelnen Truppenteile der riesigen russischen Armee verhalten werden; diese Armee steht entlang der ganzen Front noch immer im Kampf mit Deutschland, Österreich-Ungarn und der Türkei. Und in Petrograd erholen sich die Menschewiki und die Sozialrevolutionäre von ihrem Schock und fordern energisch die Ablösung der Regierung Lenin durch eine breite Koalition aller im Sowjet vertretenen Parteien. Eine Forderung, die selbst im Zentralkomitee der bolschewistischen Partei aufgenommen wird. Kamenew, Sinowjew, aber auch der neue Innenminister Rykow und andere drängen darauf, daß die Wahl zur Konstituierenden Versammlung im ganzen Land ordnungsgemäß durchgeführt und die späteren Beschlüsse dieser Versammlung auch von den Bolschewiki zu achten sein werden. Diese sich im Zentralkomitee formierende Opposition schließt sich der Forderung der Menschewiki, der rechten Sozialrevolutionäre und einer Reihe wichtiger Gewerkschaften, darunter der Eisenbahnergewerkschaft an, daß anstelle des nur von den Bolschewiki besetzten Rats der Volkskommissare eine Koalitionsregierung zu treten habe, in der auch Sozialrevolutionäre und Menschewiki zu sitzen hätten.

Lenins Angebot: Frieden und Brot

So geht Lenin unverzüglich daran, seine noch von allen Seiten bedrängte Herrschaft zu festigen. Noch am 26. Oktober legt er dem von den Bolschewiki beherrschten Rumpfkongreß der Sowjets zwei Dekrete zur Genehmigung vor. Beide stammen aus seiner Feder – das „Dekret über den Frieden" und das „Dekret über das Land", gemeint ist der Grund und Boden. Lenin will blitzartig erfüllen, was er schon in seinen Aprilthesen versprochen hat: die sofortige Beendigung des

Die „Aurora", wie sie wirklich aussah (Bild links). Das heute auf der Newa verankerte Schiff dieses Namens ist eine Nachbildung. Die Matrosen der „Aurora" und einiger anderer Schiffe der russischen Ostseeflotte waren die Speerspitzen der Leninschen Oktoberrevolution (Bilder unten).

Kriegs und die sofortige Beschlagnahme des Großgrundbesitzes und dessen Aufteilung unter die armen Bauern. Lenin weiß, daß er mit einem Friedensschluß die Sympathien eines großen Teils der Bevölkerung und der Soldaten gewinnen kann und mit der Aufteilung des Großgrundbesitzes den jahrhundertealten Traum der großen Masse der bäuerlichen Bevölkerung erfüllen würde. Mit dem Dekret über den Grund und Boden verläßt Lenin marxistische Grundsätze. Nach Karl Marx ist der Großgrundbesitz zu enteignen und in „große, nationale Produktionsgenossenschaften im Gemeinbesitz" umzuwandeln. Marx ist für die Beseitigung des Einzelbesitzes, weil er „den Gemeinbesitz unmöglich macht". Lenin läßt den Großgrundbesitz unter die landlosen und armen Bauern aufteilen und schafft damit in Wirklichkeit viele kleine Einzelbesitzer. Auf Kritik, er habe mit dem Landdekret eigentlich die nichtmarxistische Agrarreform der Sozialrevolutionäre übernommen, antwortet Lenin, daß die Bolschewiki die „berechtigten Forderungen der Bauern immer unterstützen würden"; im übrigen hätten die Sozialrevolutionäre kein „Monopol auf die Bauern".

Im Dekret über den Frieden bietet Lenin allen kriegführenden Staaten „einen sofortigen Frieden ohne Annexionen und ohne Kontributionen" an. Er schlägt den Regierungen und Völkern aller kriegführenden Länder vor, sofort einen Waffenstillstand abzuschließen, für mindestens drei Monate, das heißt auf eine Frist, „die völlig ausreicht, sowohl für den Abschluß von Friedensverhandlungen ... als auch für die Einberufung bevollmächtigter Versammlungen der Volksvertretung aller Länder zur endgültigen Bestätigung der Friedensbedingungen". Es ist ein Vorschlag an alle kriegführenden Staaten, aber es ist klar, daß er von den bisherigen Verbündeten Rußlands, Großbritannien, Frankreich und den USA, umgehend abgelehnt werden wird. Sie sehen in Lenins Vorschlag vor allem ein Ausbrechen aus dem alliierten Kriegsbündnis sowie das Bestreben nach einem Separatfrieden mit den Mittelmächten.

Tatsächlich enthält Lenins Dekret über den Frieden zwei Elemente, die erkennen lassen, daß das Dekret in erster Linie ein Friedensappell an Deutschland ist und sich im Grund genommen gegen britische und französische Interessen wendet. Denn Lenin erläutert recht detailliert, was er als „Friede ohne Annexionen" versteht: einerseits keine Aneignung fremder Territorien, keine gewaltsame Angliederung fremder Völkerschaften, andererseits aber auch keine „Angliederung einer kleinen oder schwachen Völkerschaft an einen großen oder mächtigen Staat, ohne daß diese Völkerschaft ihr Einverständnis und ihren Wunsch klar zum Ausdruck gebracht hat, unabhängig davon, wann diese gewaltsame Angliederung erfolgt ist, sowie unabhängig davon, wie entwickelt oder rückständig eine solche mit Gewalt angegliederte oder mit Gewalt innerhalb der Grenzen eines gegebenen Staates festgehaltene Nation ist, und schließlich unabhängig davon, ob diese Nation in Europa oder in fernen, überseeischen Ländern lebt". Die Umsicht und die Weitsicht Lenins sind hier zu bewundern. Der desolate Zustand Rußlands, aber auch die Notwendigkeit, die bolschewistische Macht zu festigen, zwingen Lenin, um einen sofortigen Waffenstillstand und Sonderfrieden bei den Deutschen einzukommen; gleichzeitig versucht er, einer Annexion der im Krieg von den Deutschen und Österreichern besetzten russischen Gebiete entgegenzuwirken, faßt dies aber in der Forderung zusammen, auch alle anderen Mächte hätten auf jegliche künftigen und bisherigen Annexionen zu verzichten. Für Großbritannien und Frankreich hieße dies die Aufgabe ihrer damals noch weltumspannenden Kolonialreiche.

Lenin vertritt hier Positionen der Zweiten Internationale (1889 bis 1914), die als einzige organisierte Kraft gegen die Kolonialpolitik der meisten Länder aufgetreten ist. Später nimmt der Völkerbund die

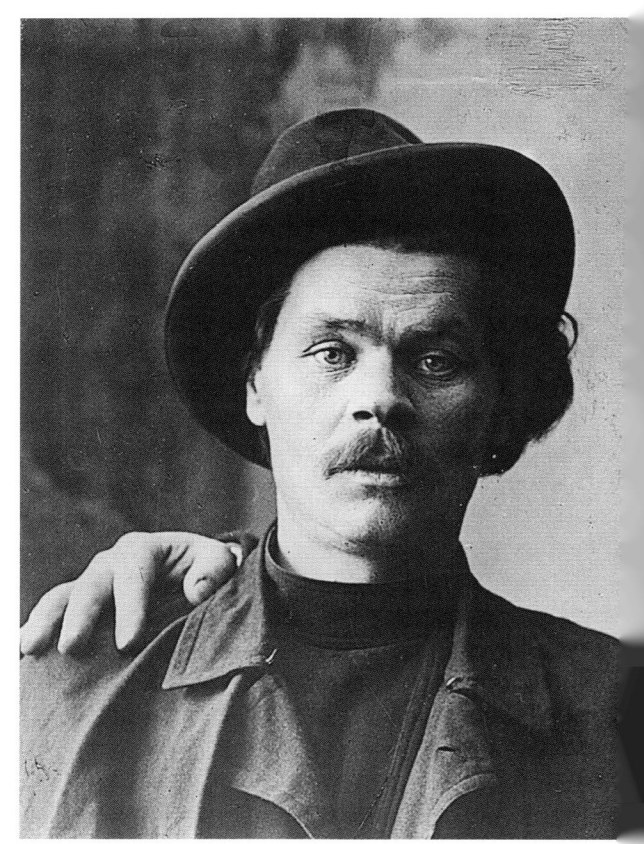

Entkolonialisierung in sein Programm auf, und schließlich auch die UNO im Jahr 1945.

Die Sowjetregierungen bis Gorbatschow konnten sich aber immer auf den von Lenin bereits im Dekret über den Frieden formulierten Grundsatz berufen, wenn sie nationale Befreiungskämpfe unterstützten, wenn sie aktive Hilfe leisteten, in Kuba, in Vietnam, in Angola, in Mozambique, in Nicaragua.

Und wenn Lenin auch nicht mit der Zustimmung der Regierungen rechnen kann, so hofft er doch auf die Unterstützung der Arbeiterschaft, des Proletariats, in den kriegführenden Ländern, ja Lenin hofft ernstlich auf die Erhebung des Proletariats, auf die Revolution. Und er spricht diese Hoffnung in seinem Dekret über den Frieden eindeutig aus, wendet sich „insbesondere an die klassenbewußten Arbeiter der drei fortgeschrittensten Nationen der Menschheit und der größten an gegenwärtigen Kriegen beteiligten Staaten: England, Frankreich und Deutschland". Er nennt sie „Vorbilder proletarischen Heldentums", von denen er sicher sei, daß sie „die ihnen jetzt gestellte Aufgabe der Befreiung der Menschheit von den Schrecken des Krieges und seine Folgen begreifen werden; daß diese Arbeiter uns durch ihre allseitige, entschiedene, rückhaltlos energische Tätigkeit helfen werden, die Sache des Friedens und zugleich damit die Sache der Befreiung der Werktätigen und ausgebeuteten Volksmassen von jeder Sklaverei und jeder Ausbeutung erfolgreich zu Ende zu führen". Wir werden später sehen, daß diese Worte ihre Wirkung nicht verfehlen.

In der Nacht zum 25. Oktober besetzen bolschewistische Soldaten die Telefonzentrale von
Petrograd. Telefonische Verbindungen werden
damals händisch per Schaltstecker hergestellt.
Statt der bisherigen Telefonistinnen übernehmen die Soldaten diesen Dienst (Bilder links
und rechts).

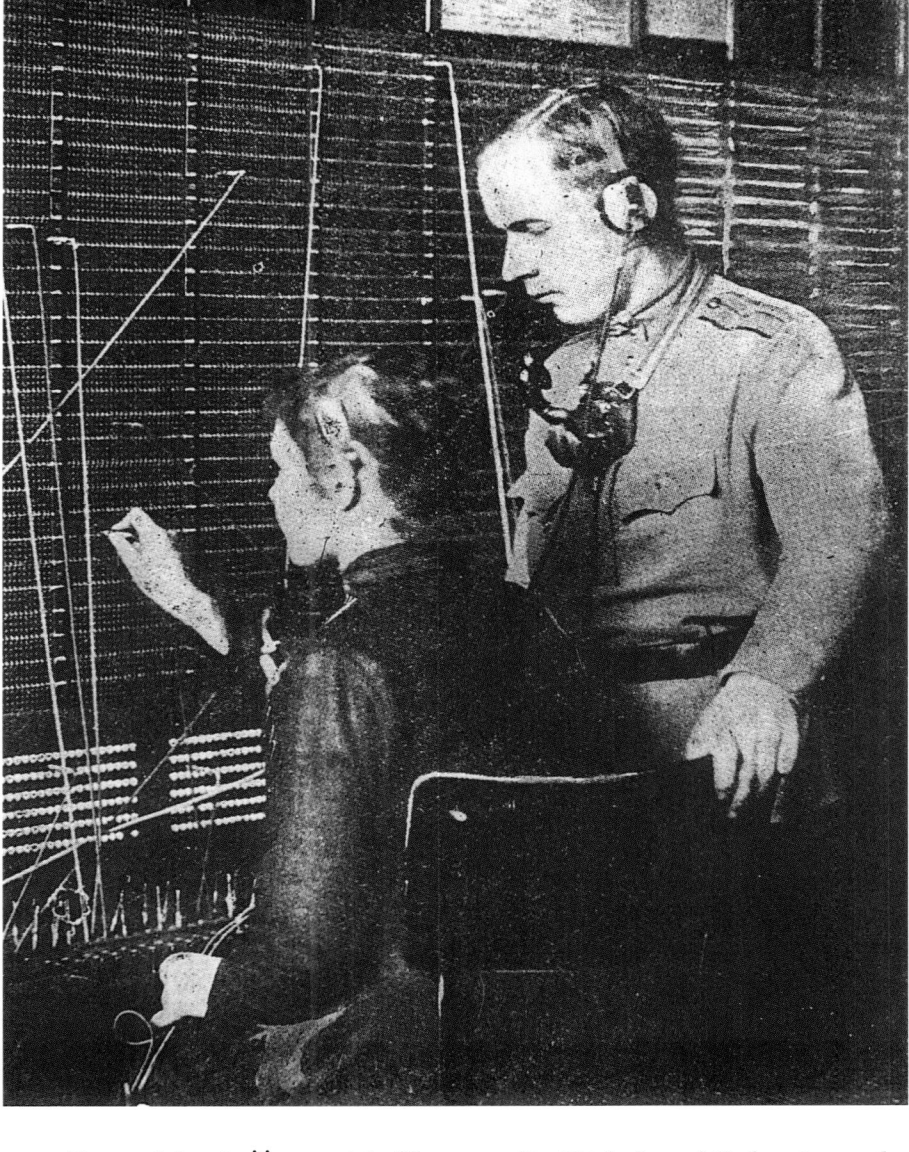

Am Abend des Tages, an dem Lenin in Rußland die Macht ergreift, singt in Petrograd der
weltberühmte Fjodor Schaljapin den König
Philipp in Verdis „Don Carlos". Das Bild unten zeigt Schaljapin (rechts) mit seinem Freund
Maxim Gorki (links).

Deutschland, Österreich-Ungarn, die Türkei und Bulgarien nehmen Lenins Angebot auf Waffenstillstand an, aber nicht sein Angebot
auf einen Frieden ohne Annexionen und Kontributionen. Sobald diese
Ablehnung klar wird, erheben sich große Teile der österreichischen
und der deutschen Arbeiterschaft gegen die Politik ihrer eigenen Regierungen, da sie Lenins Worte als berechtigt und gerecht empfinden.

Doch wenden wir uns für einen Augenblick dem zweiten von
Lenin am gleichen Tag erlassenen Dekret zu, dem Dekret über den
Grund und Boden. Ebenso wie das Dekret über den Frieden enthält es
einen scheinbar völlig eindeutigen Kern: Alle den Gutsbesitzern, Do-
mänenverwaltungen, Klöstern und Kirchen gehörenden Ländereien
gehen mit allem lebenden und toten Inventar, allen Bauten und allem
Zubehör in den Besitz des ganzen Volks über; der Boden wird unter
den Ackerbauern verteilt; die Formen der Bewirtschaftung müssen
völlig frei sein. Daraus läßt sich schließen, daß Lenin den Großgrundbesitzern sowie der Kirche und den Klöstern den Boden wegnimmt
und ihn vor allem an die bisher landlosen Bauern verteilen läßt. Und
tatsächlich erhalten die Dorfsowjets und später die unter bolschewistischer Leitung gegründeten „Komitees der Dorfarmut" die Weisung,
den Grund und Boden zu beschlagnahmen und ihn unter die armen
Bauern zu verteilen.

Damit handelt Lenin, wie schon gesagt, gegen marxistische
Grundsätze. Aber auch in diesem Dekret hat er sich ideologisch abgesichert. Bei genauem Lesen enthält es nämlich wesentliche Einschrän-

kungen, Vorbehalte, Handlungsanweisungen für die Zukunft. Kurz zusammengefaßt: Der gesamte Grund und Boden des Landes gehört dem ganzen Volk; jeder private Landbesitz wird für immer aufgehoben; das Land kann weder verkauft noch gekauft, weder verpachtet noch verpfändet noch auf irgendeine andere Weise übereignet werden. Dieser Besitz des ganzen Volks wird denen zur Nutznießung überlassen, die das Land bearbeiten, und zwar nur solange, als sie die Kraft haben, es zu bearbeiten; wer die Kraft nicht mehr hat, verliert jedes Recht auf den Boden, Alte und Kranke bekommen statt dessen eine Pension. Der den einzelnen Bauern zugewiesene Boden bleibt Bestandteil eines dem ganzen Volk gehörenden Agrarfonds. Dieser wird gemäß der weiteren Entwicklung der Bevölkerung bzw. der Landwirtschaft stets von neuem ein- und aufgeteilt. Und obwohl den Bauern die Form der Bewirtschaftung überlassen bleiben soll, wird es den einzelnen Dörfern und Siedlungen freigestellt, welche Art der Bewirtschaftung sie zulassen wollen. Das können Einzelwirtschaften sein, aber eben auch Kollektive. Und bereits funktionierende Groß-ländereien mit hochentwickelten Kulturen dürfen von vornherein nicht geteilt werden, sondern müssen als „Musterwirtschaften" erhalten und dem Staat oder den Gemeinden zur Nutznießung übergeben werden.

Lenin baut auch vor, daß die Landreform nicht zur Aufsaugung der gesamten ländlichen Bevölkerung führt. Ausdrücklich heißt es in seinem Dekret, wenn der vorhandene Agrarfond nicht ausreiche, müsse der Überschuß der Bevölkerung auswandern. Selbst die Personenkreise, die zur Auswanderung bestimmt sind, legt das Dekret fest. Die Auswanderung hat in folgender Ordnung zu geschehen: In erster Linie betrifft sie die landlosen Bauern, falls sie den Willen dazu haben; dann die Gemeindemitglieder mit schlechtem Leumund, wie Deserteure usw. Über den Rest entscheidet das Los oder eine gutwillige Vereinbarung. Darüber hinaus enthält das Dekret noch eine weitere im Moment für Lenin sehr wichtige Absicherung: Die Durchführung wie die Gültigkeit des Dekrets gelte nur bis zur Einberufung der Konstituierenden Versammlung. Lenin läßt damit den Eindruck entstehen, daß er eine so einschneidende Maßnahme wie die Abschaffung jeglichen privaten Eigentums an Grund und Boden, ja die Gesamtverstaatlichung des Landes der noch zu wählenden Konstituierenden Versammlung zur letzten Entscheidung überlassen wolle. Wir werden später sehen, daß es weder in Lenins Absicht lag, das Land den Bauern zu übergeben, noch die künftigen Eigentums- und Bewirtschaftungsformen von einer parlamentarischen Vertretung entscheiden zu lassen. Das einzige, was Lenin mit dem Dekret wirklich herbeiführen wollte, war die Sozialisierung des gesamten Grund und Bodens.

Nicht zu übersehen ist auch eine Bestimmung in dem Dekret, derzufolge alle Bodenschätze, Erze, Erdöl, Kohle, Salz usw., ebenso alle Waldungen und Gewässer „in den ausschließlichen Besitz des Staates übergehen". Das bedeutet die Verstaatlichung der sich fast durchwegs mehrheitlich im Privatbesitz bzw. im Besitz großer ausländischer Gesellschaften befindlichen Bergwerke, Kohlengruben und Erdölfelder.

Die Landreform ist in Rußland seit langem überfällig, die praktische Leibeigenschaft der Millionen landlosen Bauern ist eines modernen Staats unwürdig; die weit unter dem europäischen Schnitt liegenden Lebensverhältnisse der Landbevölkerung sind unbedingt und rasch zu verbessern. Das hatten lange vor den Bolschewiki und bis vor kurzem auch ganz gegen den Willen der Bolschewiki die Sozialrevolutionäre gefordert, hatten praktisch jahrzehntelang um dieser Reformen willen einen zähen Untergrundkampf gegen das zaristische Regime und dessen Wirtschaftsformen geführt. Daher waren die Sozialrevolutionäre auch so geachtet bei den Bauern. Aber sie hatten es

Offizierschüler (Bild oben), die gemeinsam mit dem Petrograder Frauenbataillon den Schutz der Regierung Kerenski im Winterpalast übernommen haben. Als die Bolschewiki kamen, leisteten sie fast keinen Widerstand. Die blutige Erstürmung des Palais ist eine Legende.

Links: Wladimir Antonow-Owsejenko. Als Sekretär des Militärrevolutionären Komitees leitet er die Besetzung des Winterpalais, 1922 wird er Chef der politischen Verwaltung der Roten Armee, 1934 Staatsanwalt, 1937 Volkskommissar für Justiz (Justizminister). 1939 läßt ihn Stalin ermorden.

versäumt, diese ihre Forderungen gleich nach der Februarrevolution durchzusetzen, hatten es der Provisorischen Regierung gestattet, erst einmal den Krieg weiterzuführen und sich auf die immer wieder hinausgeschobene Wahl der Konstituierenden Versammlung zu berufen. Jetzt müssen die Sozialrevolutionäre zusehen, wie Lenin das von ihnen jahrzehntelang vertretene Programm als sein eigenes ausgibt. Als die in Petrograd noch immer erscheinenden sozialrevolutionären Zeitungen den Bolschewiki voll anklagender Wut vorwerfen, nichts anderes zu tun, als das Reformprogramm der Sozialrevolutionäre durchzuführen, wird dies weder von Lenin noch von den Bolschewiki geleugnet: Sehr richtig, nur ihr habt es nicht verwirklicht. Wir verwirklichen es, Ende der Debatte.

Dennoch wird Lenins Machtergreifung nicht ohne Widerstand hingenommen. Widerstand gibt es im neubestellten Zentralen Exekutivkomitee des Allrussischen Sowjetkongresses, Widerstand gibt es weiterhin auch in der eigenen Partei: Kamenew und Sinowjew lassen nicht locker, sie bezweifeln, daß es Lenin und den Bolschewiki gelingen wird, das wirtschaftlich ruinierte, aus tausend Wunden blutende Rußland regieren und aufbauen zu können, noch dazu wenn Lenin gleichzeitig versuchen sollte, eine wirklich sozialistische Gesell-

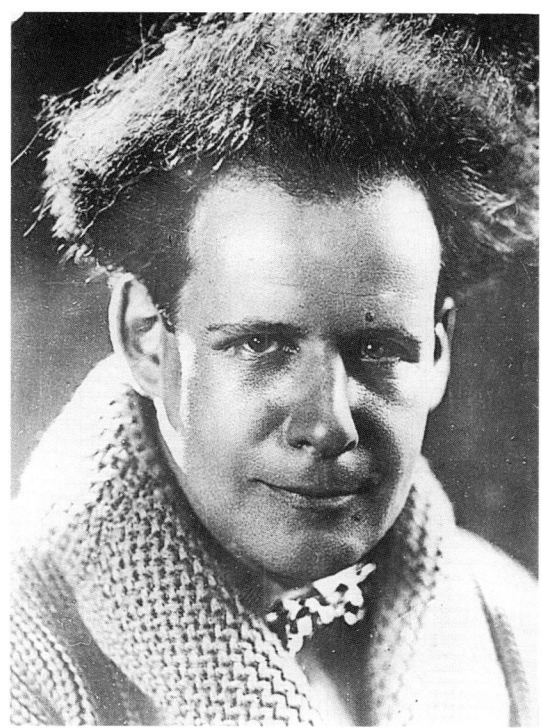

Die Besetzung des Winterpalais wurde weder fotografiert noch gefilmt. Die in der Welt verbreiteten Fotos wurden Jahre später aufgenommen, an einem Jahrestag der Oktoberrevolution, wobei der „Sturm auf das Winterpalais" als Schauspiel inszeniert wurde (Bild links). Noch dramatischer gestaltete der berühmte Filmregisseur Sergej Eisenstein (oben) die Oktoberereignisse in seinem Film „Oktober", in dem er Lenin auf einem Panzerwagen den Sieg der Revolution verkünden läßt (rechts).

schaftsordnung einzurichten. Die Bolschewiki seien nach wie vor eine Minderheit, alle anderen Parteien und Institutionen würden sich gegen sie stellen, sich zur Wehr setzen. Ein Bürgerkrieg wäre unausbleiblich, und diesen Krieg würden die Bolschewiki verlieren.

Kamenew und Sinowjew finden Unterstützung sowohl in der Partei als auch im Exekutivkomitee des Sowjetkongresses. Lenin soll gezwungen werden, Vertreter auch anderer Parteien in seine Regierung aufzunehmen, Sozialrevolutionäre und Menschewiki. Es kommt sogar zu einer Einigung über die Neubesetzung der Regierung. Da droht Lenin, aus der Regierung auszutreten, Kamenew, Sinowjew und andere aus der Partei auszuschließen und die Partei zu spalten. Diese Drohung beweist, daß Lenin unter keinen Umständen gewillt ist, die Macht wieder herzugeben oder sie mit anderen zu teilen. Er nimmt dann später einige linke Sozialrevolutionäre in seine Regierung auf, überläßt ihnen untergeordnete Ressorts und ist heilfroh, daß sie sein Kabinett bereits nach wenigen Wochen wieder verlassen, weil sie nicht bereit sind, die von Lenin akzeptierten harten Friedensbedingungen der Deutschen und Österreicher mitzuverantworten. So ist das Ringen um die Erhaltung einer parteipolitischen Vielfalt, um einen Pluralismus selbst im Sowjetstaat nur ein kurzes Intermezzo, von Lenin schroff abgelehnt und auch bald beendet. Wenn es nach Lenin ginge, würde er schon die noch von der Provisorischen Regierung für den 12. November angesetzten Wahlen zur Konstituierenden Versammlung nicht mehr zulassen. Doch damit kommt Lenin nicht

durch; ein Verbot der Wahl würde die Öffentlichkeit und sogar einen großen Teil der bolschewistischen Führer gegen ihn mobilisieren. Hat doch Lenin die Sowjets nicht zuletzt mit dem wiederholten Versprechen auf seine Seite gebracht, die Zukunft des Landes von der Konstituierenden Versammlung bestimmen zu lassen und die Entscheidungen dieser Versammlung zu respektieren.

Einer der Räume des Winterpalais nach der Besetzung durch die bolschewistischen Truppen. Man suchte nach Papieren der Regierung, aber es wurde auch geplündert. Die Soldatinnen des Frauenregiments klagten über brutale Behandlung und Vergewaltigungen.

Das Ende der Demokratie

Die Wahlen finden also statt, termingemäß am 12. November. Sie sind aus vielen Gründen bemerkenswert: Es sind die ersten wirklich freien, allgemeinen und geheimen Wahlen, die in Rußland je stattgefunden haben, und sie werden auch trotz der riesigen Ausdehnung des Reichs und der zum Teil chaotischen Verhältnisse in ganz Rußland durchgeführt. Wahlberechtigt sind alle Bürger und Bürgerinnen ab dem 20. Lebensjahr. Das allein schon ist sensationell: Lediglich in Dänemark und in Schweden, in Neuseeland und in Australien sowie bei Landtagswahlen in Finnland gibt es zu diesem Zeitpunkt bereits das Wahlrecht für Frauen. In den großen Demokratien, in England, in Frankreich, in den USA, wird erst Jahre später das Frauenwahlrecht eingeführt; in Deutschland, in Österreich, in Ungarn nach dem Zusammenbruch der Monarchien. Erneut muß man feststellen, es war die Februarrevolution, die Rußland die Demokratie, den Parteienpluralismus, die parlamentarische Struktur und eben auch dieses fortschrittlichste Wahlrecht der Welt gebracht hat, denn es machte die

Das Winterpalais am Tag nach der bolschewistischen Besetzung durch die Rote Garde (kleines Bild). Im Hintergrund die aus Brennholz errichteten Barrikaden. Das Bild ganz oben zeigt eine Parade der Roten Garde vor dem Palais.

Frauen nicht nur zu gleichberechtigten Wählern, sie waren auch, wie die Männer, ab dem 20. Lebensjahr wählbar, als Abgeordnete, als Landesfunktionäre und Gemeinderäte, und das gab es sonst nirgendwo auf der Welt. Die Demokratie zeigte also gute Ansätze in Rußland. Lenin selbst hatte nach seiner Rückkehr nach Petrograd erklärt, daß Rußland „zur Zeit das freieste Land der Welt" sei; und das bewog ihn zu der Schlußfolgerung, daß die Bolschewiki diese unbegrenzte Freiheit für ihren Kampf um die Macht bestmöglich zu nützen hätten.

Was ja auch geschehen ist: Lenin ist an der Macht, als die Resultate dieser ersten und auf lange Zeit letzten freien Wahl in Rußland feststehen. Die überragenden Sieger sind die Sozialrevolutionäre, von 717 Abgeordnetensitzen entfallen auf sie 370 und weitere 40 Sitze auf die getrennt kandidierenden linken Sozialrevolutionäre. Die Menschewiki bringen es auf 16 Mandate, die Kadetten auf 17 Sitze; 86 Abgeordnete stellen verschiedene nationale Minderheiten, 11 Mandate entfallen auf unabhängige Kandidaten. Demgegenüber können die Bolschewiki nur 175 Mandate erringen. Es ist schon so, wie es Lenin und Trotzki, aber auch Kamenew und Sinowjew befürchtet haben: Selbst im Aufwind ihrer Machtergreifung haben die Bolschewiki nur ein Viertel der abgegebenen Stimmen erhalten und stellen nur ein Viertel der Abgeordneten zur Konstituierenden Versammlung. In einer funktionierenden Demokratie hätten sie nun die Regierungsgewalt abzugeben, die Sozialrevolutionäre als Mehrheitspartei könnten die Regierung allein stellen oder sich eine breitere Koalition suchen. Vor allem würde es jetzt dieser Konstituierenden Versammlung oblie-

Während der Oktobertage wurden in Petrograd zwar auch Barrikaden errichtet (links), aber es kam fast nirgendwo zu Kämpfen. In Moskau hingegen leisteten die regierungstreuen Truppen den Bolschewiki eine Woche lang heftigen Widerstand. Das Bild rechts zeigt den bei diesen Kämpfen stark beschädigten Glokkenturm des Kremls.

gen, Rußland eine neue von der Mehrheit der Abgeordneten gewünschte Staatsform zu geben.

Die Abgeordneten der Konstituierenden Versammlung sollen sich am 5. Januar 1918 zu ihrer ersten Sitzung in Petrograd einfinden. Lenin bleiben somit nicht ganz zwei Monate Zeit, dieser Gefahr für seinen alleinigen Machtanspruch zu begegnen. Er tut es schnell und zielbewußt. Noch im Wahlmonat, am 28. November, erteilt Lenin der Staatspolizei den Auftrag: „Die Mitglieder der führenden Gremien der Kadettenpartei, als eine Partei der Volksfeinde, sind zu verhaften und dem Gericht der revolutionären Tribunale zu überstellen." Gleichzeitig werden den von 4,6 Millionen Bürgern gewählten Abgeordneten der Kadetten die Mandate aberkannt und die Abgeordneten verhaftet. Die Regierung erläßt eine Verlautbarung: „An alle Werktätigen und Ausgebeuteten!" Darin wird die Kadettenpartei und mit ihr das gesamte Bürgertum beschuldigt, die Gegenrevolution vorzubereiten, und zwar unter dem Deckmantel der Konstituierenden Versammlung. „Im vollen Bewußtsein der ungeheuren Verantwortung, die jetzt auf die Rätegewalt fällt, für das Schicksal des Volkes und der Revolution, erklärt der Rat der Volkskommissare die Kadettenpartei als eine Organisation des gegenrevolutionären Aufruhrs, als eine Partei der Volksfeinde." Die Verlautbarung schließt mit dem Ruf: „Nieder mit der Bourgeoisie! Für die Feinde des Volkes, für die Gutsbesitzer und Kapitalisten darf kein Raum in der Konstituante sein! Das Land retten kann nur die Konstituante, die aus Vertretern der arbeitenden und ausgebeuteten Volksmassen besteht. Es lebe die Revolution, es leben die Räte, es lebe der Frieden!"

Lenin hat mit dieser Erklärung die einzige bürgerliche Partei des Landes ausgeschaltet. Doch mit der Begründung dieser Ausschaltung stellt er bereits weitere Weichen: Die Regierung nimmt sich hiermit das Recht, jeden verhaften zu lassen, den sie als Feind des Volks bezeichnet. Mehr noch: Die Regierung legt auch schon fest, daß in der Konstituierenden Versammlung „kein Raum für die Feinde des Volkes sein dürfe", und – nur „Vertreter der arbeitenden und ausgebeuteten Volksmassen" werden zur Rettung des Landes zugelassen. Lenin bereitet also auch schon die Ausschaltung aller anderen nichtbolschewistischen Kräfte vor.

Dazu wird eine schlagkräftige Geheim- und Staatspolizei benötigt. Er gründet sie zehn Tage später, am 7. Dezember 1917. Als Vorsitzender des Rats der Volkskommissare gibt Lenin die Gründung einer „Allrussischen Außerordentlichen Kommission zur Bekämpfung

der Konterrevolution und Sabotage" bekannt. Die Kommission wird direkt der Regierung angegliedert, de facto ihrem Vorsitzenden Lenin unterstellt. Die Aufgaben dieser Kommission werden in Lenins Dekret festgelegt:

1. Die Verfolgung und Bestrafung aller Akte der Konterrevolution und Sabotage in ganz Rußland ungeachtet ihrer Ursachen.

2. Die Überstellung aller Konterrevolutionäre und Saboteure an das Revolutionstribunal und die Ausarbeitung eines Plans zum Kampf gegen sie.

3. Die Vorbereitung aller Maßnahmen, um die Konterrevolution zu zerbrechen.

Was Lenin als „Kommission" bezeichnet, ist von Anfang an eine Riesenorganisation, Lenin selbst nennt ihre Abteilungen: „Informationsabteilung (Geheimpolizei); Organisationsabteilung, die den Kampf gegen die Konterrevolution in ganz Rußland zu organisieren hat, mit allen dazu notwendigen Sektionen; und die Kampfabteilung, geheime und auch uniformierte Polizeieinheiten." Nach den Anfangssilben ihres Titels wird diese neue geheime Staatspolizei „Tscheka" genannt. Sie wird im Lauf der weiteren Geschichte des Sowjetstaats ihren Namen noch einige Male ändern, wird GPU, NKWD und schließlich KGB heißen. Im Lauf der Zeit werden ihr mehr und mehr Aufgaben übertragen, am Höhepunkt ihrer Ausdehnung und Macht

kontrolliert diese Organisation sämtliche geheimen und uniformierten Polizeieinheiten des Landes, die gesamte Spionage und Gegenspionage, die gesamte Justiz und den Strafvollzug, und schließlich unterstehen ihr auch noch der Betrieb und die Verwaltung aller Gefängnisse und Zwangsarbeitslager. Wer einmal in ihre Fänge gerät, für den gibt es kein einziges Forum mehr, das er als unabhängige Rechtsinstanz anrufen könnte. Auch nicht die Partei. Denn das ist ein weiteres außerordentliches Merkmal der Tscheka (GPU, NKWD, KGB), sie ist nur scheinbar ein Instrument des Staats, in Wirklichkeit ist sie von Anfang an „Schwert und Schild der Partei". Ihr wahrer Vorgesetzter ist der jeweilige Spitzenführer der Partei, ob er nun Vorsitzender, Generalsekretär oder Erster Sekretär heißt; auf seinen Befehl handelt die Tscheka und handeln ihre Nachfolger und haben sich dabei um keinerlei Gesetzbücher zu kümmern: Recht ist, was der Partei nützt, und was der Partei nützt, bestimmt deren Führung, und das wieder bestimmt in der Regel der jeweilige Spitzenführer. Das hat sich nicht erst später entwickelt, das ist von Anfang an so. Lenin hat das so gewollt und hat die Tscheka auch in diesem Sinn voll eingesetzt.

Zum ersten Chef der Tscheka bestellt Lenin seinen Vertrauten Felix Dserschinski. Wie fast alle Spitzenfunktionäre der Bolschewiki entstammt auch Dserschinski nicht dem Arbeiterstand, sein Vater ist ein wohlhabender polnischer Gutsbesitzer aus Wilna. Der hochintelligente Sohn Felix revoltiert gegen das Elternhaus und die eigene Abstammung, wird, wie Lenin, Revolutionär. Zwischen 1897 und 1917 verbringt er elf Jahre in Haft und Verbannung. Er gilt als einer der verläßlichsten Untergrundkämpfer und ist Lenin in absoluter Treue ergeben. Eiserne Disziplin, Selbstverleugnung und unbestechliche Ehrlichkeit gegenüber der Partei zeichnen ihn aus, gleichzeitig ist er ein Fanatiker, jederzeit bereit, die Feinde der Partei zu vernichten, ja er weiht dieser Aufgabe sein ganzes Leben. Von nun an verbringt Dserschinski seine Tage und Nächte im Hauptquartier der Tscheka, schläft in einer kleinen Kammer auf einem Feldbett, besucht seine Familie nur noch selten. Seiner Frau schreibt er: „Die Arbeit und der Kampf sind höllisch, aber mein Herz ist in diesem Kampf lebendig geblieben, dasselbe das es früher war. Jeder Augenblick ist Handeln, damit ich die Stellung, so lange es nötig ist, halten kann." Seither wird Dserschinski in der bolschewistischen Literatur als ein Vorbild des sich aufopfernden Kämpfers für die Sache des Proletariats und der

Weltrevolution dargestellt; die Jugend wird aufgefordert, ihm nachzueifern, die Feinde des Volks und der Revolution unablässig aufzuspüren, auszuliefern, zu vernichten. Als Dserschinski im Dezember 1917 im Rat der Volkskommissare sein Amt antritt, erklärt er: "Denken Sie nicht, ich hätte eine Form der revolutionären Justiz im Sinn, Justiz wird jetzt nicht gebraucht. Jetzt gilt ein Kampf auf Leben und Tod, Brust an Brust! Ich befürworte, nein, ich fordere die organisierte Gewalt gegen die Aktivisten und Konterrevolutionäre."

Es wird oft die Frage gestellt, wann die Gewaltherrschaft eingesetzt hat, die in der Sowjetunion unter Stalin zu ihrer größten Entfaltung gekommen ist, ob schon unter Lenin oder doch erst unter Stalin. Heute ist diese Frage eindeutig beantwortet und die Antwort vielfach bewiesen: Lenin war fest davon überzeugt, daß die Diktatur des Proletariats, wie jede Diktatur, nur unter Anwendung aller Gewaltmittel zu errichten und zu erhalten ist. Er hat diese Gewaltmittel gegen wirkliche und vermeintliche Gegner von Anfang an eingesetzt und sich die Instrumente zu ihrer Anwendung so rasch und so effektiv wie möglich geschaffen. Die Tscheka ist eines davon und langfristig das wichtigste und wirksamste. Schon 1917 verhaftet sie die ersten politischen Gegner, 1918 errichtet sie bereits die ersten Konzentrationslager; sie heißen auch so, ganz offiziell, in russischer Sprache „Konzrlager", zur Hälfte ein Lehnwort aus der deutschen Sprache. Weil die Gefängnisse schnell überfüllt und die Lager nicht so schnell zu errichten sind, benützt die Tscheka die beschlagnahmten Klöster als Konzentrationslager. Das damals größte Lager befindet sich im

Lenin wagt es nicht, die von der Provisorischen Regierung ausgeschriebenen allgemeinen Wahlen zur Konstituierenden Versammlung zu verbieten. Es kommt zu einem lebhaften Wahlkampf, an dem sich mehr als zehn Parteien beteiligen. Erstmals erhalten auch Frauen das aktive und das passive Wahlrecht. Rußland gehört damit zu den ersten Ländern der Welt, die den Frauen politische Gleichberechtigung gewähren. Unsere Bildfolge zeigt Aufnahmen aus diesem Wahlkampf. Links, zweites Bild von oben: Die bolschewistische Volkskommissarin Alexandra Kollontaj. Das Bild ganz unten zeigt Sinowjew bei einer Wahlkundgebung. Bild oben: Mit Flugblättern wird um Stimmen geworben.

hohen Norden am Weißen Meer und heißt Solowki. Solowki war schon während der Zarenzeit ein Verbannungsort und wird jetzt die Keimzelle des rasch wachsenden Archipels von Zwangsarbeitslagern, deren zentrale Verwaltung „Gulag" genannt wird, die Abkürzung für Hauptverwaltung der Lager.

Noch zu Lenins Lebzeiten bekommen die Zwangsarbeitslager eine wichtige wirtschaftliche Bedeutung. Ihre Insassen können zur Errichtung von Großbauten und Projekten aller Art eingesetzt werden als Arbeitsheer, für das man weder großartige Unterkünfte noch besondere Verpflegung und vor allem keine Bezahlung beizustellen hat. Wer dabei stirbt, ist leicht zu ersetzen, Feinde des Volks finden sich zu jeder Zeit. Heute beschäftigt sich eine wissenschaftliche Institution in der Sowjetunion, „Memorial" genannt, mit der Erforschung der Ursprünge, des Umfangs, der Ziele und Methoden des Gulag. Für sie steht fest: Den Anfang machte Lenin mit der Gründung der Tscheka, mit der Bestellung des Fanatikers Dserschinski zu deren erstem Chef.

Knapp ein Monat nach Gründung der Tscheka tritt im alten Duma-Gebäude, dem Taurischen Palast in Petrograd, die Konstituierende Versammlung zu ihrer ersten Sitzung zusammen. Es war zu erwarten, daß die Bolschewiki versuchen würden, die Versammlung zu lähmen, die Konstituante, wie sie genannt wird, auszuschalten. Und so formieren sich schon am Morgen des 5. Januar 1918 in den Straßen Petrograds Demonstrationszüge, die mit Transparenten und in Sprechchören ein Ende des Regierungsterrors und die freie Entfaltung der Konstituante fordern. Trotzki hat seine Roten Garden und bolschewi-

Zwei Monate nach der Oktoberrevolution läßt Lenin bereits die Tscheka gründen, offiziell eine „Außerordentliche Kommission zur Bekämpfung der Konterrevolution und Sabotage", in Wirklichkeit eine politische Polizei zur Verfolgung aller echten und vermeintlichen Gegner der Bolschewiki. Aus der Tscheka wird später die GPU, dann der NKWD und schließlich der KGB. Bereits 1918/19 errichtet die Tscheka die ersten Zwangsarbeitslager. Die Verhafteten erfahren oft erst im Lager, was ihnen vorgeworfen wird und zu wie vielen Jahren Zwangsarbeit sie verurteilt worden sind (Bildfolge oben).

Felix Dserschinski. Im Auftrag Lenins gründet er 1917 die Tscheka. Er ist der erste Geheimdienstchef der Sowjetmacht, der Gründer der ersten Zwangsarbeitslager, Organisator des „Roten Terrors". Da er viele tausend echte oder vermeintliche Feinde der Revolution erschießen läßt, kommt er in der sowjetischen Geschichtsschreibung zu legendärem Ruf: Er nahm die Verantwortung auf sich, die „Flamme der Revolution" reinzuhalten.

stischen Matrosen mobilisiert und sie rund um den Taurischen Palast postiert. Aus Maschinengewehren eröffnen sie das Feuer auf die Demonstranten, etwa hundert von ihnen werden dabei getötet. Trotzki rechtfertigt das Gemetzel später als notwendige Schutzmaßnahme für die Konstituante. Mit der gleichen Begründung postiert er auch im Sitzungssaal der Abgeordneten Rotgardisten und schwerbewaffnete Matrosen. Die Abgeordneten protestieren, sind empört über das Blutbad, fordern den Abzug der sie einschüchternden Matrosen. Vergeblich.

Gegen 16 Uhr wird die Sitzung eröffnet, und gleich zu Beginn kommt es zu einem Eklat, da die Bolschewiki keinen anderen Vorsitzenden anerkennen wollen als ihren Parteigänger und Lenin-Vertrauten, Jakow Swerdlow. Es kommt zu Schreiduellen, bei denen Sozialrevolutionäre und Menschewiki die Bolschewiki des Anschlags auf die Demokratie und auf die Errungenschaften der Revolution bezichtigen, der Errichtung einer illegalen Diktatur, der Usurpation der Macht. Die Bolschewiki antworten mit den bekannten Parolen: Kapitalistenknechte, Steigbügelhalter der Bourgeoisie, Feinde des Volks, Verräter am Sozialismus, wie überhaupt an der gesamten Weltrevolution und internationalen Arbeiterbewegung. Endlich wählt die Versammlung den Sozialrevolutionär Viktor Tschernow zum Vorsitzenden. Die Bolschewiki stellen den Antrag, alle bisherigen Beschlüsse des Zweiten Allrussischen Sowjetkongresses und alle Dekrete des Rats der Volkskommissare nachträglich gutzuheißen und zum Gesetz zu erheben. Vor allem die Übertragung aller Staatsgewalt auf die Sowjets. Der Antrag wird mit großer Mehrheit abgelehnt. Laut protestierend verlassen die bolschewistischen Abgeordneten den Saal, gefolgt von den linken Sozialrevolutionären. Auf der Besuchertribüne befinden sich nur Anhänger der Bolschewiki; die Eintrittskarten hatte die Tscheka am Tag davor verteilt. Mit Sprechchören versuchen sie eine Fortführung der Debatte zu verhindern. Die Matrosen im Plenum laden ihre Gewehre durch und zielen auf einzelne Abgeordnete.

Doch der Vorsitzende Tschernow läßt sich nicht einschüchtern, und die Abgeordneten bleiben auf ihren Sitzen. Die Versammlung ist voll beschlußfähig. Sie arbeitet bis tief in die Nacht hinein und verabschiedet zunächst zwei Dekrete über die Abschaffung des Privatbesitzes an Grund und Boden und über die Einberufung einer internationalen sozialistischen Friedenskonferenz. Die Versammlung beweist damit, daß sie sich keineswegs grundsätzlich gegen sozialistische Ziele stellt. Dann schreitet sie zu ihrem wichtigsten Akt: Feierlich wird Rußland als „Demokratische Föderative Republik" ausgerufen.

Es ist lange nach Mitternacht, als zu Viktor Tschernow, dem Vorsitzenden, der Chef der Wache kommt, der Matrose Scheljesnjakow, und einen lapidaren Satz ausspricht: „Die Wache ist müde!" Und mit der Wache ist nicht zu scherzen. So vertagt Tschernow die Sitzung. Am nächsten Morgen wollen die Abgeordneten ihre Tätigkeit wieder aufnehmen. Doch als sie am nächsten Morgen zum Taurischen Palast kommen, finden sie dessen Tore verschlossen und versiegelt. Lenin hat sie schließen und versiegeln lassen. Vor dem Palast patrouillieren Rotgardisten und Matrosen, sogar Kanonen hat man in Stellung gebracht. Das ist das Ende des Versuchs, dem Russischen Reich eine demokratische Verfassung zu geben, eine gewählte Volksvertretung, ein Parlament.

In einem Dekret des Zentralen Vollzugskomitees des von den Bolschewiki beherrschten Sowjetkongresses heißt es dazu: „Die Konstituierende Versammlung, gewählt auf Grund von Kandidatenlisten, die vor der Oktoberrevolution aufgestellt worden waren, brachten das alte politische Kräfteverhältnis zum Ausdruck, aus einer Zeit, als die Kompromißler und die Kadetten an der Macht waren." Und : „Jeder Verzicht auf die uneingeschränkte Macht der Sowjets, auf die vom Volk eroberte Sowjetrepublik, zugunsten des bürgerlichen Parlamentarismus und der Konstituierenden Versammlung wäre jetzt ein Schritt rückwärts, würde den Zusammenbruch der ganzen Oktoberrevolution der Arbeiter und Bauern bedeuten." Abschließend: „Deshalb beschließt das Zentralvollzugskomitee: Die Konstituierende Versammlung wird aufgelöst."

Noch am selben Tag beginnt die Tscheka die prominentesten Abgeordneten der rechten Sozialrevolutionäre zu verhaften. Ein Schicksal, das in den nächsten Wochen die meisten gewählten Mitglieder der Konstituierenden Versammmlung ereilt. Lediglich den linken Sozialrevolutionären werden zunächst noch politische Aktivitäten zugestanden. Nach und nach werden auch die Presseorgane der anderen Parteien behördlich abgeschafft. Lenin und die Bolschewiki haben weder den Zaren gestürzt noch eine reaktionäre Regierung aus dem Sattel gehoben, mit ihrem Staatsstreich beseitigten sie eine schwache, aber demokratische Regierung, und mit ihrem Gewaltakt gegen die Konstituante verhindern sie nun, daß Rußland eine parlamentarische Demokratie werden kann.

Die Sozialdemokraten in Mittel- und Westeuropa wissen das ganz genau. Schon wenige Wochen nach der Auflösung der Konstituierenden Versammlung werden Lenins Gewaltakte von führenden Männern der deutschen und der österreichischen Sozialdemokratie kommentiert. Otto Bauer, führender Sozialdemokrat jener Zeit, schreibt im Organ der österreichischen Sozialdemokraten „Der Kampf" unter dem Pseudonym Heinrich Weber eine ausführliche Stellungnahme zu den Vorgängen in Sowjetrußland. Der Artikel trägt

Lenin bei der Enthüllung des ersten Marx–Engels-Denkmals in Moskau. Überzeugt, daß die Marxsche Lehre die Zukunft der Welt bedeutet, lehnt Lenin jede Zusammenarbeit mit anderen politischen Parteien ab und läßt nur den kommunistischen Weg gelten. Als das erste frei gewählte Parlament Rußlands, die Konstitutionelle Versammlung, zusammentritt, läßt Lenin das Parlamentsgebäude sperren und die Abgeordneten verhaften.

den Titel „Die Bolschewiki und wir". Darin heißt es wörtlich: „Die Bolschewiki vertreten nur eine Minderheit des russischen Volkes. Aber auf die Waffengewalt der ‚Roten Garde' und eines großen Teils der Armee gestützt, behaupten sie sich an der Macht. Sie können sich nur behaupten, indem sie die ihnen feindliche Mehrheit niederhalten; darum mußten sie Zeitungen unterdrücken, die Führer der gegnerischen Parteien einkerkern, die Konstituante auseinanderjagen." Bauer zieht den Schluß: „Der deutsche Sozialismus verdankt seine theoretische Überlegenheit der Tatsache, daß das deutsche Proletariat die Mehrheit, eine schnell wachsende Mehrheit der deutschen Nation ist und darum hoffen kann, auf der Grundlage der Demokratie die Macht im Staate zu gewinnen und durch den demokratischen Staat die Industrie zu beherrschen. Wo das Proletariat nur eine Minderheit der Nation ist und dennoch vorübergehend die Staatsgewalt an sich reißen kann wie 1848 und 1871 in Frankreich, heute in Rußland, gewinnt der Sozialismus ein anderes Aussehen; dort verficht er die Klassenorganisation des Proletariats (Kommune oder Sowjet) gegen die Demokratie, gegen die syndikalistische ‚Arbeiterkontrolle in den Fabriken', gegen die sozialistische Unterwerfung der Industrie unter das demokratische Gemeinwesen. Theorie und Praxis der Bolschewiki sind die Anpassung des Sozialismus an ein Land, in dem der Kapitalismus noch jung und unterentwickelt ist, das Proletariat daher noch eine Minderheit der Nation darstellt; die Anpassung des Sozialismus an die wirtschaftliche Rückständigkeit Rußlands . . . Diesen gewaltigen Versuch unternimmt es (das Proletariat) unter der Führung der Bolschewiki. Aber so unvermeidlich dieses Unternehmen ist, so gewiß muß es mißlingen." Otto Bauer begründet dies unter Berufung auf die Schlußfolgerungen, die Karl Marx aus dem Mißlingen der proletarischen Revolutionsversuche in Frankreich 1848 und 1871 gezogen hat: Die Entwicklung des industriellen Proletariats sei bedingt durch die Entwicklung der industriellen Bourgeoisie. Unter ihrer Herrschaft erst gewinnt das Proletariat jene ausgedehnte nationale Existenz, die seine Revolution zu einer nationalen erheben kann. Vorbedingung also ist die volle Entwicklung der Bourgeoisie und des Kapitalismus. Jeder Versuch einer Abkürzung dieses Prozesses muß mißlingen.

Karl Kautsky, einer der großen marxistischen Theoretiker der Arbeiterbewegung, lehnt das bolschewistische Muster wegen dessen Gewalttätigkeit rundweg ab. Kautsky schreibt: „Keine Form des Kapitalismus macht die Arbeiter so absolut von ihm abhängig wie ein zentralisierter Staatskapitalismus in einem Staat ohne funktionierende Demokratie. Und keine politische Polizei ist so mächtig und allgegenwärtig wie die Tscheka oder GPU, die von Männern geschaffen sind, die viele Jahre mit der Bekämpfung der zaristischen Polizei zugebracht haben und die, mit deren Methoden wie mit ihren Schwächen und Unzulänglichkeiten vertraut, ganz gut daraus zu lernen wußten."

So klar also sehen das schon die sozialdemokratischen Zeitgenossen Lenins. Und man kann verstehen, weshalb sie den Revolutionsrufen der Kommunisten kein Gehör geschenkt haben: Diese Art der Revolution mußte entweder scheitern oder zu einer schrecklichen Unterdrückung des gesamten Volks einschließlich des Proletariats führen. Weder mit Karl Marx noch mit ihrem eigenen Selbstverständnis konnten die Sozialdemokraten vereinbaren, was Lenin aufgrund der besonderen konspirativen Struktur der bolschewistischen Partei und des Mangels an proletarischer Basis in Rußland zum Prinzip erhob: An die Stelle der Diktatur des Proletariats tritt die Diktatur der Partei als Avantgarde des Proletariats. Und die Partei untersteht der Diktatur ihrer Führung, die wieder von einem Diktator beherrscht wird.

Die erste Regierungshandlung Lenins ist die Bekanntmachung zweier Dekrete: Mit dem „Dekret über den Frieden" bietet Lenin die sofortige Beendigung des Kriegs ohne Vorbedingungen an. Den Mittelmächten schlägt er den

Dennoch bleibt es für Historiker immer noch ein Rätsel, wie es einer an sich so kleinen Partei gelingen konnte, sich gegen so große Mehrheiten durchzusetzen, wie sie die Sozialrevolutionäre und die Menschewiki gemeinsam mit den Kadetten und anderen grundsätzlich demokratischen Parteien darstellten. Die heutigen sowjetischen Historiker geben auf diese Frage eine einfache Antwort: Es kommt der Zeitpunkt, an dem ein Volk müde wird. Die Februarrevolution hatte in der Bevölkerung gewaltige Hoffnungen geweckt, da war man bereit, alle Energien zu einem Neuaufbau Rußlands einzusetzen, jubelte über den Sturz des Zaren, begrüßte die Demokratie, erhoffte den Frieden und erwartete eine rasche Verbesserung der Lebensverhältnisse. Doch die politischen Führer waren schwach, unerfahren, zögerlich. Statt den revolutionären Schwung zu nützen, den Krieg zu beenden, die Wahlen zur Konstituante sofort durchzuführen und als erstes die Bodenreform zu beschließen, verschob man alles auf die Zeit nach dem Krieg. Die Lebensverhältnisse wurden nicht besser, sondern nur schlechter, die Produktion nahm ab, der Hunger nahm zu. In dieser Situation gewinnt der, der handelt. Lenin handelte. Und er hatte der Bevölkerung auch etwas sehr Konkretes zu bieten: den sofortigen Frieden und die sofortige Landverteilung. Die Bolschewiki waren nicht beliebt, bei den Wahlen blieben sie in der Minderheit, aber ihren Staatsstreich haben sich mehr oder weniger alle gefallen lassen. Es war niemand da, der dem Volk mehr oder Besseres anzubieten hatte als Lenin. Vor allem war niemand da, der an seiner Statt gehandelt hätte.

Der Frieden von Brest-Litowsk

Wirft man einen Blick auf die Anordnungen und Dekrete, die Lenin in diesen Tagen verfaßt, liest man die Ansprachen, mit denen er sich an die verschiedensten Foren wendet, zählt man die Konferenzen, die er abhält, dann kann man nur erstaunt sein über das gewaltige Arbeitspensum, das er täglich bewältigt. Fast alle seine Aktionen sind darauf ausgerichtet, die soeben errungene Macht abzusichern. Nichts braucht Lenin dazu dringender als den Frieden. Bereits einen Tag nach seiner Machtergreifung, am 26. Oktober (8. November westliche Zeitrechnung), erläßt er sein Dekret über den Frieden, mit dem er die kriegführenden Regierungen auffordert, einen sofortigen Waffenstillstand auszuhandeln. Die Westmächte lehnen umgehend ab und versuchen über ihre Gesandtschaften in Petrograd, die bolschewistische Regierung umzustimmen und auch sie für den Krieg zu gewinnen. Die deutsche Regierung hingegen und mit ihr Österreich-Ungarn, die Türkei und Bulgarien erklären sich Ende November bereit, die Verhandlungen mit dem bolschewistischen Regime aufzunehmen. Sie beginnen am 3. Dezember 1917 westlicher Zeitrechnung in Brest-Litowsk, einer früheren russischen Garnisonsstadt, an der polnischen Grenze, von den Deutschen erobert und besetzt.

Der Eisenbahnzug mit der russischen Delegation erweckt nicht den Eindruck, als würden hier die Abgesandten einer souveränen, fest im Sattel sitzenden Regierung anreisen. Auf der Lokomotive hockt ein Dutzend Rotgardisten mit dem Gewehr im Anschlag. Auch die russische Verhandlungsdelegation ist bunt zusammengewürfelt. Sie steht unter der Leitung von Adolf Abraham Joffe, den der Kommissar für Äußeres Trotzki entsandt hat. Und in der Delegation befindet sich auch Frau Anastassia Bizenko, eine linke Sozialrevolutionärin, die 1915 den Generaladjutanten des Zaren, General Sacharow, ermordet hat und gerade erst aus der sibirischen Verbannung kommt. Ihr Mitwirken soll die linken Sozialrevolutionäre bewegen, den auszuhandelnden Frieden zu unterstützen. Denn der bolschewistische

Waffenstillstand und die Aufnahme von Friedensverhandlungen vor. Mit dem „Dekret über das Land (über Grund und Boden)" verfügt er die Aufteilung des Großgrundbesitzes unter die armen und landlosen Bauern.

Vorschlag, einen Frieden ohne Annexionen und ohne Kontributionen abzuschließen, wird von den Mittelmächten grundsätzlich bejaht, jedoch mit einem wichtigen Vorbehalt: Nur wenn alle kriegführenden Mächte, also auch die Westmächte, auf Annexionen und Kontributionen verzichten, würden auch die Mittelmächte darauf verzichten. Nachdem jedoch die Westmächte Verhandlungen ablehnen, gerät die russische Friedensformel sogleich ins Abseits.

Die deutsche Delegation unter der Leitung von Generalmajor Max Hoffmann, voll unterstützt von der österreichisch-ungarischen Delegation, die von Oberstleutnant Pokorny geführt wird, erklärt sich mit dem Abschluß eines Waffenstillstands als Basis für spätere Friedensverhandlungen einverstanden. Dieser Vertrag wird am 15. Dezember – mit Wirksamkeit bis 18. Februar 1918 – zwischen den Vertretern Rußlands, Deutschlands, Österreich-Ungarns, Bulgariens und der Türkei abgeschlossen. Eine Woche später beginnen die tatsächlichen Friedensverhandlungen der Russen mit den Mittelmächten. Aus Deutschland reist Staatssekretär Richard von Kühlmann an, aus Wien der österreichische Außenminister Ottokar Graf Czernin, sie übernehmen in ihren Delegationen die Führung. Oberst Gantschew vertritt Bulgarien und Großwesir Talat Pascha die türkischen Interessen. Und jetzt, im zweiten Auftakt der Brest-Litowsker Verhandlungen, erfahren die Russen die Bedingungen für einen Friedensschluß: Rußland habe alle nichtrussischen Provinzen wie Kurland, Livland und Estland in die Selbständigkeit zu entlassen. Rußland habe die Unabhängigkeit Polens, der Ukraine, Finnlands und Litauens anzuerkennen, Batum, Kars und Ardahan seien an die Türkei abzutreten.

Ein schwerer Schlag für die Russen, sie reisen ab und kommen erst am 7. Januar 1918 wieder. An ihrer Spitze jetzt Leo Trotzki, der das Volkskommissariat für Äußere Angelegenheiten innehat. Scharf und herausfordernd tritt er auf, zusätzlich alarmiert durch Informationen über separate Friedensverhandlungen der Ukraine mit den Mittelmächten. Aber auch Trotzki, an seiner Seite Karl Radek, Adolf Abraham Joffe und Lew Kamenew, erreicht kein Einlenken der Deutschen. Die Annahme der Friedensbedingungen würde die Lebensfähigkeit Rußlands in Frage stellen, vor allem durch das Ausscheiden der Ukraine aus dem Russischen Reich. Aufgrund der Friedensbedingungen würde Rußland 34 Prozent seiner Bevölkerung, 32 Prozent seiner Landwirtschaft, 33 Prozent seines Eisenbahnnetzes, 75 Prozent seiner Eisen- und Stahlindustrie, 90 Prozent der erschlossenen Kohlebergwerke und rund 50 Prozent aller anderen Industriezweige verlieren sowie einen großen Teil der Öl- und Baumwollproduktion.

Trotzki verläßt die Verhandlungen und fährt zurück nach Petrograd. Für Lenin und die Sowjetregierung sind die Ergebnisse der Brester Verhandlungen in höchstem Maß unbefriedigend, und so setzen sie ihre Hoffnungen auf einen Zusammenbruch der deutschen Front und den Ausbruch einer deutschen Revolution noch vor Abschluß eines Friedensvertrags. Nun wird alles getan, um die Kampfmoral der deutschen und der österreichisch-ungarischen Truppen zu zermürben, um das Proletariat in Österreich-Ungarn und in Deutschland zur Revolution aufzurufen. Seit dem Scheitern der Kerenski-Offensive kommt es entlang der russischen Front verstärkt zu Verbrüderungen zwischen Russen und den Soldaten der Mittelmächte. Mit dem Waffenstillstand entfalten die bolschewistischen Kommissare eine Agitationstätigkeit mit dem Ziel, die Soldaten der Mittelmächte nicht nur für den Frieden, sondern auch für die Revolution zu gewinnen. Überall entlang der Front tauchen Transparente in deutscher, ungarischer, tschechischer Sprache auf, die zur Solidarität der Arbeiterklasse auffordern, zum gemeinsamen Kampf gegen Kapitalismus und Imperia-

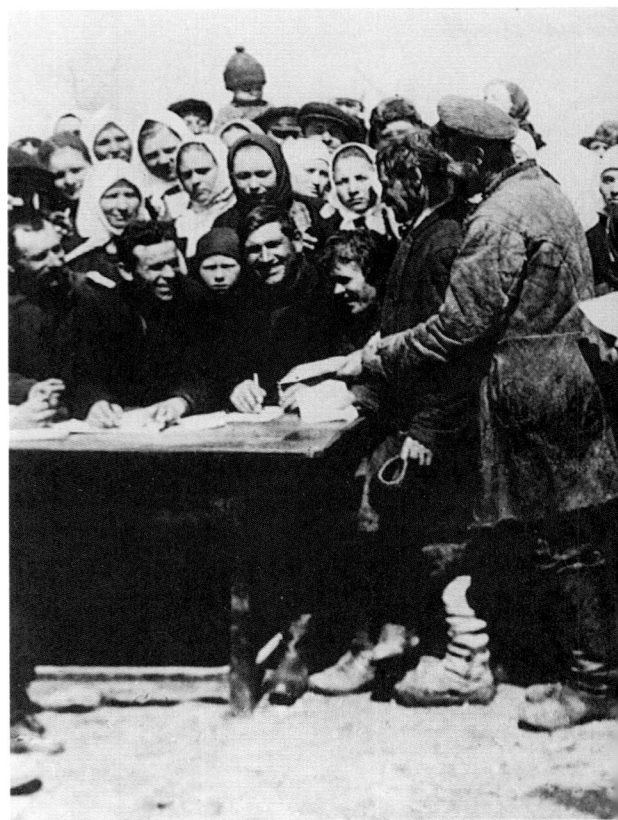

Mit dem „Dekret über Grund und Boden" erfüllt Lenin den uralten Traum der landlosen Bauern: Der Großgrundbesitz wird unter sie verteilt. Doch das entspricht nicht marxistischen Zielen. Sie werden das Land wieder hergeben müssen, an die Kolchosen.

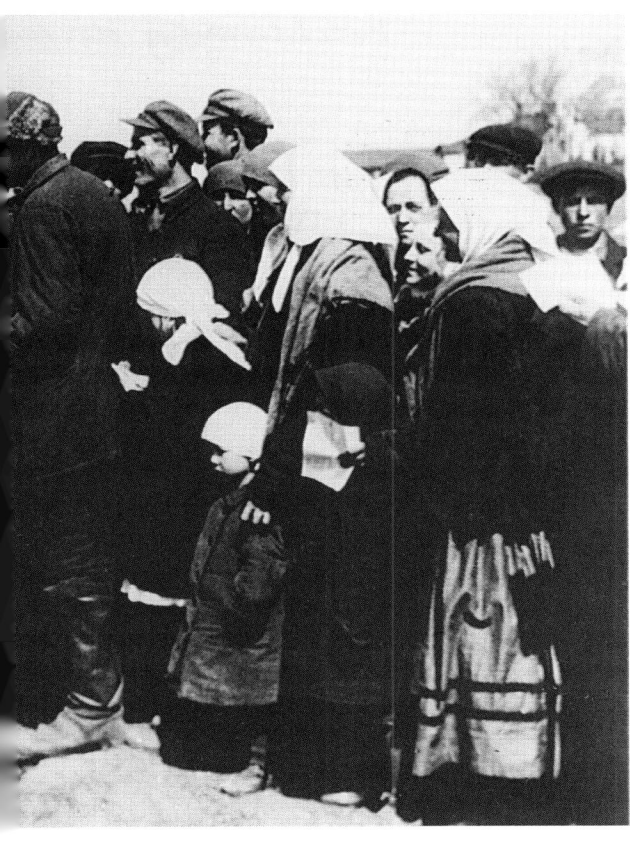

lismus, zur Revolution gegen die eigenen Regierungen: „Verwandelt den imperialistischen Krieg in einen Bürgerkrieg!" – „Es lebe die Weltrevolution!"

Die Bolschewiki glauben guten Grund zu haben, mit revolutionären Erhebungen in Deutschland, aber auch in Österreich-Ungarn rechnen zu können. Denn als die Friedensbedingungen der Mittelmächte bekannt werden, treten zuerst in Österreich, bald darauf auch in Deutschland Zehntausende und schließlich Hunderttausende Arbeiter in den Streik. Sie protestieren damit gegen die harten Bedingungen, die Rußland auferlegt werden sollen, aber auch weil sie nun eine Verzögerung, wenn nicht gar das Scheitern der Friedensverhandlungen von Brest-Litowsk befürchten.

Der Wunsch nach Frieden ist zu diesem Zeitpunkt – Januar 1918 – in der Arbeiterschaft Deutschlands und Österreich-Ungarns ungeheuer stark. Es ist auch nicht verboten, den Wunsch, ja die Forderung nach Frieden offen auszusprechen. Das bolschewistische Friedensangebot wird von der Sozialdemokratischen Arbeiterpartei Österreichs stürmisch begrüßt. In Wien und in vielen anderen Städten werden Friedenskundgebungen abgehalten. In einem der an die Wiener Arbeiterschaft gerichteten sozialdemokratischen Aufrufe heißt es wörtlich: „Tretet, Männer und Frauen dieser Stadt, zusammen; sammelt Euch und sprecht das Wort, das aus der Tiefe der Seele kommt, das Wort, das als stärkste Sehnsucht im Herzen aller Menschen lebt; das Wort, das in schwerstem Leid und bitterster Qual geboren ist, das Wort: Wir ersehnen das Ende des Krieges! Wir wollen den Frieden!" Bei den Wiener Friedenskundgebungen ergreifen die prominenten Führer der österreichischen Sozialdemokratie das Wort: der Gründer und Vorsitzende der Partei, Viktor Adler, die Abgeordneten Karl Renner, Karl Seitz, Franz Domes, Wilhelm Ellenbogen, die Frauenvorsitzende Adelheid Popp. Die Sowjetregierung hat solcherart an einer schnellen Wiederaufnahme der Verhandlungen in Brest-Litowsk kein Interesse. Wenn die Friedensdemonstrationen in Deutschland und in Österreich-Ungarn zunähmen, wenn aus den Einzelstreiks ein Generalstreik würde und aus dem Generalstreik eine Revolution, dann wäre erreicht, was Lenin von Anfang an gehofft, ja vorausgesagt hat: Die russische Revolution wäre dann nur der Auslöser für die in Lenins Augen unverzichtbare Revolution im industriell hochentwickelten Deutschland, im Zentrum Europas. Immer wieder hat Lenin jede Kritik an seinem gewaltsamen Vorgehen, an der Machtergreifung der Bolschewiki in Rußland mit der Begründung zurückgewiesen, daß seine Revolution nur eine Initialzündung für die deutsche und damit für die Weltrevolution sei. Jetzt nimmt diese Hoffnung konkrete Konturen an. So scheint es.

Trotzki übernimmt am 1. Februar 1918 wieder die Verhandlungsführung in Brest-Litowsk. Die Fronten sind verhärtet. Nun taucht auch noch die sechsköpfige Delegation der ukrainischen Zentralrada auf, die sich als Vertretung einer selbständigen, von Rußland losgelösten Ukraine sieht und sich bereit erklärt, mit den Mittelmächten einen Sonderfrieden abzuschließen. Dazu sind Deutschland und Österreich-Ungarn sofort bereit, nicht nur um Rußland zu schwächen, sondern auch weil sie sich von der Ukraine große Getreidelieferungen erwarten. Für Österreich wäre dies eine Rettung fast in letzter Stunde, da in der Heimat wie bei den Soldaten an den Fronten bereits Hungersnot herrscht. Auch würde eine zukünftige Ukraine automatisch zu einem deutschen Satellitenstaat werden, wie auch alle anderen Staaten, die nun auf dem Gebiet der abgetretenen Provinzen entstehen sollen, von Finnland über das Baltikum bis zur Ukraine.

Am 9. Februar wird der „Brotfriede" mit der Ukraine abgeschlossen, am 10. Februar stellen von Kühlmann und Graf Czernin den Russen ein Ultimatum: Umgehender Friedensschluß unter voller Annahme ihrer Bedingungen oder – Ende des Waffenstillstands, und das heißt Vormarsch der deutschen sowie der österreichisch-ungarischen Truppen an allen Fronten. Trotzki versucht ein Letztes. Er erklärt, daß die russische Armee ab sofort demobilisiert werde, Rußland habe damit den Krieg beendet; die harten Friedensbedingungen seien jedoch für die Sowjetregierung unannehmbar, auf dieser Grundlage werde sie keinen Frieden schließen. Trotzki bringt das auf einen kurzen Nenner: „Weder Krieg noch Frieden." Sagt es und verläßt Brest-Litowsk.

Das verfehlt in Österreich und in Deutschland seine Wirkung nicht. In Österreich und in Deutschland kommt es zu gewaltigen Protestkundgebungen. In den Betrieben werden Resolutionen an die eigenen Regierungen beschlossen. Erneut machen die Arbeiter in Wien den Anfang: „Die Arbeiterschaft fordert, daß die Regierung die Verhandlungen in Brest-Litowsk in versöhnlichem und freundschaftlichem Geiste führe, eingedenk der Tatsache, daß diese Verhandlungen eine feste und andauernde Freundschaft mit unserem größten Nachbarvolk begründen sollen. Die Arbeiterschaft fordert, daß die Regierung alle Bestrebungen nach offenen und verhüllten Annexionen zurückweise ... Die Arbeiterschaft fordert mit leidenschaftlichster Entschiedenheit den allgemeinen Frieden!"

Die Delegationsführer bei den Friedensverhandlungen von Brest-Litowsk. Links unten: Der deutsche Staatssekretär Richard von Kühlmann (links) und der österreichische Außenminister Ottokar Graf Czernin. Unten Leo Trotzki, der Organisator der Roten Garden und spätere Sieger im Bürgerkrieg, übernimmt für kurze Zeit das Volkskommissariat für das Äußere in der Hoffnung, bessere Friedensbedingungen zu erreichen. Als ihm das nicht gelingt, erklärt er den Krieg für beendet und verläßt Brest-Litowsk ohne Friedensschluß.

Geführt von Außenminister Graf Czernin und Staatssekretär von Kühlmann begibt sich die österreichische Delegation in das Verhandlungsgebäude von Brest-Litowsk (oben). Rechts: Die russische Delegation, geführt von Trotzki und Joffe, wird bei ihrer Ankunft in Brest-Litowsk von hohen deutschen Offizieren begrüßt.

Auch in fast allen größeren Städten Deutschlands kommt es zu Friedenskundgebungen und Arbeitsniederlegungen. In Berlin befürchtet die Regierung ernstlich den Ausbruch revolutionärer Unruhen. Schon am 2. Februar 1918 wird über Berlin der „verschärfte Belagerungszustand" verhängt. In einer Bekanntmachung setzt der „Oberbefehlshaber in den Marken", Generaloberst Gustav von Kessel, außerordentliche Kriegsgerichte ein, die ihre Tätigkeit sofort aufnehmen. Bolschewistische Agitation macht sich bemerkbar. Auf Flugblättern heißt es: „Das russische Volk und die russische Revolution zeigte uns, wie man zum Frieden gelangt! Das russische Volk hat uns gelehrt, was wir zu tun haben, um zu Recht und Freiheit zu gelangen. In Rußland wird das Land unter das Volk aufgeteilt, Fabriken und Bergwerke gelangen in den Besitz der Allgemeinheit. Nur der russischen Revolution verdanken wir es, daß es zu Friedensverhandlungen gekommen ist. . . . Arbeitende und denkende Männer und Frauen! Wir rufen Euch zum Kampf für Frieden und Freiheit! Vereinigt Euch, wie Eure russischen Brüder! Wählt Arbeiter- und Soldatenräte! Ertragt nicht länger die Unterdrückung und das Elend! . . . Zum Kampf für politische und soziale Freiheit! Nieder mit dem Krieg! Nieder mit der Regierung!"

Aber weder die Oberste Heeresleitung in Deutschland noch die Regierung in Wien lassen sich durch die Proteste im eigenen Volk umstimmen. Den deutschen und österreichisch-ungarischen Verbänden an der Ostfront wird die Wiederaufnahme der Kampfhandlungen und der Vormarsch befohlen. Die Russen leisten praktisch keinen Widerstand. In Eilmärschen werden im Baltikum nach Litauen auch das spätere Lettland und Estland besetzt. Am 1. März 1918 marschieren deutsche Verbände in der ukrainischen Hauptstadt Kiew ein. Im Süden stoßen deutsche und österreichische Verbände über Rostow bis in den Kaukasus vor. Der mit einer nationalen ukrainischen Führung in Brest abgeschlossene „Brotfriede" verpflichtet die Ukraine zu umfangreichen Getreidelieferungen an die Mittelmächte.

In Petrograd kommt es zwischen Lenin und der Mehrheit der Regierungsmitglieder, aber auch im Zentralkomitee der bolschewistischen Partei zu heftigen Auseinandersetzungen. Lenin tritt in Anbetracht des Vormarsches der Mittelmächte für die sofortige Annahme des Friedensdiktats von Brest-Litowsk ein. Sein Argument: Es ist letztlich einerlei, was den Deutschen durch den Friedensvertrag zufällt, wichtig ist, daß in Rußland die bolschewistische Regierung überlebt; die Deutschen würden zwar aufgrund des Friedens das Gros ihrer Armee vom Osten an die Westfront werfen können, das werde den Krieg verlängern, aber damit auch die Chancen der Revolution in Deutschland und in den anderen kriegführenden Staaten vergrößern. Die Gegner, an ihrer Spitze der wortgewandte Nikolaj Bucharin, aber auch die gesamte Regierungsfraktion der linken Sozialrevolutionäre, sehen es genau umgekehrt: Die Annahme des Schandfriedens werde der bolschewistischen Regierung vom russischen Volk nie verziehen werden. Die im Osten frei werdenden Truppen aber würden Deutschland und Österreich-Ungarn dazu benützen, die eigene Arbeiterschaft niederzukämpfen und damit die Revolution im Keim zu ersticken. Lenin muß seine ganze Überzeugungskraft aufwenden, muß mit seinem Rücktritt und der Sprengung der Regierung drohen, ehe ihm – ermöglicht nur durch einige Stimmenthaltungen – die Annahme der harten Friedensbedingungen, der Friedensschluß mit den Mittelmächten, erlaubt wird.

Am 3. März 1918 wird in Brest-Litowsk der Friedensvertrag unterzeichnet. Er bringt Lenin zunächst keine Stabilisierung. In Rußland wächst die Opposition gegen die bolschewistische Regierung, die linken Sozialrevolutionäre verlassen den Rat der Volkskommissare, nun wenden auch sie sich gegen Lenin und die Bolschewiki. In Teilen der sich auflösenden ehemals zaristischen Armee zeigt der Appell an den Patriotismus, vor allem bei den Offizieren, starke Wirkung, sie sind bereit, Lenin und die Sowjetregierung mit Waffengewalt zu vertreiben. In Georgien, in Aserbeidschan, in Armenien verstärkt sich der Ruf nach völliger Selbständigkeit, nach Loslösung vom Russischen Reich – was der Ukraine gelungen ist, sollte auch hier gelingen. Die westlichen Alliierten schließlich müssen befürchten, daß die deutschen Heere aus dem Osten demnächst an der Westfront eintreffen. So haben sie großes Interesse daran, den in Rußland vorhandenen Widerstand gegen die bolschewistische Regierung voll zu unterstützen. Wenn es gelänge, die Sowjetregierung zu vertreiben und an ihrer Stelle wieder eine patriotische, kriegswillige Regierung einzusetzen, könnte sich Deutschland den Abzug seiner Truppen aus Rußland nicht leisten. Dazu kommen noch andere Befürchtungen der West-

Zuerst in Österreich, dann in Deutschland rufen die Sozialdemokraten zur Unterstützung der Friedensbemühungen in Brest-Litowsk auf. Als die Verhandlungen an den harten Forderungen der Mittelmächte zu scheitern drohen, kommt es in Deutschland und in Österreich-Ungarn zu ausgedehnten Proteststreiks und Straßendemonstrationen gegen die eigenen Regierungen. In Berlin wird der Verschärfte Belagerungszustand verhängt, um der Unruhen Herr zu werden.

mächte. Dem Friedensschluß könnte bald ein Bündnis zwischen
Deutschland und dem bolschewistischen Rußland folgen. Das würde
beiden Seiten, den Deutschen wie den Russen, große Vorteile bieten:
Mit deutscher Hilfe könnte sich das bolschewistische Regime halten
und festigen, während Deutschland mit einem Bündnispartner Rußland im Rücken an der Westfront vermutlich unschlagbar würde und
sogar siegreich sein könnte. Eine weitere Erwägung, die in London
wie in Paris, aber auch in Washington angestellt wird: Der Friedensschluß mit Deutschland würde der bolschewistischen Regierung auf
jeden Fall helfen, ihr Regime fest zu verankern. Das aber würde bedeuten, daß die Bolschewiki nach einer Niederlage Deutschlands und
Österreich-Ungarns ihre Revolution in diese Räume, nach Mitteleuropa, tragen und von dort Frankreich, Italien und andere Länder revolutionär unterminieren könnten. Man nimmt Lenins immer wieder
laut ausgesprochene Prophezeiung durchaus ernst, daß eine Niederlage der Mittelmächte der bolschewistischen Revolution in Europa, ja
in der Welt Tür und Tor öffnen würde.

Solche Befürchtungen haben das westliche Denken seit damals
fast bis zum heutigen Tag beherrscht: Das von ihnen 1917/18 befürchtete deutsch-russische Bündnis kam 1939 zwischen Hitler und
Stalin zustande und erlaubte Hitler auch prompt den Angriff zunächst auf Polen, dann gegen die Westmächte; und selbst noch nach
Hitlers Überfall auf die Sowjetunion fürchtete man in London und in
Washington nichts so sehr wie einen möglichen Sonderfrieden zwischen Stalin und Hitler und ein gemeinsames Vorgehen der Deutschen und der Sowjets gegen den Westen. Die Teilung Deutschlands
nach dem Zweiten Weltkrieg war nicht zuletzt auch Resultat der
westlichen Weigerung, die Sowjetunion ganz Deutschland mitregieren zu lassen und insbesondere das Ruhrgebiet einer sowjetischen
Mitkontrolle zu unterstellen; die Einbeziehung der Bundesrepublik
Deutschland in die NATO wurde notwendig, als die Sowjetunion ein
ostmitteleuropäisches Land nach dem anderen unterwarf und damit
begann, in ihrer deutschen Besatzungszone militärische Verbände
aufzustellen. Und selbst als die Berliner Mauer fiel und Gorbatschow
der Wiedervereinigung Deutschlands zustimmte, gab es im Westen
gleich wieder Befürchtungen, daß ein künftiges deutsch-russisches
Bündnis oder auch nur eine sehr enge wirtschaftliche Zusammenarbeit einen den Westen bedrohenden deutsch-sowjetischen Wirt-
schafts- und Militärblock schaffen könnte.

Die Intervention und der Bürgerkrieg

Doch zurück in das Jahr 1918, in die Tage nach dem Abschluß des
Friedensvertrags von Brest-Litowsk. Die oben genannten Befürchtungen lassen die Westalliierten den Entschluß fassen, eigene Truppenkontingente nach Rußland zu entsenden, um diese Entwicklungen zu
unterbinden. Nicht zuletzt erwägen die Westmächte mit der Landung
ihrer Truppen auch die Eröffnung einer neuen Ostfront, die Deutschland veranlassen soll, seine Soldaten nicht an die Westfront zu werfen, sondern in Rußland zu belassen. Offiziell wird diese militärische
Intervention zunächst damit begründet, daß in den russischen Häfen
Archangelsk und Murmansk große Vorräte an Waffen, Munition und
wertvollen Metallen liegen, die die Westalliierten zur Unterstützung
der russischen Kriegführung gegen Deutschland dorthin geliefert
hatten. Noch größere Vorräte liegen in Wladiwostok, nämlich die
amerikanischen Lieferungen, die über die transsibirische Eisenbahn
an die russische Front gebracht werden sollten. Wegen der geringen
Transportkapazität der Eisenbahnen hatten sich gewaltige Mengen
dieser Nachschubgüter angesammelt. Um diese Vorräte weder in

Nach dem Scheitern der Friedensverhandlungen in Brest-Litowsk nehmen die deutschen und die österreichisch-ungarischen Truppen ihren Vormarsch in Rußland wieder auf. Sie stoßen bis Kiew vor und besetzen die ukrainische Hauptstadt (rechts). Unter dem Schutz der Mittelmächte etabliert sich in Kiew eine nationale Regierung, die die Ukraine zum selbständigen Staat ausruft. Eine eigene ukrainische Armee wird aufgestellt, die notfalls den Kampf gegen die Bolschewiki aufnehmen soll. Links Offiziere der 1. ukrainischen Division.

deutsche noch in bolschewistische Hände fallen zu lassen, landen zunächst britische Truppen in Murmansk und in Archangelsk. Damit bilden sie einen Brückenkopf, von dem aus sie den Marsch auf Petrograd antreten könnten. Doch darum geht es ihnen vorläufig nicht: Von hier aus können sie die sich sammelnden antibolschewistischen Kräfte in Rußland mit Waffen und Munition und mit sonstigem Nachschub versehen. Das mit den Westmächten verbündete Japan entsendet das weitaus größte Truppenkontingent aller Intervenen. Die ersten japanischen Einheiten werden schon im April 1918 in Wladiwostok ausgeschifft und erreichen in wenigen Monaten eine Stärke von 70 000 Mann. Es liegt auf der Hand, daß die Japaner versuchen, größere Teile Sibiriens zu besetzen, um sich die Erschließung der riesigen Erz-, Mineralien- und Erdölvorkommen zu sichern. Das ruft die Amerikaner auf den Plan, die Japan mit großem Mißtrauen betrachten und eine weitere Stärkung Japans nicht zulassen wollen. Also erscheinen auch die Amerikaner mit ihrer Flotte vor Wladiwostok und landen eigene Truppen. Da militärische Operationen von der amerikanischen Regierung aber immer moralisch begründet werden, erklärt Washington, daß die US-Truppen in Sibirien landen würden, um jenen Tschechen und Slowaken zu Hilfe zu eilen, die versuchen, über die transsibirische Eisenbahn nach Wladiwostok zu gelangen, um von dort an die Westfront nach Europa transportiert zu werden. Dort

wollten sie an der Seite der Westalliierten für eine Befreiung der Tschechoslowakei vom Habsburgerjoch kämpfen.

Das hat einen wahren Kern. Während des Kriegs sind Tschechen und Slowaken, die als k. u. k. Soldaten an der Ostfront eingesetzt waren, zu den Russen übergelaufen. Es waren nicht allzu viele, aber sie bildeten den Kern der Tschechischen Legion, die von den Russen zum Kampf gegen die Mittelmächte aufgestellt wurde. Danach wurde in den Kriegsgefangenenlagern an die Tschechen und die Slowaken appelliert, sich zu dieser Legion zu melden, was eine sofortige Entlassung aus dem Lager bedeutete. Auf diese Weise füllten sich die Reihen der Legion, die schließlich über 40 000 Mann verfügte. Nach der bolschewistischen Machtergreifung und dem Friedensschluß mit Deutschland beantragte die Tschechische Legion, Rußland via Wladiwostok verlassen zu dürfen, um mit alliierter Hilfe an die europäische Westfront zu gelangen. Die Bolschewiki geben ihre Einwilligung, wollen aber, daß die Soldaten der Legion ihre Waffen zurücklassen. Das wieder wollen die Soldaten nicht. Und so kommt es entlang der transsibirischen Eisenbahn zu Kämpfen zwischen der Tschechischen Legion und bolschewistischen Einheiten. Die in Wladiwostok landenden Amerikaner zeigen jedoch zunächst kein Interesse, die Tschechen und Slowaken nun rasch aus Rußland herauszuholen, im Gegenteil, sie rüsten sie zusätzlich aus und schicken sie in den Kampf gegen das

bolschewistische Rußland. Das besorgt die Legion auch gründlich, macht nach Westen kehrt, besetzt die gesamte Strecke der transsibirischen Eisenbahn bis zum Ural und marschiert sogar über den Ural hinweg bis Jekaterinburg.

Da Frankreich an der Westfront den militärischen Oberbefehl hat, beansprucht es diesen nun auch bei der alliierten Intervention in Rußland. Französische Kontingente, vorwiegend Offiziere, werden in allen alliierten Brückenköpfen gelandet und übernehmen dort Führungsaufgaben. Eigene französische Truppenkontingente landen auf der Krim und im Kaukasus. Hauptziel der Franzosen und auch der Briten in diesem Gebiet ist die Besetzung der Erdölfelder von Baku, zum damaligen Zeitpunkt sind es nicht nur die einzigen erschlossenen Erdölfelder Rußlands, es sind auch die größten der Welt. Später, nach der Niederlage Deutschlands und nach der Wiederentstehung eines selbständigen polnischen Staats werden die Franzosen einige hundert erfahrene Frontoffiziere nach Polen entsenden, um die dort unter General Pilsudski entstandene polnische Armee im Krieg gegen das bolschewistische Rußland zu unterstützen.

An der Intervention im und gegen das bolschewistische Rußland beteiligt sich mit kleinen Kontingenten eine Reihe weiterer Länder der Westallianz. So entsendet auch Italien Truppen und Offiziere an fast alle alliierten Brückenköpfe, Serbien und Griechenland folgen; in Sibirien intervenieren chinesische Verbände. Rumänien besetzt gleich eine ganze Provinz, Bessarabien, ein Teil des heutigen Moldawien. Und natürlich stehen auch noch deutsche, österreichisch-ungarische

Eine der wirkungsvollsten Truppeneinheiten der Bolschewiki im Bürgerkrieg ist die „Erste Rote Reiterarmee". Unser Bild zeigt die Kommandeure dieser Einheit, von denen sich Semjon M. Budjonny (zweiter von links) einen legendären Ruf erwirbt. Der erste von links ist Kliment Woroschilow. Er kämpft mit Stalin als Kommissar gegen die weißen Truppen.

und türkische Truppen auf russischem Gebiet. Die Deutschen setzen ihre Intervention mit Freikorpsverbänden, die Türkei mit ausländischen Söldnergruppen auch nach Beendigung des Weltkriegs fort. Das selbständig gewordene Finnland interveniert mit Freiwilligenverbänden im Baltikum, und einige Freiwillige treffen dort auch aus Schweden ein.

All das sieht nach einer gewaltigen militärischen Intervention aus. Aber trotz der vielen beteiligten Staaten hielten sich die militärischen Operationen ihrer Truppen – mit Ausnahme der deutschen Freikorps, der türkischen Hilfstruppen und der Tschechischen Legion – in Grenzen. Alliierte Verbände nahmen wohl an Kampfhandlungen teil, ihre Flottenverbände kontrollierten die Küstengebiete, und ihre Luftwaffe leistete Aufklärerdienste, doch in der Hauptsache waren sie bestrebt, die russischen antibolschewistischen Kräfte zu unterstützen.

Und diese Kräfte formieren sich nun. An ihrer Spitze, wie könnte es anders sein, General Lawr Kornilow, jener Mann, der schon im August 1917 gegen Petrograd marschierte, um dort die Bolschewiki zu verjagen. Jetzt ruft er zur Bildung einer Volksarmee auf. Rund 4 000 Offiziere der alten zaristischen Armee melden sich und sind bereit, als einfache Soldaten zu dienen. Kornilow, Sohn eines Kosakenbauern, erhält auch prompt die Unterstützung der Kosaken im Don- und Kubangebiet. Der Kosaken-Hetman, General Pjotr Nikolajewitsch Krassnow, schließt sich Kornilow an, ebenso der Kosakengeneral Anton Iwanowitsch Denikin. Im Dongebiet sammelt sich

auch das vor den Bolschewiki geflüchtete Bürgertum, Beamte, Industrielle, Wissenschaftler, Schriftsteller, Intellektuelle. Was da entsteht, nennt man das „Weiße Rußland" im Gegensatz zum Roten der Bolschewiki. Am Don und im Kubangebiet werden eigene Kosakenrepubliken ausgerufen.

Auf der Krim führt General Pjotr Wrangel die antibolschewistischen Kräfte und wird dabei von den Westalliierten, vorwiegend von den Franzosen, unterstützt. Dem früheren Admiral Alexander Koltschak gelingt es in Zusammenarbeit mit der Tschechischen Legion, die Bolschewiki aus Sibirien völlig zu verdrängen und zwischen Ural und Wolga eine antibolschewistische Front zu errichten.

General Nikolaj Judenitsch sammelt unter der Patronanz der Engländer und in Verbindung mit den sich in Estland und in Lettland formierenden nationalen Verbänden die Reste der ehemaligen russischen Nordwestfront und stellt ein antibolschewistisches Korps auf, mit dem Ziel, Petrograd zu erobern. Beinahe wäre ihm dies gelungen, im Winter 1918/19. Doch da übernimmt Trotzki selbst die Verteidigung der Stadt, mobilisiert die Bürger, läßt sie an allen Ausfallstraßen Barrikaden bauen, bewaffnet die Arbeiter wie seinerzeit in den Revolutionstagen, eilt selbst unermüdlich von Truppenteil zu Truppenteil, feuert an: Nicht nur die russische Revolution, das Schicksal des internationalen Proletariats und damit die Zukunft der Menschheit liege jetzt in ihrer Hand. Gelänge es nicht, Petrograd zu halten und die weißen Kräfte zu schlagen, so würde die russische Revolution zusammenbrechen, werde Rußland zurückfallen unter das zaristische Joch, werde der Kapitalismus triumphieren. An eine Befreiung der ge-

Der Krieg ist beendet, der Bürgerkrieg beginnt. Lenin befiehlt die Aufstellung einer Roten Arbeiter- und Bauernarmee zur Verteidigung der Sowjetmacht. Die ersten Freiwilligen dieser Armee marschieren über den Roten Platz in Moskau, der später Schauplatz der großen Militärparaden der Sowjetarmee ist (oben).

Zum Oberbefehlshaber der Roten Arbeiter-
und Bauernarmee hat Lenin Leo Trotzki be-
stellt, den Organisator der Oktoberrevolution.
Hier nimmt er (Bild Mitte) auf dem Roten
Platz in Moskau eine Parade seiner Armee ab.
Der zweite rechts von Trotzki, mit Kappe und
Bart, ist Kamenew, einer der Weggefährten
Lenins.

knechteten Arbeiter und Bauern in Europa, in der Welt sei dann nicht
mehr zu denken, zumindest nicht für lange Zeit. Als die Truppen Judenitschs angreifen, stoßen sie auf unerwartet starken Widerstand.
Die Verteidiger Petrograds sind schlecht ausgerüstet, schlecht geklei-
det, schlecht ernährt, aber sie kämpfen mit einem Fanatismus, der be-
trächtlich stärker ist als die Motivation der angreifenden weißen
Truppen.

Judenitschs Vorstoß wird abgewehrt, den fliehenden Weißen folgen die Marschkolonnen der Bolschewiki bis in das Baltikum. Dort
allerdings treffen sie auf Widerstand, auf den nationalen Widerstand
der Esten, Letten und Litauer, die bald beträchtliche Hilfe sowohl von
den Deutschen als auch von den Briten erhalten.

Wenn man sich heute auf einer Landkarte die Verteilung der weißen und der roten Truppen in den Jahren 1918 bis 1920 ansieht, kann
man sich nur wundern, daß es den Weißen nicht gelungen ist, die Roten zu besiegen. Geht man aber jeder einzelnen Operation der weißen Truppen nach, untersucht man, welche Kräfte und welche politischen Köpfe ihnen zur Verfügung standen, welche politischen Vorstellungen sie hatten und welche Ziele sie verfolgten, wundert man
sich schon viel weniger. Die meisten der militärischen Anführer auf
weißer Seite waren zwar alte Haudegen, verfügten aber über keine
konkreten politischen Programme. Sie waren nach der Abdankung
des Zaren der Provisorischen Regierung in Petrograd verpflichtet und
durchaus bereit, auch für ein demokratisches und republikanisches
Rußland zu kämpfen. Nach dem Ende der Kerenski-Regierung (und
zum Teil schon vorher) war ihr wichtigstes Ziel die Vertreibung der

Bolschewiki. Zu wessen Gunsten, das war den meisten weißen Generälen nicht ganz klar: Sollte es wieder eine demokratische Regierung sein, sollte Rußland eine Republik werden, oder sollte man nicht doch den Zaren zurückholen, den Thronanwärter oder irgendeinen anderen Romanow?

Politische Unterstützung fanden die Weißen vor allem bei den Sozialrevolutionären, die ihre bäuerliche Anhängerschaft vielfach zur militärischen Dienstleistung bei den weißen Truppenverbänden anhielten. Im Gebiet Admiral Koltschaks gab es sogar von den Alliierten anerkannte antibolschewistische Regierungen, die sich vorwiegend aus Sozialrevolutionären und Menschewiki zusammensetzten. Die in den Reihen der Weißen kämpfenden Offiziere hingegen waren mehrheitlich noch dem Zarenhaus ergeben und eher bereit, für die Wiederherstellung des alten Rußlands zu kämpfen. Die Kosakengeneräle hatten die Autonomie, wenn nicht gar die Selbständigkeit ihrer Kosakenrepubliken zum Ziel und nicht die Wiederherstellung irgendeiner gesamtrussischen Regierung. Gemeinsam war den Weißen nur der Wunsch, nach Petrograd bzw. nach Moskau zu marschieren, um Lenin und die Sowjetregierung zu vertreiben und dem bolschewistischen Spuk ein Ende zu bereiten.

Dabei gelang es ihnen nicht einmal, ihre militärischen Aktionen zu koordinieren. Und obwohl ihnen britische und französische Stabsoffiziere zur Seite standen, vermochten es auch diese nicht, die weißen Truppen nach irgendeinem einheitlichen Plan einzusetzen. Die Westalliierten hatten zwar einige zehntausend Soldaten nach Rußland entsandt, sie unterstützten mit Waffen, Munition und Geld, was immer sich an antibolschewistischen Kräften anbot, aber es gab weder einen militärischen noch einen politischen Plan, was nun in Rußland geschehen soll. Es gab auch keine allrussische Regierung, die die vollständige Unterstützung des Westens gehabt hätte. Die Intervention war auf Minimalziele gerichtet: die gelieferten Rüstungsgüter nicht in die Hände der Bolschewiki fallen zu lassen, ein deutsch-sowjetisches Militärbündnis zu verhindern, alle antibolschewistischen Kräfte zu unterstützen, doch ansonsten den Dingen in Rußland ihren Lauf zu lassen. Schon weil man glaubte, daß sich die Bolschewiki ohnedies nicht lange würden halten können, waren sie doch von allen Seiten militärisch bedrängt, lag doch in den von ihnen kontrollierten Gebieten die Industrieproduktion ebenso darnieder wie die Lebensmittelversorgung und hatten die Bolschewiki doch auch das Odium des von ihnen geschlossenen Schandfriedens von Brest-Litowsk zu tragen. Ein Überleben des bolschewistischen Regimes müßte an ein Wunder grenzen.

Und tatsächlich geht es den Bolschewiki und der Sowjetregierung nicht gut. Im Norden ist die Landung größerer Einheiten britischer Truppen zu befürchten, der deutsch-finnische Vormarsch im Baltikum könnte zur Einnahme von Petrograd führen. Die Hauptstadt befindet sich Anfang März 1918 in einer militärisch gefährlichen Situation. Lenin ordnet jetzt an, was er Kerenski mehrfach unterstellt hatte: die Übersiedlung der Regierung von Petrograd nach Moskau. Lenin selbst zieht in den Moskauer Kreml ein, der damit ab Sommer 1918 Regierungssitz wird, und zum Zentrum der bolschewistischen Macht in der Sowjetunion.

Aber es ist nicht nur die militärische Lage, die den Bolschewiki zusetzt. Auch die politische Opposition wächst wieder, kann sich neu formieren. Den Sozialrevolutionären gelingt es Ende April 1918, einen Parteikongreß abzuhalten. Sie fordern vehement die Aufkündigung des Friedensvertrags von Brest-Litowsk, die Wiederaufnahme der Kampfhandlungen gegen Deutschland, die Wiedereingliederung Rußlands in die antideutsche alliierte Koalition. Selbst die linken Sozialrevolutionäre, ideologisch den Bolschewiki noch immer eng verbunden, lehnen den Brest-Litowsker Frieden ab und haben, wie be-

Zu Beginn des Bürgerkriegs sind die Soldaten der Roten Armee zwar schlecht ausgerüstet, aber ideologisch motiviert. Sie marschieren in Bastschuhen, aber sie kämpfen verbissen (rechts oben). Die weißen Truppen werden von den Westalliierten mit Waffen und Hilfsgütern unterstützt, ihrer Führung fehlt es jedoch an einheitlichen politischen Vorstellungen. Die Soldaten wissen meist nicht, wofür sie in den Kampf ziehen. Das Bild rechts unten zeigt den Befehlshaber der Weißen, Admiral Alexander Koltschak, mit Offizieren der britischen Expeditionsstreitkräfte in Rußland.

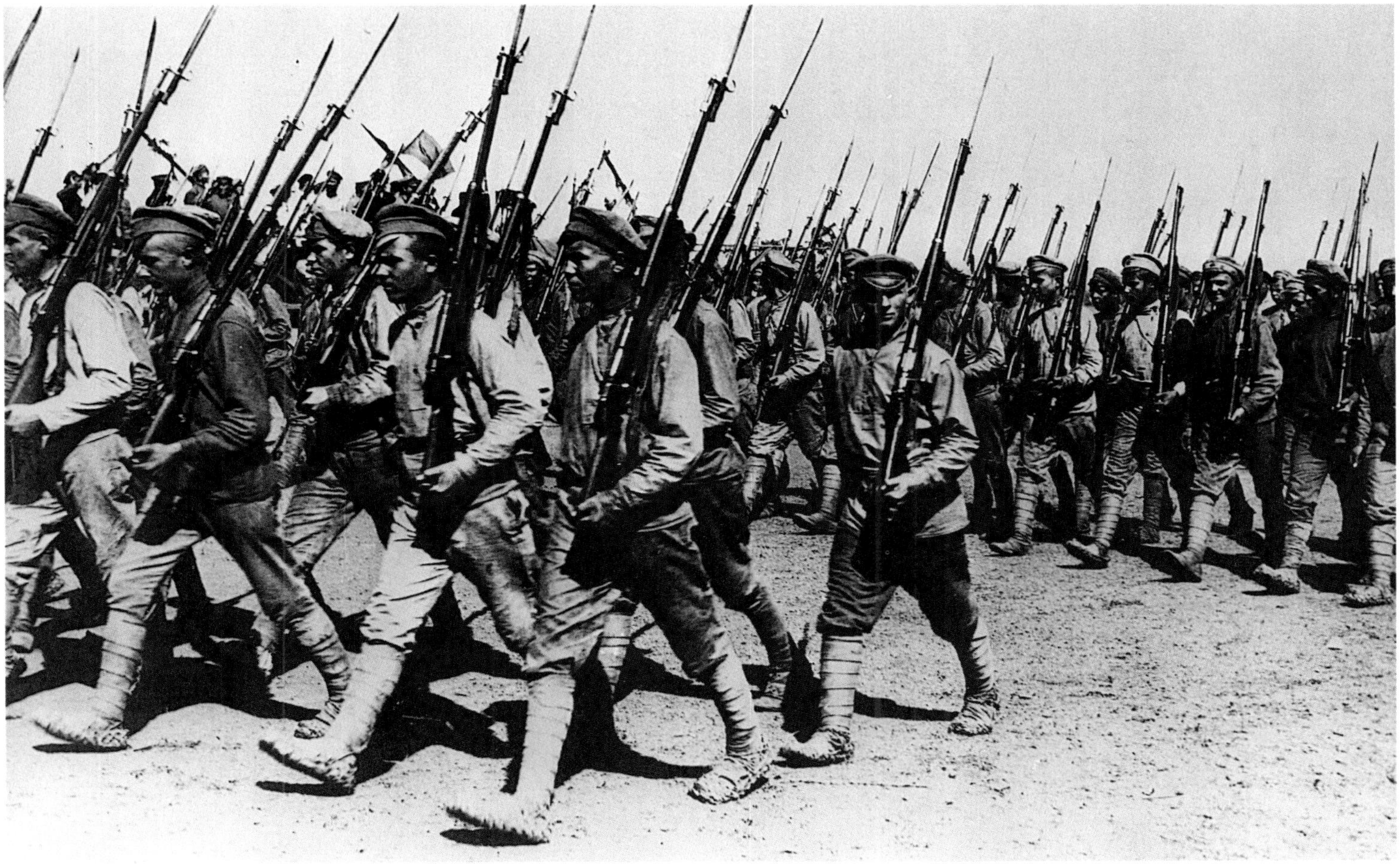

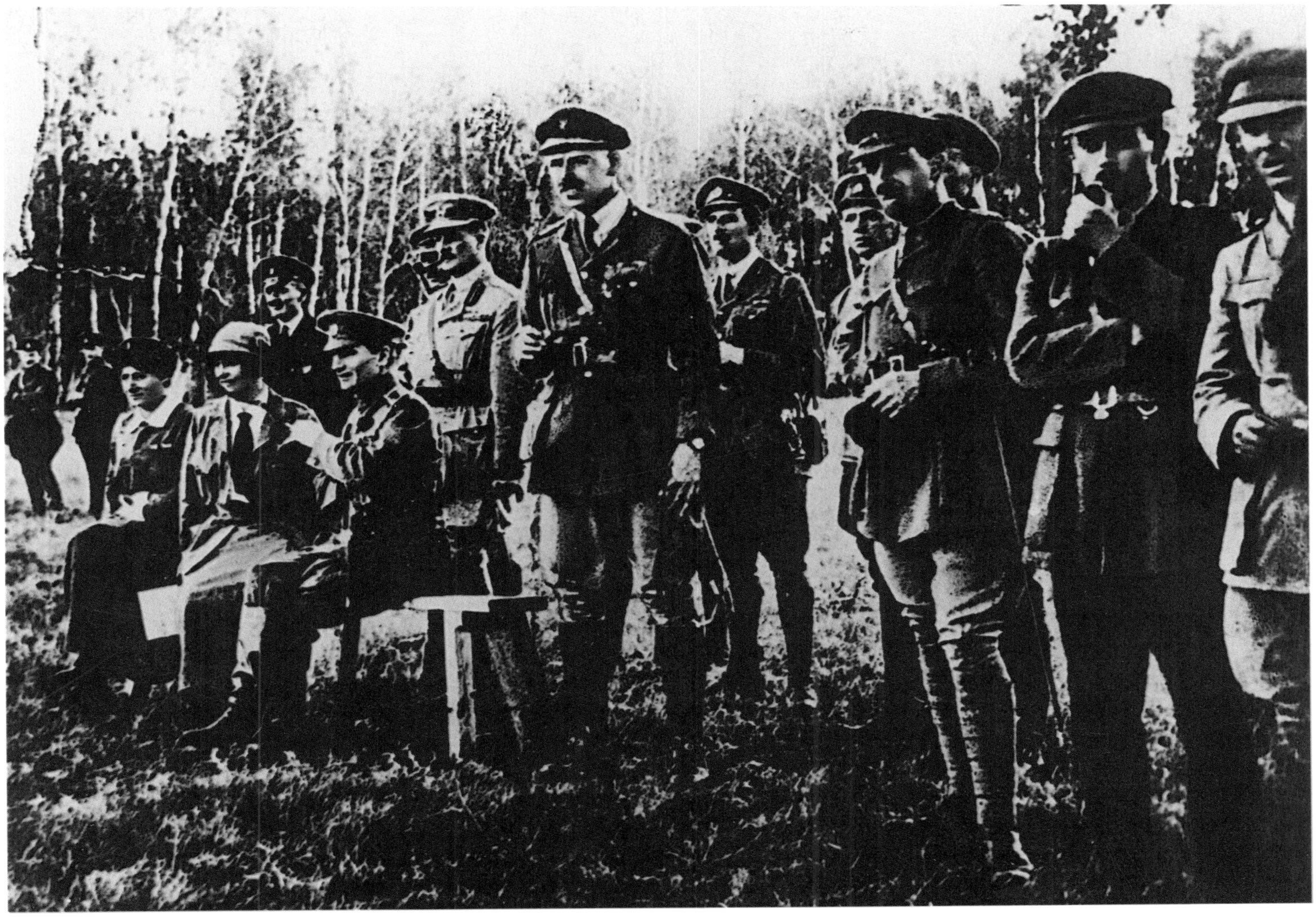

richtet, ihre Minister aus der Regierung zurückgezogen. Überall im Land erhalten die Sozialrevolutionäre weiterhin die Unterstützung der bäuerlichen Bevölkerung. Im Rücken der roten Truppen kommt es zu Dutzenden Bauernaufständen, meist geführt von Sozialrevolutionären. Auch die Menschewiki, die Sozialdemokraten, haben wieder Tritt gefaßt. Auch sie fordern nicht nur den Sturz der bolschewistischen Regierung, sondern die Rückkehr Rußlands in das alliierte Lager.

Wieder ist es Lenin, der im Verein mit Trotzki der doppelten Gefahr mit radikalen Maßnahmen zu begegnen versucht. Unmittelbar nach der Zerschlagung der Konstituierenden Versammlung war beiden, Lenin und Trotzki, klar, daß sie allen anderen politischen Kräften des Landes – mit Ausnahme der linken Sozialrevolutionäre – den Kampf angesagt hatten; daß sich diese Kräfte bald erheben würden zum Bürgerkrieg. Wollte Lenin seinen Anspruch auf Alleinherrschaft aufrechterhalten, würde er diese verteidigen müssen, und die Tscheka würde nicht imstande sein, sich voll einzusetzen. Demnächst würde sich das bolschewistische Regime auch militärisch behaupten müssen. Daß Stärke und Disziplin der Roten Garden dazu nicht ausreichten, hatte der so erfolgreiche deutsche Vormarsch nach Abbruch der Brest-Litowsker Friedensverhandlungen kraß aufgezeigt, wo es kaum zu Kampfhandlungen gekommen war, weil die Roten Garden das Weite gesucht hatten. Wenige Wochen danach wurden die ersten Rekruten der von Lenin durch Dekret gegründeten Roten Arbeiter- und Bauernarmee vereidigt. Befehlshaber der neuen bolschewistischen Armee wurde der bisherige Kommandant der Roten Garden und frühere Kommissar für Äußere Angelegenheiten, Leo Trotzki.

Mit einem Schlag schafft Trotzki in seiner Armee alles an Freiheiten wieder ab, was der Petrograder Sowjet im März 1917 in der Kerenski-Armee so vehement gefordert und durchgesetzt hatte – die demokratischen Rechte der Soldaten, den jederzeit möglichen Ungehorsam gegenüber Offizieren, die Beschlüsse der Soldatenkomitees nicht anerkennen, den Verzicht auf grobe Disziplinierung und Bestrafung. Trotzki fordert von der Roten Armee den unbedingten und widerspruchslosen Gehorsam, er ordnet strengste Bestrafungen für jegliche Art der Disziplinlosigkeit an. Selbst die Todesstrafe führt Trotzki wieder ein, obwohl gerade sie so sehr sozialistischer Gesinnung widerspricht.

Doch die straffe Disziplin und die harte Führung machen sich bald bezahlt. Anfangs sind es keine großen Verbände, die Trotzki in den Kampf gegen die weißen Truppen schickt, aber sie sind dem Gegner an Motivation und Disziplin weit überlegen. Der enge Raum, der den roten Verbänden als Operationsgebiet übrigbleibt, erlaubt es ihnen andererseits, sehr rasch von einer Front an die andere zu wechseln, die gegnerischen Truppen hintereinander anzugreifen – und zu schlagen.

Der Bürgerkrieg kennt keine geschlossenen Fronten, nur umherziehende Truppenteile, oft auch aneinander vorbeimarschierende. Und so treten die Weißen wie die Roten immer wieder und in den verschiedensten Landesteilen als Besatzungstruppen auf. Fast stets mit verheerenden Folgen: Während zu Beginn des Bürgerkriegs beide Seiten noch bemüht sind, sich die Gunst der Bauern zu erhalten und sie daher freiwillig und gegen Bezahlung zur Ablieferung von Getreide und Vieh zu bewegen, werden bald nur noch Konfiskationen durchgeführt, wird den Bauern auch das letzte Getreide und das letzte Stück Vieh weggenommen. Die Bauern ringen um ihr Überleben, versuchen zu verstecken, was sie noch besitzen. Wird aber ein solches Versteck entdeckt, so werden die Bauern für dieses „Verbrechen" auf der Stelle erschossen. Die Folge sind neue Bauernaufstände, denen wieder Strafexpeditionen folgen. In der Massakrierung der Bevölke-

Im Bürgerkrieg setzen beide Seiten, die Roten und die Weißen, gepanzerte Züge ein, die eine rasche Verlegung der Kampfkraft ermöglichen. Die Züge sind von unterschiedlicher Qualität. Unser Bild oben zeigt den in vielen Kämpfen erprobten Panzerzug der Bolschewiki, Tschernomorez, der auch bei Zarizyn, dem späteren Stalingrad, eingesetzt worden ist. Rechts unten ein improvisierter Panzerzug der weißen Truppen des Generals Wrangel auf der Krim.

Das Ausscheiden Rußlands aus dem Krieg beantworten die Westalliierten mit der Besetzung einer Reihe russischer Häfen und mit der Landung alliierter Streitkräfte. Unsere Bilder auf dieser Seite: Amerikanische Marineinfanteristen gehen in Wladiwostok von Bord (oben). Japanische Interventionstruppen haben an der sibirischen Eisenbahn einen bolschewistischen Posten niedergekämpft (Mitte). Mitglieder der britischen Militärmission in Archangelsk im Gespräch mit einem Offizier der Tschechischen Legion (unten).

Truppenkontingente von insgesamt 14 Nationen beteiligen sich an der militärischen Intervention gegen die Sowjetmacht. Ihre Haupteinsatzgebiete sind Archangelsk und das Baltikum, Wladiwostok und Ostsibirien, das Kaukasusgebiet und die Krim. Unsere Bilder auf dieser Seite: Amerikanische Offiziere vor ihrem Hauptquartier in Wladiwostok (oben), italienische Karabinieri vor dem interalliierten Hauptquartier (Mitte), auf dem die Fahnen von acht Interventionsmächten wehen (unten).

rung stehen die roten und die weißen Truppen einander kaum nach, durch rücksichtslosen blutigen Terror versuchen sie ihr eigenes Überleben sicherzustellen. Und das gilt erst recht für die Kampfhandlungen selbst, denn da gibt keine der beiden Seiten Pardon. Und da man nach der Schlacht ja weiterzieht und selbst fast nichts zu essen hat, werden Gefangene in der Regel auf beiden Seiten erschossen.

Die Bevölkerung ist dem weißen wie dem roten Terror hilflos ausgeliefert. Und auch der Hunger legt sich wie ein gewaltiges Leichentuch über ganz Rußland. Zuerst ziehen die Städter aufs Land, um das wenige, das sie noch haben, gegen Lebensmittel einzutauschen. Doch dann sind die Bauern nicht mehr bereit, das wenige herzugeben, das ihnen noch verblieben ist. Da bewaffnen sich die Arbeiter in den Betrieben und holen sich mit Gewalt, was rote oder weiße Truppen noch nicht gefunden und konfisziert haben. Als Terrorbanden ziehen diese Trupps durch das Land und überfallen die Gehöfte. Schließlich kommt es zu einer umgekehrten Bevölkerungswanderung, die hungernden Bauern versuchen, aus den geplünderten und teils niedergebrannten Dörfern in die Städte zu ziehen, in der Hoffnung, dort überleben zu können. Zu Tausenden sitzen sie, vorwiegend Frauen und Kinder, auf den Bahndämmen und warten auf Züge, die nicht kommen. Ihre Kräfte reichen nicht mehr aus, den langen Weg zu Fuß zurückzulegen. So sterben sie zu Tausenden, zu Zehntausenden, schließlich zu Hunderttausenden. Rund sechs Millionen, so wird geschätzt, sind in den Bürgerkriegsjahren 1918 bis 1920 in Rußland verhungert. Zeitgenössische Berichte schildern, wie verwaiste Kinder, zu Skeletten abgemagert, in Scharen über das Land kriechen auf der

Als der weiße General Nikolaj Judenitsch mit seinen Truppen vor den Toren Petrograds steht, ruft Lenin die Bevölkerung zur Verteidigung der Stadt auf. Unser Bild zeigt rasch bewaffnete Freiwillige vor ihrem Abmarsch an die Front.

Terror und Massenerschießungen gehören zum Alltag des Bürgerkriegs, bei den Roten wie bei den Weißen. Gefangene werden in der Regel gleich erschossen (rechts).

Suche nach Nahrung, fast immer vergeblich. Sie berichten auch von Kannibalismus. Das Fleisch verhungerter und vielleicht auch erschlagener Menschen werde auf den Straßen so feilgeboten wie früher das Fleisch von Tieren. Hilfe aus dem Ausland kommt erst beim Abflauen des Bürgerkriegs. Die Skandinavier sind die ersten, die helfen, die Amerikaner kommen später, doch dann mit einer umfassenden Hilfsaktion, die unter der Schirmherrschaft Herbert Hoovers steht, des späteren US-Präsidenten.

Die erste sozialistische Verfassung

Sollte die Rote Armee das bolschewistische Regime militärisch schützen, so sollte eine neue Verfassung das von Lenin geschaffene Staatsgebilde politisch und rechtlich verankern, und zwar als ersten sozialistischen Staat der Welt. Diese Verfassung sollte der V. Allrussische Sowjetkongreß beschließen. Er wurde für den 4. Juli 1918 nach Moskau einberufen. Wie sich die Dinge bereits gewandelt hatten, zeigt

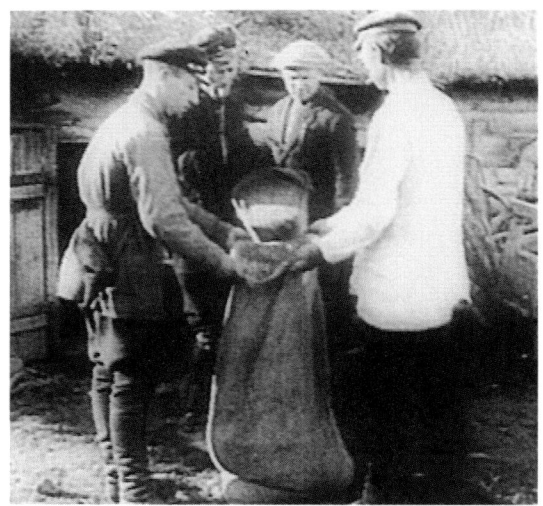

die Zusammensetzung der Delegierten dieses Kongresses. Als sich Lenin seinen Staatsstreich im Oktober 1917 vom Zweiten Allrussischen Sowjetkongreß bestätigen lassen wollte, hatten die Bolschewiki in diesem Kongreß nur eine knappe Minderheit, der Exodus der Menschewiki und eines Teils der Sozialrevolutionäre brachte Lenin dann die erwünschte einstimmige Bestätigung. Nun, nur neun Monate später, gehören von 1 132 Delegierten 745 den Bolschewiki an und 352 den linken Sozialrevolutionären, der Rest sind Delegierte von Splittergruppen. Alle anderen politischen Kräfte sind bereits ausgeschaltet, die rechten Sozialrevolutionäre, die Menschewiki. Lenin wird seine neue Verfassung spielend durchbekommen. Dennoch hat er über Moskau den Belagerungszustand verhängen lassen. Kein Tag, an dem es nicht Gerüchte über einen bevorstehenden Aufstand gibt. Und diesmal ist es ernst.

Am 6. Juli wird der deutsche Botschafter in Moskau, Graf Wilhelm Mirbach, im Gebäude seiner Botschaft ermordet. Die Mörder sind zwar Angehörige der Tscheka und sind auch mit Passierscheinen Dserschinskis in die Botschaft gelangt, aber sie sind Mitglieder der linken Sozialrevolutionäre, und der Mord soll das Signal zu einem allgemeinen Aufstand der Sozialrevolutionäre und ihrer bäuerlichen Anhängerschaft geben. Die Sozialrevolutionäre haben sich ihr Opfer gut ausgesucht: Die bolschewistische Herrschaft beruht in erster Linie auf dem Frieden mit Deutschland; ein Frieden, der wegen seiner so harten Bedingungen und seiner territorialen Konsequenzen von allen anderen politischen Kräften in Rußland abgelehnt wird. So hat die Ermordung des deutschen Botschafters starken symbolischen Charakter: Nieder mit dem Schandfrieden, nieder mit Deutschland, weg mit den Bolschewiki! Anführer des Aufstands ist der Sozialrevolutionär Boris Sawinkow, im Terror erfahren und ein entschiedener Gegner der Bolschewiki; er war Kerenskis Mitarbeiter im Kriegsministe-

Kriegskommunismus: In den Städten werden Arbeiter bewaffnet und zur Requirierung von Getreide auf das Land geschickt (links oben). Den Bauern werden auch die letzten Vorräte und selbst Saatgut weggenommen (links Mitte und unten). Dennoch wird die Fiktion der Freiwilligkeit aufrechterhalten. In den „Komitees der Dorfarmut" lassen sich die Kommissare die Zustimmung zu den Konfiskationen geben; sie erfolgt, wie unser Bild zeigt, einstimmig (oben).

rium der Provisorischen Regierung und ist seither mit den Mitgliedern der französischen Botschaft befreundet. Bei dem Prozeß, der Sawinkow und anderen Sozialrevolutionären später gemacht wird, erklärt er, von den Franzosen zweieinhalb Millionen Franc zur Unterstützung des Aufstands erhalten zu haben.

In Moskau wird der Aufstand von Maria Alexandrowna Spiridonowa geleitet, auch sie eine bekannte, ja berühmte Terroristin der Sozialrevolutionäre. Ihre Kampftruppen treten nun zum Sturm auf die Regierungsgebäude, auf das Büro der Kommunistischen Partei, auf das Telegrafenamt von Moskau an. Und sie sind fast überall erfolgreich. Aber Trotzki hat mit einem solchen Fall gerechnet. Seine Kampfeinheiten sind an allen wichtigen Plätzen der Stadt postiert. Im Gegensatz zu den Aufständischen verfügen sie auch über eine schlagkräftige Artillerie. Der Aufstand in Moskau wird in 48 Stunden niedergeschlagen, die gefangenen Aufständischen meist an Ort und Stelle erschossen.

Doch nun tritt auch die Tscheka in Aktion: Fast alle sozialrevolutionären Delegierten des V. Allrussischen Sowjetkongresses werden verhaftet und in die Lubjanka, das Zentralgefängnis der Tscheka, eingeliefert. Die Tscheka selbst wird von Angehörigen der linken Sozialrevolutionäre gesäubert, auch die meisten von ihnen werden gleich erschossen.

Am 9. Juli schon nimmt der V. Allrussische Sowjetkongreß seine Tagung wieder auf. Anwesend sind fast nur noch bolschewistische Delegierte, alle anderen sind verhaftet oder geflohen. Der Entwurf zur Verfassung der „Russischen Sozialistischen Föderativen Sowjetrepublik" wird einstimmig angenommen. Zehn Tage später tritt sie bereits in Kraft.

Der Aufstand der Sozialrevolutionäre aber war nicht auf Moskau beschränkt. In mehr als 20 Städten, die unter bolschewistischer Herrschaft stehen, haben sie losgeschlagen, und in allen diesen Städten werden sie geschlagen, von Trotzkis Rotarmisten und Dserschinskis Tschekisten.

Die Rache der Bolschewiki ist fürchterlich. Sie richtet sich nicht nur gegen die Aufständischen selbst, vielmehr wird der Aufstand von der Tscheka zum Anlaß genommen, auch mit allen anderen mutmaßlichen Gegnern des Regimes aufzuräumen. In vielen Fällen trifft Lenin selbst diese Entscheidung: Wird ihm die Gefangennahme von früheren Offizieren, von Geistlichen, von Kulaken, aber auch von aufständischen Bauern gemeldet, mit der Anfrage, was mit ihnen geschehen soll, befiehlt Lenin, sie zu erschießen. (Die von ihm unterzeichneten Exekutionslisten wurden in der Glasnost-Periode Gorbatschows erstmals veröffentlicht.) Auch werden viele neue Konzentrationslager errichtet, ihre Insassen, deren Zahl bereits in die Zehntausende geht, sind Opfer des willkürlichen Terrors, der sich gegen jeden und alle richtet, allein zum Zweck der Einschüchterung, der Gefügigmachung. Damit wollen die Bolschewiki die Bauern zur Getreideablieferung zwingen und Bauern wie Städter von jedem Aufstandsgedanken abbringen.

Doch wenden wir uns noch einmal jener Verfassung zu, die der Sowjetkongreß gutheißt und die als erste sozialistische Verfassung der Welt in die Geschichte eingegangen ist. Sie sollte die Grundlage für eine völlig neue Gesellschaftsordnung schaffen. Sozialismus, so wollte es Karl Marx, das sollte das Ende der Ausbeutung des Menschen durch den Menschen sein, das Ende der Abhängigkeit des Lohnarbeiters vom Fabriksherrn und die des Bauern vom Grundbesitzer. Durch die Aufhebung des Privateigentums sollte die klassenlose Gesellschaft begründet werden, und selbst der Staat als Herrschaftsinstrument sollte aufgehoben werden, sollte absterben. Die Menschen sollten freiwillig, durch eigene Einsicht, für die Gesellschaft jene Arbeit leisten, die zu leisten sie imstande und willens sind, nach ihren Fähigkeiten. Und aus den Erträgen der Gemeinschaft sollten sie erhalten, dessen sie bedürfen.

Lenin und die Bolschewiki haben es nun in der Hand, diese Grundsätze in der ersten sozialistischen Verfassung der Welt festzuschreiben, das Fundament zu legen für eine Gesellschaft der Gerechtigkeit und der Gleichberechtigung aller Menschen. Doch sie tun es nicht. Sie nützen diese Verfassung vorwiegend dazu, ihre eigene Herrschaft zu festigen. Was Marx nur als kurzes Übergangsstadium in Betracht gezogen hat, die Diktatur des Proletariats, wird als wichtigster Bestandteil dieser Verfassung fest verankert, mit dem ausdrücklichen Ziel, andere Volksschichten, insbesondere das Bürgertum, die wohlhabenderen Bauern, überhaupt alle möglichen Feinde der Bolschewiki, zu unterdrücken. Nicht ein Staat der Gerechtigkeit und der Gleichberechtigung aller Bürger, sondern eine Verfassung der Diskriminierung wird hier geschaffen. Selbst die Diktatur des Proletariats wird nicht durch das Proletariat, sondern durch die Kommunistische Partei – wie die Bolschewiki ihre Partei nun benennen – ausgeübt, die sich als Avantgarde des Proletariats versteht. Und der Staat bleibt Herrschaftsinstrument, wird in der Hand der Kommunistischen Partei allmächtiger als je zuvor, durch die Unterstellung der gesamten Wirtschaft und allen Eigentums, einschließlich des Grund und Bodens, unter die zentrale Planung sowie durch den willkürlichen Einsatz der Geheimpolizei.

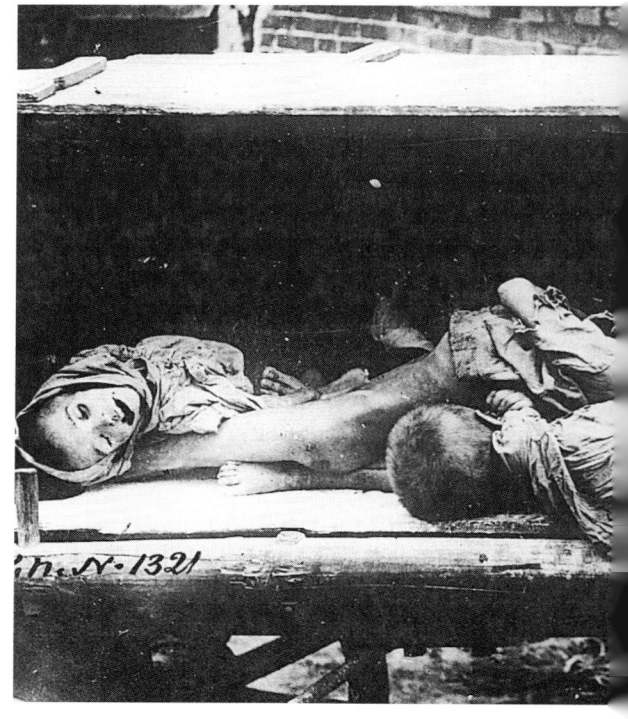

Die gesamte Industrie des Landes wird mit einem Schlag verstaatlicht, Privateigentum an Produktionsmitteln darf es nicht mehr geben. Nominell werden die Betriebe der Kontrolle der Arbeiter unterstellt. Erwartungsgemäß können die Arbeiter diese Kontrolle nicht ausüben, an ihrer Stelle besorgen das die Kommissare der Kommunistischen Partei.

Die Folge der Getreidekonfiskationen ist eine der größten Hungersnöte in der Geschichte Rußlands: Man schätzt, daß in den Jahren 1919/20 rund 6 Millionen Menschen an Hunger gestorben sind. Auf den Bahndämmen warten Zehntausende auf Züge, die nicht kommen. Viele Kinder verlieren ihre Eltern, ehe sie selbst verhungern.

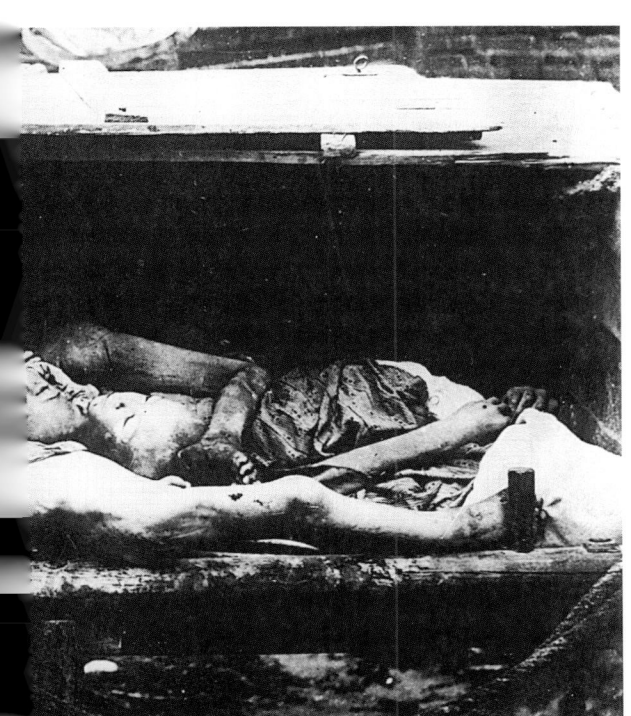

Den Arbeitern, in deren Namen diese Verfassung nun verabschiedet wird, bringt sie neben wenigen Vorteilen ganz entscheidende Nachteile. Die Arbeitspflicht wird eingeführt. Ab sofort ist jeder Sowjetbürger und jede Sowjetbürgerin verpflichtet, sich in den Arbeitsprozeß einzuschalten – „zwecks Vernichtung der parasitischen Gesellschaftsschichten und zwecks Organisierung der Wirtschaft". Und in die Verfassung wird der Grundsatz aufgenommen: „Wer nicht arbeitet, hat kein Daseinsrecht." Auch wird ab sofort verboten, ohne Bewilligung den Arbeitsplatz zu wechseln. Letzten Endes benötigt man dazu das Einverständnis der Partei. Der Arbeiter wird damit zum Ausbeutungsobjekt der Partei, praktisch ihr Sklave.

Die Verfassungsbestimmungen strotzen von Formulierungen wie „schonungslose Unterdrückung der Ausbeuter", „völlige Entwaffnung der besitzenden Klassen", „vollständige Unterdrückung der Bourgeoisie", „Vernichtung der Ausbeutung eines Menschen durch den anderen". Zu diesem Zweck und zur „Sicherung der vollen Gewalt der arbeitenden Massen und der Beseitigung jeder Möglichkeit einer Wiederherstellung der Gewalt der Ausbeutung, wird die Bewaffnung der Arbeitenden, die Bildung einer sozialistischen Roten Armee der Arbeiter und Bauern angeordnet".

Die Verfassung verankert damit die allgemeine Militärpflicht, schränkt aber ein: „Das Ehrenrecht, die Revolution mit der Waffe in der Hand zu schützen, steht nur den Arbeitenden zu; den nichtarbeitenden Elementen dagegen obliegt die Verrichtung anderer Militärobliegenheiten."

Für den Juli 1918 wird in das Bolschoi-Theater in Moskau der V. Allrussische Sowjetkongreß der Arbeiter-, Soldaten- und Bauerndeputierten einberufen, um die von Lenin vorgelegte sozialistische Verfassung für Rußland zu beschließen. Vor Betreten des Bolschoi-Theaters müssen sich die Deputierten anstellen, um von der Tscheka überprüft zu werden (Bild oben). Während des Kongresses kommt es zu einem Aufstand der Sozialrevolutionäre, der von der Roten Armee blutig niedergeschlagen wird. Auch das Bolschoi wird von Rotarmisten zerniert (Mitte). Als der Kongreß wieder zusammentritt, sind alle sozialrevolutionären Delegierten ausgeschlossen. Über Lenins Verfassung stimmen nur noch die Bolschewiki ab. Auf dem Platz vor dem Bolschoi haben Rotarmisten mit Maschinengewehren Posten bezogen.

Lenin und seine Schwester Maria Uljanowa (Bild rechts oben) auf dem Weg in das Bolschoi-Theater zum V. Allrussischen Sowjetkongreß im Juli 1918. Auf dem Wandanschlag links oben wird eine Vorstellung Schaljapins angekündigt.

Das Deckblatt der ersten sozialistischen Verfassung der Welt, die „Konstitution" für die Russische Sozialistische Föderative Sowjetrepublik (Bild rechts). Interessanterweise werden im ersten Wappen der RSFSR nicht nur Sichel und Hammer, sondern auch die römischen Liktorenbündel geführt. Die Inschrift im Wappen: „Proletarier aller Länder vereinigt Euch".

In einigen Paragraphen scheint die Verfassung tatsächlich sozialistischen Grundsätzen zu entsprechen. So werden ausgehend „von der Solidarität der Arbeitenden aller Nationen" allen Ausländern dieselben politischen Rechte eingeräumt wie den russischen Bürgern, einschließlich der Staatsbürgerschaft. Auch werde die neue Sowjetrepublik allen Ausländern, die wegen politischer und religiöser Verbrechen verfolgt werden, das Asylrecht gewähren. Sie erkenne auch allen Bürgern die gleichen Rechte zu, „ohne Rücksicht auf ihre Rassen und nationale Zugehörigkeit, und erklärt die Festsetzung oder Zulassung irgendwelcher Vorrechte oder Vorzüge auf diesem Gebiet, ebenso irgendwelche Unterdrückung nationaler Minderheiten, oder die Beschränkung ihrer Gleichberechtigung, als den Grundgesetzen der Republik widersprechend."

So steht es in der neuen sozialistischen Verfassung. Doch ihr letzter Paragraph hebt all das wieder auf. Wörtlich: „Von den Interessen der Arbeiterklasse in ihrer Gesamtheit geleitet, entzieht die Allrussische Sozialistische Föderative Räterepublik einzelnen Personen und einzelnen Gruppen die Rechte, welche sie zum Schaden der Interessen der sozialistischen Revolution genießen." Was das in der Realität bedeutet, das lassen die persönlichen Anordnungen Lenins, die Befehle des „Zentralen Vollzugsrates" des Sowjetkongresses, und erst recht die der Tscheka, mit erschreckender Deutlichkeit erkennen. So heißt es in dem Befehl des Zentralen Vollzugsrats vom 3. September 1918: „Die örtlichen Sowjets müssen alle rechten Sozialrevolutionäre verhaften. Aus den Kreisen der Bourgeoisie müssen sofort Geiseln in beträchtlicher Zahl genommen werden. Beim geringsten Versuch zum Widerstand oder bei der geringsten Bewegung in den Kreisen der Weißgardisten muß zu rücksichtslosen Massenerschießungen geschritten werden."

Die Tscheka erläßt folgende Weisung an die ihr unterstellten Richter und Gerichte: „Ihr habt nicht im Prozeß nach belastenden Anklagepunkten zu suchen, die feststellen sollen, daß der Entsprechende sich gegen die Sowjets mit Wort und Tat erhoben habe! Eure erste Pflicht ist es, ihn zu fragen, welcher Klasse er angehöre, welcher Abstammung er ist, welche Bildung er besitzt und welchen Beruf er ausübt. Diese Fragen müssen das Schicksal des Angeklagten entscheiden. Darin liegt der Sinn und das Wesen des Roten Terrors."

Der „Rote Terror" wird von Lenin persönlich angeordnet. Massendemonstrationen werden abgehalten mit dem Ziel, den Roten Terror zu feiern. Die Gesamtbevölkerung wird unter Druck gesetzt, dem Roten Terror zu dienen: Mitbürger anzuzeigen, von denen man glaubt, daß sie sich gegen die neue Sowjetrepublik stellen, die auch nur Kritik üben an der Herrschaft der Bolschewiki; Angehörige feindlicher Klassen sind zu beobachten, und jede verdächtige Handlung ist der Tscheka zu melden; Kinder sollen jede abträgliche Bemerkung ihrer Eltern und erst recht jede feindselige Handlung den Partei- und Staatsorganen melden. Doch die Tscheka wird auch ohne Anzeige und ohne Verdachtsmoment tätig: Das Wesen des Terrors besteht eben darin, daß nicht nur Schuldige oder vermeintlich Schuldige verfolgt werden, sondern sehr bewußt auch Unschuldige – auf daß auch alle Unschuldigen in Angst leben und sich jeder dem Regime möglicherweise abträglichen Handlung enthalten. Es ist ein raffiniert ausgeklügeltes System zur Knetung und Zerstörung der menschlichen Psyche.

Es sind die heutigen sowjetischen Historiker und Soziologen, die zu ihrem eigenen Erstaunen, ja Erschrecken feststellen, daß dies nicht erst eine Erfindung der Stalinära war, sondern in vielen, jetzt ans Tageslicht kommenden persönlichen Anordnungen Lenins bereits systematisch zur Anwendung gebracht worden ist. Wer Lenin dennoch in Schutz nehmen will, verweist darauf, daß Lenin unter den Bedingungen des Bürgerkriegs und der ausländischen militärischen Intervention handeln mußte, für Stalin gelte diese Einschränkung nicht. Aber auch Lenin hat schon die Erschießung der Mitglieder örtlicher Sowjets, von Funktionären der eigenen Partei und erst recht Geiselnahmen und Massenerschießungen von Angehörigen der sogenannten feindlichen Klassen angeordnet.

Die Ermordung der Zarenfamilie

Eine solche Anordnung dürfte auch zur Ermordung des Zaren und seiner Familie geführt haben. Nach der Februarrevolution waren der Zar, die Zarin, der Zarewitsch und dessen vier Schwestern auf Befehl der Provisorischen Regierung interniert worden. Über das Schicksal der Familie wollte man erst später, nach dem Krieg, entscheiden. Die Mitglieder der Zarenfamilie standen zwar unter Hausarrest, durften sich aber im Garten betätigen, der Zarewitsch erhielt Unterricht durch einen Hauslehrer, ein Arzt stand zur Verfügung, eine Zofe half der Zarin, und für Hauspersonal war gesorgt. Die Wachen waren freundlich.

Das änderte sich, als die Bolschewiki an die Macht kamen. Vom relativ komfortablen Verbannungsort in Zarskoje Selo wurde die Zarenfamilie nun unter Sowjetbewachung nach Tobolsk gebracht, aber auch von dort bald evakuiert, da man eine Befreiung des Zaren durch

Mit diesem Plakat wirbt die Rote Armee um Rekruten. Es ist einem wirksamen britischen Werbeplakat aus dem Ersten Weltkrieg nachgemacht: „Und Du? Hast Du Dich schon freiwillig gemeldet?". Die Rote Armee war zunächst auf dem Freiwilligenprinzip aufgebaut. Die höhere Motivation der Rotarmisten kam damit zum Ausdruck. Bald aber führte auch der Sowjetstaat die allgemeine Wehrpflicht ein.

Im Herbst 1918 dekretiert Lenin den „Roten Terror". Der Rote Terror erlaubt es den Organen der Tscheka, der Polizei und der Roten Armee, rücksichtslos gegen echte oder vermeintliche Feinde der Revolution, das heißt der Bolschewiki, vorzugehen. Mit dem Roten Terror werden auch die Konzentrationslager legitimiert. Der Rote Terror ist keine Geheimverfügung: Er wird öffentlich proklamiert und als Schutzmaßnahme für den Sowjetstaat gefeiert. Unser Bild zeigt ein in Petrograd entfaltetes Transparent mit der Aufschrift: „Tod der Bourgeoisie und ihren Verbündeten. Es lebe der Rote Terror."

weiße Truppen befürchtete. Der nächste und letzte Verbannungsort war Jekaterinburg. Die Familie wird in einem Haus, das man durch die Errichtung eines hohen Palisadenzauns in ein Gefängnis verwandelt hat, untergebracht. Die Bewachung stellt der örtliche Sowjet. In Moskau zeigte sich der deutsche Botschafter Graf Mirbach – nach dem Frieden von Brest-Litowsk ist Deutschland bei der Sowjetregierung diplomatisch voll vertreten – über das Schicksal der Zarenfamilie besorgt: Immerhin ist die Zarin eine geborene deutsche Prinzessin und der Zar ein entfernter Cousin des Deutschen Kaisers. Doch die Bolschewiki beruhigen: Von ihrer Seite drohe der Zarenfamilie keine Gefahr, man müsse sie nur vor der Bevölkerung schützen, die antizaristisch und revolutionär eingestellt sei. Das klingt nicht gut. Und als es heißt, daß weiße Truppen und die Tschechische Legion im Anmarsch auf Jekaterinburg seien, wird die Sorge um die Zarenfamilie noch größer. Mit einem befreiten Zaren an der Spitze könnte der weiße Widerstand gegen die Bolschewiki zunehmen, die militärische Unterstützung der Westalliierten zu einem regelrechten Bündnisfall werden.

Heute dürfte feststehen, daß Lenin selbst den Befehl zur Ermordung des Zaren und höchstwahrscheinlich auch den Befehl zur Ermordung der gesamten Familie gegeben hat. Vielleicht nicht direkt. Sein Vertrauter in diesem Fall ist Jakow Swerdlow, der Vorsitzende des Exekutivkomitees des Allrussischen Sowjets. Am 4. Juli 1918 telegrafiert der Kommissar Bjeloborodow aus Jekaterinburg an das Sekretariat Swerdlows: Die Wache der Zarenfamilie sei nun ausgewechselt und unter neues Kommando gestellt worden. Es wird um letzte Anweisungen gebeten. Diese Wachablösung findet im Tagebuch Nikolaus' II. ihren Niederschlag: „Wir haben einen neuen Kommandanten bekommen. Unsere Wertgegenstände wurden zu einer neuerlichen Inventarisierung weggeschafft. Der neue Kommandant macht einen beunruhigenden Eindruck." Am 16. Juli wird die Wachmannschaft, die nunmehr aus verläßlichen Bolschewiki besteht, mit zusätzlichen Waffen ausgestattet, mit Pistolen, bis jetzt hatte sie nur Gewehre. Nach Mitternacht wird die Zarenfamilie geweckt, ebenso der Leibarzt und das Zimmermädchen. Man sagt ihnen, sie müßten sich zur Evakuierung bereitmachen, aber man führt sie nicht ins Freie, sondern in den Keller. Dort werden sie allesamt erschossen.

Am Morgen telegrafiert der Kommissar Bjeloborodow an das Exekutivkomitee des Allrussischen Sowjets. Das Telegramm ist ver-

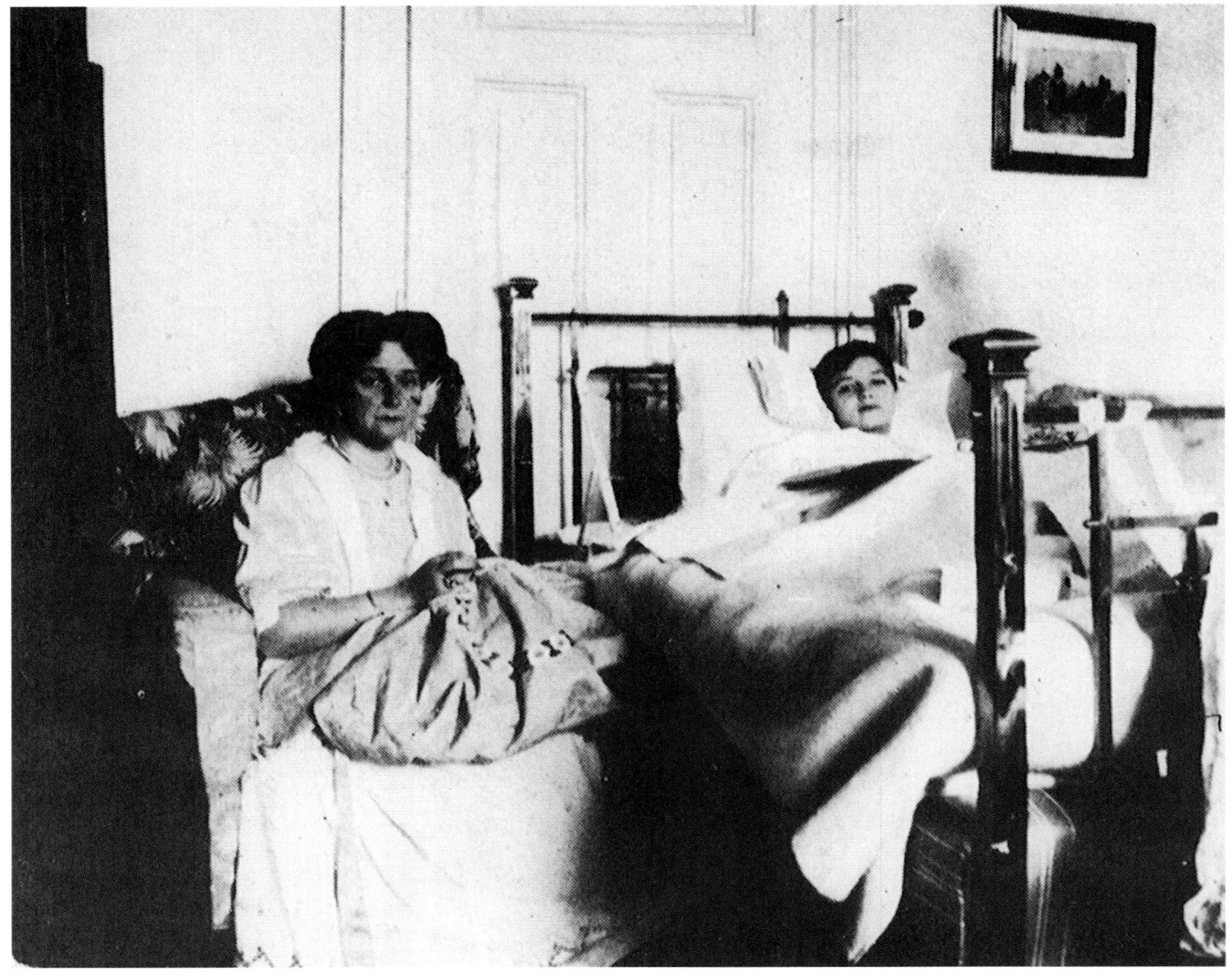

schlüsselt. Das Original dieses Telegramms befindet sich heute im Westen und sollte gemeinsam mit anderen Geheimdokumenten aus jener Zeit bei Sotheby in London versteigert werden, es fand zum gewünschten Preis keinen Abnehmer. Aber sein Inhalt ist heute entschlüsselt: „Swerdlow sagen, daß gesamte Familie das Schicksal ihres Oberhauptes erlitt, offiziell kommt sie bei Evakuierung um." Es ist eine Vollzugsmeldung, kein Bericht.

Die Zarin und der Zarewitsch. Die Zarin ist eine geborene deutsche Prinzessin, Alice von Hessen-Darmstadt. Der Zarewitsch Alexej leidet an der Bluterkrankheit und ist oft bettlägrig.

Die Balten melden sich ab

Nochmals zurück zur Verfassung der Russischen Sozialistischen Föderativen Sowjetrepublik, kurz RSFSR genannt. Das Wort „föderativ" wird in der Verfassung so erklärt: „Die russische Räterepublik gründet sich auf die freie Vereinigung freier Nationen als ein Bund nationaler Räterepubliken." Demnach werden dieser Föderation nur solche Nationen angehören, die ihr freiwillig beitreten, und auch dann nur, wenn sie selbst Räterepubliken sind.

Schon bei seiner Machtergreifung im Oktober sah Lenin die Gefahr, daß Aufstände der nach Freiheit und nach Unabhängigkeit strebenden Völkerschaften innerhalb des Russischen Reichs sich nun gegen sein Regime richten könnten. Im Gegensatz zum Zaren und selbst auch noch im Gegensatz zur Provisorischen Regierung Keren-

Eines der letzten Bilder des Zaren, seiner vier Töchter und des Zarewitsch, aufgenommen auf dem Dach des Hauses in Tobolsk, in dem sie interniert sind. Die Bolschewiki verlegen die Zarenfamilie nach Jekaterinburg, dem heutigen Swerdlowsk, wo die Familie und das Hauspersonal im Juli 1918 erschossen werden.

skis verfügt die neue Sowjetregierung noch über keine ausreichende militärische Macht, um solchen Aufständen zu begegnen. Dazu kommt, daß die russische Sozialdemokratie, und nach ihrer Spaltung auch die Bolschewiki, immer für das Selbstbestimmungsrecht aller Nationen eingetreten sind, nicht zuletzt in der Hoffnung, daß der Unabhängigkeitskampf der Nationalitäten dem Zarenreich den Todesstoß versetzen könnte. Jetzt gilt es, dieses versprochene Selbstbestimmungsrecht einzulösen. Lenin erläßt dazu bereits am 2. November 1917 eine „Deklaration der Rechte der Völker Rußlands", in der es heißt: „Zu befreien bleiben nur noch die Völkerschaften Rußlands, die Knechtung und Willkür gelitten haben und noch leiden, zu deren Entsklavung daher unverzüglich geschritten werden muß, deren Befreiung entschieden und unwiderruflich durchgeführt werden muß." Und die Deklaration legt ausdrücklich fest: „Das freie Selbstbestimmungsrecht der Völker Rußlands, einschließlich des Rechts auf Absonderung und Bildung eines selbständigen Staates."

Die bolschewistische Regierung wird diese Zusage nicht einhalten. Jedes der Völker, das – meist schon unmittelbar nach der Febru-

Die Großfürstin Tatjana, eine der vier Töchter des Zaren, bei der Gartenarbeit während ihres ersten Hausarrests unter der Regierung Kerenski. Die Wachposten sind noch freundlich und helfen mit.

arrevolution – das Selbstbestimmungsrecht reklamiert hat und jetzt um seine Eigenstaatlichkeit einkommt, versuchen die Bolschewiki gewaltsam im Russischen Reich festzuhalten. Der Prozeß entbehrt nicht einer gewissen Parallele zum späteren Kampf Gorbatschows um die Erhaltung der Sowjetunion; auch Gorbatschow hat zunächst versucht, die baltischen Republiken, Georgien und Aserbeidschan gewaltsam im sowjetischen Staatsverband zu halten, zum Teil sogar mit ähnlich drastischen Mitteln, wie sie Lenin und Trotzki eingesetzt haben. Weshalb aber haben dann Lenin und seine Sowjetregierung den Völkern im Russischen Reich das Recht auf Absonderung und Bildung eines selbständigen Staats zugebilligt, wenn sie nicht die Absicht hatten, ihnen dieses Recht zu gewähren? Die Antwort findet man sowohl bei Stalin als auch bei Trotzki.

Stalin ist von Lenin als Volkskommissar für die Nationalitätenfragen eingesetzt worden. Nicht zufällig. Stalin hat die Nationalitätenfragen eingehend studiert, und zwar in Wien. Im Jahr 1912 war er nach Wien gekommen, wohnte in der Schönbrunner Straße und erarbeitete sich eine intime Kenntnis der Nationalitätenprobleme des Habsburger Vielvölkerstaats. In der österreichisch-ungarischen Mon-

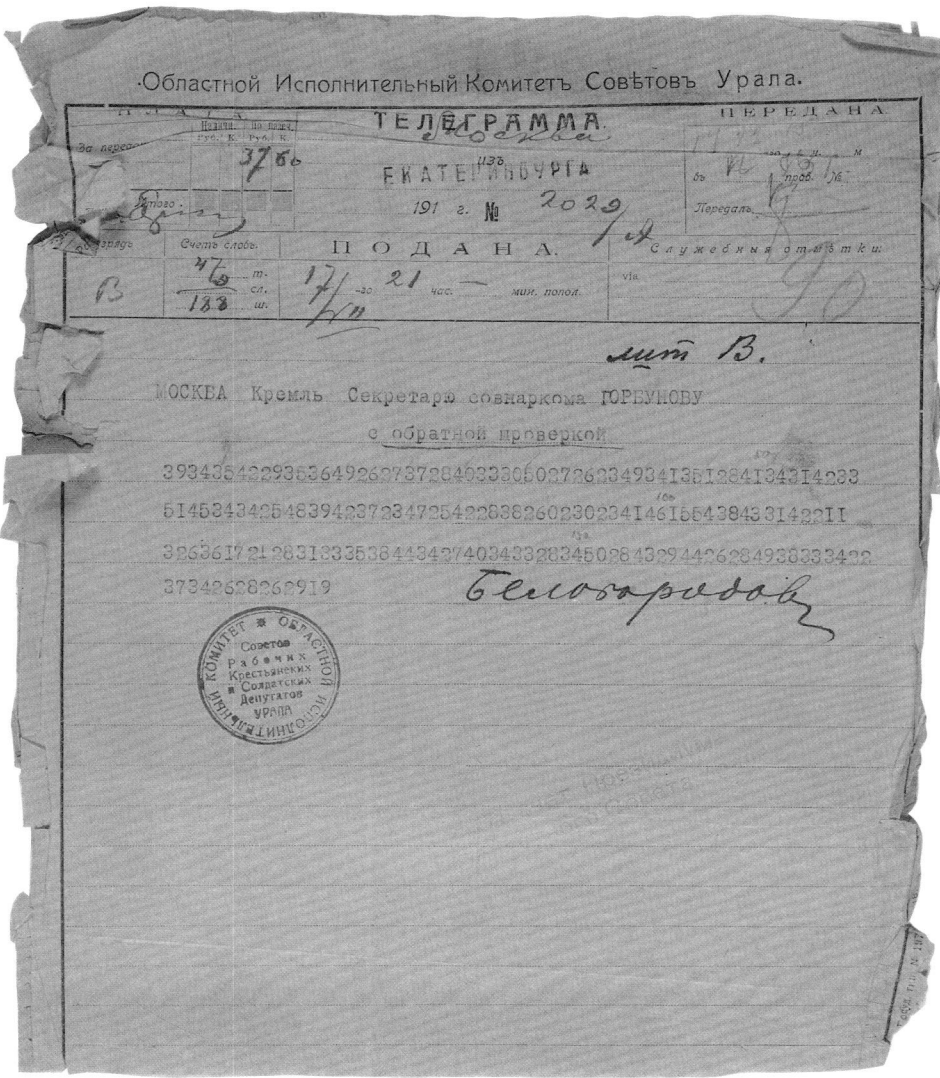

Das verschlüsselte Telegramm, mit dem die Ermordung der Zarenfamilie nach Moskau gemeldet wird: „Swerdlow sagen, daß gesamte Familie das Schicksal ihres Oberhauptes erlitt, offiziell kommt sie bei Evakuierung um", abgesandt aus Jekaterinburg im Namen des Uraler Sowjets. Jakow Swerdlow (oben) ist Vorsitzender des Zentralexekutivkomitees des Allrussischen Sowjetkongresses. Er ist ein enger Vertrauter Lenins. Jekaterinburg wird bald danach auf den Namen Swerdlowsk umbenannt.

archie hatten die nationalistischen Strömungen um diese Zeit ihren Höhepunkt erreicht: Die Polen forderten ihren eigenen Staat, in Prag wurde die Parole ausgegeben „Los von Habsburg!", die Ungarn wandten schärfste Unterdrückungsmittel an, um die unter ihrer Herrschaft befindlichen Völker an einer eigenen nationalen Entfaltung zu hindern. Dennoch gab es sie: die Kroaten, die Rumänen, die Slowaken, die Ukrainer, sie alle riefen nach Autonomie und Gleichberechtigung, wenn nicht schon nach einem eigenen Staat. Das Problem, wie man die nationalen Ambitionen dieser Völkerschaften befriedigen und das Habsburgerreich dennoch erhalten könnte, beschäftigte bereits viele Köpfe, vor allem in der österreichischen Sozialdemokratie. Karl Renner befaßte sich mit diesen Fragen, analysierte sie und schlug Lösungen vor.

Stalin studierte dies alles sehr genau. Später schreibt er sein eigenes Traktat über die Nationalitätenfragen im Russischen Reich. Er selbst ist Georgier und kennt daher die nationalen Selbständigkeitsbestrebungen seiner Landsleute. Solange es darum geht, diese Selbständigkeit dem Zarenreich abzutrotzen, ist Stalin ganz dafür. Unmittelbar nach Lenins Machtergreifung bleibt er auch bei dieser Linie – man muß den Nationalitäten die freie Wahl lassen. Aber dann entwickelt Stalin, analog zu Lenins eigenem Denken, eine der bolschewistischen Utopie angepaßte Theorie: Die Nationalitäten sollen durchaus ihre Selbständigkeit erhalten, aber es ist wohl verstanden, daß sie diese Eigenständigkeit dazu nützen werden, sich selbst die fortschrittlichste Gesellschaftsform zu geben, nämlich das Rätesystem, und daß diese Räte von der fortschrittlichsten Partei beherrscht wer-

Die erste Regierung Lenin, der Rat der Volkskommissare. In der Mittelgruppe – rechts von der Lampe – Lenin, hinter ihm stehend Stalin. Die erste Dame von links ist Alexandra Kollontaj, hier in ihrer Funktion als Volkskommissarin für das Soziale, eine engagierte Vorkämpferin für die Gleichberechtigung der Frau. Ihre revolutionäre Familienpolitik wird unter dem Schlagwort „freie Liebe" auch im Westen bekannt.

den müßten, von den Bolschewiki. Sind aber erst einmal die selbständig gewordenen Provinzen Rußlands eigene Räterepubliken, dann werden sie sich freiwillig, mit Freude und aus Notwendigkeit, zu einer Föderation sozialistischer Sowjetrepubliken zusammenschließen, zur Sowjetunion. Mit anderen Worten: Die bolschewistische Regierung geht kaum ein Risiko ein, wenn sie diesen Völkerschaften das Selbstbestimmungsrecht und das Recht auf Sezession gewährt, sie würden im Nu selbst Sowjetrepubliken werden und als solche freiwillig das Russische Reich wiederherstellen, in Form der fortschrittlichen Sowjetunion.

Die allerersten Entwicklungen scheinen diese Erwartung zu erfüllen: In Finnland, das schon bei der Februarrevolution seine Eigen-

staatlichkeit erklärt hat, melden die finnischen Bolschewiki ihren Regierungsanspruch an; sie versuchen nach Lenins Machtergreifung in Petrograd auch ihre Machtergreifung und führen nunmehr auch ihren Bürgerkrieg. Es ist der aus Schweden stammende ehemalige zaristische General Carl-Gustav Freiherr von Mannerheim, der die finnischen Bolschewiki mit deutscher Militärhilfe niederkämpft. Für einige Monate akzeptiert Finnland dafür sogar einen deutschen König, Friedrich Karl von Hessen, einen Schwager des Deutschen Kaisers Wilhelm, während General Mannerheim als Reichsverweser eingesetzt wird.

Auf der Seite der Finnen haben auch rund tausend Freiwillige aus Schweden an den Kämpfen teilgenommen.

Im Baltikum ist es nicht viel anders: Esten, Letten und Litauer erklären sich 1918, noch unter deutscher Besetzung und mit deutscher Unterstützung, für unabhängig. Lenins Sowjetregierung verweigert auch den drei baltischen Nationen zunächst die Eigenstaatlichkeit. Nach Abzug der deutschen Truppen dringt Trotzkis Rote Armee sofort in die baltischen Staaten ein. Doch auch hier treffen die Bolschewiki auf den Widerstand der einheimischen Bevölkerung. Und auch hier kommen den Esten und den Letten deutsche Freikorpsverbände zu Hilfe. Unter dem Oberkommando des Generals Rüdiger von der Goltz kämpfen die Kavallerieabteilung „Engelhardt" und die „Eiserne Division" auf der Seite der Letten, während in Estland die deutsch-baltische Landeswehr gemeinsam mit den antibolschewistischen estnischen Truppen gegen die Rote Armee vorgeht.

Die Litauer haben sich gleich gegen zwei Seiten zu verteidigen, gegen die eindringenden Rotarmisten aus Rußland und gegen die Polen, die Litauen für sich reklamieren und denen es gelingt, die vorgesehene litauische Hauptstadt Wilna zu erobern und bis 1939 zu behalten. Doch auch die Litauer setzen sich durch, auch sie mit deutscher Freikorpshilfe, sie schlagen die Rote Armee und erzwingen ihre Eigenstaatlichkeit.

Die Deutschen sind nicht die einzigen, die den Finnen und den Balten in ihren Unabhängigkeitskämpfen zu Hilfe kommen. Um zu verhindern, daß das Baltikum künftig unter deutschen Einfluß gerät bzw. bleibt, entsendet Großbritannien ein Flottengeschwader in die Ostsee, und britische Truppen landen in estnischen und lettischen Häfen. Während die militärische Hilfe der Briten begrenzt ist, ergreifen die Regierungen aller drei baltischen Länder die Chance, sich politisch nach Westen zu orientieren, die Siegermächte England, Frankreich und USA als Schutzmächte anzurufen. Verständlich, auf diese Weise können die Balten sowohl künftigem russischen als auch deutschem Druck besser widerstehen. Zumindest eine Zeitlang; ab 1939, als sowohl Rußland

Lettische Schützen und deutsche Freikorpsleute bewachen im lettischen Mitau gefangene bolschewistische Frauen. Sie werden beschuldigt, sich an Unruhen beteiligt zu haben. Die baltischen Republiken erkämpfen mit deutscher und britischer Unterstützung ihre Unabhängigkeit von Rußland.

In Helsinki spricht der Kommandant der deutschen Freikorpstruppen im Baltikum, General von der Goltz, zu deutschen und finnischen Offizieren. Die finnischen Verbände werden von dem ehemaligen zaristischen General Freiherr von Mannerheim angeführt. Dieser wird 1944 finnischer Staatspräsident.

unter Stalin als auch Deutschland unter Hitler wieder mächtig sind, werden die baltischen Staaten Opfer ihrer geopolitischen Lage. Erst in der Perestrojka-Periode eröffnen sich den Esten, Letten und Litauern erneut Perspektiven nationaler und staatlicher Unabhängigkeit.

Am Rande sei vermerkt, daß das britische Expeditionskorps, das den Balten zu Hilfe kam, unter dem Kommando von Oberst Lord Harold Alexander stand. Alexander versuchte eine Doppelfunktion zu bewältigen: die Deutschen möglichst zu verdrängen und die Bolschewiki nicht zuzulassen. Am Ende des Zweiten Weltkriegs wird derselbe Lord Alexander, dann schon Feldmarschall und Oberbefehlshaber der alliierten Streitkräfte im Mittelmeerraum, eine sehr ähnliche Aufgabe zu erfüllen haben: Die deutsche Wehrmacht aus Italien zu verdrängen bzw. sie zu besiegen, aber die kommunistischen Partisanen an der Machtergreifung zu hindern und die kommunistisch-jugoslawischen Ansprüche auf Triest und Südkärnten zurückzuweisen, ebenfalls unter Androhung von Waffengewalt.

Georgiens Glück und Ende

Die Finnen und die Balten sind nicht die einzigen Nationen, die die Bolschewiki beim Wort nehmen und ihr Recht zur Bildung eines selbständigen Staats reklamieren. Wie Finnland, so erklärt sich auch Georgien gleich nach der Februarrevolution für unabhängig. Anders als in Finnland und im Baltikum können die Bolschewiki nach dem Oktober 1917 in Georgien nicht die Macht ergreifen. Am 26. Mai 1918 proklamiert eine provisorische Regierung Georgien als selbständige, unabhängige und neutrale Republik. Als im November 1918 das Deutsche Reich gegenüber den Westmächten kapituliert und die deutschen Truppen auch im Osten den Heimmarsch antreten, werden sie in Georgien von Briten und Franzosen abgelöst, die sich auch hier

Georgien erklärt sich im Mai 1918 für unabhängig und verläßt das Russische Reich. Allgemeine Wahlen bringen einen Sieg der Menschewiki (Sozialdemokraten). Das Parlament tagt unter dem neuen Staatswappen mit dem heiligen Georg (oben). Staatspräsident Dschordania (Bild Mitte mit Bart) erklärt Georgien für „neutral wie die Schweiz". Die II. (sozialdemokratische) Internationale entsendet eine prominente Delegation nach Tiflis, um die Anerkennung Georgiens als selbständiger Staat zu unterstreichen (unten).

als Schutzherren über das künftige unabhängige Georgien empfehlen. Die Sowjetregierung, die weder gegen die Deutschen noch gegen Briten und Franzosen aufzutreten wagt, anerkennt die Unabhängigkeit Georgiens. Im Februar 1919 werden Wahlen zur Verfassunggebenden Versammlung abgehalten, die einen überwältigenden Erfolg der georgischen Menschewiki erbringen, der Sozialdemokraten: 105 von 130 Sitzen im neuen georgischen Parlament fallen ihnen zu. Noi Dschordania wird zum Präsidenten der Republik gewählt, auch er ein Menschewik.

Die Georgier können sich ihre eigenstaatliche Zukunft sehr gut vorstellen: Sie wollen das politische System der Schweiz übernehmen, einschließlich der kantonalen Selbstverwaltungen. Und sie wollen an diesem geographisch, politisch, wirtschaftlich und militärisch so wichtigen Punkt des Kaukasus auch eine schweizerische Rolle spielen: neutral nach allen Seiten und entschlossen, diese Neutralität auch zu verteidigen. Für die Sowjetregierung ist das ein harter Schlag. Ein wirklich unabhängiges Georgien schiebt sich wie ein Riegel vor die Erdölfelder von Baku und fördert darüber hinaus die Selbständigkeitsbestrebungen auch der Aserbeidschaner, auf deren Gebiet sich dieses Erdöl befindet. Die nach der Februarrevolution regierende antibolschewistische nationale Partei der Aserbeidschaner, „Mussawat" („Gleichheit"), muß sich gegen das im Raum Baku unter der Führung des Lenin-Vertrauten Stjepan Schaumjan herrschende Sowjetregime behaupten. Aus dem Iran einmarschierende englische Truppen sind dabei behilflich. Die Engländer rüsten russische Handelsschiffe, die im Kaspischen Meer eingesetzt sind, mit Kanonen aus, es kommt zu Kämpfen, wobei das bolschewistische Machtzentrum in Baku zerschlagen wird.

Ziel der britischen Intervention in Baku ist es, der bolschewistischen Regierung die Erdölfelder zu entziehen. Wie gesagt, 50 Prozent der damaligen Weltförderung an Erdöl kommen von diesen Feldern, sie decken den gesamten russischen Erdölbedarf, die weit größeren Mengen aber werden exportiert und bringen dringend benötigte Devisen. Gelingt es, die Sowjetregierung auf Dauer von den Erdölressourcen in Baku abzuschneiden, kann sie vermutlich wirtschaftlich nicht überleben. So nimmt es nicht wunder, daß die Bolschewiki größte militärische Anstrengungen unternehmen, um die weißen Armeen entlang der Wolga zu schlagen, sie aus dem Kaukasusgebiet zu verdrängen und die Verbindung nach Baku wiederherzustellen. Das selbständige Georgien ist ihnen dabei im Weg. Mehrfach versuchen Lenin und Trotzki, die Georgier zu einem Militärbündnis mit der Sowjetunion zu bewegen, ein Bündnis, das der Roten Armee ein Durchmarschrecht geben würde, wobei Trotzki auch noch auf gemeinsame sowjetisch-georgische Operationen gegen die im Süden stehenden Weißgardisten drängt.

Die Georgier lehnen alle Bündnisanträge der Sowjets ab. Staatspräsident Dschordania erklärt am 14. Januar 1920 im georgischen Parlament: „Ein militärisches Bündnis mit Moskau würde bedeuten, daß wir unsere Beziehungen nach Europa abbrechen müssen. Doch der Weg Georgiens ist Europa, Rußlands Weg ist Asien. Man wird uns vorwerfen, auf seiten der Imperialisten zu stehen. Dazu sage ich: Ich werde die Imperialisten des Westens den Fanatikern des Ostens vorziehen." Gerade diesen Vorwurf, den Schutz der imperialistischen Mächte in Anspruch zu nehmen, versuchen die georgischen Menschewiki zu entkräften, indem sie die II. Internationale um tatkräftige Hilfe ersuchen; das ist die sozialdemokratische Internationale, mit der die Bolschewiki gebrochen haben und die auch mit den Bolschewiki nichts zu tun haben will. Eine Delegation der II. Internationale begibt sich nach Tiflis, um den Georgiern diesen politischen Schutz zu gewähren. Karl Kautsky, wohl einer der prominentesten Sozialdemokraten Deutschlands, führendes Mitglied der – linken – Unabhän-

gigen Sozialdemokratischen Partei Deutschlands (USPD) gehört der Delegation an, die vom Vorsitzenden der II. Internationale, dem belgischen Sozialdemokraten Emile Vandervelde, geleitet wird.

Die Sowjetregierung sieht sich gezwungen, die georgische Unabhängigkeit anzuerkennen. Am 7. Mai 1920 garantiert die Sowjetregierung mit Lenins Unterschrift die Eigenstaatlichkeit Georgiens und verpflichtet sich zu einer Politik der Nichteinmischung.

Zu diesem Zeitpunkt geht der Bürgerkrieg in Rußland seinem Ende zu. Die meisten alliierten Truppen sind abgezogen, und die Kämpfe gegen die weißen Armeen Koltschaks, Denikins und Judenitschs sind siegreich beendet. Weitere Komplikationen mit England sind nicht mehr zu erwarten. So beschließt das Politbüro der Bolschewiki unter dem Vorsitz Lenins den Angriff auf Georgien. Am 16. Februar 1921 fallen 200 000 Soldaten der Roten Armee in Georgien ein. Sie folgen, wie es heißt, einem Hilferuf angeblich bedrängter Bolschewiki in Georgien. Es ist das alte und von da an immer wiederkehrende Muster der Intervention: Man sei verpflichtet, den Bedrängten zu Hilfe zu eilen. Es kommt zu blutigen Kämpfen, aber dieser Übermacht sind die Georgier mit ihren schwachen militärischen Kräften nicht gewachsen. Die Rotarmee zieht in Tiflis ein. Im Zuge der Machtübernahme treten drei bolschewistische Funktionäre auf den Plan, die in Georgien nun Terror in großem Stil anwenden: An ihrer Spitze der Nationalitätenkommissar Josef Stalin, ihm zur Seite der georgische Bolschewik Grigorij „Sergo" Ordschonikidse, gefolgt von einem weiteren Georgier, Lawrentij Berija, der einmal Stalins Geheimdienstchef werden wird. Ihr Strafgericht ist fürchterlich: Alle georgischen Abgeordneten, derer sie habhaft werden, alle Regierungsmitglieder, fast alle Funktionäre der menschewistischen Partei, die Offiziere der georgischen Armee, viele Intellektuelle werden standrechtlich erschossen. Ihre Leichen werden in Tiflis auf Straßen und Plätzen in langen Reihen zur Besichtigung ausgelegt. Man schätzt, daß diesen Strafexpeditionen rund 30 000 Georgier zum Opfer gefallen sind. Stalin verwirklicht hier sein Konzept der Nationalitätenpolitik: Selbständigkeit nur zu dem Zweck, eine Räteregierung zu bilden unter bolschewistischer Führung, die den Beitritt zur Sowjetunion und damit die Unterwerfung unter die zentrale Führung der Bolschewiki vollzieht. Und wo dies nicht freiwillig geschieht, muß es eben erzwungen werden. In Aserbeidschan und in Armenien war einige Mo-

Grigorij „Sergo" Ordschonikidse leitet das kaukasische Büro des Zentralkomitees der KPdSU und ist für die Strafexpeditionen in Georgien verantwortlich, denen rund 30 000 Menschen zum Opfer fallen. Ordschonikidse handelt im Einvernehmen mit dem Volkskommissar für Nationalitäten Josef Stalin.

nate vorher die gleiche Methode angewendet worden wie in Georgien. Der strategisch und wirtschaftlich so wichtige Kaukasus ist nun wieder dem Gesamtreich angegliedert, auch wenn es jetzt Russische Sozialistische Föderative Sowjetrepublik heißt. Auf das Baltikum hat die Sowjetmacht vorläufig verzichtet, der Verlust des Baltikums ist nicht lebensbedrohend; der Verlust des Kaukasus, insbesondere des Erdöls, könnte den wirtschaftlichen Ruin bedeuten. Mit den baltischen Staaten, die nach wie vor den Schutz der Westmächte genießen, schließt die Sowjetregierung Friedensverträge, die sie rund 20 Jahre einhalten wird; die Völker des Kaukasus werden unterworfen.

Sonderfall Ukraine

Besondere Aufmerksamkeit verdient der Versuch der Ukraine, sich aus dem Russischen Reich zu lösen. Zwischen Rußland und der Ukraine bestand seit jeher ein besonderes Verhältnis: Die Ukraine war dem vom Osten her durch die Mongolen bedrängten Rußland eine unentbehrliche Stütze. In jeglicher Beziehung – strategisch, kulturell, wirtschaftlich, politisch. Geschichte und Kultur beider Länder sind eng miteinander verwoben. Wirtschaftlich ist die Ukraine ein geradezu unentbehrlicher Bestandteil des Russischen Reichs gewesen, und mit zunehmender Industrialisierung wird diese Rolle noch verstärkt. Drei Viertel aller erschlossenen Kohlefelder des Russischen Reichs liegen 1917 in der Ukraine, zwei Drittel allen Eisen- und Manganerzes, die Hälfte der Stahlproduktion, und ein Großteil des gesamtrussischen Getreideanbaus wird 1917 in der Ukraine vorgenommen. Daß auch die meisten Verkehrswege des Russischen Reichs nach dem Westen, zum Balkan, zum Schwarzen Meer, selbst in den Kaukasus über ukrainischen Boden führen, macht die Ukraine für Rußland auch diesbezüglich unentbehrlich. Umgekehrt ist Rußland für die Ukraine der weitaus größte, zeitweise der alleinige Absatzmarkt.

Nach der Februarrevolution 1917 gibt es auch in der Ukraine starke Bestrebungen, das Land in die Unabhängigkeit zu führen, die Ukrainer von der russischen Vormundschaft zu befreien. Die politischen Kräfte in der Ukraine sind die gleichen wie in Rußland: Sozialrevolutionäre, die für die Bauern eintreten, Sozialdemokraten, die hier vorwiegend aus Menschewiki bestehen, und eine nationale ukrainische Partei, die Sozialföderalisten, eine ukrainische Ausgabe der Konstitutionellen Demokraten, der Kadetten. Obwohl die Parteienstruktur also der russischen entspricht, stehen alle ukrainischen Parteien hinter der Forderung nach nationaler Unabhängigkeit. Noch ist das kein Ruf nach Eigenstaatlichkeit, noch wird die Loslösung vom Russischen Reich nicht gefordert. Aber der Verbleib bei Rußland wird an die Gewährung einer weitgehenden Autonomie gebunden. Das ändert sich nach Lenins Machtergreifung im Oktober 1917. Die nationale ukrainische Regierung, die Zentralrada mit dem Sitz in Kiew, verweigert dem neuen bolschewistischen Regime die Anerkennung. Das hat auch damit zu tun, daß die Westmächte, vor allem Frankreich, die Ukrainer für die Fortführung des Kriegs gegen Deutschland zu gewinnen suchen, während Lenin den Deutschen den Waffenstillstand und den Frieden anbietet. England und Frankreich anerkennen im Dezember 1917 die ukrainische Autonomie, was immer das letztlich bedeuten wird, ob Eigenstaatlichkeit oder eben nur Autonomie im Rahmen eines nichtbolschewistischen Russischen Reichs.

Da die Ukrainer auch noch mit dem Kosakenataman Alexej Kaledin zusammenarbeiten, der an der Spitze weißer Truppen bereit ist, gegen die Bolschewiki zu kämpfen, erklärt die neue Sowjetregierung der Zentralrada in Kiew am 17. Dezember 1917 den Krieg. Gleichzeitig gründen ukrainische Bolschewiki in Charkow eine ukrainische Gegenregierung. Am 9. Januar ruft die Zentralrada in Kiew die „Unabhängige Souveräne Ukrainische Volksrepublik" aus und verkündet die Loslösung der Ukraine aus dem russischen Staatsverband. Deutschland anerkennt die Unabhängigkeit der Ukraine, ebenso Österreich-Ungarn. Die Ukrainer werden eingeladen, nach Brest-Litowsk zu kommen, um mit den Mittelmächten einen Separatfrieden abzuschließen. Inzwischen stoßen die Bolschewiki bis nach Kiew vor und erobern die Hauptstadt. Die ukrainische Regierung flieht nach Schitomir, aber sie wäre verloren, würden nicht just in diesem Moment die Friedensverhandlungen in Brest-Litowsk abgebrochen: Jetzt mar-

Bei Baku in Aserbeidschan befinden sich die damals ergiebigsten Erdölfelder der Welt. Um sie wird im Bürgerkrieg in den Jahren 1918 bis 1920 heftig gekämpft. Der Krieg endet mit dem Sieg der Roten Armee. Rechts: Der Einzug der roten Truppen in Baku. Unten: Mitglieder des bolschewistischen Militärrats nach dem Einmarsch in Baku. Zweiter von links, in Zivil mit Kappe, Sergej Kirow, der spätere Parteisekretär von Leningrad, rechts neben ihm Ordschonikidse. Beide sind auch in Aserbeidschan für Strafexpeditionen und Massaker verantwortlich.

schieren die Deutschen, bald gefolgt von österreichisch-ungarischen Truppen, in breiter Front in der Ukraine ein und besetzen bald darauf Kiew.

Die Zentralrada wird wieder als ukrainische Regierung eingesetzt, aber sie hat so gut wie nichts zu reden. Ziel der deutschen und der österreichisch-ungarischen Besatzung ist es, aus der Ukraine soviel Lebensmittel wie nur möglich zu erpressen. Das Besatzungsregime wird als härter empfunden als das frühere der zaristischen Gouverneure. Die Zentralrada verweigert die Kollaboration, ihre Mitglieder werden von deutschen Soldaten verhaftet. Statt dessen wird von der deutsch-österreichischen Besatzung ein Satellitenregime eingesetzt, die wahre Regierungsgewalt liegt in den Händen des deutschen Generalgouverneurs. Verschiedene weiße Kräfte, vorwiegend Kosaken, operieren ebenfalls auf ukrainischem Boden und erhalten teils die Unterstützung der Deutschen, teils weiterhin die der Engländer und Franzosen.

Nach dem Zusammenbruch der österreichisch-ungarischen Monarchie im November 1918 wird im galizischen Teil der Ukraine eine „Westukrainische Volksrepublik" ausgerufen und am 22. Januar 1919 der Zusammenschluß der beiden ukrainischen Staaten proklamiert. Doch diese vereinigte Ukraine hat nur eine kurze Lebensdauer. Nach Abzug der deutschen und der österreichisch-ungarischen Truppen steht das ukrainische Regime auf schwachen Beinen. Am 6. Februar 1919 marschiert die Rote Armee in Kiew ein. Nunmehr wird die Ukraine von der bolschewistischen Gegenregierung in Charkow regiert, das auch Hauptstadt der Ukraine wird. Am 8. April wird dort die Ukrainische Sowjetrepublik ausgerufen, als fester Bestandteil der Russischen Sozialistischen Föderativen Sowjetrepublik.

Und doch ist die Ukraine damit nicht endgültig in bolschewistischer Hand. In den Pariser Vororten Versailles und Saint-Germain finden die Friedenskonferenzen statt, mit denen der Erste Weltkrieg beendet werden soll. Eines der Ziele der Westalliierten ist die Wiederherstellung Polens, das seit mehr als 120 Jahren zwischen Preußen-Deutschland, Rußland und Österreich aufgeteilt war. Das besiegte Deutschland hat nun auf seine polnischen Gebiete zu verzichten und auf einige deutsche dazu, aus dem total zerschlagenen Habsburgerreich wird Galizien, vor der Teilung ebenfalls polnisches Gebiet, dem neuen Polen zugesprochen, und Rußland hat seine polnischen Gebiete ebenfalls herzugeben. Rußland aber ist in Paris nicht vertreten, die Sowjetregierung ist für den Westen eine feindliche Macht.

Der Mann, der nun an die Spitze Polens kommt, Jozef Pilsudski, ist General und hat unter österreichischer Schirmherrschaft während des Ersten Weltkriegs polnische Legionen ausgebildet und aufgestellt; die Mittelmächte wollten die Polen in Millionenstärke zum Kampf gegen Rußland einsetzen. Jetzt sind die Westmächte daran interessiert, im Osten Deutschlands und im Westen Rußlands ein militärisch möglichst starkes Polen entstehen zu lassen. Es soll gemeinsam mit Frankreich Deutschland künftig in Schach halten, gleichzeitig aber auch ein weiteres Vordringen der Sowjetmacht nach Europa verhindern. Das ist keine leichte Aufgabe. Und Pilsudski fordert dafür nicht wenig, nämlich die rasche Aufrüstung der polnischen Armee und deren sofortige Kriegsbereitschaft. Frankreich ist dazu bereit und auch in der Lage, dies zu tun: Nach Beendigung des Kriegs verfügt es über einen Überschuß an Rüstungsgütern, die nun in großer Menge nach Polen geliefert werden: Panzer, Kanonen, Flugzeuge, Maschinengewehre, Gewehre. Und dazu Hunderte kriegserfahrene französi-

Komsomolzen, Angehörige des kommunistischen Jugendverbands, die 1920 als Freiwillige zur Roten Armee einrücken, um gegen Polen zu kämpfen. Zum ersten Mal rufen die Bolschewiki zum Kampf für das Vaterland auf; der Kampf für den Sieg des Sozialismus wird erst verkündet, als die roten Truppen vor Warschau stehen.

Frankreich entsendet einige hundert Offiziere, die den 1918 wiedererrichteten polnischen Staat im Kampf gegen die Bolschewiki unterstützen sollen. Einer von ihnen ist der Major Charles de Gaulle, der spätere französische Staatspräsident (links im Bild).

General Jozef Pilsudski will Polen in seiner historisch größten Ausdehnung wiederherstellen. Seine Truppen dringen bis Kiew vor. Dann allerdings müssen sie den Rückzug antreten.

sche Offiziere, darunter nicht weniger als 38 Generäle und Obersten unter der Führung des Weltkrieggenerals Maxime Weygand. Einer dieser Offiziere ist der Major Charles de Gaulle. Wie der Zufall so spielt: Dieser de Gaulle war in deutsche Kriegsgefangenschaft geraten und in das Gefangenenlager Ingolstadt gebracht worden. Im Lager traf er einen gefangenen russischen Offizier mit Namen Michail Tuchatschewski. In den folgenden Monaten werden de Gaulle und Tuchatschewski einander an der polnisch-russischen Front als Gegner gegenüberstehen.

Denn General Pilsudski setzt die unter seiner Leitung gut ausgebildeten polnischen Truppen und das soeben erhaltene moderne Kriegsgerät unverzüglich dazu ein, sich jene Gebiete im Osten zu holen, die er aufgrund der historischen Grenzen Polens beansprucht, die den Polen aber in Paris nicht zugesprochen worden sind. Kein Wunder, denn gemäß dieser historischen Grenzen würde mehr als die halbe Ukraine samt ihrer Hauptstadt Kiew und Teile Weißrußlands zu Polen gehören; es sind die Grenzen, die ein seinerzeit starkes und aggressives Polen in seiner größten Ausdehnung kurzfristig erreicht hat. Und der von den Bolschewiki aus Kiew vertriebene ukrainische Nationalistenführer Semjon Petljura ist bereit, mit den Polen zu marschieren, in der Hoffnung, durch die Polen wieder nach Kiew zu kommen und dort, wenn auch von Polens Gnaden, seine eigene autonome Regierung bilden zu können. Am 25. April 1920 gibt Pilsudski seinen Truppen den Befehl, Sowjetrußland entlang der gesamten tausend Kilometer langen provisorischen Grenze anzugreifen.

Die Rote Armee ist zu diesem Zeitpunkt gegen den polnischen Einfall nicht gerüstet. So treffen die Polen nur auf schwachen Widerstand. Sie erobern Kiew, stoßen tief in die Ukraine und nach Weißrußland vor. Pilsudski will mit der antibolschewistischen Bürger-

kriegsarmee des Baron Wrangel, bei dem sich auch die Reste der zerschlagenen Denikin-Truppen befinden, Verbindung aufnehmen, mit dem Ziel, sternförmig nach Moskau zu marschieren und der bolschewistischen Herrschaft ein Ende zu bereiten. Doch just in diesem Augenblick gelingt es der Roten Armee, die weißen Truppen zu schlagen und Wrangel zum Rückzug zu zwingen. Das hat vor allem ein junger Offizier geschafft, der erwähnte Michail Tuchatschewski, erst 27 Jahre alt, aber von Lenin und Trotzki als Befehlshaber der Südfront eingesetzt. Jetzt wird Tuchatschewski zum obersten Befehlshaber an der Westfront ernannt, er soll die Polen schlagen und aus Rußland verjagen.

Dieser sowjetische Gegenangriff ist aus mehreren Gründen für die Geschichte des Sowjetkommunismus von großer Bedeutung: Tuchatschewski greift an, schlägt die Polen und marschiert auf War-

Lenins Antwort auf die durch Bürgerkrieg und Kriegskommunismus hervorgerufene Wirtschaftskrise: Subbotniks, freiwillige Arbeitseinsätze am Samstag. Die ganze Bevölkerung soll sich an den Subbotniks beteiligen. Unser Foto wurde beim ersten Subbotnik am 10. Mai 1919 aufgenommen: Beladung eines Zugs mit Holz. Holz ist in der Bürgerkriegszeit einer der wenigen Exportartikel Rußlands.

schau zu. Das hätte dieser in zweijährigem Bürgerkrieg erschöpften Roten Armee niemand zugetraut. Daß sie das schafft, zeigt, in welch hohem Maß die Rotarmisten motiviert sind, wie sehr sie daran glauben, hier für die Zukunft der Menschheit und nicht nur des russischen Volks zu marschieren. Denn Lenin sieht in diesem Krieg bereits den Angriff des Weltimperialismus gegen den ersten sozialistischen Staat der Welt, stehen hinter Polen doch die gleichen Westmächte, die auch die weißen Truppen im Bürgerkrieg unterstützen und die mit eigenen Truppen in Rußland intervenieren. Während Pilsudski darauf aus ist, ein Großpolen zu schaffen, fühlt sich Lenin durch diesen Krieg berechtigt, mit der Roten Armee nicht nur Polen niederzuringen, sondern über Polen hinaus nach Deutschland und in den Westen vorzustoßen.

Die Polen werden aus Kiew vertrieben, räumen Minsk und Wilna, im Juli erreicht die Rote Armee die polnische Grenze. England versucht zu vermitteln, bietet einen Waffenstillstand an. Lenin lehnt ab. Er glaubt eine einzigartige Chance zu erkennen: Ein Sieg der Roten Armee über Polen und ihr Vormarsch nach Deutschland würde die revolutionären Kräfte in ganz Europa ungemein stärken und einen Aufstand gegen deren eigene Regierungen verursachen. Die Rote Armee würde als Befreierin der Völker Europas begrüßt werden. Die von Lenin so dringend herbeigewünschte Weltrevolution würde mit Hilfe der roten Truppen entfacht werden können.

Denn nach wie vor rechtfertigt Lenin seine Machtergreifung in Rußland mit der Begründung, es hätte dieser Initialzündung bedurft, um die Weltrevolution in Gang zu setzen. Käme diese Weltrevolution nicht, hätte Lenin gegen den marxistischen Grundsatz gesündigt, daß Revolutionen nur in wirtschaftlich höchstentwickelten Ländern zum Sozialismus führen könnten. Die Realität ist noch viel ärger: Ohne die Hilfe eines befreundeten hochentwickelten Landes wie Deutschland erscheint es kaum möglich, das wirtschaftlich schwache, durch Krieg und Bürgerkrieg nun vollends ruinierte Rußland zu retten. Ein Sowjet-Deutschland würde Sowjetrußland eine solche Hilfe gewähren. Daher gilt es, die Revolution in Deutschland und wenn möglich auch in anderen europäischen Ländern herbeizuführen. Der Sieg über Polen und der weitere Vorstoß der Roten Armee nach Berlin scheinen Lenin dazu eine einzigartige Gelegenheit zu bieten. Wir werden später sehen, daß sich Lenin noch ein anderes Instrument geschaffen hat, mit dem er die Revolution in die Welt tragen will: die Kommunistische Internationale, deren Gründung und Zielsetzung unsere besondere Beachtung verdienen.

Anfang August 1920 erreichen die roten Truppen die Weichsel und sammeln sich zum Sturm auf Warschau. In Moskau tagt der zweite Kongreß der Kommunistischen Internationale. Euphorisch ruft Lenin den Delegierten zu: „Jawohl, die Sowjettruppen stehen in Warschau! Bald werden wir Deutschland haben! Wir werden Ungarn zurückerobern! Der Balkan wird sich gegen den Kapitalismus erheben! Italien wird erbeben! Das bürgerliche Europa befindet sich im Sturm und erzittert in allen Fugen!"

Prompt erläßt der Komintern-Kongreß einen Aufruf an alle kommunistischen Parteien der Welt, Sowjetrußland in seinem gerechten Krieg zu unterstützen. Das löst in vielen Ländern Solidaritätsaktionen der Arbeiterschaft aus, Waffenlieferungen der Ententemächte an Polen werden in Häfen und auf Eisenbahnen blockiert. Es kommt zu Streiks und Sympathiekundgebungen für Sowjetrußland. Trotzki gibt die Parole aus: Heute Warschau, morgen Berlin!

Vielleicht wäre den roten Truppen die Einnahme Warschaus geglückt. Doch in der roten Führung zeichnet sich ein Konflikt ab, der die Rote Armee den Sieg kostet und vermutlich jene Entwicklung auslöst, die später zu Stalins Rachefeldzug gegen die Spitzen der Ro-

Lenin ordnet die Militarisierung der Arbeit an. Das soll eine doppelte Wirkung haben: Die Soldaten der Roten Armee werden geschlossen zu Feldarbeiten eingesetzt (Bild rechts). Umgekehrt werden Arbeiter in den Fabriken behandelt, als wären sie beim Militär. Sie haben zu gehorchen, und Befehlsverweigerung kann mit dem Tod bestraft werden. Links: Panzer ziehen Pflugscharen und Eggen über ein Feld.

ten Armee führen wird. Stalin ist im Bürgerkrieg als Kriegskommissar eingesetzt und kann schon einigen militärischen Ruhm für sich beanspruchen. Im Sommer 1918 hatte sein hartes Durchgreifen im Führungsstab der Wolgastadt Zarizyn zur Vertreibung der weißen Kosakenarmee des General Krassnow geführt. Ein Durchbruch zum Kaukasus, zu den Erdölfeldern Bakus ist Stalin damals nicht gelungen, die dortigen Bolschewiki wurden gestürzt. Trotzdem wird Zarizyn später den Namen Stalingrad erhalten, und genau an diesem strategisch wichtigen Punkt wird auch Hitler alles daransetzen, mit seinen Armeen zu den Erdölfeldern des Kaukasus durchzukommen.

Stalin ist im Krieg gegen Polen an der Südwestfront in der Armee des Generals Alexander Jegorow als Politkommissar tätig. Jegorows Armee soll nach Süden ausschwenken, die Westukraine und die Stadt Lemberg erobern. Als Tuchatschewski Anfang August 1920 vor Warschau dringend Verstärkung benötigt, erhält Jegorow aus Moskau den Befehl, seine Armee und Budjonnys Reitertruppen sofort umzuleiten und Tuchatschewski zu Hilfe zu kommen. Aber Stalin gebietet Jegorow, diesen Befehl zu mißachten. Stalin will eigene Erfolge erzie-

len und nicht nur zum weiteren Ruhm des jungen Tuchatschewski beitragen. So läßt Stalin die Truppen Jegorows weiter gegen Lemberg marschieren. Natürlich bleibt es fraglich, ob ein rechtzeitiges Eintreffen der von Stalin beherrschten Einheiten der Roten Armee den Sieg gebracht hätte. Tatsache ist, daß der für den 16. August geplante rote Angriff auf Warschau unterbleibt und statt dessen Pilsudski zum Gegenangriff antritt. Die Soldaten der Roten Armee sind in diesem Augenblick am Ende ihrer Kräfte, auch sind sie nicht auf Verteidigung eingerichtet und werden vernichtend geschlagen.

Für Lenin und die Bolschewiki ist das das vorläufige Ende ihrer Hoffnungen, mit dem Durchbruch nach Europa die Weltrevolution herbeizuführen. In der Auseinandersetzung über die Ursachen der Niederlage spielt Stalins Eigenmächtigkeit keine geringe Rolle. Tuchatschewski aber macht weiterhin Karriere und wird Marschall der Sowjetunion. Als solchen wird ihn Stalin später verhaften und hinrichten lassen; Tuchatschewski wird das erste und prominenteste Opfer der Stalinschen Säuberung in der Führung der Roten Armee sein.

Nach dem Sieg Pilsudskis vor Warschau, der als „Wunder an der Weichsel" in die Geschichte eingegangen ist, muß Sowjetrußland mit Polen Frieden schließen und ist gezwungen, den Polen weite Landstriche Weißrußlands und der Westukraine abzutreten. Es sind diese Gebiete, die Stalin später im geheimen Zusatzabkommen zum Nichtangriffspakt mit Hitler als sowjetische Interessensphäre reklamiert und nach Hitlers Angriff auf Polen von sowjetischen Truppen besetzen läßt, um sie der Sowjetunion wieder einzugliedern.

Das kommunistische Experiment

Ende 1920, drei Jahre nach Lenins Machtergreifung, ist mit der Einnahme der Krim durch die roten Truppen unter General Michail Frunse und mit der Flucht des Barons Wrangel der Bürgerkrieg zu Ende, ist auch der Krieg mit Polen beendet. Drei Millionen Menschen, das „Weiße Rußland", haben in dieser Zeit ihre Heimat verlassen. Die Sowjetmacht hat sich behauptet. Und sie hat in diesen drei Jahren nicht nur Krieg geführt. Sie hat auch versucht, in den von ihr beherrschten Gebieten ein völlig neues Wirtschafts- und Gesellschaftssystem einzuführen. Später hat Lenin, unter Berufung auf Karl Marx, immer wieder betont, daß zwischen dem Sturz des Kapitalismus und der Errichtung des Kommunismus eine Aufbauperiode liege, der Sozialismus. Erst wenn der sozialistische Aufbau vollendet sei, werde die Gesellschaft in das Stadium des Kommunismus eintreten. Doch liest man Lenins Schriften und Reden aus der Zeit unmittelbar nach seiner Oktoberrevolution bis zur Beendigung des Bürgerkriegs und vergleicht sie mit seinen konkreten Handlungen in dieser Periode, so läßt sich eindeutig erkennen, daß Lenin nicht erst den Sozialismus aufbauen, sondern gleich den Kommunismus einführen wollte. Und liest man sorgfältig bei Karl Marx nach, so entspricht dies auch dessen Erwartungen. Karl Marx verwendet die Ausdrücke Sozialismus und Kommunismus fast immer synonym und nicht als zwei voneinander getrennte Entwicklungsstadien. Marx erwartet, daß der hochentwickelte Kapitalismus an sich selbst zugrunde geht und sein Fall geradezu automatisch, sprungartig zum Kommunismus führen wird. Marx hat auch nicht von vornherein die Diktatur des Proletariats als Ablösung des kapitalistischen Systems vorgesehen, sondern spricht von ihr als einer Möglichkeit, als einer sich unter Umständen ergebenden Möglichkeit. Und aus dem Zusammenhang geht hervor, daß er damit auch nur eine kurze Übergangsperiode meint.

Lenin war ein äußerst genauer Kenner und Schüler von Karl Marx. Er legte immer wieder großen Wert darauf, die marxistischen Thesen möglichst getreu in die Praxis umzusetzen. Und offenbar war auch er zunächst der Ansicht, daß nun, nach dem Sturz des Kapitalismus in Rußland, unter seiner Führung unmittelbar der Kommunismus folgen müßte. Die spätere sowjetische Geschichtsschreibung, wie die kommunistische im allgemeinen, übergeht dies, will es nicht wahrhaben, darf es nicht wahrhaben: Denn der von Lenin versuchte Kommunismus ist gescheitert. Also hat schon Lenin aus den von Marx noch synonym verwendeten Ausdrücken Sozialismus und Kommunismus zwei verschiedene Entwicklungsperioden gemacht. Seine weitere Herrschaft und die aller Sowjetführungen und kommunistischer Regimes seither konnten ihr Selbstverständnis nur aus der Behauptung beziehen, daß man sich eben erst im gesellschaftlichen Stadium des Sozialismus befinde, dessen Dauer sich nicht festlegen lasse. In das Stadium des Kommunismus werde man übergehen, wenn der sozialistische Aufbau vollendet sei. Das ist nicht nur sehr vage, das ist auch mit Karl Marx nicht deckungsgleich. Hier ist von Lenin ein Zwischenstadium eingezogen worden, einfach weil die Praxis bewies, daß nach einem gewaltsam herbeigeführten Sturz des Kapitalismus sich der Kommunismus nicht automatisch einfindet.

Das trifft offenbar auch nicht nur auf wirtschaftlich unterentwickelte Länder zu. Der Kommunismus, mit allem, was er laut Marx zu beinhalten hätte – die klassenlose Gesellschaft, die Befreiung des Menschen von der deformierenden Last der Arbeit, sich selbst verwaltende, freiwillig nach eigenen Fähigkeiten leistende Menschen, in einer völlig gleichberechtigten und gerechten Gesellschaft, befreit von der Bevormundung durch Behörden und Staat usw. usw. –, blieb auch in der später industriell entwickelten Sowjetunion eine Utopie,

Freiwilliger Arbeitseinsatz, Subbotnik, auf dem Hofgelände des Kremls (oben). Später wurde auf diesem Teil des Hofs ein Lenin-Denkmal errichtet, umgeben von hohen Bäumen. Rechts: Ein Arbeitsvermittlungsamt; Arbeit ist Pflicht, und nur wer arbeitet, erhält Lebensmittelkarten.

ebenso wie in der DDR oder in der Tschechoslowakei, die im Vergleich zum Rußland des Jahrs 1917 durchaus als entwickelte Staaten bezeichnet werden konnten.

Statt der für den Kommunismus geltenden profanen Formel: „Jeder leiste nach seinen Fähigkeiten, jeder erhalte nach seinen Bedürfnissen", setzt schon Lenin die angeblich für den Sozialismus geltende Formel „Jedem nach seiner Leistung". Interessanterweise wird diese Formel von sämtlichen kommunistischen Parteien der Welt als Erklärung und Ausdruck für das Stadium des Sozialismus übernommen, in dem eben jeder noch hart zu arbeiten, viel zu leisten hat, ohne mehr dafür erwarten zu können, als diese Arbeit, diese Leistung wert ist. Doch im Grunde genommen ist das die Grundlage des kapitalistischen Wirtschafts- und Gesellschaftssystems: Jedem nach seiner Leistung.

Überdeckt von Bürgerkrieg, Hunger und Chaos hat Lenin eine wesentliche Änderung des Inhalts der marxistischen Lehre vorgenommen. Gezwungen durch die Realität. Denn zunächst geht noch alles lehrsatzgetreu. Die Banken werden verstaatlicht und zu einer einzigen Zentralbank zusammengelegt, die Kapitalisten werden enteignet, und ihre Betriebe, die Produktionsmittel, der Kontrolle der Arbeiter unterstellt. Der Teufelskreis beginnt mit der Beschlagnahme des Großgrundbesitzes und dessen Aufteilung unter die landlosen und armen Bauern. Marx entsprechend wäre es, das gesamte Land in Großwirtschaften zusammenzufassen und diese gemeinschaftlich bearbeiten zu lassen, wie dies später in Form von Kolchosen und Sowchosen geschieht. Da Lenin die Unterstützung der Bauern braucht und ihnen deshalb das eigene Stück Land versprochen hat, muß er in der Landwirtschaft ein rasches Absinken der landwirtschaftlichen Produktion mit den schon geschilderten Folgen in Kauf nehmen: Die städtische Bevölkerung und das Industrieproletariat können kaum noch ernährt werden, und so geht auch die industrielle Produktion stark zurück. Mit Müh und Not können gerade noch die Waffen- und die Munitionserzeugung aufrechterhalten werden. Da die Bauern für ihr Geld nichts mehr kaufen können, liefern sie noch weniger ab. Bis das gesamte Versorgungswesen vor dem Zusammenbruch steht. Lenin verhängt die Versorgungsdiktatur. Kommissare werden aufs Land geschickt, begleitet von bewaffneten Einheiten, die alles requirieren, was an Lebensmitteln zu finden ist. Bezahlt wird dafür nichts mehr.

So wendet man bereits die kommunistische Formel an – jeder leiste nach seinen Fähigkeiten und erhalte nach seinen Bedürfnissen. Der gesamte Grund und Boden gehört dem Volk. Die diesen Boden bearbeitenden Bauern sind daher verpflichtet, das durch ihre Leistung Geschaffene mit dem ganzen Volk zu teilen. Die Arbeiter hingegen haben die Verpflichtung, die Bedürfnisse der Bauern zu decken durch die Erzeugung von Werkzeugen, Hausrat, Kleidung, Transportmittel usw. Theoretisch sollen sie das tun, in der Praxis geschieht es nicht, ebensowenig wie die Bauern genügend Brot schaffen können. Die Verteilung der Güter ist daher allseits nur noch durch eine rigorose Handhabung möglich, durch Zuteilungen, so man die Güter hat. Eine extreme Mangelwirtschaft, verschärft durch Krieg. Aber die Sowjetregierung bemäntelt das ideologisch. Dies sei Kommunismus, jeder leiste, jeder erhalte, und weil es nicht klappt, sei es eben eine besondere Form des Kommunismus bedingt durch Krieg: Kriegskommunismus.

Damit die Grundsätze aber nicht nur auf Brot und Gebrauchsgüter beschränkt bleiben, hat sie Lenin auch auf die meisten anderen Lebensbereiche ausgedehnt. In der zweiten Hälfte des Jahrs 1920 werden die Mieten für Wohnungen abgeschafft, alle wohnen umsonst; wird auf Straßenbahnen und Omnibussen kein Fahrgeld entrichtet,

Das Präsidium des IX. Parteitags der Bolschewiki 1920. Bei diesem Parteitag vertritt Lenin noch das Prinzip des Kriegskommunismus: Es werde möglich sein, ohne Geldverkehr auf der Basis des Warentauschs, der Ablieferungspflicht, der Verstaatlichung der Produktion und Verteilung sowie der allgemeinen Arbeitspflicht sofort den Sprung ins kommunistische Zeitalter zu schaffen: „Durch unmittelbare Befehle des proletarischen Staates die staatliche Produktion und die staatliche Verteilung der Güter in einem kleinbürgerlichen Land kommunistisch regeln", heißt es.

man fährt umsonst; in den Post- und Telegrafenämtern muß für Telefonate nichts mehr bezahlt werden, Telegramme werden gratis befördert, Briefe können ohne Briefmarken aufgegeben werden. Elektrischer Strom und Gas werden umsonst abgegeben. In den Betrieben belohnt man gute Arbeit mit Gutscheinen zum Bezug der wenigen Textilien und Schuhe, die es gibt, und auch für sie muß nicht bezahlt werden.

Wo immer möglich, werden Gemeinschaftsküchen eingerichtet mit dem erklärten Ziel, künftig die gesamte Bevölkerung nur durch Gemeinschaftsküchen versorgen zu lassen; die Frauen sollen dadurch so entlastet werden, daß sie voll in den Arbeitsprozeß eingegliedert werden können. Und noch mitten im Bürgerkrieg wird begonnen, Kinderkrippen und Kindergärten einzurichten, um die Mütter von der Verpflichtung der Kinderbetreuung zu befreien. Es ist also ein nicht zu übersehender Versuch, ein Wirtschafts- und Versorgungssystem einzuführen, das den Vorstellungen vom Kommunismus entspricht.

Lenin muß gehofft haben, daß all das funktionieren würde. Hätte es funktioniert, wäre ihm ein wichtiger Beweis gelungen: Daß man mit seiner Art der Revolution nicht nur den Kapitalismus stürzen, sondern, nach Marx, auch gleich den Kommunismus errichten kann und daß dies selbst in einem wirtschaftlich unterentwickelten Land möglich ist. Es hat nicht funktioniert. Innerhalb weniger Monate ist das Experiment zusammengebrochen.

Die Arbeiteropposition

Blitzschnell muß Lenin zurückschalten: Die Konfiskationen auf dem Land werden eingestellt und die Bauern dafür zu einer Naturalsteuer verpflichtet, in der Hoffnung, sie würden daraufhin wieder zu produzieren beginnen. Mit den Naturalien aber würde sich die städtische Bevölkerung und würden sich auch die Truppen der Roten Armee ernähren lassen. In den Betrieben werden wieder fachkundige Geschäftsführungen eingesetzt, die Mitbestimmung der Arbeiter wird eingeschränkt, ja aufgehoben. Für alle Dienstleistungen des Staats und der Gemeinden muß wieder gezahlt werden. Viel nützt das nicht. Da die Bauern die vorgeschriebene Menge an Getreidesteuer nicht oder nicht ausreichend abliefern, ist man gezwungen, diese Abgaben mit Gewalt einzutreiben, was erneut einer Konfiskation gleichkommt. Worauf die Bauern wieder einmal nur anbauen, was sie selbst benötigen, und in vielen Fällen nicht einmal das.

Oder sie revoltieren. Eine neue Welle von Bauernaufständen geht durch das Land. In den Betrieben wird auch unter fachkundigerer Leitung nicht sehr viel mehr produziert. Bekommen doch auch die Arbeiter für ihren Lohn kaum noch das Notdürftigste zum Leben. Was die Regierung und ihre Kommissare dazu veranlaßt, in den Betrieben zu schärferen Strafen und zu Zwangsmaßnahmen zu greifen.

Dagegen lehnen sich nun auch die Arbeiter auf. Die Gewerkschaften stellen zum Teil ultimative Forderungen an das Regime. Innerhalb der Gewerkschaften kommt es zu Konfrontationen: Die parteitreuen Bolschewiki vertreten den Standpunkt, daß die Fabriken und Produktionsmittel im neuen Staat den Arbeitern gehören und sie daher unerfüllbare Forderungen an sich selbst richten könnten, Streiks seien schon gar nicht möglich, würden die Arbeiter doch damit gegen sich selbst streiken, schlimmer noch, gegen das ganze Volk. Dem widersprechen die in gewerkschaftlicher Tradition aufgewachsenen Betriebsräte: Gegen Akkordarbeit und unzureichende Entlohnung, gegen Hungerbedingungen könne man nicht nur streiken, da muß gestreikt werden, um Verbesserungen zu erzwingen.

Der Konflikt wird tief in die Kommunistische Partei hineingetragen. Der Vorsitzende des Allrussischen Zentralrats der Gewerkschaften, Michail Tomski, will die Gewerkschaften der Staatsgewalt unterstellen, was in der Praxis bedeutet, daß die Gewerkschaften sich strikt an die Weisungen der Partei zu halten hätten. Die Partei müsse allerdings für die allgemeine Besserstellung der arbeitenden Menschen sorgen, ein Widerstand der Gewerkschaftsmitglieder gegen die Beschlüsse der Partei würde sich damit erübrigen.

Alexandra Kollontaj, eine engagierte Revolutionärin und Mitglied des Rats der Volkskommissare, und Alexander Schljapnikow wehren sich gegen das Konzept Tomskis und fordern statt dessen den Ausbau der Arbeiterdemokratie in den Betrieben bis zur vollen wirtschaftlichen Selbstverwaltung der Industrien durch die Gewerkschaften.

Trotzki, der Kriegskommissar, der Oberste Befehlshaber der Roten Armee, sieht überhaupt nur einen Weg: Der Kriegskommunismus ist fortzusetzen, solange die Weltrevolution auf sich warten läßt und der Sowjetstaat daher von außen und innen bedroht bleibt, eine „konservativ-gewerkschaftliche Entwicklung" sei jetzt nicht angebracht, sondern: Verstaatlichung der Gewerkschaften, Verschmelzung ihrer Organe mit dem Produktionsapparat, Militarisierung der Arbeit, das Proletariat als eine riesige Arbeitsarmee, die zur Trägerin der Weltrevolution wird. Die Bauern haben die Weltrevolution auch unter härtesten Bedingungen zu unterstützen und ihre Interessen der Weltrevolution unterzuordnen. Trotzki spricht von einer permanenten Revolution.

Bucharin nimmt eine Zwischenstellung ein, er ist für den Weiterbestand der Gewerkschaften, jedoch fusioniert mit der staatlichen Verwaltung der Volkswirtschaft. Arbeiterdemokratie in Form von gewählten – und nicht ausgewählten – Gewerkschaftsfunktionären soll jedoch gesichert sein.

Innerhalb der Partei zeichnen sich sehr deutlich nicht nur einander widersprechende Auffassungen, sondern auch einander bekämpfende Fraktionen ab. Es sind nicht so sehr die aufeinanderprallenden Grundsätze, die Lenin irritieren, er sieht vor allem eines: Gibt man den Vertretern der Arbeiteropposition nach, so werden in den Betrieben, in den Gewerkschaften und auch innerhalb der Partei eigene Machtzentren entstehen. Die Autorität der Parteiführung, genauer des Parteiführers, könnte angegriffen und in Frage gestellt werden. Lenin ist entschlossen, das nicht zuzulassen. Für den März 1921 ist der X. Parteitag einberufen. Auf diesem Parteitag will Lenin die Zügel straffen, die Fraktionsbildung innerhalb der Partei verbieten. Das erscheint ihm um so notwendiger, als ihn die wirtschaftliche Realität im Land zwingt, die sozialistischen Experimente weitgehend einzustellen. Soll die darniederliegende Wirtschaft und insbesondere die landwirtschaftliche Produktion wieder in Schwung gebracht werden, wird man auf die früheren Markt- und Handelsstrukturen zurückgreifen müssen. Das Land bedarf dringend einer Erneuerung: Das Wort Perestroika taucht zum ersten Mal auf. Und die Erneuerung wird sich nur durch die Wiedereinführung einer freien Martkwirtschaft erzielen lassen. Die Bauern sollen auch wieder das Recht haben, das auf eigenem Grund und Boden Erwirtschaftete frei zu verkaufen.

Das ist eine radikale Kehrtwendung und muß vielen revolutionären Weggefährten Lenins als glatter Verrat am Marxismus, ja an den bisher von Lenin und ihnen selbst so strikt vertretenen Grundsätzen erscheinen. Lenin steht also auch in der eigenen Partei eine harte Probe bevor. Außerdem: Wenn man in der Wirtschaft die Zügel lokkern muß, so sind sie in der Partei noch straffer anzuziehen. Nur der unbedingte Gehorsam aller Parteifunktionäre und Parteimitglieder kann sicherstellen, daß die Wiederzulassung kapitalistischer Struktu-

Lenin im Kreise der Delegierten des X. Parteitags 1921. Hier erklärt er, daß der Versuch, den Kommunismus sofort einzuführen, gescheitert ist. Lenin verkündet die Neue Ökonomische Politik.

ren und Kräfte nicht zu einer Gefährdung des Sowjetsystems führt.
Die Partei muß jederzeit imstande sein, diese Kräfte und Klassenfeinde zu kontrollieren, sie jederzeit in die Schranken zu weisen und
sie auch jederzeit wieder davonzujagen. Lenin bereitet also für den
X. Parteitag diesen Doppelschlag vor: eine Neue Ökonomische Politik, so will er die teilweise Rückkehr zum Kapitalismus nennen,
und die Übertragung der Diktatur auch auf die Partei, durch ein sta-
tutenmäßig verankertes Verbot jeglicher Fraktions- und Oppositions-
bildung.

137

Der Aufstand von Kronstadt

Hätte es für Lenin eines Beweises bedurft, daß diese beiden Maßnahmen dringend, ja überfällig seien – die Arbeiter von Petrograd und die Matrosen von Kronstadt haben ihm diesen Beweis handgreiflich geliefert. Am 23. Februar 1921 wird in den Petrograder Trubotschnij-Werken die Arbeit niedergelegt. Am 24. Februar ziehen Tausende Arbeiter durch die Straßen der Stadt und protestieren gegen die Arbeits- und Lebensbedingungen, vor allem auch gegen die zunehmende staatliche Unterdrückung. Sinowjew als Chef der Petrograder Partei befiehlt, die Arbeiterunruhen mit Waffengewalt zu unterdrücken. Der Arbeiterstaat läßt erstmals auf Arbeiter schießen.

Die Folge: Jetzt wird in fast allen Petrograder Fabriken gestreikt, einschließlich der Putilow-Werke, deren Belegschaft einst das Rückgrat der Revolution war. Die Arbeiter fordern eine Reorganisation der Versorgung, sie rufen nach Brot. Sie fordern die Wiederherstellung der Märkte. Die Polizeisperren rund um Petrograd sollen aufgehoben werden, damit die Bauern diese Märkte beliefern und die Arbeiter zum Hamstern aufs Land fahren können. Die Arbeiter fordern aber auch wieder die freie Wahl der Betriebsräte und der Gewerkschaftsvertreter. Es ist wie einst, als man die gleichen Forderungen gegenüber dem zaristischen Regime durchzusetzen hatte.

Die Regierung greift scharf durch: Über Petrograd wird der Belagerungszustand verhängt, Ausgehverbot, Verbot aller Kundgebungen

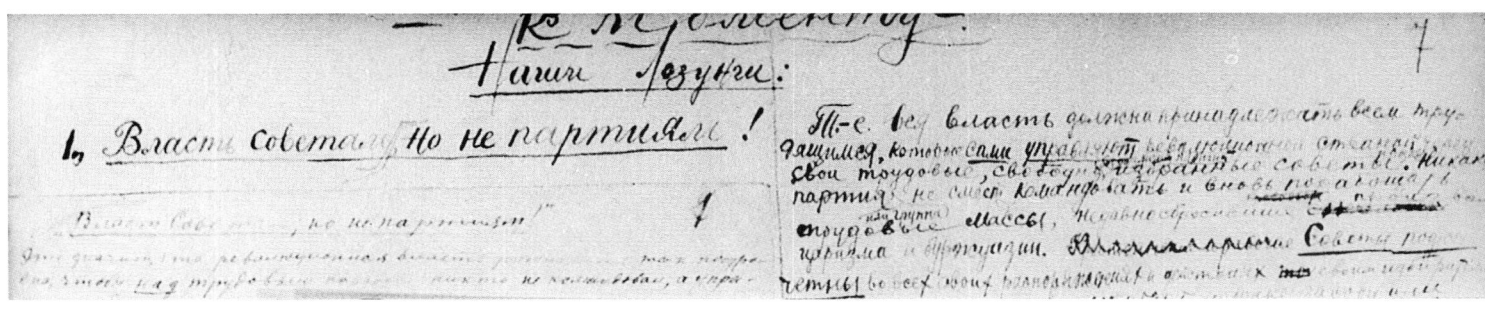

und „Zusammenrottungen". Die echten oder vermuteten Rädelsführer der Streikbewegungen werden verhaftet, für sie gilt ab sofort das Kriegsrecht. Bestreikte Betriebe werden geschlossen, streikende Arbeiter entlassen, womit sie ihre Lebensmittelrationen verlieren. Doch so wie in den Revolutionstagen des Jahrs 1917 die Matrosen von Kronstadt den streikenden Arbeitern in Petrograd zu Hilfe eilten, so tun sie es auch jetzt. Und wie damals, so sind auch nun die Matrosen das politisch motiviertere Element. Am 28. Februar verfaßt die Besatzung des Panzerkreuzers „Petropawlowsk" eine Resolution, der am nächsten Tag bereits 16 000 Matrosen zustimmen.

Kronstadt ist der Petrograd vorgelagerte Stützpunkt der russischen Ostseeflotte. Und Kronstadt wird nun von den revolutionären Matrosen besetzt, die Arsenale werden geöffnet, die Matrosen bewaffnet. Die Kronstädter Matrosen rüsten zu einer neuen Revolution. Die meisten dieser Matrosen sind Söhne armer Bauern. Sie waren begeisterte Bolschewiki, als sie sich von Lenin die Befreiung der Bauern, die Aufteilung des Grund und Bodens versprachen. Was sie jetzt von zu Hause hören, was sie von ihren bäuerlichen Angehörigen wissen, das sind die schweren Unterdrückungsmaßnahmen der Kommissare, die Konfiskationen, die Massenverhaftungen, die Exekutionen. Die Arbeiter und Bauern haben im Arbeiter- und Bauernstaat nichts mehr zu reden. So hat die Besatzung der „Petropawlowsk" in ihre Resolution Forderungen aufgenommen, die den Arbeitern und Bauern jene Rechte zurückbringen sollen, die sie durch die Februarrevolution errungen haben und die ihnen seit Lenins Oktoberrevolution sukzessive wieder genommen worden sind. Für Lenin und die Bolschewiki ist es ein gewaltiger Schock, als in Kronstadt die Forderungen der Matrosen verkündet werden. Dabei nehmen die Matrosen Lenins Kampf- und Siegesparole wieder auf: „Alle Macht den Sowjets", doch sie ergänzen diese Parole mit einem niederschmetternden Nachsatz: „Keine Macht der Partei!"

Dieser Aufstand richtet sich gegen das Unterdrückungsregime der Bolschewiki. Die Resolution enthält folgende Forderungen:

1. Sofortige Neuwahl der Sowjets, jedoch diesmal in geheimer Wahl.

2. Rede- und Pressefreiheit für alle Arbeiter und Bauern, für alle Richtungen der Arbeiterbewegung, also auch für Sozialrevolutionäre, Menschewiki und Anarchisten. Die Matrosen richten sich damit gegen den Alleinvertretungsanspruch der Bolschewiki, ohne eine Wiederherstellung der bürgerlichen Demokratie zu fordern, sie bleiben also revolutionär.

3. Versammlungsfreiheit für Gewerkschaften und Bauernorganisationen.

4. Einberufung einer Konferenz der Arbeiter, Soldaten und Matrosen Petrograds und Kronstadts – unabhängig von den politischen Parteien.

5. Freilassung aller sozialistischen politischen Gefangenen, also aller Arbeiter, Bauern, roten Soldaten und Matrosen, die aufgrund politischer Betätigung oder weil sie vom Streikrecht Gebrauch gemacht haben, eingesperrt worden sind.

„Alle Macht den Sowjets, keine der Partei!" Mit diesem Aufruf treten die Matrosen von Kronstadt im Februar/März 1921 zum Aufstand an. Die Rote Armee schlägt den Aufstand nieder. Links oben: Der Panzerkreuzer Sewastopol, dessen Besatzung an der Spitze der Revolte stand; der Sieger Dybenko verläßt gerade das Schiff. Rechts oben: Der handgeschriebene Aufruf der Matrosen, mit dem sie freie Wahlen fordern. Links unten: Der Sturm der Rotarmisten gegen Kronstadt. Unten: Pawel Dybenko, einer der Kommandanten, die den Aufstand niederschlagen. Stalin läßt ihn 1938 erschießen.

6. Einsetzung einer unabhängigen Kommission zur Überprüfung der Gefängnisse und Konzentrationslager.

7. Keine politische Partei darf Vorrechte für die Propagierung ihrer Ideen haben und dafür vom Staat Geldmittel erhalten. Statt dessen sind gewählte und vom Staat finanzierte Schulungs- und Kulturkommissionen an jedem Ort einzusetzen.

8. Sofortige Abschaffung aller Polizeisperren rund um die Städte.

9. Gleiche Rationen für alle Arbeiter.

10. Abschaffung der kommunistischen Sturmabteilungen in der Armee und der kommunistischen Garden in den Betrieben.

11. Volle Freiheit für die Bauern zur Bearbeitung ihres Bodens und auch Recht auf Viehbesitz, solange sie keine Lohnarbeiter beschäftigen.

12. Zulassung des freien Handwerks, ebenfalls ohne Lohnarbeit.

13. Schaffung einer mobilen Kontrollkommission.

14. Alle Einheiten der Armee und auch alle Offiziersschüler werden aufgefordert, sich dieser Resolution anzuschließen. (Die Offiziersschüler an den neuen roten Akademien hatten tags zuvor auf die demonstrierenden Arbeiter geschossen.)

Und als letzter Punkt der Resolution: „Wir fordern weiteste Verbreitung unserer Entschließung." Das ist eine gefährliche Stunde für Lenin und die Bolschewiki. Nicht die Reaktion, nicht die Bourgeoisie ruft hier zur Konterrevolution. Nein, es sind die ehemals treuesten Kämpfer für die Revolution, die Matrosen, die unter Lenins und Trotzkis Führung die Oktoberrevolution ermöglicht haben und die sich jetzt gegen die Allmacht der Partei erheben. Unter einem Arbeiter- und Bauernstaat haben sie sich etwas anderes vorgestellt als die Tscheka und deren Konzentrationslager, als den Kriegskommunismus mit seiner Bauernfeindlichkeit, als das Kommissarsystem in den Fabriken.

Woher wird die Partei künftig ihre Legitimation beziehen, wenn die bisherigen Träger der Revolution gegen die Partei aufstehen?

Lenin zögert keinen Moment und findet Trotzki dabei auf seiner Seite: Das ist Meuterei, und Meuterei wird gnadenlos niedergeschlagen. Trotzki befiehlt den verläßlichsten Einheiten seiner Roten Armee den Sturm auf Kronstadt. Es ist Anfang März 1921, das Meer um Kronstadt ist zugefroren. Der Angriff erfolgt über das Eis. Kommandeur ist Michail Tuchatschewski. Auf beiden Seiten werden Geschütze und Maschinengewehre eingesetzt, es wird hart und blutig gekämpft. Erstmals in der Geschichte des Sowjetkommunismus schießen rote Truppen auf rote Truppen, wird die Herrschaft der Partei gegen jene verteidigt, in deren Namen diese Partei ihren Herrschaftsanspruch erhebt.

Der Widerstand der Kronstädter Matrosen wird gebrochen. Einige tausend von ihnen, die man als Rädelsführer bezeichnet, werden verhaftet, verschwinden in den Konzentrationslagern. Die meisten von ihnen werden erschossen. Das harte Exempel soll die übrigen Mannschaften gefügig machen. Auch wird das Spitzel- und Kommissarwesen auf den Schiffen wesentlich verstärkt.

Gleichzeitig werden im ganzen Land die noch auf freiem Fuß befindlichen Sozialrevolutionäre festgenommen, werden örtliche Sowjets aufgelöst und von „verdächtigen Elementen" gesäubert. Überall im Land kommt es zu exemplarischen Erschießungen, von vielen hat Lenin Kenntnis, viele ordnet er selbst an.

Hoffnung Weltrevolution

Der X. Parteitag steht völlig unter dem Eindruck dieser Ereignisse. Lenin hat keine Schwierigkeiten, seine eigene Diktatur in den Parteistatuten fest zu verankern: Das Verbot jeglicher Opposition, das Verbot der Fraktionsbildung. Man wird dafür das beschönigende Wort „demokratischer Zentralismus" finden. Dieses Prinzip wird danach in allen kommunistischen Parteien der Welt verankert, getreu dem sowjetischen Vorbild. In viel späteren Jahren wird es nicht mehr in allen Parteien ganz so streng ausgelegt; in Italien, in Spanien, zeitweise in Frankreich werden in den siebziger und achtziger Jahren demokratischere Umgangsformen auch innerhalb der Partei zugelassen. Das führt dann auch prompt zu einer Entfremdung dieser kommunistischen Parteien gegenüber Moskau, gegenüber der KPdSU. Die KPdSU wird bis Gorbatschow darauf bestehen, daß in ihrem Machtbereich dergleichen nicht aufkommen darf. Wo immer sich innere Opposition regt, werden ihre Träger verfolgt, vor Gericht gestellt, abgeurteilt, meist hingerichtet. In der DDR, in Ungarn, in der Tschechoslowakei wird die Sowjetarmee sogar mit Panzern gegen abweichende kommunistische Regimes vorgehen.

Das zugrundeliegende Prinzip hat Lenin durchgesetzt, hat es der Partei oktroyiert, beim X. Parteitag 1921.

Es wurde schon mehrmals darauf hingewiesen, daß sich Lenin und mit ihm die gesamte bolschewistische Führung einen endgültigen Sieg des Sozialismus in Rußland nur in Verbindung mit der Weltrevolution vorstellen konnten. Die wirtschaftliche Rückständigkeit Rußlands, die schmale proletarische Basis, die von den Ententemächten betriebene Isolationspolitik, all dies würde eine Umwandlung Rußlands in einen echt sozialistischen Staat nicht zulassen. Und bliebe ein sozialistisches Rußland allein, so würde es bald von einer Koalition aller imperialistischen Mächte erdrückt werden. Zur Rettung des bolschewistischen Rußlands sei die Revolution in anderen Ländern eine unverzichtbare Notwendigkeit. Vor allem die Revolution in Deutschland. Als industrialisiertes Land mit einer großen organisierten Arbeiterschaft war es dazu prädestiniert, die russische Revolution zu retten. Der Revolution in Deutschland würden vermutlich sehr bald weitere Revolutionen in anderen europäischen Ländern folgen.

Noch während seines Exils in der Schweiz erkannte Lenin, daß für eine solche Entwicklung eine wesentliche Voraussetzung fehlte: In Deutschland wie auch in den anderen europäischen Ländern gab es keine Bolschewiki. Das heißt, es gab dort keine Konspiration verschworener Revolutionäre, die in der Lage gewesen wären, über ein Netz gutorganisierter Parteizellen eine Revolution generalstabsmäßig zu planen und durchzuführen. Denn das ist ja das Geheimnis der Bolschewiki: Sie sind eine verschworene Gemeinschaft von Berufsrevolutionären, jederzeit bereit, dem Befehl der Zentrale bzw. des Führers zu gehorchen, selbst wenn es das eigene Leben kosten sollte; und auch in der Lage, kleine, aber entschlossene Kampftruppen im gleichen Sinn zu motivieren.

Dergleichen gab es sonst nirgends. Die Bolschewiki waren aus der sozialdemokratischen Arbeiterpartei Rußlands hervorgegangen, radikale Flügel ähnlicher Art gab es auch innerhalb der sozialdemokratischen Parteien anderer Länder, aber nirgendwo waren sie nach bolschewistischem Muster organisiert, geschweige denn kampfbereit. Die Aussicht auf Revolution in anderen Ländern, insbesondere in Deutschland, hängt also wesentlich davon ab, ob es gelingt, die revolutionär gesinnten Flügel der sozialdemokratischen Parteien von der gemäßigten Majorität abzuspalten und aus ihnen revolutionäre Sturmtrupps nach bolschewistischem Muster zu machen. Eine wesentliche Hilfe für ein solches Unterfangen wäre die Einrichtung einer internationalen Zentrale, die unter bolschewistischer Führung, besser noch unter Lenins Führung, stehen müßte, um diese revolutionären Kräfte in allen Ländern zu sammeln und sie mit Rat und Tat zu unterstützen.

Auf dem VII. Parteitag, nach dem Friedensschluß von Brest-Litowsk im Jahr 1918, ruft Lenin seiner Partei zu: „Es ist eine absolute

Wahrheit, daß wir ohne die deutsche Revolution verloren sind." Im November des gleichen Jahrs scheint sich seine Hoffnung zu erfüllen: Nach dem Zusammenbruch der letzten deutschen Offensive an der Westfront kommt es auf den Schiffen der deutschen Hochseeflotte zur Meuterei der Matrosen. Die sofortige Beendigung des Kriegs wird gefordert, aber auch der Sturz des Kaisers, die Umwandlung Deutschlands in eine Räterepublik nach russischem Muster. Die Forderungen werden von einem Teil der Arbeiterschaft aufgenommen. In den deutschen Industriezentren kommt es zu Streiks, in Kiel, Hamburg, Bremen, Lübeck zu Massendemonstrationen. In München werden die Wittelsbacher gestürzt, Bayern wird zur Republik erklärt und ist fortan ein Freistaat. Ein Rat der Arbeiter, Soldaten und Bauern wählt den unabhängigen Sozialdemokraten Kurt Eisner zum Ministerpräsidenten.

Die revolutionäre Stimmung erfaßt nun auch Berlin. Linke Sozialdemokraten unter der Führung Karl Liebknechts planen die Ausrufung der Räterepublik. Die Mehrheit-Sozialdemokraten aber sehen Deutschlands Zukunft in einer parlamentarischen Demokratie. In ihrem Namen ruft Philipp Scheidemann die Republik aus: „Arbeiter und Soldaten! Das Alte und Morsche, die Monarchie, ist zusammengebrochen. Es lebe das Neue, es lebe die deutsche Republik!" Fast zur gleichen Zeit erklärt Karl Liebknecht bei einer Kundgebung vor dem Berliner Schloß Deutschland zur „freien sozialistischen Republik".

Liebknecht gehört zum linken Flügel der Sozialdemokraten, er war der einzige Abgeordnete, der sich zu Beginn des Ersten Weltkriegs gegen die Gewährung der Kriegskredite ausgesprochen hat. Er und Rosa Luxemburg, die ursprünglich aus der polnischen Sozialdemokratie kam, haben die linken, revolutionär eingestellten Sozialdemokraten in einer eigenen Gruppierung zusammengefaßt, sie nennen sich Spartakisten, nach Spartakus, dem Anführer des größten Sklavenaufstands im alten Rom. Liebknecht und Luxemburg sehen das revolutionäre Potential, das aus dem verlorenen Krieg, aus der Not, dem Elend, dem Hunger und aus dem Zusammenbruch der militarisierten bürokratischen Staatsstrukturen resultiert. Sie sehen aber auch, daß die Mehrzahl der sozialdemokratischen Führer keine Revolution wünscht, sondern Deutschland auf parlamentarischem Weg in eine bürgerlich demokratische Republik umwandeln will. Das bedeutet Zusammenarbeit mit den bürgerlichen Kräften, Kompromisse mit dem Kapital, Beibehaltung der kapitalistischen Wirtschaftsordnung. Die Mehrheit der Arbeiterschaft folgt ihren sozialdemokratischen Führern. Liebknecht und Luxemburg wissen, daß sie mit der Unterstützung der breiten Massen nicht rechnen können. Luxemburg hält einen Aufstand für verfrüht. Doch der radikale Teil des Proletariats und seine Anführer, monatelang aufgeputscht, dem „russischen Beispiel" zu folgen, lassen sich nicht mehr zurückhalten. Und so proklamieren die „Revolutionären Obleute" und die Parteizentralen von USPD und KPD am 9. Januar 1919 den Generalstreik und bewaffneten Aufstand.

Einige Tage lang wird in den Berliner Straßen hart gekämpft, flammt der Aufstand auch in anderen deutschen Städten auf. Doch die sozialdemokratische Regierung ruft die Armee zu Hilfe. Freikorpsleute greifen ein, der Spartakusaufstand wird niedergeworfen. In Bayern wird Kurt Eisner auf offener Straße ermordet. Kommunisten setzen sich an die Spitze der revolutionären Massen und rufen nach bolschewistischem Vorbild die Diktatur des Proletariats aus. Wie im russischen Bürgerkrieg kommt es auch prompt zu Verhaftungen, Geiselnahmen und exemplarischen Erschießungen – auf beiden Seiten.

Eine Zeitlang kann sich die bayerische Rätediktatur halten, dann rücken auch in Bayern Freikorpstruppen vor. Nach mehrtägigen har-

Aufmarsch der Arbeiterräte vor dem Wiener Parlament mit dem Transparent „Es lebe die internationale Weltrevolution" (oben). Karl Liebknecht bei einer Kundgebung in Berlin, wo er die Ausrufung einer Räterepublik in Deutschland fordert (unten).

ten Kämpfen wird München von den Freikorpsleuten besetzt, die Räterepublik ist besiegt.

Auch in Wien gibt es den Versuch, anstelle einer parlamentarischen Republik eine sozialistische nach russischem Vorbild auszurufen. Als am 12. November 1918 im Parlament an der Wiener Ringstraße die deutschösterreichischen Abgeordneten zusammentreten, um die deutschsprachigen Gebiete des Habsburgerreichs zu einer Republik Deutschösterreich zusammenzufassen (und sie übrigens gleichzeitig zu einem Bestandteil der Deutschen Republik zu erklären, also in einem Zug auch schon den Anschluß an Deutschland festzulegen), marschieren vor dem Parlament Rote Garden auf. Sie stehen unter der Führung eines bekannten Schriftstellers, Egon Erwin Kisch, und eines kommunistischen Soldatenrats, Leo Rothziegel.

Ihre Anhänger entfalten ein Transparent: „Hoch lebe die sozialistische Republik!" Die zur Hissung bereitliegende rotweißrote Fahne wird von den Kommunisten in Stücke gerissen, die roten Bahnen zusammengeknüpft und auf dem großen Fahnenmast vor dem Parlament hochgezogen. Die Rotgardisten fordern Einlaß in das Parlament, und als ihnen dieser nicht gewährt wird, beginnen sie zu schießen. Panik bricht aus, die Menschenmenge stiebt auseinander. Auf der Parlamentsrampe bleiben Tote zurück.

Doch die von dem Sozialdemokraten Karl Renner geführte neue österreichische Regierung verfügt bereits über ihre eigene bewaffnete Macht. Anders als in Deutschland hat die Provisorische Staatsregierung in Wien aus vorwiegend sozialdemokratisch gesinnten Soldaten eine „Volkswehr" aufgestellt. Der Unterstaatssekretär für das Heerwesen, Julius Deutsch, hat sie organisiert, auch er Sozialdemokrat. Und Deutsch zögert nicht, die Volkswehr zur Verteidigung der soeben erst ausgerufenen Republik einzusetzen. Ein rasch herbeigeführter Volkswehrverband vertreibt die Rotgardisten und besetzt das Parlament, in dessen großer Säulenhalle die Soldaten einige Tage lang biwakieren.

Eine weitere offene Konfrontation mit den Kommunisten wird in Wien zunächst vermieden. Deutsch macht Kisch und Rothziegel den Vorschlag, ihre Rote Garde als eigenes Bataillon in die Volkswehr aufzunehmen. Es wird in der Stiftskaserne untergebracht, wo es eine Zeitlang ein Eigenleben führt, ohne noch einmal zur Revolution anzutreten. Als aus Budapest die Nachricht kommt, daß die dortige bürgerlich-sozialdemokratische Koalitionsregierung zusammengebrochen und von einer kommunistisch-sozialdemokratischen Koalition abgelöst worden ist, als in Ungarn der Kommunist Béla Kun die Räterepublik ausruft und seine Roten Garden sofort in den Kampf schickt, um die alten ungarischen Grenzen gegenüber Tschechoslowaken und Rumänen zu verteidigen, da hält es Rothziegel und die Seinen nicht mehr in Wien. Ganz in der Tradition der „Internationalisten", die seit der Oktoberrevolution an der Seite der Bolschewiki im Bürgerkrieg kämpfen, eilen sie Béla Kun zu Hilfe und ziehen gemeinsam mit seinen Roten Garden in den Kampf.

Ihre große Hoffnung ist es, daß ihnen und der Räterepublik Ungarn die russische Rote Armee zu Hilfe kommen würde. Eine Zeitlang spielt Trotzki mit diesem Gedanken, versucht an der Südwestfront den Durchbruch zu den Karpaten und über sie hinweg nach Ungarn. Doch noch sind die weißen Kräfte in Rußland zu stark, Trotzki muß den Plan aufgeben, Sowjetrußland durch eine Sowjetrepublik Ungarn, deren Anschluß er plant, zu erweitern.

Die Räteregierung in Ungarn erfreut sich zunächst einer breiten Zustimmung der Bevölkerung, ist es doch erstes und oberstes Ziel Béla Kuns, die nationalen Ansprüche Ungarns auf seine alten Grenzen militärisch durchzusetzen. Mit den ideologisch motivierten Maßnahmen sind schon weniger Ungarn einverstanden.

Wie in Rußland so formiert sich auch in Ungarn der weiße Widerstand, werden die Reste der früheren königlichen ungarischen Armee vom letzten Oberbefehlshaber der österreichisch-ungarischen Flotte, Admiral Nikolaus Horthy, zur Gegenrevolution gesammelt. Die Tschechoslowaken und die Rumänen erhalten militärische und wirtschaftliche Unterstützung von den Ententemächten, vor allem von Frankreich. Nach anfänglichen erstaunlichen Erfolgen wird Béla Kuns Rote Armee von den Tschechoslowaken und den Rumänen zurückgeschlagen; gleichzeitig formiert sich in Debreczen eine weiße Gegenregierung. Die Rumänen marschieren gegen Budapest, Béla Kun gibt auf und flieht nach Österreich. Bald nach den Rumänen zieht Horthy in die ungarische Hauptstadt ein.

Angehörige der Roten Garde in Wien mit ihrem Anführer Leo Rothziegel (Bild oben sitzend Mitte). Als „Internationalisten" kämpfen sie in Ungarn für die Räterepublik. Rothziegel ist bei den Kämpfen am 22. April 1919 gefallen.

Die III. Internationale

So sind alle revolutionären Ansätze in Deutschland, in Österreich und in Ungarn zusammengebrochen, obwohl es in Bayern und in Ungarn kurzfristig Räterepubliken nach russischem Muster gegeben hat. Das bedeutet nicht, daß Lenin und die Bolschewiki ihre Hoffnung auf eine baldige Revolution in Deutschland und anderen Ländern aufgegeben hätten. Im Gegenteil. Anfang 1919 führt Lenin durch, was er sich in seinem Schweizer Exil vorgenommen hatte: Er gründet eine neue Internationale, die III. Internationale, eine kommunistische unter seiner Führung.

Die II. Internationale, in der die sozialdemokratischen Parteien ihre Politik untereinander abstimmen und ihre Aktionen international koordinieren wollten, war zu Beginn des Ersten Weltkriegs praktisch zusammengebrochen; hatten doch in allen Ländern die Sozialdemo-

144

An der Spitze der ungarischen Räterepublik (März–Juli 1919) steht Béla Kun, auf dem Foto oben bei einer Kundgebung in den Csepel-Eisenwerken.
Unten: Später wird Béla Kun als revolutionärer Aufwiegler in Österreich polizeilich gesucht.

kraten plötzlich ihre Internationalität dem nationalen Patriotismus geopfert, sich hinter ihre kriegführenden Regierungen gestellt, die Kriegskredite bewilligt und sich solcherart einverstanden damit gezeigt, daß die von ihnen geführten Arbeiter gegen die Arbeiter anderer Nationen in den Krieg zogen. Lenin hatte gegen diesen Verrat, wie er es nannte, der sozialdemokratischen Führer gewettert. Und das war ein weiterer Grund, weshalb er eine neue, eine kommunistische Internationale ins Leben rufen wollte.

Das tut Lenin nun im März 1919. In Rußland tobt zwar der Bürgerkrieg, aber Lenin ruft die Führer der nun auch schon in anderen europäischen Ländern wie auch in Asien und in Amerika nach russischem Vorbild gegründeten kommunistischen Parteien nach Moskau, um sie diese neue Internationale beschließen zu lassen. Insgesamt sind es rund 50 Delegierte, die sich zum Teil auf abenteuerlichen Wegen, quer durch die Bürgerkriegsfronten, nach Moskau durchschlagen. Nur wenige dieser Delegierten sind tatsächlich die maßgebenden Führer der neuen kommunistischen bzw. linken sozialdemokratischen Parteien oder Gruppierungen. Allesamt repräsentieren sie noch nicht sehr viel. Aus Deutschland kommt überhaupt nur ein einziger Abgesandter, Hugo Eberlein. Die Führer, auf die es angekommen wäre, sind tot, Rosa Luxemburg und Karl Liebknecht sind nach dem Spartakusaufstand von Freikorpsleuten ermordet worden. Aber noch vor ihrem Tod hatten sie zu Lenins Idee der Gründung einer neuen Internationale Stellung genommen und Eberlein instruiert, eine solche Gründung abzulehnen. Sie hielten es für falsch, eine Weltzentrale der Revolution einzurichten, deren Sitz höchstwahrscheinlich in Moskau sein würde. Das mußte den Eindruck erwecken, als befänden sich die revolutionären Bewegungen in aller Welt am Gängelband der russischen Bolschewiki. Und vielleicht wäre das nicht nur ein Eindruck.

145

Im März 1919 findet der Gründungskongreß der Kommunistischen Internationale, der Komintern, statt. Nur wenige Parteien sind vertreten, und nicht alle Delegierten wollen Moskau als Kommandozentrale des Weltkommunismus akzeptieren. Links oben: Der deutsche Delegierte Hugo Eberlein, der die Gründung einer eigenen kommunistischen Internationale ablehnt. Mitte: Zwischen Eberlein – links – und dem österreichischen Delegierten Karl Steinhardt – rechts – kommt es zu harten Wortgefechten. Steinhardt setzt sich feurig für die Komintern ein. Unten: Abfahrt der Delegierten zu einer Kundgebung, bei der die Gründung der Komintern gefeiert wird.

ДА ЗДРАВСТВУЕТ ІІІ-и ИНТЕРНАЦИО

Es lebe die III Internation

Vive la IIIme Jnternationa

Long live the IIIrd internati

Die Würfel sind gefallen: Lenin hat die Gründung der Kommunistischen Internationale durchgesetzt. Links von Lenin Hugo Eberlein, der noch von Karl Liebknecht und Rosa Luxemburg den Auftrag erhalten hat, gegen die Gründung zu stimmen. Auf Drängen Lenins enthält er sich schließlich der Stimme. Rechts von Lenin der Schweizer Fritz Platten, der Lenins Reise von Zürich nach Petrograd organisiert hat. Platten stirbt während der Stalinschen Säuberungen in einem Lager des Gulag.

Wie Lenin bisher agierte, konnte man erwarten, daß er nicht nur den sowjetischen Bolschewiki, sondern auch den anderen kommunistischen Bewegungen in der Welt seinen Willen aufzwingen würde. Befürchtungen, deren Berechtigung sich bald erweisen sollte.

So fällt es Lenin gar nicht leicht, die Delegierten der ausländischen Parteien von der Notwendigkeit einer neuen kommunistischen Internationale zu überzeugen. Interessanterweise ist es der Österreicher Karl Steinhardt, der einen entscheidenden Stimmungsumschwung zugunsten Lenins herbeiführt. Ein Hüne von Gestalt, hat sich Steinhardt viele Tage lang und oft zu Fuß über alle neu entstandenen Grenzen und durch drei Fronten des russischen Bürgerkriegs nach Moskau durchgeschlagen. Er kommt verspätet an, aber gerade auf dem Höhepunkt der Debatte über Lenins Vorschläge. Hugo Eberlein hat sich schon entschieden gegen Lenin ausgesprochen; ohne die deutschen Kommunisten aber würde das Konzept der Internationale mehr als die Hälfte seiner Wirksamkeit einbüßen.

Und nun geschieht etwas Merkwürdiges: Steinhardt wird von Lenin, aber nicht nur von ihm, begrüßt, als wäre er der Abgesandte einer Partei, die für die gesamte bisherige österreichisch-ungarische Monarchie sprechen könnte, also einer großen, starken, viele Völkerschaften repräsentierenden Partei. Obwohl doch Österreich-Ungarn schon im Zerfall begriffen ist und sich die ungarische Partei, mit Béla Kun an der Spitze, gerade anschickt, dort bereits eine Räterepublik zu gründen. Aber das Gewicht, das man Steinhardt beimißt, entspricht noch dem bisherigen europäischen Denken. Daher wird sehr ernst genommen, was er sagt. Steinhardt ist ein guter Redner, und er setzt sich nun mit Feuereifer für Lenins Konzept, für die Gründung einer kommunistischen Internationale, ein. Schildert, wie in Österreich, wie in Ungarn, wie in Bayern die revolutionären Bewegungen knapp vor ihrem Sieg stünden und wie notwendig es sei, daß man ihnen mit materieller und vor allem ideologischer Hilfe zur Seite stehe. Dies mache eine zentrale Koordination, einen zentralen Generalstab der Weltrevolution notwendig.

Das überzeugt. Die meisten Delegierten sind nun auch dafür, die Internationale zu gründen. Für Lenin aber ist es überaus wichtig, einen Einspruch oder auch nur ein Nein der Deutschen zu verhindern. Eberlein weigert sich lange, von den ihm mitgegebenen Direktiven abzuweichen, doch letztlich gibt er nach und enthält sich der Stimme, als nun die Gründung der neuen kommunistischen, der III. Internationale beschlossen wird. Es ist der 5. März 1919. In seiner Ansprache erklärt Lenin: „Die Genossen hier in diesem Saal haben gesehen, wie die erste Sowjetrepublik gegründet wurde, jetzt sehen sie, wie die III., die Kommunistische Internationale gegründet worden ist, sie alle werden sehen, wie die Föderative Weltrepublik der Sowjets gegründet werden wird." Lenin verspricht sich viel von der Komintern – von nun an gebräuchliche Kurzform für die Kommunistische Internationale. Jetzt, da hinter den kommunistischen Parteien die ganze revolutionäre Erfahrung der Bolschewiki steht, der Sieg der Oktoberrevolution, die erste Sowjetrepublik der Welt, jetzt werde sich das westliche Proletariat von seinen opportunistischen sozialdemokratischen Führern lossagen und der kommunistischen Fahne der Revolution folgen.

Lenin spricht davon, drei Millionen Rotarmisten zur Unterstützung der Revolution in Europa einsetzen zu wollen. Die bewaffnete Intervention Sowjetrußlands zur Unterstützung der Revolution in anderen Ländern erscheint ihm und Trotzki selbstverständlich. Und dies kommt ja auch zum Ausdruck, als die Rote Armee vor Warschau steht. „Auf nach Westen!" heißt es im Tagesbefehl Tuchatschewskis, und Trotzki spricht davon, „Europa mit den Bajonetten der Roten Armee auf die Probe zu stellen". Für Lenin ist die Komintern eine „Weltpartei der Revolution".

Doch dann erfolgt der Rückschlag: Die Räterepubliken in Bayern und in Ungarn brechen zusammen, ein Revolutionsversuch in Wien endet in einem Blutbad, die Rote Armee wird an der Weichsel geschlagen und muß den Rückzug antreten.

Lenin hat für all das eine Erklärung: Die revisionistischen Sozialdemokraten haben die Revolution verraten, sie sind Lakaien der Bourgeoisie. Nirgendwo mehr dürfen Kommunisten mit ihnen gemeinsame Sache machen. Das Proletariat, die Arbeiterschaft, muß gezwungen werden, sich zu entscheiden zwischen den verbürgerlichten Sozialdemokraten und den revolutionären Kommunisten. Die Kommunisten aber müßten analog zur bolschewistischen Partei eine straff organisierte, konspirative, hochdisziplinierte Gemeinschaft sein, mit dem einzigen Ziel, die Revolution im eigenen Land und in der Welt herbeizuführen.

Dazu ist ein zweiter Schritt notwendig: Im Juli 1920 werden die kommunistischen Parteien der Welt und die ihnen nahestehenden Linksgruppierungen zum II. Kongreß der Komintern nach Petrograd

Eberlein, Trotzki und Platten sprechen vom Auto aus bei der Kundgebung anläßlich der Gründung der Kommunistischen Internationale 1919.

148

und nach Moskau gerufen. Und diesmal wird schon eine andere
Sprache gesprochen. Lenin fordert von den Delegierten die Zustimmung zu einer Liste von zunächst 19, dann 21 Bedingungen, an die
die Mitgliedschaft einer Partei bei der Komintern gebunden sein soll.
Es sind harte Bedingungen: Wer Mitglied sein will, hat sich Kommunistische Partei zu nennen und darf unter keinem anderen Namen
agieren; schon im Namen soll die totale Identifizierung mit der Kommunistischen Partei Sowjetrußlands, mit dem Leninschen Programm,
zum Ausdruck kommen. Der Name soll auch verhindern, daß revisionistische oder anarchistische Elemente in der Partei Obdach suchen
und finden. Jede Mitgliedspartei ist verpflichtet, reformerische, sozialdemokratische Elemente nicht nur aus der Partei auszuschließen,
sondern sie auch aus möglichst allen Organisationen der Arbeiterschaft zu vertreiben. Jede Mitgliedspartei hat neben ihrem offiziellen
Parteisekretariat ein geheimes, revolutionäres Zentrum zu schaffen
und auch die Parteimitglieder in der revolutionären Untergrundarbeit
einzusetzen. Jede Mitgliedspartei hat sich nach den Erfahrungen der
russischen Bolschewiki zu richten und diese als Modell für die eigene
Arbeit anzuerkennen. Das gilt im besonderen für die Parteistruktur;
jede Mitgliedspartei hat den „demokratischen Zentralismus" als Or-
ganisations- und Führungsprinzip zu akzeptieren, das heißt die Diktatur der Führungsspitze, des jeweiligen Führers. Mit einem wesentlichen Unterschied: Während in Sowjetrußland dieser Führer nieman-

dem mehr zu gehorchen hat, unterstellt eine weitere Bedingung der Komintern alle anderen kommunistischen Parteien der Befehlsgewalt der Kommunistischen Internationale: Bedingungsloser Gehorsam und blindes Ausführen aller von der Komintern erlassenen Anordnungen, auch dazu wird jede Mitgliedspartei verpflichtet. Ein Verstoß gegen diese Bedingungen wird mit dem Ausschluß der entsprechenden Parteiführer oder auch der ganzen Parteiführung geahndet. Solcherart ist also auch schon die Säuberung kritischer oder gar aufmüpfiger Elemente fest eingeplant.

Und die letzte, die 21. Bedingung erweitert den Säuberungsparagraphen auch noch auf die gesamte Mitgliedschaft jeder Partei: Jedes Parteimitglied ist aus der Partei auszustoßen, wenn es den Befehlen der Zentrale nicht gehorcht.

Lenin läuft mit diesen Bedingungen noch immer seiner Wunschvorstellung nach, in jedem Land der Welt eine Kaderpartei verschworener Revolutionäre zur Verfügung zu haben, die nach bolschewistischem Muster auch als kleine Minderheit im rechten Augenblick die Revolution durchführen und die Macht ergreifen soll. Über die Komintern aber würde er jede dieser Parteien lenken und mit ihr den revolutionären Umsturz herbeiführen können.

Dergleichen hat es in der Welt noch nie gegeben. Ein Weltzentrum der Revolution. An seiner Spitze ein Mann, Lenin, besser: jeweils ein Mann – der jeweilige Führer der KPdSU.

Keine Revolution in Deutschland

Einige Delegierte linker Gruppierungen sind nicht bereit, Lenins Bedingungen zu akzeptieren. Sie scheiden noch in Moskau als Verbündete der Kommunisten aus. Andere sind bereit, die Bedingungen ihren daheimgebliebenen Parteileitungen vorzulegen und darüber abstimmen zu lassen. Das trifft insbesondere auf die Unabhängigen Sozialdemokraten Deutschlands zu, auf die USPD. Seit Dezember 1918 existiert neben der USPD auch die aus dem Spartakusbund hervorgegangene Kommunistische Partei Deutschlands, die KPD. Die USPD hat nun zu entscheiden, ob sie als eigene Partei weiterbestehen will oder in der Kommunistischen Partei aufzugehen hat als Voraussetzung für ihren Verbleib in der Komintern.

Die USPD beruft zu diesem Zweck einen Parteikongreß nach Halle, der im Oktober 1920 abgehalten wird. Karl Radek, von Lenin bereits mehrfach in Deutschland eingesetzt, um die deutsche Revolution vorzubereiten, ist unermüdlich dabei, schon die Delegierten zu diesem Kongreß auf Komintern-Linie zu bringen. Der enge Vertraute Lenins, Sinowjew, ist schon beim Gründungskongreß an die Spitze der Komintern gewählt worden. Als Vorsitzender des Exekutivkomitees der III. Internationale nimmt er ganz offiziell am Parteikongreß der USPD teil und hält eine vierstündige Rede in deutscher Sprache. Kern seiner Aussagen: Überall in Europa sei die Arbeiterklasse bereits so erstarkt, daß sie die bourgeoisen Regimes schon morgen stürzen könnte. Unter einer Voraussetzung: Alle revolutionären Kräfte hätten unverbrüchlich zusammenzustehen unter kommunistischer Führung. Wer dies nicht wolle, der verdamme die Arbeiter dazu, weiterhin Sklaven zu sein, Sklaven der Bourgeoisie und des Kapitals.

Die USPD ist keine kleine Partei, mit ihren 800 000 Mitgliedern ist sie mehr als zehnmal so groß als die KPD mit ihren 78 000 Mitgliedern. Doch nun wird sie gesprengt, so wie es Lenin wünscht. 236 Delegierte des Parteikongresses sprechen sich für die Mitgliedschaft in der Komintern und damit für eine Verschmelzung mit der Kommunistischen Partei aus, 156 Delegierte stimmen dagegen. Die Spaltung geht nun auch quer durch die Mitgliedschaft. Nur 300 000 der bishe-

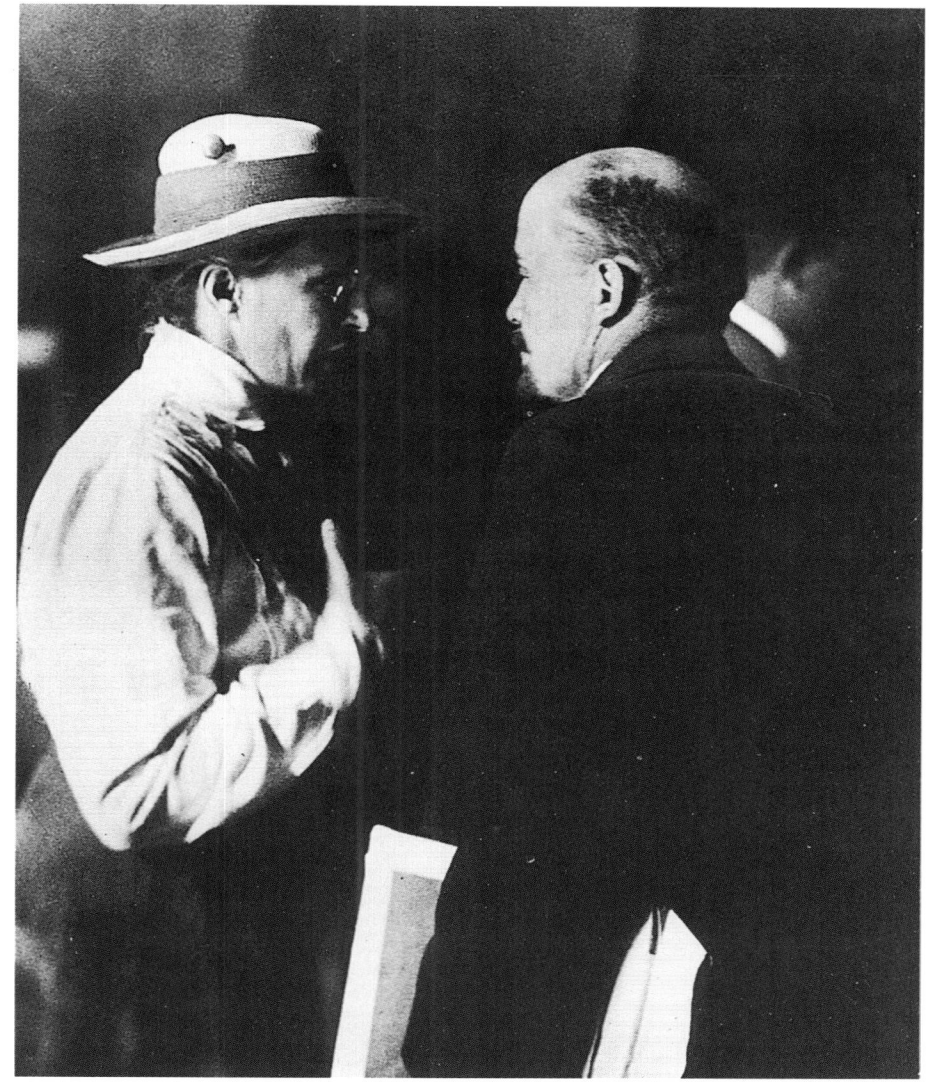

Bilder vom II. Kongreß der Komintern 1920, bei dem die kommunistischen Parteien das Weisungsrecht Moskaus verbindlich annehmen. Lenin setzt seine Hoffnung auf die Revolution in Deutschland. Links oben: Lenin mit Karl Radek, dem im österreichischen Galizien geborenen Deutschland-Experten. Links Mitte: Die deutsche Delegierte Clara Zetkin im Gespräch mit Grigorij Sinowjew, dem Vorsitzenden der Komintern. Links unten: Radek und Sinowjew verlassen mit Begleitung den Kongreßsaal. Rechts: Lenin im Gespräch mit Jelena Stassowa, ZK-Sekretärin und zeitweise Vertreterin der Komintern in Deutschland.

Bild auf der nächsten Seite:
Lenin bei seiner großen Rede anläßlich des II. Komintern-Kongresses in Petrograd am 19. Juli 1920: „Jawohl, die Sowjettruppen stehen in Warschau! Bald werden wir Deutschland haben!"

rigen USPD-Mitglieder treten der Kommunistischen Partei bei. Über 300 000 verbleiben in der USPD und treten 1922 der SPD, der Sozialdemokratischen Partei Deutschlands, bei, die damit zur weitaus stärksten Partei Deutschlands wird mit ihren nunmehr über 1,3 Millionen Mitgliedern. Rund 200 000 wenden sich von der sozialistischen Bewegung ab. Doch Lenin und der Komintern ist das recht. Lieber eine kleinere, aber zur Revolution entschlossene und sich dem Moskauer Befehl vorbehaltlos unterstellende Partei als eine Massenpartei, die nichts weiter tun kann, als darauf zu warten, bei irgendeiner Wahl eine regierungsfähige Mehrheit im Parlament zu erreichen, um dann auch als Regierung die kapitalistischen Wirtschaftsstrukturen und eine bourgeoise Gesellschaftsordnung beizubehalten.

Lenin tut also international das, was er in Rußland getan hat: Er lehnt jede Zusammenarbeit mit anderen, selbst und gerade mit linken Parteien ab und läßt die Kommunisten allein und gegen alle anderen antreten. Das soll sicherstellen, daß die Revolution auch tatsächlich gemacht wird und daß nach der Revolution nur die Kommunisten und sonst niemand die Macht ausüben. Das Prinzip stellt sicher, daß Lenin auch international alle Fäden in der Hand hält. Neben Sinowjew, der als Präsident der Komintern meist ganz offiziell durch die Lande reist, um bei den kommunistischen Parteikongressen die Revolution zu propagieren, bedient sich die Komintern einer Reihe von „fliegenden Sonderbotschaftern". An ihrer Spitze der zunächst so erfolgreiche, dann gescheiterte Béla Kun, aber auch schon ein zweiter ungarischer Kommunist, Mátyás Rákosi. Er wird nach dem Zweiten Weltkrieg Moskaus Statthalter in Ungarn werden.

Karl Radek ist mehr der persönliche Abgesandte Lenins als der der Komintern. Er soll vor allem die Revolution in Deutschland zustande bringen. Das wird mit Radeks Unterstützung noch zweimal versucht. Im März 1920 unternehmen Freikorpssoldaten einen Putschversuch in Berlin. Ihr politischer Anführer ist Wolfgang Kapp, Gründer einer „Deutschen Vaterlandspartei". Kapp will mit Hilfe der Soldaten das Parlament in Deutschland ausschalten und eine Rechtsdiktatur unter seiner Führung errichten.

Fürs erste gelingt der Putsch. Das Regierungsviertel wird besetzt, Berlin ist in der Hand von Soldaten, die noch vor kurzem im Baltikum gegen die Bolschewiki gekämpft haben. Reichspräsident Friedrich Ebert und die Reichsregierung fliehen von Berlin nach Stuttgart, und das tut auch die Mehrzahl der Abgeordneten. Dort treten sie zu einer Notstandssitzung zusammen. Die sozialdemokratisch geführte Regierung versucht den Putsch mit sozialdemokratischen Mitteln zu brechen: Gemeinsam mit den Gewerkschaften ruft die Regierung ganz Deutschland zum Generalstreik auf. Und er wird überall befolgt. Gestreikt wird nicht nur in den Fabriken, auch alle Ministerien, alle Landes- und Stadtverwaltungen, alle Banken, alle Kaufhäuser und Geschäfte bleiben geschlossen. Es gibt keinen Strom, keine öffentlichen Verkehrsmittel.

Der Generalstreik ist ungemein erfolgreich. Der Kapp-Putsch bricht zusammen. Aber er hat Folgen. Die Kommunisten haben dem Treiben der Freikorpssoldaten zunächst tatenlos zugesehen, überlegend, ob der Putsch für die kommunistische Sache nicht sogar von Vorteil sei; wäre er erfolgreich, würde die demokratische Regierung gestürzt und die parlamentarische Republik zerschlagen werden. Der deutsche Kornilow-Putsch wäre zunächst erfolgreich. Und nach russischem Muster würden dann die Kommunisten den Kornilow verjagen.

Der Sieg der Demokratie über die Kapp-Putschisten erfreut die Kommunisten nicht. Doch sie sind auf das Leninsche Muster eingeschworen und rüsten sich für einen Marsch auf Berlin; ob dieser die Freikorpsleute oder die Sozialdemokraten verjagen soll, bleibt offen. Jedenfalls stellen die Kommunisten im Ruhrgebiet eine Rote Armee auf mit dem Ziel, sie gegen Berlin marschieren zu lassen. Im Vogtland ruft der Kommunist Max Hölz die Diktatur des Proletariats aus und droht, „jeden Bürger zu erschießen, die ganze Stadt anzuzünden und die Bourgeoisie abzuschlachten", falls es Widerstand geben sollte bzw. bei „Annäherung von Reichswehrsoldaten".

Diese nähern sich an, die Reichswehr marschiert für die Regierung. Da und dort kommt es zu regelrechten Kampfhandlungen zwischen der roten Ruhrarmee und den Reichswehrtruppen. Doch der rote Widerstand bricht schnell zusammen. Als Reichspräsident Ebert und die Reichsregierung in Berlin einziehen, werden sie dort von Ehrenformationen der Reichswehr empfangen. Die Reichswehr hat sich, so scheint es, als eine loyale Verteidigerin der demokratischen Republik erwiesen, sie hat den Freikorpsputsch nicht mitgemacht und die Putschisten schließlich sogar entwaffnet, und sie hat den kommunistischen Revolutionsversuch abgewehrt.

Die deutsche Demokratie scheint ihre schwersten Prüfungen überstanden zu haben. Das wird sich als trügerische Hoffnung erweisen.

Der Friedensvertrag von Versailles lastet als schwere Hypothek auf der deutschen Demokratie, die just erst in dem Augenblick zum Zuge kam, als das Land die Niederlage im Krieg und die schweren Lasten aus dem Versailler Frieden auf sich nehmen mußte. Das bietet der revolutionären Linken ebenso wie der extremen Rechten große Angriffsflächen. Deutschland muß Elsaß-Lothringen an Frankreich, das Gebiet der Städte Eupen und Malmedy an Belgien zurückgeben.

Karl Radek; als Abgesandter Lenins und der Komintern versucht er immer wieder, die Revolution in Deutschland in Gang zu bringen (rechts oben). Zeitweise hat es den Anschein, als würde das gelingen. Im Ruhrgebiet wird eine Rote Armee aufgestellt, im Vogtland ruft der Kommunist Max Hölz die Diktatur des Proletariats aus und droht, „jeden Bürger zu erschießen", „die ganze Stadt anzuzünden", und „die Bourgeoisie abzuschlachten", sollte die Reichswehr gegen ihn eingesetzt werden (rechts unten).

Das Saarland wird abgetrennt, die linksrheinischen Gebiete werden besetzt. Im Osten verliert Deutschland Gebiete an Polen, Litauen und die Tschechoslowakei, ein Teil Nordschleswigs fällt an Dänemark, alle deutschen Kolonien müssen an den Völkerbund abgetreten werden.

Die Gebietsabtretungen werden als ungerecht, die Auferlegung einer nach oben nicht begrenzten gewaltigen Reparationsschuld als wirtschaftlich erdrückend empfunden. Als wahre Schande gilt die alliierte Besetzung der linksrheinischen Gebiete und gelten vor allem die schweren Einschränkungen der deutschen Souveränität: Reduzierung der Streitkräfte auf höchstens 100 000 Mann Landheer und 15 000 Mann Marine; Verbot der Erzeugung von Panzern, Kriegsflugzeugen und U-Booten; der Antrag, die deutschen Generäle und Politiker als Kriegsverbrecher anzuklagen; und bis auf weiteres Ausschluß aus allen internationalen Organisationen. Man ist sich in Deutschland keiner größeren Schuld am Krieg bewußt, als sie alle anderen kriegführenden Staaten auch zu tragen hätten. Ja, man sieht in der von den Alliierten auch noch geraume Zeit über den Kriegsschluß hinaus verhängten totalen Blockade ein größeres Verbrechen als aller Schaden zusammengenommen, den die deutschen Heere im Osten und im Westen angerichtet haben. Und das deutsche Volk ist ja schließlich zu einem guten Teil selbst gegen die Fortsetzung des Kriegs, gegen den Kaiser und für die Demokratie aufgestanden.

Doch die Siegermächte behandeln Deutschland wie einen Paria. Frankreich versucht Deutschland wirtschaftlich zu schwächen, militärisch zu entwaffnen und durch eine unverhohlene Einkreisungspolitik in Schach zu halten. Dazu gehören das starke französische Engagement in Polen und das Netz französischer Bündnisverträge mit der Tschechoslowakei, Rumänien, Jugoslawien und weiterhin auch mit Italien und natürlich Großbritannien.

So steht die neue demokratische Reichsregierung unter mehrfachem Druck: Wirtschaftlich hat sie die Reparationsforderungen der Siegermächte zu bewältigen, wobei der verlorene Krieg und die Kriegsschulden die deutsche Wirtschaft noch stark belasten. Politisch gilt die Regierung als Erfüllungsgehilfe der Siegermächte. Für die revolutionäre Linke ist die Regierung restaurativ-konterrevolutionär. Für die nationale Rechte hat sie den Dolchstoß in den Rücken der Front geführt und den Schandfrieden von Versailles akzeptiert. Das Einvernehmen zwischen der sozialdemokratisch geführten Regierung und der Heeresleitung ist ein aus der Not geborenes Provisorium. Weite Teile des Offizierskorps, aber auch des Adels, der Industriellen, der Großbürger und der Junker fordern bereits lautstark eine Revision des Versailler Vertrags, ein Wiedererstarken Deutschlands unter einer energischen Führung. Die Linke denkt noch immer an Revolution, lehnt jede Zusammenarbeit mit den Sozialdemokraten ab, die sogar als Hauptfeind betrachtet werden, weil sich ohne sie die parlamentarische Demokratie in Deutschland nicht halten könnte. Es sind also die Sozialdemokraten, die einer Revolution nach russischem Muster einen Riegel vorschieben. Es wird daher zu weiteren Umsturzversuchen von rechts wie von links kommen, zu Hitlers Marsch auf die Feldherrnhalle und zum neuerlichen kommunistischen Revolutionsversuch, beide im Jahr 1923. Dem Ansturm von links und rechts auf dem Höhepunkt der Wirtschaftskrise Anfang der dreißiger Jahre wird die deutsche Demokratie schließlich erliegen.

Auch das hat viel mit der Politik Sowjetrußlands zu tun. Diese ist Deutschland gegenüber ausgesprochen zwiespältig. Auf der einen Seite setzt Lenin zunächst alle seine Hoffnungen auf die Revolution in Deutschland und verbietet gerade deshalb den deutschen Kommunisten jegliche Zusammenarbeit mit den Sozialdemokraten, ja fordert von ihnen die Revolution. Auf der anderen Seite muß Lenin einsehen, daß Sowjetrußland die enge Zusammenarbeit mit diesem Deutsch-

Die sowjetische Delegation bei der Weltwirtschaftskonferenz von Genua im April 1922. In der ersten Reihe, vierter von links, der Volkskommissar (Minister) für Auswärtige Angelegenheiten Tschitscherin, links neben ihm der spätere Außenminister Litwinow. Überraschend schließen Russen und Deutsche in Rapallo bei Genua einen Vertrag, mit dem sie sich aus ihrer Isolierung nach dem Ersten Weltkrieg herauskatapultieren und eine langfristige wirtschaftliche Zusammenarbeit vereinbaren, aus der auch bald eine militärische wird.

land braucht, um seine eigene Isolation zu durchbrechen und vor allem seine Wirtschaft aufzubauen.

Während also die Komintern den deutschen Kommunisten zusetzt, ihre Revolutionsversuche fortzusetzen, versucht die Sowjetregierung die Beziehungen zu Deutschland zu normalisieren, ja wenn möglich sogar eine besonders enge wirtschaftliche Zusammenarbeit zu erreichen. Dazu bieten sich gute Ansätze. Da ist zunächst das gemeinsame Schicksal, denn nicht nur Deutschland, auch Sowjetrußland wird von der internationalen Staatengemeinschaft ausgegrenzt, wird von den Westmächten wie ein Paria behandelt, sogar mehr noch als Deutschland. Denn bis jetzt haben die Westmächte der Sowjetregierung jede Anerkennung verweigert. Für sie sind Lenin und die Bolschewiki noch immer Usurpatoren, die die legitime russische Regierung unrechtmäßig gestürzt haben. Das hat auch wirtschaftliche Gründe: Das zaristische Rußland hat im Westen Anleihen in Höhe von vielen Milliarden Goldfranken aufgenommen, deren Rückzahlung von der Provisorischen Regierung garantiert worden ist. Lenin aber hat sofort nach seiner Machtergreifung erklärt, daß das bolschewistische Rußland diese Anleihen und Schulden nicht anerkenne und sie daher auch nicht zurückzahlen werde. Die Provisorische Regierung hat auch die Beteiligungen und Eigentumsrechte westlicher Kapitalgeber an den meisten russischen Großbetrieben, an den Bergwerken, Eisenbahnen usw. unangetastet gelassen. Die Bolschewiki haben alle Betriebe verstaatlicht, und zwar entschädigungslos. Die militärische Intervention der Westalliierten in Rußland hatte unter anderem auch das Ziel, durch die Beseitigung des bolschewistischen Regimes eine Wiederherstellung der früheren Eigentumsverhältnisse herbeizuführen und die Wiedereinsetzung einer Regierung, die die alten Schulden anerkennen würde.

Der Vertrag von Rapallo

Die diplomatische und die wirtschaftliche Blockade Sowjetrußlands soll nun die bolschewistische Regierung zum Einlenken zwingen. Und diese hat nach Beendigung des Bürgerkriegs auch größtes Interesse daran, die Isolation zu sprengen, international anerkannt zu werden und zur Rettung der eigenen Wirtschaft möglichst umfangreiche Kredite aus dem Westen zu erhalten.

Am 28. Oktober 1921 schlägt die Sowjetregierung den Regierungen Frankreichs, Italiens, Japans und der USA die Einberufung einer „internationalen Wirtschaftskonferenz für den Wiederaufbau Europas" vor. Den Westmächten kommt das gelegen. Ihre eigenen Wirtschaften haben durch die Ausgrenzung Deutschlands und Rußlands bereits beträchtlichen Schaden erlitten. Es wird Zeit, die beiden Parias wieder in die Weltwirtschaft einzugliedern.

Die große Konferenz wird im April 1922 nach Genua einberufen. 29 europäische Nationen sind vertreten, die Siegermächte und ihre ehemaligen Feinde sitzen erstmals an einem Tisch. Ja der Wille zur Verständigung geht so weit, daß die Regierungschefs Englands, Frankreichs, Italiens und Japans sowohl den Deutschen als auch den Russen anbieten, mit ihnen abwechselnd den Vorsitz der Konferenz zu führen.

Der britische Premierminister David Lloyd George hat mit einem persönlichen Schreiben Lenin gebeten, nach Genua zu kommen. Doch Lenin hat seinen ersten Schlaganfall erlitten und entsendet den sowjetischen Außenminister Georgij Tschitscherin, einen Nachfolger Trotzkis auf diesem Posten. Er wird bald als einer der fähigsten sowjetischen Politiker gelten. Besser als alle anderen ist er geeignet, Rußland aus der Isolation zu führen: Tschitscherin entstammt einem

der ältesten Adelsgeschlechter Rußlands, hat eine umfassende Bildung, besitzt ein enzyklopädisches Wissen, spricht mehrere Sprachen perfekt und ist auch ein glänzender Pianist. 1905 nimmt er als Sozialdemokrat an der Revolution teil, wird verfolgt, geht ins Ausland, tritt in Berlin der bolschewistischen Sektion der sozialdemokratischen Auslandsorganisation bei und steht seither auf der Seite Lenins, der ihn auch als Nachfolger Trotzkis und Adolf Joffes in das Amt des Volkskommissars für Auswärtige Angelegenheiten beruft.

Zwölf Jahre lang, von 1918 bis 1930, wird Tschitscherin die sowjetische Außenpolitik leiten. Dabei vollbringt er wahre Wunder im Verharmlosen der revolutionären Umtriebe, die das gleiche Sowjetregime über die Komintern gegen alle jene Staaten fördert, mit denen Tschitscherin gute Beziehungen unterhalten und die er zu Wirtschaftshilfe für die Sowjetunion bewegen soll. Wird ihm vorgehalten, daß die Komintern ihren Sitz in Moskau habe und eindeutig nach der Pfeife zuerst Lenins, dann Stalins tanze, so stellt Tschitscherin dies als einen großen Vorteil hin: Auf diese Weise könne Moskau die jeweiligen kommunistischen Parteien immer wieder rechtzeitig einbremsen, zurückpfeifen; daher sei es so notwendig, die Komintern in Moskau zu belassen.

Dieser Tschitscherin vertritt den neuen Sowjetstaat auch bei der Wirtschaftskonferenz in Genua. Aus Deutschland sind Reichskanzler Joseph Wirth und dessen Außenminister Walther Rathenau angereist. Vom ersten Konferenztag an machen es die Westmächte zur Voraussetzung, daß Rußland seine Anleihen und Kriegsschulden in voller Höhe zurückzahle und die eineinhalb Millionen französischer Besitzer russischer Aktien voll entschädige. Die Eigentumsrechte der Briten sollen mit drei Milliarden Goldfranken abgegolten werden. Erst wenn sich die Sowjetunion zu diesen Zahlungen verpflichte, könnten Frankreich und Großbritannien den Sowjetstaat anerkennen. Dann erst könnte an die Gewährung neuer Anleihen und Kredite an die Sowjetunion gedacht werden.

Tschitscherin dreht den Spieß um: Zunächst einmal ginge es nicht um Wirtschaft, sondern um die Abwendung neuer Kriegsgefahren, die Sowjetregierung schlage eine umfassende allgemeine Abrüstung vor, insbesondere ein Verbot von Giftgas und des Luftkriegs gegen die Zivilbevölkerung. Das gehöre nicht zur Tagesordnung, lehnen die Westmächte ab. Tschitscherin zur Wirtschaft: Der wirtschaftliche Wiederaufbau Rußlands, des größten europäischen Staats mit seinen unermeßlichen Naturschätzen, sei einfach eine Vorbedingung für den allgemeinen wirtschaftlichen Aufbau. Die Sowjetunion sei bereit, ihre Grenzen zu öffnen und dem Auslandskapital auch wieder Forst- und Bergwerkskonzessionen einzuräumen. Voraussetzung sei

Mit günstiger Verzinsung bieten die Sowjets den Kauf von Anleiheobligationen an, um auch auf diese Weise zu dringend benötigten Deviseneinnahmen zu gelangen.

6% Reichsgoldprämienanleihe
der R. S. F. S. R. vom Jahre 1922

Die Ausgabe der Reichsprämienanleihe erfolgt auf Grund der Verordnung des Rates der Volkskommissare in Höhe von 100 Millionen Goldrubel, bestehend aus zehn Serien von je 10 Millionen. Die Dauer der Anleihe wird auf 10 Jahre festgesetzt.

Die Anleiheobligationen laufen auf 5 Rubel und auf 25 Rubel in Gold. Jede der 25 Rubelobligationen besteht aus fünf Nummern. Die Verzinsung der Anleihe erfolgt mit jährlich 6 Prozent unter Zugrundelegung des Goldkurses am Berechnungstage, Auszahlung der Zinsen zweimal im Jahre, und zwar am 1. Juni und 1. Dezember. Die Zinsenberechnung der Coupons beginnt mit dem 1. Dezember 1922.

Die Auslosung der Prämien wird im Laufe der Jahre 1923—1927, jedes Jahr zweimal, erfolgen, und zwar im Jahre 1923 am 1. Mai und am 1. September, in den folgenden Jahren am 1. Januar und 1. Juli; vom Jahre 1928 jedoch jährlich nur einmal, und zwar am 1. Januar. Der Gesamtbetrag der Gewinne jeder Ziehung wird in den ersten fünf Jahren 800 000 Goldrubel betragen und verteilt sich wie folgt:

1	Gewinn	zu	100 000	Rubel	in	Gold
1	„	„	50 000	„	„	„
2	Gewinne	„	25 000	„	„	„
5	„	„	10 000	„	„	„
10	„	„	5 000	„	„	„
50	„	„	1 000	„	„	„
100	„	„	500	„	„	„
1000	„	„	100	„	„	„
2000	„	„	50	„	„	„
10 000	„	„	20	„	„	„

Vom Jahre 1928 ab wird die Zahl der Gewinne per 20 Rubel auf 5000 vermindert, so daß der ganze Gewinnbetrag für jede Ziehung 700 000 Goldrubel beträgt.

Die Ziehungen sind öffentlich. Sie erfolgen in Moskau unter Hinzuziehung der Gewerkschaften, kooperativen und der sonstigen in Betracht kommenden Organisationen.

Mit dem 1. Dezember 1928 beginnt die Tilgung der Anleihe durch jährliche Auslosung von 20 Millionen Rubeln nominell unter Rückzahlung des Nominalwertes zum Goldkurse des Tilgungstages.

Die Anleiheobligationen können bei allen Lieferungen für den Staat als Unterpfand sowie bei befristeten Steuer- und Zollgebühren zur Sicherstellung hinterlegt werden.

Die Auszahlung der Coupons und der Prämien sowie der Zahlungen auf die Anleihe erfolgen im Auslande zum Dollarkurse der Vorkriegszeit (also = 1,943) oder in jeder anderen ausländischen Währung unter Zugrundelegung des Kurses der Londoner Börse; in Rußland wird in Papiergeld nach dem jeweiligen Goldkurse gezahlt.

Für die erste Zeit der Zeichnung wird der Emissionskurs auf 95 Goldrubel für 100 Rubel nominell festgesetzt. Später erhöht er sich auf den Nominalwert.

Bei Zeichnung der Anleihe sind sofort 50 Prozent der gezeichneten Summe zu erlegen. Der Rest ist spätestens einen Monat später zu entrichten.

Die Obligationen werden an der Börse notiert.

Annahmestellen für die Zeichnung sind: die russische Reichsbank, alle Geld- und Kreditinstitute, desgleichen die Postanstalten und die kooperativen Organisationen; im Auslande die Korrespondenten der Reichsbank.

Zurzeit wird außerdem mit einer Reihe ausländischer Banken verhandelt.

allerdings die Bewilligung entsprechend hoher Anleihen und Kredite an Sowjetrußland. Erst wenn die Sowjetunion in den Genuß solcher günstiger wirtschaftlicher Leistungen käme und wenn der Westen den Sowjetstaat voll anerkenne, sei die Sowjetregierung bereit, über Fragen der russischen Kriegs- und Vorkriegsschulden sowie eventueller Entschädigungen mit sich reden zu lassen. Die Westmächte lehnen es ab, sich von den Sowjets Vorbedingungen und Bedingungen stellen zu lassen und beharren auf der vollen Bezahlung der russischen Schulden. Gut, meint Tschitscherin und erhebt nun Anspruch auf Schadenersatz für die bewaffnete Intervention der Ententestaaten im russischen Bürgerkrieg.

Zum ersten Mal erlebt die Welt sowjetische Verhandlungstaktik. Diesem Muster wird sie noch oft begegnen.

Die Konferenz von Genua steckt in einer Sackgasse. Die Westalliierten weisen den Sowjets einen Weg: Der Versailler Vertrag enthalte einen Paragraphen, dem zufolge auch Rußland von Deutschland Kriegs-

Nach dem Abschluß des Vertrags von Rapallo werden die wirtschaftlichen Beziehungen zwischen Deutschland und Sowjetrußland intensiviert. Rechts: Die Wirtschaftszeitung „Ost-Export", die in deutscher und in russischer Sprache erscheint und in der deutsche und österreichische Firmen ihre Erzeugnisse für den russischen Markt anbieten (links).

entschädigungen verlangen könne. Rußland könnte sich doch die Beträge aus Deutschland holen, die es dem Westen schuldig sei. Das alarmiert die deutsche Delegation, da könnte ja noch eine massive Erhöhung der Reparationslasten drohen. Zwischen der sowjetischen und der deutschen Delegation werden geheime Verhandlungen aufgenommen.

Das Hauptquartier der Sowjets befindet sich in Rapallo, einem Seebad bei Genua. Hier schließen Deutsche und Sowjets am 16. April 1922 ein Sonderabkommen, den „Rapallo-Vertrag", ab: Sofortige Aufnahme gegenseitiger diplomatischer Beziehungen und damit volle Anerkennung der Sowjetunion durch Deutschland. Das ist die erste Anerkennung der Sowjetmacht von seiten eines großen westlichen Staats. Weiters: Gegenseitiger totaler Verzicht auf jede Kriegsentschädigung. Deutschland verzichtet auch auf jede Entschädigung für den in Rußland enteigneten Privatbesitz deutscher Staatsangehöriger. Der Schulden- und Entschädigungsverzicht durch Deutschland ist ein harter Schlag gegen die Schulden- und Entschädigungsforderungen der Westmächte. Weiters räumen Deutschland und die Sowjetunion einander die Meistbegünstigung in den beiderseitigen Handelsbeziehungen ein.

Die Sensation ist perfekt, als das deutsch-sowjetische Abkommen bekannt wird. Hier sitzen die Vertreter der Siegermächte und warten auf ein Nachgeben der Besiegten, während diese sich hinter ihrem Rücken zu einer gemeinsamen Front zusammenschließen. Der Vertrag von Rapallo ist für Deutschland wie für die Sowjetunion von großer Bedeutung: Beide verschaffen sich damit erstmals wieder außenpolitische Bewegungsfreiheit und gegenseitige Rückendeckung. Deutschland signalisiert den Westmächten: Erachtet ihr uns nicht als gleichberechtigt, so suchen wir uns in der Sowjetunion einen mächtigen Partner. Die Sowjetunion signalisiert den Westmächten: Eure diplomatische und wirtschaftliche Blockade läßt

OST-EXPORT

ORGAN FÜR DEN WARENAUSTAUSCH ZWISCHEN MITTEL- UND OSTEUROPA

Herausgeber: A. O. Schlüchterer. Geschäftsstelle: Berlin W 57, Bülowstrasse 66 / Fernsprecher: Amt Nollendorf 2154

ABONNEMENTSPREISE FÜR EIN JAHR: In Deutschland · Grundpreis · 6 · Goldmark

Finnland	60 Fmk.	Russland	1½ Dollar	Polen	1½ Dollar	Bulgarien	200 Leva
Schweden	6 Kr.	Estland	600 EM.	Tschechoslowakei	50 ČK.	Rumänien	300 Lei
Norwegen	10 Kr.	Lettland	8 Lat	Oesterreich	100 000 ÖK.	Jugoslawien	125 Dinar
Dänemark	8 Kr.	Litauen	15 Lit	Ungarn	50 000 UK.	Griechenland	60 Drachmen

ANZEIGEN: ¹/₁ Seite 300 Goldmark, ¹/₂ Seite 150 Goldmark, ¹/₄ Seite 75 Goldmark, ¹/₈ Seite 37,50 Goldmark

Verbreitungsgebiet: Russland, Finnland, Schweden, Norwegen, Dänemark, Estland, Lettland, Litauen, Danzig, Polen, Tschechoslowakei, Oesterreich, Ungarn, Rumänien, Bulgarien, Jugoslawien, Griechenland, Albanien

ОСТ-ЭКСПОРТ

ОРГАН ДЛЯ ТОВАРООБМЕНА МЕЖДУ СРЕДНЕЙ И ВОСТОЧНОЙ ЕВРОПОЙ

7. Jahrgang   **Berlin, den 25. April 1925**   **Nr. 8**

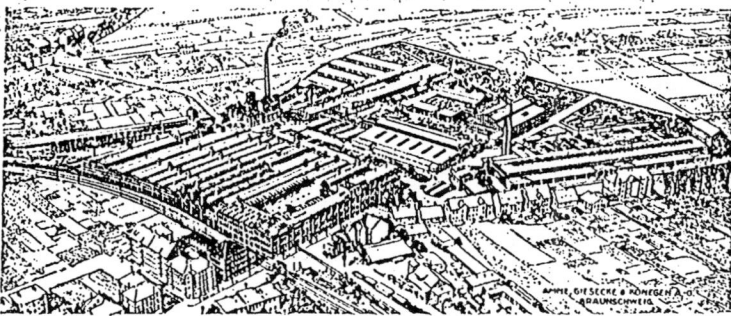

sich durch ein Bündnis mit Deutschland durchbrechen. Der deutsche Botschafter bei der Sowjetregierung Graf Brockdorff-Rantzau kommentiert das Rapallo-Abkommen sogar mit den Worten: „Ich glaube, daß von Moskau aus das Unheil von Versailles korrigiert werden kann."

Zum Unbehagen der Ententestaaten trägt die internationale Presse wesentlich zur Entstehung eines „Rapallo-Mythos" bei. In Schlagzeilen und Leitartikeln sagt man voraus, daß deutsche Organisations- und Wirtschaftskraft gemeinsam mit dem russischen Bolschewismus die ganze Welt bezwingen werde; ihrer gemeinsamen Militärmacht werde künftig niemand gewachsen sein. Ganz aus der Luft gegriffen sind diese Spekulationen nicht. Es sind zwar in erster Linie wirtschaftliche Gründe, die Deutschland und die Sowjetunion zu ihrem Abkommen von Rapallo bewogen haben, aber die harte Siegerpolitik der Westmächte zwingt die beiden Paria-Staaten in ein viel weiter gehendes Einverständnis: Gemeinsam würden sie die westlichen Verbote und Blockaden umgehen. Deutschland muß seine Exporte steigern, um das Geld für die Reparationsleistungen aufzubringen: Die Sowjetunion bietet der deutschen Industrie einen geradezu unbegrenzt aufnahmefähigen Markt. Und die Sowjets zahlen mit Gütern, die Deutschland braucht: Getreide, Holz, Erdöl, Erze und andere Rohstoffe.

Die Sowjets sind aber auch sehr daran interessiert, moderne Technik, technisches Fachwissen, hochentwickelte Maschinen zu erhalten. Und die Deutschen haben alles das im Überfluß: Ihre höchstentwickelte Technik steckt in der Rüstungsindustrie, dort arbeiteten auch ihre besten Fachleute. Der Versailler Vertrag hat die Demontage bzw. die Zerstörung dieser Betriebe und Maschinen vorgeschrieben, hat die Fachleute arbeitslos gemacht. Die Sowjetunion ist keinerlei militärischen Beschränkungen unterworfen, doch weigern sich die Westmächte, den Sowjets beim Aufbau einer Rüstungsindustrie zu helfen.

Deutsche und Sowjets verständigen sich schnell: Deutschland liefert die modernste Rüstungstechnik samt Fachleuten, und in der Sowjetunion werden jene Werke gebaut, in denen diese deutschen Ingenieure ihre Konstruktionen weiterentwickeln können, um sie zu einem späteren Zeitpunkt ihrem eigenen Land wieder zur Verfügung zu stellen. Der bekannte deutsche Flugzeugkonstrukteur Professor Junkers baut in Fili bei Moskau und in Charkow mit deutschem Kapital Kampfflugzeuge. In Kasan wird nach deutsch-sowjetischen Bauplänen das erste sowjetische Werk zur Herstellung von Panzern errichtet. Deutsche Firmen sind beim Bau von gleich drei Munitionsfabriken beteiligt, in Slatoust, Tula und Petrograd. Dabei wird vereinbart, daß ein Teil der dort erzeugten Munition heimlich nach Deutschland zu liefern sei. Pikanterie am Rande: Mit dieser Munition würde die Reichswehr kommunistische Revolutionsversuche in Deutschland niederkämpfen.

Bei Lipezk, nördlich von Woronesch, errichten deutsche Fachleute und Offiziere ein Trainingslager für die Weiterbildung von Militärpiloten. Ab 1924 wird Lipezk ein regelrechtes deutsches Flugzentrum. An der unteren Wolga, nahe Saratow, entsteht unter dem Tarnnamen „Objekt Tomka" eine deutsch-sowjetische Schule für Ausbildung und Technik im Gaskampf.

Dies alles bedingt auch eine enge Zusammenarbeit zwischen der Reichswehr und der Roten Armee. Bald nehmen komplette deutsche Reichswehreinheiten an russischen Manövern teil, wobei vor allem an jenen Waffengattungen trainiert wird, deren Bau und Gebrauch den Deutschen verboten ist: Panzer und Flugzeuge. Auch hat die sowjetische Luftwaffe bereits eine Fallschirmtruppe aufgestellt. Hohe und höchste sowjetische Offiziere sind Gäste bei Manövern der

Ein mit deutscher Hilfe entwickelter Schlitten, der mit einem Flugzeugmotor samt Propeller angetrieben wird, kommt im russischen Überlandverkehr zum Einsatz.

Deutsche und österreichische Autofirmen testen ihre Erzeugnisse auf den strapaziösen russischen Straßen. Die Leistungsfähigkeit der Lastkraftwagen und Automobile ist nicht nur für die Ingenieure der Automobilwerke wichtig: Die Sowjets decken ihren Bedarf bei jenen Herstellerfirmen, die bei den Leistungsfahrten die Siege erbringen.

Reichswehr und werden bei dieser Gelegenheit nicht nur von der deutschen Heeresleitung, sondern auch vom späteren Reichspräsidenten Hindenburg freundschaftlich aufgenommen. So helfen Deutschland und die Sowjetunion einander kräftig bei der Weiterentwicklung ihrer Rüstungsindustrien und beim Erlernen modernster Kampfmethoden.

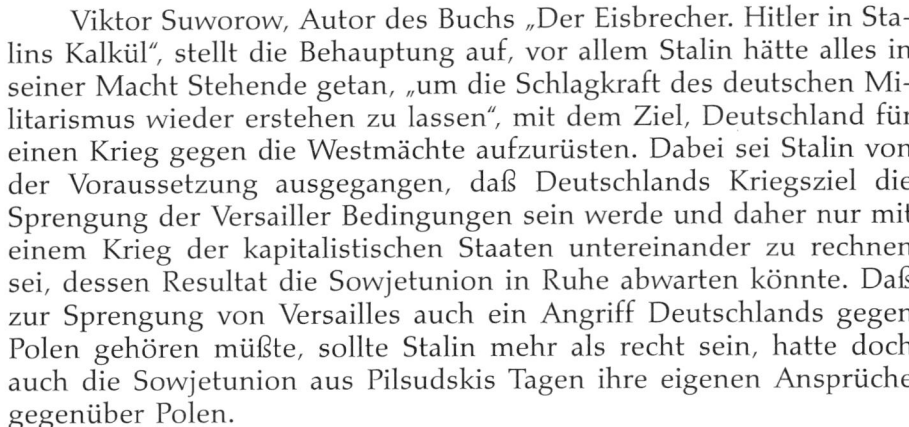

Viktor Suworow, Autor des Buchs „Der Eisbrecher. Hitler in Stalins Kalkül", stellt die Behauptung auf, vor allem Stalin hätte alles in seiner Macht Stehende getan, „um die Schlagkraft des deutschen Militarismus wieder erstehen zu lassen", mit dem Ziel, Deutschland für einen Krieg gegen die Westmächte aufzurüsten. Dabei sei Stalin von der Voraussetzung ausgegangen, daß Deutschlands Kriegsziel die Sprengung der Versailler Bedingungen sein werde und daher nur mit einem Krieg der kapitalistischen Staaten untereinander zu rechnen sei, dessen Resultat die Sowjetunion in Ruhe abwarten könnte. Daß zur Sprengung von Versailles auch ein Angriff Deutschlands gegen Polen gehören müßte, sollte Stalin mehr als recht sein, hatte doch auch die Sowjetunion aus Pilsudskis Tagen ihre eigenen Ansprüche gegenüber Polen.

Das waren die weitergehenden Folgen der deutsch-sowjetischen Verständigung von Rapallo. Für die Entwicklung des Sowjetkommunimus waren die unmittelbaren Auswirkungen wichtiger. Dabei war es damals schon so wie heute. Wer in großem Stil in die Sowjetunion exportieren wollte, mußte der Sowjetunion zumindest einen Teil des Geldes borgen, mit dem sie diese Waren kaufen konnte. 300 Millionen Mark war der Rahmen des ersten Kredits, den die deutsche Regierung der Sowjetunion gewährte. Wichtiger noch waren die Haftungen, die das Deutsche Reich für die deutschen Maschinenexporte an die Sowjetunion übernahm. Der deutsch-sowjetische Handel nahm einen enormen Aufschwung. Für die Sowjetunion war das gleichzeitig auch der internationale Durchbruch – der Durchbruch, der bei der Wirtschaftskonferenz in Genua nicht gelungen war. Die Konferenz war ergebnislos abgebrochen worden, da die Westmächte nicht bereit waren, von ihren Bedingungen abzuweichen, und die Sowjetunion nicht nachzugeben bereit war. Außerdem war der Westen über den Rapallo-Vertrag reichlich verstimmt.

Doch jetzt kann er der raschen Entwicklung eines deutsch-sowjetischen Sonderverhältnisses nicht untätig zusehen: Schlag auf Schlag erfolgt nun die diplomatische Anerkennung der Sowjetregierung. Interessanterweise macht das soeben faschistisch gewordene Italien den Anfang, gefolgt von fast allen europäischen Staaten und Japan, nicht aber den USA; erst Präsident Roosevelt im Jahr 1933 wird bereit sein, die Sowjetherrschaft über Rußland auch offiziell zu akzeptieren.

Als erste Streitmacht der Welt verfügt die Rote Armee über Fallschirmtruppen. Sie werden noch in offenen Flugzeugen befördert (rechts oben) und lassen sich beim Absprung über die Tragflächen gleiten (Mitte und unten). Auch diese Waffengattung wird von Reichswehroffizieren inspiziert und bald darauf von Hitlers Wehrmacht kopiert.

Bildreihe links: Nach Rapallo kommt es zu einer engen geheimen Zusammenarbeit zwischen der deutschen Reichswehr und der Roten Armee. Der Versailler Vertrag, der Deutschland den Bau und den Besitz von Kriegsflugzeugen verbietet, wird damit umgangen. Der deutsche Flugzeugbauer Hugo Junkers errichtet in Filli ein Flugzeugwerk auf sowjetischem Boden und bildet sowjetische Flugzeugtechniker aus (ganz oben links). Bei Lipezk wird ein Ausbildungszentrum für deutsche Militärpiloten eingerichtet. Oben: Die sowjetischen Schulflugzeuge für die deutschen Piloten. Darunter: Deutsche Militärpiloten und Techniker in Zivil mit sowjetischem Offizier. Aber das Erinnerungsfoto von Lipezk wird in voller Uniform aufgenommen. Die Abschiedsfeier findet wieder in Zivil statt. Ganz unten: Das russische Küchenpersonal für den deutschen Fliegerhorst in Lipezk. Aufnahmen wie diese wurden lange Zeit streng geheimgehalten.

Die Neue Ökonomische Politik

Für Lenin war die Anerkennung durch die Welt und vor allem die Aufnahme der Handelsbeziehungen von größter Wichtigkeit. Nach Beendigung des Bürgerkriegs wollte er mit einem Schlag den Kommunismus in Rußland verwirklichen, das Geld abschaffen, die gesamte Produktion wie die Verteilung der Güter unter eine einzige zentrale Verwaltung stellen, sämtliche Arbeitskräfte in eine einzige große Arbeitsarmee rekrutieren – der Versuch war innerhalb weniger Monate kläglich gescheitert. Die Folgen waren, wie wir gesehen haben, die Bauernaufstände, die großen Streiks, der Aufstand der Matrosen von Kronstadt. Lenin mußte das Steuer herumreißen, wollte er den Sowjetstaat retten. Und so, wie er 1917 ohne zu zögern das Agrarprogramm der Sozialrevolutionäre, die Landverteilung, verwirklicht und dabei gegen marxistische Prinzipien verstoßen hatte, so erfüllt er jetzt den Großteil der ökonomischen Forderungen der Kronstädter Matrosen, obwohl zu gleicher Zeit die aufständischen Matrosen wegen ihrer Forderungen in den Lagern der Tscheka an die Wand gestellt und erschossen werden.

Der Kriegskommunismus wird aufgegeben, die Kommissare und die Requirierungskommandos werden zurückgezogen, die Bauern erhalten ihr Land zurück, dürfen es wieder privat bestellen und die Anbauflächen sogar erweitern; was ihnen nach Ablieferung der Naturalsteuer bleibt, dürfen sie frei verkaufen. Die soeben erst aufgehobenen und streng verbotenen Märkte werden über Nacht wieder eingeführt. Der Handel wird erlaubt. Gewerbetreibende und Handwerker erhalten ihre alten Geschäfte zurück. Selbst die Besitzer größerer Manufakturen und Kaufhäuser, die meist ins Ausland geflohen waren, werden gebeten, zurückzukehren und ihre alten Positionen einzunehmen. Ein großer Teil der von der Tscheka eingesperrten Bourgeoisie wird freigelassen; soweit es sich um Fachleute handelt, werden sie aufgefordert, ihre Kenntnisse dem Aufbau des Sowjetstaats zur Verfügung zu stellen.

Lenin, der gestern noch erklärt hatte, daß der Sowjetstaat bereits drei Jahre nach der Revolution das Stadium des Kommunismus erreicht habe, wird jetzt nicht müde, die Vorteile des freien Markts zu rühmen. Lenin, der gestern noch den Roten Terror per Dekret angeordnet und die Erschießung möglichst vieler Klassenfeinde gefordert hatte, wendet sich jetzt an die „verehrten Mitbürger" und ladet alle ein, sich mit durchaus kapitalistischen Methoden am Aufbau des schwer zerstörten Landes und der ruinierten Wirtschaft zu beteiligen. Selbst große Unternehmungen dürfen ab sofort von Kooperativen, Genossenschaften, und sogar von Einzelpersonen gepachtet werden. Ausländische Firmen können auch Großindustrien in Rußland übernehmen, zwar nicht ins Eigentum, aber als sogenannte Konzession. Für Devisen ist im Sowjetstaat alles zu haben.

Hatte man noch vor wenigen Monaten den Geldwert diskriminiert, so wird Geld nun der Maßstab für alles. Die Betriebsführungen der verstaatlichten Unternehmungen werden zur „wirtschaftlichen Rechnungsführung" verpflichtet, was nichts anderes heißt, als daß sie ab sofort Profite zu machen haben. Den Betriebsführern sind also größere Kompetenzen einzuräumen, die Kommissare werden aus den Betrieben abgezogen. Da es allen wieder erlaubt ist, Geld zu verdienen, gibt es bald reiche Leute; nach den russischen Anfangsbuchstaben der Neuen Ökonomischen Politik, NEP, werden sie NEP-Leute genannt, auch NEP-Profiteure. Für die Kommunisten, für Lenin selbst, ist diese wirtschaftliche Kehrtwendung eine schwere ideologische Belastung. Doch Lenin schafft auch das. Er erklärt: „Die Entwicklung des Kapitalismus unter Kontrolle und Regulierung des pro-

Ein Werbeplakat für die Moskauer Messe in der Zeit der Neuen Ökonomischen Politik. Die Bauern sind aufgerufen, ihre Waren auf der Messe anzubieten. Sie dürfen sie frei verkaufen und mit dem Geld Industrieartikel erwerben. Es ist die Teilrückkehr zu kapitalistischen Wirtschaftsformen nach dem Scheitern des Kriegskommunismus.

letarischen Staates ist günstig und unbedingt notwendig in einem außerordentlich verarmten und rückständigen kleinbäuerlichen Lande – freilich nur bis zu einem gewissen Grad, soweit diese Entwicklung nämlich imstande ist, den sofortigen Aufschwung der bäuerlichen Landwirtschaft zu beschleunigen." In der Praxis heiße dies: Wenn der Staat Banken, Außenhandel, Schwerindustrie und Eisenbahnen unter sich habe, dann könne sich der Privatkapitalismus durchaus entwickeln, da er solcherart ebenfalls völlig unter der Kontrolle des Staats bleibe. Daß dies nicht der Sozialismus sei, betont Lenin selbst. Die Rückkehr zu kapitalistischen Methoden solle vielmehr helfen, den sozialistischen Aufbau zu ermöglichen.

Und Lenin spricht auch schon aus, auf welche Art die NEP wieder in den Sozialismus einmünden sollte: Die Kleinbetriebe in den Städten und die Bauernhöfe auf dem Land sollten so bald wie möglich in Genossenschaften zusammengefaßt werden. Genossenschaften seien bereits wieder eine Stufe des Sozialismus. Und von den Genossenschaften wäre es dann nur noch ein Schritt zur weiteren Vergesellschaftung, zum Großbetrieb, zur zentralen Planung.

Als die Kommunistische Internationale im Juni 1921 zu ihrem dritten Weltkongreß in Moskau zusammentritt, stehen die Delegierten diesen neuen Interpretationen Lenins fassungslos gegenüber. Lenin verteidigt seine NEP: Angesichts des wirtschaftlichen Ruins hätte man einige Konzessionen an den Kapitalismus machen müssen. Und er gibt zu: Die Freigabe des Getreidehandels bedinge die Freiheit des Handels überhaupt, der Bauer müsse für sein Geld auch Waren kaufen können. Und die Freiheit des Handels bringe auch schon die Freiheit des Kapitalismus mit sich. „Wir verhehlen das nicht!", ruft Lenin den Delegierten zu. „Es wäre sehr schlimm um uns bestellt, wenn wir das verheimlichen wollten . . . Wir müssen also der fremden Bourgeoisie, dem ausländischen Kapital Konzessionen machen. Wir geben ohne die geringste Entstaatlichung Bergwerke, Wälder, Erdölvorkommen an auswärtige Kapitalisten, um von ihnen industrielle Artikel, Maschinen usw. zu erhalten und auf diese Weise unsere Industrie aufzubauen . . . Wir müssen für unsere Rückständigkeit und unsere Schwäche zahlen, dafür, daß wir jetzt lernen und nochmals lernen müssen . . . Wir sind nicht allein auf der Welt, wir existieren in einem System der kapitalistischen Staaten als Glied der Weltwirtschaft."

Man ist versucht, die Situation in der heutigen Sowjetunion mit jener von damals zu vergleichen: auch damals eine ruinierte Wirtschaft, ein Versagen der zentralen Planung, ein Zusammenbruch der Landwirtschaft, schwerer Warenmangel, entwertetes Geld, geringe Produktivität. So wie heute. Und heute so wie damals Flucht in den freien Markt, Freigabe des Privateigentums, Aufforderung an die Bauern, wieder eigenen Grund und Boden zu bewirtschaften und die Produkte frei zu verkaufen, Einladung an das ausländische Kapital, in der Sowjetunion zu investieren, Betriebe zu übernehmen, sie zu pachten; heute nennt man das Joint venture. Vieles scheint übereinzustimmen. Aber noch mehr ist heute grundsätzlich anders als damals. Lenin konnte hoffen, allein durch die Wiederbelebung der Landwirtschaft, des Gewerbes und des Handels die Versorgung der Bevölkerung mit Konsumgütern und Gebrauchsartikeln rasch wieder in Schwung zu bringen. Die Menschen, die er dazu brauchte, die Bauern, die Handwerker, die Gewerbetreibenden, die Handelsleute, waren großteils noch vorhanden; man hatte sie zwar enteignet, vielfach auch in Lager gesperrt oder vertrieben, aber sie waren noch da, man konnte sie zurückrufen, ihnen ihre Bauernhöfe, ihre Geschäfte, ihre Büros wieder zurückgeben. Und allesamt arbeiteten sie daraufhin doppelt und dreifach so fleißig, wollten sie doch einer Wiederholung des Schreckens vorbeugen.

Die Neue Ökonomische Politik bringt wieder Waren in die Kaufhäuser und Geld in die Banken (Bildfolge rechts). Gleichzeitig prangert die kommunistische Propaganda die „NEP-Verdiener" an: Zielscheibe sind Schieber und Kulaken, reiche Bauern (Bild oben und Mitte). Jedoch: Der Steuereintreiber ist unterwegs, die reiche Händlerin verzweifelt (Bild unten).

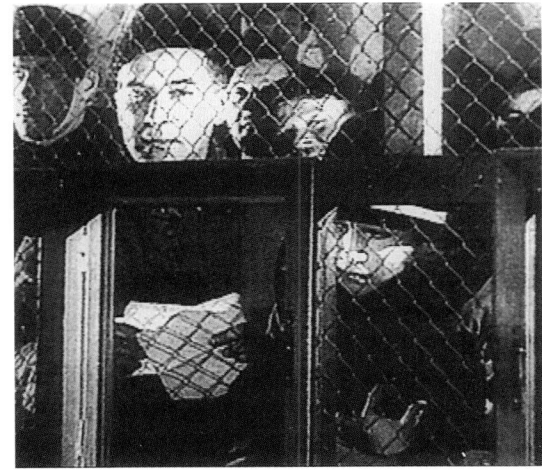

Die Großindustrie hatte mit der unmittelbaren Versorgung der Bevölkerung noch recht wenig zu tun, im Vergleich zu heute war sie nur ein kleiner Teil der russischen Gesamtwirtschaft. Und so konnte Lenin auch darauf beharren, die Großbetriebe, die Banken, den Außenhandel und vieles mehr weiterhin unter strikter staatlicher Kontrolle zu halten. Heute ist das ganz anders: Bauern, die noch wissen, was es heißt, einen eigenen Hof, eine eigene Landwirtschaft zu betreiben, gibt es seit langem nicht mehr. Die Menschen auf den Kolchosen sind seit zwei oder drei Generationen keine Landwirte mehr, sondern bestenfalls Landarbeiter, Beschäftigte eines Großbetriebs mit Arbeitsteilung, Achtstundentag, Fünftagewoche. Da sie schlecht entlohnt werden und selbst für den Lohn nur wenig kaufen können, arbeiten sie für diesen Lohn auch nur wenig und schlecht.

Richtig ist, daß sie ein kleines Stück Land für sich selbst bewirtschaften können. Es ist so klein, daß ihnen von Staats wegen vorgeschrieben wird, was sie auf diesem Privatgrund anbauen oder züchten dürfen: einige Obstbäume oder einige Schweine oder einige Hühner oder eine Kuh oder einige Schafe oder einige Ziegen. In der Regel haben sie nicht das eine oder das andere, sondern vielerlei davon. Es liegt auf der Hand, daß das Land nicht ausreicht, um sowohl das Gemüse als auch das Obst zu ziehen und die Tiere zu ernähren. Dennoch haben sie von allem etwas, weil sie das Futter für die Tiere, den Dünger für die Beete und Bäume und so manches andere mehr aus den Beständen der Kolchose abzweigen. Die oft angestellte Überlegung – heute werden von diesen fünf Prozent privaten Bodens 40 Prozent der Sowjetbevölkerung ernährt, folglich müßte es ein Leichtes sein, die gesamte Bevölkerung ausreichend zu versorgen, wenn man den „Bauern" mehr Land, ja alles Land zur privaten Bestellung übergäbe – geht nicht auf. Denn zwischen der Art, wie man den jetzigen Privatertrag erzielt und wie man eine Landwirtschaft tatsächlich führen müßte, besteht ein großer, ja unüberbrückbarer Unterschied.

Daher auch die Weigerung des Großteils der Kolchosarbeiter, sich überhaupt um ein privates Stück Land zu bemühen. Die meisten wollen vielmehr beim bisherigen System bleiben. Nicht zuletzt, weil sie nicht wissen, wie ein anderes funktioniert. Den Bauernstand, den Lenin wieder einsetzen konnte, gibt es nicht mehr. Millionen dieser Bauern sind, wie wir noch sehen werden, von Stalin liquidiert worden. Andere wurden zu Millionen als Arbeitskräfte in die später entstehenden Industrien verfrachtet, ihre Dörfer sind verfallen. Ihre Häuser sind als Ruinen heute noch an vielen Orten in der Sowjetunion zu sehen, Geisterdörfer werden sie genannt.

Ähnliches, wenn nicht dasselbe, gilt für das Gewerbe, für das Handwerk, für den Handel. Was Lenin unter der NEP freigab, wurde unter Stalin erneut weggenommen, zugesperrt, abgelöst durch staatliche Großbetriebe. Die Handwerker, die Gewerbetreibenden, die Handelsleute wurden wieder vertrieben, eingesperrt oder mußten sich in irgendeinem Staatsbetrieb in das Kollektiv einordnen. Ihre Fähigkeiten, ihre Kenntnisse konnten sie nicht weitergeben. In der heutigen Sowjetunion fehlen die Menschen mit solchen Fähigkeiten und Kenntnissen. Die Heranbildung neuer Fachkräfte, die das Wissen, wie ein freiwirtschaftliches System funktioniert, erst erwerben müssen, wird noch Jahre dauern.

Daher ist Michail Gorbatschow auch nicht gelungen, was Lenin noch zustande brachte: Lenin gab einen für die Versorgung der Bevölkerung essentiellen Teil der Wirtschaft frei, verstärkte aber gleichzeitig die übergeordneten Staatskontrollen, insbesondere die Kontrolle der Partei über die Medien und über die Bürger. Der Lockerung im Wirtschaftswesen setzte Lenin die Straffung der Partei- und

Gorbatschow ist nicht der erste, der Teile der Sowjetindustrie in Aktiengesellschaften umwandelt. Die Partner sucht man sich schon damals in Berlin und im Baltikum (links).

Staatskontrolle entgegen. Gorbatschow mußte von vornherein einen anderen Weg gehen: Eine moderne Wirtschaft kann gar nicht mehr liberalisiert werden, ohne gleichzeitig nicht auch das politische Leben zu liberalisieren, die umfassende Information zuzulassen, die uneingeschränkte Kommunikation, die Bewegungsfreiheit und damit auch die Rede-, Presse- und Versammlungsfreiheit. Hätte Lenin dies alles zugelassen, hätte es unter Lenin zum Zeitpunkt der NEP auch eine echte Glasnost gegeben, die bolschewistische Herrschaft wäre – das kann man fast mit Gewißheit annehmen – in Kürze hinweggefegt gewesen. Wer denn hätte sich nach der Befreiung vom Zarismus noch für die Bolschewiki ausgesprochen? Nicht die Bauern, die von den Bolschewiki vor den Kopf gestoßen worden waren, nicht die Arbeiter, die statt der erhofften Freiheiten die Arbeitspflicht, den Arbeitsplatzzwang und die unentgeltlichen Samstagsschichten, die Subbotniks, auferlegt erhalten hatten, nicht die Sowjets, die Arbeiter-, Bauern- und Soldatendeputierten, die ihre demokratische Funktion längst verloren hatten. Sie allesamt wären für die Partei kaum noch auf die Barrikaden gestiegen.

So zog Lenin gleichzeitig die Zügel der Kontrolle und der Zensur wieder fest an. Gorbatschow konnte dies nicht tun, sollte die Perestroika wirksam sein. Auch glaubte er, daß die Macht der KPdSU gefestigt genug sei, um eine Demokratisierung zu überstehen. Er irrte. Die Kommunisten sind seit Lenins Zeiten nicht populärer geworden. Sie hatten nur mehr Macht und saßen an mehr Schalthebeln; daher dauerte ihre Ablösung länger. Ohne Gewaltanwendung aber konnten sie sich auch unter Gorbatschow nicht halten.

Und es gibt noch einen Unterschied: Als Lenin die NEP einführte und an das kapitalistische Ausland appellierte, doch in der Sowjetunion zu investieren, Betriebe zu pachten, Bergwerks- und Erdölkonzessionen aufzunehmen, hoffte man im Westen, daß Rußland nunmehr sein kommunistisches Experiment aufgegeben hätte und sich in die Weltwirtschaft einfügen würde. Unter Gorbatschow wurde ähnliches verkündet, aber dem kapitalistischen Westen fiel es schwer, daran zu glauben. Daher wurden handfeste Beweise, unumkehrbare Weichenstellungen, freiwirtschaftliche Taten gefordert, ehe man bereit war, dem Sowjetstaat ausreichend zu helfen.

Im Kommunismus sollte das Geld keine entscheidende Rolle mehr spielen. Doch das erste kommunistische Experiment Lenins ist gescheitert. Rußland kehrt noch zu Lenins Lebzeiten zur Geldwirtschaft zurück: Barzahlung ist gefragt (rechts oben), und eine Währungsreform soll den Rubel konvertibel machen. Neue Rubelmünzen werden geprägt, teilweise sogar in Gold (unten).

Der Konzern der Bogorodsk-Schtschelkow' Baumwollfabriken
umfaßt folgende Unternehmungen:

1. **Gluchow** (vormals Bogorodsk-Gluchow' Manufaktur Zacharias Morosow)
2. **Istomkin** (vormals Schibajew)
3. **Sobolewo-Schtschelkow** (vormals Lud. Rabenek)
4. **Pawlowo-Pokrowsk** (vorm. Russisch-Französische Ges.)
5. **Balaschinsk**
6. **Reutow**
7. **Jusupow** (vormals Schlichtermann)

Leitung und Engroslager in Moskau: Warwarka 20

Detailgeschäfte in Moskau: 1. Twerskaja 37 — 2. Ecke Sucharewplatz und Malo-Spasskaja, d. 13/1 — 3. Arbat 38/1

Messe zu Nishnij-Nowgorod — 21/22 Lin. No. 25

Die Verwaltung des Engroslagers liefert gegen Barzahlung alle Erzeugnisse der zum Konzern gehörigen Fabriken, wie Gewebe, Zwirne und Garne.

Der Konzern übernimmt Aufträge auf Lieferung von Webwaren auf Grund vorhandener oder von den Bestellern gelieferter Muster.

Man hat damals und bis heute oft die Frage gestellt, ob die Sowjetunion nicht einen völlig anderen Weg eingeschlagen hätte, wäre Lenin länger am Leben geblieben. Er ist im Januar 1924 gestorben. Bald nach Einführung der NEP erlitt er den ersten Schlaganfall, weitere folgten, die ihn über längere Perioden ans Krankenlager fesselten. Lenin hat also die Entwicklung seiner Neuen Ökonomischen Politik nicht mehr erlebt. Aus vielem, was er bei deren Einführung sagte, läßt sich ablesen, daß er die NEP nur für eine kurze Übergangsperiode dulden wollte. Sobald sich die Wirtschaft erholt hätte, sollten sozialistische Wirtschaftsformen wieder eingeführt werden. Auch hat Lenin ja das Grundkonzept nicht verlassen: Die Großindustrie blieb verstaatlicht, andere Großbetriebe, Wälder, Bergwerke und Ölfelder wurden nur verpachtet, auch sie blieben im Staatseigentum, ebenso wie die Banken. Ja, Lenin schuf als Gegengewicht zur NEP genau jenes gewaltige wirtschaftliche Kontroll- und Planungszentrum (den Gosplan), das recht schnell alle wirtschaftlichen Tätigkeiten zentral zu lenken begann. Und bald zur Befehlszentrale der Kommandowirtschaft geworden ist.

Aus all dem leiten die meisten heutigen Historiker ab, daß Lenin seiner Neuen Ökonomischen Politik voraussichtlich bald selbst den Garaus gemacht hätte. Seine Nachfolger, insbesondere Stalin, hätten später nur entwickelt, was Lenin im Ansatz schon geplant, ja vorgeschrieben hatte. Der Sowjetstaat, auch unter Stalin und bis Breschnew, wäre also den Weg nur weitergegangen, den Lenin vorgezeichnet hatte.

Mit Sicherheit läßt sich das natürlich nicht sagen. Aber mit noch weniger Recht läßt sich annehmen, daß der Sowjetstaat unter einem langlebigen Lenin ein liberalerer, demokratischer, wohlhabenderer Staat geworden wäre. Keine der von Lenin nach der Oktoberrevolution gesetzten Maßnahmen, keines der von ihm skizzierten Konzepte lassen eine solche Vermutung zu. Nichts war ihm wichtiger als die Macht und die Erhaltung der Macht. Alles andere hat er diesem Ziel untergeordnet. Auch die NEP war nur ein Rettungsring, als durch die Wogen der Bauernaufstände, der Arbeiterstreiks und der Matrosenrevolte die Sowjetmacht unterzugehen drohte.

Der Traum von der besseren Welt

Wir haben bisher betrachtet, mit welchen Zielsetzungen und mit welchen Mitteln die Bolschewiki in Rußland an die Macht gekommen sind. Wie sie dann um diese Macht gekämpft haben und nun darum ringen mußten, an der Macht zu bleiben. Dabei war viel von Gewalt, Terror, Krieg, List und Täuschung die Rede. Aber es gab auch viel Begeisterung für die Sache der Bolschewiki. Hätte es diese nicht gegeben, wären ihre Erfolge unerklärbar. Und Erfolge hatten sie.

Die Arbeiterschaft begann den Bolschewiki bald mehr zu glauben als ihren bisherigen meist menschewistischen, sozialdemokratischen Führern; die große Masse der landlosen und armen Bauern knüpfte ihre Hoffnungen an die von Lenin verkündete Landverteilung. Viele Bürger und vor allem die Soldaten sahen in den Bolschewiki die einzige Kraft, die den Krieg beenden und den Frieden bringen konnte. Aber die Bolschewiki standen für noch viel mehr. Versprachen sie doch, nicht nur die Menschen, sondern auch den menschlichen Geist zu befreien. Allen Zwang wollten sie brechen, so wie es Karl Marx gefordert und vorausgesagt hatte: Eine neue Gesellschaftsordnung sollte entstehen, frei von allen Konventionen, frei von allen Zwängen; die Intellektuellen, die Künstler, die Schriftsteller, die Dichter, sie sollten schaffen können, was und wie sie es wollten. Und ihr Publikum sollte das gesamte Volk sein, nicht nur die gebildeten Schichten. Umgekehrt würde es sein: Sie, die Schriftsteller, die Künstler würden das Volk bilden, die Arbeiter, die Bauern. Mit ihrem Wort, mit ihrer Kunst würden sie die Gehirne der Menschen verän-

Lenin enthüllt ein Relief an der Kremlmauer für Frieden und Völkerverbrüderung (rechts). Die Sonnenstrahlen auf der Ziegelmauer und die Sonne im Relief selbst (oben) sollen als Botschaft wirken: Der Kommunismus schafft eine neue, eine bessere Welt.

172

dern. Sie würden die Gesellschaft, sie würden die Menschheit neu erschaffen.

Die Soziologin Larissa Lissjutkina, heute an der Akademie der Wissenschaften der UdSSR tätig, im Moskauer Institut für Geschichte der Arbeiterbewegung, sieht das so: „Die russische Revolution wollte nicht nur, wie andere Revolutionen im Westen, einfach ein politisches Regime ändern und andere Kräfte an die Macht bringen, andere Klassen oder andere Parteien. Ihr lag in Wirklichkeit ein anderes Ziel zugrunde, ein Ziel mit kosmischem Ausmaß, so wie das klassische russische Denken stets weltumfassend war. Ihr Anspruch bestand darin, eine ganz neue Welt zu schaffen, eine ganz andere, die nichts mit jener Welt gemeinsam hat, wie sie von Gott, von der Natur, von den Menschen und, ja, auch von der Geschichte geschaffen worden war. Und es wurde alles bis auf die Grundfesten zerstört – genauso wie es in der russischen Fassung der Internationale heißt: ‚Reißen wir gewaltsam die ganze Welt nieder, und zerstören wir sie bis auf die Grundmauern.' So wurde die Welt auch bis auf die Grundfesten zerstört. Und aus dem Chaos schufen sie eine neue Welt, und erstmals in der Geschichte, kann man sagen, wurde der Künstler zu dem, wovon er immer geträumt hat, ein Individuum mit plötzlich grenzenloser Freiheit. Alle moralischen, alle gesetzlichen und tradi-

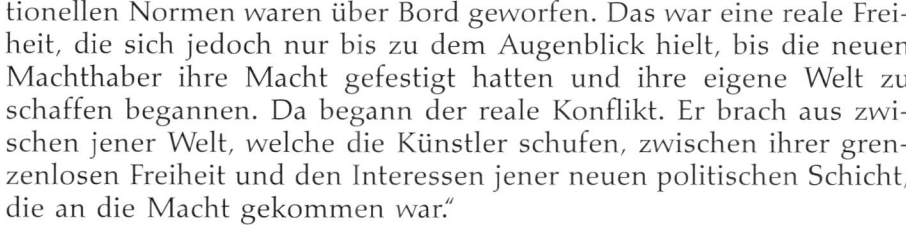

So sollte es sein: Die Zertrümmerung des alten und die Schaffung eines neuen Planeten. Hier in der Vision des Malers Konstantin Juon.

tionellen Normen waren über Bord geworfen. Das war eine reale Freiheit, die sich jedoch nur bis zu dem Augenblick hielt, bis die neuen Machthaber ihre Macht gefestigt hatten und ihre eigene Welt zu schaffen begannen. Da begann der reale Konflikt. Er brach aus zwischen jener Welt, welche die Künstler schufen, zwischen ihrer grenzenlosen Freiheit und den Interessen jener neuen politischen Schicht, die an die Macht gekommen war."

Es gibt vermutlich keine treffendere Beschreibung, wie es damals um das Denken und Fühlen vieler Künstler und Schriftsteller bestellt war. Dafür gibt es viele Zeugnisse. Als die Bolschewiki erstmals allein die großen Maiaufmärsche in Petrograd und in Moskau organisieren, stellen sich ihnen die besten Künstler Rußlands zur Verfügung, um die Dekorationen zu schaffen. Marc Chagall entwirft Transparente und riesengroße Wandplakate, die an den Fassaden der Häuser entlang der Paradestraßen angebracht werden. Das macht tiefen Eindruck auf die eigenen Intellektuellen, erst recht auf die Besucher aus dem Westen, auch wenn es damals nur eine Handvoll Journalisten, Diplomaten und politische Beobachter waren.

Mit ihren Transparenten und Plakatgemälden werben die Künstler für die neue Gesellschaftsordnung. Im Mittelpunkt steht das Bündnis zwischen Arbeitern und Bauern als Fundament des neuen Staats: Der Arbeiter, befreit von der Lohnarbeit für den Fabriksherrn, der Bauer, befreit von der Fron für den Gutsherrn. In jenen Tagen entsteht auch Marc Chagalls berühmtes Gemälde „Krieg den Palästen"; ein Bauer, der das Schloß eines adeligen Gutsherrn zerschmetttert. Wassily Kandinsky, der vor dem Ersten Weltkrieg in München die Künstlervereinigung „Der blaue Reiter" gegründet hat, übernimmt 1918 in seiner Heimatstadt Moskau die Leitung der „Staatlichen Kunstindustriellen Werkstätten", eine Kunstschule, aus der eine neue Generation revolutionärer Maler hervorgehen soll.

Die russische Revolutionkunst wird zur fortgeschrittensten Kunstrichtung der Welt. Nicht nur im Stil, auch im Inhalt. Propagandistisch nimmt sie sich der sozialen Probleme an, zeigt auf, klagt an, reißt nieder, befreit. Dazu werden den Künstlern auch völlig neue Möglichkeiten geboten. Nicht nur können sie ganze Straßenzüge mit ihren Großplakaten ausstatten, sie gestalten auch die Agitationszüge der Bolschewiki: Das sind Eisenbahnzüge, deren Waggons verschiedenen propagandistischen Zwecken gewidmet sind, Waggons als Kleinbibliotheken und Leseräume, als Kinos, als Bühnen für Theateraufführungen, als Lehrzimmer für Analphabeten, als Schulungsräume für Funktionäre und Agitatoren. Die Außenwände der Waggons werden von Künstlern bemalt, auch ein Bruch mit bisherigen Konventionen. (Erst viel später wird ähnliches zu Reklamezwecken auf Autobussen und Straßenbahnen im Westen eingeführt.)

Sonderzüge der Eisenbahn werden in den Dienst der Agitation und Propaganda gestellt. Wo sie halten, werden Kundgebungen veranstaltet (rechts oben). Zu den Zügen gehören Büchereiwagen (oben) und Waggons, die sich in Theaterbühnen umwandeln lassen (rechts Mitte und unten).

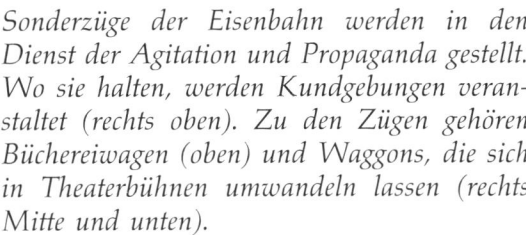

Die Kulturrevolution

Oft begleiten bekannte Schriftsteller und Dichter diese Züge, die auf den Bahnhöfen auch kleinerer Orte halten, und machen die herbeieilenden Menschen nunmehr mit dem bolschewistischen Gedankengut vertraut. Von den Lokomotiven und den Plattformen der Waggons sprechen geschulte Agitatoren zu den Massen, tragen Dichter feurig ihre Revolutionsgedichte vor, auf dem zur Bühne verwandelten Waggon – seine Seitenwände lassen sich öffnen und durch Vorhänge ersetzen – wird revolutionäres Theater gespielt. Propagandaschriften werden verteilt, Bücher hergeliehen. Für die meisten Bauern ist dies etwas völlig Neues, nie haben sie dergleichen gesehen und gehört. Jetzt werden sie aufgerufen, selbst etwas gegen ihre Unwissenheit zu tun. Von den Propagandazügen aus werden Lehrer und Lehrerinnen rekrutiert oder auch abgesetzt und in den Dörfern zurückgelassen, um Kurse zur Alphabetisierung der Bevölkerung abzuhalten.

„Der Analphabet ist wie ein Blinder, der den Abgrund nicht sieht, in den er stolpert", lautet die Parole, die mit entsprechenden Plakaten illustriert wird. Die Bolschewiki leiten trotz Bürgerkrieg eine umfassende Alphabetisierungskampagne ein. Auf dem Land kann nur jeder Fünfte lesen und schreiben, 80 Prozent der Landbevölkerung sind Analphabeten. Eines allerdings ist auch klar: Wollen die Bolschewiki ihre marxistischen Ideen umsetzen, wollen sie die Landwirtschaft mechanisieren, die kleinen Bauernhöfe durch Großbetriebe ablösen, sollen Kolchosen und Sowchosen geschaffen werden, Maschinen- und Traktorenstationen, dann muß die Landbevölkerung ein höheres Bildungsniveau erreichen, dann muß zumindest jeder lesen und schreiben können. Auch wird man die Bauern für solche Pläne nur gewinnen können, wenn man sie vorher entsprechend propagandistisch bearbeitet, und dazu müßten sie zumindest lesen können, sonst wären die Flugblätter und Dekrete wirkungslos. Andererseits ist es gerade diese Alphabetisierungskampagne, die wieder den Intellektuellen und Kulturschaffenden in den Städten imponiert. Wer

In einer landesweiten Kampagne bekämpfen Bolschewiki das Analphabetentum. „Der Analphabet ist wie ein Blinder, der unwissend in den Abgrund stürzt" (links unten). Erwachsenen, Frauen und Männern, wird in Kursen das Lesen und Schreiben beigebracht (links oben und oben).

nicht hinaus fährt aufs Land, um daran teilzuhaben, der geht in die Fabriken zu den Arbeitern. Vorträge und Dichterlesungen werden in den Werkshallen abgehalten, Theateraufführungen und Konzerte gegeben. Der Maler und Dichter Wladimir Majakowski macht aus der Kombination seiner beiden Fähigkeiten eine neue Kunstgattung, die sogenannten ROSTA-Fenster, Bildgeschichten, künstlerisch modern gestaltet mit agitatorisch satirischen Texten. Auch sie ein Instrument zur ideologischen Beeinflussung der Massen.

Wsewolod Meyerhold, der aus der Theaterschule Konstantin Stanislawskis kommt, revolutioniert die Theaterkunst. „Proletarisches Theater" nennt er die von ihm kreierte Darstellungsart. Schauspieler werden in besonderen Bewegungen unterwiesen, werden als Gruppen eingesetzt, so als wären sie Teile von Maschinen. Meyerhold bezeichnet dies als Biomechanik. Es sind revolutionäre Inhalte, Übereinstimmungen mit marxistischen Zielsetzungen, doch deren Umsetzung ist gleichzeitig auch neue Theaterkunst. Meyerhold, der mit seiner Schauspielertruppe bald ausgedehnte Gastspiele auch im Ausland unternimmt, beeinflußt damit eine ganze Generation von Regisseuren und Darstellern. Zum Jahrestag der Oktoberrevolution schreibt Majakowski für das Meyerhold-Theater 1918 das Revolutionsstück „Mysterium buffo", ein avantgardistisches Stück mit ebenfalls nachhaltiger Wirkung auf die Theaterwelt innerhalb und außerhalb Rußlands.

Mit Anatoli Lunatscharski hat Lenin einen enthusiastischen, der Revolution tief verbundenen Volkskommissar für das Bildungswesen eingesetzt, der sich nicht scheut, neue bahnbrechende Wege zu gehen. Für Lunatscharski haben die Revolutionsideen geradezu religiösen Charakter, und er wird nicht müde, die Bühnenautoren, die Dichter, die Künstler aufzurufen und anzufeuern, in diesem Geist zu wirken.

ХЛЕБНАЯ ТОРГОВЛЯ
СОЮЗА СЕЛЬСКО-ХОЗЯЙСТВЕННОЙ КООПЕРАЦИИ
НЕМЦЕВ ПОВОЛЖЬЯ
„НЕМСЕЛЬСКОСОЮЗ"

VERBAND
der landwirtscnaftlichen kooperation
DER WOLGA DEUTSCHEN
„NEMSELSKOSOJUS"

Die Alphabetisierung wird bei sämtlichen Nationalitäten in der Sowjetunion durchgeführt, auch bei den Wolgadeutschen. Links: „abc-zeitschrift für erwachsene analphabeten". Die Inhalte dienen gleichzeitig der Propaganda. Oben: Ablieferungsstelle des Verbands der landwirtschaftlichen Kooperativen der Wolgadeutschen. Rechts: Wolgadeutsche Bäuerinnen auf dem Markt.

Lunatscharski macht Meyerhold zum „Direktor des gesamten russischen Theaters", zum Leiter des allumfassenden Theaterdepartments in seinem Erziehungsministerium. In dieser Funktion sammelt Meyerhold alle linksorientierten Kreise des Kunst- und Theaterlebens in einer Bewegung, die er ‚Theater-Oktober' nennt. Sie alle sollen eine neue „proletarische Kunst" kreieren. Im Mittelpunkt soll das Theater stehen, das keine kulturelle Neutralität kennen darf.

Aus diesem Verband kommen avantgardistische abstrakte Maler, aber auch der berühmte Filmregisseur Sergej Eisenstein. Ihr Gesamtschaffen nennen sie „Proletkult". Sie entsenden die „Agitprop"-Truppen mit den Propagandazügen in alle Teile des Landes. Meyerhold gründet das „Mastkomdram", ein Atelier für kommunistische Dramaturgie. Dramatiker werden eingeladen, nicht mehr jeder für sich, sondern in Gemeinschaftsarbeit, im Kollektiv, das neue proletarische Drama zu schaffen. Das Mastkomdram erweist sich allerdings als Flop – kein einziges Opus kam dabei heraus.

Ganz anders wirkt Meyerholds Inspiration auf die individuellen Künstler: Futuristen, Suprematisten, Konstruktivisten schaffen zum Teil Werke, die zum Maßstab für die moderne Kunst des 20. Jahrhunderts geworden sind. Unter Meyerholds Oberleitung kreiert Alexander Tairow sein „entfesseltes Theater" – Wort, Gesang, Pantomime, Tanz und Zirkus in einem, und dies alles in Verbindung mit Lichtprojektionen. Berühmt ist seine Inszenierung von Alexandre Lecocqs Operette „Giroflé-Girofla", ebenfalls eine Verbindung von Operette, Farce, Harlekinade und Tanzrevue. Im jüdischen Theater stattet Chagall drei Einakter von Scholem Alejchem mit Bühnenbildern aus und

übernimmt dann sogar persönlich die Regie bei den Einaktern, um die Szenengestaltung mit seinen Bühnenbildern in Übereinstimmung zu bringen.

Jewgeni Wachtangow gründet sein eigenes Theater, bildet seinen eigenen Stil heraus, so etwa mit einer Musterinszenierung von Carlo Gozzis „Prinzessin Turandot". Sein Theater heißt bis heute Wachtangow-Theater, und das Stück wird dort bis heute in seiner Inszenierung gespielt. Unter seiner Regie kommen Schauspieler im Straßenanzug durch den Zuschauerraum auf die Bühne und beginnen sich dort erst zu verkleiden und zu schminken; das war damals ein Durchbruch in Auffassung und Denken, doch seither fester Bestandteil auch vieler Inszenierungen im Westen.

Daneben wird die russische Klassik gepflegt. Konstantin Stanislawski, der Lehrer aller großen Theatermacher der Revolution, wie etwa Meyerholds, Wachtangows, Tairows und vieler anderer, macht selbst kein revolutionäres Theater, ihm und seinem Moskauer Künstlertheater wird die Pflege der russischen Weltliteratur überlassen: Tschechow, Gorki, Dostojewski. Auch Stanislawski ist ein Großer, und viele im Westen eifern ihm nach, unter ihnen Max Reinhardt oder das Strasberg-Studio in New York, wo Elia Kazan nach der Stanislawski-Methode arbeitet; zu seinen Schülern zählen später James Dean und Marlon Brando. Welch eine tragische Groteske: Meyerhold, der sich mit jeder Faser seines Seins und Könnens für die Revolution eingesetzt hat, für die bolschewistische Propaganda, wird im Jahr 1940 im Zuge einer weiteren Stalinschen Säuberung vom NKWD ermordet; dieser traditionelle bürgerliche Stanislawski erhielt den Lenin-Orden!

Aber schon viel früher, in den zwanziger Jahren, beginnen sich die Vorstellungen und Ambitionen der Kulturschaffenden von denen der bolschewistischen Führung deutlich abzuheben. Einige der Künstler wenden sich enttäuscht ab, verlassen das Land, gehen in die Emigration. Unter den ersten auch Marc Chagall und Wassily Kandinsky. Meyerhold bleibt im Dienst der Propaganda. Er ist es auch, der „Massenspiele" als Agitationsmittel einsetzt. So inszeniert er zum dritten Jahrestag der Revolution am 7. November 1920 vor dem Winterpalais in Petrograd die „Oktoberrevolution". 15 000 Darsteller setzt er ein, und auf dem Platz hat er Tribünen für 100 000 Zuschauer errichten lassen. Gespielt wird auf zwei vor dem Schloß errichteten Estraden, die durch eine Brücke verbunden sind. Auf einer der Estraden werden die reaktionären Kräfte dargestellt, vom Zaren über Kornilow bis Kerenski, auf der anderen die revolutionäre Welt, die über die Brücke die alte Welt erstürmt und besiegt. Dem Sieg der Revolutionäre folgt ein Parademarsch der Roten Armee und ein Monsterfeuerwerk.

Übrigens: Ein Teil der Inszenierung Meyerholds gilt der Besetzung des Winterpalais durch die Roten Garden und die revolutionären Matrosen, wie sie sich in der Nacht auf den 26. Oktober 1917 abgespielt haben soll. Diese Meyerhold-Inszenierung ist die Geburtsstunde einer Legende. Denn Meyerhold läßt, schon der Zuschauer wegen, das Winterpalais vom vorgelagerten Platz durch das Haupttor erstürmen, und er setzt dazu gleich Tausende seiner Statisten ein. Unter lebhaftem Geschrei und dem Abfeuern Hunderter Platzpatronen rennen Revolutionäre gegen Barrikaden an, von denen aus sie von Kerenski-Truppen beschossen werden; viele verlieren bei diesem Sturm ihr Leben und bleiben tot auf dem Platz liegen. Diese mitreißende, jedoch den historischen Tatsachen nicht entsprechende Inszenierung wird fotografiert, und die Fotos tauchen seither immer wieder als angeblich authentische Aufnahmen vom bolschewistischen

Kultur für die Massen ist die Forderung der Bolschewiki. Dichter gehen in Fabrikshallen und in die Kasernen. Unser Bild zeigt Majakowski bei einer Dichterlesung vor Soldaten der Roten Armee.

Sie tanzt für die Bolschewiki: Die berühmte amerikanische Ballerina Isadora Duncan. Hier mit ihrem Freund, dem jungen russischen Dichter Sergej Jessenin. Majakowski und Jessenin begehen Selbstmord.

Sturm auf das Winterpalais in Büchern, Geschichtswerken, sogar in Enzyklopädien auf. Und viele Jahre lang dürfte es niemandem aufgefallen sein, daß dieser Sturm am hellen Tag stattfindet, wo doch die tatsächliche Besetzung des Winterpalasts in tiefer Nacht vor sich ging. Als dies offenbar zum ersten Mal jemandem auffiel, wurde eine weitere Fälschung begangen. Das Bild wurde verdunkelt, so als wäre es Nacht, aber da man doch die stürmenden Bolschewiki auf dem Foto erkennen mußte, ließ man alle Fenster des Winterpalasts in strahlendem Licht erscheinen, wo doch in Wahrheit der Palast völlig im Dunkeln lag, als sich Trotzkis Rotgardisten und Matrosen anschickten, das Gebäude über die Hintertreppe paarweise zu betreten. Es wurde bei dieser Besetzung auch wenig geschossen, es gab keinen einzigen Toten!

Doch der von Meyerhold inszenierte bolschewistische Großangriff war nicht nur mitreißend, er machte auch Schule. Zum zehnten Jahrestag der Oktoberrevolution gestaltet Sergej Eisenstein einen Monsterfilm mit dem Titel „Oktober". Dabei übernimmt er das Konzept Meyerholds und kann es im Film noch viel eindrucksvoller zum Ausdruck bringen: Auch bei ihm stürmen Hunderte Rotgardisten und Matrosen das Hauptportal des Palais, auch bei ihm wird von allen Barrikaden auf die Revolutionäre geschossen, werfen Matrosen Handgranaten und sprengen das noch mit dem zaristischen Adler gezierte Tor. Selbst noch im Palais werden Salven auf Salven gegen die Bolschewiki abgefeuert. Eisensteins Film gehört damals zu den Meisterwerken der Filmkunst. Aber man bewunderte nicht nur seine großartigen Regieeinfälle und seine Kameraführung, sondern hielt gerade deshalb den dargestellten Inhalt auch für die historische Wahrheit. So wurden Generationen von Kinobesuchern weltweit in dem Glauben gehalten, daß die Besetzung des Winterpalasts ein blutiger, revolutionärer Akt gewesen, dabei die Schreckensherrschaft des Zaren gestürzt und nicht eine schwache, demokratische Regierung festgenommen worden sei. Kunst im Dienst der Propaganda.

Der Proletkult ist der bis dahin wirkungsvollste, aber auch künstlerisch eindrucksvollste Ausdruck dieses neuartigen Einsatzes von Kultur zur Massenbeeinflussung. Er wird viele Nachahmer finden, wenn auch nie mehr jenes künstlerische Niveau, das er in seinen Anfängen hatte. Selbst in der Sowjetunion beginnen Kunst und Kultur bald zu degenerieren und erreichen unter Stalin im sogenannten „sozialistischen Realismus" ihr niedrigstes Niveau.

Larissa Lissjutkina sieht das Ende des gemeinsamen Wegs der bolschewistischen Revolutionäre und der revolutionären Künstler so: „Sie gingen gemeinsame Wege, bis sie vom Zerstören des Alten ganz benommen waren. Aber als es um die konkrete Schaffung dieser neuen Welt ging, um die Gestaltung einer neuen Realität, da gingen die Wege zwischen vielen Künstlern und Politikern auseinander. Und diese Künstler wurden zu Feinden der Politiker, denn die beiden wollten ganz verschiedene Welten schaffen. Der Höhenflug der russischen Avantgarde und zugleich ihr Einfluß auf die Kultur des 20. Jahrhunderts ist dadurch bedingt, daß diese Avantgarde zunächst in einem bisher nie dagewesenen Zustand völliger Freiheit existieren und agieren konnte. Die Freiheiten, denen noch keine Grenzen gesetzt waren, schienen für sie diese neue Welt zu bedeuten. Doch ihr Höhenflug war auch schon die Ursache für ihre Unterdrückung. Das Schicksal jener Menschen, die diese neue Kultur geschaffen haben, ist bekannt. Ein Teil von ihnen wurde in die Emigration getrieben und konnte dort Spitzenleistungen erbringen, an denen sich die Weltkultur des 20. Jahrhunderts zu messen hat. Von jenen, die zurückblieben, kamen viele im Gulag um."

Zur Befreiung von allen Zwängen gehörte für die Bolschewiki auch die Befreiung von der Kirche als Institution und von der Religion, die schon Marx als Opium für das Volk bezeichnet hatte. Lenin, der dieses Marx-Zitat immer wieder verwendete, rief zum aktiven Kampf gegen Kirche und Religion auf: „Der Marxismus betrachtet alle heutigen Religionen und Kirchen, alle und jegliche religiösen Organisationen stets als Organe der bürgerlichen Reaktion, die zum Schutze der Ausbeutung und der Betäubung der Arbeitermassen dienen."

Der Kampf gegen die Kirche war leichter als der Kampf gegen die Religion. Die orthodoxe Kirche war über Jahrhunderte hinweg fast immer eng mit dem Zaren und dem Adel verbunden, und selbst die Dorfpopen verteidigten den Großgrundbesitz und mahnten die armen Bauern zum Gehorsam gegenüber dem Gutsherrn. Im Bürgerkrieg stand die Kirche und standen die meisten Bischöfe und Popen auf der Seite der weißen Truppen, was in Anbetracht der Religionsfeindlichkeit der Bolschewiki verständlich war. Doch auf diese Weise konnten die Bolschewiki ihren Kampf gegen die Religion im Bürgerkrieg auch gleich mit der Liquidierung der Geistlichen verbinden. 32 Bischöfe, 1 560 Priester und mehr als 7 000 Mönche und Nonnen sollen angeblich in jenen Jahren ohne Urteil getötet worden sein.

In Lenins Dekret über den Grund und Boden wurde, wie berichtet, die totale Enteignung der Kirche angeordnet. Das gesamte kirchliche Vermögen ging in das „Volkseigentum" über. In einem weiteren Dekret vom 23. Januar 1918 verfügt der Rat der Volkskommissare die Trennung von Kirche und Staat und von Schule und Kirche, was in der ersten sozialistischen Verfassung, die in ihrem Artikel 13 sowohl die religiöse wie auch antireligiöse Propaganda zuläßt, verankert wurde. Offiziell sind damit Religion und Religionsbekämpfung gleichgestellt. Die Praxis allerdings sieht anders aus: Der Religionsunterricht von Kindern und Jugendlichen unter 18 Jahre gilt als Verbrechen und wird nach Artikel 122 des Strafgesetzes mit Zuchthaus bis zu einem Jahr bestraft. Der Kirche wird jede missionarische, soziale und karitative Tätigkeit untersagt.

Der Patriarch Tichon antwortet auf diese Maßnahmen der Regierung mit einem Hirtenbrief, in dem er die Bolschewiki „einen Auswurf des Menschengeschlechts" nennt, alle Bolschewiki mit dem Kirchenbann belegt und alle Christen aufruft, die Zusammenarbeit mit den Bolschewiki zu verweigern. Zum Schluß appelliert der Patriarch an das russische Volk, zur Verteidigung des eingezogenen Kirchenguts einzutreten. Die Regierung sieht in diesem Hirtenbrief ein „Verbrechen der Gegenrevolution", und Patriarch Tichon wird als Konterrevolutionär verhaftet. Die Ausschaltung des Patriarchen wird dazu genützt, die Kirchenhierarchie zu spalten. Mit bolschewistischer Hilfe wird die sogenannte „Lebendige Kirche" gegründet, die eine Reform der Kirchenliturgie durchführt, deren Hauptaufgabe es jedoch ist, von nun an ein gefügiges Werkzeug der Regierung zu sein. Es gelingt ihr auch kaum, das Vertrauen der religiös eingestellten Bevölkerung zu gewinnen. Im Volksmund wird sie „Rote Kirche" oder gar „Kirche der GPU" genannt.

Die „Gottlosigkeit" gehört zum festen Bestandteil der kommunistischen Weltanschauung und Propaganda. Die Partei gründet einen „Verband der Gottlosen" und bestellt einen Kommissar für antireligiöse Angelegenheiten. Interessant, daß dieser antireligiöse Kampf mit Einführung der Neuen Ökonomischen Politik, also der größeren Liberalität in Wirtschaft und Gesellschaft, verschärft wird, parallel zur Straffung der Zügel innerhalb der Kommunistischen Partei. Der Verband der Gottlosen wird in einen „Verband der kämpfenden Gottlosen" umgewandelt und fordert von seinen Mitgliedern von nun an nicht nur Gottlosigkeit, sondern den aktiven Kampf gegen Kirche und Religion. Eine Zeitung mit dem Titel „Besboshnik" – „Der Gottlose" – wird gegründet und durch ein zweites Blatt, „Besboshnik u Stanka", „Der Gottlose an der Werkbank", ergänzt.

Unter den Bolschewiki wird ein Großteil der Kirchen in Sowjetrußland in Klubhäuser oder Museen umgewandelt. Nicht wenige werden auch zerstört. Bildreihe links: Die Erlöserkathedrale in Moskau; ihre Kuppeln waren mit blankem Gold gedeckt, das der Staat brauchte und verkaufte. Die Kathedrale wurde gesprengt. Rechts: Die Kirchengüter wurden oft geplündert, aber auch, so sie wertvoll waren, im Ausland verkauft oder Museen übergeben. Anführer der antireligiösen Bewegung ist Jemeljan Jaroslawski, Haupt der „Gottlosenbewegung" (unten).

An der Spitze der Gottlosenbewegung steht Jemeljan Jaroslawski, der unermüdlich durch das Land zieht und zum Sturm auf Kirchen und Klöster aufruft. Das ist nicht nur bildlich gemeint. Nach derartigen Kundgebungen werden die Kirchen tatsächlich gestürmt: Die Kultgegenstände, die Kruzifixe, die Bilder und Ikonen werden teils vernichtet, teils geplündert. Nur wenn es sich um besonders wertvolles Kirchengut handelt, ist vorgesorgt, daß diese Gegenstände und Bilder entsprechenden staatlichen Stellen zu übergeben sind. Ein Teil des solcherart beschlagnahmten Inventars wird Museen übergeben, vieles aber wird ins Ausland gebracht und zugunsten der sowjetischen Staatskasse in den großen Versteigerungshäusern Europas zum Verkauf angeboten.

Bis 1925 sind 1 088 Kirchen beschlagnahmt, 972 bereits anderen Zwecken zugeführt. Diese Kirchen werden meist in Schulungsstätten für die kommunistische Jugendorganisation Komsomol oder in sogenannte Kulturhäuser umgewandelt, die der Weiterbildung von Arbeitern und Bauern dienen sollen. Viele Kirchen werden zugesperrt und dem Verfall preisgegeben.

Der antireligiöse Kampf richtet sich auch gegen das orthodoxe Judentum und den Islam. Der Antisemitismus wird offiziell bekämpft, der Kommunismus soll ja allen Menschen Freiheit und Gleichberechtigung bringen. Und viele Juden sehen daher in der kommunistischen Revolution zunächst den Kampf um ihre Befreiung aus jahrhundertelanger Unterdrückung und Verfolgung. Die oft von der Kirche angezettelten oder unterstützten Pogrome waren im zaristischen Rußland eine häufige Erscheinung, und bis in die letzten Tage des Zarentums wurde den Juden der Zugang zu vielen Berufen, Schulen und Institutionen verweigert. So sehen viele jüdische Intellektuelle im Marxismus eine auch sie von all dieser Unterdrückung befreiende Idee, die ihnen die Gleichberechtigung bringen würde. Daß die Kommunisten dafür die Abkehr von der jüdischen Religion fordern, stört sie nicht, ist doch die Loslösung von Kirche und Religion ganz generell Ausdruck der Aufklärung, der Emanzipation. Juden jedoch, die an ihrem Glauben festhalten, werden von der antireligiösen Politik der Kommunisten ebenso hart und – wegen des dennoch fortschwelenden Antisemitismus – noch härter getroffen als Andersgläubige. Ebenso lehnen die Kommunisten den Zionismus von Anfang an ab und bekämpfen ihn, weil sie in ihm eine bürgerliche politische Bewegung mit religiösem Hintergrund sehen, die noch dazu ihre Anhänger darauf vorbereitet, ihre sowjetische Heimat gegen eine andere in Palästina zu tauschen.

Die bolschewistischen Maßnahmen gegen den Islam werden analog zum Kirchenkampf getroffen: Die Moscheen und Koranschulen werden gestürmt, geplündert, geschlossen, Geistliche werden festgenommen und nicht selten getötet und moslemische Bräuche von Staats wegen untersagt. So vor allem das Verschleiern der Frauen. Der Kampf um den Schleier wird gleichgesetzt mit der Befreiung der moslemischen Frau.

Als unter Gorbatschow der Religion und der Kirche ein breiterer Spielraum eingeräumt wird, zeigt sich allerdings, daß der mehr als siebzigjährige antireligiöse Kampf der Kommunisten in weiten Teilen der Bevölkerung keine Wirkung erzielt hat. Selbst unter der Jugend ist religiöses Bekenntnis keine Seltenheit.

Der neue Mensch

Die Befreiung der Frau ist angesprochen. Wir haben gesehen, daß der Kampf um die Befreiung der Frau auch schon im zaristischen Rußland Früchte getragen hat, und die Februarrevolution brachte endlich auch

Patriarch Tichon. Nach der Februarrevolution durfte erstmals nach 200 Jahren ein Patriarch gewählt werden. Nach der Machtergreifung der Bolschewiki wurde er von ihnen angefeindet und eingekerkert. Erst 1943 gestattete Stalin die Einsetzung eines neuen Patriarchen.

die Anerkennung der Gleichberechtigung der Frauen. In den Vorstellungen der Bolschewiki war das zuwenig: Es ging ihnen nicht nur um die Befreiung der Frau, Hand in Hand damit sollte die ganze Gesellschaft von all den ungleichen Beziehungen befreit werden, die es zwischen den Geschlechtern bisher gab.

Eine besondere Vorkämpferin auf diesem Gebiet ist die schon erwähnte Alexandra Kollontaj. Wie viele bolschewistische Führer entstammt auch die Kollontaj einer Adelsfamilie; sie ist die Tochter eines Generals, ist hochgebildet und spricht mehrere Sprachen. Auch sie schließt sich schon sehr früh der sozialdemokratischen Bewegung und dann den Bolschewiki an. Und die Kollontaj macht sich zur Hauptanwältin der Frauen. Lenin beruft sie bereits im Oktober 1917 in seine erste Regierung und bestellt sie zur Volkskommissarin für soziale Fürsorge. Nun kann sie ihre bahnbrechenden, alle Konventionen überwindenden Ideen verwirklichen, kann sie zum Gesetz werden lassen.

Bereits im Dezember 1917 werden die Ehegesetze radikal geändert. Ehe ist ab nun völlige Privatangelegenheit; vor dem Gesetz ist es einerlei, ob Partner miteinander verheiratet sind oder nicht. Wörtlich heißt es: „Das Bündnis, das den Charakter einer Ehe trägt, zuerkennt beiden Parteien dieselben Rechte und Pflichten, als ob sie in einer offiziell registrierten Ehe leben würden. Lebt einer der Gatten außerdem noch in einem anderen Bündnis oder sogar in einer offiziellen Ehe, so hat er nach dem Gesetz trotzdem dieselben Pflichten gegenüber der nichtregistrierten Frau, wie gegenüber der offiziell eingetragenen." Damit gibt das Gesetz quasi die Bigamie frei, schützt aber gleichzeitig jene Frauen vor rechtlicher Diskriminierung, deren Männer in weiteren Partnerschaften gebunden sind. Mit der Gleichstellung der registrierten und der unregistrierten Ehen wird auch die Versorgung der ehelichen und der unehelichen Kinder festgelegt. Das neue Familienrecht verpflichtet die Mutter dazu, bei der Geburt eines Kindes anzugeben, wer der Vater ist, und dieser Vater wird zur Unterhaltspflicht angehalten. Ist die Mutter jedoch nicht in der Lage, den Vater zu nennen, weil sie mit mehreren Männern sexuell verkehrt, so bestimmt das Gesetz, daß alle in Frage kommenden Männer verpflichtet sind, gemeinsam für das Kind aufzukommen. Dies kann gerichtlich erzwungen werden.

Einer der wichtigsten Bestandteile der bolschewistischen Familiengesetzgebung ist die Erziehung und Betreuung der Kinder durch den Staat. Die Kinder sollen bereits im jüngsten Alter von staatlich geführten Kinderkrippen, danach von Kindergärten und schießlich von Arbeitsschulen und den kommunistischen Jugendorganisationen voll betreut werden; auch das gilt als wichtige Voraussetzung der völligen Gleichberechtigung und Befreiung der Frau, das Aufziehen der Kinder soll den Frauen abgenommen und dem Staat übertragen werden.

Im Westen ist man über diese Handhabung der Frauen- und Familienfragen, die im kommunistischen Rußland mit dem Schlagwort „freie Liebe" bedacht wird, sehr beeindruckt. Kommt doch noch hinzu, daß die Bolschewiki gleichzeitig auch den straffreien Schwangerschaftsabbruch bis zur zwölften Woche gesetzlich verankern, und zwar auf einfaches Verlangen der Frau, ohne daß dazu eine medizinische oder soziale Indikation notwendig wäre. Doch die freie Liebe ist nicht das ideologische Ziel der Kommunisten, mit all diesen Gesetzen versuchen sie nur, konsequent die totale Gleichberechtigung von Frau und Mann durchzusetzen. Dazu gehört auch die gleichberechtigte Integration der Frau in die Arbeitswelt und in das politische Leben. Diese wiederum setzt die Vergesellschaftung von Hausarbeit und Kindererziehung voraus sowie die Aufhebung der Familie zugunsten kollektiver Lebensformen.

All das soll den neuen Menschen schaffen, der sich aus sämtlichen bisherigen Zwängen und Traditionen löst. Die neuen Menschen aber würden eben die neue Gesellschaft begründen, innerhalb derer ganz andere Beziehungen der Menschen untereinander hergestellt würden als bisher. Das sind auch in den Augen vieler westlicher Intellektueller bahnbrechende Vorstellungen. Sie sehen in Rußland eine völlig neue Welt entstehen. André Gide, der schon damals weltbekannte französische Schriftsteller und Philosoph, schreibt begeistert: „Ich möchte alt genug werden, um das Gelingen dieser gewaltigen Anstrengung zu erleben; ihren Erfolg, den ich von ganzem Herzen wünsche, und an dem ich mitarbeiten möchte. Sehen, was ein Staat ohne Religion, eine Gesellschaft ohne Familie zu erreichen vermag. Religion und Familie sind die beiden größten Feinde des Fortschritts." So wie André Gide wird eine ganze Generation westlicher Schriftsteller, Künstler und Philosophen in den Bann des großen gesellschaftlichen Aufbruchs in der Sowjetunion gezogen: George Bernard Shaw, James Joyce, Upton Sinclair, Heinrich Mann, Lion Feuchtwanger, Theodore Dreiser, André Malraux, Jean Paul Sartre, Pablo Picasso und viele, viele andere.

Mit den Jahren erkennen viele von ihnen die Menschenverachtung und Brutalität der kommunistischen Machthaber und auch des Systems, das sie geschaffen haben. Aber lange Zeit können oder wollen sie nicht glauben, was sie sehen, wovon sie hören. Und in Rußland selbst haben sie einen Kronzeugen für die Reinheit und Richtigkeit dessen, was dort vor sich geht: Den russischen Schriftsteller Maxim Gorki. Engagiert hat Maxim Gorki schon früh die sozialen Zustände im zaristischen Rußland geschildert, hat angeklagt, hat sie in seinen literarischen Werken der ganzen Welt kundgetan. Sein Drama

Alexandra Kollontaj (oben links im Bild) führt als Volkskommissarin (Minister) für das Soziale ein neues radikales Familiengesetz ein, das die völlige Befreiung der Frau herbeiführen soll. Unten: Lenins Frau Nadeschda Krupskaja, in der Volksbildung und in der Frauenbewegung engagiert.

In den islamischen Gebieten der Sowjetunion werden zum Zeichen der Befreiung der Frau die bisher üblichen Schleier und Kopftücher der Frauen öffentlich verbrannt. Unser Bild zeigt eine solche Kundgebung in Andischan in Usbekistan.

„Nachtasyl" wird auf allen europäischen Bühnen gespielt, sein Roman „Mutter" in alle Weltsprachen übersetzt. Noch im vorrevolutionären Rußland versucht Gorki vor allem in der Arbeiterschaft das Verständnis für Kultur und Politik zu wecken, richtet auf Capri eine Schule für die Weiterbildung russischer Arbeiter ein und erregt mit seinem Engagement große Bewunderung bei den Intellektuellen und Schriftstellern Westeuropas und Amerikas. Lenin sucht immer wieder das Gespräch mit Gorki; er und die Bolschewiki wissen genau, welch moralisches Gewicht Gorki in der Welt hat. Und obwohl Gorki zu Beginn schockiert ist über die Gewaltmethoden der Bolschewiki und 1921 die Sowjetunion für sieben Jahre verläßt, ist er nach seiner Rückkehr doch bereit, sich für das kommunistische Regime zu engagieren.

Auf Wunsch Stalins soll Gorki die sowjetische Literatur im Sinn der Parteiideologie beeinflussen und die Führung des neugegründeten „Einheitsverbands der Sowjetschriftsteller" übernehmen. Und es sind immer wieder seine eigenen Schriften und Vorträge, mit denen Gorki Sympathien für den Sowjetstaat gewinnt und Bedenken ausländischer Schriftsteller zerstreut. Auch davon werden wir noch hören, ebenso wie von seinem bis heute ungeklärten Ende: Stalin behauptete, Gorki sei von Trotzkisten vergiftet worden; heute glaubt man eher, daß Gorki, wie so viele andere, ein Opfer der Stalinschen Säuberungswut geworden ist.

Schwere Schatten lasten auch über dem Tod anderer revolutionärer Schriftsteller der ersten Stunde: Wladimir Majakowski nimmt sich, erst 37 Jahre alt, 1930 das Leben, offenbar weil er erkennt, eine ganze Generation mit seiner Wortgewalt, seinem enthusiastischen Idealismus für ein Regime mobilisiert zu haben, das sich als mörderisch herausstellte.

Der erste Schauprozeß

Man könnte meinen, daß mit der Einführung der Neuen Ökonomischen Politik ein Umdenken der Bolschewiki auch in anderen Bereichen hätte stattfinden müssen. Und es findet statt. Allerdings in einer anderen Richtung: Jetzt, da mit der Zulassung kapitalistischer Wirtschaftsformen vieles in Frage gestellt werden kann, was die Bolschewiki seit dem Oktober 1917 oft mit Gewalt, Terror und Massenliquidierungen durchgesetzt haben, jetzt muß erst recht sichergestellt werden, daß die offensichtliche Schwäche der Bolschewiki von den noch vorhandenen feindlichen Kräften nicht zum Sturz des Regimes genützt werden kann. Nach außen tut man so, als würden ganz allgemein die Zügel gelockert. Sogar die Tscheka wird aufgelöst. Wohl in der Erkenntnis, daß schon das Wort allein – Tscheka – überall im Land Furcht erregt und die Tscheka von der Bevölkerung mit Regierung und Partei gleichgesetzt wird. Der Bürgerkrieg ist zu Ende, es sei nicht mehr notwendig, eine außerordentliche Kommission zur Bekämpfung der Konterrevolution und Spionage zu unterhalten. Alle Agenden der Tscheka werden nunmehr dem Volkskommissariat für das Innere, dem Innenministerium, unterstellt. Zu diesem Zweck wird beim Innenministerium eine besondere Abteilung geschaffen, die Staatliche Politische Verwaltung, kurz GPU genannt. Liest man den Auflösungsbeschluß genau und die Übertragung der Tscheka-Agenden auf das Innenministerium, so wird in dem Dekret ausführlichst dargestellt, daß alle Tätigkeiten der Tscheka und noch einige mehr von der GPU weitergeführt werden. Und sollte noch jemand Zweifel haben: Der bisherige Chef der Tscheka, Dserschinski, wird zum Chef der GPU bestellt.

Zur Ausweitung der Tätigkeit der GPU gehören zwei zusätzliche Vollmachten: Erstens „zwecks schnellerer Ausrottung von Banditenüberfällen und Räubereien jeder Art wird der GPU das Recht außerordentlicher Bestrafung, einschließlich der Erschießung hinsichtlich aller Personen gewährt, die auf frischer Tat angetroffen werden". Und dem Volkskommissariat wird das Recht eingeräumt, „die Funktionäre sowjetfeindlicher Parteien auszuweisen und in Zwangsarbeitslagern unterzubringen". Die GPU hat so wie die Tscheka volle Handlungsfreiheit, sie ist lediglich verpflichtet, dem Präsidium des Allrussischen Zentralen Exekutivkomitees nur einmal in drei Monaten im nachhinein Meldung zu erstatten.

Die Auswirkungen dieser Vollmachten sind bald zu merken. In einer großangelegten Aktion werden die noch auf freiem Fuß befindlichen Funktionäre der Sozialrevolutionäre, darunter fast das komplette Zentralkomitee, verhaftet. Gleichzeitig tritt ein neuer Strafkodex in Kraft. Von nun an ist es nicht mehr notwendig, einem Angeklagten eine strafbare Handlung nachzuweisen, um ihn zu verurteilen. Es genügt, wenn das Gericht zur Ansicht kommt, der Angeklagte habe so handeln wollen, wie ihm die Anklage vorwirft. Auch Geständnisse müssen nicht mehr vorliegen, um ein Urteil zu begründen. In Wirklichkeit genügt die Behauptung des Anklägers.

Es ist der Beginn der totalen Parteiwillkür auch im sowjetischen Rechtswesen. Da Verteidigung unter solchen Umständen zwecklos ist, verkümmert auch die Rolle von Rechtsanwälten und Verteidigern zu bloßen Erfüllungsgehilfen des Gerichts. Gleichzeitig wird eine ganze Reihe weiterer sogenannter konterrevolutionärer Verbrechen mit der Todesstrafe bedroht.

Als erste bekommt eine Riege prominenter Sozialrevolutionäre diese neue Prozeßordnung zu spüren. Am 8. Juni 1922 werden sie vor Gericht gestellt. Vorsitzender des Tribunals ist nicht ein Berufsrichter, sondern der bolschewistische Revolutionär Georgij Pjatakow. Ziel des Prozesses ist die Ausrottung der sozialrevolutionären Bewegung. Gegen die Angeklagten werden sehr generelle Beschuldigungen erhoben: Sie seien

Die politischen Gegner der Bolschewiki werden mit Hilfe der Tscheka und der Justiz ausgeschaltet. Schon 1922 findet der erste große Schauprozeß gegen Spitzenfunktionäre der sozialistischen Revolutionäre in Moskau statt. Das Tribunal wird nicht von einem Berufsrichter, sondern von dem bolschewistischen Revolutionär Pjatakow geleitet (rechts oben). Von den 16 Angeklagten (unten) werden 14 zum Tod verurteilt.

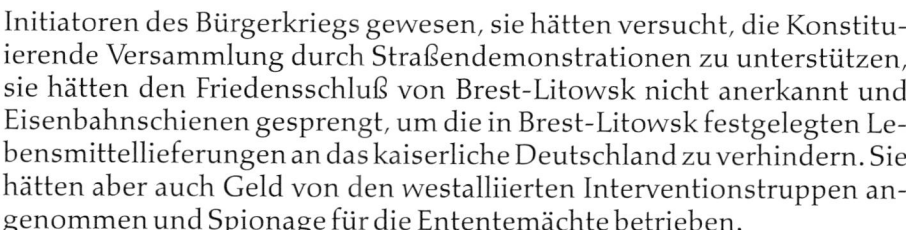

Initiatoren des Bürgerkriegs gewesen, sie hätten versucht, die Konstituierende Versammlung durch Straßendemonstrationen zu unterstützen,
sie hätten den Friedensschluß von Brest-Litowsk nicht anerkannt und
Eisenbahnschienen gesprengt, um die in Brest-Litowsk festgelegten Le-
bensmittellieferungen an das kaiserliche Deutschland zu verhindern. Sie
hätten aber auch Geld von den westalliierten Interventionstruppen angenommen und Spionage für die Ententemächte betrieben.

Der Nachweis, diese Handlungen begangen zu haben, gelingt der
Anklage nur sehr lückenhaft, hingegen mangelt es nicht an Zeugen, die
gegen die Angeklagten aussagen. Diese verteidigen sich selbst und erheben energisch den Vorwurf, daß die Zeugen präpariert und von der GPU
unter Druck gesetzt worden seien. Nützen tut dies alles nichts. Von den
16 Angeklagten werden 14 zum Tod verurteilt.

Proteste kommen aus allen Teilen der Welt, selbst Maxim Gorki
stellt ein Gnadengesuch. Lenin weist alle Interventionen zurück. Die Angeklagten werden nicht begnadigt, aber ihre Urteile vorläufig ausgesetzt,
später, unter Stalin, jedoch vollzogen.

Dieser Prozeß gegen die Sozialrevolutionäre bedeutet eine große
Wende. Erschießungen im Verlauf des Bürgerkriegs, Morde und mas-
senhafte Hinrichtungen durch die Tscheka, das hatte man hingenommen
als Auswüchse in einer außerordentlich harten und chaotischen Zeit.
Jetzt zeigt sich, daß auch das gesamte Rechtswesen in den Dienst einer
terroristischen Parteijustiz gestellt wird. Von jetzt an wird es unerheblich
sein, ob jemand schuldig oder unschuldig ist; wenn ihn die Partei zum
Feind erklärt, wird er der Anklage und der Strafe nicht entgehen.

Am 31. August, knapp drei Wochen nach der Verurteilung der Sozialrevolutionäre, erscheint in der Prawda ein Artikel mit der Über-
schrift: „Eine ernste Warnung". Darin wird festgestellt, daß „bestimmte
Kreise der bürgerlichen Intelligenz mit der Sowjetmacht keinen Frieden
geschlossen hätten". Und so würden „die aktivsten konterrevolutionären

Elemente in nördliche Gouvernements und ins Ausland ausgewiesen". 160 Namen werden angeführt. Es sind die Spitzen der russischen Intelligenz, unter anderen die Rektoren der Moskauer und der Petrograder Universität, fast alle namhaften Philosophen der russischen Universitäten, zahlreiche berühmte Mathematiker, unter ihnen der Dekan der Moskauer Fakultät, viele Wirtschaftswissenschaftler und zahlreiche Proponenten der bisherigen Hilfskomitees für die Hungernden.

Heute weiß man, daß Lenin persönlich viele Namen auf diese Liste gesetzt hat und – wie er das oft tat – der GPU im übrigen freie Hand ließ, die Liste nach eigenem Gutdünken zu erweitern. Lenins Direktive dürfte dabei gelautet haben: Vertreibt die Ruhestörer, legt die Zentren konterrevolutionären Denkens lahm und schont auch die Prominentesten nicht, denn das wird allen anderen den Schrecken in die Knochen jagen.

Nach den Todesurteilen gegen die Sozialrevolutionäre ist die Welt über diese Massenausweisung und Verbannung so vieler bekannter Wissenschaftler zutiefst schockiert. Aber der Schock hält nicht lange an: Man hört so viel über die Wandlung, die die Neue Ökonomische Politik im Sowjetstaat herbeiführt, daß wohl auch bald mit einer Änderung dieses rigorosen Vorgehens der Bolschewiki zu rechnen sein dürfte. Viele meinen auch, daß Lenin von all dem nichts wisse oder falsch unterrichtet werde. Hatte er nicht beim XI. Parteitag der KPdSU, der vom 27. März bis 2. April 1922 dauerte, in einer besonders scharfen Rede darüber Klage geführt, daß es den kommunistischen Funktionären an Bildung und Kultur fehle, daß sie vom „kommunistischen Dünkel" befallen seien und meinten, daß alles, was sie taten, richtig sei und man mit Gewalt alle Probleme lösen könne. Lenin schloß seine Rede mit dem Satz: „Man muß einsehen und darf sich dieser Einsicht nicht verschließen, daß die verantwortlichen Kommunisten in 99 von 100 Fällen nicht an den Platz gestellt sind, für den sie sich jetzt eignen, daß sie ihre Arbeit nicht leisten können und jetzt lernen müssen."

Stalin und Lenins Tod

Um die Arbeit des Zentralkomitees besser zu koordinieren, billigt der Parteitag die getrennte Führung von drei Büros innerhalb des Zentralkomitees: eines Politbüros, eines Organisationsbüros und eines ökonomischen Büros. Und das vom Parteitag gewählte Plenum beschließt, das Amt eines Generalsekretärs des Zentralkomitees einzuführen. Das Zentralkomitee wählt Josef Stalin in diese Funktion. Es sind die Weggefährten Lenins, Kamenew und Sinowjew, die Stalin für diesen Posten empfehlen. Sie selbst zählen mit Trotzki und Bucharin zur intellektuellen Spitze der Partei, sind hervorragende Redner, bestens beschlagene marxistische Theoretiker. Im Vergleich zu ihnen ist Stalin ein farbloser, in sich gekehrter Mann, aber ein guter Organisator. Man werde sich seiner bedienen können.

Was offenbar jeder übersieht oder unterschätzt, ist die Tatsache, daß Stalin nunmehr gleich drei hohe Politposten innehat: Er ist Mitglied des Politbüros und des Organisationsbüros und nun auch Generalsekretär der Partei. Zu spät wird man bemerken, daß Stalin diese Dreierfunktion geschickt nützt, um innerhalb des gesamten Parteiapparats potentielle Gegner durch Versetzung auf andere Posten auszuschalten und durch die Plazierung von ihm ergebenen Leuten den Parteiapparat zu kontrollieren und auch bald zu beherrschen.

Lenin erleidet einen zweiten Schlaganfall, und im Jahr 1923 einen dritten. Ans Krankenbett gefesselt, verfolgt er die Arbeit der Partei noch kritischer, als er es im Trubel früherer Arbeitstage tun konnte. Und er erkennt, daß die Partei Gefahr läuft, von der eigenen Machtfülle verschlungen zu werden. Die Revolutionäre beginnen sich auf ihren Lorbeeren auszuruhen, sie arbeiten nicht, sie verwalten.

Im Mai 1922 erleidet Lenin seinen ersten Schlaganfall. Für eine Weile zieht er sich, begleitet von seiner Frau Nadeschda Krupskaja, auf sein Landhaus in der Nähe von Gorki zurück. Nach dem zweiten Schlaganfall im Dezember wird der Aufenthalt permanent. Lenin kann nur noch hie und da in die Politik eingreifen.

Statt die Probleme zu lösen, setzt man Komitees ein, schafft zusätzliche selbstherrliche Strukturen, die sich mit den Problemen befassen sollen. Lenin schreibt Briefe an die Partei. Und er diktiert auch einen Brief an den kommenden XII. Parteitag.

Nachträglich hat man diese Briefe als „Lenins Testament" bezeichnet. Schon weil darin die letzten von Lenin angestellten Überlegungen enthalten sind, wie es mit der Partei und mit Rußland weitergehen soll. Lenin warnt vor einer zunehmenden Bürokratisierung des Sowjetsystems. Dahingestellt bleibt, ob er die Ursachen dieser Bürokratisierung richtig erkennt. Denn Lenin meint in seinem Brief, die Bolschewiki hätten aus Mangel an eigenen Fachkräften den alten russischen Staatsapparat wieder in seine Funktionen eingesetzt, und so werde die bürokratische Tradition fortgesetzt, bis die Bürokraten über die Partei triumphieren würden.

Tatsache aber ist, daß die bolschewistischen Parteifunktionäre selbst zu Bürokraten geworden sind. Lenin hat die zentrale Wirtschaftsverwaltung, die alles umfassende Planung, selbst angeordnet, er hat dem Sowjetstaat die allumfassenden bürokratischen Strukturen gegeben. Da Lenin gleichzeitig vorgeschrieben hat, daß die Partei alles und jedes zu bestimmen und zu kontrollieren hat, müssen die Parteiorgane die bürokratischen Strukturen in Wirtschaft und Staat duplizieren, also eine vollständige parallele Bürokratie aufbauen. Lenin beklagt also einen Zustand, den seine eigenen Organisationsformen de facto erzwingen. Richtig ist jedoch, daß diese bürokratischen Apparate noch schwerfälliger sein werden, wenn sie im Stil und im Geist der traditionellen russischen Bürokratie geführt werden. Doch bisher hat es noch keine Revolution gegeben, die den Menschen Althergebrachtes hätte über Nacht abgewöhnen können. Die Bolschewiki wollen zwar eine völlig neue Welt schaffen, aber auch sie müssen dies mit den vorhandenen Menschen tun. Lenins immer wieder angeordnetes Rezept, „so viele wie möglich zu erschießen, um allen anderen eine Lehre zu erteilen", bringt auch nicht die gewünschten Resultate.

In seinem Schreiben an die Partei warnt Lenin auch vor dem russischen Chauvinismus. Großrussischer Nationalismus sei Verrat am Kommunismus. Man habe größtmögliche Rücksicht auf die anderen Nationalitäten zu nehmen und ihnen völlige Gleichberechtigung einzuräumen. Nur dann würden die einzelnen Sowjetrepubliken in der nun geschaffenen Union zusammenbleiben, nur dann werde es ein gesamtsowjetisches Zusammengehörigkeitsgefühl geben. Sollte der russische Nationalismus jedoch durchbrechen, dann würden die wenigen sowjetisch denkenden Menschen „in diesem Meer des chauvinistischen großrussischen Packs ertrinken wie die Fliegen in der Milch".

Beide Kritikansätze – gegenüber der Bürokratie und gegenüber dem russischen Nationalismus – sind 70 Jahre nach Lenin so gültig wie an dem Tag, an dem sie Lenin geschrieben hat. Nicht zuletzt ist das Sowjetsystem an der überwuchernden Bürokratie gescheitert und die Sowjetunion durch das Vormachtdenken der Russen vom Zerfall bedroht.

Aber noch viel schlimmer für die Entwicklung des Sowjetstaats und des Weltkommunismus hat sich das Wirken jenes Mannes erwiesen, vor dem Lenin in den letzten hellen Stunden seines Daseins die Partei zu warnen versuchte. Lenin ahnt, daß es mit ihm zu Ende geht, und er zeigt sich besorgt, wer seine Nachfolge antreten wird.

Lenin befürchtet, es könnte nach seinem Ausscheiden – sei es durch Krankheit, sie es durch Tod – zu einer Spaltung in der Parteiführung kommen. Die Gefahr dieser Spaltung sieht er mit erstaunlicher Klarheit im Naturell und in den Ambitionen Stalins und Trotzkis. Wörtlich schreibt Lenin: „Die Beziehungen zwischen ihnen stellen meines Erachtens die größere Hälfte der Gefahr jener Spaltung

Die große Parade auf dem Roten Platz am 5. Jahrestag der Oktoberrevolution – 1922 – wird nicht mehr von Lenin, sondern von Trotzki abgenommen. An der Stelle des Paradestands wird zwei Jahre später das Mausoleum für Lenin errichtet werden.

dar, die vermieden werden könnte . . ." Lenin empfiehlt, in das Zentralkomitee bis zu hundert Mitglieder aufzunehmen, offenbar in der Hoffnung, die große Anzahl von Meinungen würde persönlichen Ambitionen einzelner Führer Grenzen setzen. Er schreibt: „Genosse Stalin hat, nachdem er Generalsekretär geworden ist, eine unermeßliche Macht in seinen Händen konzentriert, und ich bin nicht überzeugt, daß er es immer verstehen wird, von dieser Macht vorsichtig Gebrauch zu machen." Und Lenin schreibt weiter: „Andererseits zeichnet sich Genosse Trotzki . . . nicht nur durch hervorragende Fähigkeiten aus, persönlich ist er wohl der fähigste Mann im gegenwärtigen ZK, aber auch ein Mensch, der ein Übermaß von Selbstbewußtsein und eine übermäßige Vorliebe für rein administrative Maßnahmen hat. Diese zwei Eigenschaften zweier hervorragender Führer . . . können unbeabsichtigt zu einer Spaltung führen, und wenn unsere Partei nicht Maßnahmen ergreift, um das zu verhindern, so kann die Spaltung überraschend kommen."

Was geht aus diesen Bemerkungen Lenins hervor? Klar erkennt Lenin, daß der Kampf um seine Nachfolge zwischen Stalin und Trotzki ausgetragen werden wird. In beiden sieht er Gefahren für die Partei. Er charakterisiert die gefährlichen Eigenschaften, äußert aber weder endgültige Ablehnung noch Präferenz. Einige Tage später jedoch tut er das mit einem Nachsatz: „Stalin ist zu grob, und dieser Mangel, der in unserer Mitte und im Verkehr zwischen uns Kommunisten durchaus erträglich ist, kann in der Funktion des Generalsekretärs nicht geduldet werden. Deshalb schlage ich den Genossen vor, sich zu überlegen, wie man Stalin ablösen könnte, um jemand anderen an diese Stelle zu setzen, der sich in jeder Hinsicht vom Genossen Stalin nur durch einen Vorzug unterscheidet, nämlich dadurch, daß er toleranter, loyaler, höflicher und den Genossen gegenüber aufmerksamer, weniger launenhaft usw. ist. Es könnte so scheinen, als sei dieser Umstand eine winzige Kleinigkeit. Ich glaube jedoch, unter dem Gesichtspunkt der Vermeidung einer Spaltung und unter dem Gesichtspunkt der von mir oben geschilderten Beziehungen zwischen

Stalin und Trotzki, ist das keine Kleinigkeit, wobei eine solche Kleinigkeit die entscheidende Bedeutung erlangen kann."

Lenin ist es bewußt, daß er mit diesen Bemerkungen, würden sie schon jetzt im ZK bekannt, den sofortigen Machtkampf auslösen und die Partei ins Chaos stürzen würde. So befiehlt er seiner Sekretärin, diese Niederschrift in einem geschlossenen Kuvert streng geheim aufzubewahren. Sie sollte dem Zentralkomitee erst dann übergeben werden, wenn Lenin nicht mehr in der Lage wäre, sich selbst zu äußern. Lenin hatte diese Gedanken im Januar 1923 diktiert.

Der russische Lenin- und Stalin-Biograph Dimitri Wolkogonow ist der Meinung, daß Lenin mit zunehmender Sorge sah, wie Stalin seine Macht ausweitete und wie er sie zu mißbrauchen begann. Es sei nicht zuletzt diese Sorge gewesen, die Lenins Gesundheitszustand rasch verschlechtert hätte. Im März 1923 erlitt Lenin seinen dritten Schlaganfall, der ihn lähmte und ihn aus jeglicher Partei- und Regierungsarbeit ausscheiden ließ.

Beim XII. Parteitag der KPdSU, der am 17. April beginnt, ist Lenin nicht mehr anwesend. Aber er hat Trotzki beauftragt, in seinem Namen das Vorgehen Stalins und Ordschonikidses in Georgien scharf zu rügen. Die beiden hatten nach der Besetzung Georgiens durch die Rote Armee Strafexpeditionen und Massenexekutionen angeordnet und sogar auf georgische Kommunisten keine Rücksicht genommen.

Doch Trotzki will einer direkten Konfrontation mit Stalin auf dem Parteitag aus dem Weg gehen. Die ihm von Lenin übergebenen Materialien läßt er von seinem Freund Christian Rakowski vortragen. Die Kritik bleibt ohne Wirkung. Stalin widerlegt die Vorwürfe mit der Autorität des Spezialisten für Nationalitätenfragen. Danach referiert er als Generalsekretär über organisatorische Probleme. Das Referat läßt erkennen, in welchem Ausmaß Stalins Macht über den Apparat gewachsen ist. Und er fordert einen weiteren Machtzuwachs: Die Gewerkschaften sollten zur Gänze der Partei unterstellt werden, in einem Arbeiterstaat käme ihnen nur noch die Funktion eines Transmissionsriemens zu – was die Partei wolle, hätten die Gewerkschaften den Arbeitern abzuverlangen. Auf dem Land sollten die Kooperativen weiter verstärkt werden; diese Genossenschaften hätten dann nur noch die Aufgabe, die Anforderungen der Partei an die bäuerliche Bevölkerung zu richten. Stalin zählt weitere Transmissionsriemen auf: den Jugendverband, die Frauenbewegung, die Schulen, die Streitkräfte, das Pressewesen, die Kulturvereinigungen. Was noch irgendwo im Land Autonomie genießt, sollte straffer an den Zügel der Partei genommen werden. Den späteren Berichten über diesen Parteitag kann man entnehmen, daß Stalins Referat kritiklos hingenommen worden ist. Waren alle einverstanden? Entsprach es ihrem eigenen Denken, daß zu dem ohnedies so zentralistisch angelegten Staat nun auch ein allumfassender Zentralismus der Partei treten sollte? Fiel niemandem auf, daß dies genau jene Überbürokratie wuchern lassen würde, vor der Lenin die Partei gerade erst gewarnt hat?

Für das Schweigen der Partei gibt es einige Erklärungen: Viele sind froh, daß Stalin sich all dieser lästigen Organisationsformen annimmt und dadurch die anderen Parteiführer entlastet, was ihnen die Möglichkeit gibt, sich nur jenen Gebieten zu widmen, denen ihr besonderes Interesse gilt. Aber es gibt auch Hinweise dafür, daß Stalin schon zu diesem Zeitpunkt so viele Fäden in der Hand hält und man sich bereits scheut, offen gegen ihn aufzutreten. Wie erwähnt, hatte Stalin neben seiner Funktion als Nationalitätenkommissar auch das Kommissariat der Arbeiter- und Bauerninspektion übernommen. Hinter diesem Titel verbirgt sich die Kontrolle der Partei über den gesamten Staatsapparat. Es liegt also in Stalins Gewalt, jeden Funktionär, jeden Beamten zu entfernen und sie durch Leute zu ersetzen, die ihm ergeben sind.

На последнем пленуме вновь избранного ЦК РКП в члены политбюро избраны т. т.: Л. Каменев, И. Сталин, Л. Троцкий, А. Рыков, Н. Бухарин, Г. Зиновьев, М. Томский.

Nach Lenins Erkrankung kommt es zwischen den Spitzenfunktionären der Partei zum Kampf um die Nachfolge. Die handelnden Personen werden auf diesem zeitgenössischen Tableau dargestellt. Von links nach rechts, oben: Kamenew, Stalin und Trotzki; unten: Rykow, Bucharin, Sinowjew und Tomski. Sie alle sind Mitglieder des Politbüros, alle sind auch Weggefährten Lenins. Stalin, der als Generalsekretär den Apparat der Partei und damit auch des Staats und der Wirtschaft lenkt, wird den Machtkampf gewinnen.

Am XII. Parteitag wird dem Generalsekretariat – also Stalin – auch die oberste Kontrollkommission der Partei unterstellt. Aufgabe der Kommission ist es, die Anwendung aller Beschlüsse der Parteitage zu überwachen und damit für die Einhaltung der Parteilinie zu sorgen; offiziell soll die oberste Kontrollkommission die Parteimoral hochhalten. In Wirklichkeit entwickelt sich die oberste Kontrollkommission zu einer regelrechten Inquisition: Sie bestimmt, was die Parteilinie zu sein hat, und sie bestimmt daher auch, wer gegen sie verstößt. Solange Lenin noch lebt und Stalins Macht erst im Werden ist, arbeitet die Kontrollkommission ganz normal: Sie mahnt Parteimitglieder ab, sie erinnert Führungskräfte an diesen oder jenen Beschluß, und sie ladet Leute zum Gespräch vor, deren Haltung Opposition signalisiert. Da und dort verfügt sie auch einen Parteiausschluß.

Gleichzeitig führt die Kontrollkommission eine ganz genaue Kartei; in ihr werden die positiven wie die negativen Daten und Ansichten aller Parteimitglieder festgehalten. Und nun muß nur einer kommen und die Daten dieser Karteien mit jenen der Arbeiter- und Bauerninspektion, also mit der Kontrollinstanz über den Staatsapparat, verknüpfen und die Tscheka bzw. GPU dazuschalten. Wer dieses Dreieck beherrscht, beherrscht die Sowjetunion. Zwei dieser Instrumente hat Stalin bereits in der Hand, das dritte, der Polizei- und Justizapparat, wird dem zufallen, der Lenins Nachfolge antritt.

Trotzki und mit ihm 45 weitere prominente Bolschewiki, darunter auch Mitglieder des Zentralkomitees, richten am 15. Oktober 1923 einen vertraulichen Brief an das Politbüro, in dem sie sich über die zunehmende Bespitzelung, ja Verfolgung selbst angesehener Parteifunktionäre beschweren. Sie beschreiben die Methode, mit der der Partei- und Staatsapparat zunehmend beherrscht wird: Immer mehr Parteisekretäre auf unterer und mittlerer Ebene würden nicht mehr von den dafür zuständigen Gremien gewählt, sondern vom Generalsekretariat der Partei bestimmt. Damit werde der Apparat übermächtig, gleichzeitig aber beginne sich die Partei von der Basis zu entfernen. Die Folge sei eine unbefriedigende Führung durch die Partei sowohl in der Wirtschaft als auch im Land generell.

Wörtlich heißt es in der vertraulichen „Erklärung der 46": „Angesichts einer durch solche engstirnigen Manipulationen entstellten Parteiführung hört die Partei in beträchtlichem Maße auf, jenes lebendige an Eigeninitiative reiche Kollektiv zu sein, das in feinfühliger Weise die lebendige Wirklichkeit erfaßt, da es durch Tausende von Fäden mit dieser Wirklichkeit verbunden ist. . . . Parteimitglieder, die mit dieser oder jener Anweisung des Zentralkomitees oder gar des Gouvernementkomitees unzufrieden sind, die diese oder jene Zweifel hegen, die diese oder jene Fehler, Unstimmigkeiten und Mißstände ‚für sich' bemerken, haben Angst, darüber auf Parteiversammlungen zu sprechen, mehr noch: Sie haben schon Angst, sich miteinander zu unterhalten, wenn der Gesprächspartner kein vollkommen verläßlicher Mensch im Hinblick auf 'Nichtgeschwätzigkeit' ist: Die freie Diskussion innerhalb der Partei ist faktisch verschwunden, die öffentliche Parteimeinung ist verstummt. . . . Das Regime, das sich innerhalb der Partei gebildet hat, ist völlig unerträglich; es tötet die Eigeninitiative der Partei und ersetzt die Partei durch einen ausgewählten Beamtenapparat . . ."

Der Machtkampf mit Trotzki

Schon am 26. Oktober reagiert Stalin. Er beruft eine Sitzung des Zentralkomitees ein, auf der er Trotzki vorhält, mit seiner Attacke die gegenwärtige Führung der Partei zu diskreditieren, um im Falle des Ablebens Lenins die Führung an sich reißen zu können. Der Vorwurf ist vermutlich nicht ganz unberechtigt. Lenin ist nun schon seit vielen Monaten gelähmt, und an seinem Aufkommen ist zu zweifeln. Die Partei wird bereits von einem Dreiergespann, einer Troika, geführt, von Kamenew, Sinowjew und Stalin. Allen dreien ist bewußt, daß das ZK bei freier Entscheidung im gegenwärtigen Augenblick keinen von ihnen mit der Nachfolge Lenins betrauen würde. Viel eher würde Leo Trotzki das Rennen machen, als Organisator des Oktoberputschs, als Sieger im Bürgerkrieg, als engster Verbündeter Lenins in so vielen, so heiklen Siutationen wie etwa während des Matrosenaufstands von Kronstadt. Daher würde man es als nahezu selbstverständlich erachten, daß Lenin in Trotzki seinen Nachfolger gesehen habe.

Stalin, aber auch Kamenew und Sinowjew wollen Trotzki um diesen Vorsprung bringen, ehe Lenin stirbt. So nützen sie den Protest der 46, um Trotzki aus der Reserve zu locken. Bei der ZK-Sitzung unterstellen sie Trotzki, daß er die Führung der Partei an sich reißen wolle, wissend, daß Trotzki solche Vorwürfe besonders irritieren und daher zu entsprechenden Fehlleistungen provozieren würden.

Und so ist es auch. Erst seit kurzem weiß man, daß bei dieser ZK-Sitzung Stalins Assistent Boris Baschanow Trotzkis Verteidigungsrede mitstenographiert hat. Das Stenogramm wurde jetzt im Geheimen Parteiarchiv entdeckt und von dem sowjetischen Historiker Danilow teilweise veröffentlicht. Dem Stenogramm zufolge erklärt Trotzki, daß ihm Lenin die Parteiführung schon zweimal angetragen habe, beide Male habe er abgelehnt. Trotzki laut Stenogramm wörtlich: „In der Tat, Genossen, gibt es einen persönlichen Aspekt in meiner Arbeit, der zwar in meiner tagtäglichen Existenz keine Rolle spielt, dennoch von großer politischer Bedeutung ist, nämlich meine jüdische Abstammung." Er habe Lenin gegenüber erklärt, er möchte nicht „unseren Feinden in die Hände spielen". Nach seiner, Trotzkis, Ansicht wäre es besser, wenn „kein einziger Jude in der ersten sowjetischen revolutionären Regierung sitzt". Lenin habe dies zwar als einen großen Unfug bzw. als eine Laune Trotzkis zurückgewiesen, es

aber zur Kenntnis genommen. Daraus schließt Trotzki vor dem ZK: „Wer immer mich persönlicher Ambitionen und des lächerlichen Verlangens beschuldigt, mir die große Verantwortung (als Nachfolger Lenins) aufzubürden, muß mich für einen Schurken oder einen total Verrückten halten."

Zweifellos hat Stalin dies zu Protokoll nehmen lassen, um diese Sätze Trotzkis notfalls eines Tages gegen ihn verwenden zu können, nämlich ganz in dem von Trotzki angesprochenen Sinn: Man dürfe den Feinden nicht in die Hände spielen, indem man einem Juden die Führung der Sowjetunion anvertraue. Das würden innere und äußere Feinde sein: Der Antisemitismus in der Sowjetunion war immer sehr groß und ist selbst heute noch, nach 70 Jahren sogenannter sozialistischer Erziehung, sehr verbreitet. Und auch im feindlichen Ausland könnte zum Antikommunismus auch noch der Antisemitismus gegen die Sowjetunion mobilisiert werden (was Hitler und Goebbels später auch kräftig tun werden).

Nun heißt das aber nicht, daß Trotzki mit diesem Hinweis auf eine künftige Führungsrolle in der Partei tatsächlich schon verzichtet hätte. Heutige Historiker und gute Trotzki-Kenner vermuten eher das Gegenteil: Trotzki hätte mit dem Hinweis, Lenin habe ihm bereits zweimal die Nachfolge angeboten, die ZK-Mitglieder mit Nachdruck darauf aufmerksam gemacht, daß Lenin ihn, Trotzki, und niemand anderen als Nachfolger vorgesehen habe. Und gerade die von ihm zitierte Ablehnung mit der Begründung, er sei Jude, hätte im Zentral-

Am 21. Januar 1924 stirbt Lenin. Der Sarg mit dem Leichnam wird auf einem Holzgestell auf dem Roten Platz in Moskau aufgestellt (links oben und Mitte). In großen Trauerzügen wird von Lenin Abschied genommen (rechts). Als der Sarg in ein provisorisches, aus Holz errichtetes Mausoleum getragen wird, bilden Stalin und Molotow die erste Reihe der Sargträger (links unten).

komitee diesbezüglichen Bedenken, die gewiß vorhanden waren, die Spitze nehmen sollen.

Vermutlich ist dies damals auch von vielen so verstanden worden. Denn prompt schließt die Führungsspitze ihre Reihen nun enger: Kamenew, Sinowjew und Stalin bilden eine feste Front gegen Trotzki. Dieser wiederum ist nun so sicher, daß niemand anderer als er für die Nachfolge Lenins in Frage komme, daß er keine weiteren Schritte mehr unternimmt, um diese Position für sich zu sichern.

Lenin ist tot

Drei Monate später, am 21. Januar 1924, gegen 18 Uhr, erleidet Lenin einen weiteren heftigen Anfall und verliert das Bewußtsein. Eine Stunde später ist er tot. Bucharin ist anwesend und beschreibt später die Szene in Lenins Sterbezimmer: „Als ich in das mit Arzneien vollgestellte, mit Ärzten angefüllte Zimmer von Iljitsch eilte, hauchte er gerade seinen letzten Seufzer aus. Sein Kopf sank zurück, das Gesicht bedeckte sich mit einer furchtbaren Blässe, ein Röcheln ertönte, die Arme sanken herab, Iljitsch war nicht mehr."

Der schon erwähnte Sekretär Boris Baschanow beschreibt die Reaktion der Bevölkerung auf Lenins Tod in verblüffender Offenheit: „Ein Teil der Bevölkerung freute sich darüber, natürlich ohne es offen zu zeigen. Für sie war Lenin der Urheber des Kommunismus; er sei dorthin gegangen, wo er längst hingehört hat. Der andere Teil der Bevölkerung hielt Lenin für besser als die anderen (KP-Führer), weil er den Zusammenbruch des Kommunismus erkannt und sich daher beeilt habe, wieder einige Elemente des normalen Lebens einzuführen (die Neue Ökonomische Politik), die bewirkt hätten, daß man sich einigermaßen ernähren konnte. Im Gegensatz dazu war ein großer Teil der Partei erschüttert . . . Es herrschte Bestürzung, wie würde es jetzt ohne ihn weitergehen?"

Man kann annehmen, daß Baschanow seine Aufzeichnungen auf die vielen Berichte stützte, die ihm in seiner Funktion als Sekretär des Politbüros zugänglich waren. Wenn dem so ist, dann stand der Kommunismus in Sowjetrußland zu diesem Zeitpunkt noch immer – oder schon wieder – auf sehr schwachen Füßen; dann muß ein Großteil der Bevölkerung dieses System abgelehnt haben. So ähnlich, wie das auch sofort zum Ausdruck kam, als Michail Gorbatschow erstmals nach mehr als 70 Jahren eine offene Berichterstattung über den Zustand des Landes und die Einstellung der Bevölkerung zuließ. Daß unter solchen Umständen „ein großer Teil der Partei erschüttert (war), besonders an der Basis", kann man gut verstehen. 1924 setzte die Parteispitze alles daran, die Führung sowohl der Partei als auch des Landes rasch und fest in den Griff zu bekommen. Obwohl man täglich mit dem Ableben Lenins rechnen mußte, hatte sich Trotzki just in jener Zeit zu einer Kur an das Schwarze Meer begeben. Stalin verständigte Trotzki vom Tod Lenins. Trotzki beschuldigte Stalin später, ihn über die Beisetzung Lenins bewußt falsch informiert zu haben, wissend, daß Trotzki mit den damaligen Transportmitteln nicht mehr rechtzeitig in Moskau eintreffen konnte, um an den Trauerfeiern teilzunehmen. Und Stalin habe ihm im gleichen Telegramm daher auch geraten, seine Kur fortzusetzen. Tatsächlich aber habe die Beerdigung erst am 27. Januar stattgefunden, und Trotzki wäre noch rechtzeitig in Moskau eingetroffen. Woraus der Historiker Wolkogonow die Frage ableitet: Hat Stalin Trotzki bewußt belogen, um ihn vom Begräbnis fernzuhalten? Die meisten heutigen Historiker sind davon überzeugt.

Denn es ist Stalin, der nun allein die Begräbnisfeierlichkeiten organisiert. Das gibt ihm einen doppelten Vorteil: In dieser Stunde, da jeder in der Partei Angst hat vor der Leere, die nach Lenins Tod zurückbleibt, vor der Ungewißheit, wie es mit Partei und Land weiterge-

Bei der Trauerfeier für Lenin tritt Stalin bereits in den Vordergrund. Er organisiert die Beisetzung und leistet am offenen Sarg Lenins einen Schwur, mit dem er sich selbst und die Partei verpflichtet, das Erbe Lenins zu wahren und zu vollenden (unten). Rechts oben: Das provisorische, aus Holz errichtete Mausoleum vor der Kremlmauer auf dem Roten Platz in Moskau.

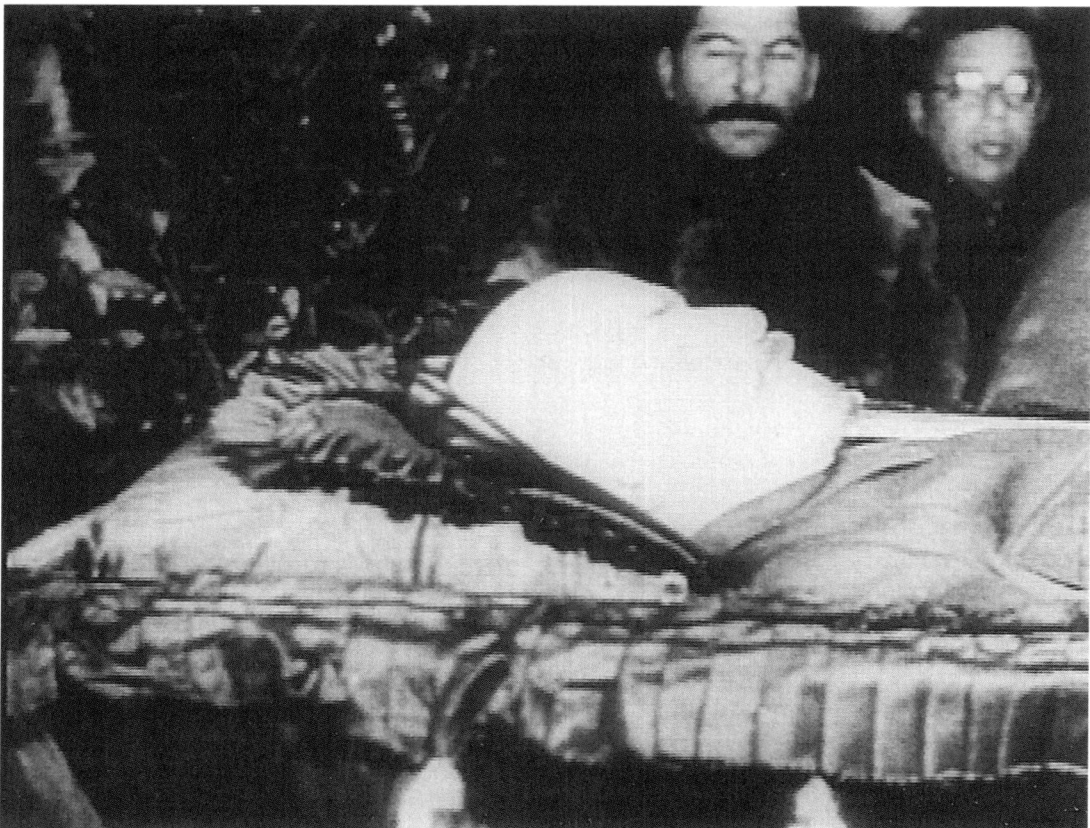

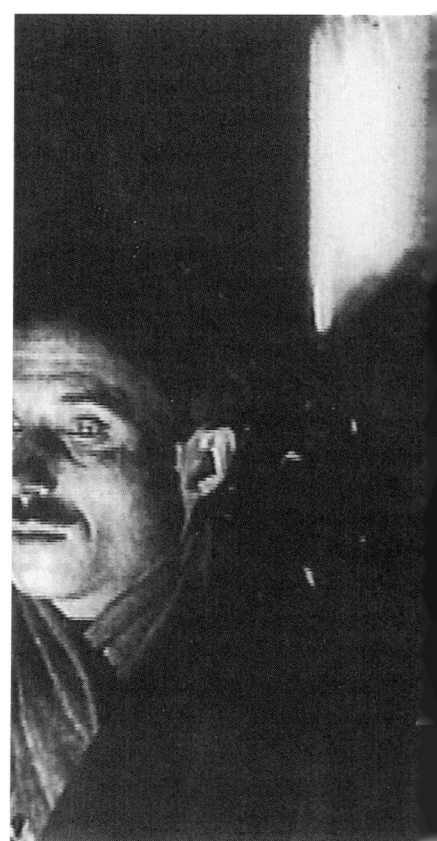

hen soll, zu einer Zeit, in der sich sowohl die Partei als auch das Land in einer schweren Krise befinden, in diesem Moment ist da einer, der nun alles energisch in die Hand nimmt, alles umsichtig organisiert, jedem seinen Platz zuteilt und damit auch schon die Rollen verteilt.

Der Sarg mit Lenins Leichnam wird von seinem Landhaus in Gorki, wo er gestorben ist, nach Moskau gebracht und im Säulensaal des Gewerkschaftshauses aufgebahrt. Im ganzen Land werden Sonderfahrten mit Sonderzügen organisiert, mit denen Hunderttausende Menschen in die Hauptstadt gebracht werden, um dort von Lenin Abschied zu nehmen.

Es ist einer der kältesten Winter, den Moskau je erlebt hat. Dennoch stellen sich die Menschen stundenlang vor dem Gewerkschaftshaus an, um den toten Lenin einen Augenblick lang sehen zu können. Die Trauerfeier selbst hat viele Attribute eines orthodoxen Trauergottesdiensts. Das nominelle Staatsoberhaupt der Sowjetunion, der Vorsitzende des Präsidiums des Zentralexekutivkomitees der UdSSR, Michail Kalinin, beginnt schon nach den ersten Sätzen seiner Trauerrede zu schluchzen, einige Frauen im Saal schreien laut auf.

Und wie bei einer orthodoxen Trauerfeier wird nun der ganze Saal von Wehlauten erfüllt. Es ist, wie Zeitgenossen es beschreiben, ein „Auf- und Abrollen von Lauten des Schmerzes und der Verzweiflung".

In dieser Atmosphäre werden nun nach Stalins Einteilung die Trauerreden gehalten. Nach Kalinin spricht Lenins Witwe, die Krupskaja, einige Worte des Abschieds, gefolgt von Sinowjew. Bis jetzt trägt jede der Ansprachen zu Verzweiflung und Orientierungslosigkeit bei. Besonders Sinowjew: „Wird es uns gelingen, unser Land in jene verheißungsvollen Gefilde zu führen, die sich dem geistigen Auge Wladimir Iljitschs offenbart hatten? Wird es uns gelingen, zumindest mit knapper Not, indem wir alle Kräfte zusammennehmen, das zu erreichen, was Wladimir Iljitsch uns lehrte?"

Stalins Schwur

Dann spricht Stalin. Er hält keine Trauerrede. Er steht vor dem offenen Sarg und leistet einen Schwur: „Als Genosse Lenin von uns schied, hinterließ er uns das Vermächtnis, den erhabenen Namen eines Mitglieds der Partei hochzuhalten und in Reinheit zu bewahren. Wir schwören Dir, Genosse Lenin, daß wir dieses Dein Gebot in Ehren erfüllen werden! Als Genosse Lenin von uns schied, hinterließ er uns das Vermächtnis, die Einheit unserer Partei wie unseren Augapfel zu hüten. Wir schwören Dir, Genosse Lenin, daß wir dieses Dein Gebot in Ehren erfüllen werden! Als Genosse Lenin von uns schied, hinterließ er uns das Vermächtnis, die Diktatur des Proletariats zu schützen und zu festigen. Wir schwören Dir, Genosse Lenin, daß wir unsere Kräfte nicht schonen werden, um auch dieses Dein Gebot in Ehren zu erfüllen! Als Genosse Lenin von uns schied, hinterließ er uns das Vermächtnis, mit allen Kräften das Bündnis der Arbeiter und Bauern zu festigen. Wir schwören Dir, Genosse Lenin, daß wir auch dieses Dein Gebot in Ehren erfüllen werden! Als Genosse Lenin von uns schied, hinterließ er uns das Vermächtnis, die Union der Republiken zu festigen und zu erweitern. Wir schwören Dir, Genosse Lenin, daß wir auch dieses Dein Gebot in Ehren erfüllen werden! Als Genosse Lenin von uns schied, hinterließ er uns das Vermächtnis, den Grundsätzen der Kommunistischen Internationale die Treue zu bewahren. Wir schwören Dir, Genosse Lenin, daß wir unser Leben nicht schonen werden, um den Bund der Werktätigen der ganzen Welt, die Kommunistische Internationale zu festigen und zu erweitern!" Der Schwur ist in Form und Tonfall der kirchlichen Liturgie angepaßt. Lenin wird von Stalin auch nicht als ein irdisch Hingeschiedener angesprochen, sondern wie ein Heiliger, dem die Hinterbliebenen von nun an Rechenschaft schuldig sind, der ihre Taten beurteilen und über sie richten wird, der aber auch anzurufen ist, als Helfer, als Wegweiser, als Richter. Stalin legt damit schon das Fundament für den Leninkult, der bis in die Tage Gorbatschows anhalten wird.

Der Kommunismus hat versucht, den Menschen die Religion und den Glauben an Gott zu nehmen; Stalin versucht ihn durch einen Glauben an Lenin und an die Lehren des Marxismus-Leninismus zu ersetzen, um, wie man bald sehen wird, der Hauptnutznießer eines solchen Personenkults zu werden. Denn natürlich überträgt sich der mystische Glauben an den verstorbenen Lenin auch auf dessen Nachfolger auf Erden. Das findet tatsächlich schon statt, als Stalin seinen Schwur vor Lenins Sarg leistet. Lenin, so läßt Stalin in der Partei beschließen, wird nicht wie irgendein anderer sterblicher Politiker des 20. Jahrhunderts beigesetzt, nein, für ihn wird ein Mausoleum errichtet im Herzen Moskaus, auf dem Roten Platz, zu Füßen des Kremls. Der Leichnam Lenins wird einbalsamiert, seine sterbliche Hülle soll erhalten bleiben für ewige Zeiten, soll – ähnlich den ägyptischen Pharaonen – dadurch Ewigkeitscharakter annehmen.

Lenin bleibt solcherart aber auch anrufbar, bleibt präsent für jene, die erklären oder vorgeben, in seinem Namen zu handeln. Jede Sowjetführung seither hat aus solcher Anrufung ihre Berufung, ihre Legitimität abgeleitet. Und noch mehr: ihre Verpflichtung, Lenins Aufträge zu erfüllen. Stalin hat diese Aufträge in seinem Schwur formuliert: Den erhabenen Namen eines Mitglieds der Partei in Reinheit zu bewahren – wem dies abgesprochen wird, der hat sich versündigt, der wird ausgestoßen, bestraft; die Einheit der Partei zu hüten – wer Kritik übt, wer opponiert, gefährdet diese Einheit und muß ausgemerzt werden; die Diktatur des Proletariats zu schützen und zu festigen – heißt die Diktatur der Partei, die im Namen des Proletariats ausgeübt wird, und innerhalb der Partei die Diktatur des Führers, der im Namen der Partei handelt; das Bündnis der Arbeiter und Bauern zu festigen – Bauern, die sich diesem Bündnis nicht unterordnen, verstoßen gegen diesen Auftrag und werden vernichtet; die Union der Republiken zu festigen und zu erweitern – es also nicht nur beim Zusammenschluß der damaligen Sowjetrepubliken zur Sowjetunion zu belassen, sondern diese Union noch zu erweitern und die zentrale Gewalt über sie zu festigen, wie es dann auch im Baltikum, in Ostmitteleuropa geschehen ist; den Grundsätzen der Kommunistischen Internationale die Treue zu bewahren – zu diesen Grundsätzen gehört bereits der unabdingbare Gehorsam aller kommunistischen Parteien der Welt gegenüber der Moskauer Zentrale, ihre Unterordnung unter die Interessen der Sowjetführung.

Zielbewußt geht Stalin daran, die erste Runde im Kampf um die Macht für sich zu entscheiden, genauer: seinen Hauptrivalen Leo Trotzki aus dem Feld zu schlagen. Zunächst muß Stalin noch eine gefährliche Hürde nehmen. Auf einem Plenum des Zentralkomitees, fünf Tage vor Beginn des XIII. Parteitags der Kommunistischen Partei, der für den 23. Mai 1924 angesetzt ist, erscheint erwartungsgemäß die Krupskaja, die Witwe Lenins, und legt, gemäß Lenins Letztem Willen, dem Plenum jene Schriften vor, die Lenin auf seinem Krankenbett verfaßt hatte und von denen er wollte, daß sie erst nach seinem Tod dem nächsten Parteitag zur Kenntnis gebracht würden. Unter den Schriftstücken befindet sich auch Lenins scharfe Kritik an Stalin, ja Lenins Vorschlag, Stalin als Generalsekretär abzulösen.

Für Stalin und die Mitglieder des Politbüros ist das keine Überraschung, denn Lenins Sekretärin hatte ihnen den Inhalt dieser Zitate bereits zur Kenntnis gebracht, wohl auch aus Angst vor dem Vorwurf, durch ihr Schweigen die Parteiführung gefährdet zu haben. Für Kamenew und Sinowjew und auch die übrigen Mitglieder des Politbüros ist klar, daß dieses Urteil Lenins die Absetzung Stalins nach sich ziehen müßte. Aber nach dessen Absetzung automatisch auch die Bestellung Trotzkis zum neuen Parteiführer. In Stalin sehen sie einen treuen Erfüllungsgehilfen, eben einen Generalsekretär, der die Ideen und Wünsche der intellektuellen Führer der Partei organisatorisch umzusetzen versteht. So und nicht anders hat sich Stalin ihnen gegenüber bis dahin verhalten. Trotzki ist ein Rivale, ideenreicher und wortgewaltiger als sie selbst, ein Populist, hinter dem außerdem die Rote Armee steht, er ist noch immer Kriegskommissar. Vor Trotzki haben sie Angst, Trotzki würde sie nicht lange dulden, zumindest nicht als Gleichberechtigte, höchstens als Untergeordnete. So gilt es für sie, Stalin als Generalsekretär zu erhalten und mit ihm eine Front gegen Trotzki zu bilden.

Kamenew selbst macht sich zum Erklärer der Leninschen Schriftsätze, legt sie jeweils kleinen Gruppen von ZK-Mitgliedern vor und spielt ihre Bedeutung herunter. Lenin habe dies alles schon vor eineinhalb Jahren zu Papier gebracht, danach noch ein Jahr lang gelebt, ohne Stalin gegenüber weitere Kritik zu äußern oder Mißtrauen zu zeigen. Alle hätten seither nur beste Erfahrungen mit dem Genossen Stalin gemacht. Folglich sei Stalin lediglich nahezulegen, er möge sich Lenins Kritik bei der weiteren Führung der Geschäfte des Generalsekretärs zu Herzen nehmen.

Als Stalin weiß, daß die große Mehrheit der ZK-Mitglieder diese Auffassung teilt, riskiert er noch mehr, um seine Position zu festigen:

Er bietet seinen Rücktritt an. Erwartungsgemäß wird das Angebot abgelehnt. Das aber ist gleichzeitig eine Bestätigung Stalins, seine Festigung auf dem Posten des Generalsekretärs. Und nun geschieht ein Weiteres: Das Zentralkomitee beschließt, Lenins Kritik an Stalin, Lenins Testament, dem Parteitag nicht vorzulegen. Das ist eine grobe Mißachtung des Letzten Willens Lenins. Wolkogonow schreibt dazu: „Kamenew und Sinowjew waren federführend beteiligt an dieser Operation, die dem Zweck diente, Lenins Testament zu mißachten . . . Bedenkt man ihre Nähe zu Lenin, so ist dies wohl die unwürdigste Seite in ihrer politischen Biographie . . . wenn sie nur gewußt hätten, daß sie ihren Totengräber verteidigten!"

Doch an diesem XIII. Parteitag im Mai 1924 geht es Kamenew und Sinowjew nur darum, Trotzki abzuwehren und ihre eigene Position zu stärken. Stalin scheint ihnen dabei entscheidend zu helfen: Geschickt arrangiert er es, daß nicht Trotzki, sondern Sinowjew das Hauptreferat, den Rechenschaftsbericht, dieses Parteitags hält. Nach dem inzwischen längst zum Ritual gewordenen Brauch gilt jener, der das Hauptreferat hält, auch schon als der nächste Führer der Partei.

Trotzki ist nur einer der nachfolgenden Redner. Er bemüht sich auch nicht mehr, die Mehrheit der Delegierten für sich zu gewinnen. Er versucht etwas anderes: Über den Parteitag hinweg direkt an die Masse der Parteimitglieder zu appellieren. Trotzki greift das Politbüro, das Zentralkomitee an, wirft ihnen vor, den gesamten Parteiapparat zu bürokratisieren, die revolutionäre Tradition der Partei zu verraten, die Partei sei nicht mehr fähig, schnell und wahr zu denken. Nicht er und andere Kritiker würden Fraktionen bilden, die die Einheit der Partei gefährden, es sei die Bürokratie, die die Kritik herausfordere und solcherart die Einheit der Partei gefährde.

Die meisten Mitglieder des Parteitags müssen Trotzkis Kritik auf sich selbst beziehen. Er erhält dementsprechend wenig Zustimmung. Den Kampf um die Macht kann er nicht mehr innerhalb der Führungsgremien gewinnen. Jetzt kann Trotzki nur noch versuchen, in den Betrieben selbst, bei den Arbeitern, bei den Parteimitgliedern, bei den Offizieren und Soldaten Zustimmung und Rückhalt zu finden. Doch damit verstößt er, nach Ansicht der meisten ZK-Mitglieder, gegen Lenins Doktrin, derzufolge die Einheit der Partei über alles andere zu stellen sei, daß es keine innere Opposition und keine Fraktionsbildung geben dürfe.

Trotzki, der in der Partei vielen als der logische Nachfolger Lenins gilt und sich wohl auch selbst für diesen hält, ist bei den Beisetzungsfeierlichkeiten in Moskau nicht anwesend. Angeblich nannte Stalin ihm ein falsches Datum und empfahl ihm, seine Kur im Süden des Landes nicht zu unterbrechen.

Trotzki macht es Stalin damit leicht, frontal gegen ihn vorzugehen. Am 19. November 1924 erklärt Stalin vor dem Plenum der Gewerkschaften: „Allem Anschein nach besteht die Absicht, daß Trotzki . . . einen Versuch macht, Vorbedingungen zu schaffen, um den Leninismus durch den Trotzkismus ersetzen zu können. Trotzki muß auf Biegen und Brechen die Partei und ihre Kader diffamieren, um von der Diffamierung der Partei zur Diffamierung des Leninismus überzugehen."

Die Grundlagen des Machtkampfs

Man würde meinen, der Partei und ihren Führern müßte in erster Linie das Wohlergehen des Landes und seiner Bevölkerung am Herzen liegen. Lenin hatte, wie wir gesehen haben, im letzten Moment sozusagen die Notbremse gezogen, hatte die Neue Ökonomische Politik eingeführt, als der Versuch, den Kommunismus zu verwirklichen, total gescheitert war. Die noch vorhandenen oder wieder in das Land zurückgerufenen Handelsleute, Gewerbetreibenden, Handwerker sollten den Handel und die Märkte wieder beleben, die mittleren und wohlhabenderen Bauern – die Kulaken – wieder genügend Getreide erzeugen, um einerseits die Bevölkerung ernähren zu können und andererseits mit großen Getreideexporten Devisen zu erwerben, um im Ausland jene Maschinen zu kaufen, die man zum Wiederaufbau und Ausbau der eigenen Industrie dringend benötigte.

Das Experiment ist zunächst erstaunlich gut gelungen: Über Nacht scheint sich das ganze Land wieder zu beleben, Brot gibt es in ausreichender Menge, Hausrat, Textilien, Schuhwerk. Doch bald entsteht zwischen der industriellen und der landwirtschaftlichen Produktion eine sich schnell erweiternde Kluft: In den Fabriken wird zuwenig erzeugt, das Warenangebot reicht nicht aus, um das Geld, das die Bauern für ihre Erzeugnisse erhalten, zu absorbieren. Der Ausweg scheint einfach – die Preise für die Industriewaren werden angehoben, und den Bauern wird für ihre Überschüsse weniger bezahlt. Das führt jedoch prompt wieder zu einer Einschränkung der landwirtschaftlichen Produktion und damit zu einer Gefährdung der Getreideexporte, ohne die aber das Geld für den Ankauf der notwendigen Industrieausrüstungen ausbleibt.

Die Ökonomen jener Zeit nannten das „die Schere", gemeint sind die beiden Kurven in der Statistik, mit denen die auseinanderklaffenden Industrie- und Agrarpreise dargestellt werden. Diese Schere zu schließen, muß das primäre Ziel der Wirtschaftspolitik sein. Dazu bedarf es Entscheidungen, die weit über die Tagespolitik hinausgehen: Wohin überhaupt soll sich die Wirtschaft des Sowjetstaats entwickeln? Bleibt er grundsätzlich ein Agrarstaat und wird seinen Bedarf an industriellen Großausrüstungen im Austausch für Agrarprodukte weiterhin aus dem Ausland beziehen? Oder muß der Versuch unternommen werden, in Rußland eine eigenständige Schwerindustrie aufzubauen? Kann das überhaupt gelingen?

In einer Partei wie der kommunistischen sind damit nicht nur wirtschaftliche Fragen gestellt, sondern hochgradig ideologische. Lenin hat eine Industrialisierung Rußlands aus eigener Kraft lange Zeit für ausgeschlossen gehalten; eine wirtschaftliche Errettung Rußlands hielt er nur für möglich, wenn die Revolution Deutschland und andere Industrieländer erfaßte und diese neuen Sowjetrepubliken dann dem russischen Sowjetstaat zu Hilfe eilen würden. In den letzten Jahren seines Lebens begann sich Lenin mit dem Gedanken abzufinden, daß die Revolution in Deutschland und in anderen Staaten auf sich warten lassen könnte und man in dieser Zeit doch versuchen müßte, den Sozialismus in Rußland aus eigener Kraft zu bauen, das heißt, daß Rußland seine Industrialisierung selbst zu bewerkstelligen hätte.

In den allerersten Jahren nach Lenins Tod findet die Partei keine Antwort auf diese Frage. Das ist nicht nur Ratlosigkeit, das ist vor allem darauf zurückzuführen, daß es noch keinen handlungsfähigen Nachfolger Lenins gibt. Die Energien der Spitzenführer der Partei werden von dem Machtkampf um diese Nachfolge fast völlig absorbiert. Jedes Argument, das für die eine oder die andere wirtschaftliche Lösung vorgebracht wird, wird sofort dazu benützt, dem Gegner den Verrat an der Revolution, am Sozialismus oder – noch schlimmer – am Leninismus vorzuwerfen.

Innerhalb der Parteiführung wechseln die Fronten. Um Trotzki abzudrängen, hatten sich Kamenew und Sinowjew mit Stalin verbündet. Als Trotzki so angeschlagen ist, daß er als ernsthafter Widersacher nicht mehr in Frage kommt, wendet sich Stalin prompt gegen seine bisherigen Verbündeten Kamenew und Sinowjew; will er allein herrschen, muß er auch sie loswerden. Dazu sucht er sich einen neuen Verbündeten, Bucharin, den „Liebling der Partei", wie ihn Lenin genannt hat. Allseits beliebt, kenntnisreich und besonders fähig, wirtschaftliche Zielsetzungen ideologisch zu untermauern. Das kommt Stalin im Moment gelegen. Auf dem XIV. Parteitag spricht Stalin über die innere Lage der Sowjetunion.

Sozialismus in einem Land

Es ist gerade heute von großem Wert, diese Rede genauer zu betrachten. Da sagt Stalin unter anderem: „Wir arbeiten und bauen unter den Bedingungen der kapitalistischen Umkreisung. Das bedeutet, daß unsere Wirtschaft und unser Aufbau sich im Gegensatz, in Zusammenstößen zwischen unserem Wirtschaftssystem und dem kapitalistischen Wirtschaftssystem entwickeln werden. Diesem Widerspruch können wir in keiner Weise entrinnen. Das ist der Rahmen, innerhalb dessen der Kampf der beiden Systeme vor sich gehen muß, des sozialistischen Systems und des kapitalistischen Systems. Das bedeutet außerdem, daß unsere Wirtschaft nicht nur in ihrer Gegensätzlichkeit zur kapitalistischen Wirtschaft des Auslands aufgebaut werden muß, sondern auch im Rahmen der Gegensätzlichkeit der verschiedenen Elemente innerhalb unseres Landes, der Gegensätzlichkeit der sozialistischen Elemente zu den kapitalistischen Elementen."

Diese wenigen Sätze stellen bereits ein umfassendes Programm dar: Von jetzt an bis zu seinem Tod wird Stalin die Welt außerhalb der Sowjetunion als unwiderruflich feindlich ansehen, als kapitalistische Einkreisung. Es ist ein Leninsches Rezept: Man erkläre alle anderen politischen Kräfte zu Feinden, dann liegt in deren Überwindung schon der eigene unanfechtbare Machtanspruch begründet. Jeder Kompromiß zwingt zu Konzessionen und – vor allem solange man der Schwächere ist – zu einer Teilunterwerfung. Der Bolschewismus bezieht nur aus dem totalen Machtanspruch seine Legitimation. Stalin schließt daraus völlig logisch, daß der Sowjetstaat nur im Gegensatz zur übrigen Welt aufgebaut werden kann, mit dem Ziel, diese übrige Welt zu unterwerfen, sobald die eigene Stärke dazu ausreicht.

Um dieses ungeheuer ehrgeizige Ziel erreichen zu können, ist zunächst die eigene Bevölkerung zu unterwerfen, sie hat widerspruchslos den Befehlen der Partei zu folgen. Jeder Widerstand ist zu brechen. Noch nennt es Stalin „Gegensätzlichkeit der verschiedenen Elemente innerhalb unseres Landes". Bald wird er es marxistisch verbrämt einen fortgesetzten, sich ständig verschärfenden Klassenkampf nennen. Er nennt in dieser Rede auch schon das Endziel: „. . .eine Generallinie, die davon ausgeht, daß wir alle Kräfte aufbieten müssen, um unser Land zu einem wirtschaftlich selbständigen, unabhängigen, auf dem inneren Markt basierenden Land zu machen, zu einem Land, das zum Anziehungsfeld für alle anderen Länder wird, die nach und nach vom Kapitalismus abfallen und in die Bahnen der sozialistischen Wirtschaft einlenken werden. Diese Linie erfordert maximale Entfaltung unserer Industrie . . . Das ist unsere Aufbaulinie . . . diese Linie ist unerläßlich, solange es eine kapitalistische Umkreisung gibt. Anders wird sich die Lage gestalten, sobald die Revolution in Deutschland oder in Frankreich oder in beiden Ländern gesiegt hat, sobald dort der sozialistische Aufbau auf einer höheren technischen Grundlage beginnt. Dann werden wir von der Politik der Verwandlung unseres Landes in eine unabhängige Wirtschaftseinheit zur Politik der Einbeziehung unseres Landes in die gemeinsame Bahn der sozialistischen Entwicklung übergehen." Stalin gibt die Hoffnung auf Revolution in den entwickelten Industrieländern nicht auf, aber er macht die russische Entwicklung nicht mehr von der Erfüllung dieser Hoffnung abhängig. Das ist eine klare Absage an die bisherige Weltsicht der Bolschewiki. Was Stalin hier formuliert, wird später unter dem Titel „Sozialismus in einem Land" als wichtigste Weichenstellung in der weiteren Entwicklung der Sowjetunion in die Geschichte eingehen.

Schon zu diesem Zeitpunkt dürfte Stalin gewußt haben, daß diese Entwicklung des Sozialismus in Rußland aus eigener Kraft nur unter Anwendung brutalster Maßnahmen möglich sein wird. Hätte er diese Maßnahmen bereits beim XIV. Parteitag genannt, wäre er auf eine geschlossene Abwehrfront gestoßen. Die Frage der Mittel läßt er offen. Über sie diskutieren die anderen – seine Feinde und seine momentanen Verbündeten. Auch Trotzki fordert die radikale Industrialisierung des Landes, um aus Sowjetrußland die Kampfmaschine der Weltrevolution zu machen. Trotzki nennt auch das Mittel dazu: Das freie Bauerntum muß endgültig abgeschafft werden, die Kulaken sind zu vernichten, an ihre Stelle haben große Staatsgüter zu treten; sie allein werden Getreide in so hohem Maß produzieren können, daß damit die Industrialisierung Rußlands finanziert werden kann.

Heute wissen wir, daß Stalin, was die Mittel betrifft, genauso dachte wie Trotzki. Doch zunächst war es für ihn wichtig, Trotzki auszuschalten. Und so ist es Stalin recht, daß sich der Liebling der Partei, Bucharin, energisch gegen diese Linie Trotzkis stellt: Nur mit Hilfe der Bauern und gerade der Kulaken könne die Ernährung der Bevölkerung sichergestellt werden, nur sie könnten die Überschüsse produzieren, die man zur Industrialisierung brauche. Das Bauerntum sei nicht abzuschaffen, sondern mit noch größeren wirtschaftlichen Möglichkeiten auszustatten.

Kamenew und Sinowjew sehen in dieser Auseinandersetzung die Gefahr, daß der von Trotzki geforderte Kampf gegen die Kulaken die Bauernaufstände wieder aufleben lassen und die Nahrungsmittelversorgung gefährden würde. Das aber würde vor allem die Arbeiterschaft treffen, die die Industrialisierung durchführen soll. Das Bündnis mit dem Bauerntum sei daher Voraussetzung für den Aufbau des Sozialismus. Doch wichtiger als diese Erkenntnis ist ihnen ihre eigene Position.

Stalin stellt sich auf die Seite Bucharins. Kamenew und Sinowjew, die sich von Stalin bereits überspielt sehen, glauben eine Chance zu erkennen, den schon so mächtig gewordenen Generalsekretär zu Fall zu bringen. Sie suchen jetzt das Bündnis mit ihrem bisherigen Gegner Trotzki. Die geschlossene Front der drei engsten Paladine Lenins – Trotzki, Kamenew und Sinowjew – werde die Partei wachrütteln, werde sie gegen Stalin mobilisieren. Zu spät. Im Zentralkomitee, im Parteiapparat, selbst in den Parteiorganisationen, denen sie vorstehen, finden Trotzki, Sinowjew und Kamenew keine ausreichende Unterstützung mehr. Stalin bezichtigt sie der „Linksopposition", die die Partei daran hindern wolle, den einzig richtigen Kurs einzuschlagen, Lenins Kurs, wie Stalin betont. Damit ist der Machtkampf voll entbrannt. Die Opposition wird beschuldigt, die Beschlüsse des X. Parteitags, Fraktionsbildungen nicht zuzulassen, gröblichst verletzt zu haben. Sinowjew wird aus dem Politbüro ausgeschlossen – „zur Wahrung der Einheit der Partei". Gegen Stalin ist nicht mehr aufzukommen. So legen Trotzki, Sinowjew und Kamenew dem Zentralkomitee ein „Schuldeingeständnis" vor und hoffen, solcherart einer weiteren Degradierung und Verfolgung zu entgehen.

Lenin hatte seinerzeit ein solches Bekenntnis Kamenews und Sinowjews nachsichtig akzeptiert. Nicht Stalin. Mit diesem Bekenntnis in der Hand schreitet er zur endgültigen politischen Vernichtung seiner Widersacher. Am 16. Oktober 1926 haben sie ihre Schuld eingestanden, am 23. Oktober wird nach Sinowjew nun auch Trotzki aus dem Politbüro ausgestoßen und Kamenew der Kandidatur zum Polit-

Bilder, wie man sie bisher noch nie zu Gesicht bekommen hat: Trotzki wird abgeführt zur Deportation. Die Haltung der Hände läßt darauf schließen, daß man ihn gefesselt hatte und die Fesseln erst öffnete, als er in das Sonderabteil des Zugs geschoben wurde. Trotzki wurde zunächst nach Alma Ata in Kasachstan verbannt, ein Jahr später in die Türkei abgeschoben. Er richtete Asylansuchen an zahlreiche Staaten, lediglich Frankreich und Norwegen gewährten Trotzki für eine Zeitlang Aufenthalt, bevor er sein endgültiges Asyl in Mexiko fand. Dort wurde er 1940 von einem Abgesandten Stalins erschlagen.

büro verlustig erklärt. Ein Jahr später, am 25. Oktober 1927, werden Trotzki und Sinowjew auch aus dem Zentralkomitee ausgeschlossen und kurz danach sogar aus der Partei.

Die Verbannung folgt auf dem Fuß. Trotzki und weitere 30 Mitglieder der linken Opposition werden aus Moskau ausgewiesen, Trotzki wird zuerst in die Nähe von Alma Ata verbannt, im Januar 1929 aber wird er zwangsexiliert und in die Türkei abgeschoben. Welch ein Hohn: Man befördert ihn, den engsten Kampfgenossen Lenins, auf einem Schiff, das den Namen „Iljitsch" trägt, nach Konstantinopel. Dort geht Trotzki bereits mit einem Schreiben an den türkischen Staatspräsidenten Mustafa Kemal Pascha – später Atatürk genannt – an Land: „Sehr geehrter Herr! Vor den Toren Konstantinopels habe ich die Ehre Ihnen mitzuteilen, daß ich mich an der türkischen Grenze durchaus nicht aus freiem Willen eingefunden habe; diese Grenze werde ich nur überschreiten, weil ich mich der Gewalt unterwerfe. Leo Trotzki".

In einem weiteren Vorgriff auf die Geschichte sei schon hier vermerkt, daß Trotzki nach langen Irrfahrten, die ihn durch viele Länder führen, schließlich in Mexiko ein endgültiges Asyl findet. Dort hat ihn im Jahr 1940 Stalins langer Arm erreicht: Er wird von einem aus Moskau entsandten Agenten mit einem Eispickel erschlagen. Man muß fragen weshalb, da doch Stalin schon viel früher Gelegenheit gehabt hätte, Trotzki auch physisch auszuschalten. Die heutigen Historiker glauben die Antwort zu wissen: Stalin brauchte Trotzki als großes, stets drohendes Feindbild; solange es Trotzki gab, konnte innerhalb der Sowjetunion jeder beschuldigt werden, mit Trotzki in Verbindung zu stehen, mit Trotzki einen Umsturz vorzubereiten. Und so war es auch: Hunderttausende sind wegen angeblicher trotzkistischer Umtriebe in die Konzentrationslager, in den Gulag, verbracht worden, und wahrscheinlich nicht viel weniger wurden unter der gleichen Beschuldigung ermordet.

Nach diesen gewaltigen „Säuberungswellen" war es notwendig, nun auch das Feindbild selbst wegzuräumen. Trotzki wußte das und lebte in Mexiko in einer Art Festung, in die niemand eintreten durfte, der den Wachen nicht persönlich bekannt war. Der Mörder benötigte viele Monate, um zuerst das Vertrauen der Familie und dann Trotzkis selbst zu erwerben.

In der kommunistischen Bewegung, aber auch unter Historikern ist immer wieder die Frage gestellt worden, ob sich das Sowjetsystem anders entwickelt hätte, wenn es von Trotzki und nicht von Stalin geformt worden wäre. Man hat versucht, sozusagen Trotzkis Vorstellungen und Forderungen in die Praxis umzusetzen und diese solcherart errechnete Trotzki-Wirklichkeit mit der Wirklichkeit Stalins zu vergleichen. Interessanterweise ergibt sich dabei kaum ein Unterschied. Stalin hat nämlich unmittelbar nach der Ausschaltung Trotzkis begonnen, dessen Ideen in die Tat umzusetzen: die Vernichtung der Kulaken, die Zwangskollektivierung als Voraussetzung für eine forcierte Industrialisierung. Und es ist kaum anzunehmen, daß sich Trotzki dabei anderer Methoden bedient hätte, als sie dann Stalin angewendet hat: Massendeportationen, Massenerschießungen, eine enorme Ausweitung des Gulag – all das hatte auch schon Trotzki im Rahmen des Kriegskommunismus praktiziert. Und Trotzkis Idee von der permanenten Revolution wären wahrscheinlich die gleichen Grenzen gesetzt gewesen, an die auch Stalin in der Praxis stieß.

Ob die Partei lebendiger, in ihrem Innenleben demokratischer und selbstkritischer gewesen wäre, so wie es Trotzki in seinen Anklagen gegen Stalin einforderte, darf ebenfalls bezweifelt werden, wenn man an die rigorose Disziplin und die harten Strafen denkt, mit denen Trotzki seine Rote Armee immer wieder zu äußersten Anstrengungen zwang, und wenn man an seinen nie verhohlenen Hochmut

Die Bauern werden aufgefordert, ihr Stück Land, ihr Vieh und ihre Werkzeuge in die neu geschaffenen Kolchosen einzubringen. Die Partei setzt Agitatoren ein, um die Bauern freiwillig zu diesem Schritt zu bringen. Wo das nichts nützt, wird Zwang angewendet.

denkt, den schon Lenin kritisiert hatte und der Trotzki im Zentralkomitee soviel Sympathie kostete.

Der XV. Parteitag im Dezember 1927 bestätigt den Ausschluß von Sinowjew, Trotzki und einer Gruppe Trotzkisten aus der Kommunistischen Partei. Der gleiche Parteitag beschließt bereits, die Kollektivierung in Angriff zu nehmen und den ersten Fünfjahresplan für die Volkswirtschaft auszuarbeiten, mit dem Ziel der forcierten Industrialisierung.

Die Zwangskollektivierung

Als hätte Trotzki den Text geschrieben: Das ZK-Plenum bezeichnet die Splitterung der Landwirtschaft als die Hauptursache für die unzureichende Getreideproduktion. Für den im Fünfjahresplan vorgesehenen raschen Aufbau einer eigenen sowjetischen Großindustrie müßten bedeutend mehr Devisen aufgebracht werden, als dies mit den gegenwärtigen Getreideexporten möglich sei. Will man die Getreideproduktion steigern, müsse man in der Landwirtschaft von der Bauernwirtschaft zur Großproduktion übergehen. Die Einzelbauern sollten sich – freiwillig – zu Kollektivwirtschaften zusammenschließen, zu Kolchosen, in die die Bauern auch ihr persönliches Eigentum, ihre Geräte und ihren Viehbestand einzubringen hätten. Die Felder würden zu großen Anbauflächen zusammengefaßt, die sich für den Einsatz mit Traktoren und Mähmaschinen eignen würden. Zentrale Maschinen- und Traktorenstationen würden den Kolchosen diese Geräte zur Verfügung stellen.

Unausgesprochenes Vorbild für die Anbaumethoden sind die Großfarmen in den USA; mit verhältnismäßig geringem Personalaufwand werden dort durch intensiven Maschineneinsatz große Ernteerträge erzielt. Das müßte auch in der Sowjetunion zu erreichen sein.

Das Konzept ist einleuchtend. Selbst die Bestimmungen zu seiner Verwirklichung scheinen erträglich: Nur Bauern, die das freiwillig tun, sich also von der Zielsetzung motivieren lassen, sollen in Kolchosen zusammengeschlossen werden. Doch die Praxis sieht wieder einmal ganz anders aus. Die Kollektivierung wird mit einem Schlag Bestandteil der Ideologie, und damit ist kaum noch Freiwilligkeit zugelassen. Parteiaktivisten, Komsomolzen und selbst Rotarmisten werden eingesetzt, um in einer Propagandakampagne größten Ausmaßes die Bauern in die Kollektivierung zu treiben. In den Dörfern werden Propagandareden gehalten, werden Versprechen abgegeben, wird eine helle, reiche Zukunft für alle geschildert.

Wer dennoch nicht bereit ist, sein Stück Land aufzugeben und mit seinem Besitz in die Kolchose einzuziehen, der wird zunächst beschimpft, dann bedroht und schließlich vor die Wahl gestellt, für die Kolchose zu unterschreiben oder das Dorf zu verlassen. Von Freiwilligkeit ist nicht mehr die Rede. Bald geht man einen Schritt weiter. Die größeren Bauern – nach mittel- und westeuropäischen Begriffen sind es Kleinstproduzenten – werden beschuldigt, sich auf Kosten der Allgemeinheit bereichert zu haben. Sie, die mit ihrem Fleiß und ihrer Produktion das Rückgrat der Neuen Ökonomischen Politik gebildet haben, werden nun wieder als Klassenfeinde eingestuft. Als solche dürfen diese Kulaken nicht einmal mehr den Kolchosen beitreten, sie werden entschädigungslos enteignet. Auch ihr gesamter privater Besitz wird ihnen weggenommen, meist werden sie unter Anleitung der Parteifunktionäre von den übrigen Dorfbewohnern geplündert. Unter der Anschuldigung, dem Staat Steuern entzogen zu haben, werden die Kulaken und ihre Familien festgenommen und zu Hunderttausenden in die Zwangsarbeitslager deportiert. Die meisten von ihnen haben nicht überlebt.

Man schätzt, daß im Zuge der Zwangskollektivierung rund neun Millionen Menschen ausgerottet worden sind. Doch selbst die Bauern, die – freiwillig oder unfreiwillig – in die Kolchosen gegangen sind, werden dort einem sehr strengen, der Zwangsarbeit gleichenden Regime unterworfen. Für sie gilt nun, was für die Arbeiter in den Fabriken längst eingeführt ist: fest vorgeschriebene Arbeitszeiten und Arbeitsnormen; jedes Zuspätkommen zur Arbeit wird bestraft, unentschuldigtes Fernbleiben von der Arbeit gilt als Sabotage und daher als konterrevolutionäres Verbrechen. Die Kolchosen sind verpflichtet,

ihre gesamte Produktion dem Staat abzuliefern, erst danach erfolgen die Zuteilungen für den Eigenbedarf. Kommt man dieser totalen Ablieferungspflicht nicht nach, gilt das als Diebstahl von Staatseigentum, darauf steht Gefängnis und sogar die Todesstrafe.

Das System läßt sich natürlich nur erzwingen, indem man alle Mitglieder der Kolchose unter strenge Aufsicht stellt. Diese Kontrolle üben die Parteiorgane aus, die ihre Informationen durch ständige Bespitzelung und Denunziation erhalten. Selbst Kinder werden dazu angehalten, ihre Eltern zu beobachten und in der Schule oder beim Komsomol anzuzeigen. Alle Mitglieder der Kolchose müssen sich versammeln, wenn die Partei die Schuldigen an den Pranger stellt, alle sind aufgefordert, alles vorzubringen, was sie gegen die Beschuldigten wissen – oder zu wissen glauben. Wer zögert, macht sich selbst verdächtig.

Es geht also nicht nur um die zwangsweise Einführung einer neuen Wirtschaftsform, hier werden Lebensformen zerschlagen, werden die seit Jahrhunderten aufeinander abgestimmten Beziehungen zwischen den Menschen gewaltsam aufgehoben. Was früher dörfliche Eifersüchteleien, Neid und Spott waren, wird jetzt zu einer vernichtenden Waffe. Ärmlicher Hausrat, der die Begierde eines noch ärmeren Nachbarn erweckt hat, ist die Belohnung, die der Denunziant erhält, wenn er mit seiner Anzeige und der meist falschen Zeugenaussage die Deportation oder Erschießung seines Nachbarn erwirkt hat. Die Wunden, die der Psyche der Menschen in dieser Zeit der Zwangskollektivierung zugefügt werden, sind bis in unsere Tage nicht verheilt. Die von der Partei auf das Land entsandten Schergen, deren ursprüngliche Aufgabe es ja nur sein sollte, die Bauern zur Kollektivierung zu zwingen, steigern sich in einen Verfolgungsrausch und nicht selten in einen Blutrausch hinein, dem letztlich Millionen Menschen zum Opfer fallen.

Stalins Fünfjahresplan gerät bald in eine schwere Krise. Die Zwangskollektivierung zeitigt genau die Folgen, die Bucharin einer solchen Maßnahme vorausgesagt hat: Die Nahrungsmittelproduktion sinkt rasch ab, viele Bauern haben es vorgezogen, ihr Vieh eher zu schlachten, als es in die Kolchose einzubringen. Die Denunziationen, Deportationen und Erschießungen treffen vor allem die Fleißigen, die Ehrgeizigen, die Gescheiteren unter den Bauern, es sind ja diese Eigenschaften, die sie zu mittleren, zu wohlhabenderen Bauern gemacht haben. Gerade sie werden nun als Klassenfeinde ausgeschaltet. Auch das trägt nicht unerheblich zum Abfall der Produktion bei.

Und ein weiteres Mittel, mit dem die Partei die Bauern in die Kolchose treiben will, führt nun rasch zu einer schweren Versorgungskrise: Der freie Verkauf landwirtschaftlicher Produkte auf offenen Märkten wird verboten. Das soll die Bauern treffen, die noch immer außerhalb der Kolchosen ihr eigenes Gemüse oder Obst anbauen. Es soll ihnen nicht mehr erlaubt sein, sich durch den Verkauf dieser Produkte besser zu stellen als jene, die in die Kolchose gegangen sind. Und die Kolchosen müssen wie gesagt ihre gesamte Produktion dem Staat abliefern. Die Folge: Nun ist es so wie früher im Kriegskommunismus, auf den Märkten gibt es nichts mehr zu kaufen, in den staatlichen Läden nur das, was ein komplizierter, ineffizienter, bürokratischer Verwaltungsapparat zentral eintreiben, lagern, transportieren und verteilen kann; auf diesem Weg geht oft mehr als die Hälfte des Gemüses, der Kartoffeln, des Obsts, selbst des Getreides verloren, weil es in der Hitze oder in der Kälte verdirbt, weil es nicht rechtzeitig an den Konsumenten kommt.

Stalin hat mit der Abschaffung des freien Markts für landwirtschaftliche Produkte eine Versorgungskrise ausgelöst, die nun zu einer permanenten Erscheinung im Leben der Sowjetbürger wird und mit nur kurzen Unterbrechungen – wenn es Rekordernten gab – auch heute noch das Alltagsleben in der Sowjetunion kennzeichnet.

Mit der Abschaffung des freien Agrarmarkts hat Stalin praktisch auch das Fundament der Neuen Ökonomischen Politik zerstört. Denn es war die funktionierende Versorgung mit Lebensmitteln, die die Arbeiter anspornte, die das Gewerbe florieren ließ und die den Handel ermöglichte. Für überzeugte Kommunisten war die NEP von Anfang an ein schwerer Sündenfall, eine Rückkehr zum Kapitalismus und damit eine Gefahr für den Sozialismus. Nur weil Lenin selbst die NEP angeordnet hatte, wurde sie toleriert. Die meisten Parteifunktionäre hätten lieber den Mangel ertragen als die Folgen, die sich aus der NEP ergeben: die Erholung des Kleinbürgertums, das Aufkommen einer neuen Klasse von Kapitalisten. Jeder, der an der NEP verdient und dem es folglich besser geht, muß von den Proletariern als Provokation empfunden werden. Stalin hat dies von Anfang an so gesehen. Und er sieht es auch als seine Aufgabe an, die Partei wieder zurückzuführen auf den Weg des reinen Sozialismus. Mit Lust nimmt er den Klassenkampf wieder auf, so wie er ihn versteht und wie ihn wohl auch Lenin ursprünglich verstanden hat: Die Zwangskollektivierung soll das „Kulakentum" als Klasse vernichten. Wenn dieser Vernichtung auch noch die Bauern anheimfallen, die sich der Kollektivierung widersetzen, um so besser, denn auch sie sind als Feinde des Sozialismus einzustufen. Wenn die Zwangskollektivierung zum Ende der Neuen Ökonomischen Politik führt, um so besser, dann wird man auch mit der neuen Bourgeoisie, mit den NEP-Kapitalisten, aufräumen können.

Kulaken und ihre Familien werden in Zwangsarbeitslager eingewiesen oder erschossen. Der Enteignung und Verbannung bzw. Erschießung geht ein meist auf dem Dorfplatz öffentlich geführtes Tribunal voraus. Unter Spottplakaten haben die Dorfbewohner dem Verfahren beizuwohnen (oben und Mitte). Selbst Kinder werden gezwungen, ihre Eltern zu denunzieren (unten).

Die Partei organisiert Kundgebungen, bei denen die „Vernichtung der Kulaken als Klasse" gefordert wird (links). Die Teilnehmer an den Umzügen wissen, daß damit die Verschickung der Klassenfeinde in den Gulag oder die Erschießung gemeint ist. Die Bilderfolge rechts zeigt die Enteignung eines Kulaken (oben), danach die Einwaggonierung und Verschickung von Kulakenfrauen in den Gulag. Die Bilder geben keine Auskunft darüber, was mit den Männern geschieht oder geschehen ist. Im Bild unten ist das Lagertor zu sehen; hinter den Frauen die Wachen mit Gewehren.

Stalin sieht in all dem wichtige Schritte zur Verwirklichung seines Ziels – den Aufbau des Sozialismus in der Sowjetunion. Sein enges Verständnis des Marxismus läßt ihn den Klassenkampf als einen Kampf zur physischen Vernichtung der feindlichen Klassen auffassen. Dabei trifft nun Stalin auf die Bedenken seiner bisherigen Verbündeten im Politbüro. Bucharin ist über die Bauernpolitik entsetzt, Rykow als Regierungschef und Tomski als Gewerkschaftsvorsitzender haben Bedenken wegen der sich schnell verschlechternden Versorgungslage der Bevölkerung, insbesondere der Arbeiterschaft. Bucharin versucht sogar, Kontakt aufzunehmen mit Trotzki, Kamenew und Sinowjew, zu deren Sturz er doch soeben erst beigetragen hat; nun sieht auch er nur noch in einer geschlossenen Front der alten Bolschewiki eine Chance, Stalin in seinem Vernichtungswahn zu stoppen. Doch eine solche Front kommt nicht mehr zustande. Die Aktivitäten Bucharins, Rykows und Tomskis geben Stalin die Handhabe, nun auch gegen sie vorzugehen, gegen die sogenannten „Rechtsabweicher".

Vor dem Plenum des XVI. Parteitags fordert Stalin die sofortige Ausschaltung der Rechtsopposition. War er in der Auseinandersetzung mit der Linksopposition noch vorsichtig, nahm er noch Rücksicht darauf, daß Trotzki, Sinowjew und Kamenew die engsten Weggefährten Lenins waren, mußte er noch Angst haben vor einem Bündnis der linken und der rechten Opposition, so braucht er jetzt keinerlei Rücksicht mehr zu nehmen. Mit Bucharin, Rykow und Tomski schaltet er die letzten Parteifunktionäre aus, die sich noch auf einen etwas breiteren Rückhalt in der Partei stützen könnten.

Die Vernichtung der Kulaken

Nach der Liquidierung der Linksopposition und nach der Ausschaltung der Rechtsopposition hat Stalin den Gipfel seiner Macht erreicht. Und er wird auf diesem Gipfel verweilen bis zu seinem Tod im Jahr 1953. Stalin nützt auch gleich die unumschränkte Macht, um die Zwangskollektivierung weiter zu verschärfen. Im Dezember 1929 fordert Stalin eine energische Offensive zur endgültigen Liquidierung des Kulakentums. Die Kulaken werden in drei Kategorien eingeteilt: Kulaken, die Widerstand leisten, werden erschossen oder in Arbeitslagern zusammengefaßt, aus denen sie in der Regel nicht mehr wiederkehren. Kulaken, die nicht aktiv Widerstand leisten, werden in

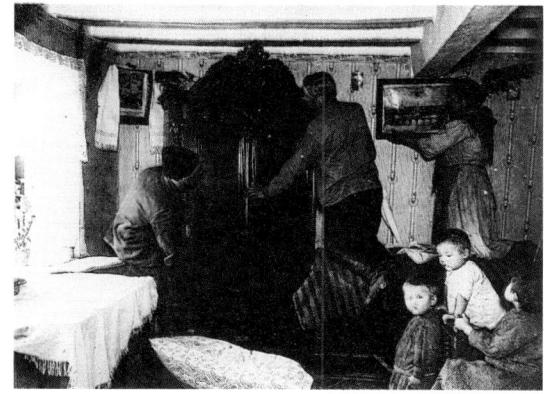

entlegene Landesteile verbannt, wo sie in der Forstwirtschaft oder im Bergbau eingesetzt werden. Das ist nur scheinbar ein besseres Los: Die Deportationen werden in grausamer Form durchgeführt, die Menschen eingepfercht in Viehwaggons, in eisiger Kälte ohne Essen oder in brütender Hitze ohne Wasser. Viele kommen bei diesen oft Wochen dauernden Transporten um.

Die Gefügigsten unter den Kulaken, wohl auch die Ärmsten, läßt man außerhalb des Kolchosensystems dahinvegetieren, ohne Wohnsitz, ohne Arbeit, bis auch sie aufgegriffen und in die Lager gesteckt werden. Der Stalin-Biograph Wolkogonow nennt die „Entkulakisierung" einen „Sturm der Gesetzlosigkeit", und er nennt auch Zahlen: 1929 seien 150 000 Kulakenfamilien nach Sibirien und in den hohen Norden verbannt worden, 1930 seien es 240 000 gewesen und 1931 über 285 000. Wolkogonow wörtlich: „Nach meinen Berechnungen betraf die Entkulakisierung 8,5 bis 9 Millionen Männer, Frauen, Alte, Kinder ... viele wurden wegen Widerstands erschossen, und nicht wenige kamen um auf dem Weg nach Sibirien und in den Norden. Ganze Orte fielen der Gewalt zum Opfer."

Das sagt nicht irgendwer, Wolkogonow ist bis in Gorbatschows Zeiten Leiter des Historischen Instituts an der Frunse-Akademie, der höchsten Ausbildungsstätte der Sowjetarmee, gewesen, Volksdeputierter und Generaloberst.

Auf Stalins harte Zwangsmaßnahmen antwortet ein Teil der Bauern, insbesondere in der Ukraine, mit einer Art Produktionsstreik. Sie produzieren nur noch, was sie selbst benötigen, sie liefern nur noch wenig oder nichts mehr ab. Stalin nimmt Rache. Rücksichtslos läßt er requirieren, was auf den Bauernhöfen zu finden ist, wie in den alten Zeiten des Kriegskommunismus, nur noch strenger, weil besser organisiert und noch gewaltsamer durchgeführt. Millionen Bauern sehen sich plötzlich vor dem Nichts, sehen sich dem Hungertod preisgegeben. Nur noch Flucht kann sie retten, Flucht in die Städte, Flucht in andere Gebiete der Sowjetunion. Doch da läßt Stalin alle Verbindungswege sperren, stellt den Eisenbahnverkehr ein, blockiert die Straßen. Den Bauern ist der Fluchtweg versperrt. Sie sind zum Verhungern verurteilt.

Nach heutigen Schätzungen sind damals in der Ukraine rund zehn Millionen Menschen verhungert. Die offizielle kommunistische Geschichtsschreibung hat diese Ereignisse stets übergangen, für sie haben sie nicht stattgefunden. Doch die Welt erfuhr von den katastrophalen Zuständen in der Ukraine: Einzelne Reisende, denen es gelang, aus dem Hungergebiet in den Westen zu kommen, berichteten von den wandelnden Skeletten in den Dörfern, von den vielen Toten auf den Straßen, vom um sich greifenden Kannibalismus.

In derselben Zeit exportierte die Sowjetunion im Schnitt fünf Millionen Tonnen Getreide jährlich in das Ausland, vor allem nach Deutschland, nach Großbritannien und sogar in die USA. Mit diesen Exporten wollte Stalin zweierlei erreichen: Sie mußten die Devisen bringen für die forcierte Industrialisierung, für den Ankauf von Maschinen und Industrieausrüstungen. Gleichzeitig jedoch wurde dieses russische Getreide weit unter den Weltmarktpreisen angeboten. Dieses Dumping sollte nicht nur den Absatz sichern, es sollte auch die Landwirtschaften im Westen ruinieren, insbesondere in den USA. Das war ein mit der Kommunistischen Internationale vereinbartes Ziel: Die Kapitalisten würden das billige Getreide aus der Sowjetunion der teureren Produktion der eigenen Farmer vorziehen. Und das taten sie auch – der größte Getreideproduzent der Welt, die USA, führte in den dreißiger Jahren Millionen Tonnen russisches Getreide ein, weil es billiger war. Und das am Höhepunkt der Wirtschaftskrise, die an dem berüchtigten schwarzen Freitag in der Wall Street ihren Anfang nahm.

In der Glasnostzeit unter Gorbatschow konnten sowjetische Historiker erstmals diesen ungeheuerlichen Ereignissen nachgehen. Sie fanden nicht nur Beweise in den Archiven, sie konnten auch systematisch Zeitzeugen einvernehmen, Schilderungen von Menschen, die der damaligen Hungersnot gerade noch entkommen sind. Herzzerreißend ihre Berichte, wie sie ein Familienmitglied nach dem anderen sterben sahen. Von Beratungen innerhalb der Familie berichten sie, bei denen die Eltern beschlossen, die Säuglinge und Kleinkinder nicht mehr zu ernähren, die Milch der Mutter den älteren Kindern zu geben und die kleinen Kinder nach deren Tod zu essen, wobei den älteren Kindern die größeren Portionen zustanden. Als erste aber gingen die Großeltern in den Freitod, um mit ihren Körpern die Enkel zu ernähren.

Der schon zitierte Autor, Viktor Suworow, beklagt in seinem Buch „Der Eisbrecher", daß all diese Opfer nicht annähernd das erbrachten, was Stalin der Partei und dem Sowjetvolk von der Kollektivierung und Industrialiserung versprochen hatte. Im Gegenteil, der Lebensstandard sank auf einen beängstigenden Tiefpunkt, und die Industrialisierung habe in erster Linie dazu gedient, Waffen in riesigen Mengen zu erzeugen. Wörtlich: „Hätte Stalin für Angriffswaffen, für Fallschirmseide, für westliche Rüstungstechnologie jährlich nicht fünf, sondern nur vier Millionen Tonnen Getreide verkauft, dann wären Millionen Kinder am Leben geblieben." Rußland habe im Ersten Weltkrieg 2,3 Millionen Menschen verloren, Stalin habe in Friedenszeiten sehr viel mehr Menschen umgebracht. Suworow: „Der kommunistische Frieden war weitaus schrecklicher als der imperialistische Krieg."

Die Industrialisierung

Die Geschichtsschreibung auch im Westen hat Stalin bisher zumindest zugebilligt, daß er trotz der erschreckend inhumanen Methoden mit seiner Industrialisierung einen Modernisierungsschub herbeigeführt hat, ohne den die Sowjetunion den Zweiten Weltkrieg nicht überstanden hätte und der auch den Grundstein legte für den Aufstieg der Sowjetunion zur Supermacht nach dem Krieg. Allerdings bezahlt dies die Sowjetbevölkerung bis in unsere Tage mit einem erschreckend niedrigen Lebensstandard. Als Stalin seinen ersten Fünfjahresplan verkündet, horcht die Welt auf. Dergleichen hat es noch nie gegeben: Die Sowjetunion ist zu diesem Zeitpunkt immer noch weitgehend ein Agrarland, zwei Drittel ihrer Bevölkerung leben auf dem Land; ihre industrielle Basis ist schmal, ganze Kategorien von Industrieerzeugnissen werden in der Sowjetunion nicht hergestellt, müssen importiert werden. Und jetzt verkündet Stalin, daß er dieses riesige Reich in nur wenigen Jahren hoch industrialisieren will. Ja, er spricht sogar davon, die schon damals größte Industriemacht der Welt, die USA, in der industriellen Produktion einholen und überholen zu wollen. Das werde gelingen, so meint er, weil sich der Sozialismus dem Kapitalismus als weit überlegen erweisen werde. Viele glauben das, nicht nur in der Sowjetunion, auch im Westen. Denn was Stalin da vorlegt, sieht bestechend aus: ein umfassender Plan, der alle Hilfsquellen Rußlands in den Dienst eines gewaltigen Aufbauwerks stellt, der präzise vorschreibt, wie viele Tausende und Hunderttausende Menschen welche Arbeiten, an welchem Ort, zu welcher Zeit zu vollbringen haben. Ein Plan, der die Errichtung eines Dutzends gewaltiger Wasserkraftwerke vorsieht, den Ausbau riesiger Kohlebergwerke, die Erschließung neuer großer Erdölfelder. Ein Plan, der genau dort, wo es die Elektrizität, die Kohle, das Erdöl gibt, große Industriekombinate entstehen lassen will, völlig neue Städte, in denen bald

Die Bauern in der Ukraine reagieren auf die Zwangskollektivierung mit einem Anbaustreik. Stalin bestraft sie mit einer Hungerblockade: Alle vorhandenen Lebensmittel werden requiriert, und den Menschen wird gleichzeitig verboten, das Land zu verlassen, um etwa in die Städte zu ziehen. Die Folge ist eine Hungersnot, der Anfang der dreißiger Jahre schätzungsweise rund 10 Millionen Menschen zum Opfer gefallen sind. Die Ukraine wurde damals gegenüber der Außenwelt hermetisch abgesperrt, nur wenige Nachrichten und fast keine Fotos erreichten die Außenwelt. Die hier gezeigten Fotos haben Seltenheitswert: Die Menschen brechen auf den Straßen zusammen und sterben vor Hunger (oben und Mitte). Über die Landstraßen ziehen Kolonnen auf der Suche nach Nahrung, doch sie müssen auf dem Land bleiben (unten).

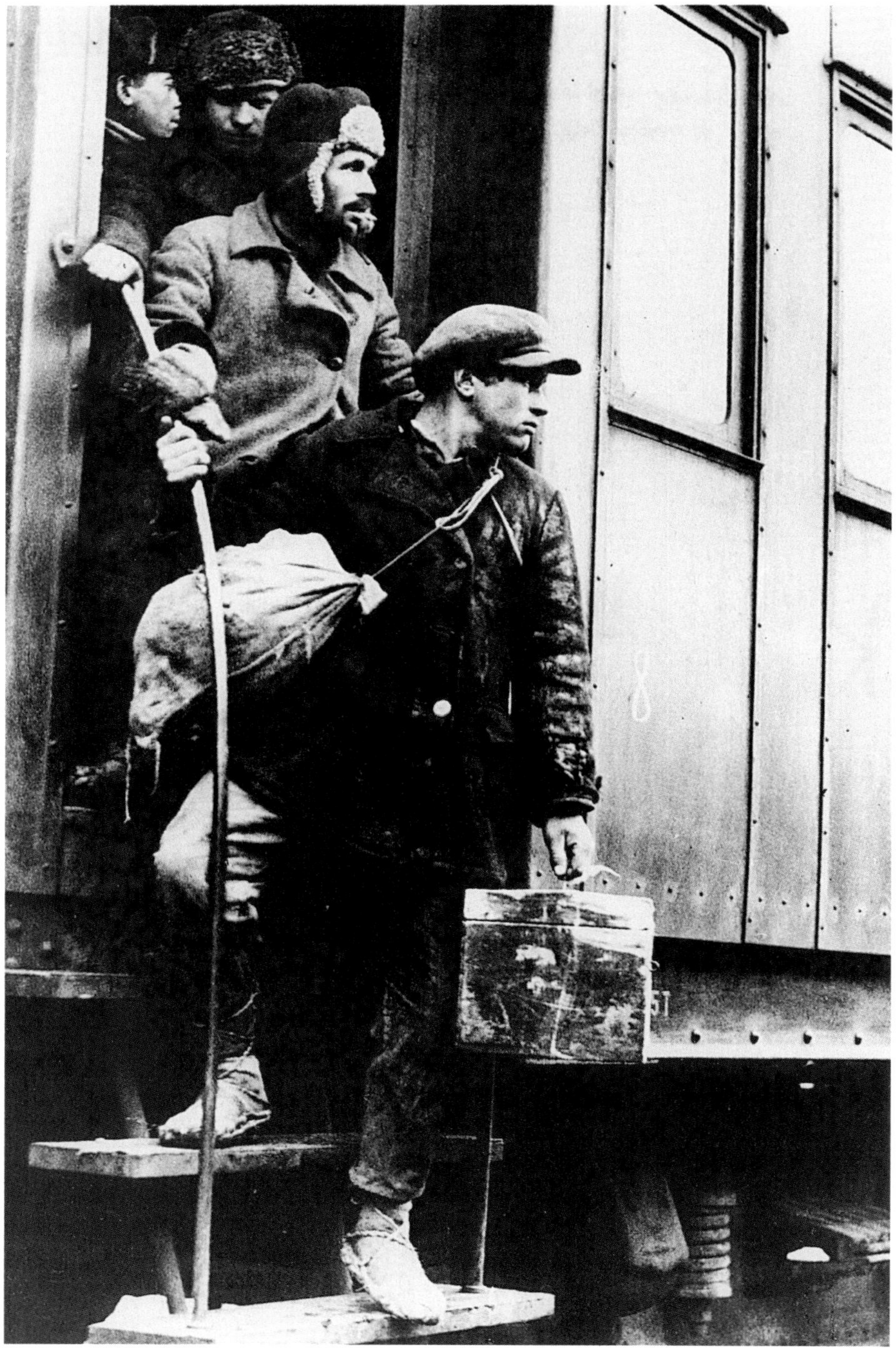

Im Zuge der forcierten Industrialisierung ab 1928/29 werden Dutzende Städte und Industriekombinate aus dem Boden gestampft. Hunderttausende Arbeiter werden dazu eingesetzt (oben links und rechts), die zunächst in großen Zeltstädten untergebracht werden. Unser Bild zeigt eine dieser Zeltstädte im Gebiet von Magnitogorsk, Südural (unten).

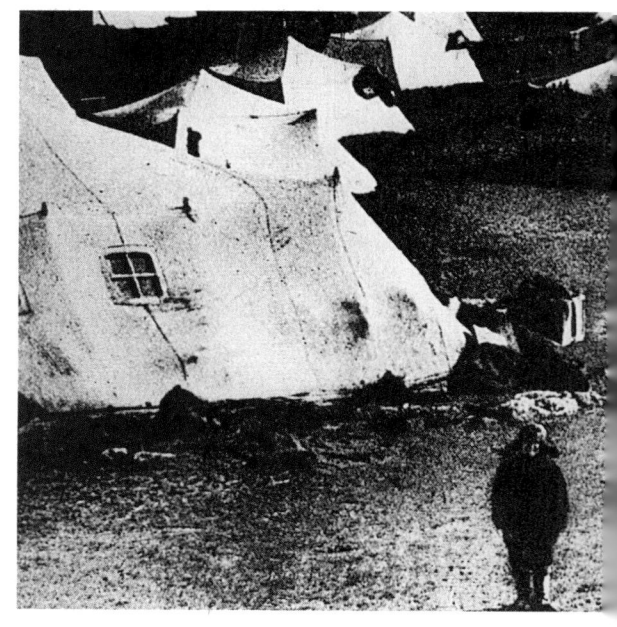

Millionen Menschen leben werden. Ein Plan, der die Eisenbahnstrekken der Sowjetunion verdreifachen, den Schiffsverkehr verdoppeln wird. Und dazu ein zentralisiertes Regierungssystem, das dies alles nicht nur anordnen, sondern auch auf Kommando durchführen kann. Dazu eine Partei, die mit ihren propagandistischen Mitteln Millionen Menschen motivieren wird, die eine Aufbruchsstimmung vermittelt, wie man sie in der Welt bisher noch nicht gekannt hat. Das alles just zu einem Zeitpunkt, da in Westeuropa und in den USA eine schwere Wirtschaftskrise herrscht, da in den kapitalistischen Ländern die Industriebetriebe dutzendweise zugesperrt werden und Millionen ihre Arbeit verlieren.

Gewiß, Stalins Plan ist erst verkündet, noch nicht in die Tat umgesetzt. Doch der große Aufbruch ist überall in der Sowjetunion zu bemerken. Während auf dem offenen Land über hundert Millionen Bauern in die Kollektivierung gepreßt werden, viele Millionen Kulaken ihr Leben verlieren und andere Millionen verhungern, finden in den Städten die Propagandamärsche der Komsomolzen, der Partei,

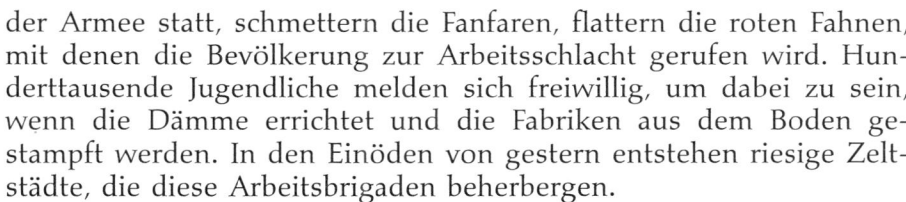

der Armee statt, schmettern die Fanfaren, flattern die roten Fahnen, mit denen die Bevölkerung zur Arbeitsschlacht gerufen wird. Hunderttausende Jugendliche melden sich freiwillig, um dabei zu sein, wenn die Dämme errichtet und die Fabriken aus dem Boden gestampft werden. In den Einöden von gestern entstehen riesige Zeltstädte, die diese Arbeitsbrigaden beherbergen.

Doch der Enthusiasmus, mit dem sie an die Arbeit gehen, kann zweierlei nicht ersetzen – die ausgebildeten Fachkräfte und die trotz allem nötigen Maschinen. Beides, die Fachkräfte wie die Maschinen, muß sich der Sowjetstaat aus dem Ausland holen, aus den fortgeschrittenen Industriestaaten. Dabei kommt ihm die Wirtschaftskrise im Westen zu Hilfe: In ganz Europa und in den USA melden sich Tausende Ingenieure und Facharbeiter, die mit Freude und Begeisterung in die Sowjetunion gehen und am dortigen Aufbau mitwirken wollen. Dazu kommt, daß die Komintern, daß die nationalen kommunistischen Parteien kräftig die Werbetrommel rühren: Für sie ist der Aufbruch in der Sowjetunion ein wirksames Werbemittel. Hier der darniederliegende, in tiefer Krise befindliche Kapitalismus, dort der aufbrechende Sozialismus, der die Träume der Menschheit erfüllen werde. Und es gibt vieles, was diesen Anspruch glaubhaft erscheinen läßt.

Große Industriekombinate werden errichtet und mit ihnen ganze Industriestädte. Die eindrucksvollste ist zweifellos Magnitogorsk im Uralgebiet. An der Wolga, am Don, am Dnjepr entstehen gewaltige Wasserkraftwerke, bald übertroffen noch von jenen, die man an den sibirischen Flüssen errichtet, am Ob, am Jenissej. Rund um die Kohlenfelder im Donezbecken werden Eisenhütten, Stahlwerke, Maschinenindustrien aus dem Boden gestampft. Forciert wird vor allem die

Schwerindustrie mit zwei Zielsetzungen: Sie soll so rasch wie möglich die Voraussetzungen schaffen für die Mechanisierung der Landwirtschaft, den Bau von Traktoren, Mäh- und Dreschmaschinen, und – das zweite Ziel – sie soll die Rüstungsgüter erzeugen, um die Rote Armee zum bestgerüsteten Militär der Welt zu machen. Und die Rüstung hatte schon damals Vorrang vor der zivilen Produktion. Jedenfalls sind bei den großen Paraden anläßlich der Jahresfeiern der Oktoberrevolution schon Anfang der dreißiger Jahre erstaunlich viele und hochmoderne Panzer, Geschütze und Flugzeuge zu sehen, während ein Gutteil der sowjetischen Importe noch immer aus Traktoren und Erntemaschinen besteht.

Die Sowjetunion ist in den Jahren 1930 und 1931 der größte Einkäufer von landwirtschaftlichen Maschinen in den USA. Die Ford-Werke allein liefern 38 Prozent ihrer gesamten Traktorenproduktion in die Sowjetunion. An die USA gehen aber auch sowjetische Milliardenaufträge für die Planung und Erstellung ganzer Industriekombinate. Stalin und mit ihm seine Fünfjahresplaner sehen in den amerikanischen Produktionsmethoden das Vorbild, dem die Sowjetunion nachzueifern und es einzuholen hätte. In den Ford-Werken studieren sowjetische Ingenieure die ersten von Henry Ford dort eingerichteten Fließbänder. Diese Art der Produktionsmethode entspricht am besten den sowjetischen Verhältnissen: Die Arbeiter am Fließband müssen nicht hochspezialisiert sein, sondern lediglich ihre jeweiligen Handgriffe exakt ausführen. Ein solches Werk bedarf nur weniger Führungskräfte und Spezialisten und kann dennoch in Massen produzieren. Die maschinelle Ausrüstung dazu wird in den USA eingekauft, die zur Aufstellung benötigten Ingenieure in den USA, in Deutschland, aber auch in England, Frankreich und Italien angeheuert. Man drückt auch ein Auge zu gegenüber dem einheimischen Klassenfeind: Russische Spezialisten, mit der Einstellung der NEP wieder auf die Straße gesetzt und teilweise erneut verfolgt, dürfen am Aufbau des Sozialismus mitwirken.

Am 7. Januar 1933 erstattet Stalin vor dem Plenum des Zentralkomitees der Partei seinen Rechenschaftsbericht über die Durchführung des ersten Fünfjahresplans. Es sind stolze Zahlen, die da genannt werden. Zwischen 1928 und 1932 seien insgesamt mehr als 1 500 Großbetriebe fertiggestellt worden. Die Industrie sei damit zum führenden Wirtschaftszweig der Sowjetunion geworden, bisher war es stets die Landwirtschaft gewesen. Innerhalb der Industrie habe die Maschinenerzeugung ihren Anteil von 39 Prozent 1928 auf 53 Prozent erhöht.

Stalin behauptet enthusiastisch, daß die Ziele des Fünfjahresplans nicht nur erreicht, sondern durchwegs übertroffen worden seien. Doch das stimmt nicht. So sollten nach dem Fünfjahresplan mit Hilfe der neuen Eisenhüttenindustrien zehn Millionen Tonnen Roheisen produziert werden, ein Ziel, das vom Zentralkomitee sogar noch auf 17 Millionen Tonnen erhöht worden war. Tatsächlich wurden 1932 in allen Eisenhütten der Sowjetunion insgesamt nur 6,2 Millionen Tonnen Roheisen erzeugt.

Solche Diskrepanzen gibt es auf fast allen Gebieten: Die Planziele sind zu hoch angesetzt, die Schwierigkeiten beim Aufbau der Industrien sind unterschätzt worden. Man hat auch nicht in Rechnung gestellt, was durch den Kollektivierungs- und Industrialisierungsprozeß zunächst einmal ruiniert wird, nämlich nicht nur ein Teil der landwirtschaftlichen Produktion, sondern auch die in der NEP gutentwickelte Handwerksindustrie, das Gewerbe. Die Planung sieht nur noch den Großbetrieb vor, nur noch die Massenerzeugung. Die Konsumgüterindustrie kommt fast vollends unter die Räder, und es dauert lange, ehe auch Großfabriken zur Herstellung von Konsumgütern eingerichtet werden, stets zu spät und immer zuwenig.

Da es an Maschinen fehlt, muß eine große Zahl von Menschen an ihre Stelle treten. Mit nur primitiven Werkzeugen und Transportmitteln versetzen sie im wahrsten Sinn des Wortes Berge. Unser Bild zeigt den Bau eines Bewässerungssystems in der Sowjetrepublik Usbekistan.

Stalins Fünfjahresplan wurde als „Revolution von oben" bezeichnet. Tatsächlich haben Kollektivierung und Industrialisierung die Gesellschafts- und Wirtschaftsordnung Rußlands viel einschneidender verändert als Lenins Oktoberrevolution, die letztlich nach dem mißglückten Versuch, über Nacht den Kommunismus zu verwirklichen, wieder den Weg zurück zu bürgerlichen Wirtschafts- und Lebensformen freigeben mußte.

Mit der Industrialisierung werden viele Millionen Bauern vom Land in die Städte verpflanzt. Soziologisch ist das heute noch zu erkennen. Die Bevölkerung in den meisten sowjetischen Städten hat deutlich bäuerlichen Charakter. Da man für diese Millionen Umgesiedelte dringend Wohnraum benötigte, wurden auch die Häuser am Fließband erzeugt. Das hat sich bis heute nicht geändert, nur die Pro-

duktionsmethoden sind verbessert worden, man erzeugt jetzt mehr vorgefertigte Häuser als früher, mit dem Resultat, daß die Wohnlandschaften noch eintöniger, noch trister aussehen als zu Stalins Zeiten.

Doch es waren die Fünfjahrespläne Stalins, die keine Rücksicht nahmen auf die Bedürfnisse der Menschen und die die riesigen Wohnblocks nur mit sehr wenigen „Magazinen" ausstatteten, mit Verkaufsstellen für Lebensmittel, Textilien, Hausrat und anderen Konsumgütern. Von Restaurants und Kaffeehäusern war lange Zeit überhaupt nichts zu sehen, sie sind auch heute noch absolute Mangelware. Wenn Revolution die mehr oder weniger gewaltsame Veränderung nicht nur eines politischen Systems, sondern auch der Gesellschaft und ihrer Lebensformen ist, dann verdient Stalins mit viel Gewalt durchgesetzte Kollektivierung und Industrialisierung fürwahr den Namen Revolution mehr als Lenins Oktoberputsch. Vor allem war sie ein gigantischer Versuch, an die Stelle bisher üblicher Wirtschaftsformen einen völlig neuen Typus zentralisierter Staatswirtschaft zu setzen, in der alles und jedes geplant, befohlen, kontrolliert, verteilt wird. Erstaunlich, daß damals und auch noch viele Jahrzehnte danach gerade in dieser zentralisierten Planung nicht nur in der Sowjetunion ein überlegenes Prinzip gesehen wurde: Ein gerechterer Verteilungsmechanismus durch die Ausschaltung des Markts; ein viel sparsameres Wirtschaften, bewirkt durch Ausschaltung der Konkurrenz. Wären die Produktionsziffern nicht stets verfälscht worden, so hätte man sehr bald bemerkt, daß diese Art der Plan- und Kommandowirtschaft fast genau das Gegenteil bewirkt von dem, was von ihr erwartet wird. Die Produktpalette bleibt stark eingeschränkt, die überhöhten Planziele können nur erreicht werden, wenn die Arbeiter länger und intensiver arbeiten als gesetzlich vorgesehen. Denn offi-

Die Jugend ist aufgerufen, sich am Aufbau der Industrie zu beteiligen (unten). Einer der Hochöfen im Hüttenkombinat Magnitogorsk trägt den Namen des kommunistischen Jugendverbands Komsomol. Rechts: Die Baugrube für den Hochofen – sie wurde händisch ausgehoben.

ПРОЛЕТАРИИ ВСЕХ СТРАН, СОЕДИНЯЙТЕСЬ!

Всесоюзная Коммунистическая Партия (больш.).

ПРАВДА

Орган Центр. Ком. и Моск. Ком. ВКП (б)

МАЙ
29
1933 г.
ПОНЕДЕЛЬНИК.
№ 146 (5672).

ПЕРВОГО ИЮНЯ — ПУСК ЧЕЛЯБИНСКОГО ТРАКТОРНОГО ЗАВОДА.

Челябинский тракторный — историческая веха на пути индустриализации страны и социалистического переустройства сельского хозяйства. Этот мировой гигант — плод инициативы и неустанных повседневных забот вождя нашей партии товарища СТАЛИНА.

Большевистский привет героям-строителям, в бетон и железо заводских корпусов, в тысячи смонтированных станков воплотившим ленинскую политику коммунистической партии!

Панорама Челябинского тракторного завода.

Закрепим победы весеннего сева.

ЧИСТКА ПАРТИИ — МОГУЧЕЕ СРЕДСТВО ДАЛЬНЕЙШЕГО УКРЕПЛЕНИЯ БОЛЬШЕВИСТСКИХ РЯДОВ.

Anfang der dreißiger Jahre erzeugt die Sowjet-union die ersten eigenen Traktoren. Das Titel-blatt der „Prawda" zeigt das Fabriksgelände eines soeben fertiggestellten Traktorenwerks (links). Der erste Traktor, der vom Fließband rollt, wird von der Belegschaft begrüßt (oben rechts). Die Traktoren kommen in den Kolcho-sen und Sowchosen zum Einsatz und sollen dort die bisherigen Pferdegespanne ablösen (oben).

ziell gilt der Achtstundentag. Die im Westen von seiten der Gewerk-schaften und der sozialistischen Parteien so verpönte Akkordarbeit wird im Rahmen der Stalinschen Fünfjahrespläne im Arbeiterstaat So-wjetunion zur Norm.

Und selbst diese Norm wird noch überschritten. Der Bergmann Alexej Stachanow baut in einer Schicht 102 Tonnen Kohle ab, wobei sein Tagessoll nur den Abbau von 7 Tonnen vorgeschrieben hätte. Bald erhöht er diesen Rekord sogar auf 175 und dann auf 227 Tonnen am Tag. Natürlich gelingt ihm das nur unter äußerst günstigen Bedin-gungen im Schacht selbst, auch stehen ihm beste Werkzeuge zur Ver-fügung. Doch nun wird Stachanow allen Arbeitern und Arbeiterinnen in der Sowjetunion als Beispiel vorgehalten, und im ganzen Land wird eine Stachanow-Bewegung aufgezogen. Arbeitsgruppen werden gebildet, die miteinander in den Wettbewerb treten, wobei es darum geht, die vorgeschriebenen Arbeitsnormen bei weitem zu übertreffen. In keinem Betrieb des kapitalistischen Westens würden die Gewerk-schaften derartiges zulassen, in der Sowjetunion heißt das ab sofort

„sozialistischer Wettbewerb". Und es sind die sowjetischen Gewerkschaften, die die Arbeiter dazu anhalten, sich von vornherein zu einer bestimmten Übererfüllung der vorgeschriebenen Arbeitsnorm zu verpflichten, mit den Worten: Macht es Stachanow nach! Werdet Stachanowisten!

Die Gewerkschaft setzt für besonders tüchtige Stachanowisten Preise besonderer Art aus: neben Geldprämien werden die begehrten Erholungsplätze in den Kurorten am Schwarzen Meer und im Kaukasus zugeteilt. Natürlich gibt es auch Orden und in jedem Betrieb eine Ehrentafel mit Fotos der tüchtigsten Arbeiterinnen und Arbeiter. Das begehrteste Privileg aber ist die Legitimation, die es Stachanowisten erlaubt, in besonderen Läden einzukaufen, in denen es Lebensmittel und Gebrauchsgüter gibt, die ein normaler Sowjetbürger nie zu sehen bekommt.

Der Gulag als Wirtschaftsfaktor

Doch auch dieser forcierte Arbeitseinsatz hätte nicht ausgereicht, um die vielen Großprojekte des ersten und auch des zweiten Fünfjahresplans zu verwirklichen. Erstaunt nahm die Welt zur Kenntnis, daß es den Sowjets gelang, einen 240 Kilometer langen Schiffskanal von der Ostsee zum Weißen Meer mit all seinen Schleusen, Anlegeplätzen und Ausweichstellen in nur drei Jahren fertigzustellen. Ähnliches galt für den Wolga-Moskau-Kanal, für die gewaltigen Kraftwerke am Dnjepr, an der Wolga und in Sibirien; in Moskau wurden Großbauten aufgezogen und in erstaunlich kurzer Zeit fertiggestellt, darunter zuallererst der Sitz der zentralen Wirtschaftsplanung, das Hauptquartier des Gosplan.

Keiner dieser Großbauten hätte sich mit dem Einsatz von normalen Arbeitskräften verwirklichen lassen können. Dazu bedurfte es des Einsatzes von jeweils Tausenden, Zehntausenden und Hunderttausenden Zwangsarbeitern. Sie konnten in den unwirtlichsten Gegenden in primitiven Lagern untergebracht werden, ihnen konnte man lange Fußmärsche zumuten, um ohne Verkehrsmittel zu den Arbeitsstellen zu gelangen, sie konnten mit einem Minimalaufwand an Lebensmitteln ernährt werden, ihre gesundheitliche Betreuung konnte man vernachlässigen, ihr Schuhwerk konnte primitiv, ihre Kleidung dürftig sein. Vor allem aber konnte man sie zur Arbeit antreiben. Man konnte ihnen auch zumuten, ohne Maschinen und nur mit primitiven Werkzeugen auszukommen.

Für den Bau des schon erwähnten Ostsee-Weißmeer-Kanals werden nicht weniger als fünfhunderttausend Zwangsarbeiter eingesetzt. Und sie vollenden dieses gewaltige Bauwerk ohne Einsatz von Maschinen, nur mit ihrer bloßen Hände Arbeit. Sie haben im Akkord zu arbeiten, und wie einst die Rudersklaven auf den Galeerenschiffen haben die Zwangsarbeiter mancherorts im Takt zu schaufeln, zu hämmern, zu ziehen, und der Takt wird ihnen von den Lagerkapellen der GPU getrommelt und geblasen. Kommen Besucher, auf deren Gefühle Rücksicht zu nehmen ist, so spielen die Lagerkapellen langsamer, kaum sind die Besucher fort, wird das Tempo schneller. Sollen einzelne Arbeitsgruppen bestraft werden, wird das Tempo der fröhlichen Marschmusiken sehr schnell.

Wir sind damit bei dem berüchtigten Gulagsystem angelangt. Gulag, das ist die Kurzformel für die zentrale Verwaltung aller Zwangsarbeitslager in der Sowjetunion. Sie ist in den russischen und nun auch in den internationalen Sprachgebrauch so eingegangen wie die Abkürzung KZ für die deutsche Bezeichnung eines Konzentrationslagers. Wie berichtet, wurden in Sowjetrußland die ersten Zwangsarbeitslager schon 1919 eingerichtet, und es war Trotzki, der

Arbeiterinnen und Arbeiter verpflichten sich, mehr zu leisten, als ihnen der Plan vorschreibt: In den Zeitungen werden sie als Helden der Arbeit gefeiert (oben). Zum Vorbild wird der Bergmann Alexej Stachanow (oben

АТЬ СВОИХ ГЕРОЕВ.

Сталинградского тракторного завода.

Р от 8 августа 1931 года).

Козлов, Н. Т., Титов, Г. И., Сучков, М. И., Бердников, М. К.

ЕВЫХ МЕСЯЦЕВ. Тов. И. А Герасимов.

Инженер-строитель.

СВОИМ ЭНТУЗИАЗМОМ

ОЛХОЗА „ВОСХОД", Н.-ТРОИЦКОГО КОЙ ОБЛАСТИ, тов. СТАЛИНУ.

СВОЕ РАДОСТНОЕ БУДУЩЕЕ".

, ГЕРОЯМ БОРЬБЫ ВО — БОЛЬШЕВИСТСКИЙ ПРИВЕТ!

—бригадир т. Усенко и ударники бригады: Лысенк в, Федоренко, Лыскин, Профатилов.

rechts). Er hat an mehreren Tagen hintereinander sein Plansoll um ein Vielfaches übererfüllt. Alle sind aufgerufen, es Stachanow nachzumachen. Sogar Arbeitsgruppen für Wettbewerbe werden gebildet.

dafür bereits das Wort Konzentrationslager verwendete. In einer Verfügung des Rats der Volkskommissare vom 5. September 1918 heißt es wörtlich: „Es ist notwendig, die Sowjetmacht gegen Klassenfeinde zu schützen mittels Isolierung im Konzentrationslager." Entsprechend dieser Weisung wurden also zunächst die Angehörigen der feindlichen Klassen, der Aristokratie und der Bourgeoisie, eingeliefert, Kapitalisten und Offiziere, bald aber auch oppositionelle Politiker, Schriftsteller, Journalisten.

Ein wichtiger Bestandteil des Roten Terrors war die Geiselnahme. Lenin und Trotzki machten in hohem Maß davon Gebrauch: Um Aufstände zu unterdrücken, um Partisanentätigkeit zu bekämpfen, um Ablieferungsquoten zu erzwingen, um Transportwege zu sichern, wurden Hunderte und Tausende Menschen festgenommen und als Geiseln in die Lager der Tscheka eingeliefert. Kam es dennoch zu feindlichen Aktivitäten, wurden die Geiseln rigoros erschossen. Doch bald stieg die Zahl der Lagerinsassen so rapid an, daß die Tscheka auf die Idee kam, die Arbeitskraft ihrer Gefangenen für die Durchführung verschiedener Staatsprojekte anzubieten. In der NEP-Periode, in der sich ja wieder viele Klassenfeinde frei betätigen konnten, sank die Zahl der Gulaginsassen. Doch mit Stalins Zwangskollektivierung brach die große Zeit des Gulag an.

Jetzt werden Bauern und ihre Familienangehörigen zu Zehntausenden in die Lager eingewiesen, zuerst Kulaken, dann alle, die sich weigern, den Kolchosen beizutreten, die vielen, die versuchen, die Ablieferungspflicht zu umgehen, jene, die Getreide verstecken oder ihr Vieh schlachten, danach die zahllosen "Saboteure" und "Konterrevolutionäre" und schließlich auch alle, die ihrer Arbeitspflicht nicht voll nachkommen. Die Lager des Gulag füllen sich, immer neue Lager entstehen. Sie werden überall dort errichtet, wo man den Masseneinsatz von Gefangenen benötigt. Von den großen Kanalbauten war schon die Rede, sie sind ausschließlich von Gulaginsassen errichtet worden. Hunderttausende Zwangsarbeiter werden aber auch eingesetzt, um in den Wäldern, insbesondere Sibiriens, das Holz zu schlägern, das der Sowjetstaat in riesigen Mengen exportiert, um mehr Devisen hereinzubringen. Die in den Fünfjahresplänen vorgesehenen neuen Eisenbahnstrecken werden größtenteils ebenfalls von Gulaginsassen verwirklicht.

Wenn man heute in Begleitung eines Gulag-Spezialisten – die Organisation "Memorial" widmet sich dieser Aufgabe – durch die Straßen von Moskau geht, wird man mit Entsetzen gewahr, daß fast alle Großbauten aus der Stalinzeit von Zwangsarbeitern errichtet worden sind, nicht nur das schon erwähnte Riesengebäude des Gosplan, auch die das Stadtbild so beherrschende Lomonossow-Universität, die großen Sportstadien, die Elektrizitätswerke der Stadt, das ausgedehnte Kanalsystem und vieles mehr. Nur die Metro, das gut funktionierende U-Bahn-System, ist von normalen Arbeitern geschaffen worden. "Memorial" nennt dafür als Grund, daß bei anfänglichen Versuchen, auch für den Metrobau Zwangsarbeiter zu verwenden, sich deren Überwachung und Isolierung von der Bevölkerung als undurchführbar erwiesen habe.

In den dreißiger Jahren schon erreicht die Zahl der Gulaginsassen nach heutiger Kenntnis etwa die Zehn-Millionen-Grenze. Und zehn bis zwölf Millionen sind es dann auch im Schnitt geblieben bis zu Stalins Tod im Jahr 1953 – nur während der Kriegsjahre waren es weniger. Der russische Schriftsteller und Nobelpreisträger Alexander Solschenizyn, der jahrelang selbst Gulaghäftling war, hat in seinen Büchern eine sehr detaillierte Schilderung des Gulag und seiner Funktionen gegeben. Die Lager nennt er nach der Form ihrer Streuung "Archipel Gulag". Mehr als 500 waren es im Schnitt, 50 weitere gab es für jugendliche Häftlinge.

Es liegt auf der Hand, daß die vielen Millionen Lagerinsassen nicht durchwegs Klassenfeinde, Saboteure und Konterrevolutionäre sein können. Auch wenn man alle Kriminellen in diese Zahl einrechnet, reicht das bei weitem nicht aus, auf einen durchschnittlichen Ist-Stand von zehn bis zwölf Millionen zu kommen. In Wirklichkeit läuft es genau umgekehrt: Die Zwangsarbeit ist ein fester Bestandteil der Fünfjahrespläne, ja der gesamten sowjetischen Wirtschaftsplanung.

Die nötige Menge Zwangsarbeiter wird aufgrund des Bedarfs von der GPU, später vom NKWD, angefordert. Es ist Aufgabe der GPU, dem Gosplan, der Staatsplanung, die Arbeitskräfte in entsprechender Zahl zur Verfügung zu stellen. Und im Schnitt werden eben zehn bis zwölf Millionen Zwangsarbeiter angefordert. Da man so viele nicht aufgrund konkreter Vorwürfe festnehmen und in die Lager stecken kann, werden willkürliche Verhaftungen vorgenommen: Man holt die Menschen unter irgendwelchen Vorwänden aus den Wohnungen, von den Arbeitsplätzen, liefert sie in die Lager ein. Erst dort wird ihnen das Strafausmaß zugeteilt, drei Jahre, fünf Jahre, zehn Jahre, je nach echtem Anklagepunkt oder entsprechendem Vorwand. Diese Art der Aufbringung von Zwangsarbeitern würde erklären, weshalb der Stalinsche Terror so wahllos gewütet hat. Aber es ist nicht die ganze Erklärung. Ein beträchtlicher Teil der unter Stalin Verhafteten, in den Gulag Verbrachten oder Hingerichteten besteht zwei-

Bei der Durchführung der Fünfjahrespläne spielt der Einsatz von Millionen Zwangsarbeitern eine große Rolle. Die Gulag-Verwaltung will beweisen, daß Großprojekte wie der Bau des Ostsee-Weißmeer-Kanals und des Wolga-Moskau-Kanals ohne Einsatz von Maschinen nur von Gulag-Häftlingen erstellt werden können. Bildfolge rechts unten: In das "Dmitlag" – eines der Lager des NKWD – werden weibliche und männliche Häftlinge eingeliefert. Rechts: "Bestarbeiter"-Appell im Gulag. Stachanowisten gibt es auch im Gulag.

fellos aus Menschen, die das Regime als politische Gegner einstuft, die wirklichen oder vermuteten Anhänger Trotzkis, Kamenews, Sinowjews oder Bucharins, Rykows und Tomskis, es sind die vielen Arbeiter, die sich gegen die Ausbeutungsmethoden des Sowjetsystems auflehnen, die in der Handlungsweise der KP-Führung einen Verrat an den revolutionären Zielen und an den marxistischen Ideen sehen, es sind die Bauern bzw. Kolchosearbeiter, die sich dem Zwangssystem ebenfalls nicht unterordnen wollen. Es sind zahllose Intellektuelle, Schriftsteller, Künstler, die sich offen oder im geheimen gegen die Menschenverachtung empören, die systemimmanent geworden ist.

Aber ebenso viele, wenn nicht mehr werden festgenommen und in den Gulag geschickt, ohne daß sie zu diesen Kategorien gehören. Das ist kein Zufall, auch das ist Methode: Würde der Terror nur jene treffen, die sich tatsächlich im Sinn des Regimes etwas zuschulden kommen lassen, dann könnten alle, die unschuldig sind, frei von Angst leben. Genau das aber sollen sie nicht: Alle sollen Angst haben, die Angst macht sie gefügig, macht sie leicht beherrschbar, aus Angst stimmen sie allen Vorschlägen der Funktionäre und Kommissare zu, aus Angst befolgen sie alle Befehle, aus Angst erfüllen sie und übererfüllen sie alle geforderten Normen. Und als Höhepunkt der Perfidie: Aus Angst denunzieren sie, zeigen andere an, sind bereit, gegen sie auszusagen. Mit solchen Anzeigen und Aussagen in der Hand lassen sich wieder viele Tausende festnehmen und in den Gulag verfrachten. Es ist also ein System, das mehreren Zwecken dient, nicht nur der Aufbringung einer hohen Zahl von Zwangsarbeitern, das System ist auch ein wichtiges Instrument der Herrschaftsausübung.

Als sich herausstellt, daß für die Durchführung komplizierterer Bauvorhaben der Einsatz ungeschulter Zwangsarbeiter nicht ausreicht, daß man dafür auch Spezialisten benötigt, vor allem Ingenieure, weiß sich die GPU zu helfen: Man macht die benötigten Spezialisten ausfindig, bespitzelt sie eine Weile, verhaftet sie, fabriziert eine Anklage und weist auch sie in den Gulag ein. Eine neue Art von Feindkategorie, die Saboteure.

Man geht systematisch vor. Während der Vorarbeiten für den Fünfjahresplan im Frühsommer 1928, berichtet die Sowjetpresse ausführlich über eine umfangreiche Wirtschaftssabotage in einem ukrainischen Kombinat in der Region von Schachty. Doch es sei geglückt, die Saboteure zu entlarven und festzunehmen. Sie werden angeklagt und vor Gericht gestellt. Die in- und ausländische Presse ist als Beobachter zugelassen, die Behörden sind offenbar sehr daran interessiert, daß die Anklagepunkte und die Geständnisse der Angeklagten in der Öffentlichkeit große Verbreitung finden. Angeklagt sind 53 Ingenieure, darunter auch einige Ausländer. Es wird ihnen vorgeworfen, im Auftrag des Auslands Schädlingstätigkeit und Sabotage betrieben zu haben. Auch das ist seit Lenins Zeiten eine immer wiederkehrende Behauptung – „im Auftrag des Auslands", im Auftrag der Feinde der Sowjetunion, und diese Feinde lauern in der ganzen Welt, haben die Sowjetunion umzingelt, warten nur darauf, über die Sowjetunion herzufallen. Die Sowjetunion befindet sich also andauernd in größter Gefahr. Und diesen feindlichen Kräften gelingt es offenbar, ständig neue Agenten und Saboteure in der Sowjetunion zu rekrutieren, in die Betriebe einzuschleusen, in die Ortssowjets, selbst in die Partei. Der Tscheka, der GPU, dem NKWD, später dem KGB, gelingt es aber ebenso unentwegt, diese Agenten, Spione und Saboteure ausfindig zu machen, zu entlarven, vor Gericht zu bringen.

Die Angeklagten von Schachty sind die ersten, die man in einem großen Schauprozeß solche Geständnisse ablegen läßt. In Anbetracht der ausländischen Beobachter, die man zum Prozeß eingeladen hat, benötigt man einen ganz besonders wortgewaltigen, gewieften Richter. Da man diesen im gegenwärtigen Richterstand nicht findet, holt man sich den eifrigsten Theoretiker des neuen sowjetischen Rechts, den Universitätsprofessor Andrej Wyschinski. Sein Auftreten markiert den Wendepunkt in der Entwicklung des sowjetischen Justizwesens. Wyschinski ist kein Richter, dennoch wird er bei den großen Schauprozessen von nun an als Verhandlungsführer eingesetzt. Es ist auch nicht seine Aufgabe, vorgelegte Beweise zu werten, denn solche werden nicht vorgelegt. Es geht einzig und allein darum, die Angeklagten dazu zu bringen, ihre bei den vorangegangenen Verhören abgelegten Geständnisse nun in aller Öffentlichkeit zu bestätigen.

Im Schachty-Prozeß werden elf Todesurteile gefällt. 42 Angeklagte werden für viele Jahre in den Gulag gesteckt. Auch die Todesurteile sind eine Notwendigkeit – durch sie soll die Angst auf ein Höchstmaß gesteigert werden. Die Angst aller, insbesondere der Unschuldigen, auf daß sie im Sinn des Systems gehorsamst funktionieren und sich jeder Handlung enthalten, die sich gegen das System oder dessen Absichten richten könnte.

Die Welt wird getäuscht

Es erhebt sich die Frage, wo da der Widerstand geblieben ist, wo der Widerstand der Idealisten, die ja einst die Träger des revolutionären Gedankens waren; wo der Widerstand der Schriftsteller, die doch aus einer russischen literarischen Tradition kamen, in der dieser Widerstand geradezu obligat war; wo der Widerstand der Intelligenz, die zweifellos gemerkt hat, in welch hohem Maß die ursprünglichen Ziele und Ideale des Marxismus, der Demokratie, der Revolution deformiert und verraten werden. Einen Teil der Antwort haben die Angesprochenen auf ihre Art gegeben: So wie Majakowski, der Dichter der Revolution, haben nicht wenige Selbstmord begangen. Andere sind in den Gefängnissen der Tscheka, der GPU, des NKWD verschwunden; nur wenige von ihnen haben, wie Solschenizyn, den Gulag überlebt; Solschenizyn gehörte allerdings schon einer späteren

Bildfolge links: Gulag-Insassen beim Bau des Ostsee-Weißmeer-Kanals. Die Lagerkapelle spielt nicht zur Unterhaltung, nach ihrem Takt muß gearbeitet werden. Fehlende Transportmittel werden durch Wagen ersetzt, die auf Holzschienen fahren. Oben: Sergej Kirow, Politbüromitglied und Parteisekretär von Leningrad, spricht mit einem der Zwangsarbeiter. Unten: Der Wolga-Moskau-Kanal, der ebenfalls von Gulag-Insassen errichtet worden ist.

Generation an, deren Chance zu überleben größer war, weil Stalin vor ihr gestorben ist.

Einigen ist es gelungen, sich ins Ausland zu retten, sie haben dort mit großem Einsatz versucht, die wahren Vorgänge in der Sowjetunion einer breiten Weltöffentlichkeit klarzumachen, haben Vorträge gehalten, Bücher geschrieben, sich in Zeitungen zu Wort gemeldet. Sie fanden nur teilweise Gehör. Von der Linken – und ein Großteil der westlichen Intelligenz zählte zur Linken – wurden sie als Konterrevolutionäre, als Vertreter des alten Regimes, als Propagandisten angesehen; schon das Wort Antikommunist war für diese Linke ein Schimpfwort (so wie übrigens das Wort Kommunist ein Schimpfwort der Rechten war). Die Wahrheit über die Sowjetunion kam im Grunde genommen unentwegt in das Licht der Weltöffentlichkeit. Sie wurde soviel und sowenig geglaubt wie Jahre hindurch die Wahrheit über das Hitlerreich.

Dazu hat aber auch jener Teil der sowjetischen Schriftsteller wesentlich beigetragen, der bereit war, dieses Regime zu verteidigen, seine Verbrechen zuzudecken und die eigene Öffentlichkeit wie die Welt über den wahren Charakter des Sowjetstaats zu täuschen. Zu ihnen zählten einige Prominente, zu ihnen gehörte auch der Prominenteste – Maxim Gorki. Gorki war schon lange vor der Revolution ein revolutionärer Schriftsteller. Er hatte nicht nur in die russische, sondern auch in die Weltliteratur eine neue Sicht der Dinge eingebracht, die mehr war als Sozialkritik. Gorki erkannte sehr wohl die Metamorphose, der der Bolschewismus schon unter Lenin unterworfen war, erst recht erkannte er die zunehmende Gewaltherrschaft. Er verschloß ihr gegenüber weder die Augen, noch schwieg er. Er tat Schlimmeres: Er begründete die Berechtigung der Gewaltherrschaft.

237

Es ist für die GPU kein Risiko, Maxim Gorki zur Besichtigung eines der Zwangsarbeitslager einzuladen. Und zwar gleich nach Solowki, dem Hauptlager, der Keimzelle des gesamten Gulag. Am 20. Juli 1929 trifft Gorki in Solowki ein. Die Lagerkapelle spielt zu seiner Begrüßung. Gorki werden Häftlinge vorgeführt, er kann sie nach ihrem Befinden befragen, nach der Nützlichkeit der von ihnen zu verrichtenden Arbeiten. Man zeigt Gorki einige Einrichtungen des Lagers, den Sportplatz, eine Bibliothek, in der auch die Bücher Gorkis nicht fehlen. Gorki wird in Gegenwart des Lagerkommandanten zu Mittag ein Häftlingsessen serviert. Es schmeckt gar nicht schlecht und ist reichlich. Gorki bleibt nur wenige Stunden.

Heimgekehrt, veröffentlicht er über seinen Solowki-Besuch einen ausführlichen Bericht, bezeichnenderweise in der Zeitschrift „Unsere Errungenschaften". Er hat in Solowki nichts Negatives gesehen, aber etwas sehr Positives entdeckt: In diesen Lagern wird gearbeitet, hier lernen die Häftlinge arbeiten. Das ist eine Errungenschaft. Im alten Rußland wurde prinzipiell sehr wenig gearbeitet, und vielen Menschen wurde auch nicht gelehrt, wie man arbeitet. Die neue Gesellschaft bestraft die Häftlinge nicht, sie lehrt sie arbeiten. Gorki glaubt auch, was in diesen Lagern den Häftlingen immer wieder gesagt wird: Wer besser arbeitet, wer schneller arbeitet, wer seine Normen ständig übererfüllt, darf früher nach Hause gehen, Arbeit macht frei. Man kann sich also hier die Freiheit erarbeiten. Die Lager sind große Stätten der Umerziehung, in denen selbst Kriminelle zu wertvollen Mitgliedern der Gesellschaft gemacht werden. Gorki zieht den Schluß: „Mir scheint, daß die Internierung richtig ist. Lager, wie Solowki, sind unentbehrlich." Später wird Gorki über den Bau des Weißmeer-Kanals sogar ein Buch verfassen mit einer ebenso positiven Einschätzung, obwohl er weiß, daß dieser Kanal ausschließlich von Zwangsarbeitern errichtet worden ist. Er hatte die Baustellen hin und wieder besucht, und jedesmal wurde er in seiner Überzeugung bestätigt, daß „Arbeit als Mittel der Umerziehung" berechtigt sei.

1932 werden die Schriftsteller und die Künstler der Sowjetunion endgültig unter das Kuratel der Partei gestellt. Sämtliche Vereine und Vereinigungen werden aufgelöst, und an ihrer Statt wird ein Verband sowjetischer Schriftsteller und ein Verband sowjetischer Künstler gegründet. Beiden Verbänden wird verbindlich aufgetragen, sich allein dem sozialistischen Realismus verpflichtet zu fühlen.

Die Kriterien des sozialistischen Realismus sind festgelegt:

1. Verpflichtung zur Parteilichkeit. Literatur und Kunst haben parteiisch zu sein. Objektivität ist ein Kampfmittel des Klassenfeindes, objektiv im sozialistischen Sinn ist nur, was sozialistischen Zielen dient und nützt.

2. Literatur und Kunst haben volkstümlich zu sein. Volksverbundenheit ist ebenso notwendig wie Verständlichkeit, das heißt, die Literatur und die Kunstwerke müssen vom breiten Volk verstanden werden können; ist das nicht der Fall, handelt es sich nicht um Literatur und Kunst, jedenfalls nicht um eine publikationswürdige.

3. Herausstellung des Typischen. Typisch aber ist, was dem sozialistischen Aufbau dient, der Verteidigung des Sozialismus; typisch sind Helden, Helden der Arbeit, Helden der Revolution, Helden des Bürgerkriegs, Helden der Tscheka usw.

4. Förderung des Optimismus. Literatur und Kunst haben den Leser oder den Betrachter optimistisch zu stimmen, zukunftsgläubig; die sozialistische Welt ist ihm so zu schildern, wie sie sein soll und auch sein wird, aber nicht, wie sie zur Zeit ist.

So haben die Schriftsteller zu schreiben, so haben die Künstler zu malen, so sind die Theaterstücke zu verfassen, die Filme zu gestalten. Erster Vorsitzender des neuen sowjetischen Schriftstellerverbands, der diesen Richtlinien verpflichtet ist, wird Maxim Gorki. Von

53 Ingenieure, unter ihnen auch Ausländer aus dem Industriegebiet von Schachty, werden der Sabotage angeklagt. Es ist der erste Schauprozeß dieser Art. Andrej Wyschinski steht an der Spitze des Tribunals (oben). Elf der Angeklagten werden zum Tod verurteilt, die übrigen erhalten lange Haftstrafen (unten). Mit Hilfe solcher Prozesse werden Fachkräfte für den Gulag rekrutiert – Facharbeit als Zwangsarbeit.

allen lebenden sowjetischen Schriftstellern hat er um diese Zeit vermutlich das größte Ansehen in der Welt. Im August 1934 findet in Moskau der erste Unionskongreß der sowjetischen Schriftsteller statt. Gorki hat dazu eine Reihe ausländischer Literaten eingeladen. André Malraux, der berühmte französische Schriftsteller, ist Ehrengast. George Bernard Shaw, Romain Rolland, Arnold Zweig und Heinrich Mann senden Grußtelegramme. Aus Deutschland bzw. auch schon aus der Emigration, in die sie vor Hitler geflüchtet sind, kommen Johannes R. Becher, Theodor Plievier, Ernst Ostwald, Willi Bredel, Friedrich Wolf, Gustav Regler, Ernst Toller, Oskar Maria Graf.

Maxim Gorki hält das Hauptreferat, zitiert das Wort Stalins, daß die Schriftsteller „Ingenieure der Seele" zu sein hätten. Gorki beschäftigt sich mit dem Unterschied und dem Gegensatz von individuellem und kollektivem Schaffen. Erst Kollektivarbeit trage zu Selbsterziehung und Selbststärkung bei, sei notwendige Voraussetzung für eine freie Entwicklung der Individualität. Gorki beschuldigt die bürgerliche Literatur, durch ihren Individualismus den ausbeutenden Klassen zu dienen; die Sowjetliteratur sei zwar noch nicht so vollendet in ihrem Ausdruck, aber sie sei aufgrund ihrer Inhalte bereits die erste der Welt. Scharf greift Gorki auch den in Deutschland im Vorjahr zur Macht gekommenen Nationalsozialismus an. Er ruft zur weltweiten Einheitsfront gegen den Faschismus auf.

Nach Gorki spricht Karl Radek, hier kann er es noch tun, der alte Weggefährte Lenins, der Deutschlandspezialist, der wortgewandte Publizist. Er legt ein flammendes Bekenntnis zum sozialistischen Realismus ab. Und in diesem Sinn äußern sich auch die meisten anderen sowjetischen Schriftsteller. Aber einige nützen den Kongreß, um ihre Vorbehalte vor aller Welt anzumelden. Boris Pasternak ist einer von ihnen. Er wird später Publikationsverbot erhalten. Sein großes Werk „Doktor Schiwago" wird zwar nicht in der Sowjetunion, aber dafür in der ganzen übrigen Welt veröffentlicht werden und trotz der romanhaften Darstellung einen tiefen Einblick in die Anfänge der sowjetischen Wirklichkeit geben. Gemeinsam mit dem von Stalin so hart reglementierten Bucharin kritisiert Pasternak die schriftstellerische Tätigkeit einiger „Hofpoeten des Bolschewismus", darunter auch Majakowski und Demjan Bednyj. Bucharin gleicht das aus, indem er sich dann doch auch zum sozialistischen Realismus be-

kennt, jedoch hinzusetzt, daß er etwa Goethes Faust zum Bestand dieses sozialistischen Realismus zähle, ja, Goethes Faust stelle die monumentalste Form des dichterischen Schaffens des Sozialismus dar.

Die anwesenden ausländischen Schriftsteller sind mehr vom Ambiente als von den Reden ihrer sowjetischen Kollegen beeindruckt. Im ganzen Land wird der Schriftstellerkongreß von zahllosen öffentlichen Veranstaltungen begleitet, bei denen Dichterlesungen stattfinden, Diskussionen mit dem Publikum zur Frage der Verbindung zwischen Lesern und Schriftstellern. Die ausländischen Gäste übersehen, daß diesen Schriftstellern ja nur noch erlaubt ist, sich mit ganz bestimmten Inhalten an das Publikum zu wenden; hingegen sind sie tief beeindruckt, wieviel dafür getan wird, das Publikum für die Werke der Schriftsteller zu interessieren. Nichts dergleichen gibt es außerhalb der Sowjetunion. Sogar die Kinder in den sowjetischen Schulen halten anläßlich des Schriftstellerkongresses Lesungen und Diskussionen ab und übermitteln in Briefen und Telegrammen ihre Wünsche an den Kongreß. Diese werden von Abteilungen der Kinderorganisationen, der „Pioniere", überbracht.

Es ist das Ansehen Maxim Gorkis, es ist die außergewöhnliche Anerkennung und Ehrung, die bei diesem Kongreß der Literatur und den Schriftstellern zuteil wird, es ist diese offenbar das ganze Land umfassende Diskussion um Literatur und Kunst, die nicht nur die anwesenden ausländischen Schriftsteller beeindrucken, sondern auch die literarische Welt außerhalb der Sowjetunion daran glauben lassen, daß hier eben nicht nur gewaltige Wasserkraftwerke, Industriekombinate, Staatsfarmen entstehen, sondern mit Hilfe von Literatur und Kunst der neue Mensch geschaffen wird. Später, zum Teil sehr viel später, erkennen fast alle, was da gespielt worden ist. Malraux, Gide, Sartre und viele andere wenden sich vom Kommunismus ab.

Einer der heutigen kritischen Schriftsteller der Sowjetunion, Anatol Strelianyi, Vizepräsident des in Moskau neugegründeten PEN-Clubs, beurteilt das so: „Die russische intellektuelle Jugend weiß heute mehr über die westliche Intelligenz, die in den zwanziger und dreißiger Jahren nichts gesehen hat oder nichts sehen wollte, von dem, was in unserem Land vor sich gegangen ist, die stalinistischen Verbrechen. Und jetzt macht sich in der russischen Intelligenz neben der Verehrung für die westliche Kultur zugleich auch ein Gefühl der

Der erste Allrussische Schriftstellerkongreß im Spätsommer 1934 wird vor einer Büste Lenins unter den Bildern Stalins und Maxim Gorkis abgehalten (oben). Viele Schriftsteller aus dem Westen nehmen an dem Kongreß teil, andere schicken Grußadressen. Zwei prominente Besucher in Moskau: George Bernard Shaw bei der Stadtrundfahrt in der Nähe des Kremls (rechts); Lion Feuchtwanger auf dem Roten Platz (links). Beide zeigen sich beeindruckt vom sozialistischen Aufbau, beide sehen hier den neuen Menschen werden.

60000 DEUTSCHE ARBEITER FUHREN IN DEN LETZTEN JAHREN NACH DER SOWJET-UNION

DAS LAND DES SOZIALISMUS UND DER FREIHEIT
Von ERNST REINHARDT

Am fließenden Band steht ihr, angetrieben und immer wieder angetrieben vom monotonen rationalisierten Tempo: bis zum Umfallen. Mit Stoppuhr, mit mörderischen Akkorden und Prämien peitscht euch der Unternehmer, um zum zweitenmale in einem Jahre auf der ganzen Front euern Lohn abzubauen. In den Bergwerken steht ihr an den Schüttelrutschen, an den ratternden Preßlufthämmern, die mit ihrem zermürbenden Takt eure Nerven ruinieren. An der Hollerithmaschine arbeitest du Angestellter, und machst allein die Arbeit, die früher viele andere leisteten. Und draußen steht die Hungerarmee der Ueberflüssiggewordenen. An den Stempelstellen der Not, fünf Millionen in Young-Deutschland!

Das herrschende Regime in Deutschland ging trotz aller Rettungsversprechungen den Weg tiefer in die Katastrophenpolitik. Millionen können so nicht weiterleben. Millionen suchen einen Ausweg, den Weg der Rettung aus einer Lage, die verschuldet durch das bankerotte und mörderische System des Kapitalismus über das schaffende Volk in Deutschland hereingebrochen ist. Keine Aussicht, herauszukommen aus dieser verzweifelten Not, solange der Kapitalismus mit seiner brutalen Profit-, Krisen- und Mißwirtschaft, solange der Young-Plan mit seinen jährlichen Milliardenlasten auf Kosten des Volkes existiert. Das herrschende Regime, das Millionen nicht Arbeit und Brot, aber Gummiknüppel, Polizeisalven und faschistische „Notverordnungen" geben kann, „ergänzt" das Elend durch die weitgehendste Entrechtung der arbeitenden Massen.

Aber um so elementarer erhebt sich der Drang des gepeinigten und gequälten Volkes nach einem freieren, besseren und menschlicheren Leben. Der Blick von Millionen richtet sich auf die Sowjetunion, wo über einem Sechstel des Erdballs die rote Fahne mit Hammer und Sichel weht, weithin kündend den Aufbau einer freien und sozialistischen Gesellschaft als lebendigen Gegensatz zur morschen, verfaulenden, barbarischen und untergangsreifen „Ordnung" der Bourgeoisie.

60 000 deutsche Arbeiter sind in den letzten Jahren in das Land gefahren, von dem ihnen die bürgerliche und sozialdemokratische Presse täglich Märchen erzählten, daß es ein Land des „bolschewistischen Chaos", ein Land des „Elends" und der „Unordnung" sei. Die Arbeiter kamen aus dem Lande des kapitalistischen Niedergangs, wo täglich eine Fabrik nach der andern die Räder ihrer Maschinen zum Halten bringt, täglich Dutzende von Schächten stillgelegt werden, — und was erleben sie in der Sowjetunion? Sie werden erfaßt, mitgerissen, begeistert von dem Schwung des sozialistischen Aufbaus, der täglich neue modernste Riesenwerke eröffnet, neue Schächte teuft und Millionen neuer Arbeitskräfte heranschult. Sie kamen aus dem Lande des finsteren Wohnungselends, des bezahlten Krankenscheines, der „gesundschreibenden" Vertrauensärzte, aus dem Lande des schwarzen Kulturfaschismus. Und was sehen sie? Neben den modern und hygienisch gebauten neuen Riesenwerken der sozialistischen Industrie wachsen großangelegte sozialistische Städte, die herrlichsten Kliniken und Sanatorien nur für die Arbeitenden, die vorbeugende Sowjetmedizin und die großartigsten sozialistischen Bildungsinstitutionen, die allen Werktätigen zugänglich sind. Die deutschen Arbeiter kamen aus dem Lande des Lohnabbaus in das Land der Lohnsteigerung, des systematischen Lohnaufbaues im Rahmen des Fünfjahresplanes.

Man braucht nur in das Gebiet des Urals zu kommen — ein Gebiet, in das tausende von deutschen Arbeitern und Bergarbeitern in den letzten Jahren gekommen sind — um den großen Gegensatz zur Lage im Deutschland des kapitalistischen Niederganges bei jedem Schritt zu erleben. (Siehe die Mittelseiten dieser Nummer.)

Zahlreiche Briefe deutscher Arbeiter in der Sowjetunion hat die AJZ in den letzten Wochen erhalten — ein Teil von ihnen ist in dieser Nummer veröffentlicht. Sie künden von dem weltgeschichtlichen Triumph des Sozialismus in der Sowjetunion.

Es bedurfte nicht erst der großen Aufträge Moskaus an die deutsche Industrie, die Hunderttausenden deutscher Arbeiter Beschäftigung und Brot geben, um den Blick der deutschen Werktätigen auf das Sowjetland der Freiheit und des Sozialismus zu richten. Schon heute sehen die Millionen Ausgebeuteter und Unterdrückter in Young-Deutschland die gewaltige Ueberlegenheit des Systems der sozialistischen Planwirtschaft in Industrie und Landwirtschaft, wie es in der Sowjetunion geschaffen worden ist, gegenüber dem System der kapitalistischen Profitanarchie in Deutschland. Und so ist die Sprache des sozialistischen Aufbaues in der Sowjetunion ein anfeuerndes Beispiel für den internationalen Freiheitskampf der Werktätigen, so dröhnen die Maschinen der neuen Industriegiganten in der Sowjetunion, so rattern die Traktoren auf den Feldern der Sowjet- und Kollektivgüter, so klingen die begeisterten Stimmen der sozialistischen Stoßbrigaden und der kühnen Jungkommunisten über die Sowjetgrenzen hinaus in die ganze Welt:

Nur der Kommunismus kann euch retten!

287

Deutsche und Schweizer Arbeiter bei ihrer Ankunft in Moskau (oben). Sie werden von einer kommunistischen Jugendabteilung in deutscher Sprache begrüßt (unten). Während der Weltwirtschaftskrise meldeten sich Tausende Europäer und Amerikaner, um beim Industrieaufbau in der Sowjetunion mitzumachen (links). Anfangs waren sie mit ihrem Fachwissen sehr willkommen, später fielen viele von ihnen der Stalinschen Verfolgung zum Opfer.

Verachtung breit. Verachtung gegenüber Leuten wie Dreiser, Feuchtwanger und andere: ‚Was seid ihr denn für Schriftsteller, wenn ihr zugeschaut habt, und so gar nichts gesehen habt, wo war denn euer Gewissen?' Ich glaube, einer der Gründe dafür, daß die Elite der westlichen Kultur den Stalinismus nicht richtig beurteilt hat, liegt darin, daß auch sie eine bessere Welt anstrebte. Auch sie suchte nach einem Weg, das Leben der Menschen erträglicher zu gestalten. Und hier im Osten bot sich eine Kraft dar, die erklärte, daß sie ein solches Paradies auf Erden errichten würde. Wie konnte man denn einen Stein

EIN BRÜDERLICHES BÜNDNIS UND GEMEINSAMER KAMPF DER DEUTSCHEN UND RUSSISCHEN ARBEITER WERDEN DIE ARBEITER DER GANZEN WELT VOM JOCH DES KAPITALISMUS BEFREIEN.

243

werfen auf diesen Traum im Osten? Das war natürlich Selbstbetrug. Aber ich für meinen Teil kann mich nicht dazu durchringen, dieser Elite der westlichen Kultur Schuld dafür aufzuladen, daß sie Stalins Absichten nicht durchschaut hat."

Moskau und Hitler

Bedeutend mehr als früher ist die Sowjetunion um eine gute Meinung in der Weltöffentlichkeit bemüht. Mit Besorgnis sieht man in Moskau das Aufkommen des Nationalsozialismus in Deutschland. Man hat Hitler und seine Nationalsozialisten für ein vorübergehendes Phänomen gehalten. Man hat sie marxistisch eingeschätzt, als Ausdruck der zunehmenden Krise des Kapitalismus. Der Zusammenbruch so vieler Unternehmen nach dem Börsenkrach in New York, die Millionenzahl der Arbeitslosen, die daraus resultierenden schweren Unruhen in Deutschland, in Frankreich, in England, in den USA, all das waren für die Kommunisten in Moskau sichere Anzeichen eines unmittelbar bevorstehenden Zusammenbruchs des Kapitalismus. Übrigens nicht nur für sie. Aus den gleichen Gründen lehnte etwa der Führer der österreichischen Sozialdemokratie Otto Bauer es ab, in diesem geschichtlichen Moment eine Koalition mit den Christlichsozialen zu bilden: Die Sozialdemokraten seien nicht dazu da, den zusammenbrechenden Kapitalismus zu retten, der solle erst zugrunde gehen, dann werde man auf den Trümmern die neue, die humanistische, sozialistische Welt bauen. Diese Fehleinschätzung hatte Folgen.

In Österreich wurde solcherart eine Chance vergeben, den heimischen Faschismus zu verhindern. In Deutschland wurde die große Kommunistische Partei mit ihren rund sechs Millionen Wählern von

Angehörige des österreichischen Schutzbundes finden 1934 in der Sowjetunion Asyl. Bei ihrer Ankunft in Moskau werden sie auf russisch als „Barrikadenkämpfer von Wien" gefeiert. In deutscher Sprache heißt es: „Brüderliche Grüße der Arbeiterklasse Österreichs! Es lebe ihre kämpfende Vorhut!"

der Komintern angewiesen, in erster Linie die bürgerliche Demokratie anzugreifen, die Weimarer Republik zu Fall zu bringen und in diesem Sinn nur ja kein Bündnis mit den Sozialdemokraten zu schließen. So wurde die deutsche Demokratie nur von den Sozialdemokraten und den relativ schwachen bürgerlichen Parteien verteidigt. Der gemeinsamen Opposition der Nationalsozialisten und der Kommunisten, dem von beiden erzeugten Druck der Straße, hielt diese Demokratie nicht stand. Bald konnte man erkennen, daß Hitler kein vorübergehendes Phänomen sein wird. Ein Jahr nach seinem Regierungsantritt beginnt er mit der Wiederbewaffnung Deutschlands, kündigt ganz offiziell an, daß er den Friedensvertrag von Versailles, diesen Schandfrieden, brechen werde. Die Sowjetführung, in ihrer Politik immer schon auf Deutschland fixiert, beginnt nun statt der großen Hoffnung auf Deutschland Angst vor Deutschland zu bekommen. In Moskau legt man gesteigerten Wert auf bessere Beziehungen zu den unmittelbaren Nachbarn und zur westlichen Welt. In rascher Folge werden Nichtangriffspakte geschlossen, mit Polen, mit Frankreich, mit Italien; die Nichtangriffspakte mit den baltischen Staaten werden verlängert. Den Nichtangriffspakten folgen Beistandspakte mit Frankreich und mit der Tschechoslowakei. Die Sowjetunion bemüht sich um die Aufnahme diplomatischer Beziehungen mit den USA, und erstmals werden diese gewährt, der soeben gewählte Präsident Franklin Delano Roosevelt fürchtet Hitler mehr als Stalin; alle bisherigen amerikanischen Regierungen haben in den Weltrevolutionsparolen Moskaus eine Kampfansage an die gesamte übrige Welt und insbesondere an das Gesellschaftssystem der USA gesehen und dem bolschewistischen Regime in Moskau die Anerkennung bis dahin verweigert. Auch im Völkerbund, diesem nach dem Ersten Weltkrieg geschaffenen Forum zur Verhütung neuer Kriege und zur Beile-

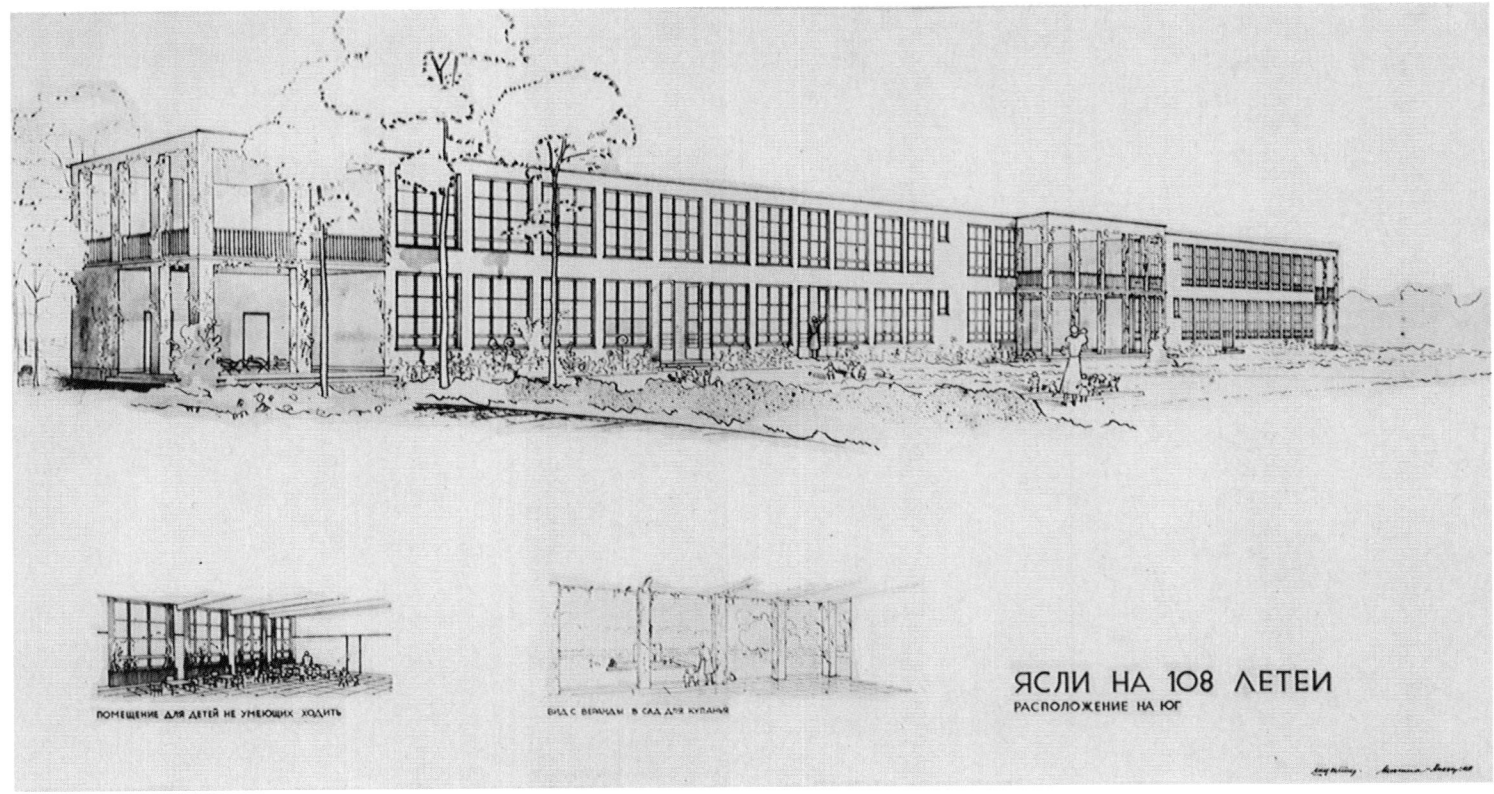

ЯСЛИ НА 108 ЛЕТЕИ
РАСПОЛОЖЕНИЕ НА ЮГ

ПОМЕЩЕНИЕ ДЛЯ ДЕТЕЙ НЕ УМЕЮЩИХ ХОДИТЬ

ВИД С ВЕРАНДЫ В САД ДЛЯ КУПАНЬЯ

gung entstehender Konflikte, hat die Sowjetunion bisher gefehlt. Einerseits sah die Sowjetpropaganda im Völkerbund von vornherein eine Vereinigung bürgerlich kapitalistischer Staaten, die schon kraft ihres Gesellschaftssystems antisowjetisch eingestellt sein mußte, andererseits war in der Tat die Mehrheit der Mitgliedsstaaten des Völkerbunds gegen die Aufnahme einer sich über wichtige völkerrechtlichen Normen hinwegsetzenden Sowjetunion.

Jetzt, da zuerst Hitler, dann Mussolini den Austritt Deutschlands und Italiens aus dem Völkerbund erklärt haben, ist die Sowjetunion in Genf, dem Sitz des Völkerbunds, willkommen. Frankreich, das in den Jahren der Intervention die internationale Koalition gegen die Bolschewiki und die Sowjetmacht angeführt hatte, macht sich zum Fürsprecher einer Aufnahme der Sowjetunion in den Völkerbund. Frankreich befürchtet, daß ein Deutschland unter Hitler auf Revanchekurs gehen, die westliche Allianz aber nicht stark genug sein werde, einen Krieg mit Deutschland zu verhindern. Paris wünscht daher dringend einen starken Bundesgenossen im Osten: Die Sowjetunion soll den Platz des alten Rußlands einnehmen, ein Verbündeter Frankreichs werden.

Die sowjetische Außenpolitik wird von Maxim Litwinow geleitet, einem Mann, der sich geschickt um das Vertrauen der Westmächte bemüht, während er, als Jude, von Deutschland abgelehnt und propagandistisch angegriffen wird. Litwinow setzt sich im Völkerbund für ein System der kollektiven Sicherheit ein. Das war ursprünglich auch die Idee des amerikanischen Präsidenten Woodrow Wilson, der deshalb auf die Gründung des Völkerbunds gedrängt hatte: Künftig sollte die gesamte Staatengemeinschaft gemeinsam den Frieden garantieren und mögliche Friedensbrecher rechtzeitig in die Schranken weisen. Diese Vorstellung findet sich in der amerikanischen Außenpolitik als Konstante immer wieder. So wie Wilson nach dem Ersten Weltkrieg die Gründung des Völkerbunds forcierte, war die Gründung der Vereinten Nationen, der UNO, am Ende des Zweiten Weltkriegs das Hauptanliegen des Präsidenten Roosevelt. Und auch im Rahmen der UNO sollte die Völkergemeinschaft gemeinsam für die Aufrechterhaltung des Friedens sorgen.

Unter jenen, die dem Ruf zum Aufbau des Sozialismus in der Sowjetunion folgen, befindet sich auch die österreichische Architektin Margarete Schütte-Lihotzky (oben). Und auch sie zieht es zunächst an die Front dieses Einsatzes, dorthin, wo Pionierarbeit geleistet wird – nach Magnitogorsk. Für die neu zu entstehende Stadt entwirft sie unter anderem die Baupläne für einen Kindergarten (links oben). Oben rechts: Die Kinder der österreichischen Schutzbündler werden in einer eigenen Schule und in einem eigenen Heim untergebracht. Ihr privilegiertes Dasein verlieren sie beim Abschluß des Hitler-Stalin-Pakts, berichtet Wolfgang Leonhard, der eines dieser Kinder war.

    Litwinow war in den dreißiger Jahren mit seinem Ruf nach kollektiver Sicherheit nicht erfolgreich. Großbritannien, das immer schon seine Bedenken gegen die rigorosen Bestimmungen des Versailler Vertrags hatte, schlug Hitler-Deutschland gegenüber einen Weg der Beschwichtigung, des Appeasement, ein und war durchaus bereit, Versailles weitgehend zu revidieren; Höhepunkt dieser Politik war dann das Münchener Abkommen, mit dem die Sudetengebiete Deutschland zugesprochen wurden.

    Doch ehe dies geschah, hatte die Sowjetunion die Hoffnung nicht aufgegeben, durch eine Annäherung an die Westmächte Hitlers expansionistische Politik eindämmen zu können. Die Beistandspakte mit Frankreich und der Tschechoslowakei sollten diesem Ziel dienen. Dennoch stand der Westen der Sowjetunion weiterhin mit großem Mißtrauen gegenüber. Denn unabhängig von ihrer Außenpolitik bekannte sich die sowjetische Führung weiterhin zur Weltrevolution und damit zum Umsturz der Gesellschaftsordnung der westlichen Demokratien; und wenn davon die Rede war, hatte man im Westen stets die kompromißlose, terroristische und blutige Vorgangsweise der Bolschewiki in Rußland vor Augen. Auch gab es in jedem westlichen Land eine kommunistische Partei, sie alle bekannten sich offen dazu, daß die Sowjetunion ihr sozialistisches Vaterland sei, während sie den eigenen Regierungen und dem politischen System in ihren

Ländern feindlich gegenüberstanden. Daher beobachtete man im Westen sehr genau, welche Haltung die Kommunistische Internationale, die Komintern, einnahm. Die kommunistischen Parteien hatten ja offen die Führungsrolle, ja die Kommandogewalt der Komintern anerkannt, und diese stand seit ihrer Gründung unter sowjetischer Leitung und war damit eindeutig ein Instrument der Sowjetunion.

Aber da sie das ist, hat die Komintern jetzt auch die große Kehrtwendung in der sowjetischen Außenpolitik mitzuvollziehen. Um in solchen Zeiten den Ruf nach Weltrevolution nicht erneut erschallen zu lassen, werden die im Zweijahresturnus fälligen Kongresse der Komintern ausgesetzt. Der letzte hatte 1928 stattgefunden. 1930 wollte man einander wieder treffen. Doch Stalin wünschte es nicht. Nicht 1930, nicht 1932 und auch nicht 1934. Die Komintern wird auf Sparflamme gehalten.

Umgekehrt weiß man in Deutschland die Angst vor dem Bolschewismus propagandistisch gut zu nützen. Da nicht nur die Kommunisten, sondern auch die Sowjetunion und alle ihre prominenten Führer immer wieder zur Revolution ganz besonders in Deutschland aufgerufen haben, verfügt man über einen umfangreichen Zitatenschatz, mit dem sich der Bolschewismus als unmittelbare Gefahr für Frieden, Sicherheit und Ordnung nicht nur in Deutschland, sondern in der ganzen Welt ausweisen läßt.

Und als es im Sommer 1936 in Spanien zum Ausbruch des Bürgerkriegs kommt, in dem sich die Kommunisten engagiert auf die Seite der Republik stellen und die Sowjetunion sich auch bereit zeigt, der Republik mit Waffen, Material und Freiwilligen beizustehen, ruft Hitler-Deutschland zur Gründung einer Antikomintern auf. Es ist die Vorstufe eines Paktsystems, mit dem Hitler die bisherige Isolation Deutschlands durchbrechen will. Dem Antikominternpakt tritt zunächst Japan bei, bald gefolgt von Italien – es sind die späteren Achsenmächte. Erweitert wird der Pakt erst nach Kriegsbeginn, als auch alle Verbündeten und Satellitenstaaten Deutschlands, Japans und Italiens dem Antikominternpakt beitreten.

Wir werden jedoch sehen, daß die kommunistischen Parteien in den dreißiger Jahren weitgehend aufgehört haben, eine eigene revolutionäre Rolle zu spielen. Die Komintern zieht aus der von ihr angeordneten falschen Politik der deutschen Kommunisten, durch die Hitlers Machtergreifung erleichtert worden ist, die Lehre und drängt die Kommunisten in den westlichen Staaten nun zu einer Volksfrontpolitik. Sie sollen jetzt dort alle demokratischen Kräfte unterstützen und sich damit auch Einfluß auf die Regierungen und die Politik dieser Staaten zu sichern trachten. Mit dem Ziel, die neue Politik der Sowjetunion zu stärken. Sie werden auch die nächste krasse Kehrtwendung der Sowjetpolitik mitvollziehen, die Verständigung zwischen Stalin und Hitler. Doch davon später. Dieser Blick auf die sowjetische Außenpolitik ist notwendig, um zu verstehen, daß Stalins Parole vom „Sozialismus in einem Land" nicht nur einen gewaltigen Umsturz in Rußland selbst herbeiführt, sondern auch unmittelbare Auswirkungen auf die Sowjetpolitik in ganz Europa mit sich bringt. Stalin versucht, seinen „Aufbau des Sozialismus" nach außen abzuschirmen. Nicht nur mit Mitteln der Politik. Nein, gleichzeitig forciert er die Aufrüstung der Sowjetunion.

Die Aufrüstung der Sowjetunion

Der größere Teil der neuen Schwerindustrien hat, wie schon berichtet, Panzer, Kanonen und Flugzeuge zu erzeugen. 1931 ordnet Stalin an, daß die Rote Armee jedem mutmaßlichen Gegner in Zukunft sowohl zahlenmäßig als auch an Kampfkraft überlegen sein müsse.

Es ist die Geburtsstunde des sowjetischen militärisch-industriellen Komplexes, der von da an bis in die Zeit Gorbatschows weiter und weiter wächst und so viel an Finanzkraft, an Talent, an Forschung und Entwicklung, an Ressourcen aller Art aufsaugt, daß dadurch praktisch der Zusammenbruch der sowjetischen Wirtschaft herbeigeführt wird.

Stalins Befehl, die Rote Armee zur stärksten der Welt aufzurüsten, bringt schon Anfang der dreißiger Jahre einen erstaunlichen militärtechnischen Durchbruch: In schneller Folge entwickelt die Sowjetindustrie aus den ersten Panzerkonstruktionen, die noch mit deutscher Hilfe zustande gekommen sind, eine lange Reihe neuer immer effizienterer Panzertypen – den T18, T19, T20 und schließlich den riesigen 2,80 Meter hohen T24. Während in der Ukraine Millionen Menschen verhungern, rollen diese Panzer am laufenden Band aus den sowjetischen Rüstungsbetrieben. 1935 verfügt die Sowjetunion über 10 180 Panzer, weit mehr als irgendeine andere Armee der Welt. Von dieser Welt bestaunt werden auch die vielen neuen Flugzeugtypen, die in der Sowjetunion entwickelt werden. 1933 stehen im Raum Moskau nicht weniger als sechs große Flugzeug- und vier Flugmotorenwerke.

Aus dem Jahr 1930 stammt Stalins Befehl, eine völlig neue Waffengattung aufzustellen – Fallschirmjäger, Luftlandetruppen. Dazu wird die Parole ausgegeben, daß jeder junge Sowjetbürger Fallschirmspringer werden sollte. In den öffentlichen Parks werden Fallschirmspringtürme errichtet, der Absprung von diesen Türmen wird zum Volkssport. Jungen und Mädchen werden angehalten, das Fallschirmspringerabzeichen zu erwerben. Es wird für echte Absprünge aus Flugzeugen verliehen, zugelassen wird man nur, wenn man auch in der allgemeinen vormilitärischen Ausbildung gute Leistungen erzielt, beim Laufen, Schießen, Handgranatenwerfen, bei Gewaltmärschen und bei den Übungen zum Gasschutz. Dazu der schon zitierte Autor Suworow in seinem Buch „Der Eisbrecher": „Die Kinder quollen auf von Hungerödemen, aber Stalin verkaufte Getreide ins Ausland, um Fallschirmtechnologie für die Sowjetunion einzuhandeln, um gewaltige Seidenkombinate und Fallschirmfabriken zu errichten, um das Land mit einem Netz von Flugplätzen und Fliegerklubs zu überziehen, um in jedem städtischen Park das Skelett eines Fallschirmspringerturms aufzurichten, um Tausende von Instrukteuren auszubilden, um Anlagen zum Trocknen und Aufbewahren der Fallschirme zu bauen, um eine Million wohlgenährter Fallschirmspringer heranzubilden und für diese die notwendigen Waffen, Ausrüstungsgegenstände und Fallschirme bereitzustellen."

Das ist eine Anklage. Sie fügt sich nicht in jenes Sündenregister, das Stalin bisher vorgeworfen wurde (seit Nikita Chruschtschows erster Auflistung der Stalinverbrechen beim XX. Parteitag 1956). Denn eines hat man Stalin in der Sowjetunion bis vor kurzem immer zugute gehalten: Daß er versucht hat, die Sowjetunion rechtzeitig aufzurüsten, um später Hitler widerstehen zu können. Suworow meint umgekehrt, daß Stalin mit dieser Art der Rüstung, die eine offensive und keine defensive gewesen sei, den Angriff Hitlers provoziert hätte. Doch das ist eine der neuesten Seiten in der Auseinandersetzung um und mit Stalin.

Die Aufrüstung und die Einbeziehung breiter Volksmassen in die Wehrbereitschaft ist ein wichtiger Teil des Stalinschen Aufbaus des Sozialismus in einem Land. Wichtig auch aus einem anderen Grund: Die Kollektivierung, die Industrialisierung, die Mobilisierung gewaltiger Arbeitsheere, Stachanowarbeit und sozialistischer Wettbewerb, all das läßt sich einem Volk noch im Namen des Sozialismus abfordern. Theoretisch hätte Stalin auch die Rüstung und den Ausbau der Roten Armee zur stärksten der Welt damit begründen können, daß

die Sowjetunion der Weltrevolution bewaffnet zu Hilfe kommen müßte. Doch das wäre außenpolitisch untragbar und innenpolitisch unzumutbar: Wie viele Mütter wären bereit, ihre Söhne für einen Krieg hinzugeben, der nicht der Verteidigung diente, und welcher von diesen Söhnen wäre bereit, für ein solches Ziel sein Leben einzusetzen, wer auch ließe sich einreden, daß er auf Wohnung, Nahrung, Kleidung zu verzichten hätte, damit die Panzer rollen und die Flugzeuge fliegen können? Für den Aufbau der Armee und die breite Zustimmung der Bevölkerung zur Rüstung hatte die Sowjetführung den Patriotismus anzusprechen. Zur Verteidigung des Vaterlands waren

Mit technischen Glanzleistungen versucht Stalin einen neuen Sowjetpatriotismus zu erwecken. Zwei Gebiete eignen sich dafür besonders gut: das Flugwesen und die Polarforschung, die damals einen ähnlichen Stellenwert hat wie später die Weltraumforschung. Und auf beiden Gebieten vollbringen russische Wissenschaftler, Ingenieure und Flieger Außerordentliches, wie später auch in der Raumfahrt. Links ein entsprechendes Titelblatt der „Prawda". Oben: Flugzeuge vom Typ TB 3, Baujahr 1934. Sie gehören damals zu den leistungsfähigsten der Welt.

die Russen immer noch bereit, jedes Opfer zu bringen. Und gerade in einer Zeit, in der die Partei den Menschen so gewaltige Opfer abverlangt, scheint der Appell an die patriotischen Gefühle der Bevölkerung um so notwendiger zu sein.

Arktisflieger und Sowjetpatriotismus

Ein ungewöhnliches Ereignis läßt Stalin erkennen, um wieviel stärker dieses patriotische Gefühl noch immer ist als etwa der Glaube und die Hingabe an den Sozialismus. Im Juli 1932 ist der sowjetische Arktisforscher Otto Juljewitsch Schmidt an Bord des kleinen Eisbrechers „Sibiriakow" aus Archangelsk aufgebrochen, mit dem Ziel, den nordöstlichen Seeweg zu finden, eine Fahrrinne, die von Europa durch das arktische Meer an den Ostzipfel Sibiriens zur Bering-Straße führen würde. Fridtjof Nansen, der norwegische Polarforscher, hatte dies als undurchführbares Unternehmen, als einen unerfüllbaren Wunschtraum bezeichnet – das wäre der kurze Seeweg von Europa nach Ostasien. Und Nansen hätte beinahe recht behalten. Das Eis setzt dem Schiff gewaltig zu, zweimal bricht die Schiffsschraube, und beim dritten Mal versinkt sie im Meer. Schmidt läßt ein aus Planen selbstgemachtes Segel aufspannen und segelt gegen Osten. Am 1. Oktober erreicht die „Sibiriakow" die Ostspitze des asiatischen Festlands, die Bering-Straße. Schmidt wird als Held gefeiert. Aber bis dahin ist sein Unternehmen nicht viel mehr als ein Abenteuer. Ein für die Schiffahrt brauchbares Ergebnis läge erst in der möglichen Wiederholung solcher Fahrten.

Im Juli 1933 soll Schmidt mit dem normalen Passagierschiff „Tscheljuskin" diese Reise wiederholen. Verbunden mit einer praktischen Aufgabe: Die „Tscheljuskin" soll zunächst zur Wrangel-Insel

Unter der Leitung des sowjetischen Polarforschers Otto Juljewitsch Schmidt (links) soll die „Tscheljuskin" über die Nordostpassage rund um Sibirien bis zur Beringsee vorstoßen. An Bord befinden sich rund hundert Passagiere, Männer, Frauen und Kinder. Die „Tscheljuskin" wird vom Packeis zerdrückt und geht unter. Die Schiffsbesatzung und die Passagiere retten sich auf eine Eisscholle und werden in einer tollkühnen Rettungsaktion von russischen Fliegern geborgen. Rechts: Mannschaft und Passagiere verlassen die untergehende „Tscheljuskin". Unten: Die Polarflieger Molokow und Babuschkin, zwei der heldenhaften Piloten.

dampfen, wo die Sowjetunion eine Polarstation unterhält. Etwa hundert Männer, Frauen und Kinder sollen von der Station abgeholt werden. Danach soll die „Tscheljuskin" ihre Reise durch das arktische Meer fortsetzen. Die rund hundert Passagiere gehen bei gutem Wetter an Bord. Doch bald läuft die „Tscheljuskin" in große Felder von Packeis, und eines Morgens sitzt sie im Eis fest. Die Mannschaft versucht eine Fahrrinne freizusprengen, doch das Schiff kommt nur noch meterweise vom Fleck. Dann beginnt das Packeis die Schiffswände einzudrücken. Schmidt befiehlt den Passagieren und der Mannschaft, die „Tscheljuskin" zu verlassen. Es gelingt ihm, noch einen Teil der Vorräte von Bord zu bringen, darunter auch Segelplanen, wie er sie bei seiner ersten Fahrt schon einmal lebensrettend verwendet hatte. Die Evakuierung kommt um keinen Moment zu früh. Die Schiffswände bersten, und vor den Augen der entsetzten Passagiere versinkt die „Tscheljuskin" in die Tiefe. Mit den geretteten Zeltplanen läßt Schmidt auf einer größeren Eisscholle ein Lager errichten. Die Scholle ist Teil des Packeises, bewegt sich, wird zusammengeschoben, türmt sich auf, bekommt Risse. Das Lager muß unentwegt gewechselt werden.

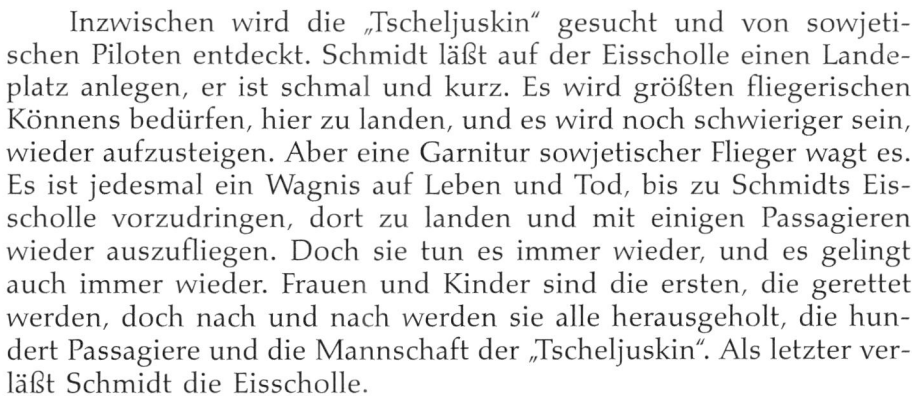

Inzwischen wird die „Tscheljuskin" gesucht und von sowjetischen Piloten entdeckt. Schmidt läßt auf der Eisscholle einen Landeplatz anlegen, er ist schmal und kurz. Es wird größten fliegerischen Könnens bedürfen, hier zu landen, und es wird noch schwieriger sein, wieder aufzusteigen. Aber eine Garnitur sowjetischer Flieger wagt es. Es ist jedesmal ein Wagnis auf Leben und Tod, bis zu Schmidts Eisscholle vorzudringen, dort zu landen und mit einigen Passagieren wieder auszufliegen. Doch sie tun es immer wieder, und es gelingt auch immer wieder. Frauen und Kinder sind die ersten, die gerettet werden, doch nach und nach werden sie alle herausgeholt, die hundert Passagiere und die Mannschaft der „Tscheljuskin". Als letzter verläßt Schmidt die Eisscholle.

Die ganze Welt verfolgt diese atemberaubende Rettungsaktion. Jedesmal, wenn eines der Flugzeuge zurückkehrt, gibt es Schlagzeilen in der Weltpresse und erst recht in den sowjetischen Zeitungen. Die Sowjetführung registriert die ungeheure Anteilnahme der Bevölkerung an diesem heldenmütigen Einsatz der Flieger und entschließt sich, die Welle der Sympathie und des Stolzes zu nützen. In Moskau werden die Heldenpiloten, aber auch Schmidt und ein Teil seiner Besatzung, mit einem Jubel empfangen, wie er hier kaum jemandem je zuvor zuteil geworden ist. Die Partei nimmt sich auch diesbezüglich Amerika zum Vorbild und arrangiert in den Straßen Moskaus eine Ticker-Tape-Parade, wie sie am New Yorker Broadway und in der Fifth Avenue zu Ehren besonderer Persönlichkeiten üblich ist. Ticker Tape, das sind die Papierstreifen der Telegrafen, auf denen in den Kontors New Yorker Firmen unablässig die Börsenkurse aufgezeichnet werden. Viele Kilometer solcher Streifen fallen täglich an. Bis jemand auf die Idee kam, sie in kleine Stückchen zu zerreißen und diese wie ein Schneegestöber aus den Fenstern zu werfen, um die vorbeifahrenden Ehrengäste auf diese Weise zu begrüßen. Das wird nun in Moskau imitiert. Es gibt zwar keine Ticker-Tapes, statt dessen wird jede andere Art von Papier zerrissen und aus den Fenstern ge-

worfen. Dergleichen hat man in der russischen Hauptstadt noch nie gesehen. Die Piloten und Schmidts Mannschaft werden in offenen Limousinen durch diesen Papierregen gefahren, während ihnen weit über eine Million Moskauer vom Straßenrand zujubeln. Die Helden werden in den Kreml gebracht, wo Staatspräsident Kalinin sie mit dem Lenin-Orden auszeichnet und ihnen den erst vor einigen Monaten geschaffenen, höchsten Titel des Landes verleiht: Held der Sowjetunion.

Von nun an sucht die Sowjetführung nach immer neuen Gelegenheiten, an den Sowjetpatriotismus zu appellieren. Das Flugwesen und die Polarforschung eignen sich weiterhin am besten zu diesem Zweck. Sie haben in jenen Tagen eine ähnliche Bedeutung wie 40 Jahre später der erste Vorstoß in den Weltraum und werden von der Weltöffentlichkeit als mindestens ebenso sensationell empfunden. 1928 hatte der italienische General und Luftfahrtingenieur Umberto Nobile den ersten Versuch unternommen, den Nordpol auf dem Luftweg zu erreichen, mit einem Luftschiff. Doch die Expedition war vom Unglück verfolgt. Durch Vereisung wurde die Gondel mit den Polarforschern vom Rest des Luftschiffs gerissen und stürzte ab. Die Überlebenden trieben lange im Eis und wurden schließlich von den russischen Eisbrechern Krasin und Sedow gerettet. Jetzt wiederholen die Sowjets selbst das Experiment. Doch sie stützen sich bereits auf die große Arktiserfahrung ihrer Piloten, sie wissen, was sie den Menschen und den Maschinen zumuten können. Mit der Leitung der Expedition wird erneut Otto Schmidt beauftragt. Das große Wagnis aber haben die Piloten einzugehen. Als erster fliegt Chefnavigator Golowin los. Er soll, wenn alles gutgeht, bis zum Nordpol vordringen und mit seiner Maschine dort landen. Die Hauptgruppe, bestehend aus mehreren Flugzeugen, wartet im Ausgangslager, das man auf Rudolfsland errichtet hat. Sie steht mit Golowin in ständiger Funkverbindung. Seine Meldungen klingen nicht gut: Er trifft auf eine dichte Wolkenwand, fliegt in stürmisches Wetter, ist nicht sicher, ob der Treibstoff für einen Rückflug reichen würde, falls er nicht landen könnte. Als sich das Flugzeug bis auf 60 Meilen an den Nordpol angenähert hat, glaubt Schmidt das Leben des Piloten nicht weiter riskieren zu dürfen. Er ruft ihn zurück, aber er formuliert den Funkspruch so, daß Golowin den Vorstoß zum Pol

wagen könnte, wenn er sicher wäre, auch den Rückflug zu bestehen. Lange Zeit herrscht Funkstille. Um 16,32 Uhr trifft die Antwort Golowins ein: „Breite 90, Pol unter uns, dichte Wolken, können nicht durchdringen." Die ersten Sowjetflieger haben den Nordpol erreicht. Golowin kehrt mit dem letzten Tropfen Benzin nach Rudolfsland zurück. Nach Wetterbesserung fliegt die Hauptgruppe los, und Anfang Mai 1937 meldet Schmidt mit einem Funkspruch nach Moskau: „Sowjetische Polarstation seit 24 Stunden auf dem Nordpol. Fünf Zelte neben dem Flugzeug auf treibendem Eisfeld errichtet, zwei Funkmasten mit Antennen aufgestellt, Wetterbeobachtungshütte errichtet." Von da an sendet die Polarstation laufend Wetterberichte, und was die Wissenschaftler vermutet hatten, bestätigt sich – die Wetterverhältnisse über dem Pol sind ausschlaggebend für weitergehende Wettervorhersagen in Europa und in Asien. Langfristige Wetterbeobachtungen würden auch die Eröffnung einer Flugroute von Europa nach Amerika über den Nordpol erlauben, was die Flugverbindung zwischen den Kontinenten sehr verkürzen würde. Nebenbei überrascht die sowjetische Polarexpedition mit anderen Forschungsergebnissen: Der Nordpol ist nicht unbelebt, eine Reihe von Wasservögeln werden gesichtet, auch Polarsperlinge. Als man versucht, die Meerestiefe unter dem Pol zu vermessen, stellt man fest, daß das Wasser in größerer Tiefe immer wärmer wird. Etwa 400 Meter unter dem Eis beträgt die Wassertemperatur 18,2 Grad: Unter der gewaltigen Eisschicht der Arktis befindet sich also eine warme Unterwasserströmung.

Die sowjetische Expedition ist hervorragend vorbereitet und ausgerüstet worden. Über eine Luftbrücke wird eine ganze Wartungswerkstätte zum Nordpol gebracht. In den Konserven für die Expeditionsmitglieder ist das Fleisch von 50 Rindern, 5 500 Hühnern und 3 Tonnen Gemüse verarbeitet. Doch es bleibt nicht nur bei der For-

Die Sowjetpiloten Jumaschew, Danilin und Gromow (oben) fliegen über den Nordpol an die Westküste Amerikas und landen bei Saint Jacinto in Kalifornien. In Los Angeles wird ihnen ein feierlicher Empfang bereitet (unten). Rechts oben: Die „Antonow 25", mit der dieser Flug über den Pol zum Pazifik ohne Zwischenlandung bewältigt wurde.

schungsstelle am Nordpol. Iwan Papanin sowie der Hydrobiologe Schirschow, der Geophysiker Fjodorow und der Funker Krenkel lassen sich auf einer Eisscholle 2 000 Kilometer durch die Arktis driften. Nach 274 Tagen sichten sie Grönland. Als sie heimkehren, wird ihnen und den anderen Polarforschern ein ebenso triumphaler Empfang bereitet wie vordem den Rettern der „Tscheljuskin"-Passagiere. Auch sie erhalten den Lenin-Orden und werden Helden der Sowjetunion. Die Sowjets setzen ihre arktischen Forschungsergebnisse auch schon in die Praxis um. Im Juni 1937 landet ein sowjetisches Flugzeug des Typs AMT 25 mit drei Piloten an Bord in Portland in den USA. Sie waren nonstop von der Sowjetunion über die Arktis in die USA geflogen. Nach ihrer Landung kommt es zu spontanen Kundgebungen, bei denen die Piloten gefeiert werden. Eine einmalige Glanzleistung? Ein Monat später, am 13. Juli, trifft ein zweites Sowjetflugzeug gleichen Typs mit drei anderen Piloten nach einem noch längeren Nonstopflug in Saint Jacinto, ebenfalls in den USA, ein. Wenn sie wollten, könnten die Sowjets die Polflüge zur Routine machen – so wie sie später einmal die Weltraumflüge zur Routine gemacht haben.

Apropos Weltraumflüge: 1929 gelingt dem sowjetischen Physiker Konstantin Ziolkowski der erste Start einer Mehrstufenrakete. Die größeren Fortschritte in der Raketenforschung wurden später unter der Leitung von Wernher von Braun im deutschen Penemünde gemacht, aber die sowjetische Raketenforschung wurde seit 1929 ohne Unterbrechung fortgeführt. Sie bediente sich, wie vordem schon die sowjetische Flugzeugindustrie, später auch deutscher Hilfe, verfügte aber immer über eine eigene, gutfundierte Forschungs- und Entwicklungsbasis.

In der Sowjetunion wird 1934 auch das damals größte Flugzeug der Welt konstruiert, eine achtmotorige Passagiermaschine mit der unglaublichen Flügelspannweite von 64 Metern. Geschickt verbindet man diese technische Leistung wieder einmal mit dem internationalen Ansehen Maxim Gorkis – der Flugzeugtyp ANT 20 wird „Maxim Gorki" genannt. Das Großflugzeug ist, wie so manches Monsterprojekt schon des alten Rußlands und später auch der Sowjetunion, in der Praxis nicht sehr brauchbar. Das Flugzeug stürzt schon im darauffolgenden Jahr nach einer Kollision mit einem Jagdflugzeug ab. Ein zweites Flugzeug dieses Typs wird nicht mehr gebaut. Aber für eine Weile hatte die Sowjetunion, hatte der Sozialismus in der Sowjetunion, das größte Flugzeug der Welt gebaut, eine Leistung, die von Deutschland und den USA erst viel später erbracht werden wird. Solcherart wird Stalins Parole glaubhaft – „Amerika einholen! Amerika überholen!" Der Sieg des Sozialismus ist wohl kaum aufzuhalten.

Der Parteitag der Sieger

Das ist auch der Titel, den Stalin dem XVII. Parteitag der KPdSU gibt: „Parteitag der Sieger". Er findet Ende Januar 1934 in Moskau statt. Stalin legt einen großen Rechenschaftsbericht über die Erfolge des ersten Fünfjahresplans vor. Tausende neue Industriebetriebe seien errichtet worden, gewaltige Wasserkraftwerke versorgten die Industriegebiete mit Strom, die industrielle Produktion habe sich verdoppelt, eine ganze Reihe neuer Städte seien aus dem Boden gestampft worden. Die Kollektivierung hätte zu einer wesentlichen Steigerung der Getreideproduktion beigetragen. Kein Wort über die Hungersnot, kein Wort über das disproportionale Verhältnis zwischen der Schwerindustrie mit ihrem Rüstungsanteil und der Leichtindustrie, die der Erzeugung von Konsumgütern dienen sollte. Es ist ein einziger, großer Erfolgsbericht und somit auch ein Bericht über den Erfolg seines Urhebers, Josef Stalin. Die Delegierten unterbrechen ihn immer wieder mit Applaus. Was bei diesem Parteitag zum ersten Mal den Charakter einer Inszenierung hat, wird von da an zum Ritual aller Parteitage bis Gorbatschow: Die Delegierten kommen nur noch zusammen, um die Erfolgsberichte der jeweiligen Generalsekretäre entgegenzunehmen und sie entsprechend zu feiern. Kritische Beiträge gibt es nicht mehr, Diskussionen finden nicht statt. Den Wendepunkt beschreibt Stalin in seinem Referat: „War es auf dem XV. Parteitag noch nötig gewesen, die Richtigkeit der Parteilinie zu beweisen und gegen die bekannten antileninistischen Gruppierungen zu kämpfen, und ist es auf dem XVI. Parteitag noch notwendig gewesen, die letzten Anhänger dieser Gruppierungen zu zerschlagen, so gibt es auf diesem Parteitag weder etwas zu beweisen noch jemanden zu zerschlagen."

Das verheißt endlich Frieden in den Führungsrängen der Partei, die Delegierten bedanken sich mit langanhaltendem Applaus. Auch dafür fehlt die Inszenierung nicht. Noch sitzen unter den 1 225 Delegierten viele frühere Gefolgsleute Kamenews, Sinowjews, selbst Trotzkis. Ja, die Führer dieser Opposition befinden sich noch im Saal, eben Kamenew und Sinowjew, aber auch Bucharin, Rykow, Tomski; sie haben zwar ihre hohen Führungspositionen zum Teil schon eingebüßt, aber Delegierte sind sie noch allemal. Und so hat Stalin großen Wert darauf gelegt, daß gerade sie sich zu Wort melden und in ihren Ansprachen die Richtigkeit seiner Politik ausdrücklich bestätigen und loben, seine Erfolge anerkennen und damit ihre Irrtümer nochmals zugeben. Im Auftrag Stalins hat sein Vertrauter, Lasar Kaganowitsch, jedem von ihnen vorher diesbezüglich ins Gewissen geredet. Und alle folgen sie gehorsam, leisten ihren Tribut. Auf diesem Parteitag wird für Stalin eine neue Bezeichnung geprägt „Woschd" – der Führer. Und

Die Mitglieder des Politbüros beim schicksalsschweren XVII. Parteitag der KPdSU im Jahr 1934 (oben). Sitzend von links nach rechts: Stalin, Woroschilow, Ordschonikidse, Kirow, Kaganowitsch. Kirow gilt als der neue Liebling der Partei und wird von den Delegierten mit einer stehenden Ovation begrüßt (rechts unten). Stalin sieht in Kirow einen Rivalen und in den Delegierten eine Gefahr, er läßt Kirow und zwei Drittel der Delegierten des Parteitags ermorden; zwischen 1936 und 1938 werden von den 139 ZK-Mitgliedern 120 liquidiert.

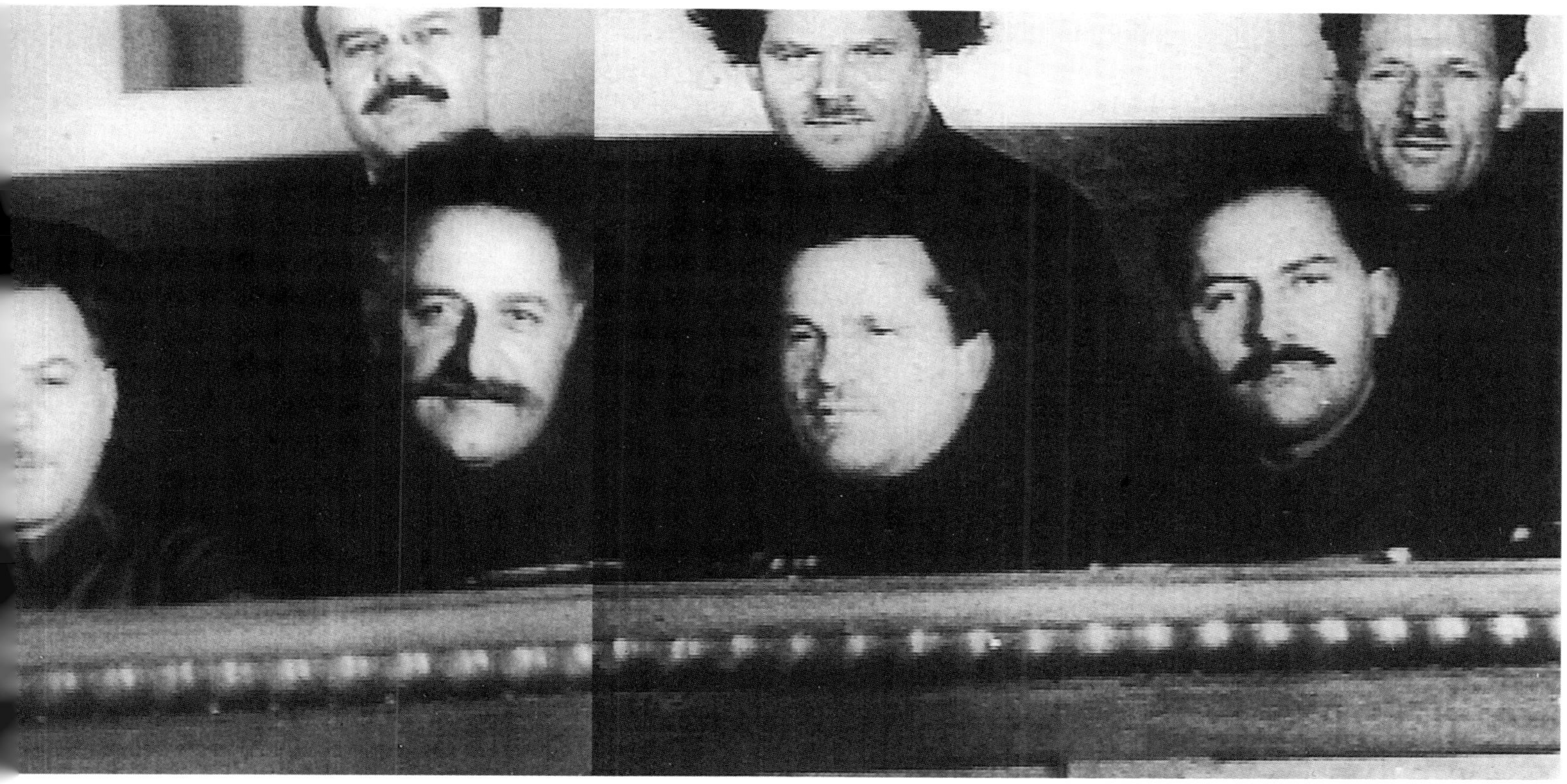

Woroschilow führt noch eine Steigerungsstufe für den Namen Stalin ein – der stählerne Stalin. Und doch läuft auf diesem Parteitag nicht alles so, wie es sich Stalin vorgestellt hat.

Zu Wort meldet sich Sergej Kirow. Im Bürgerkrieg hat Kirow als Kommissar bei der Niederschlagung der Selbständigkeitsbewegungen in Aserbeidschan und in Georgien mitgewirkt und ist damals zum Vertrauten Stalins geworden. Stalin hat Kirow später nach Leningrad entsandt, wo er Sinowjews Stellung als Leningrader Parteisekretär zu untergraben und damit zum Sturz Sinowjews entscheidend beizutragen hatte. Stalin hat dafür Kirow anstelle Sinowjews zum Parteisekretär der Leningrader KP gemacht. Es ist kein sympathischer Weg, der Kirow in solche Höhen geführt hat. Aber innerhalb der Partei ist Kirow ungemein beliebt. Er hat das strahlende, optimistische Gemüt eines Bucharin, und hatte Lenin einst Bucharin als den „Liebling der Partei" bezeichnet, so wird nun Kirow mit diesem Titel bedacht. Daß er tatsächlich der Liebling der Partei ist, zeigt sich in zweifacher Hinsicht bei diesem Parteitag. Unmittelbar vor Beginn der Tagung war eine Reihe prominenter Delegierter heimlich an Kirow herangetreten mit dem Vorschlag, Kirow möge anstelle von Stalin zum Generalsekretär der Partei gemacht werden; die Partei könne die Gewaltmethoden Stalins nicht mehr länger ertragen, er sei ein Alleinherrscher geworden, ärger als jeder Zar. Kirow aber würde vom Vertrauen fast aller Parteifunktionäre getragen werden, er könnte die Partei wieder zurückführen zu ihrer zumindest nach innen hin offeneren Form. Kirow, der sich als Freund und Schützling Stalins fühlt, macht Stalin von diesem an ihn herangetragenen Begehren Mitteilung. Stalin nimmt das wohlwollend zur Kenntnis, dankt Kirow für dessen Loyalität. Heute sind sich sowjetische Historiker darin einig, daß Stalin in diesem Moment in Kirow einen möglichen Rivalen erkannt hat, der ihm gefährlich werden könnte. Und Stalin muß in dieser Ansicht ungeheuer bestärkt worden sein, als sich Kirow beim Parteitag zu Wort meldet. Denn kaum tritt er ans Rednerpult, bricht spontaner Applaus aus, alle Delegierten erheben sich und hören nicht auf, Kirow zuzujubeln. Selbst Stalin und alle Mitglieder des Politbüros sehen sich gezwungen, sich ebenfalls zu erheben und in diese Ovation miteinzu-

stimmen. Kirow – der Liebling der Partei. Bescheiden lächelnd nimmt
Kirow diese triumphale Ovation zur Kenntnis, nicht so Stalin. Für ihn
ist diese Ovation ein deutliches Zeichen des Protests gegen ihn und
seine Art der Parteiführung. Kurz darauf findet Stalin diese seine Annahme bestätigt. Der Parteitag hat wie immer die Mitglieder des Zentralkomitees zu wählen. Eine Formalität, denn die personelle Zusammensetzung der Führungsorgane der Partei ist im Politbüro längst
schon beschlossen worden. Doch dann geschieht das Unerwartete:
Kaganowitsch stürzt in Stalins Arbeitszimmer und teilt ihm mit, daß
von den 1 225 Delegierten rund 300 gegen Stalin gestimmt haben,
während Kirow nur 3 Gegenstimmen erhielt. Dieses Ergebnis signalisiert deutlich, daß es innerhalb der Partei noch immer eine große
Gruppe oppositioneller Funktionäre gibt, daß Stalin seinen Kampf gegen die Opposition noch nicht endgültig gewonnen hat. Würde dieses Wahlergebnis bekannt, wäre das eine starke Ermutigung für die
Opposition. So beschließt man, die 300 Gegenstimmen bis auf drei zu
vernichten. Stalin und Kirow erhalten somit die gleiche Stimmenan-
zahl; in Stalins Augen mußte aber selbst das noch eine Demütigung
sein. Historiker haben seither immer vermutet, daß der Grund für die
große Verfolgungswelle, mit der Stalin nach diesem Parteitag alle
Führungsgremien der Partei heimsucht, in diesen Erlebnissen auf dem
XVII. Parteitag zu suchen ist.

Stalin weiß ab diesem Zeitpunkt, daß zumindest 300 der Delegierten seine Feinde sind, aber er weiß nicht, wer diese 300 sind. Von
den 1 225 Delegierten des XVII. Parteitags werden 1 108 in den nächsten Jahren unter der Beschuldigung konterrevolutionärer Verbrechen
verhaftet, die meisten von ihnen angeklagt, verurteilt, verschleppt, ermordet. Von den 139 Mitgliedern und Kandidaten des vom XVII. Parteitag gewählten Zentralkomitees werden 98, das sind 70 Prozent,
verhaftet und hingerichtet. Als erster von allen aber wird Kirow er-

Der Zeitungsbericht über den Parteitag wird mit einem Foto illustriert, das Stalin mit Kalinin und Molotow im Kreis der höchsten Offiziere der Roten Armee zeigt, die als Delegierte am Parteitag teilgenommen haben (links). Kaum einer der Generäle und Marschälle auf diesem Bild hat die große Säuberung überlebt. Rechts: Die Delegierten applaudieren dem Politbüro. In der vordersten Reihe links Nikita Chruschtschow, der Stalin nachfolgen und ihn wegen seiner Verbrechen anklagen wird.

mordet. Sein Mörder ist bekannt, es ist ein entlassener Parteiarbeiter namens Leonid Nikolajew. In wessen Auftrag Nikolajew gehandelt hat, ist bis zum heutigen Tag noch nicht ganz geklärt. Chruschtschow erklärte in seinem Geheimbericht an den XX. Parteitag, daß die besonderen Umstände der Ermordung Kirows noch unklar seien, doch sei es bemerkenswert, daß auch eine große Anzahl von Personen aus der Umgebung Kirows entweder unter mysteriösen Umständen starben oder in den Jahren 1937/38 hingerichtet wurden: „Wir können annehmen, daß sie erschossen wurden, weil man die Spuren derjenigen verwischen wollte, die Kirows Ermordung organisiert hatten."

Offiziell heißt es damals, der Mörder Nikolajew hätte im Auftrag einer konspirativen Gruppe gehandelt, die sich „vereinigtes Zentrum" nenne und deren Befehlszentrale sich im Ausland befinde. Diese Gruppe plane auch die Ermordung Stalins und anderer hoher Parteiführer. Und dann kommt es: Fest stehe, daß Nikolajew ein Anhänger Trotzkis und Sinowjews gewesen sei. Nachgewiesen wird das freilich nicht. Fast würde man meinen, im Gegenteil: Am Tag des Kirowmordes wird auf persönliche Anweisung Stalins das Strafgesetz geändert, die Untersuchungsbehörden werden verpflichtet, alle Fälle von Terrorakten beschleunigt abzuhandeln, den Richtern wird vorgeschrieben, in diesen Kategorien nur Todesurteile zu fällen und weder eine Berufung noch eine Begnadigung abzuwarten, sondern die Urteile unmittelbar nach Urteilsverkündung zu vollstrecken. Aufgrund dieser Anweisung werden zwischen dem 1. und dem 21. Dezember 1934 103 Personen angeklagt, verurteilt und hingerichtet. Sie alle gehören zum Umfeld des Kirowmordes, sie alle wären mögliche Zeugen. Mit ihrem Tod sind sämtliche Spuren, die zu den wahren Auftraggebern des Kirowmordes führen könnten, gelöscht.

Die große Säuberung

Aber jetzt erst beginnt die große Verhaftungswelle, die Tschistka, wie sie genannt wird. Unter dem Vorwand, zu jener mysteriösen Verschwörergruppe Verbindungen unterhalten zu haben oder auch nur mit ihr sympathisiert, sie politisch unterstützt, ihr im Geiste zugestimmt zu haben, wird zuerst eine Reihe prominenter Parteiführer vor Gericht gestellt, danach erfaßt die Verfolgung Tausende, Zehntausende, Hunderttausende, schließlich Millionen. Im Januar 1935 wer-

Lew Kamenew, erschossen

Grigorij Sinowjew, erschossen

Nikolaj Bucharin, erschossen

Regierungschef Alexej Rykow, erschossen

Nikolaj Krylenko, ermordet

Sergej Kirow, ermordet

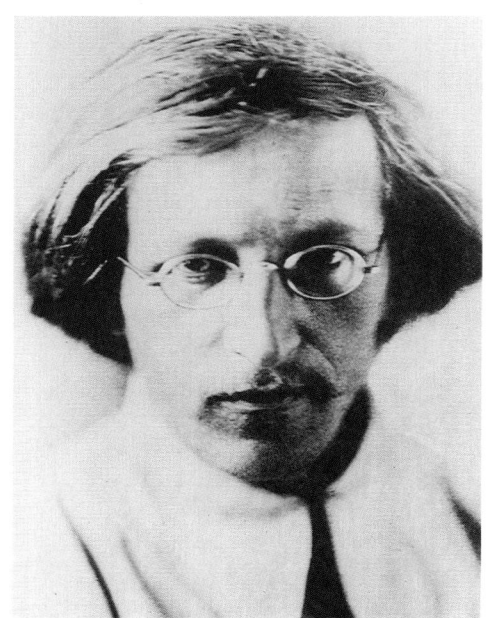

W. Antonow-Owsejenko, erschossen

Regisseur Meyerhold, erschossen

Maxim Gorki, Schriftsteller, vergiftet

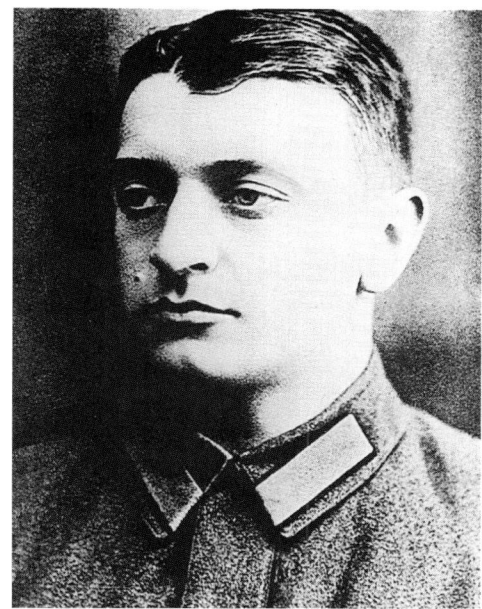

Marschall Tuchatschewski, erschossen

Marschall Blücher, an Foltern gestorben

A. Jegorow, im Gefängnis umgekommen

General Jona Jakir, erschossen

General Witali Primakow, erschossen

Pawel Dybenko, erschossen

Der großen Säuberung fielen Millionen Menschen zum Opfer, sie wurden ohne Gerichtsverfahren ermordet oder starben in den Lagern des Gulag. Die Prominenz aber hatte in Schauprozessen Geständnisse abzulegen, wurde verurteilt und hingerichtet. Darunter befanden sich viele Weggefährten Lenins, die meisten Mitglieder des Politbüros und des Zentralkomitees der Partei, Offiziere der Roten Armee. Stellvertretend für diese Tausenden hier die Bilder einiger von ihnen. Doch auch die Mörder wurden ermordet – die beiden NKWD-Chefs Jagoda und Jeschow.

NKWD-Chef Jagoda, erschossen

NKWD-Chef Jeschow, erschossen

den Sinowjew und Kamenew, die prominenten Weggefährten Lenins, zum ersten Mal auf die Anklagebank gesetzt. Man hat sie in der Voruntersuchung entsprechend bearbeitet, und so legen auch sie das obligate Geständnis ab, das allerdings noch auf ihr hohes Prestige Rücksicht nimmt. Sie müssen nur zugeben, „im allerweitesten Sinn die politische Verantwortung für das Geschehene zu tragen". Mehr nicht, und das Gericht legt auch keine weiteren Beweise vor. Sinowjew wird zu zehn Jahren, Kamenew zu fünf Jahren, und ihre Mitangeklagten zu ähnlich langen Haftstrafen verurteilt. Während eines letzten Treffens mit Sinowjew und Kamenew soll Stalin zu ihnen gesagt haben: „Unsere Überzeugungen erlauben es uns nicht, das Blut alter Genossen zu vergießen, gleich wie groß ihre Sünden sein mögen. Die Führer unserer Partei vergessen weder ihre Rechte noch ihre Pflichten. Der Prozeß, in dem ihr verpflichtet seid, dem Staat und der Partei zu helfen, ist nicht gegen euch gerichtet, sondern gegen Trotzki. Das ist wichtig für die Sowjetmacht." Und so mögen Sinowjew und Kamenew geglaubt haben, daß sie solcherart noch einmal der Partei zu dienen hätten. Eineinhalb Jahre später, im August 1936, werden Sinowjew, Kamenew und weitere 14 frühere hohe Parteifunktionäre erneut angeklagt. Diesmal werden sie beschuldigt, mit dem im Exil lebenden Leo Trotzki und der deutschen Gestapo kooperiert zu haben. Es ist ein großer Schauprozeß, Zuschauer sind zugelassen, unter ihnen auch westliche Diplomaten. Alle Angeklagten legen volle Geständnisse ab. Unmittelbar nach der Urteilsverkündung werden sie erschossen.

Ein halbes Jahr später, im Januar 1937, befindet sich eine weitere Garnitur früherer engster Mitarbeiter Lenins auf der Anklagebank, mit Pjatakow, Radek und Sokolnikow an der Spitze. Wiederum überraschen die ausführlichen Geständnisse der Angeklagten. Pjatakow schildert im Detail seine Begegnung mit Trotzki in Oslo, obwohl Pjatakow noch nie in Norwegen gewesen ist. Ziel des Prozesses ist es, zu beweisen, daß Trotzki vom Ausland her die Sowjetunion ruinieren will, die Ermordung ihrer Führer plant, Sabotageakte in der Industrie und in der Landwirtschaft anordnet. Die Anklagepunkte lassen erkennen, was mit den Prozessen bewiesen und schließlich erreicht werden soll: Für alles, was in der Sowjetunion nicht funktioniert, für alle Fehler in der Planung und Durchführung der Industrialisierung, der Kollektivierung, für die nichtfunktionierende Versorgung, für den Hunger, für die erbärmlichen Lebensbedingungen, für all das ist nicht die Sowjetführung verantwortlich, nein, Saboteure sind es, Feinde des Volks, die vom Ausland her gesteuert werden. Und das schlimmste daran: Zu ihnen zählen die ehemals getreuesten Getreuen der Partei, Leute, denen selbst Lenin vertraut hatte. Stalin erreicht mit dieser Massenverfolgung dreierlei: Er schaltet alle nur denkbaren künftigen Rivalen aus und zerschlägt damit jede nur mögliche Opposition im Keim; er kann alle Mißerfolge und damit alle Unzufriedenheit der Sowjetbürger auf andere, eben auf diese Saboteure und Feinde abwälzen; und der Terror macht ein ganzes Volk gefügig und füllt gleichzeitig auch noch den Gulag, stellt der Wirtschaft ein Heer von zehn bis zwölf Millionen Zwangsarbeitern zur Verfügung.

Ob die Auswirkungen dieser großen Säuberung tatsächlich schon alle Beweggründe Stalins erklären, muß natürlich dahingestellt bleiben. Weder Stalins Biographen noch die Historiker sind sich darüber im klaren. Einige meinen, Stalin hätte unter starkem Verfolgungswahn gelitten, er hätte die täglichen Opfer gebraucht, um sich selbst zu beruhigen. Dafür gibt es Anzeichen. Der damalige Chef der NKWD, Genrich Jagoda, führte Stalins Befehle blindlings aus. Seine Leute verhaften die alten Weggefährten Lenins, bisherige Mitglieder des Politbüros und des Zentralkomitees und ohne zu zögern selbst Abteilungsleiter und Kommissare ihrer eigenen Organisation, dem

Michail Frunse, einer der Begründer der Roten Armee, Heerführer während des Bürgerkriegs und hoher Parteifunktionär (oben). Die sowjetische Militärakademie trägt seinen Namen. Er starb 1925 auf dem Operationstisch. Zur Operation hatte ihm Stalin geraten. Der Schriftsteller Boris Pilnjak (rechts oben) ging der Sache nach, schrieb und deutete an, daß der Tod Frunses kein natürlicher war. 1938 wird Pilnjak erschossen.

NKWD. Stalin müßte hoch zufrieden sein mit diesem blinden Gehorsam seines Geheimdienstchefs Jagoda. Doch nein, im September 1936 richtet Stalin von seinem Urlaubsort Sotschi am Schwarzen Meer ein Telegramm an das Politbüro: „Wir halten es für absolut dringend und notwendig, daß Genosse Jeschow auf den Posten des Volkskommissars für innere Angelegenheiten berufen wird. Jagoda hat sich als völlig unfähig erwiesen, den trotzkistisch-sinowjewistischen Block zu entlarven. Die GPU ist vier Jahre in dieser Angelegenheit zurück. Das wird von allen Parteifunktionären und der Mehrheit der NKWD-Vertreter bemerkt." Diese Intervention Stalins genügt, um den bisher so mächtigen Jagoda abzusetzen. Zum Nachfolger wird prompt Nikolaj Jeschow bestellt. Im Hauptquartier des NKWD, in der Lubjanka, hält Jeschow seine Antrittsrede vor den hohen Offizieren des NKWD. Dabei erhebt er atemberaubende Anklagen gegen seinen Vorgänger Jagoda: Er sei schon unter dem Zaren ein Agent der Ochrana gewesen, danach ein deutscher Spion und wäre mit dem „Zentrum" in ständiger Verbindung gestanden, also mit jener geheimnisvollen Zentrale im Ausland, von der aus die Konterrevolution und die Sabotage gegen die Sowjetunion gelenkt würden. Das bekommen jene NKWD-Offiziere zu hören, die die letzten Jahre mit Jagoda gemeinsam die große Menschenjagd betrieben haben, und keiner protestiert, keiner äußert auch nur Zweifel.

So sieht die neue sowjetische Wirklichkeit aus: Von einer Stunde auf die andere kann jeder verdächtigt, beschuldigt, verhaftet werden; wer sein eigenes Leben retten will, hat sich blitzschnell umzustellen, muß selbst zum Denunzianten, zum Ankläger werden, um glaubhaft machen zu können, „nicht zu jenen zu gehören". Jagoda, der die ersten Millionen dieser gewaltigen Verfolgungsjagd auf dem Gewissen hat, wird nun selbst verhaftet und angeklagt: Er habe auf raffinierte Art und Weise die Ermordung Maxim Gorkis veranlaßt. Maxim Gorki war vergiftet worden, höchstwahrscheinlich auf Befehl Stalins und höchstwahrscheinlich hatte Jagoda den Mord an einem so prominenten, in der ganzen Welt angesehenen Mann persönlich beaufsichtigt. Auch Jagoda legt ein volles Geständnis ab, der Mann, der Hunderttausende Geständnisse hat erpressen lassen. Er teilt auch das Schicksal seiner Opfer, er wird zum Tod verurteilt und hingerichtet. Bei allen großen Schauprozessen tritt der schon erwähnte und beschriebene Andrej Wyschinski als Generalstaatsanwalt auf. Er weiß mit den ehemals so hohen Herren umzugehen, weiß, wie man sie einschüchtern kann, wann man ihnen das Wort abzuschneiden hat, wann man ihnen schmeichelnd, wann mit Parteiphrasen, wann mit Zorn und wann mit Beleidigung zu kommen hat. Und die Prozesse laufen stets nach dem Modell ab, das Wyschinski seinerzeit entworfen hat: Die Angeklagten legen umfassende Geständnisse ab, die standhafteren unter ihnen bezichtigen nur sich selbst, die psychisch gebrochenen zählen lange Listen mit Namen von Mitverschwörern auf und liefern diese damit auch schon an ihre Henker aus.

Arthur Koestler hat in seinem Buch „Sonnenfinsternis" beschrieben, wie diese alten Kommunisten von ihren Untersuchungsrichtern gebrochen werden. Seither gibt es die Berichte jener, die auf dieselbe Weise verhört und zum Geständnis gebracht wurden, aber durch Zufall überlebt haben. Fast jedes Verhör begann mit Schlägen und physischer Folter. Je näher der Tag kam, an dem die Angeklagten vor Gericht und damit eventuell vor der Öffentlichkeit erscheinen sollten, wurde die Methode verfeinert, doch eine Folter blieb es: Die verhörenden Offiziere bzw. Untersuchungsrichter lösten einander ab, der Gefangene aber wurde pausenlos Tag und Nacht verhört, schlafen durfte er nicht. Das genügte in den meisten Fällen: Nach einigen Tagen brach der Angeklagte endgültig zusammen und war bereit, alles zu unterschreiben, wenn er dafür in seine Zelle zurückgeführt würde und schlafen könnte. Nur sehr wenige haben dieser Methode widerstanden, sie wurden auf andere Art gebrochen oder in den Selbstmord getrieben oder auch ohne Gerichtsurteil liquidiert. Es war die besondere Eigenart des administrativen Denkens Stalins, die ihn so großen Wert darauf legen ließ, daß die Angeklagten Geständnisse ablegten, ehe sie hingerichtet wurden. Man sollte diese Geständnisse auch noch Generationen später lesen und glauben. Kein Schatten würde dann auf die Führung fallen, die diese Verfolgungsjagd betrieben hatte.

Obwohl der Terror jeden treffen konnte und auch viele wahllos getroffen hat, waren doch bestimmte Kategorien von Personen bevorzugte Opfer: Im Prinzip fast alle, die Lenin noch gekannt hatten und behaupten konnten, daß Lenin eine Herrschaft wie die Stalins nicht geduldet hätte. Dazu gehörte der Großteil der führenden Funktionäre der Partei. Weiters mußten alle mit Verfolgung rechnen, die sich je ein kritisches Wort gegenüber Stalin und seiner Politik geleistet hatten; dazu gehörten viele Kulturschaffende, Wissenschaftler, Schriftsteller, Angehörige der Intelligenz. Offenbar um die behauptete Verbindung der Verschwörer mit dem Ausland glaubhafter erscheinen zu lassen, wurde fast jeder verfolgt, der irgendwann auf irgendeine Weise mit Ausländern verkehrt hatte oder gar selbst im Ausland war. Dazu zählten viele der ausländischen Kommunisten, die in die Sowjetunion geflohen waren und dort im Exil lebten, Angehörige der Kommunistischen Internationale, Mitglieder der Internationalen Brigaden, die in Spanien gekämpft hatten, aber auch Ingenieure, die gemeinsam mit ausländischen Kollegen für die Erfolge des Fünfjahresplans gearbeitet hatten. Ruth Fischer-Mayenburg, die mit ihrem Mann, dem prominenten österreichischen Kommunisten Ernst Fischer, im Moskauer Hotel Lux gemeinsam mit vielen anderen internationalen KP-Größen ihre Emigrantenjahre verbrachte, berichtet, welche Angst und welcher Schrecken dort geherrscht habe, als die NKWD-Leute des Nachts ins Hotel kamen, um ihre Opfer aus den Betten zu holen. Fast die gesamte Führung der jugoslawischen Kommunistischen Partei wurde aus dem Hotel Lux in den Tod geschickt. Nicht viel besser erging es den Polen und vielen anderen. Jeder habe den Atem angehalten, berichtet Fischer-Mayenburg, wenn man die schweren Schritte der NKWD-Leute auf den Gängen des Hotels hörte – wer wird es heute sein? Und wehe, wenn einer der Namen in irgendeinem Geständnis eines schon Verhafteten auftauchte. Die deutschen Kommunisten Max Hölz, Heinz Neumann und Remmele kommen ebenso um wie Béla Kun, der Ungarns erste Räterepublik gegründet hat. Ein Gutteil der 1934 nach dem österreichischen Bürgerkrieg in die Sowjetunion geflüchteten Sozialdemokraten und Kommunisten wurde Opfer dieser speziellen Verfolgung der Ausländer. Die Kinder dieser Schutzbündler – eines von ihnen war der bekannte Schriftsteller Wolfgang Leonhard – mußten plötzlich erfahren, daß ihre Eltern Spione, Saboteure, Volksfeinde seien und deshalb über Nacht abgeholt worden sind.

Wolkogonow schreibt darüber: „Stalin erhielt immer häufiger Berichte über die katastrophalen Zustände in dieser oder jener Fabrik, auf den Eisenbahnstrecken, in den Volkskommissariaten, die Massenverfolgung vollzog sich bereits nach eigenen Gesetzen, die Verhaftungen brachten immer neue ‚Mittäter' an den Tag. Die Chancen, die sich Karrieristen boten, provozierten immer neue Denunziationen." Heute liegt den Historikern eine Unzahl von Dokumenten vor, die nicht nur das Ausmaß dieser Verfolgungsjagd erkennen lassen, sondern auch beweisen, daß Stalin selbst die Massentötung dieser Menschen angeordnet hat. Meist vollzog sich das in Form eines kurzen Schriftwechsels zwischen Stalin und dem NKWD-Chef Jeschow: „An den Genossen Stalin. Ich übersende Ihnen die Liste der Inhaftierten

Josef Stalin. Nur wenige Fotos von ihm wurden zur Veröffentlichung freigegeben. Jedes dieser Bilder sollte von besonderer Aussagekraft sein: Der Führer (Woschd), der Lehrmeister, der Baumeister, der Heerführer, der Vater der Nation. Henri Barbusse schreibt: „Dieser Mann mit dem Geist eines Gelehrten, dem Gesicht eines Arbeiters und der Kleidung eines einfachen Soldaten."

für das Gericht des Militärkollegiums erster Kategorie. Jeschow." Vermerk auf diesem Schriftstück: „Für die Erschießung aller 138 Personen. J. St.", und bestätigt von W. Molotow. Oder: „An den Genossen Stalin. Ich schicke Ihnen die Bestätigung von 4 Namenslisten für das Gericht. Eine Liste mit 313, eine mit 208, eine mit 15 Frauen von Volksfeinden, eine mit 200 Militärangehörigen. Ich bitte um Genehmigung, alle zum Tod zu verurteilen. Jeschow." Darunter der Vermerk: „Dafür. J. St., W. Molotow." Stalin hat also den damaligen Vorsitzenden des Rats der Volkskommissare, Molotow, meist mitunterzeichnen lassen, offenbar um der Sache mehr Legalität zu geben, Stalin war ja immerhin nur der Generalsekretär der Partei und ohne jede Staatsfunktion. Wolkogonow berichtet, daß es Tage gegeben habe mit grauenhaften Rekordziffern. Allein am 12. Dezember 1938 hätten Stalin und Molotow die Erschießung von 3 167 Menschen angeordnet. Und zwar nur aufgrund von Namenslisten, ohne die Anklage zu kennen oder die Ergebnisse der Untersuchungen.

Diese Massenverfolgungen und Massentötungen sind als große Tschistka oder auch „Jeschowtschina" in die Geschichte eingegangen, nach dem Namen des NKWD-Chefs, der den großen Terror auf die Spitze getrieben hat. Im übrigen hat Jeschow das Schicksal seines Vorgängers Jagoda geteilt: Im Dezember 1938 wird auch Jeschow als Volkskommissar für das Innere abgesetzt. Zum Nachfolger wird sein Stellvertreter Lawrenti Berija bestellt. Berija macht es besonders schlau: Er ruft nach der Säuberung der Säuberer, die ihre Kompetenzen überschritten hätten und viel zu rigoros vorgegangen wären. Jeschow wird dafür verantwortlich gemacht, verurteilt und umgebracht. Von der Verfolgungsjagd blieben also auch die Verfolger nicht verschont.

Doch nicht nur der NKWD wird gesäubert. Zum großen Erstaunen der Weltöffentlichkeit werden 1937 auch die höchsten Offiziere der Roten Armee festgenommen und beschuldigt, deutsche Spione zu sein, an ihrer Spitze Marschall Tuchatschewski, 1925 bis 1928 Generalstabchef, seit 1931 stellvertretender Volkskommissar für Verteidigung. Manches war von ihm in diesem Buch schon zu berichten: Held des Bürgerkriegs, getreuer Befehlsvollstrecker Lenins bei der Niederschlagung der großen Bauernaufstände und der Revolte in Kronstadt, auch die von Stalin befohlene Aufrüstung und Modernisierung der Roten Armee hatte Tuchatschewski geleitet. Einen fähigeren und auch rücksichtsloseren militärischen Diener der Partei und des Staats konnte man sich kaum vorstellen. Doch nun wird auch Tuchatschewski vor Gericht gestellt. Mit ihm sieben Generäle der Roten Armee. Ihr Prozeß wird geheim abgeführt, vor einem Militärtribunal. Später heißt es, Marschall Tuchatschewski und den Generälen sei nachgewiesen worden, daß sie sämtliche ihnen zugängliche Informationen über den Aufbau der Roten Armee, ihre Rüstung und ihre Verteidigungspläne an die deutsche Gestapo geliefert hätten. Hochverrat! Und natürlich Todesurteil für alle Angeklagten, das kurz nach dem Prozeß am 11. Juni 1937 vollstreckt wird. Kein anderer Prozeß hat die sowjetische Öffentlichkeit so erschüttert wie dieser, waren die Angeklagten doch alle als Helden des Bürgerkriegs bekannt, als Vertraute Lenins. Nun wären sie alle Hochverräter gewesen.

Der Prozeß gegen die Spitzen der Armee war nur der Auftakt zu einer Säuberungsaktion, der Tausende weitere Offiziere der Roten Armee zum Opfer fielen. Die Historiker, die sich mit diesem Spezialgebiet der Jeschowtschina befassen, nennen unterschiedliche Zahlen über das Ausmaß der Verfolgung. Hier die Zahlen, über die weitgehende Übereinstimmung herrscht: Erschossen wurden 3 von 5 Marschällen, 15 von 16 Armeegenerälen, 62 von 85 Korpskommandeuren, 133 von 190 Divisionskommandanten, 220 von 406 Brigadekommandanten. Drei Viertel aller Mitglieder des Obersten Kriegsrats der Sowjetunion wurden ausgerottet. Es ist bis heute nicht geklärt, weshalb Stalin gerade an der Spitze der Roten Armee ein derart gewaltiges Blutbad anrichten ließ. Mehrere Erklärungen sind im Umlauf. Hartnäckig hält sich die Version, daß Tuchatschewski über die Verfolgung besonders der Altbolschewiki, der Gefährten Lenins, zutiefst schockiert gewesen sei, waren sie alle doch auch seine Gefährten. Niemand im Land schien mehr sicher zu sein. Niemand schien auch noch in der Lage, der Verfolgungsjagd und Mordlust Einhalt gebieten zu können. Niemand – mit Ausnahme der Roten Armee. Sie wäre dem NKWD noch gewachsen gewesen. Tuchatschewski sei von mehreren Seiten gedrängt worden, den Einsatz der Armee gegen diesen blindwütigen Terror zu erwägen. Das hätte er angeblich auch getan; nicht, um sich selbst oder andere Generäle an die Macht zu bringen, sondern um diese Macht wieder in verantwortungsbewußte Hände zu legen. Wäre es so gewesen, hätte sich Tuchatschewski tatsächlich mit einer ganzen Reihe von Offizieren abgesprochen. Im hohen Offizierskorps gab es einige Stalin blind ergebene Leute. Wie etwa Woroschilow, der im Bürgerkrieg gemeinsam mit Stalin einige umstrittene Operationen geleitet hatte. Über ihn, so wird vermutet, seien die Überlegungen Tuchatschewskis und anderer Generäle an Stalin herangetragen worden. In diesem Fall hätte Stalin Grund gehabt, Tuchatschewski und dessen Umgebung der Verschwörung zu beschuldigen.

Eine andere Version will davon wissen, daß der deutsche Geheimdienst, der Tuchatschewski aus der Zeit der engen Zusammenarbeit zwischen der Reichswehr und der Roten Armee gut kannte, raffinierte Fälschungen anfertigte, die Tuchatschewski und andere Sowjetgeneräle schwer belasteten; diese Fälschungen seien dann über sehr glaubhafte Wege in die Hände des NKWD gespielt worden. So hat unter anderen auch der damalige tschechoslowakische Staatspräsident Eduard Beneš Stalin vor Tuchatschewski gewarnt, auch Beneš durch Berichte seines Geheimdiensts von Tuchatschewskis Schuld überzeugt. Und eine letzte Version: Der NKWD habe über seine Beziehungen zur Gestapo von dieser „die Beweise" herstellen lassen, die er benötigte, um Tuchatschewski und die anderen Offiziere vor Gericht zu bringen. Allgemein wird Stalin im Zusammenhang mit der Ausrottung so vieler Führungskräfte der Roten Armee vorgeworfen, diese Armee in einem Augenblick geschwächt zu haben, in dem mit einem Angriff Hitlers gerechnet werden mußte. Die anfänglichen Niederlagen und hohen Verluste der Roten Armee nach dem Überfall Hitlers auf die Sowjetunion werden zum Teil auf diese Säuberungsaktionen zurückgeführt.

Stalins neue Verfassung

Zur gleichen Zeit, da in der Jeschowtschina Millionen Menschen in der Sowjetunion verfolgt, verhaftet, getötet werden, da kein Wort der Kritik erlaubt ist, da alle Zeitungen gleichgeschaltet sind und in der ganzen weiten Sowjetunion niemand etwas anderes hören darf als die von der Parteispitze genehmigten Mitteilungen, just zu dieser Zeit läßt Stalin eine neue Verfassung für die Union der Sozialistischen Sowjetrepubliken ausarbeiten. Lenin hatte in der ersten Verfassung des Sowjetstaats 1918 die Diktatur des Proletariats festschreiben lassen und alle anderen Klassen weitgehend ihrer Rechte beraubt. Es war eine Verfassung des Klassenkampfs und folglich eine, die die Ungleichheit der Bürger vor dem Gesetz festlegte. Insofern war sie auch ein aufrichtiges Schriftstück: das war das Ziel der Leninschen Revolution, die Vernichtung der Klassenfeinde, ja aller Feinde der Bolschewiki, die Festigung der Macht der Kommunistischen Partei und insbesondere der Allgewalt ihrer Führung. Da liest sich die neue Stalinsche Verfassung ganz anders: Die Gleichheit aller Bürger vor dem Gesetz wird hier verankert, allen wird das allgemeine, freie und geheime Wahlrecht garantiert. Dazu das volle Rede-, Versammlungs-, Presse- und Demonstrationsrecht. Das Recht auf Ausübung jeglicher Religion, auch wenn dem – übernommen aus der Leninschen Verfassung – das Recht auf antireligiöse Propaganda gegenübergestellt wird. Und Rechte gibt es in dieser Verfassung, die in keiner Verfas-

Beispiele für Gemälde im Stil des sozialistischen Realismus: Die Bilder sollen naturgetreu, optimistisch und zukunftsgläubig sein. Sie zeigen daher die Welt meist nicht so, wie sie ist, sondern wie sie sein soll. Links: „Einzug in die neue Wohnung" von Alexander Laktionow. Der Orden, den die Frau trägt, zeigt sie als vorbildliche Arbeiterin, der wohl aufgrund ihrer Spitzenleistungen eine solche Wohnung zugeteilt wurde. Der Blick des Jungen fordert zur Dankbarkeit gegenüber Stalin auf. Rechts: Juri Pimenows „Neues Moskau". Auch in diesem Bild schwingt ein Wunsch an die Zukunft mit: Eine Frau sitzt am Steuer eines ihr gehörenden Kabrioletts. Das Bild wurde 1937 gemalt.

sung westlicher Demokratien enthalten sind: Das Recht auf Arbeit, allerdings gleichzeitig auch die Pflicht zur Arbeit. Das Recht auf Wohnraum, wobei sogar die Unantastbarkeit des Wohnraums garantiert wird. Selbst zur Wahrung des Briefgeheimnisses verpflichtet sich der Staat. Die staatlichen Organe dürfen sich keine Übergriffe erlauben, sie unterliegen strengen Kontrollen. Jeder Bürger habe das Recht auf eine ordentliche Prozeßführung und auf Verteidigung. Alle Produktionsmittel im Staat gehören den Werktätigen, der Grund und Boden gehört dem gesamten Volk. Dieser Reichtum werde von Organen verwaltet, die aus direkter und geheimer Wahl durch die Bürger hervorgehen.

Außerhalb der Sowjetunion erregt der Wortlaut dieser Verfassung beträchtliches Aufsehen: Sie scheint den Bürgern mehr Freiheiten und Rechte zu garantieren als irgendeine andere Verfassung der Welt. Nicht nur bei den Kommunisten, auch bei der demokratischen Linken findet die neue Sowjetverfassung begeisterte Aufnahme: Scheint sich die Sowjetunion doch damit zurückzubegeben auf den Weg des Rechtsstaats, einer auch vom Volk getragenen Demokratie. Das kommt den außenpolitischen Anstrengungen der Sowjetführung sehr zugute, sind diese doch darauf gerichtet, bei den westlichen Demokratien um Sympathie zu werben. Um den wahren Wert dieser Verfassung einzuschätzen, genügt es, einige ihrer Autoren und Kommissionsmitglieder zu nennen: Bucharin, Radek, Bubnow, Akulow,

Jenukidse, Krylenko, Unschlicht – sie alle werden in den nächsten Monaten und Jahren Opfer der Jeschowtschina; die von ihnen in die Verfassung geschriebenen Freiheiten und Rechte sind in der Sowjetunion bis zum Ende der Breschnew-Ära nicht einen Tag lang respektiert worden.

Doch Stalin hält anläßlich der Verabschiedung der Verfassung eine große Rede. Er verkündet, daß der in der ersten Sowjetverfassung angestrebte Aufbau des Sozialismus nunmehr vollendet sei. Die erste, die untere Stufe des Kommunismus sei erreicht. Jetzt gelte es, auf dieser Basis den Kommunismus aufzubauen. Die neue Verfassung trage dieser entscheidenden Weiterentwicklung der Sowjetunion Rechnung. Stalin untermauert damit ideologisch den von ihm eingeschlagenen Weg: Die Zwangskollektivierung und die forcierte Industrialisierung haben nicht nur das wirtschaftlich rückständige Rußland zu einem entwickelten Industriestaat gemacht, durch sie wird auch der marxistischen Theorie Rechnung getragen, daß der Sozialismus nur auf dem Boden einer industriell hochentwickelten Gesellschaft zu erreichen sei. Stalin wäre es somit gelungen, mit den ersten beiden Fünfjahresplänen Rußland dorthin zu entwickeln, wo es eigentlich schon hätte sein müssen, als Lenin seine Revolution machte. Lenin sah den Ausweg aus diesem Dilemma zwischen marxistischer Theorie und der von ihm angestrebten sozialistischen Gesellschaft in der Weltrevolution, in der Hilfe von außen. Auch Trotzki hatte an dieser Vorstellung festgehalten. Stalin hat sich auf das Warten auf diese recht ungewiß gewordene Weltrevolution nicht eingelassen. Er hat den Nachholbedarf zwischen marxistischer Theorie und sozialistischer Praxis mit einer Riesenanstrengung und unter Anwendung brutaler Mittel in knapp zehn Jahren gedeckt. So jedenfalls meint er, und so sieht es auch ein Gutteil der Welt.

Denn der statistische Vergleich der Jahre 1926 und 1939 in der Sowjetunion konnte die Welt nur in Erstaunen versetzen: Die Anzahl der Städte auf dem Gebiet der Sowjetunion war in diesem Zeitraum von 709 auf 922 gestiegen, das waren um 213 Städte mehr, großteils völlige Neugründungen, die Hand in Hand gingen mit der Entwicklung neuer Industriebezirke. Zu diesen Neugründungen gehören das schon erwähnte Magnitogorsk, weiters Karaganda – ein Teil der Wolgadeutschen wurde während des Zweiten Weltkriegs hierher deportiert –, Krasnouralsk, Kirowsk, Elektrostal, Balchasch, Mednogorsk, Magadan, Mikojan-Schachar, Komsomolsk, Tschitschik und andere. Die städtischen Siedlungen stiegen im gleichen Zeitraum von 125 auf 1 148. 24 Millionen Bauern hat man im gleichen Zeitraum zu Stadtbewohnern gemacht, insgesamt stieg die städtische Bevölkerung von 26 auf 56 Millionen. Die gleiche Art der Urbanisierung hatte in den westlichen Staaten viele Jahrzehnte gedauert. 1929 hatte die Roheisenproduktion in der Sowjetunion gerade erst wieder den Stand erreicht, den sie vor dem Ersten Weltkrieg hatte, aber von 1929 bis 1938 stieg die Eisenerzeugung von 4,3 Millionen Tonnen auf 14,7 Millionen Tonnen. Das war nur noch etwas weniger als die deutsche Produktion, die im Jahr 1938 18,6 Millionen Tonnen betrug, jedoch bedeutend höher als die französische mit 6,2 Millionen Tonnen und die britische mit 6,9 Millionen Tonnen. Noch eindrucksvoller ist die sowjetische Kohlenförderung. 1929 betrug sie 41,8 Millionen Tonnen und wurde bis 1938 auf 232,9 Millionen Tonnen gesteigert. Im Vergleich dazu: Deutschland 186,2, Frankreich 46,5 und Großbritannien 230,7. Indexmäßig war die gesamte Industrieproduktion in der Sowjetunion von 100 im Jahr 1929 auf 413 im Jahr 1938 gesteigert worden. Auch hier der Vergleich: Deutschland 126,1, Frankreich 76,1 (eine Einbuße von einem Viertel), Großbritannien 115,5. Natürlich darf nicht übersehen werden, daß in den westeuropäischen Staaten bereits eine ausgebaute und vielfältige Industrie existiert, die gerade in den Jahren der Wirtschaftskrise nicht in ihrer vollen Kapazität genutzt wird; so ist der Aufholbedarf der Sowjetunion im Vergleich zu Westeuropa ein außerordentlich großer. Auch dürfen die hohen Zuwachsraten nicht als Beweis dafür gelten, daß die Produktionsanlagen und -methoden in der Sowjetunion von gleichwertiger Qualität wären wie die Westeuropas. Vieles hier ist eben im wahrsten Sinn des Wortes aus dem Boden gestampft. Überhaupt nicht korrekt zu messen sind die Auswirkungen der Kollektivierung auf die landwirtschafliche Produktion. Nach offiziellen statistischen Angaben hätte auch die Landwirtschaft nun bedeutend mehr Getreide produziert als zuvor. Das ist stark zu bezweifeln – die Exportmengen standen wohl nur zur Verfügung, weil man gleichzeitig Millionen Ukrainer und andere hungern und verhungern ließ.

Dem Lebensstandard der Bevölkerung kommen die Fünfjahrespläne Stalins überhaupt nicht zugute. Mit der Massenumsiedlung vom Land in die Städte geht keine Erhöhung des Lebensstandards einher: Der Wohnraum in den Städten ist engstens bemessen, 5 Quadratmeter pro Person, also ein Raum von 20 Quadratmetern für eine vierköpfige Familie. Das bedeutet fast immer, daß normale Drei- bis Vier-Zimmerwohnungen mit drei bis vier verschiedenen Familien belegt werden, Küche, Toilette und Bad werden gemeinsam benützt. Das waren, und sind zum Teil bis heute, psychisch kaum erträgliche Verhältnisse. Auch die Versorgung der städtischen Bevölkerung mit Nahrungsmitteln, Schuhwerk und Kleidung, aber auch Hausrat und

Als Prototyp des sozialistischen Realismus gilt die auf der Weltausstellung in Paris 1937 präsentierte Monumentalplastik eines Arbeiters und einer Kolchosbäuerin, die gemeinsam Hammer und Sichel schwingen (rechts außen). Die übrigen Bilder zeigen die Teilfertigung des Werks und seine Größenverhältnisse. Die Bildhauerin Vera Muchina erhielt dafür den Stalinpreis.

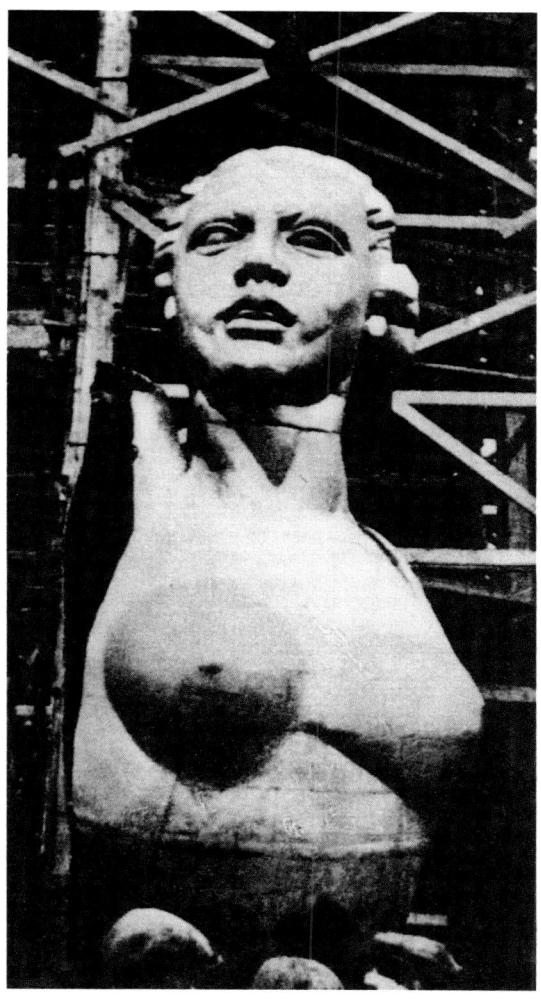

anderen Gebrauchsgegenständen läßt zu wünschen übrig. Der gewaltige Aufbau kommt der Schwerindustrie zugute, die Konsumgüterproduktion wird vernachlässigt. Später wird Stalin dies damit erklären, daß es notwendig gewesen sei, die Rüstungsindustrie raschest auszubauen; die Sowjetunion hätte ansonsten den Krieg gegen Hitler nicht bestehen können. Wie gesagt, ob dies wirklich Voraussicht war oder die Vorstellung, eine übermächtige Sowjetunion werde eines Tages die Weltrevolution mit Waffengewalt in das Herz Europas tragen, darüber werden Historiker vermutlich noch lange streiten. Ebenso auch darüber, in welchem Maß der Stalinsche Terror, die große Säuberung, die Tschistka, die Gesamtentwicklung der Sowjetunion behindert, ja zurückgeworfen hat. Wirtschaftshistoriker können heute den Nachweis dafür erbringen, daß die zahllosen Verhaftungen von wirtschaftlich wichtigen Leuten, darunter Ingenieure, Betriebsleiter, Handels- und Finanzexperten, in vielen Bereichen chaotische Zustände ausgelöst haben. Die Industrieproduktion kam vielfach ins Stocken. Die Angst, die ursprünglich absichtlich erzeugt wurde, um die Menschen gehorsamer und arbeitsamer zu machen, hatte einen

Grad erreicht, der nur noch lähmte und nichts mehr förderte. Ganz schlimm wirkte sich die Verhaftung der ausländischen Fachleute und Techniker aus. Nicht nur fehlte jetzt das Wissen und Können derer, die im Gulag verschwanden, all die anderen Ausländer versuchten nun, die Sowjetunion so schnell wie möglich zu verlassen. Nicht allen wurde das bewilligt, was wiederum dazu führte, daß sich im Ausland kaum noch Leute fanden, die bereit waren, sich der Sowjetunion zur Verfügung zu stellen. Stalin greift selbst das Thema auf.

Lernen, mit der Lüge zu leben

Beim XVIII. Parteitag der KPdSU im März 1939 nimmt Stalin zu der großen Verfolgungswelle Stellung: „Einige ausländische Journalisten schwätzen, daß die Säuberung der sowjetischen Institutionen von Spionen, Mördern und Saboteuren, wie Trotzki, Sinowjew, Kamenew, Jakir, Tuchatschewski, Rosengolz, Bucharin und anderen Ausgeburten, die sowjetische Regierungsform erschüttert und daß diese Säuberung eine Zersetzung hervorgerufen habe. Über dieses abgeschmackte Gewäsch kann man nur lachen!" Erstaunlich, mit welchen Worten Stalin auf die Folgen der Säuberung eingeht. Er fährt fort: „Im Jahr 1937 wurden Tuchatschewski, Jakir, Uborewitsch und andere Scheusale zum Tod verurteilt. Danach fanden die Wahlen zum Obersten Sowjet der UdSSR statt. Die Wahlen brachten der Sowjetmacht die Zustimmung von 98,6 Prozent aller stimmberechtigten Bürger. Zu Beginn des Jahres 1938 wurden Rosengolz, Rykow, Bucharin und andere Scheusale zum Tod verurteilt. Hierauf fanden die Wahlen zum Obersten Sowjet der Unionsrepubliken statt. Die Wahlen brachten der Sowjetmacht die Zustimmung von 99,4 Prozent aller stimmberechtigten Bürger. Es stellt sich die Frage: Wo sind sie denn, die Beweise für die Zersetzung, und warum hat sich diese Zersetzung nicht in den Resultaten der Wahlen niedergeschlagen?"

Als ob Stalin nicht wüßte, daß diese „Wahlen" keinerlei Stimmungsbarometer darstellen: Es gibt stets nur eine Einheitsliste, auf der kommunistische und sogenannte parteilose Kandidaten stehen; wer zur Wahl geht und seinen Stimmzettel abgibt, hat damit auch schon diese Liste gewählt. Daß möglichst alle zur Wahl gehen, dafür sorgt die örtliche Parteiorganisation, und im Wahllokal selbst gilt es als Treuebekenntnis zur Sowjetmacht, den Stimmzettel offen abzugeben und so überhaupt eine Wahlzelle zur Verfügung steht, diese nicht zu betreten. Wer würde es in der Zeit der großen Säuberung wagen, sich gegen dieses System zu stellen! Hier zeigt sich eine weitere Facette des unter Stalin entstandenen realen Sozialismus: Man muß lernen, mit der Lüge zu leben. Man spricht anders, als man denkt, man handelt anders, als man will. Diese Doppelbödigkeit in der Existenz jedes Sowjetbürgers geht den Menschen bald in Fleisch und Blut über. Eine Befreiung aus diesem psychischen Gefängnis hat erst Gorbatschow angebahnt, mit seiner Glasnost. Auch hohe Parteifunktionäre nennen die Dinge nicht beim Namen, sondern verwenden Umschreibungen, die nominell etwas ganz anderes bedeuten, aber als Codewörter richtig verstanden werden.

Die Partei erkennt, daß nicht nur die Wirtschaft des Landes durch die große Säuberung geschwächt ist, auch die Partei selbst ist geschwächt. Seit dem XVII. Parteitag sind mehr als 330 000 Parteimitglieder ausgeschlossen und „gesäubert" worden. Auch wenn Stalin sagt, Partei und Staat hätten die Säuberung glänzend überstanden, seine nächsten Maßnahmen beweisen das Gegenteil. In der Wirtschaft wird die Arbeitsdisziplin zusätzlich verschärft, werden die Arbeitstage verlängert, um die Produktionsausfälle wettzumachen. Und die Partei macht allein im Jahr 1939 eine Million Menschen zu Kandi-

Die Architektur der Stalinzeit: Eine ganze Reihe Großbauten dieses Stils wird in der Stalin-Ära in Moskau und anderen sowjetischen Städten errichtet, wie hier die Moskau-

Universität. Wegen ihrer tortenhaften Aufbauten werden sie im Westen mit der Bezeichnung „Zuckerbäckerstil" versehen. Die Bauten sind Teil des sozialistischen Realismus.

daten für die Parteimitgliedschaft. Denn die KPdSU, wie übrigens alle kommunistischen Parteien der Welt, ist keine offene Partei, nimmt nicht jeden auf, der aufgenommen werden möchte. Nach wie vor und bis zu ihrem Ende ist sie eine Kaderpartei, die ihre Mitglieder genau daraufhin prüft, ob ihr Lebenswandel und ihre politische Einstellung des Vertrauens der Partei auch würdig sind. Die Gegenleistung für dieses Vertrauen hat in einem geradezu blinden Gehorsam gegenüber der Parteiführung zu bestehen: „Die Partei hat immer recht", lautet dieser Grundsatz. Auch dann, wenn die Linie der Partei über Nacht in ihr Gegenteil verändert wird, auch dann, wenn hohe und höchste Parteiführer, denen man gestern noch den blinden Gehorsam schuldig war, heute als Verräter und Volksfeinde entlarvt werden.

Für diesen Gehorsam revanchiert sich die Partei in erster Linie mit dem Schutz und Schirm, den sie ihren Mitgliedern normalerweise gewährt, und mit einer ganzen Reihe von Privilegien, die von der schon erwähnten zusätzlichen Lebensmittelzuteilung über spezielle Einkaufsläden bis zur Betreuung in eigenen, der Rangstufe des Funktionärs entsprechenden Krankenhäusern und Sanatorien, Erholungsheimen und Fernreisen, in der Zuteilung von Automobilen und Sonderabteilen in der Bahn und im Flugzeug reichen. Natürlich zählt dazu auch die Unterbringung der Kinder in besseren Schulen bzw. der sichere Studienplatz an der Universität. Und im Prinzip findet jedes Parteimitglied auch Schutz vor dem Gesetz – nicht der Staatsmacht gegenüber ist ein Parteigenosse primär verantwortlich, zunächst einmal nur gegenüber der Partei. Kommt diese zu dem Schluß, daß eine auch strafbare Tat vom Parteimitglied begangen wurde, um der Partei zu nützen, erhalten die staatlichen Organe die Weisung, der Sache nicht mehr nachzugehen. Dafür gibt es auch Vergehen, die strafrechtlich nicht zu verfolgen wären, aber als Verstoß gegen die Parteidisziplin gelten; die Strafe dafür kann schlimmer ausfallen als für ein Verbrechen. All das läuft unter dem Titel „sozialistische Gesetzlichkeit", sie kennt eben andere Maßstäbe als jede andere Art von Gesetzlichkeit. George Orwell hat dies in seiner Satire „Farm der Tiere" mit dem einfachen, aber zutreffenden Satz gekennzeichnet: „Alle Tiere sind gleich, nur manche Tiere sind gleicher."

Es wäre aber falsch, diese Entwicklung in der Kommunistischen Partei unter Stalin nur als eine weitere Deformation anzusehen. Hier liegt auch Absicht vor: Die alten Bolschewiki waren durchdrungen vom revolutionären Gedanken, sie kannten das Instrumentarium der Unterdrückung sehr gut, die Methoden ihrer Feinde, ob es nun der Zar oder die Kapitalisten, Polizisten oder weiße Generäle waren. Ihr Geist war darauf trainiert, sich gegen die Unterdrückung aufzulehnen und gegen die Methoden anzukämpfen. Solche Leute konnte das Stalinsche System nicht brauchen. Es ist schon richtig, daß nicht erst Stalin, sondern schon Lenin die Weichen zur Verstaatlichung nicht nur der Produktionsmittel, sondern auch zur Verstaatlichung der Menschen gestellt hat. Lenin war der Erfinder des Zentralismus, der zentralen Wirtschaftsplanung, der Kommandowirtschaft. Daran ändert auch sein durch die Umstände erzwungener Rückgriff auf die NEP nichts. Lenin wußte auch, daß er damit ein System geschaffen hatte, das Gefahr lief, alle Bereiche des Lebens einschließlich der Partei zu verbürokratisieren. Er warnte ja auch noch davor. Ob er diese Entwicklung tatsächlich hätte verhindern können, bleibt dahingestellt, sie mußte ja fast zwanghaft eintreten. Jedenfalls ist sie unter Stalin eingetreten und wurde von ihm gefördert und gepflegt. Alle Institutionen, die des Staats, der Wirtschaft und der Partei, wurden unter Stalin strikt von oben nach unten ausgerichtet. Staat, Wirtschaft und Partei wurden rein technokratisch verwaltet. Um in diesem System zu funktionieren, bedurfte es eines ganz bestimmten Menschentypus, Revolutionäre sind da nicht mehr gefragt, ja zweifellos sogar gefährlich. Stalins Klassenkampf hat nicht nur andere Klassen abgeschafft, er hat auch völlig neue entstehen lassen: die Apparatschiks, die Politruks, die Nomenklatura auf der einen Seite und die unterworfene Masse andererseits, die allerdings auch wieder in viele eigene Klassen aufgesplittert erscheint.

Europa zwischen Hitler und Stalin

So stellt sich der Sowjetstaat am Ende des zweiten Fünfjahresplans, in den Jahren 1938/39, dar. Das sind die Jahre, in denen die Friedensordnung von Versailles, Saint-Germain und Trianon in Frage gestellt, ja zertrümmert wird. Die Revision geht von Deutschland aus, von seinem Führer und Reichskanzler Adolf Hitler. Es war Hitlers erklärtes Ziel, die „Ketten von Versailles", wie die Friedensbestimmungen nicht nur von ihm in Deutschland genannt wurden, zu sprengen. Er tut es in rascher Reihenfolge: 1935 führt er die von Versailles verbotene allgemeine Wehrpflicht ein, gleichzeitig mit der Aufrüstung Deutschlands. 1936 läßt er diese neue Wehrmacht das durch Versailles entmilitarisierte Rheinland besetzen. Im selben Jahr schickt er, entgegen internationalen Abmachungen, einen Teil seiner neuen Luftwaffe an der Seite Francos in den Spanischen Bürgerkrieg. Im März 1938 überschreiten deutsche Truppen die Grenzen Österreichs und besetzen das Land. Ein schwerer Völkerrechtsbruch, auch wenn ein Teil der österreichischen Bevölkerung Hitler und sein Regime willkommen heißt. Mit Ausnahme von Mexiko legt kein einziger Staat offiziellen Protest ein, wird keine Anklage im Völkerbund erhoben. Im Gegenteil, die ausländischen Gesandtschaften und Botschaften in Wien werden innerhalb von Tagen in Konsulate und Generalkonsulate verwandelt und den entsprechenden Botschaften in Berlin unterstellt. Unmittelbar darauf setzt Hitler die Tschechoslowakei unter Druck und löst die sogenannte Sudetenkrise aus. Großbritannien und Frankreich gehen auf Beschwichtigungskurs, und ihre Regierungschefs, Neville Chamberlain und Edouard Daladier, unterzeichnen in München jenes Abkommen, mit dem die deutschsprachigen Gebiete Böhmens und Mährens an Deutschland abgetreten werden. Diese Vorgänge stellen auch die Sowjetpolitik auf eine harte Probe.

Wie berichtet, haben sich Stalin und sein Außenminister Litwinow in Anbetracht der Erstarkung Deutschlands um eine Annäherung an die Westmächte bemüht, haben versucht, im Völkerbund ein System der kollektiven Sicherheit zu propagieren, in der Annahme, die Westmächte würden sich einer Expansion Hitler-Deutschlands entgegenstellen. Einen ersten Rückschlag erlebt diese Initiative, als im Spanischen Bürgerkrieg England und Frankreich eine Politik der Nichteinmischung proklamieren, während Deutschland und Italien den nationalistischen Truppen Francos zu Hilfe eilen: Deutschland mit der sogenannten Legion Condor, einem Kontingent von rund 6 000 Soldaten, vor allem Fliegern und anderen Spezialeinheiten, Italien entsendet ein Expeditionskorps von 50 000 Mann, einen Teil seiner Luftwaffe, U-Boote und andere Flotteneinheiten. Die Sowjetunion unterstützt die republikanische Regierung Spaniens zu Beginn des Bürgerkriegs mit Waffen und Munition. Auch entsendet Stalin seinerseits ein Kontingent von Militärberatern, in Wirklichkeit ebenfalls eine Flieger- und eine Panzertruppe. Die Kommunisten in allen Ländern rufen zu Solidaritätsaktionen mit der bedrängten spanischen Republik auf und werben Freiwillige für den Kampf in Spanien an; sie werden in sogenannten Internationalen Brigaden zusammengefaßt, insgesamt handelt es sich um ca. 40 000 Mann. Unter diesen Freiwilligen befinden sich rund 5 000 Deutsche, von denen ein Teil in Bataillonen kämpft, die nach den deutschen Kommunistenführern benannt sind: Ernst Thälmann und Hans Beimler. Österreich stellt, gemessen an seiner Bevölkerungszahl, mit 1 600 Spanienkämpfern – Kommunisten, Sozialdemokraten und ehemalige Schutzbündler – den stärksten Anteil an Interbrigadisten; sie gründen das Bataillon „12. Februar", ein Datum, das an den Ausbruch des Bürgerkriegs in Österreich erinnert.

Hier im Spanischen Bürgerkrieg findet sich wieder etwas von dem ursprünglichen Geist der Kommunistischen Internationale. Die Kommunisten kämpfen nicht nur für die Erhaltung der spanischen Republik, sondern wenn möglich auch für die Errichtung eines Rätespaniens nach gewonnenem Krieg: Eine Sowjetrepublik an der Grenze Frankreichs würde der Sowjetunion ein zweites Standbein und damit dem antifaschistischen Kampf in Europa eine andere Dimension geben. Und natürlich auch die Aussichten auf die noch immer ausständige Weltrevolution erhöhen. In Moskau sieht man die Entwicklung in Spanien viel realistischer: Es ist der erste Test des Willens und der Fähigkeit der Westmächte, Deutschland und Italien gegenüber eine unnachgiebige Haltung einzunehmen. Doch die Briten suchen nach wie vor die Verständigung und nicht die Konfrontation mit Hitler. Und die französischen Regierungen sind mit ihren eigenen Krisen so beschäftigt, daß sie sich nur zu einer lauwarmen Unterstützung des republikanischen Spaniens aufraffen, die in dem Maß versiegt, in dem sich die Francotruppen als siegreich erweisen. Und obwohl in Frankreich unter Einbeziehung der Kommunisten eine erste Volksfrontregierung gebildet wird, bleiben Franzosen wie Briten gegenüber dem sowjetischen Engagement in Spanien mißtrauisch.

Die Sowjetregierung ihrerseits will das soeben erst erzielte bessere Verhältnis zu den Westmächten nicht aufs Spiel setzen. So stellt auch Stalin seine Hilfe an die spanischen Republikaner nach und nach ein. Dies fällt ihm um so leichter, als ihm seine nach Spanien entsandten NKWD-Leute berichten, daß sich innerhalb der spanischen Linken auch Trotzkisten und Anarchisten mit erheblichem Einfluß befänden und es selbst nach einem republikanischen Sieg keineswegs sicher sei, daß sich die Moskauer Linie in Spanien durchsetzen würde. Nicht Spanien, sondern Frankreich sieht Stalin als potentiellen Verbündeten gegenüber Hitler-Deutschland an. Diese Hoffnung wird allerdings schwer enttäuscht, als Frankreich gemeinsam mit Großbritannien in München Hitlers Drohungen nachgibt und sich dessen Forderungen beugt. Mit der Abtretung der Sudetengebiete fällt auch die Tschechoslowakei als möglicher Verbündeter gegenüber Deutschland aus, denn der tschechoslowakische Festungsgürtel verläuft entlang der Gebirgszüge, die sich zur Gänze im sudetendeutschen Gebiet befinden. Die Rest-Tschechoslowakei ist nicht mehr zu verteidigen. In Moskau beginnt man sich darauf einzustellen, daß Hitler sich demnächst auch diesen Rest holen wird.

War die sowjetische Politik bisher darauf ausgerichtet, gemeinsam mit den Westmächten Hitler-Deutschland einzudämmen, so befürchtet sie jetzt eine mögliche Einkreisung der Sowjetunion: Japan ist dem schon erwähnten Antikominternpakt beigetreten. Bald darauf kommt es entlang der sowjetisch-mandschurischen Grenze zu Gefechten mit japanischen Truppen. Stalin muß mit einem eventuellen Zweifrontenkrieg gegen Deutschland und Japan rechnen. In dieser Situation erwägt er, ob die Sowjetunion die von den Westmächten in München gespielte Karte nicht selbst spielen könnte – nämlich eine Verständigung mit Hitler-Deutschland. In seiner schon erwähnten Rede auf dem XVIII. Parteitag, am 10. März 1939, läßt Stalin folgenden Satz einfließen: „Wir müssen bedacht sein, daß unser Land nicht durch Kriegshetzer, die gewohnt sind, andere Leute die Kastanien aus dem Feuer holen zu lassen, in einen Konflikt verwickelt wird." Das ist,

Die Weltsensation ist perfekt: Stalin schließt mit Hitler einen Nichtangriffspakt. Der deutsche Außenminister Joachim von Ribbentrop fliegt nach Moskau und vereinbart mit dem sowjetischen Außenminister Wjatscheslaw Molotow in Anwesenheit Stalins einen Nichtangriffspakt zwischen dem Deutschen Reich und der Sowjetunion. In einem geheimen Zusatzprotokoll zum Nichtangriffspakt werden die Interessensphären der Sowjetunion und Deutschlands in Ostmitteleuropa festgelegt (siehe Kartenteil). Links: Stalin, Ribbentrop und Molotow nach der Unterzeichnung. Rechts: Der Händedruck soll das neue Verhältnis zwischen Moskau und Berlin bekräftigen.

wie sich bald herausstellt, als Signal gemeint, als ein Signal an Hitler. Das Wort Kriegshetzer ist dem Jargon Hitlers entnommen, mit Kriegshetzer bezeichnet dieser Briten und Franzosen. Und nun meint Stalin, daß sich die Sowjetunion von diesen Kriegshetzern nicht bewegen lassen sollte, deren Kastanien aus dem Feuer zu holen, heißt, sich nicht mit den Westmächten gegen Deutschland zu wenden. In der deutschen Botschaft in Moskau wird das Signal verstanden und mit Nachdruck nach Berlin gemeldet.

Hitler ist gerade dabei, die Rest-Tschechoslowakei zu zerschlagen, Böhmen und Mähren zu besetzen und aus der Slowakei einen Satellitenstaat zu machen. Er hat verschiedene Optionen gegenüber der Sowjetunion: Zur Tschechoslowakei gehörte auch die Karpato-Ukraine, und Hitler duldet es, daß sich in diesem östlichsten Teil der von ihm liquidierten Republik eine ukrainische Regierung etabliert. Ein Nadelstich gegen die Sowjetunion? Zur gleichen Zeit versucht die deutsche Diplomatie eine Verständigung mit Polen herbeizuführen: Polen solle einem Anschluß der Freistadt Danzig an Deutschland zustimmen und gestatten, zwischen dem Deutschen Reich und Ostpreußen eine Autobahn und eine Eisenbahnlinie exterritorial über polnisches Gebiet zu führen. Hitler fordert also von Polen nicht die volle Rückgabe der ehemals deutschen Gebiete, die durch den Versailler Vertrag an Polen gefallen sind. Er würde sich mit einer vergleichsweise bescheideneren Lösung, zumindest fürs erste, zufriedengeben. Das alarmiert die Sowjetführung: Hitler auf einmal bescheiden, das konnte nur als Versuch gewertet werden, Polen als Verbündeten gegen die Sowjetunion zu gewinnen. Und in der Tat gibt es ein solches deutsches Angebot an die Polen, nämlich der polnischen Regierung im Fall eines Konflikts mit der Sowjetunion beizustehen und ihr bei der Wiedergewinnung ukrainischer Gebiete behilflich zu sein. Doch die Polen lehnen ab. Das erstaunt nur den, der das damalige Selbstverständnis Polens nicht kennt: Pilsudskis Polen ist geschaffen worden als Bollwerk gegenüber der Sowjetunion und in Frontstellung gegenüber Deutschland. Die polnische Armee hat die Sowjets geschlagen (Wunder an der Weichsel), und so werde diese Armee auch gegenüber Deutschland ihren Mann stellen. Die Polen hatten sich zwar auch ein Stückchen Tschechoslowakei geholt, aber gleichzeitig aus dem Vorgehen Hitlers gegenüber der Tschechoslowakei gelernt: Gibt man seinen ersten Forderungen nach, so stellt er bald neue, viel weiter gehende.

Die polnische Weigerung, auf die deutschen Vorschläge einzugehen, wird auch prompt gelohnt: England, durch Hitlers Besetzung der Rest-Tschechoslowakei und den damit begangenen Bruch des Münchner Abkommens schockiert, gibt Polen eine Sicherheitsgarantie: Eine Verletzung der polnischen Grenzen werde ein unmittelbares militärisches Eingreifen Großbritanniens zur Folge haben. In London gibt man sich der Hoffnung hin, daß diese Garantie Hitler davon abhalten werde, Polen anzugreifen. Aber man muß sich natürlich auch fragen, wie man diese Garantie einlösen könnte, falls Hitler dennoch angreift. Beim damaligen Stand der britischen Rüstung und der geographischen Entfernung war an eine wirksame Hilfe für Polen nicht zu denken. Es sei denn, man könnte die Sowjetunion als Bündnispartner gewinnen. Die Sowjets zeigen sich gesprächsbereit, stellen aber Vorbedingungen: Es müsse sichergestellt werden, daß sich Deutschland nicht der baltischen Häfen, heißt der baltischen Staaten, bemächtigen könne, und im Fall eines deutschen Angriffs müßte die Rote Armee das Recht haben, durch Polen und Rumänien gegen Deutschland zu marschieren. Die polnische Regierung lehnt rundweg ab: Man werde sich doch nicht gegen Hitler wehren und das Land gleichzeitig an die Sowjetunion verlieren. Polen traut sich die Rundumverteidigung zu.

Und auch die baltischen Staaten, die ja nicht zuletzt mit britischer Hilfe ihre Eigenstaatlichkeit durchsetzen konnten, will England nicht opfern; denn die sowjetische Forderung, das Baltikum müßte von der Sowjetflotte verteidigt werden, bedeutet nichts anderes als den Einmarsch der Sowjettruppen. Dazu kommt, daß man in London immer noch hofft, eine Verständigung mit Hitler herbeiführen zu können. Diese Möglichkeit will man sich durch ein allzuschnell geschlossenes Bündnis mit der Sowjetunion nicht verbauen. Auf Einladung der Sowjets entsenden Großbritannien und Frankreich eine Militärmission nach Moskau. Sie reist allerdings auf einem langsamen Schiff und trifft erst am 11. August 1939 in der sowjetischen Hauptstadt ein. Die Verzögerung ist beabsichtigt. Die Kommission ist auch nicht bevollmächtigt, über die baltischen Staaten zu verhandeln oder gar Erklärungen bezüglich Polens und Rumäniens abzugeben. Die Sowjets sehen darin den mangelnden Willen der Westmächte, zu einer raschen und militärisch wirksamen Vereinbarung mit der Sowjetunion zu kommen.

Doch vermutlich hat man sich in Moskau schon viel früher entschlossen, auf die deutsche Karte zu setzen; nach München sind die Westmächte in den Augen der Sowjets nicht mehr sehr glaubwürdig, Hitler jedoch scheint zu weiterer Expansion entschlossen. Ob sich diese Expansion auch gegen die Sowjetunion richtet oder von ihr abgewendet werden kann, ist für Moskau von größter Bedeutung. Dazu kommt, daß die Sowjetunion ebenso wie Deutschland die nach dem Ersten Weltkrieg entstandenen Grenzen revidieren will: Der Verlust des Baltikums und ukrainischer und weißrussischer Gebiete an Polen ist noch nicht verschmerzt. Die baltischen Staaten ebenso wie Polen stehen unter dem Schutz der Westmächte, jedenfalls muß Moskau erkennen, daß die Westmächte keine Abkommen auf Kosten dieser Länder schließen wollen.

Am 3. Mai 1939 gibt es eine Regierungsumbildung in Moskau. Der bisherige Volkskommissar für Auswärtiges, Litwinow, wird seines Postens enthoben, das Außenministerium wird vom sowjetischen Ministerpräsidenten Molotow übernommen. Ein bedeutungsvoller Wechsel: Litwinow hatte mit großem Eifer für eine Politik der kollektiven Sicherheit in Europa geworben und war ein gerngesehener Gesprächspartner der Westmächte. Schon deshalb in Berlin nicht beliebt, war Litwinow als Jude auch noch Zielscheibe der antisemitischen Propaganda des Dritten Reichs. Vertrauensvolle Beratungen

17 Tage nach Hitlers Angriff auf Polen marschiert die Rote Armee in jene Teile Polens ein, die im Geheimprotokoll zum Hitler-Stalin-Pakt der sowjetischen Interessensphäre zugeteilt sind (oben). In Brest-Litowsk halten der deutsche Panzergeneral Guderian und der sowjetische General Kriwoschin eine gemeinsame deutsch-sowjetische Truppenparade ab (links oben).

und Vereinbarungen zwischen diesem sowjetischen und einem deutschen Außenminister waren unter solchen Umständen kaum zu erwarten. Litwinows Ablöse durch Molotow konnte daher durchaus als Vorbereitung zu einer Verständigung zwischen Moskau und Berlin gewertet werden. Und so war es auch. Während die Sowjets noch mit Briten und Franzosen verhandeln, führt der neue Außenminister Molotow mit dem deutschen Botschafter in Moskau, von der Schulenburg, ein Gespräch und erklärt, beide Regierungen sollten darüber nachdenken, wie eine bessere politische Basis für ihre Beziehungen geschaffen werden könnte. Schulenburg, offenbar für diesen Fall von Berlin schon mit Instruktionen versehen, antwortet prompt: „Zwischen der UdSSR und Deutschland gibt es keine politischen Widersprüche. Es bestehen alle Möglichkeiten, die beiderseitigen Interessen zu vereinen." Molotow bekräftigt, daß die sowjetische Regierung genauso denke.

Die Sowjets signalisieren auch, daß sie an einer wesentlichen Ausweitung der Wirtschaftsbeziehungen mit Deutschland und in diesem Zusammenhang an deutschen Krediten sehr interessiert wären. Geschickt nützt die Sowjetregierung auch die laufenden Militärverhandlungen mit den Briten und Franzosen dazu, die Deutschen zur Eile zu drängen: Die Sowjetunion werde sich vor einer deutschen Bedrohung schützen müssen und daher jedes Bündnis mit dem Westen eingehen, es sei denn, die deutsch-sowjetischen Beziehungen würden eine grundsätzliche Änderung erfahren. Im Juli lassen die Deutschen den sowjetischen Botschaftsrat in Berlin Astachow wissen, daß eine solche grundsätzliche Änderung durchaus möglich sei: Deutschland wäre bereit, die sowjetischen Interessen im Baltikum als auch gegenüber Finnland, Polen und Rumänien zu respektieren. Am 3. August bestätigt Botschafter Schulenburg diese Haltung Deutschlands nochmals ausdrücklich gegenüber Molotow – mit einer kleinen Abweichung: An Litauen wäre Deutschland nach wie vor interessiert, nicht mehr jedoch an Estland und Lettland. Molotow nimmt dies zur

Kenntnis. Jetzt drängen die Deutschen auf ein Gespräch auf hoher Ebene, der deutsche Außenminister Joachim von Ribbentrop sei bereit, nach Moskau zu kommen, er würde da gerne auch mit Stalin persönlich sprechen.

In all der Zeit werden die Verhandlungen zwischen der Sowjetunion und den Westmächten weitergeführt, immer noch geht es darum, durch gemeinsame Garantieerklärungen und den Abschluß eines Beistandspakts Osteuropa und in erster Linie Polen vor einer Hitlerschen Aggression zu schützen. Die Sowjetunion und die Westmächte sollten die Sicherheit der baltischen Staaten, Polens, Rumäniens, der Türkei und Griechenlands garantieren. Doch das von den Sowjets geforderte Durchmarschrecht im Fall eines Kriegs wird von den Polen weiterhin verweigert, und die Balten wollen sich nicht ausgerechnet von der Sowjetunion ihre Sicherheit garantieren lassen. Da ist die deutsche Haltung nicht so zimperlich. Am 19. August wird in Moskau ein umfangreiches deutsch-sowjetisches Wirtschaftsabkommen unterzeichnet. Deutschland gewährt der Sowjetunion gleichzeitig einen Warenkredit in der Höhe von 180 Millionen Reichsmark. Am gleichen Tag schlägt Botschafter Schulenburg Molotow noch einmal vor, Außenminister Rippentrop in Moskau zu empfangen. Nach kurzem Zögern stimmt die Sowjetregierung diesem Vorschlag zu. Mit Hitlers persönlichem Flugzeug mit dem Namen „Grenzmark" trifft Ribbentrop am 23. August in Moskau ein. Es geht schnurstracks in den Kreml, wo Ribbentrop zuerst mit Molotow, dann auch mit Stalin verhandelt. Über den Text eines Nichtangriffspakts ist man sich rasch einig, er war auf diplomatischem Weg längst vorbereitet. Dann wird um die Interessensphären verhandelt. Doch es geht nicht darum, welche Staaten bzw. Gebiete zum Einflußbereich der beiden Mächte gehören sollen, sondern schon um eine regelrechte Zuteilung dieser Länder, um die Revision der nach 1918 gezogenen Grenzen. Deutschland gibt sein Interesse an Estland und Lettland auf, es billigt sowjetische Gebietsansprüche gegenüber Finnland, und es erklärt auch sein Desinteresse an Bessarabien, jenem Teil des Russischen Reichs, den sich Rumänien einverleibt hat, ein Stück des heutigen Moldawien. Von besonderer Bedeutung ist die Linie, die Ribbentrop und Molotow quer durch Polen ziehen. In dem Geheimabkommen, das die beiden nun vorbereiten, wird es kryptisch heißen: „Für den Fall einer territorial-politischen Umgestaltung der zum polnischen Staate gehörenden Gebiete werden die Interessensphären Deutschlands und der UdSSR durch die Linie der Flüsse Narew, Weichsel und San begrenzt. Die Frage, ob die beiderseitigen Interessen die Erhaltung eines unabhängigen polnischen Staates erwünscht erscheinen lassen und wie dieser Staat abzugrenzen wäre, kann endgültig erst im Laufe der weiteren politischen Entwicklung geklärt werden. In jedem Falle werden beide Regierungen diese Frage im Wege einer freundschaftlichen Verständigung lösen."

Schon glaubt Ribbentrop volle Einigung erzielt zu haben, da meldet Stalin sowjetische Ansprüche auf die Ostseehäfen Libau und Windau an. Man eilt in die deutsche Botschaft zurück, setzt ein Blitztelegramm an Hitler auf, der am Obersalzberg ungeduldig auf die Vollzugsmeldung aus Moskau wartet. „Citissime! (eiligst!) Bitte sofort dem Führer zu melden, daß soeben erste dreistündige Besprechung mit Stalin und Molotow beendet ... Entscheidender Punkt: Anspruch der Russen auf Libau und Windau. Vorgesehene Unterzeichnung eines geheimen Protokolls über Abgrenzung der beiderseitigen Interessensphären im gesamten Ostgebiet." Handschriftlich setzt Ribbentrop noch auf das Telegramm: „Wozu ich mich grundsätzlich bereit erklärte." Die deutschen Herren in Moskau haben nicht lange zu warten. 55 Minuten nach der Durchgabe ihres Citissime-Telegramms trifft ebenso citissime die Antwort Hitlers ein: „Ja, einverstanden."

Als „Tor im Osten" bezeichnet Berlin die Sowjetunion. Die deutschen Illustrierten berichten in Wort und Bild über die Lebensmittel und Rohstoffe, die die Sowjetunion an das kriegführende Deutschland liefert.

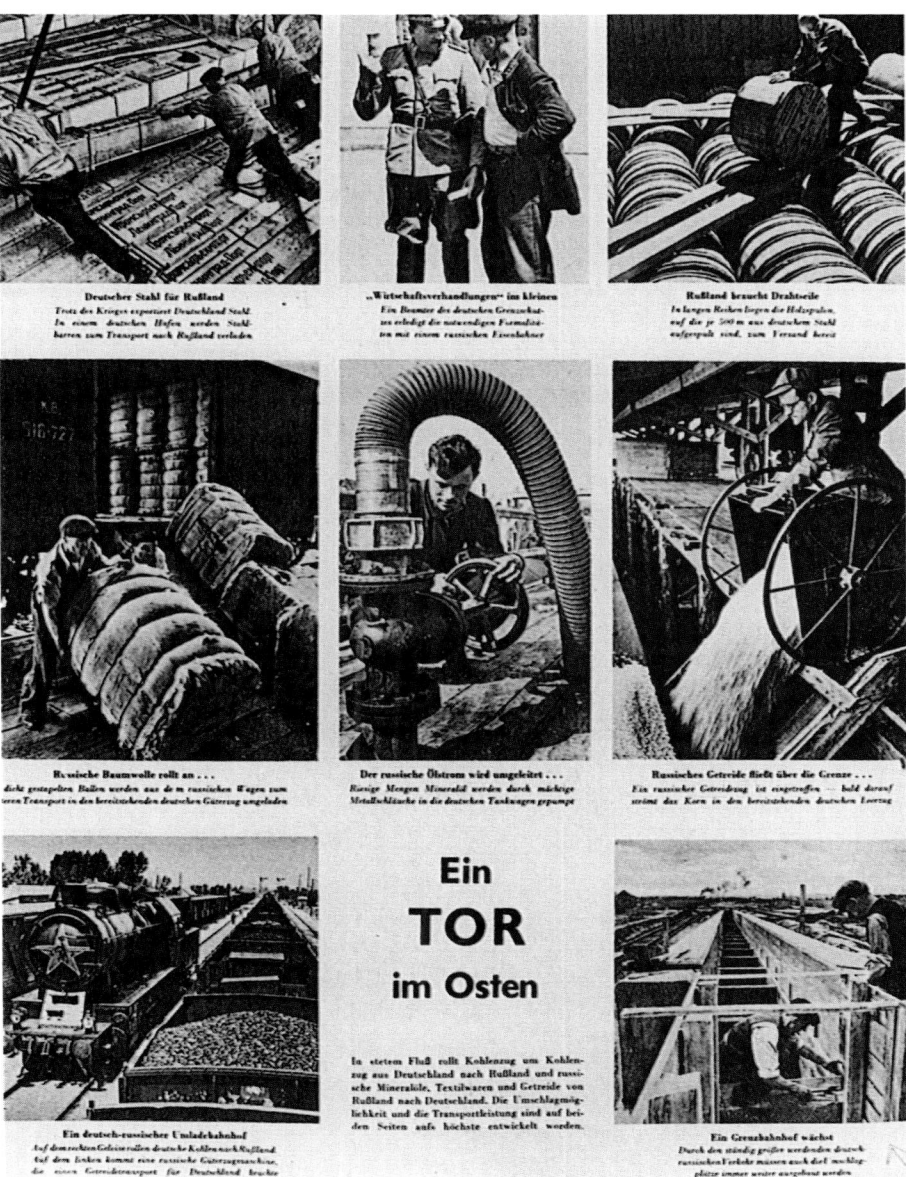

Es ist Mitternacht. Stalin wartet im Kreml auf die Antwort Hitlers. Die Vereinbarungen sollen unverzüglich, noch in dieser Nacht, unterzeichnet werden. Ribbentrop und Stalin wissen, weshalb es Hitler so eilig hat. Seiner Verständigung mit Stalin soll der Krieg mit Polen unmittelbar folgen. England und Frankreich sollen von den Ereignissen überrumpelt werden. Dabei ist es Hitlers stille Hoffnung, der Pakt mit Stalin könnte England vielleicht davon abbringen, für Polen in den Krieg zu ziehen. Der Inhalt des Nichtangriffspakts wird auch sofort veröffentlicht, um die von Hitler erhoffte abschreckende Wirkung auf die Westmächte zu erzielen. Grund zur Zufriedenheit aber hat auch Stalin: Der Pakt hält die Sowjetunion aus dem Krieg heraus, während das geheime Zusatzprotokoll den Sowjets freie Hand gibt, sich einen guten Teil der Länder einzuverleiben, die vor der Revolution 1917 zu Rußland gehörten, Estland, Lettland und das halbe Polen. Litauen ist noch ausgeklammert. Tatsächlich wirft das am 23. August in Moskau unterzeichnete Geheimprotokoll eine Reihe von Fragen auf, die bis heute nicht schlüssig beantwortet sind. Hat Stalin einen dauerhaften Interessenausgleich zwischen Hitler-Deutschland und der Sowjetunion für möglich gehalten? Oder war er davon überzeugt, daß dieses Abkommen zeitlich begrenzt sein werde, daß also mit einem Krieg zwischen den beiden Staaten gerechnet werden müsse? Wollte er mit dem Abkommen tatsächlich nur Zeit gewinnen, wie dies später die offizielle kommunistische Auslegung sein wird, um sich für die Abwehr des zu

Abschrift Pol V 11827

Reichssicherheitshauptamt Berlin, den 8. Dezember 1939

IV / II A 1 - 4218/39 -

SCHNELLBRIEF.

Betrifft: Ausweisung der in der UdSSR. inhaftierten Reichsdeutschen.
Vorgang: Dortiges Schreiben vom 2.12.1939 - Pol V- 11 451 Ang. I.
Anlagen: Keine.

Auf das dortige Schreiben vom 2.12.1939 teile ich mit, daß die Kommandeure der Sicherheitspolizei und des SD. in Warschau und in Krakau Anweisung erhalten haben, sich mit den diesseitigen Grenzdienststellen und den entsprechenden Organen der UdSSR. in Brest-Litowsk und Przemysl in Verbindung zu setzen, damit der Grenzübertritt der aus der Sowjet-Union ausgewiesenen Reichsdeutschen reibungslos erfolgen kann.

Die Kommandeure der Sicherheitspolizei und des SD. in Warschau und Krakau sind ferner angewiesen, daß die bei Brest-Litowsk eintreffenden Rückwanderer zunächst geschlossen nach Warschau und die in Przemysl eintreffenden Rückwanderer geschlossen nach Krakau zu transportieren sind. Dort soll ihre ärztliche Untersuchung, die polizeiliche Vernehmung und evtl. weitere Betreuung erfolgen.

Bezüglich der sozialen Betreuung der Rückwanderer habe ich die Verbindung mit dem Reichsministerium des Innern (Referat VI, 7 - Ministerialrat U t e r -), Unter den Linden, aufgenommen, der die betreffenden Verwaltungsstellen beim Generalgouvernement für die besetzten polnischen Gebiete mit entsprechenden Weisungen

versieht.

---

versieht.

Diejenigen Rückwanderer, die polizeilicher-oder gerichtlicherseits gesucht werden, bleiben in Haft.

Die übrigen werden von Warschau bezw. Krakau aus unter Benachrichtigung der zuständigen Staatspolizeileit-oder Staatspolizeistellen in ihren Heimatsort bezw. unter Benachrichtigung der Auslands-Organisation (Rückwandereramt Berlin) nach dem Rückwandererheim Berlin-Tegel überführt.

Im Auftrage:

Unterschrift

An das Auswärtige Amt, Berlin

SAMMELAUSWEIS 041

für 14 aus der U.d.S.S.R. ausgewiesene Personen.

Lfd. Nr.	Familien- und Vorname	Beruf	Geburtsdatum und -ort	Wohnort in der UdSSR	Heimatadresse
1.	MIKSCH, Thomas	Bäckergehilfe	18.12.1905 Wien	Stalino	Mauer bei Wien
2.	KROISENBRUNNER, Hans alias SLADKY, Alois	Uhrmachergehilfe	9.2.1915	Moskau,Hotel Sowetskaja	Graz, Krefelderstraße 6
3.	KOGLER, Arnulf	Privatgelehrter	16.8.1890 Stainz	Kljasma bei Moskau	Graz, Eichendorffstr. 4
4.	BÜRGER, Josef	nicht bekannt	1915	Prokopjewsk	nicht bekannt
5.	DERFOWSKY, Maximilian	Musiker	1.2.1878 Wien	Sumy	ständig in der UdSSR wohnhaft
6.	BUCHHOLZ, Gustav	Eisendreher	13.11.1897 Dunajewzy	Dunajewzy Geb.Kamenetz-Podolsk	ständig in der UdSSR wohnhaft
7.	OLBERG, Betty geb.Siermann	ohne Beruf	10.4.1906 Neuruppin	Gorki	Vater:Otto Siermann in Forst/Nl. Sorauerstr.6
8.	BAUER, Otto	Bauingenieur	3.7.1900 Wien	Leningrad	Wien III,Auhofstr.230a
9.	BUBER-NEUMANN, Margarete, ge. Thüring	ohne Beruf	21.10.1901 Potsdam	Moskau	Mutter:Else Thüring,Potsdam, Luckenwalderstr. 16.
10.	BLOCH, Hans	n.bekannt	1900	Gorki(?)	nicht bekannt
11.	RUHL, Kurt	n.bekannt	1899	nicht bekannt	nicht bekannt
12.	VATTER, Klara	n.bekannt	1900	nicht bekannt	nicht bekannt
13.	SCHMIDT, Erich	n.bekannt	1907	nicht bekannt	nicht bekannt
14.	JAKTHOLD, Erica	n.bekannt	1888	nicht bekannt	nicht bekannt

Moskau, den 1.Februar 1940.
DEUTSCHE BOTSCHAFT
Im Auftrag

17

Familienname und Vorname	Beruf	Geburtsdatum und -ort	Wohnung in der UdSSR	Adresse in Deutschland
10. Koché, Anna	—	3.3.1890 in Brünn	Moskau	—
11. Moese, Olga geb. Kloss	—	26.11.1890 in Olmütz	Moskau	Tochter Gertrud Moese, Falkensee Horst-Wessel-Ring 110.
12. Veith, Antonie geb. Lung=low	—	31.5.1898 in Blagoweschtschensk	Kanibadam	—
13. Knaggs, Erna	—	12.10.1905 Hartberg	Tiflis	Johann Mitiska in Wien 27, Admiral Scheer-str. 162/43
14. Leitner alias Bodenberger, Richard	—	3.4.1913 in Triest	Moskau	Mutter Eva Leitner, Steyr, Redlteichstr. 20/12
15. Koritschoner, Frans	—	23.2.1892 in Wien	Kiew	Schwester Luise Koritschoner in Wien 20, Chimanistr. 29

284

Aufgrund des Freundschafts- und Grenzvertrags vom 28. September 1939 liefert die Sowjetunion inhaftierte deutsche Staatsbürger an das Reich aus. Unter ihnen befinden sich auch Kommunisten, die in der Tschistka, der großen Säuberung, im Gulag gelandet sind. Links oben: Ein „Schnellbrief" des Reichssicherheitshauptamts, der für sich spricht. Links unten: Einer der „Sammelausweise" mit den Namen der nach Deutschland ausgewiesenen Personen. Als Nummer 9 wird Margarete Buber-Neumann geführt, eine bekannte kommunistische Schriftstellerin (oben). Als Nummer 15 wird Franz Koritschoner genannt, ein österreichischer Kommunist (unten), der in der internationalen kommunistischen Gewerkschaftsbewegung eine prominente Rolle spielte. Sein Schicksal ist besonders tragisch: Aus dem Gulag wird er der Gestapo übergeben und in Auschwitz ermordet.

erwartenden Angriffs besser rüsten zu können? Oder wollte Stalin besonders schlau sein: Der Pakt gab Hitler freie Hand zum Krieg nicht nur gegen Polen, sondern damit auch gegen die Westmächte; aufgrund der Erfahrungen des Ersten Weltkriegs würden beide Seiten, Deutschland und die Westalliierten, einander in langwierigen blutigen Kämpfen gegenseitig zerfleischen. Und wenn sie dann alle geschwächt und zur Abwehr nicht mehr fähig wären, würde eine ausgeruhte, hochgerüstete Rote Armee ihren Siegeszug durch Europa antreten. Jede dieser vier Versionen wird von manchen Historikern und Stalin-Biographen vertreten, zu beweisen war bisher keine.

Hitlers Motive hingegen liegen klar auf der Hand: Der Nichtangriffspakt mit der Sowjetunion sollte ihm helfen, den seiner Ansicht nach schwersten Fehler der deutschen Führung im Ersten Weltkrieg zu vermeiden, nämlich einen Krieg an zwei Fronten gleichzeitig führen zu müssen. Der Pakt mit Stalin gibt Hitler freie Hand gegenüber Polen, und das weiß Hitler, mit Polen wird er innerhalb weniger Wochen fertigwerden, dann kann er mit allen seinen Streitkräften Frankreich angreifen und schlagen, ohne einen Krieg mit der Sowjetunion fürchten zu müssen. Als Fernziel freilich hatte Hitler immer schon die „Niederwerfung des Bolschewismus" im Auge. Es gibt diesbezüglich so viele Hinweise und Erklärungen Hitlers, daß man ihm diese langfristige Absicht ohne weiteres unterstellen kann. Ob er diesen Angriff noch in diesem Krieg oder in einem nächsten führen wollte, bleibt offen. Jedenfalls entschloß er sich, den Nichtangriffspakt mit der Sowjetunion zu brechen und die Sowjetunion anzugreifen, als ihm seine militärischen Berater klarmachten, daß eine deutsche Invasion in England im Moment nicht durchführbar sei und vermutlich noch lange auf sich warten lassen müßte, weil Deutschland weder über genügend Flugzeuge noch über eine entsprechende Flottenstärke verfüge. Als Begründung für seinen Angriff auf die Sowjetunion führte Hitler mehrfach an, Stalins Aufrüstung und Kriegsvorbereitung hätten einen sowjetischen Angriff schon in nächster Zeit erwarten lassen, wäre er Stalin nicht zuvorgekommen, hätte die Rote Armee Deutschland einen tödlichen Schlag versetzen können. Wenn einmal alle sowjetischen Archive geöffnet sein werden, wird man vielleicht erfahren, welche der Versionen stimmt oder ob es vielleicht sogar eine bisher unvermutete Wahrheit gibt.

Uns interessiert der Abschluß des Hitler-Stalin-Pakts und die Zeit bis zu Hitlers Angriff auf die Sowjetunion vor allem deshalb, weil der Pakt in diesem Zeitabschnitt schwere Rückwirkungen auf das Selbstverständnis des Sowjetkommunismus und der weltkommunistischen Bewegung hatte. In den dreißiger Jahren sah die Komintern und sahen mit ihr alle kommunistischen Parteien ihre Hauptaufgabe im Kampf gegen den Faschismus. In Berlin und in anderen deutschen Städten hatten die Kommunisten den Nationalsozialisten blutige Straßenschlachten geliefert, waren schließlich im NS-Staat verboten, verfolgt und auch eingekerkert worden. In Spanien hatten sie gegen den spanischen Faschismus, aber auch gegen die Truppen Hitlers und Mussolinis gekämpft. In Frankreich unterstützten sie, im Gegensatz zur früheren Kominternhaltung, die bürgerliche Regierung, propagierten die Volksfront, um Frankreich zu einer harten Haltung gegenüber Hitler zu bewegen. Dabei waren die Kommunisten von der Komintern aufgerufen, jederzeit auch ihr Leben einzusetzen und zu opfern, da jetzt nichts so wichtig sei wie die Niederzwingung des Faschismus. Innerhalb der Sowjetunion war das nicht anders, höchstens noch militanter; wurde doch ein Teil der großen Säuberung, insbesondere die Liquidierung der Führungsspitze der Roten Armee, damit begründet, daß es sich dabei um deutsche Spione, um Kollaborateure der Gestapo handle. Und nun ist dies alles über Nacht anders geworden.

In den baltischen Republiken Estland, Lettland und Litauen gehen die Kommunisten auf die Straße und demonstrieren für den Anschluß an die Sowjetunion. Staatskrisen werden erzeugt, und unter sowjetischem Druck treten die bürgerlichen Regierungen zurück oder geben auf. Links: Eine derartige Kundgebung in Kaunas, der damaligen Hauptstadt Litauens. Oben: Die Bildung einer litauischen Sowjetrepublik und deren Beitritt zur UdSSR im August 1940 wird von den neuen Machthabern unterzeichnet.

Den Nichtangriffspakt zwischen Deutschland und der Sowjetunion konnte man gerade noch verstehen, Stalin wollte nicht in einen Krieg gezogen werden. Aber wenige Wochen später bereits wurde zwischen Deutschland und der Sowjetunion ein weiterer Pakt geschlossen, ein Freundschafts- und Grenzvertrag. Mit ihm sicherten sich also die beiden Mächte auch noch gegenseitige Freundschaft zu und versprachen einander beizustehen. Das sind keine leeren Worte: In großen Mengen liefert die Sowjetunion Getreide, Erdöl und für die Rüstung unentbehrliche Metalle und Mineralien an Hitler-Deutschland. Die Kommunisten in allen Ländern werden angewiesen, jegliche deutschfeindliche und auch antifaschistische Propaganda einzustellen, ja in Hitler-Deutschland von nun an einen befreundeten Staat zu sehen. Es gäbe wirklich keinen Grund, weshalb der Sozialismus der Kommunisten mit dem nationalen Sozialismus der Deutschen nicht koexistieren könnte. Das geht sogar so weit, daß die Kommunisten in

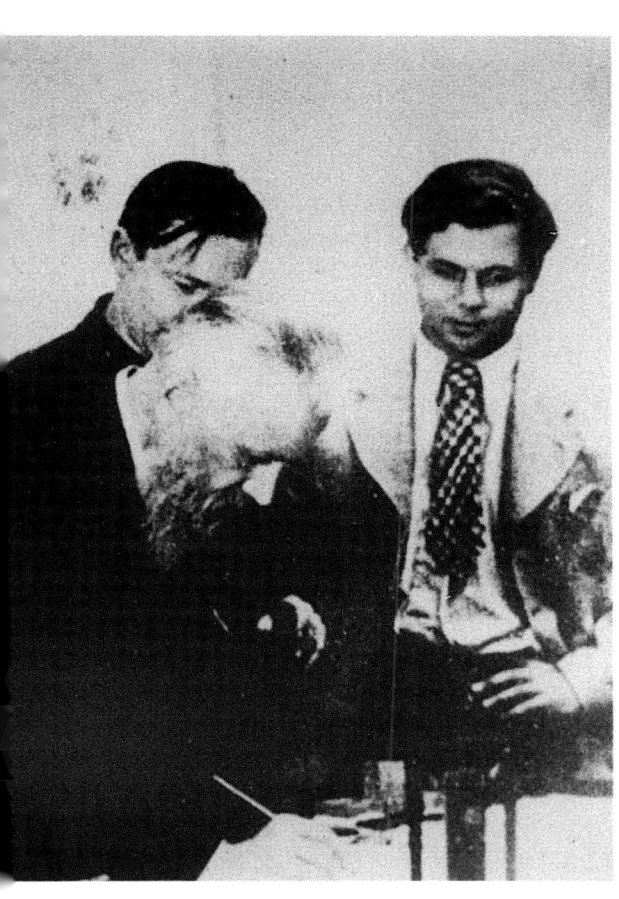

Frankreich die eigene französische Regierung beschuldigen, den Krieg gegen Deutschland provoziert zu haben und, daraus abgeleitet, daß die jungen Franzosen sich weigern sollten, in diesen Krieg zu ziehen, der ein ungerechter, kapitalistischer, imperialistischer Krieg wäre.

Im Moskauer Hotel Lux können es die exilierten deutschen Kommunisten nicht fassen, daß es ihnen von nun an verboten ist, gegen Hitler-Deutschland aufzutreten. Mit einem Schlag sind sie um ihre gesamte ideologische Grundlage gebracht. Das trifft nicht minder auch auf die anderen im Hotel Lux befindlichen KP-Führer zu, einerlei, woher sie kommen. Georgij Dimitroff, der bulgarische KP-Führer, war in den dreißiger Jahren zum Vorsitzenden der Kommunistischen Internationale gemacht worden, weil er im sogenannten Reichstagsprozeß erfolgreich gegen Hermann Göring und die gesamte NS-Führung aufgetreten war; Dimitroff sollte um das Vertrauen aller Antifaschisten werben und die neue Kominternparole glaubhaft machen, daß es den Kommunisten nicht mehr um Umsturz und Revolution, sondern nur um eine Einheitsfront gegen den Faschismus ginge. Jetzt hat derselbe Dimitroff dieselben KP-Führer anzuweisen, sich gegenüber Hitler zurückzuhalten. Das ist nicht augenzwinkernde Verstellung nach außen, diese Politik wird von Stalin rigoros durchgesetzt. Wolfgang Leonhard schildert, wie der Hitler-Stalin-Pakt sogar Rückwirkungen auf die Kinder der deutschen und österreichischen Emigranten in der Sowjetunion hatte. Sie waren in einem priviligierten Kinderheim in Moskau untergebracht und befanden sich im August 1939 auf Urlaub am Asowschen Meer. Als die Nachricht vom Abschluß des deutsch-sowjetischen Nichtangriffspakts kam, wurde der Urlaub sofort abgebrochen, die Kinder nach Moskau zurückbeordert. Als sie in das ihnen vertraute Kinderheim kamen, war dort schon alles verpackt, das Heim wurde sofort aufgelöst: Keine Bevorzugung mehr für Kinder österreichischer Schutzbundkämpfer oder antifaschistischer deutscher Emigranten. Die Kinder wurden auf normale russische Kinderheime verteilt. Der Kontrast, so berichtet Leonhard, war entsetzlich groß.

Die Beute wird geteilt

Dennoch hat es weiterhin kommunistischen Widerstand gegen Hitler und den Faschismus gegeben. Viele Kommunisten in den verschiedenen Ländern Europas haben ihre Haltung nicht aufgegeben, sind entgegen der Parteilinie gegen die deutschen Truppen und Besatzer aufgestanden. Denn die kamen bald. Am 1. September 1939 beginnt der deutsche Angriff auf Polen. Drei Wochen später ist Polen besiegt. 1940 folgt der deutsche Einmarsch in Dänemark sowie der Kampf um die Besetzung Norwegens; bald gefolgt von der Offensive im Westen, mit der zuerst die Niederlande, Belgien und Luxemburg überrannt werden. Danach wird Frankreich in ebenfalls nur wenigen Wochen niedergerungen. Im Frühjahr 1941 marschiert Hitlers Armee auf dem Balkan – gegen Jugoslawien und danach gegen Griechenland. Und nirgendwo rufen die kommunistischen Parteien ihre Anhänger zum Widerstand.

Hingegen hat sich die Sowjetunion die deutschen Zugeständnisse im Geheimprotokoll zum Hitler-Stalin-Pakt voll zunutze gemacht: Am 3. September 1939, also am dritten Tag des deutschen Kriegs gegen Polen, fordert Ribbentrop die Sowjetregierung auf, ihre Streitkräfte gegen Polen in Bewegung zu setzen; man erwarte, daß die Sowjets das ihnen im Geheimprotokoll zugesicherte Gebiet besetzen. Doch Moskau läßt sich zunächst Zeit, aus mehreren Gründen: Im Fernen Osten wird gerade noch über einen Waffenstillstand mit

РОДИНА-МАТЬ ЗОВЕТ!

ВОЕННАЯ ПРИСЯГА

den Japanern verhandelt. Auch Stalin will nicht gleichzeitig an zwei Fronten tätig sein. Der Waffenstillstand an der mandschurischen Grenze wird erst am 15. September unterzeichnet. Am 17. September gibt Stalin seinen Truppen den Befehl, in Polen einzumarschieren. Zu diesem Zeitpunkt stehen die deutschen Truppen bereits vor Warschau, und Stalin kann damit rechnen, daß die Rote Armee, wenn überhaupt, so nur noch auf schwachen polnischen Widerstand stoßen werde. Vor allem kann er auch glaubhaft machen, daß die Sowjetunion erst in Polen einmarschiert sei, als die Gefahr bestand, daß Hitler ganz Polen besetzen würde – das Zusatzprotokoll zum Hitler-Stalin-Pakt, in dem die Teilung Polens vorgesehen ist, wird von beiden Seiten streng geheim gehalten.

Die sowjetische Geschichtsschreibung leugnete bis Ende der achtziger Jahre die Existenz dieses Geheimprotokolls, es sei in keinem sowjetischen Archiv zu finden und wäre eine Erfindung antisowjetischer Propaganda. Erst nach Jahren der Glasnost waren sowjetische Historiker bereit, die Echtheit der in deutschen Archiven längst aufgefundenen deutschen Version des Abkommens anzuerkennen. Deutschland war mit dem sowjetischen Einmarsch in Ostpolen nicht nur einverstanden, es drängte die Sowjetführung sogar mehrfach dazu, mit diesem Einmarsch so bald wie möglich zu beginnen. Die sowjetischen Truppen stoßen in Polen, wie erwartet, nur noch auf ge-

ringen Widerstand. Bei diesen Kämpfen werden nur etwas mehr als 700 sowjetische Soldaten getötet. Anders als die Deutschen verkünden die Sowjets bei ihrem Einmarsch, daß sie gekommen seien, die Bevölkerung zu befreien. Es handelt sich ja großteils um frühere Gebiete des Russischen Reichs. Von den rund 13 Millionen Einwohnern sind 7 Millionen Ukrainer und 3 Millionen Weißrussen, 1 Million Polen und 1 Million Juden. Zumindest den Ukrainern und den Weißrussen kann man sagen, die Sowjetarmee sei gekommen, um sie vom „Joch der polnischen Gutsbesitzer und der drohenden faschistischen Gefahr zu befreien".

Prompt werden die von den Sowjettruppen besetzten Gebiete den Sowjetrepubliken Ukraine und Weißrußland eingegliedert. Rasch gehen die Sowjets nun auch daran, die baltischen Staaten zu unterwerfen. Zunächst wird – in Anbetracht der kriegerischen Entwicklung in Europa – die Errichtung sowjetischer Flottenstützpunkte in den Häfen Estlands, Lettlands und auch Litauens gefordert. In einer weiteren geheimen Absprache haben die Deutschen anläßlich der Unterzeichnung des deutsch-sowjetischen Freundschaftsabkommens am

Die einmarschierenden deutschen Truppen werden mancherorts von der Bevölkerung als Befreier vom Bolschewismus begrüßt (rechts). Lenindenkmäler werden gestürzt (links). Die deutsche Besatzungspolitik aber sieht die Unterwerfung der Völker der Sowjetunion vor, nicht deren Befreiung.

28. September nun endgültig auch auf ihr Interesse an Litauen verzichtet. So kann Stalin darangehen, den gesamten baltischen Besitz des früheren Russischen Reichs zurückzuholen. Die drei baltischen Staaten sehen sich vergeblich um Schutz und Beistand um: Ihre bisherigen politischen Schutzherren, Großbritannien und Frankreich, können ihnen nicht zu Hilfe eilen, waren sie doch nicht einmal imstande, ihre Garantien als Schutzmacht gegenüber Polen einzulösen. Und Deutschland hat das Schicksal des Baltikums der Sowjetunion überantwortet. Unter diesen Umständen stimmen alle drei baltischen Staaten der Sowjetforderung nach Flottenstützpunkten in ihren Häfen zu. Den Sowjets wird zu diesem Zweck ein Durchmarschrecht gewährt. Es dauert nicht lange, da erheben die lokalen kommunistischen Parteien schon die Forderung nach dem Sturz der Regierungen. Ein Versuch der Balten, durch engere Zusammenarbeit gemeinsam den politischen Widerstand gegen die Sowjetunion zu verstärken, bringt den gegenteiligen Erfolg: Jetzt beschuldigt die Sowjetunion die Balten der Konspiration, der Bedrohung sowjetischer Interessen. Ein intensiver Nervenkrieg beginnt.

Hingegen hat Finnland die sowjetische Forderung nach Gebietsabtretungen und nach Errichtung von Flottenstützpunkten von vornherein abgelehnt. Die Sowjetunion kündigt daraufhin kurzerhand den 1932 mit Finnland geschlossenen Nichtangriffspakt. Zwei Tage danach, am 30. November 1939, greifen vier russische Armeen an zwei Fronten Finnland an. Die finnischen Kommunisten hatten vorausgesagt, daß es in einem solchen Fall zu einem Volksaufstand gegen die finnische Regierung kommen würde, der Krieg würde in wenigen Tagen zu Ende sein. Doch die Finnen scharen sich um ihre Regierung und leisten der Roten Armee erbitterten Widerstand. Die erste Runde im sowjetisch-finnischen Winterkrieg geht an Finnland. Aber im Februar 1940 treten die Sowjets zu ihrer zweiten Offensive an, diesmal mit frischen Truppen und überschwerer Artillerie, darunter die ersten hundert des riesigen Klim-Woroschilow-Panzers. Und diesem Ansturm sind die Finnen nicht mehr gewachsen. Sie ersuchen um Waffenstillstand. Im März bereits treten sie in einem Friedensvertrag die Karelische Landenge, ein Gebiet entlang des Ladogasees und mehrere Inseln an die Sowjetunion ab. Die Halbinsel Hanko wird für 30 Jahre an die Sowjetunion verpachtet, die dort einen Marinestützpunkt errichtet.

Obwohl die Finnen der mächtigen Sowjetarmee erstaunlich lange Widerstand leisten konnten, sind sie doch in die Knie gezwungen worden. Das schwächt die Widerstandskraft der baltischen Staaten. Sie sind als nächste an der Reihe. Einer nach dem anderen. Die Sowjetunion fordert die Umbildung der baltischen Regierungen durch Einsetzung sowjetfreundlicher Minister und die Abhaltung von Wahlen mit Einheitslisten. Die Kommunisten organisieren Demonstrationen, mit denen die Sowjetforderungen unterstützt werden. Die Rote Armee dringt in alle drei Staaten ein. Die erzwungenen Wahlen erbringen den „Sieg" der Kommunisten. Dem Präsidenten Litauens, Smetona, gelingt die Flucht ins Ausland. Die Staatspräsidenten Päts von Estland und Ulmanis von Lettland werden verhaftet und in die Sowjetunion verschleppt. Viele tausend ihrer Landsleute ereilt in den nächsten Wochen das gleiche Schicksal. Hatten Lenin und auch noch sein Nationalitätenkommissar Stalin seinerzeit verkündet, daß alle Völkerschaften des Russischen Reichs das Recht zur Sezession und auf Eigenstaatlichkeit hätten – ein Grundsatz, den schon Lenin gegenüber den transkaukasischen Republiken verletzt hat –, so nimmt Stalin auf das Selbstbestimmungsrecht der Völker keine Rücksicht mehr. Im Gegenteil: Die Besetzung der drei baltischen Staaten wird unverblümt als nationaler Triumph gefeiert, als Wiederherstellung der Grenzen des alten Russischen Reichs.

Die Vertrauenswürdigkeit der Sowjetunion wird durch die Annexion der baltischen Staaten international stark angeschlagen. Die Sowjetunion wird wegen ihres Überfalls auf Finnland schon 1939 aus dem Völkerbund ausgeschlossen. Im Winter 1939/40 denken die Westmächte ernstlich daran, den Finnen mit einem Expeditionskorps zu Hilfe zu eilen. Großbritannien und Frankreich nehmen mit Norwegen und Schweden Verhandlungen auf, mit dem Ziel, ein Durchmarschrecht zu erreichen, ihre Truppen würden im norwegischen Hafen Narvik landen und über Schweden nach Finnland marschieren. Im Nahen Osten werden britische und französische Bombergeschwader bereitgestellt, um die Erdölfelder von Baku anzugreifen und dadurch die sowjetischen Erdöllieferungen an Deutschland zu unterbinden. Doch zu all dem reicht die Zeit nicht: Finnland bittet um Waffenstillstand, ehe die Briten ihr Expeditionskorps beisammen haben; statt dessen landen die Deutschen in Narvik, besetzen Norwegen. Und die alliierten Bombergeschwader im Nahen Osten werden dringend zur Unterstützung der britischen Truppen in Griechenland und danach in Nordafrika gebraucht. Doch eine Zeitlang haben die Westmächte ernstlich daran geglaubt, daß sie diesen Krieg gegen Hitler und Stalin gemeinsam würden führen müssen.

Tatsächlich steht es um die Partnerschaft zwischen den beiden nicht so gut, wie es den Anschein hat. Hitler nimmt Anstoß an der Art der Eingliederung der baltischen Völker in den sowjetischen Staatsverband, und den sowjetischen Krieg gegen Finnland empfindet er als Herausforderung: Haben doch deutsche Truppen seinerzeit entscheidend zum Unabhängigkeitskampf der Balten wie der Finnen beigetragen. Im Sommer 1940 stellt die Sowjetunion nun auch an Rumänien die ultimative Forderung nach Rückgabe Bessarabiens, das 1918 von den Rumänen besetzt worden ist. Aber die Sowjets wollen mehr: Rumänien soll außer Bessarabien auch die Nordbukowina an die Sowjetunion abtreten. Diese war niemals Teil des Russischen Reichs, sondern gehörte zu Österreich-Ungarn. Stalin geht also über die Geheimabmachung mit Ribbentrop hinaus. Die Rumänen beugen sich dem sowjetischen Ultimatum und räumen Bessarabien und die Nordbukowina. Aber Hitler fürchtet nun um die für ihn absolut kriegswichtigen Erdölfelder in Rumänien.

Ohne Absprache mit der Sowjetunion entsendet Hitler im Einvernehmen mit den Rumänen deutsche Truppen in die rumänischen Erdölgebiete. Unter deutscher und italienischer Schutzherrschaft werden in Wien neue Grenzen zwischen Rumänien und Ungarn sowie zwischen Rumänien und Bulgarien ausgehandelt. Die Verhandlungen finden im Wiener Schloß Belvedere statt und gehen als Wiener Schiedsspruch in die Geschichte ein. Dieses Abkommen enthält ein weiteres Element: Deutschland garantiert die neuen rumänischen Grenzen. Jetzt ist man in Moskau empört: Gegen wen werden Rumäniens Grenzen von Deutschland garantiert? Doch wohl gegen die Sowjetunion. Und da stehen ja auch schon deutsche Truppen in Rumänien.

In Finnland sieht es nicht viel anders aus. Kaum hat Finnland mit der Sowjetunion Frieden geschlossen, tauchen auch in Finnland deutsche Truppenkontingente auf – zum Schutz deutscher Nachschublinien, die über finnisches und schwedisches Territorium in das besetzte Nordnorwegen geführt werden. Die Sowjetunion sieht sich also auch hier einer Ausdehnung der deutschen Einflußsphäre gegenüber, die weder abgemacht noch besprochen ist. Dabei hatte die Sowjetunion Deutschland vor und während des Feldzugs gegen Norwegen den Hafen von Murmansk praktisch als Stützpunkt zur Verfügung gestellt. Deutsche Schiffe konnten hier Schutz suchen, wurden hier mit Treibstoff und Nahrungsmitteln versorgt. Das deutsche Passagierschiff „Bremen", der Stolz der deutschen Atlantikschiffahrt, war bei Kriegsbeginn aus dem Hafen von New York entschlüpft und konnte seinen britischen Verfolgern, die das Schiff als erste Kriegsbeute aufbringen wollten, nur entkommen, weil es nicht nach Deutschland, sondern in die Sowjetunion floh – nach Murmansk. Sowjetische Funkstationen halfen der deutschen Luftwaffe bei ihren Operationen im Nordatlantik. Die Sowjetunion geht also nicht nur in ihren Forderungen, sondern auch in ihrer Hilfeleistung an Deutschland über die ursprünglichen Vereinbarungen hinaus.

Doch die Vorgänge rund um Rumänien und Finnland haben beidseitig Mißtrauen erweckt. Den Deutschen bleibt auch nicht verborgen, daß sich die Sowjetunion in besonderem Maß um ein engeres Verhältnis zu Bulgarien und Jugoslawien bemüht. Im Oktober 1940 ladet Ribbentrop Molotow zu einer neuen Zusammenkunft nach Berlin ein. Die Begegnung findet am 12. und 13. November statt. Stalin schickt seine Grüße und gibt der Hoffnung Ausdruck, die Verhandlungen würden durch eine langfristige Abgrenzung der beiderseitigen Interessen zu noch besseren Beziehungen zwischen Deutschland und der Sowjetunion führen. Hitler selbst verhandelt mit Molotow. Dieser legt die neuen weitergehenden Interessen der Sowjetunion energisch dar: Die Sowjets wünschen einen Beistandspakt mit Bulgarien, der es ihnen ermöglicht, auch dort Stützpunkte zu errichten. Das wahre sowjetische Ziel aber seien die Dardanellen. Die Durchfahrt vom Schwarzen Meer ins Mittelmeer wird allein von der Türkei kontrolliert. Das sei für die größte Anrainermacht am Schwarzen Meer, die Sowjetunion, unerträglich.

Es ist eine der alten Expansionslinien des Russischen Reichs – der Ausbruch aus dem Schwarzen Meer in das Mittelmeer bei gleichzeitiger Einbeziehung der slawischen Teile des Balkans. Doch Stalin folgt auch in der Ostsee dem Expansionsdrang des alten Rußlands. Molotows zweite Forderung: Die Deutschen mögen ihre Truppen aus Finnland zurückziehen, Finnland gehöre zum sowjetischen Interessensgebiet. Und Molotow gibt auch zu verstehen, daß die Sowjetunion ein vitales Interesse am Dänischen Sund habe, der Meerenge, die den Zugang der Ostsee zur Nordsee bildet. Es ist Rußlands immer wiederkehrender Versuch, für seine Flotte eisfreie Häfen zu erhalten, den Zugang zum offenen Meer. Daher müßten der Sowjetunion an den Dardanellen wie am Dänischen Sund Flottenstützpunkte zugesprochen werden. Auch die dritte Expansionslinie des alten Zarenreichs soll Deutschland der Sowjetunion freigeben: über den Kaukasus zum Persischen Golf. Die östliche Türkei, Nordpersien und der Irak sollen als sowjetisches Interessensgebiet anerkannt werden. Im Fernen Osten soll Japan auf seine Kohle- und Ölkonzessionen in Nordsachalin verzichten.

Von kommunistischen und weltrevolutionären Zielen ist da nicht mehr die Rede. Molotow spricht wie ein Abgesandter des alten Zarenreichs. Hitler versteht das auch so. Und er benimmt sich wie der letzte Deutsche Kaiser: Weder auf dem Balkan und an den Dardanellen noch in der Ostsee ist er bereit, eine russische Expansion anzuerkennen. Da wie dort sieht er deutsche Interessen gefährdet. Dabei macht Molotow ein unglaubliches Offert: Sollte Hitler den sowjetischen Vorstellungen zustimmen, so sei die Sowjetunion bereit, dem Dreierpakt zwischen Deutschland, Italien und Japan beizutreten, also eine der Achsenmächte zu werden. Zum gegenwärtigen Zeitpunkt, November 1940, ist das fast gleichbedeutend mit der Bereitschaft der Sowjetunion, an der Seite Deutschlands in den Krieg gegen Großbritannien einzutreten. Das erkennt Hitler schon, und er versucht Molotow zu überzeugen, daß die Sowjetunion gegen die Briten in Afghanistan und Indien marschieren müßte, dort sei bedeutend mehr für Moskau zu holen als in Bulgarien und an den Dardanellen oder gar in der Ostsee. Solcherart reden die beiden aneinander vorbei.

Der große Vaterländische Krieg

In Wirklichkeit hat Hitler die Weichen schon gestellt: Gleich nach dem Sieg über Frankreich hat er Auftrag gegeben, einen Plan zur raschen Niederringung der Sowjetunion – noch vor einer Invasion gegen Großbritannien – auszuarbeiten. Die deutschen Generäle sind damit fast schon fertig, ihre Angriffspläne tragen den Decknamen „Fall Barbarossa". Hitler wird seinen Überfall auf die Sowjetunion, wie schon berichtet, als Präventivkrieg bezeichnen, er habe Stalin zuvorkommen müssen, und er wird Molotows Forderungen in bezug auf den Balkan und die Dardanellen wie auch im Ostseeraum als Beweis des sowjetischen Expansionsdrangs anführen.

Es gab unter den deutschen Politikern und Historikern immer Vertreter zweier Richtungen – solche, die in einem umfassenden Interessenausgleich zwischen Deutschland und Rußland beiden Ländern eine glänzende Zukunft in Freundschaft und Frieden voraussagten, und solche, die den Zusammenprall deutscher und russischer Interessen immer für unvermeidlich gehalten haben. Daß sich beide Staaten mit dem begnügen könnten, was sie haben, und die zwischen ihnen liegenden Nationen in Ruhe lassen und als Partner und Freunde gewinnen könnten, ein solches Denken entspringt erst den Erfahrungen der letzten Jahre.

Der deutsch-sowjetische Krieg hat für beide Länder einschneidende Veränderungen gebracht und stellt auch für die kommunistische Bewegung eine bedeutende Zäsur dar. Man hätte annehmen

Als die deutschen Truppen im Winter 1941/42 vor Moskau stehen, ruft Stalin zur Verteidigung der Hauptstadt auf und appelliert an den Patriotismus der Russen (links oben). Auf dem Roten Platz paradieren soeben aus Sibirien eingetroffene Truppen, die von der Parade direkt an die Front gehen. Links: Handschriftlich fordert Stalin die Verteidigung Leningrads als eine der wichtigsten Aufgaben in diesem Krieg.

können, daß ein militärischer Angriff auf die Sowjetunion von weiten Teilen der sowjetischen Bevölkerung als Möglichkeit zur Befreiung von einem Regime begrüßt werden würde, das ja doch so viel Leid über diese Menschen gebracht hat. Und es fehlt auch nicht an solchen Erscheinungen: In der Ukraine werden die deutschen Soldaten oft mit Salz und Brot willkommen geheißen. Selbst in Weißrußland, aber auch auf der Krim und im Kaukasus gibt es Sympathiekundgebungen für die vormarschierenden Deutschen. Kämen sie tatsächlich als Befreier, als Verfechter der Menschenrechte, des Selbstbestimmungsrechts und demokratischer Ideale, würde das kommunistische Regime vermutlich auf eine sehr harte Probe gestellt werden. Einige der heutigen russischen Historiker meinen, daß Stalins Herrschaft und damit das Sowjetreich vermutlich zusammengebrochen wären.

Keine Politik, nur Herrschaft im Osten

Aber die deutschen Truppen kommen nicht als Befreier, schon gar nicht als Verfechter der Menschenrechte oder des Selbstbestimmungsrechts. Hitler will aus den Gebieten der Sowjetunion genau das machen, was er immer schon, erstmals in seinem Buch „Mein Kampf", angekündigt hat: Kolonien. Für Deutschland lägen die Kolonien nicht in Übersee, sondern gleich an der Ostgrenze des Reichs. Das böte enorme Vorteile, kurze und ungefährdete Verkehrswege und vor allem die Möglichkeit der intensiven Besiedlung, der Ausdeh-

nung des deutschen Lebensraums. Die dort lebenden Völker aber sollten noch besser und wirksamer als früher einmal Afrikaner oder Inder zur Sklavenarbeit eingesetzt werden.

Und so wird es auch gehalten. Noch vor Beginn des Kriegs gegen die Sowjetunion wird den Sonderkommandos, die mit der Wehrmacht in die Sowjetunion eindringen werden, der Befehl gegeben, gefangene kommunistische Kommissare an Ort und Stelle zu erschießen. Solche Kommissare gibt es bei jedem sowjetischen Truppenteil. Sie sind das Aufsichtsorgan der Partei, sie sind die politischen Berater der militärischen Kommandanten. Doch Hitler läßt sie nicht erschießen, weil sie die Träger des bolschewistischen Systems sind, sondern setzt damit die erste von vielen Maßnahmen, die die sowjetische Bevölkerung um ihre Führungskräfte bringen soll. Dem Kommissarbefehl folgt drei Monate nach dem Angriff auf die Sowjetunion ein „Kommunistenerlaß": Für jeden im besetzten Gebiet aus dem Hinterhalt getöteten deutschen Soldaten sind 50 bis 100 Kommunisten zu erschießen. Da man jedoch nicht annähernd so vieler Kommunisten habhaft wird, wird schon zwei Wochen später der Erlaß erweitert: Geiseln können allen Bevölkerungsschichten entnommen werden. Wie viele für je einen getöteten deutschen Soldaten zu erschießen sind, obliegt dem jeweiligen deutschen Kommandanten. Eine weitere Anordnung bestimmt, daß bei der Gefangennahme sowjetischer Soldaten keinerlei internationale Regeln zu beachten seien. Das liegt

Stalins Appell an die Vaterlandsliebe und an die Kirche wird in der Kunst sofort umgesetzt. Pawel Korin, ein bekannter Vertreter religiös-patriotischer Kunst, malt den Gründer und ersten Verteidiger Rußlands Alexander Newskij. Auf der Fahne hinter ihm das Antlitz Jesu Christi (rechts). Korin stattete die Metro-Station Komsomolskaja-Koltsewaja mit ähnlichen Motiven aus und erhielt dafür den Stalinpreis. Links: Fedor Bogorodskij, „Ruhm dem gefallenen Helden". Der tote Sohn wird heimgebracht und von einer tapferen Mutter empfangen. Der Offizier kniet, als wäre er im Gebet. Die Schulterklappe ist offenbar absichtlich hervorgehoben: Es sind die alten Rangabzeichen der russischen Armee, wie sie unter dem Zaren gebräuchlich waren. Mitten im Krieg hat man die von den Bolschewiki eingeführten Rangabzeichen der Roten Armee durch sie ersetzt.

zwar auch daran, daß die Sowjetunion selbst diesen internationalen Verträgen nicht beigetreten ist, aber Hitler kommt es darauf an, auch auf diesem Weg „diese Sumpfmenschen", wie er sie bezeichnet, zu reduzieren. Bei diesem Feldzug gehe es „um die Durchsetzung des Lebensrechtes des deutschen Volkes", und dieses „Recht" könne nur auf Kosten der Existenz der slawischen Völker in diesem Raum durchgesetzt werden.

Die eroberten Gebiete der Sowjetunion, und das werden bald fast zwei Millionen Quadratkilometer sein, ein Gebiet auf dem bisher 85 Millionen Menschen oder 40 Prozent der Bevölkerung der Sowjetunion gelebt haben, dieses riesige Gebiet wird dem Chefideologen der NSDAP, Alfred Rosenberg, zur Verwaltung überlassen. Rosenberg gründet ein Ostministerium, setzt aber nicht etwa Ostexperten auf die Verwaltungsstellen, sondern holt dazu seine Ideologen heran. Diese geraten bald miteinander darüber in Streit, was mit den besetzten Gebieten zu geschehen habe. Es fehlt nicht an Eingaben und Vorschlägen antibolschewistischer Kreise. Eine Gegenregierung sollte aufgestellt werden, russisch-national, gestützt von der russisch-orthodoxen Kirche. Diese Regierung sollte mit einem umfassenden antibolschewistischen Programm zum Widerstand gegen Stalin und zu dessen Sturz aufrufen. Die Völker der Sowjetunion sollten sich erheben, um das bolschewistische Joch abzuschütteln. Die Soldaten der Roten Armee sollten ihr Leben nicht mehr für den Bolschewismus einsetzen, sondern überlaufen und sich der neuen antibolschewistischen russischen Regierung zur Verfügung stellen. Die Idee wird von Rosenberg zunächst kategorisch abgelehnt. Das Reich ist nicht interessiert an der Wiedererstarkung Rußlands, auch nicht unter einer antibolschewistischen Regierung. Rußland, das muß der deutsche Lebensraum von morgen sein, hier sollen deutsche Wehrdörfer entstehen, deutsche Wehrbauern das Kommando übernehmen, die einheimische Bevölkerung habe nichts als die Knechte zu stellen.

Mehr Gehör schenkt Rosenberg den Vertretern der verschiedenen Nationalitäten. Mit der Gründung selbständiger Staaten, etwa in der Kaukasusregion, vielleicht auch einer selbständigen Ukraine, ließe sich das russische Großreich weitgehend demontieren. Aber schon im Fall der Ukraine, dem größten Brocken, zögert Rosenberg, und auch andere deutsche Regierungsstellen äußern Bedenken: Die Ukraine müsse schon jetzt und werde erst recht in Zukunft die Kornkammer Deutschlands sein; in der Ukraine befände sich aber auch ein beträchtlicher Teil der sowjetischen Industrie, der Kohle- und Wasserkraftvorräte. Es sei problematisch, den ukrainischen Nationalismus vorbehaltlos zu unterstützen. Die deutsche Verwaltung könnte auf große Schwierigkeiten treffen, wenn die Ukrainer ihre Ressourcen selbst in Anspruch nehmen wollten. Ukrainische Nationalisten, die sich bereit erklären, eine eigene Regierung zu bilden und die Eigenstaatlichkeit der Ukraine zu proklamieren, werden anfangs zögernd unterstützt und dann von den deutschen Behörden wieder ausgeschaltet, zum Teil werden sie sogar verhaftet und ermordet.

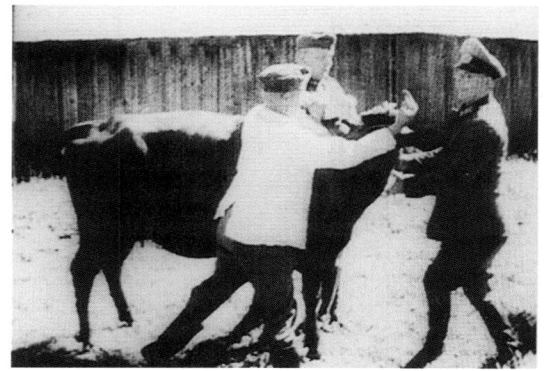

Anders die Einstellung gegenüber den sich ebenfalls anbietenden nationalen Kräften im Kaukasusgebiet. Es ist nicht geplant, diese Gebiete in den unmittelbaren deutschen Lebensraum einzubeziehen. Im deutschen Einflußbereich sollen sie bleiben, doch können und sollen sie ihre nationale Eigenstaatlichkeit proklamieren. Georgien, Aserbeidschan, Armenien, Turkmenien wären auch für Deutschland erwünschte Staaten. In den Lagern mit sowjetischen Kriegsgefangenen werden Angehörige dieser Völkerschaften als Freiwillige zum „Kampf gegen den Bolschewismus" geworben. Auf dem Höhepunkt dieser Rekrutierungstätigkeit im Jahr 1944 beträgt die Zahl der in diesen Freiwilligenverbänden Dienenden rund 600 000 Mann, davon sind etwa 100 000 Kaukasier, 100 000 Turkmenen, 35 000 Tataren und etwa 70 000 Kosaken. Mit Ausnahme der Kosaken kämpfen diese Völkerschaften, wie sie meinen, um ihre künftige Unabhängigkeit. Sie werden bitter enttäuscht. Nicht nur verliert Deutschland diesen Krieg gegen die Sowjetunion, für ihre Kriegsteilnahme auf deutscher Seite werden die Soldaten selbst teilweise exemplarisch erschossen oder für viele Jahre in den Gulag gesteckt, während die Völker, denen sie angehören, unter der Anklage der Kollaboration mit dem Feind nach

Bildfolge links: Reichsmarschall Hermann Göring inspiziert die besetzten Ostgebiete. Als Verantwortlicher für die Reichswirtschaft ist er an der größtmöglichen Ausbeutung der russischen und der ukrainischen Landwirtschaft zugunsten der deutschen Lebensmittelversorgung interessiert. Die Abfertigung des ersten Lebensmittelzugs Ukraine–Berlin, beladen mit Fleisch und Eiern, wird entsprechend gefeiert. Bildfolge oben: Hinter der deutschen Front kommt es bald zu heftiger Partisanentätigkeit. Eine gefangene Partisanin wird zur Hinrichtung geführt (Mitte).

Sibirien deportiert werden. Dieses Schicksal trifft gleich bei Kriegsbeginn ohne jede Schuldzuweisung die Wolgadeutschen und nach dem Krieg mit besonderer Härte die Krimtataren, Tschetschenen, Inguschen, Balkaren und Kalmücken.

Die Kosaken waren von Anfang an ein Sonderfall. Sie gehörten zu den Eliteregimentern der Roten Armee. Auf Beschluß ihrer Atamanen sind einige Regimenter zu den Deutschen übergegangen, man könnte sagen in alter Kosakentradition. Denn wann immer die Kosaken mit der Herrschaft eines Fürsten oder Zaren nicht zufrieden waren, sind sie gegen ihn aufgestanden, haben gegen ihn gekämpft und haben immer auch das Los auf sich genommen, dafür im Fall ihrer Niederlage getötet zu werden. Getötet wurden sie jedoch relativ selten – die Zaren und die Fürsten wußten die Kampfkraft der Kosaken stets zu schätzen, auch hätte ihnen die Bevölkerung eine exemplarische Hinrichtung der Kosaken nie verziehen. Um es vorwegzunehmen: Auch Stalin hat es letztlich nicht gewagt, alle über die Kosaken wegen Hochverrats verhängten Todesurteile exekutieren zu lassen.

Die Kosaken befanden sich bei Kriegsende im oberitalienisch-jugoslawischen Raum und ergaben sich in Kärnten den britischen Streitkräften gegen die Zusicherung, nicht an die Sowjetunion ausgeliefert zu werden. Die Briten haben diese Zusage nicht gehalten. Die Kosaken und ihre Angehörigen, darunter viele Frauen und Kinder, wurden an der britisch-sowjetischen Demarkationslinie in Judenburg den Sowjets übergeben. Doch sie wurden nicht, wie vielfach behauptet, alle erschossen. Auf dem Tranport in die Sowjetunion sind in der sommerlichen Hitze in den überfüllten Viehwaggons einige umgekommen. In der Sowjetunion wurden sie auf offenem Feld ausgeladen und mußten sich ihre Gefangenenlager selbst errichten. Ohne Material konnten sie nur Erdhöhlen als Unterkünfte anlegen. Der erste Winter forderte eine dementsprechend hohe Zahl an Menschenleben. An sich zum Tod verurteilt, wurden die Kosaken jedoch generell zu 25 Jahren Zwangsarbeit begnadigt. Das gleiche galt auch für das deutsche und das österreichische Rahmenpersonal, etwa 1 500 Offiziere und Unteroffiziere. Die Anführer der Kosaken hingegen, die Atamane und hohen Offiziere, wurden in Moskau vor ein Militärtribunal gestellt und hingerichtet. Die Kosaken in den Lagern wurden zur Zwangsarbeit vorwiegend in Kohlengruben eingesetzt, aber bereits nach drei Jahren amnestiert: Ihnen und ihren Familien wurden Verbannungsorte in Sibirien zugewiesen. Von dort machten sie zweimal den Versuch, die weiterhin gefangengehaltenen deutschen und österreichischen Offiziere zu befreien, die jedoch den von den Kosaken angebotenen Sturm auf das Lager ablehnten. Sie hofften doch noch auf eine Heimkehr und wollten nicht als Gejagte in Sibiriens Wäldern leben. Die Hoffnung erfüllte sich aber erst 1955, als der deutsche Bundeskanzler Konrad Adenauer die letzten deutschen Kriegsgefangenen freibekam und aufgrund des österreichischen Staatsvertrags auch die letzten Österreicher aus sowjetischer Gefangenschaft entlassen wurden.

Was den antibolschewistischen Kampf betrifft, so hätte eine andere Bewegung vermutlich auf viel größere Erfolge zählen können. Bei den Kämpfen am Wolchow fiel den Deutschen 1942 ein russischer General in die Hände, Andrej Wlassow. Er hatte erst kurz vorher an der Verteidigungsschlacht von Moskau teilgenommen und sich so tapfer geschlagen, daß er mit dem Orden des Roten Banners ausgezeichnet wurde. Wlassow war ein typisches Produkt bolschewistischer Erziehung. Sohn eines armen Bauern, hatte er als Siebzehnjähriger an der Oktoberrevolution teilgenommen, trat dann in die Rote Armee ein, bewährte sich und diente sich bis zum Generalsrang hinauf. Eine Zeitlang war er wie viele andere sowjetische Offiziere Berater bei den Tschiang-Kai-schek-Truppen in China. Nun saß Wlassow in deutscher Gefangenschaft. Der hochintelligente Mann war den deutschen Vernehmungsoffizieren ein interessanter Partner. Sie horchten auf, als ihnen dieser hochdekorierte und bolschewistisch erzogene General seine Ansichten über Stalin und über das kommunistische Gesellschaftssystem darlegte. Nach Wlassows Meinung sei dieses System für das russische Volk nicht mehr erträglich. Und so dächte nicht nur er, sondern das wäre auch die Ansicht vieler Offiziere in der Roten Armee. Kein Wunder nach den rigorosen Säuberungen, mit denen Stalin dieses Offizierskorps verfolgt und reduziert hatte.

In der Ostabteilung des deutschen Generalstabs liest man diese Berichte mit Interesse. Und im Frühjahr 1943 läßt man Wlassow einen offenen Brief verfassen, in dem er die Gründe darlegt, weshalb er sich vom Bolschewismus losgesagt habe und den Kampf gegen den Bolschewismus aufnehmen würde. Wlassow wendet sich an die sowjetischen Kriegsgefangenen in deutscher Hand und auch an die russische Zivilbevölkerung in allen von den Deutschen besetzten sowjetischen Gebieten. Er ruft sie auf, sich gegen Stalin zu erheben, dem Krieg ein Ende zu bereiten und ein neues freies Rußland zu errichten. Wlassow wird erlaubt, in Smolensk ein russisches Befreiungskomitee zu gründen. Seine Aufrufe werden in Millionen Flugblättern über der russischen Front abgeworfen, mit erstaunlichen Resultaten: Die Zahl der Überläufer und der sich ergebenden sowjetischen Soldaten steigt sprunghaft. In den deutschen Kriegsgefangenenlagern melden sich viele tausend Sowjetsoldaten als Freiwillige für die von Wlassow geplante „russische Befreiungsarmee". Aber Hitler will von einer militärischen Verwendung russischer Gefangener nichts wissen. Das widerspricht seinem Konzept vom künftigen Sklavendasein der Russen.

Die Wlassow-Truppen hat es dennoch gegeben. Im Wirrwarr der Kompetenzstreitigkeiten zwischen dem Oberkommando der Wehrmacht, dem Ostministerium Rosenbergs und anderen deutschen Dienststellen geht die Rekrutierung für die Wlassow-Armee weiter. Sie hat ihre Eigendynamik: Denn die sowjetischen Gefangenen in deutschen Lagern werden katastrophal schlecht behandelt. Anfangs ließ man sie zu Zehntausenden verhungern, gemäß dem Befehl, Lebensmittel nur dann für Gefangene freizugeben, wenn damit für die deutsche Bevölkerung keinerlei Einbußen verbunden wären. Bei Millionen sowjetischen Gefangenen konnte dieser Befehl nur bedeuten, daß man einen Großteil von ihnen dem Hungertod preisgab. (Heute weiß man, daß bis Kriegsende dreieinhalb Millionen Rotarmisten in deutschen Lagern verhungerten.) Die Überlebenden versuchen mit allen Mitteln, den Lagern zu entkommen, die in ihren Augen für sie letztlich den sicheren Tod bedeuteten. Als nun Freiwillige gesucht werden, melden sie sich in großer Zahl. Aber erst in der zweiten Hälfte 1944, als die deutschen Verluste an der Front auch nicht mehr annähernd ausgeglichen werden können, darf Wlassow seine Freiwilligenarmee voll aufstellen, ausbilden und ausrüsten. Richtig zum Einsatz ist sie nicht mehr gekommen. Bei Kriegsende befindet sich das Gros der Wlassow-Truppen in Böhmen. Wlassow selbst versucht, sich der tschechischen Regierung als Verbündeter anzutragen, als Vorleistung verlegen Wlassow-Truppen den abziehenden Deutschen den Weg aus Prag. Geholfen hat ihnen dies nichts: Wlassow und seine Soldaten wurden den Sowjets ausgeliefert und als Hochverräter hingerichtet.

Die deutsche Verwaltung in den besetzten Gebieten der Sowjetunion machte ebenfalls keine Anstrengungen, die Bevölkerung für einen Kampf gegen den Bolschewismus, gegen Stalin zu gewinnen. Nationale Unabhängigkeitsregungen wurden nur in dem Maß geduldet und unterstützt, als diese bereit waren, sich selbst und die Bevölkerung den deutschen Forderungen zu unterwerfen. So wird auch das

Aus den Reihen russischer Kriegsgefangener (rechts oben) bildet der ebenfalls von den Deutschen gefangengenommene russische General Andrej Wlassow (rechts unten) eine Armee, die auf deutscher Seite gegen Stalin kämpfen soll. Sie kommt kaum zum Einsatz, da Hitler den Russen mißtraut. Hingegen kämpft ein Teil russischer Kosaken an mehreren Fronten unter der Hakenkreuzfahne auf der Seite der Deutschen (Bildfolge oben). An der Spitze der Kosakenverbände steht – in Kosakenuniform – der deutsche General Helmut von Pannwitz (Bild unten, links).

Kolchosen- und Sowchosensystem beibehalten, weil sich auf diese Weise die Bevölkerung geschlossen zur Arbeit einsetzen und von wenigen deutschen Aufsehern kontrollieren läßt. Das gilt auch für die Ernten. Von den Kolchosen und Sowchosen wird das Getreide zentral abgeliefert; es kann also leicht beschlagnahmt und in großen Mengen abtransportiert werden.

Die Sowjetführung hatte zu Beginn des Kriegs die Weisung ausgegeben, die Maschinenausrüstung in den durch den deutschen Vormarsch gefährdeten Fabriken zu demontieren und nach Osten zu evakuieren. Mit den Maschinen sollten auch die Facharbeiter und deren Familien umgesiedelt werden. Die Bauern und Kolchosarbeiter wurden aufgefordert, Speicher und Häuser niederzubrennen, Maschinen und Traktoren, die nicht evakuiert werden konnten, zu zerstören, den deutschen Truppen nur noch verbrannte Erde zurückzulassen. Während die Demontage der Fabrikseinrichtungen unter der strengen Aufsicht der Kommissare und des NKWD in vielen Fällen glückte, wurde der Befehl, den Deutschen nur verbrannte Erde zurückzulassen, nur selten befolgt. Der sowjetischen Führung entging auch nicht, daß die deutschen Truppen in vielen Orten zunächst als Befreier begrüßt wurden. Weite Teile der Bevölkerung waren also offenbar nicht bereit, ihr Leben zur Verteidigung des Sozialismus, des kommunistischen Regimes einzusetzen. Doch es war die Bereitschaft der Russen zur Selbstaufopferung, die einst Napoleon zum Rückzug gezwungen hatte; die Russen hatten Moskau, ihr Moskau, angezündet und in Schutt und Asche gelegt, um den Napoleonischen Truppen kein Quartier, keinen Schutz vor dem Winter zu bieten. Jetzt schien das Rezept zu versagen.

Als die deutschen Truppen im Spätherbst 1941 nur 50 Kilometer vor Moskau stehen, wendet sich Stalin mit einem neuen verzweifelten Appell an die Bevölkerung: Alle, ob Mann, ob Frau, ob Kind, ob Greis sollen den Kampf gegen die deutschen Okkupanten aufnehmen, sollen Barrikaden bauen und Panzersperren errichten, sollen zum Gewehr greifen und zur Handgranate. Und Stalin gibt diesem Kampf denselben Namen, den 130 Jahre zuvor der Krieg gegen Napoleon hatte: „Großer Vaterländischer Krieg". Nicht für den Sozialismus, für das Vaterland wird nun gekämpft. Die orthodoxe Kirche, bisher bekämpft und unterdrückt, darf wieder tätig werden. Stalin selbst empfängt den Patriarchen, was im Rundfunk und in den Zeitungen der Bevölkerung und den Soldaten kundgetan wird. Es sind zwar nur noch wenige Kirchen geöffnet, aber in den Gottesdiensten sammeln die Priester jetzt Geld für die Aufstellung einer Panzerdivision.

Der Appell an den Patriotismus zeigt Wirkung. Vor allem bei der Bevölkerung im deutschen Besatzungsgebiet. Die deutschen Maßnahmen sind nicht dazu angetan, den Menschen Hoffnung auf ein besseres Leben zu geben. Die deutschen Besatzungsbehörden sind nicht minder rigoros und brutal als vordem die Kommunisten. Verheerend aber wirken sich die Geiselnahmen und die exemplarischen Erschießungen aus. Um ihnen zu entgehen, flüchten immer mehr Menschen zu den Partisanen. Je mehr Partisanen es gibt, desto mehr deutsche Soldaten werden getötet, und um so mehr Geiseln werden umgebracht.

Einzelne russische Historiker äußern heute die Vermutung, daß die ersten Angriffe auf deutsche Soldaten von speziell dafür eingesetzten NKWD-Trupps ausgeführt worden wären, in der berechtigten Erwartung, daß die deutschen Besatzungsbehörden daraufhin mit Repressalien gegen die Bevölkerung antworten würden. Tatsächlich ist die Partisanenbewegung aufgrund des harten Durchgreifens der Deutschen rasch angewachsen und machte der deutschen Kriegführung erheblich zu schaffen. Nicht zu übersehen ist, daß diese Partisanenbewegung nach dem Krieg entscheidend zur Festigung des Sowjetpatriotismus beigetragen hat.

In den ersten Monaten des Kriegs kommt die deutsche Offensive rasch voran. Dennoch gelingt es den Sowjetbehörden, die Maschineneinrichtungen von mehr als 1 500 Fabriken rechtzeitig zu demontieren und in den Osten des Reichs, meist in den und hinter den Ural zu bringen. Mit den Maschinen werden rund zehn Millionen Menschen evakuiert. Sie helfen, die Maschinen wieder aufzustellen und die Produktion wieder in Gang zu bringen. Die sowjetische Geschichtsschreibung sieht in dieser Gewaltanstrengung nicht nur einen überragenden Beweis für den Sowjetpatriotismus, sondern auch den entscheidenden Beitrag zum Sieg der Sowjetarmeen über Deutschland. Ein anderer Beitrag wird in der Regel nicht erwähnt. Als es darum geht, einerseits die demontierten Fabriken wieder zu errichten, aber andererseits auch neue große Rüstungswerke aus dem Boden zu stampfen, da bietet der NKWD Hilfe an: Trotz Krieg und der Notwendigkeit, Millionen Männer für den Dienst in der Armee auszubilden, geht der Betrieb im Gulag „normal" weiter. Nach jetzt vorliegenden Statistiken hat der NKWD nach Kriegsbeginn fast vier Millionen Gulaginsassen für Bauarbeiten zur Verfügung gestellt, eine Million Häftlinge in die Bergbaubetriebe abkommandiert, eine weitere Million in die Rüstungsindustrie und rund zwei Millionen in die Forst- und Landwirtschaft. Auf deutscher Seite hat das sein Pendant: Aus den besetzten Ostgebieten werden Millionen Frauen und Männer zur Arbeit in der deutschen Rüstungsindustrie und in der Landwirtschaft ausgehoben. Daneben gibt es auch noch sogenannte Hilfsfreiwillige, Russen, Ukrainer und andere, die bei der deutschen Besatzungsbehörde Hilfsdienste leisten.

Um die Westalliierten zu beruhigen, ordnet Stalin im Jahr 1943 die Auflösung der Kommunistischen Internationale, der Komintern, an. Unser Bild zeigt führende Komintern-Mitglieder beim VII. Weltkongreß 1935. Von links nach rechts: Palmiro Togliatti, Dmitri Manuilski, Klement Gottwald, Georgij Dimitroff, Otto Kuusinen und Wilhelm Pieck.

Nirgendwo hat der Krieg der Bevölkerung so viele und so große Opfer abverlangt wie den Völkern der Sowjetunion. Mit 20 Millionen Toten werden die Verluste der Sowjetunion im Zweiten Weltkrieg beziffert. Doch das Leid, der Opfergang ist nicht auf das Sterben dieser Menschen und nicht auf die Trauer um sie beschränkt. Es ist kaum zu fassen, was den Menschen in diesem Reich widerfahren ist, in der Zarenzeit, im Ersten und im Zweiten Weltkrieg und in 70 Jahren bolschewistischer Herrschaft.

Der Weg nach Jalta

Mit dem Angriff Hitlers am 22. Juni 1941 ist die Sowjetunion schlagartig zum Verbündeten Großbritanniens geworden. Hinter England stehen zu diesem Zeitpunkt auch schon die USA. Präsident Roosevelt ist entschlossen, trotz der formal noch bestehenden Neutralität der Vereinigten Staaten den Briten in ihrem Kampf gegen Hitler mit allen Mitteln beizustehen. Diese Bereitschaft dehnt er jetzt auch auf die Sowjetunion aus. Er entsendet einen persönlichen Vertrauten, Harry Hopkins, zu Stalin nach Moskau. Stalin gibt Hopkins ungeschminkt Auskunft: Die Rote Armee ist durch den raschen Vormarsch der Deutschen schwer angeschlagen, ob Moskau gehalten werden kann, ist fraglich, doch man sei entschlossen, den Krieg auch noch hinter dem Ural fortzusetzen. Um dies tun zu können, benötigt die Sowjetunion Nachschub und Rüstungsgüter aller Art. Roosevelt hat sich zu diesem Zweck ein Instrument geschaffen, die sogenannten Pacht- und Leihverträge. Sie erlauben es dem Präsidenten, die Neutralitätsvorbehalte zu umgehen: Die USA verkaufen keine Rüstungsgüter, sie verpachten und verleihen sie nur; nach Gebrauch sind sie wieder zurückzugeben.

Die amerikanischen Lieferungen an die Sowjetunion setzen am 1. Oktober 1941 ein. Bis zum 31. Mai 1945 werden 2 660 Transportschiffe mit einer Gesamtladung von fast 17 Millionen Tonnen nach der Sowjetunion abgefertigt, vorwiegend in Geleitzügen über den Atlantik mit dem Zielhafen Murmansk, aber auch in den Persischen Golf, um von dort über den Kaukasus an die russische Front gebracht zu werden. Insgesamt haben die USA an die Sowjetunion geliefert: 427 284 Lastkraftwagen, 13 303 Panzer, 1 966 Lokomotiven und fast 12 000 Eisenbahnwaggons, einige hundert Transportflugzeuge und fast zweieinhalb Millionen Tonnen Flugzeugbenzin. Für die rund zwölf Millionen Soldaten der Roten Armee wurden fast 60 Millionen Stiefel und Schuhe aus den USA herangeschafft und fast fünf Millionen Tonnen Konserven und andere Lebensmittel. Wären diese nur an die Soldaten verteilt worden, so hätte jeder Sowjetsoldat ein halbes Kilogramm Verpflegung pro Tag erhalten müssen. Aber ein Gutteil der Lieferungen ist eben auch zur Ernährung und Bekleidung der Zivilbevölkerung verwendet worden.

Stalin zeigt sich zwar dankbar, vergißt aber nicht hinzuzufügen, daß diese Güter ja nur den Kampf ermöglichen, den die Menschen der Sowjetunion zu führen haben. Amerika setze sein Geld, die Sowjetunion ihr Blut ein. Dennoch müßte Stalin begriffen haben, welch starkes wirtschaftliches Potential hinter diesen Lieferungen steckt. Im Dezember 1941 greift Japan die USA an, versenkt einen großen Teil der amerikanischen Pazifikflotte in Pearl Harbor, siegt ähnlich wie Hitler im ersten und zweiten Jahr seines Kriegs an allen Fronten und wird dann doch von einer zunehmend überlegenen amerikanischen Flotte und Luftwaffe in die Knie gezwungen. Die westalliierte Invasion in Europa läßt zwar lange auf sich warten – was Stalin immer wieder mit Mißtrauen gegenüber seinen westlichen Verbündeten erfüllt –, aber als sie dann kommt, wird die westliche Offensive mit einer gewaltigen Materialüberlegenheit vorangetrieben. Und dennoch ist Stalin am Ende dieses Kriegs und in den ersten Nachkriegsjahren fest davon überzeugt, daß sich die kapitalistischen Staaten in diesem Krieg weitgehend erschöpft haben und ihr wirtschaftlicher Zusammenbruch nicht mehr lange auf sich warten lassen werde.

Es ist nicht die Aufgabenstellung dieses Buchs, sich mit dem weiteren Kriegsverlauf, mit dem Frontgeschehen, mit den Niederlagen und Siegen zu befassen. Die wichtigsten Stationen sind bekannt: Der Krieg Japans gegen die USA enthebt Stalin der Sorge, im Fernen Osten von Japan angegriffen zu werden, er kann die in Sibirien stehenden Elitedivisionen abziehen und zur Verteidigung Moskaus in den Kampf werfen. Zusammen mit den harten Winterbedingungen führt dies zur ersten Niederlage Hitlers im Rußlandfeldzug. Sein Versuch, im nächsten Kriegsjahr, 1942, über Stalingrad zu den Erdölfeldern von Baku vorzustoßen, endet mit der Einkesselung von rund 200 000 deutschen Soldaten in Stalingrad, von denen letztlich nur wenige tausend überlebt haben. Ab dann rollt die Gegenoffensive der Roten Armee, und in der zweiten Hälfte des Jahrs 1944 erreicht und überschreitet sie die alte sowjetische Staatsgrenze.

Doch schon im November 1943 verhandeln die Außenminister der USA und Englands, Cordell Hull und Anthony Eden, mit dem sowjetischen Außenminister Molotow über das künftige Schicksal Europas, und insbesondere Deutschlands. Sie kommen nicht sehr weit. Nur generell besteht Übereinstimmung, daß die von Deutschland eroberten oder zu Satelliten gemachten Staaten wiederhergestellt werden sollen, während man Deutschland aufteilen werde, damit es nie wieder in der Lage wäre, einen Krieg zu führen. Gar nicht einig ist man sich über das Schicksal Polens. Die Sowjetunion ist nicht bereit, jene Teile Polens wieder herzugeben, die sie sich aufgrund des Hilter-Stalin-Pakts einverleibt hat. Der Vorschlag wird ven-

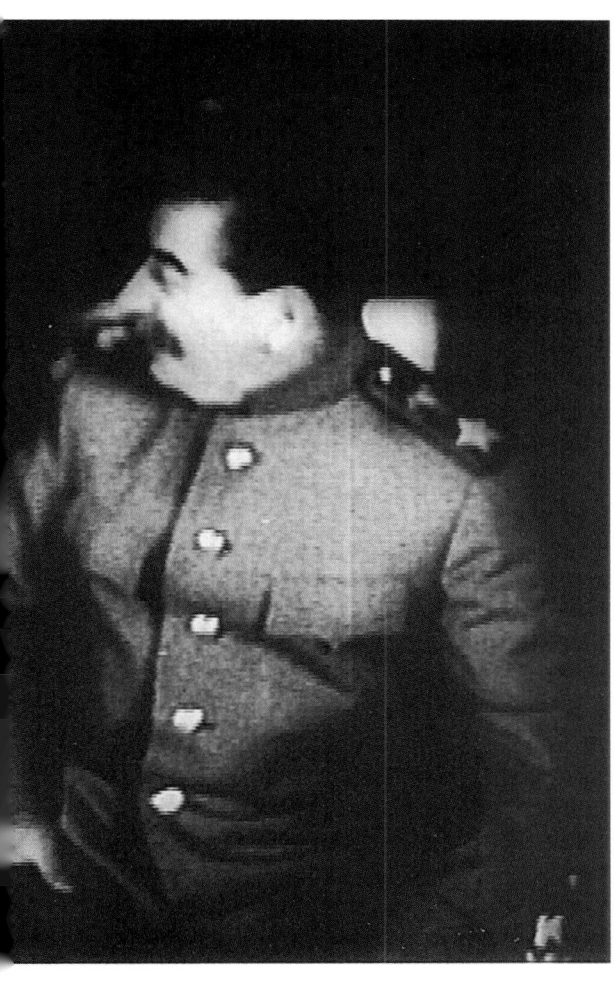

Der britische Premierminister Winston Churchill spricht im Oktober 1944 in Moskau mit Stalin über die künftige Neuordnung in Ostmitteleuropa und auf dem Balkan (oben). Rechts: Auf einem Blatt Papier notiert er seinen Vorschlag für die Aufteilung der Einflußsphären. In Rumänien 90% Einfluß für die Sowjetunion und 10% für Großbritannien, in Griechenland dagegen 10 : 90, in Jugoslawien 50 : 50, in Ungarn 50 : 50 und in Bulgarien 75 : 25.

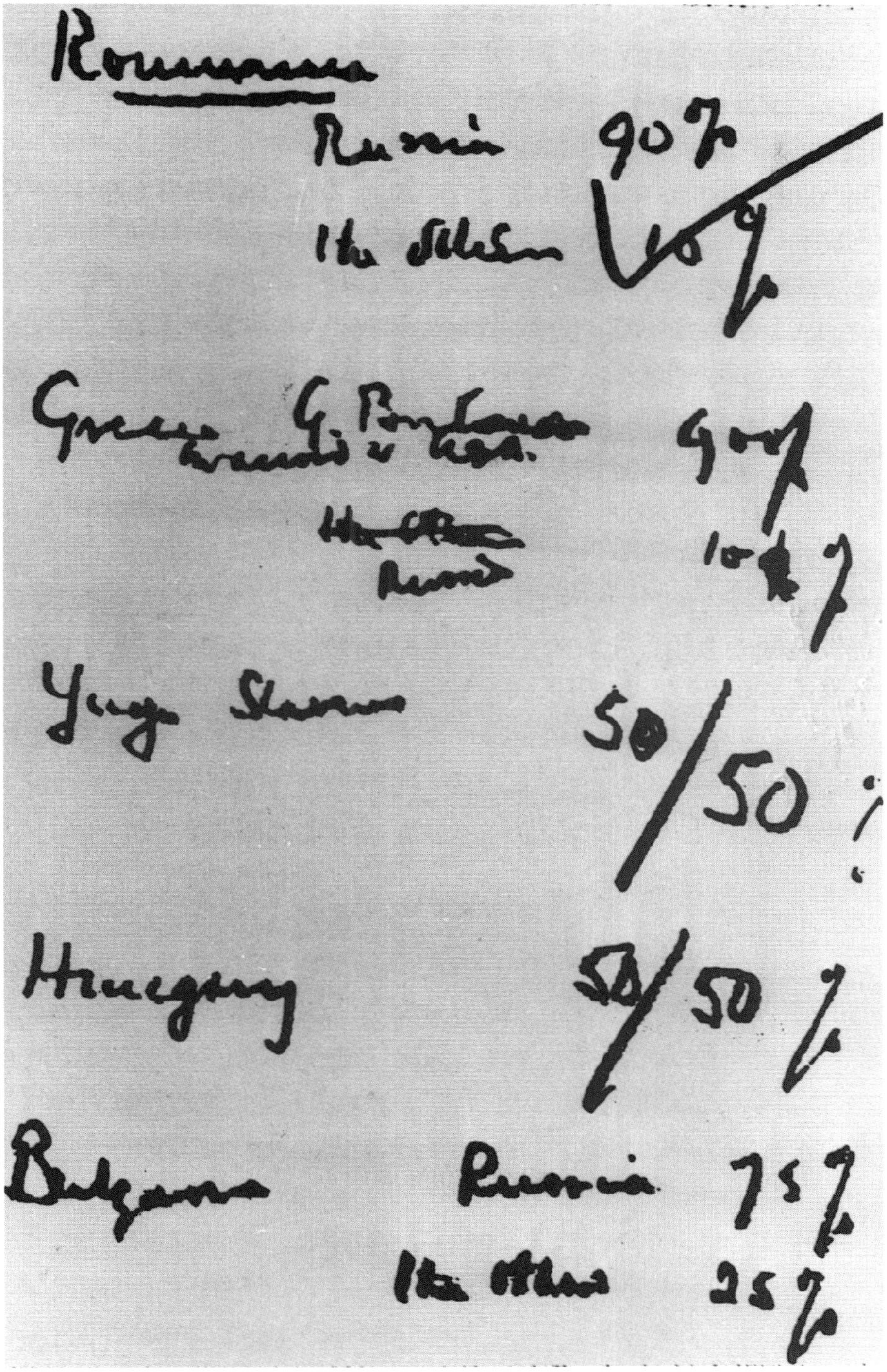

Roumania
Russia 90%
The others 10%
Greece G. Britain 90%
Russia 10%
Yugoslavia 50/50%
Hungary 50/50%
Bulgaria Russia 75%
The others 25%

tiliert, Polen dafür mit deutschen Gebieten zu kompensieren, mit einem Teil Ostpreußens, mit Schlesien, Pommern und so weiter. Doch das ist nicht der wesentliche Punkt, es geht darum, welche Art von Regierung und Gesellschaftsordnung Polen in Zukunft haben wird. Den Briten ist das ein wichtiges Anliegen, sind sie doch für die Freiheit und Unantastbarkeit Polens in den Krieg gegangen. Und man kann diesen Krieg doch nicht geführt haben, um Polen Hitler zu entreißen und es dann Stalin auszuliefern. Die Westmächte, vor allem der britische Premierminister Winston Churchill, beginnen zu verstehen, daß die Nachkriegsordnung zu einem Zankapfel zwischen ihnen und Stalin werden wird. Wie weit soll der Sowjeteinfluß reichen?

Churchill befürchtet, daß die Rote Armee nicht nur als erste Berlin erobern werde, sie ist auch schon dabei, tief in den Balkan vorzustoßen und könnte demnächst an den Küsten des Mittelmeers auftauchen. Churchill und viele andere westliche Politiker haben die Angst vor dem Bolschewismus keineswegs verloren, nur weil sie

Ein Fund, der das sowjetisch-polnische Verhältnis bis in die jüngste Zeit schwer belasten wird: Im Wald von Katyn, in der Nähe von Smolensk, entdecken die Deutschen Massengräber, in denen die Leichen von mehreren tausend polnischen Offizieren liegen. Sie sind nach ihrer Gefangennahme durch die Sowjets von NKWD-Leuten mit Genickschuß getötet worden. Die Sowjets streiten den Massenmord jahrelang ab. Unter Gorbatschow allerdings werden neue Massengräber mit weiteren Tausenden erschossenen polnischen Offizieren gefunden. Die neue Sowjetführung prangert die Erschießungen als ein weiteres Stalinsches Verbrechen an und übernimmt 1990 erstmals die volle Schuld an der Ermordung von 15 000 polnischen Offizieren.

durch Hitlers Angriff zu Kriegsverbündeten der Sowjetunion geworden sind. Und nach diesem Krieg wird hinter dem Bolschewismus nicht ein schwacher, wirtschaftlich zerrütteter Sowjetstaat stehen, sondern eine hochgerüstete, potentiell ungemein starke Sowjetunion. Stalin versucht die Ängste seiner westlichen Verbündeten abzubauen. Im Mai 1943 verfügt er die Auflösung der Kommunistischen Internationale: „. . . Ein richtiger und zeitgemäßer Schritt, da er die Organisation eines allgemeinen Zusammenhalts aller freiheitsliebenden Nationen gegen den gemeinsamen Feind, den Hitlerismus erleichtert . . . Er entlarvt die Lüge der Hitleristen, Moskau wolle sich angeblich in das Leben anderer Staaten einmischen und sie bolschewisieren." Stalin versucht damit den Eindruck zu erwecken, daß die Sowjetunion nicht mehr die Absicht habe, über die kommunistischen Parteien das Wirtschafts- und Gesellschaftssystem der kapitalistischen Staaten anzugreifen. In diesem Sinn wird auch die „Internationale" als Staatshymne der Sowjetunion abgeschafft und durch eine eigene Nationalhymne ersetzt: Hatte die Internationale die „Verdammten dieser Erde" aufgefordert, sich zu erheben und zu befreien, so feiert die neue Sowjethymne in erster Linie Stalin und die von ihm geschaffene neue Sowjetunion.

Doch weder die Auflösung der Komintern noch die Aufgabe der „Internationale" als Staatshymne tragen dazu bei, die Sorgen Churchills über die künftigen Machtverhältnisse in Europa zu zerstreuen.

306

Churchill hat sich bei Roosevelt mehrfach dafür eingesetzt, die zweite Front nicht an der Atlantikküste in Frankreich, sondern an der Adria, in Jugoslawien, zu errichten und von dort in das Donaubecken vorzustoßen. Über Budapest und Wien nach Prag und Berlin. Stalin sah in diesen Plänen Churchills genau das, was sie sein sollten: Die westalliierten Armeen sollten nicht nur helfen, Hitler zu schlagen, sie sollten auch die Rote Armee aus Mittel- und Südosteuropa heraushalten. Und in erster Linie vom Mittelmeer fernhalten, das die Briten zu diesem Zeitpunkt noch immer als ihren Seeweg zu den Ölfeldern des Nahen Ostens, nach Indien, Australien, Neuseeland und die Ostküste Afrikas ansehen, als die Lebensader des Britischen Empire. Daher sollten auch die Dardanellen zugestöpselt bleiben.

Im Oktober 1944 fliegt Churchill nach Moskau, um selbst mit Stalin über künftigen Sowjeteinfluß in diesem Raum zu verhandeln. Und natürlich über Polen. Während eines Dinners schreibt Churchill einige Zahlen auf ein Stück Papier. Es ist der Nachwelt erhalten geblieben und findet sich auch als Illustration in diesem Buch. Churchill schiebt dieses Stück Papier Stalin zu. Es ist Churchills Vorschlag über die Aufteilung der Balkanländer in Interessensphären: Rumänien 90 Prozent für die Sowjetunion, 10 Prozent für die anderen; in Griechenland läuft es dafür umgekehrt, 90 Prozent für Großbritannien und den Westen, 10 Prozent für Rußland; in Jugoslawien soll der Einfluß geteilt werden, fifty-fifty; ebenso in Ungarn, fünfzig zu fünfzig.

Dafür darf in Bulgarien der Sowjeteinfluß überwiegen: 75 Prozent für Rußland. Schon mit diesem Papier wird die künftige Teilung Europas hingenommen, nicht erst in Jalta, wie man allgemein glaubt. Obwohl es zwischen Churchill und Stalin diesbezüglich kein formales Abkommen gibt, nur so eine Art von Verständigung.

Nach wie vor keine Verständigung gibt es über Polen. Hier geht es nicht mehr um die Grenzen Polens, sondern nur noch um die Regierungsform. Die Komintern ist aufgelöst, aber die polnischen Kommunisten haben hinter der sowjetischen Front ein polnisches Befreiungskomitee gebildet, das darauf Anspruch erhebt, Polens künftige Regierung zu sein. Die von Großbritannien gestützte Regierung Polens, jene, für die man in den Krieg gezogen ist, sitzt im Exil in London. Churchill bemüht sich zunächst vergeblich, Stalin dazu zu bringen, die Mitglieder dieser Regierung im künftigen Polen zumindest mitregieren zu lassen. Für Stalins Ablehnung gibt es einen guten Vorwand: Die Deutschen haben in einem Wald bei Katyn in der Nähe der Stadt Smolensk die Leichen von mehr als 4 000 polnischen Offizieren gefunden. Sie alle waren durch Genickschuß ermordet worden. Die Mörder waren die Schergen des sowjetischen NKWD. Gerade weil ihre Sonderkommandos in Polen und in der Sowjetunion Tausende und Zehntausende solcher Erschießungen vorgenommen hatten, sind die NS-Behörden daran interessiert, daß diese Morde in Katyn dem NKWD nachgewiesen werden. Eine internationale Kommission kommt auch zu diesem Schluß. Und das überzeugt die polnische Exilregierung in London. Diese hat allen Grund, in den Erschießungen von Katyn eine nationale Katastrophe für Polen zu sehen: Den Sowjets waren mehr als 15 000 polnische Offiziere in die Hände gefallen, als sich Stalin seine Hälfte von Polen holte. Doch die meisten dieser Gefangenen waren keine Berufsoffiziere, sondern Reservisten, Angehörige der polnischen Intelligenz: Hunderte Lehrer, Universitätsprofessoren, Rechtsanwälte, Journalisten, Künstler, Ärzte, Geistliche. Der NKWD hatte sich hier nicht einer polnischen Offizierskaste entledigt, das waren Morde als Mittel des Klassenkampfs und der nationalen Unterdrückung, wie einst in Rußland, in Georgien, in Aserbeidschan, in der Ukraine und – wie man heute weiß, auch in Estland, Lettland und Litauen. Auf den Protest aus London reagiert Moskau mit dem Abbruch der Beziehungen zur polnischen Exilregierung. Jetzt haben die Sowjets freie Hand, ihr kommunistisch beherrschtes Polenkomitee als künftige Regierung Polens einzusetzen. Der Besuch Churchills in Moskau kann daran nichts ändern. Und auch die von Churchill vorgeschlagene Aufteilung der Balkanländer in Interessenzonen wird Theorie bleiben.

In Wirklichkeit wird das Schicksal all dieser Länder auf dem Schlachtfeld entschieden. Und es ist die Rote Armee, die nun über die Grenzen der bisherigen Sowjetunion vorstößt. Als erste wird die rumänische Grenze überschritten. Die bisherige rumänische Regierung wird vom rumänischen König Michael abgesetzt, die neue Regierung ersucht um Waffenstillstand und tritt bald danach an der Seite der Sowjetunion gegen Deutschland, dem bisherigen Verbündeten Rumäniens, in den Krieg. Zwölf rumänische Divisionen kämpfen nun an der Seite der Sowjetarmee. Bulgarien hatte sich an der Seite Deutschlands zwar auch einen Teil der Beute auf dem Balkan geholt, die jugoslawischen und griechischen Teile Mazedoniens; doch es war nicht bereit, sich am Feldzug gegen die Sowjetunion zu beteiligen. So erklärt nun Stalin Bulgarien den Krieg in dem Moment, als seine Soldaten die rumänisch-bulgarische Grenze erreichen. Und sie marschieren gleich weiter nach Sofia. Dort ergreift eine demokratische, prowestliche Politikergruppe die Macht, bildet eine neue Regierung und erklärt auch prompt Deutschland den Krieg. Es ist der 8. September 1944. Doch einen Tag später gibt es diese Regierung nicht mehr, ein kom-

munistisch gesteuerter Staatsstreich hat sie hinweggefegt. Dimitroff, der letzte Vorsitzende der Kommunistischen Internationale, zieht mit der Sowjetarmee in Sofia ein.

Die Internationale gibt es nicht mehr, aber ihre bisherigen Vertreter werden nun überall aktiv. Sie kommen im Gefolge der Roten Armee und werden von den sowjetischen Militärbehörden gleich in entscheidende Regierungsämter gehievt. Außer in Bulgarien und später in Polen übernehmen sie nirgendwo gleich die Regierung, hingegen bereiten sie ihre spätere Machtübernahme vor.

Der Schlüssel zum Verständnis dieses Vorgehens liegt in Jalta. Jalta, das war ein in der Zarenzeit von der Aristokratie und der Zarenfamilie geschätzter Erholungsort auf der Krim, am Strand des Schwarzen Meers. Die Villen und Paläste waren von den Sowjets in Erholungsheime umgewandelt worden. Während der deutschen Besatzung dienten sie als Stabsquartiere und Lazarette. Im Zuge der Wiedereroberung beschädigt, werden sie von den Sowjetbehörden nun rasch hergerichtet. Unmittelbar vor dem sich in Europa dem Ende zuneigenden Krieg wollen die Staatsmänner der großen Kriegsallianz, Roosevelt, Churchill und Stalin zusammentreffen, um ihre künftigen Beziehungen und die Nachkriegsordnung Europas zu beraten. Stalin hat sich geweigert, die Sowjetunion zu verlassen, so muß Roosevelt den langen Weg von Washington über Marokko und Ägypten nach Jalta auf sich nehmen, obwohl er ein todkranker Mann ist. Bei den Verhandlungen wird sich dies auswirken: Roosevelt

An diesem Tisch wird über die Zukunft Europas verhandelt. Man einigt sich über die Zoneneinteilung in Deutschland und legt damit die künftigen Teilungslinien fest, obwohl eine derartige Absicht in Jalta noch nicht besteht. Der zweite Mann links von Roosevelt ist General George Marshall; als späterer Außenminister der USA wird er den Plan zum Wiederaufbau Europas entwerfen, der seinen Namen trägt und mit dem der Westen einen weiteren Vormarsch des Kommunismus verhindern will.

Zwischen Churchill und Stalin gibt es schwere Differenzen wegen Polen. Roosevelt ist an einem baldigen Kriegseintritt der Sowjetunion gegen Japan interessiert. Am Schluß der Konferenz von Jalta ist vieles nicht entschieden, obwohl man nach außen das freundschaftliche Verhältnis der Kriegsallianz demonstriert.

drängt auf rasche Lösungen, mit komplizierten Details will er sich nicht befassen.

Roosevelt will vor allem eine Forderung durchsetzen: Die Sowjetunion soll so bald wie möglich an der Seite der USA in den Krieg gegen Japan eintreten. Daß dies ein Hauptanliegen Roosevelts ist, klingt heute merkwürdig, wurde Japan doch von den USA mit zwei Atombombenabwürfen auf Hiroshima und Nagasaki ohne weiteres zur Kapitulation gezwungen. Ein Kriegseintritt der Sowjetunion gegen Japan scheint daher ein unnützes Begehren und ein sehr unkluges, würde dies der Sowjetunion doch erlauben, ihren Einfluß in Ostasien wesentlich auszudehnen. Jedoch: Roosevelt weiß zwar, daß an den Atombomben gearbeitet wird, er selbst hat den Befehl dazu gegeben, aber im Februar 1945 sind diese Bomben noch nicht einsatzbereit, und niemand kann mit Sicherheit sagen, daß sie funktionieren und die ihnen nachgesagte verheerende Wirkung haben werden. Hingegen sagt der amerikanische Generalstab dem Präsidenten voraus, daß eine Invasion Japans die US-Armee bis zu eine Million Mann an Toten und Verwundeten kosten würde. Gefolgt von vielleicht noch monatelangen Kämpfen, in denen die japanischen Armeen in der Mandschurei, in Korea und in China niedergerungen werden müßten. Zumindest diese Aufgabe könnte die Rote Armee erledigen und vielleicht auch noch an der Invasion Japans teilnehmen. Für Roosevelt ist es ein großer Erfolg, daß ihm Stalin in Jalta diesen Kriegseintritt der Sowjetunion zusagt: zwei oder drei Monate nach der Kapitulation Deutschlands. Die den Sowjets dafür zustehende Kriegsbeute wird auch festgelegt: Die Sowjetunion erhält die Kurilen-Inseln und den Südteil der Insel Sachalin zurück, den Japan den Russen im Krieg von 1904 abgenommen hatte. Auch erhält die Sowjetunion die Eisenbahn- und Hafenrechte in der Mandschurei zurück, die ebenfalls an Japan gefallen sind. Am Rande sei vermerkt, daß Japan den Verlust der Kurilen-Inseln nicht hingenommen hat und bis in Gorbatschows Zeit ihre Rückgabe gefordert und einen Friedensschluß mit der Sowjetunion bis dahin verweigert hat.

Roosevelt legt noch Wert darauf, daß die Sowjetunion die neu zu gründende Organisation der Vereinten Nationen, die UNO, mittragen wird; so wie seinerzeit Präsident Wilson glaubt auch Roosevelt, daß ein solcher Bund der Völker künftig den Frieden wahren werde, nur diesmal wirksamer, weil auch die USA und die Sowjetunion von vornherein in diese Organisation eingebunden sind. Roosevelt ge-

311

steht der Sowjetunion auch gleich drei Stimmen in der UNO zu, eine als UdSSR und je eine für die Ukraine und für Weißrußland. Alle anderen Beschlüsse von Jalta sind für Roosevelt zweitrangig.

Churchills Haltung wird auch von Prioritäten geprägt: Ihm geht es nach wie vor um Polen, aber auch um die Mittelmeerstaaten des Balkans, Griechenland und Jugoslawien. Nur unter größten Anstrengungen kann Churchill Stalin dazu bewegen, wenigstens einige demokratische Exilpolen in die künftige polnische Regierung aufzunehmen. Sie wird kommunistisch dominiert bleiben. Was Jugoslawien betrifft, hofft Churchill, daß der kommunistische Partisanenführer Josip Broz Tito sich an seine Zusage hält, gemeinsam mit der ebenfalls in London sitzenden jugoslawischen Exilregierung einen Regentschaftsrat für Jugoslawien einzusetzen. In Polen wie in Jugoslawien sollen freie Wahlen abgehalten und die künftigen Regierungen erst aufgrund der Wahlresultate zusammengesetzt werden. Zu dieser Zusage ist Stalin auch bezüglich der anderen von der Roten Armee eroberten bzw. befreiten Länder bereit. Freie Wahlen und Regierungen, die aus diesen Wahlen hervorgehen – damit glauben Roosevelt und Churchill Stalin doch ein sehr weitgehendes Zugeständnis abgerungen zu haben. Die Vereinbarungen von Jalta enthalten jedoch einen anderen wichtigen Schlüsselsatz: Die drei Mächte verpflichten sich, den bisher von der Achse Hitler–Mussolini abhängigen Staaten „bei der Lösung ihrer drängenden politischen und wirtschaftlichen Probleme zu helfen, besonders bei der Schaffung vorläufiger Regierungsgewalten, die eine umfassende Vertretung aller demokratischen Elemente der Bevölkerung darstellen". Das ist die Zustimmung Roosevelts und Churchills zur Einsetzung provisorischer Regierungen in den von der Roten Armee besetzten Ländern.

Stalin hält sich an den Wortlaut dieser Vereinbarung: Die Sowjetbehörden holen tatsächlich Politiker aus allen demokratischen Lagern in die von ihnen eingesetzen Regierungen. Im wesentlichen sind das bürgerlich-demokratische bzw. konservative Vertreter, Sozialdemokraten und Kommunisten. Doch das Muster ist überall das gleiche: Die Kommunisten besetzen die Innenministerien und halten damit die Polizeigewalt in der Hand, auch die Geheimpolizei. Die anderen Parteien dürfen sogar die Ministerpräsidenten und Außenminister stellen. Im entscheidenden Moment werden nur die Innenminister das Sagen haben, und sie werden in enger Verbindung mit der Roten Armee und vor allem dem NKWD handeln.

Von Jalta bleibt noch zu berichten, daß Stalin vom Nachkriegsdeutschland Reparationsleistungen von 20 Milliarden Dollar fordert, von denen die Hälfte, zehn Milliarden, die Sowjetunion erhalten soll, die andere Hälfte könnten all die anderen Staaten beanspruchen, die von Hitler-Deutschland angegriffen und besetzt worden sind. Das ist immerhin fast ganz Europa. Die Westalliierten stimmen dieser Forderung Stalins nicht ohne weiteres zu. Europa könnte sich kaum je erholen, wenn in seinem Zentrum Deutschland nur noch als Armenhaus weiterexistieren dürfte. Und zumindest Churchill befürchtet auch, daß ein verarmtes Deutschland sehr bald ein revolutionäres Deutschland sein würde; er sieht in Stalins Forderung daher einen möglichen Plan, über ein solches Deutschland die Revolution nach Frankreich, Italien und in den Rest Europas zu tragen. Lenins und Trotzkis Traum würde solcherart in Erfüllung gehen.

So vereinbart man in Jalta nur, daß sich eine Kommission mit diesen Fragen näher befassen soll. Einig hingegen ist man sich über die Aufteilung Deutschlands in Besatzungszonen. Auch die Zonengrenzen werden festgelegt. Die Sowjetzone wird bis an die Elbe reichen. Berlin soll von allen vier Siegermächten gemeinsam verwaltet werden – als vierte und gleichberechtigte Siegermacht wird in Jalta Frankreich anerkannt. Jalta gilt seit dieser Konferenz als Ursache und

Harry S. Truman hat die Nachfolge des im April 1945 verstorbenen US-Präsidenten Roosevelt angetreten. Bei der Konferenz von Potsdam ist er der neue Verhandlungspartner Stalins. Über das Kernproblem, das Schicksal Deutschlands, gibt es auch bei dieser Konferenz keine Einigung.

als Symbol der Teilung Europas, wie sie bis zum Fall der Berliner Mauer bestanden hat. Roosevelt und Churchill hätten Stalin leichtfertig freie Hand eingeräumt in allen Gebieten, die von der Sowjetarmee besetzt sein würden. Sie hätten Stalin auf die Einhaltung demokratischer Spielregeln verpflichten müssen. Statt dessen hätte Stalin aus dem Verhalten der beiden westlichen Staatsmänner ableiten können, daß die von der Sowjetarmee eroberten Gebiete der Sowjetunion als Kriegsbeute zustünden. Dies geht aus keiner der Vereinbarungen von Jalta hervor. Aber zweifellos nahmen Roosevelt und Churchill die Tatsache zur Kenntnis, daß sie in den von den Sowjets besetzten Gebieten nicht viel würden mitreden können; schließlich wünschten sie ja auch nicht, daß die Sowjetunion in den von ihnen besetzten Gebieten ein gewichtiges Wort hätte, etwa in Italien. Und sie nahmen Stalins Zusage, überall Wahlen zuzulassen und jene Regierungen anzuerkennen, die aus diesen Wahlen hervorgehen, vielleicht vertrauensselig für bare Münze. Je nach Standpunkt könnte man sagen, die Teilung Europas sei entweder schon vor Jalta erfolgt, in der bereits von Winston Churchill in Moskau gezeigten Bereitwilligkeit, Einflußzonen anzuerkennen, oder sie ist erst lange nach Jalta herbeigeführt worden, mit den von den Kommunisten inszenierten Staatsstreichen und Machtübernahmen.

Die Sowjetisierung Mitteleuropas

Die Konferenz von Jalta geht am 11. Februar 1945 zu Ende. Zwei Monate später steht die Rote Armee in Wien und in Berlin, kurz danach auch in Prag. Die westlichen Alliierten hatten keine Eile gezeigt, den Sowjets zuvorzukommen, obwohl sie dies gekonnt hätten: An der Westfront leistete die deutsche Wehrmacht so gut wie keinen Widerstand mehr, und auch in Italien hätte der Vormarsch der alliierten Verbände beschleunigt werden können. Doch der amerikanische Generalstab lehnte es rundweg ab, Soldaten wegen politischer Ziele zu gefährden; die Eroberung der drei großen Hauptstädte Mitteleuropas, Berlin, Wien und Prag, hätte, so meinten sie, nur politischen und keinen strategischen Wert. Militärisch sei es wichtig, quer durch Deutschland mit der Roten Armee Verbindung aufzunehmen, die deutsche Front zu durchschneiden und den deutschen Verbänden die Bewegungsfreiheit zu nehmen. Eisenhowers Truppen, die einige Tage vor den Sowjets am Stadtrand von Prag standen, wurden gestoppt und wieder zurückgenommen, um den Sowjets den Vortritt zu lassen.

Den Krieg gewinnen – das ist das Ziel vor allem der Amerikaner. Die Nachkriegszeit gewinnen – das ist das Ziel der Sowjets. Dafür ist es wichtig, als erster an Ort und Stelle zu sein und die Weichen zu stellen. Das besorgen die Sowjets erstaunlich schnell und mit großer Effizienz. Während die zu diesem Zweck eingesetzten politischen Stäbe der Westmächte noch nicht einmal wissen, ob sie in den besetzten Gebieten mit lokalen Politikern überhaupt Kontakt aufnehmen dürfen, haben die Sowjets in den von ihnen eroberten Ländern bereits Regierungen eingesetzt, die auch umgehend zu amtieren beginnen. Das Muster ist fast überall das gleiche: Es sind Koalitionsregierungen früherer demokratischer Parteien, und man kann sie – mit Ausnahme der Regierungen in Warschau, Sofia und Belgrad – durchaus als Regierungen westlich-demokratischer Prägung ausweisen. Natürlich sind sie in fast allem von der sowjetischen Besatzungsmacht abhängig. Nur in enger Zusammenarbeit mit den Sowjets kann das Verkehrswesen wieder in Gang gesetzt werden, läßt sich die Versorgung der Bevölkerung organisieren, kann der Postverkehr wieder aufgenommen werden. Nur mit Zustimmung der Besatzungsmacht können Parteilokale eingerichtet, Versammlungen abgehalten, Zei-

tungen herausgegeben werden. Die zuständigen Verbindungsoffiziere
sind politisch bestens geschult. Ihnen stehen erstklassige Kenner der
lokalen Verhältnisse zur Seite, die örtlichen kommunistischen Parteien. Sie müssen jedoch bald zur Kenntnis nehmen, daß ihre Mitar-
beit nur dann gewünscht wird, wenn sie sich für die Zielsetzungen
Moskaus als brauchbar erweist. Auch den Regierungen der künftigen
Satellitenstaaten wird vorgeführt, daß in ihren Ländern die Sowjets
das Sagen haben. Die westlichen Alliierten sind überrascht, zeigen
sich schockiert. Sie hatten erwartet, daß die Sowjets die Einsetzung
von Regierungen im Einvernehmen mit den Westmächten und den
demokratischen Kräften des jeweiligen Landes vornehmen würden.
Man fühlt sich überrumpelt.

Am 17. Juli 1945 treten in Potsdam Churchill, Stalin und als
Nachfolger des im April verstorbenen Franklin Delano Roosevelt der
neue US-Präsident Harry S. Truman zur letzten großen Konferenz am
Ende des Zweiten Weltkriegs zusammen. Tagungsort ist Schloß Cäci-
lienhof, einst die Residenz des Kronprinzen Wilhelm von Preußen.
Churchill ist wegen des sich rasch ausbreitenden sowjetischen Einflusses auf dem Balkan und in Mitteleuropa besorgt. Noch vor der
Konferenz schreibt er an Stalin: „. . .Es will mir scheinen, daß die
Ausdehnung des russischen Einflusses bis zur Linie Lübeck–Eisen-
ach–Triest und noch weiter bis Albanien eine Angelegenheit ist, die
einer intensiven, wenn auch unter guten Freunden geführten Auseinandersetzung würdig ist." Doch Stalin läßt darüber nicht mit sich reden. Alliierte Kontrollkommissionen sind zwar in den Hauptstädten
aller von den Sowjets besetzten Länder zugelassen, aber in ihrer Bewegungsfreiheit beschränkt und ohne Einfluß. Dort, wo es etwas mit-
zubestimmen gäbe, etwa in der neu zu gründenden Donaukommis-
sion, lehnt Stalin eine westliche Beteiligung von vornherein ab.

Andererseits sind aber auch die Westmächte nicht bereit, die
Hauptanliegen Stalins zu erfüllen, die massiven Reparationsforderungen sowie die von Stalin vorgebrachten Wünsche nach einem Anteil
an den Ruhrindustrien, nach Errichtung von Militärstützpunkten an
den türkischen Meerengen und in Libyen. So wird nur in wenigen
Fragen Einigung erzielt. Die Westmächte stimmen einer geographi-

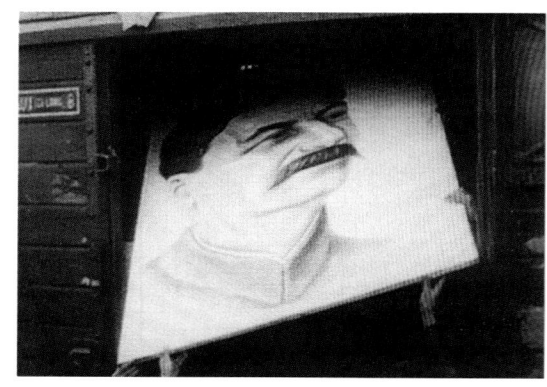

Ehemalige russische Kriegsgefangene und soge-
nannte Ostarbeiter werden in die Sowjetunion
repatriiert. Ein ungewisses Schicksal erwartet
sie (links oben). Unsere Bildfolge links zeigt
heimkehrende Russen, die ein Stalinbild mit
auf die Reise nehmen, mit dem sie beim Ein-
treffen in der Heimat ihre Loyalität gegenüber
der Sowjetführung zum Ausdruck bringen
wollen. Dennoch landen die meisten von ihnen
in Umerziehungslagern, wenn nicht im Gulag.
Oben: „Ostarbeiterinnen" bei ihrem ersten
Kontakt mit der einmarschierenden Sowjetar-
mee. In ihrem Gesichtsausdruck mischen sich
Hoffnung und Zweifel.

schen Verschiebung des polnischen Staats von Ost nach West zu, obwohl sie die von den Sowjets bereits festgelegte Oder-Neisse-Grenze
nicht als endgültig anerkennen – darüber könnte erst eine künftige
Friedenskonferenz entscheiden. Hingegen billigt der Westen den Antrag Stalins, den Regierungen Polens, Ungarns und der Tschechoslowakei zu erlauben, die deutschsprachige Bevölkerung auszusiedeln.
Das soll zwar laut Beschluß „in ordnungsgemäßer und humaner
Weise" geschehen, doch ist zu diesem Zeitpunkt die Vertreibung der
Deutschen aus diesen Gebieten schon im Gange, wobei die Aktionen,
von Rachegefühlen geleitet, oft in inhumaner Weise durchgeführt
werden. Von den Alliierten wird die Umsiedlung von 6,65 Millionen
Deutschen genehmigt. Fast ebenso viele waren schon vorher vor der
Roten Armee nach dem Westen geflohen.

Doch das ist nur ein Teil der gewaltigen Völkerwanderung, die
sich in jenen Monaten in Europa vollzieht. Die Sowjets bestehen auf
umgehender Repatriierung aller ihrer Staatsbürger. Dazu gehören die
Sowjetsoldaten, die sich als Kriegsgefangene in deutschen Lagern befanden, oder sich zu den verschiedenen Hilfstruppen unter deutschem Kommando gemeldet hatten. Dazu gehören Millionen Russen,
Ukrainer und andere, die teils verschleppt, teils als Freiwillige in der
deutschen Rüstungsindustrie und in der Landwirtschaft tätig waren,
die sogenannten Ostarbeiter. Viele von ihnen wollen nicht zurück. Sie
alle fürchten, daß sie nach ihrer Heimkehr bestraft werden. Hatte
doch Stalin befohlen, jeder Soldat habe bis zum letzten Atemzug zu
kämpfen, und das haben sie eben nicht getan. Wer sich in irgendeiner
Form den Deutschen zur Verfügung gestellt hat, wird als Hochverräter eingestuft. Doch zwischen den Westalliierten und Stalin gibt es
schon genug Spannungen, in Washington und in London will man
nicht noch weiteren Konfliktstoff zulassen. Die Ersuchen früherer Sowjetsoldaten und Ostarbeiter, im Westen bleiben zu dürfen, werden
abgewiesen. Die sowjetischen Repatriierungskommissionen werden
von Amerikanern und Briten unterstützt. Und nicht nur von ihnen,
auch Italien, Frankreich, Holland, Belgien und selbst neutrale Länder
wie Schweden weisen die auf ihrem Territorium befindlichen Sowjetbürger mit Gewalt aus. In Schweden kommt es dabei zu regelrechten
Straßenschlachten zwischen der Polizei und jenen Esten, Letten und
Litauern, die im Vertrauen auf skandinavische Solidarität über die
Ostsee nach Schweden geflohen waren. Vom Schicksal der Kosaken
war schon die Rede. Den zweieinhalb Millionen repatriierten Exsol-
daten und Ostarbeitern ist es fast durchwegs schlechter ergangen als
den Kosaken. Nach allem, was man bisher weiß, wurden sie erwartungsgemäß des Verrats beschuldigt und kollektiv abgeurteilt. Rund
eine halbe Million von ihnen wurde erschossen. Der Rest zu Zwangsarbeit zwischen fünf und 25 Jahren verurteilt; etwa 300 000 wurden
nach Sibirien verbannt. Man schätzt, daß höchstens 15 bis 20 Prozent
der Repatriierten nach Absolvierung eines Gehirnwäschekurses nach
Hause gehen durften.

Die Unterwerfung Osteuropas

Hier gilt es, in der Betrachtung der damaligen Ereignisse einen Moment innezuhalten. Jahrelang hatte Lenin gehofft, die Revolution in
das Herz Europas tragen zu können. Er war auch bereit, dies mit Hilfe
der Bajonette der Roten Armee zu tun – heute Warschau, morgen
Berlin! Und er hatte erwartet, daß die Rotarmisten von den Völkern
Europas, zumindest von den Arbeitern und Bauern, als Befreier begrüßt würden. Lenins Traum ist mit dem Ende des Zweiten Weltkriegs in Erfüllung gegangen – die Rote Armee hat den Osten und
den Südosten Europas befreit, sie steht an der Elbe, an der Donau

und an der Enns. Und sie ist von der Bevölkerung in diesem Raum zunächst auch durchaus als Befreierin begrüßt worden: Als Befreierin vom Hitlerjoch und von den eigenen faschistischen Regierungen und vor allem auch als die Macht, die nun den Krieg beendet und den Frieden bringt. In den von der Roten Armee sofort verbreiteten Proklamationen ist auch durchwegs von Befreiung und Frieden, von Völkerfreundschaft und Demokratie die Rede. Daß sich der Troß hinter den Kampftruppen zahllose Übergriffe erlaubt hat, Plünderungen, Vergewaltigungen, ließ sich teils auf Rache für die in der Sowjetunion von deutschen Soldaten begangenen Gewalttaten, teils auf die lange Kriegsdauer und die damit verbundene allgemeine Verrohung zurückführen.

Nein, das war nicht entscheidend für die schnelle Abkühlung freundschaftlicher Gefühle gegenüber der Sowjetunion und ihrer Vertreter. Da lag etwas anderes vor: Sie waren nicht im Namen der sozialistischen Idee gekommen. Sie ließen sich nicht von den Idealen des Marxismus leiten. Die von Stalin angeordnete und in allen befreit-besetzten Gebieten durchgeführte Politik kannte nur ein Ziel: die Herrschaft der Sowjetunion über diese Länder zu etablieren und deren Wirtschaftskraft für sowjetische Bedürfnisse nutzbar zu machen. Bei den enormen Zerstörungen und Menschenverlusten, die die Sowjetunion durch den Krieg erlitten hatte, ist dies verständlich. Keines der befreiten Läner hätte diese Hilfe verweigert, im Gegenteil, sie wäre vermutlich effizienter gewesen, wäre sie freundschaftlich vereinbart worden. Es war eben nicht Hilfe allein, die die Sowjetunion suchte, Moskau wollte diese Länder beherrschen, sie nicht nur für den Moment, sondern für immer sowjetischen Interessen dienstbar machen.

Um das zu erreichen, mußten sie auch politisch unterworfen werden, waren in diesen Ländern nicht nur kommunistische, sondern sowjethörige Regierungen einzusetzen. Und selbst das genügte noch nicht: Diese Regierungen und die sie stützenden kommunistischen Parteien hatten auch die von der KPdSU jeweils vorgegebene Parteilinie widerspruchslos mitzuvollziehen. Kommunisten, die es wagten, in irgendeinem Bereich nationale Interessen auch nur anzumelden, wurden der Abweichung, der Fraktionsbildung, des Verrats beschuldigt, vor Gericht gestellt, hingerichtet oder zu langjährigen Haftstrafen verurteilt.

Auch in der Sowjetunion werden die Zügel nun wieder gestrafft. Stalin hat im Krieg Konzessionen machen müssen: Die große Verfolgungsjagd, die Säuberungen konnten nicht weitergeführt werden, wurde doch von den Sowjetbürgern jetzt der volle Einsatz zur Verteidigung des Vaterlands und der Sowjetmacht gefordert. Es war angebracht, sich mit der Kirche zu versöhnen. Es war auch klug, den Schriftstellern, den Dichtern etwas mehr Freiheit zu gewähren. Sie nutzten sie ohnedies fast ausschließlich zum Lob des Vaterlands und zur Mobilisierung patriotischer Gefühle.

Aber nun kommen die Soldaten siegestrunken nach Hause. Sie und die Bevölkerung erwarten, daß sie etwas abbekommen werden von den Früchten des Sieges. Sie erhoffen ein etwas freieres, ein etwas besseres Leben. Für Stalin und seine Parteihierarchie sind das Kampfansagen. Aus solchen Erwartungen können sich rasch Forderungen entwickeln und Kritik; dann wäre man bald wieder dort, wo man vor 20 Jahren gestanden ist, hätte es mit einer Arbeiteropposition und mit einer Neuauflage von Forderungen der Kronstädter Matrosen zu tun. Die rigorose Aburteilung, ja teilweise Vernichtung der aus deutschen Lagern und deutschen Diensten heimkehrenden Sowjetsoldaten und Ostarbeiter hat ja schon zum Ziel, alle auszuschalten, die unter Umständen anderes gesehen haben und nun auch anderes denken könnten.

Aus deutscher Hand befreite russische Kriegs-
gefangene üben im Lagerhof den Paradeschritt,
in der Annahme, sie würden nach ihrer Heim-
kehr in die Sowjetunion an den Siegesparaden
teilnehmen. Doch nach Auffassung der So-
wjetführung hätte kein Sowjetsoldat in Gefan-
genschaft geraten dürfen, Gefangennahme war
in ihren Augen Kapitulation. Daheim erwar-
tet sie die entsprechende Strafe.

Das soll auch jenen nicht gestattet werden, die zwar tapfer gekämpft haben, aber nun glauben, daß ihnen dies ein Recht auf eigene
Gedanken und Forderungen gäbe. Überall, das merkt man bald, werden die Zügel angezogen, wird die kommunistische Disziplin wiederhergestellt, ist wieder nur auf die Partei zu hören, sind ihre Weisungen zu befolgen. Es gibt zwar keine generelle Verfolgungsjagd mehr,
dafür aber viele einzelne. Und der Personenkult sprengt alle bisherigen Vorstellungen und Formen. Stalin ist der weiseste, der größte, der
beste Führer der Welt, er war es, der aus dem rückständigen Rußland
eines der mächtigsten Industrieländer der Welt gemacht hat, der damit rechtzeitig Vorsorge traf, dem Hitler-Überfall zu begegnen und
den Faschismus zu besiegen; und es waren seine Entscheidungen als
Heerführer, die die Rote Armee zu ihren Siegen geführt haben.

Das erste Lied, das die Kinder im Kindergarten lernen, ist ein
Loblied auf Stalin, anhand des Namens Stalins wird in der Schule das
Alphabet gelehrt. Es gibt fast keine Ausgabe irgendeiner Zeitung in
der Sowjetunion, die nicht auf der ersten Seite über Stalin berichtet
oder Stalins Bild trägt, keine Zusammenkunft ohne Gruß an Stalin,
kein Klassenzimmer, keine Amtsstube und keine Fabrikshalle, die
nicht mit Stalinporträts geziert wären. Stalin zu Ehren wird gedichtet
und komponiert, gesungen, getanzt und gespielt. Bei den seltenen
Gelegenheiten, bei denen Stalin sich der Bevölkerung zeigt, meist bei
den Mai- und Novemberparaden, wird durch Zurufe über Lautspre-
cher, wird durch Sprechchöre und Fanfaren ein Massenrausch, ja –
wie manche westliche Psychiater glauben – ein Massenwahn ausgelöst. Diese Huldigungen nehmen die Form fester Rituale an. Jede Ab-
schwächung, jede Abweichung von diesem Ritual kann als feindseli-
ger Akt gewertet werden, als Selbstentlarvung. George Orwell hat
diese Stimmung und ihre Umsetzung in totalitäre Herrschaft in seinem Buch „1984" bedrückend, aber wirklichkeitsnah beschrieben.

All das gilt nun nicht nur für die Sowjetunion, sondern auch für
alle Staaten, die dem Sowjetimperium zufallen. Einige westliche Historiker vertreten die Auffassung, es sei ursprünglich nicht in der Absicht Stalins gelegen, die von der Roten Armee befreiten und besetzten Länder völlig zu sowjetisieren. Dazu sei Moskau erst nach und
nach gezwungen worden. Und zwar von jenen bürgerlichen und konservativen Kräften, die auf westliche, besonders auf amerikanische
Hilfe zählten und sich sowjetischen Wünschen widersetzten bzw. die
Zusammenarbeit mit den Kommunisten verweigerten. Man kann es
so sehen. Oder auch anders: Diese bürgerlichen und konservativen
Kräfte, aber vor allem viele Sozialdemokraten erlebten, wie rasch die
Freiheiten in ihren Ländern von den Sowjetvertretern mit Hilfe der
Kommunisten bzw. von den Kommunisten mit Hilfe der Sowjetver-
treter eingeschränkt und die Menschenrechte mißachtet wurden, und
sie leisteten Widerstand. Das hatten sie gelernt: Weil dem Faschismus nicht rechtzeitig und nicht ausreichend widerstanden worden
war, konnten sich die faschistischen Regimes etablieren. Man wollte
von einer Diktatur nicht in die andere gleiten, zumindest nicht ohne
Widerstand geleistet zu haben. Daß es für Moskau keine andere
Möglichkeit gegeben haben sollte als die Sowjetisierung, um mit diesen bürgerlichen und konservativen Kräften fertigzuwerden, ist nur
dann zu glauben, wenn eben genau das vorausgesetzt wird, was jene
Nichtkommunisten so schreckte: der Machtanspruch der Kommunisten, das Recht der Sowjets, ihren Willen zu diktieren. Heutige so-
wjetische Historiker haben für die Sowjetisierungspolitik Stalins in
Mittel- und Südosteuropa keine Entschuldigung parat. Für sie ist es
ein klarer Fall: Weshalb hätte die Sowjetmacht, hätte Stalin in diesen
Ländern auch nur ein Jota anders handeln sollen als bei sich daheim.
Mag schon sein, daß dies nicht alles nach einem großen einheitlichen
Plan ablief, sondern differenziert, je nach örtlichen Gegebenheiten.

Wolfgang Leonhard liefert uns auch diesbezüglich einen wertvollen Schlüssel. In einem Interview für die Fernsehdokumentation „Österreich II" schilderte Leonhard, wie Ulbricht und die anderen aus Moskau nach Deutschland heimgekehrten kommunistischen Führer im Herbst 1945 auf das Bekanntwerden der österreichischen Wahlergebnisse reagierten. Österreich war in ihren Augen mit Deutschland vergleichbar, war es doch bis vor kurzem auch ein Teil des Hitlerreichs. Und Wien war so wie Berlin von der Roten Armee befreit worden. In Wien waren die kommunistischen Führer aus dem Moskauer Exil in wichtige Regierungsfunktionen eingerückt, sie stellten den Innenminister und den Chef der Staatspolizei. Es war also zu erwarten, daß die Kommunisten bei dieser Wahl einen ansehnlichen Erfolg erzielen würden. Doch dann wurde das Wahlergebnis bekannt: Die österreichischen Kommunisten hatten es auf 5 Prozent gebracht. Überlegene Sieger waren die bürgerliche Volkspartei und die Sozialdemokraten. Leonhard berichtet, daß man dies zunächst nicht glauben wollte, dann aber zog man in der KPD die Konsequenzen: Das dürfe in Deutschland nicht riskiert werden. Zumindest in der sowjetischen Besatzungszone muß es zu einer sofortigen Verschmelzung von Kommunisten und Sozialdemokraten kommen, zur Gründung der Sozialistischen Einheitspartei, SED, und auch schon zu dem Versuch, unter der Führung der SED alle anderen Parteien zu einer Einheitsfront zusammenzuschließen. Das war die Antwort auf die Erkenntnis, daß die Kommunisten durch freie Wahlen nicht an die Macht kommen würden.

An sich nichts Neues. Auch Lenin wußte das schon, und die Wahlen zur Konstitutionellen Versammlung hatten es ihm bewiesen. Lenin trieb die Versammlung einfach auseinander und errichtete seine Diktatur. So direkt konnte und wollte sich das Stalin in Mittel- und in Südosteuropa noch nicht leisten. Das Rezept war ein anderes, das Ergebnis das gleiche. Von nun an sollte es keine Wahlen mehr geben, bei denen die Kommunisten sich allein dem Konkurrenzkampf zu stellen hätten. Leonhard erwähnt das österreichische Beispiel. Es war für die Kommunisten das enttäuschendste. Einen Monat zuvor aber hatten auch die ungarischen Kommunisten eine schwere Schlappe erlebt. In Ungarn wurde am 20. Oktober 1945 erstmals gewählt. Die bürgerliche Kleinlandwirtepartei erhielt 57 Prozent der Stimmen, die Kommunisten hingegen nur 17 Prozent. Das war zwar mehr als in Österreich, aber aus dem Wahlergebnis war der gleiche Schluß zu ziehen: keine Wahlen mehr, bei denen der kommunistische Sieg nicht von vornherein sicherzustellen wäre. Jedenfalls wurden alle nachfolgenden Wahlen in den von den Sowjets besetzten Staaten nach diesem Schema abgewickelt. Österreich blieb ein Sonderfall, es war vierfach besetzt und wohl zu klein, um geteilt zu werden.

In Polen nehmen die Dinge den von Churchill und der polnischen Exilregierung in London befürchteten Verlauf. Stalin hat seine Zusage gehalten, einige der Exilpolitiker werden in die von den Kommunisten beherrschte Warschauer Regierung aufgenommen. Zu reden haben sie nicht viel. Aber sie leisten Widerstand. Die von Stanislaw Mikolajczyk geführte Bauernpartei weigert sich, in die von Kommunisten und Linkssozialisten beherrschte „Demokratische Front" einzutreten. Stalin hatte freie Wahlen in Polen zugesagt. Anfang 1946 sollen sie stattfinden. Doch die Kommunisten wollen nicht gegen eine andere frei agierende Partei antreten, sie befürchten, bei einer solchen Wahl zu verlieren. Daher bestehen sie auf einer Einheitsliste, auf der Liste der Demokratischen Front. Als sich die Bauernpartei weigert, in diesen Block einzutreten, werden die Wahlen kurzerhand abgesagt. Ein Jahr später finden sie dann statt. Doch da beherrscht das kommunistische Innenministerium bereits den gesamten Wahlmechanismus. Seither haben sie es längst zugegeben: Das Wahler-

Auf dem Weg zur Macht: In der deutschen Sowjetzone kommt es unter dem Druck der Besatzungsmacht zur Zwangsvereinigung von Kommunisten und Sozialdemokraten, zur SED, der Sozialistischen Einheitspartei, was mit einem entsprechenden Propagandamarsch gefeiert wird (oben). Alle anderen Parteien müssen in den Block der Nationalen Front (Bildfolge links). Unter der Führung Walter Ulbrichts (im Bild links) werden in der Sowjetzone Betriebskampftruppen und Volkspolizeieinheiten aufgestellt. Der „Deutsche Volksrat" ist das Quasi-Parlament der unter SED-Führung stehenden „Nationalen Front".

gebnis ist gefälscht worden. Die Bauernpartei erhält nur 28 von 444 Parlamentssitzen zugesprochen, die Kommunisten werden mit Hilfe der Demokratischen Front die beherrschende Macht.

In Bulgarien verläuft alles nach dem gleichen Muster: Auch dort weigert sich die Bauernpartei, sich von der kommunistisch beherrschten Vaterländischen Front schlucken zu lassen. Doch in Sofia sind die Kommunisten schon an der Macht und brauchen kein weiteres Jahr, um einen Wahlausgang in ihrem Sinn vorzubereiten. Die Bauernpartei wird einfach ausgeschaltet! Bei den ersten Wahlen am 19. November 1945 reklamiert die Vaterländische Front 90 Prozent aller Stimmen für sich. Nach den interalliierten Vereinbarungen sollte es auch in Sofia eine Koalitionsregierung geben. Die Kommunisten verweigern der Bauernpartei die Aufnahme in die Regierung. Der Führer der Bauernpartei, Nikola Petkow, wird verhaftet und in einem Schauprozeß zum Tod verurteilt.

Plumpe Wahlfälschung gibt es auch in Rumänien. In der rumänischen Politik hat König Michael noch eine Zeitlang ein Wort mitzureden. Er war es, der den Waffenstillstand mit der Sowjetunion herbeigeführt und die faschistische Regierung abgesetzt hat und der dann die rumänische Armee an der Seite der Sowjets gegen Hitler marschieren ließ. Und König Michael versucht, halbwegs demokratische Verhältnisse zu bewahren. Unter seinem Schirm können sich die Nationale Bauernpartei und die Liberalen als selbständige Parteien halten und bei den Wahlen am 10. November 1946 gegen den auch in Rumänien von den Kommunisten dominierten Block demokratischer Parteien kandidieren. Heute weiß man, daß der „Block" diese Wahlen haushoch verloren hat. Doch das ist nicht das Ergebnis, das von der kommunistisch kontrollierten Wahlbehörde bekanntgegeben wird:

Dem Block werden 347 Sitze, der Bauernpartei 39 und den Liberalen sogar nur 3 Sitze zugesprochen. Damit werden die Kommunisten auch in Rumänien zur beherrschenden Macht. Und wie in Polen und in Bulgarien wird kurz darauf die Opposition vernichtet.

In Ungarn durfte der Führer der siegreichen Kleinlandwirtepartei, Ferenc Nagy, zwar noch die Regierung bilden, doch das Innenministerium wie die Polizei mußten auf sowjetischen Druck Kommunisten unterstellt werden. Der Rest wurde mit der „Salami-Taktik" erledigt. Der Ausdruck stammt vom Führer der ungarischen Kommunisten Mátyás Rákosi – den Feind Scheibchen um Scheibchen zurückstutzen und vernichten. Wie in Bulgarien, wie in Polen werden auch in Ungarn die bürgerlichen Politiker der Verschwörung, des Zusammenspiels mit dunklen Kräften im Ausland beschuldigt, zum Rücktritt gezwungen, verhaftet, abgeurteilt. Bis zum Mai 1947 sind alle wichtigen Führer der Kleinlandwirtepartei entweder eingekerkert oder ins Ausland geflohen. Im August 1947 werden Neuwahlen ausgeschrieben. Wie in der deutschen Sowjetzone sind inzwischen auch in Ungarn die Sozialdemokraten zur Vereinigung mit den Kommunisten gepreßt worden, und der von den Kommunisten beherrschte Wahlblock reklamiert 65 Prozent aller Stimmen für sich. Von da an herrschen die Kommunisten über Ungarn ungebrochen bis zum Volksaufstand 1956. Über ihn wird noch zu berichten sein.

Bleibt die Tschechoslowakei. Sie ist ein Sonderfall. Von der Roten Armee zwar befreit, bleibt sie nicht von dieser besetzt. Die Tschechoslowakei gilt als alliierter Staat. Und hier zeigt sich auch, welche Wirkung es gehabt hätte, wenn die Rote Armee überall nur als Befreier und nicht auch als Besatzer aufgetreten wäre. Die Tschechen und Slowaken bedanken sich bei den Sowjets bei den Wahlen im Mai 1946, die Kommunisten erhalten 38 Prozent aller Stimmen und werden damit zur stärksten Partei des Landes. Ihr Führer Klement Gottwald bildet die Regierung. Hier könnte alles weiterhin nach demokra-

Die aus freien Wahlen hervorgegangene ungarische Regierung wird im Lauf des Jahrs 1947 aus ihrem Amt gedrängt, durch Verhaftung von Ministern und Abgeordneten und unter dem Druck der Straße. Oben: Kommunisten sprengen eine Veranstaltung der ungarischen Freiheitspartei. Rechts: Der ungarische KP-Chef Mátyás Rákosi bei einer Maikundgebung in Budapest. Er wird Stalins Statthalter in Ungarn.

tischen Spielregeln zugehen. Doch das würde bedeuten, daß die Kommunisten bei der nächsten Wahl auch verlieren könnten; auch wären die nichtkommunistischen Parteien, die gemeinsam ja über fast zwei Drittel der Stimmen verfügen, jederzeit in der Lage, selbst die Regierung zu bilden und die Kommunisten in die Opposition zu verweisen. Dem ist vorzubeugen. Im Februar 1948 versuchen die Kommunisten, die Polizei völlig unter ihre Kontrolle zu bringen. Das Kabinett tritt zu einer Notstandssitzung zusammen. Zwölf nichtkommunistische Minister erklären ihren Rücktritt. Sie wollen dadurch den Gesamtrücktritt der Regierung erzwingen und bei einer Neubildung die Kommunisten loswerden. Doch der Sozialdemokrat Fierlinger zieht nicht mit, er ist bereits mit den Kommunisten im Bunde. Daraufhin verweigert Gottwald die Demission. Die Kommunisten erklären den Staat für bedroht und rufen ihre Anhänger auf, ihn durch eine revolutionäre Aktion zu retten. Arbeitermilizen werden mobilisiert und bewaffnet. Sie sind Stoßtrupps der Kommunisten und sollen den Forderungen Gottwalds Nachdruck verleihen. Gegnerische Parteilokale werden gestürmt und Zeitungsredaktionen besetzt. Nun wird auch die Polizei aktiv, sie folgt den Weisungen ihrer kommunistischen Chefs. Nur Staatspräsident Eduard Beneš selbst könnte noch zum Widerstand aufrufen. Doch dieser Ruf kommt nicht. Beneš gibt auf. Fünf Tage nach Ausbruch der Regierungskrise empfängt er Gottwald, der ihm eine neue Regierungsliste übergibt. Das Kabinett besteht nur noch aus Kommunisten und Kollaborateuren. Beneš unterschreibt. Noch am selben Tag beginnt die Polizei mit der Verhaftung der politischen Gegner.

Wenig später wird der Außenminister des Landes, Jan Masaryk, tot unter dem Fenster seiner Dienstwohnung gefunden. Masaryk ist der Sohn des Begründers der Tschechoslowakischen Republik Thomas Masaryk und daher Symbol für eine freie Tschechoslowakei. Die Regierung spricht von Selbstmord, das Volk von Mord. 700 000 Menschen säumen die Straßen, als Masaryk zu Grabe getragen wird. Es ist eine gewaltige, aber doch schon ohnmächtige Demonstration. Mit Jan Masaryk wird auch zu Grabe getragen, wofür die Masaryks, Vater und Sohn, im Bewußtsein des Volks gestanden sind: für Freiheit und Demokratie der Republik.

Der kalte Krieg beginnt

Solcherart festigt Stalin sein Imperium. Auch dazu, meinen manche Historiker, sei er gezwungen gewesen. Der Westen, vor allem die USA hätten der Sowjetunion einen gleichberechtigten Platz im Nachkriegseuropa verweigert, hätten durch ihre Politik die Sowjetunion in die Defensive getrieben. Stalin sei nichts anderes übrig geblieben, als nun seinen Herrschaftsbereich zu einer Festung auszubauen. Es seien die USA und Großbritannien gewesen, die eine gemeinsame Verwaltung des besiegten Deutschlands nicht zugelassen und die der Sowjetunion auch das volle Ausmaß der geforderten Reparationen verweigert hätten. Statt dessen seien die Westmächte bald dazu übergegangen, ihre Zonen in Deutschland zu vereinigen und die deutsche Industrie wiederaufzubauen. Und schon 1947 schlägt der damalige amerikanische Außenminister George Marshall ein amerikanisches Hilfsprogramm für Europa vor, das von der Sowjetunion nur als aggressiver Akt verstanden werden konnte. Denn mit dem Marshall-Plan sollte ein antisowjetisches Bündnis begründet und ein aggressiver kapitalistischer Wirtschaftsblock geschaffen werden. Noch schlimmer: Westdeutschland wurde bereits gleichberechtigt in diesen Block aufgenommen, ein Teil jenes Reichs, das soeben erst mit dem Blut von Millionen Sowjetbürgern besiegt worden war.

In der Tschechoslowakei ergreifen die Kommunisten mit Hilfe der Geheimpolizei und der bewaffneten Arbeitermilizen im März 1948 die Macht. Oben: Staatspräsident Eduard Beneš vereidigt die neue Regierung, die unter der Führung des KP-Chefs Klement Gottwald nur noch aus Kommunisten und linken Sozialisten besteht. Das kommunistische Zentralkomitee tagt unter den Bildern Gottwalds und Stalins (Bildfolge links).

Die Argumentation klingt nicht unlogisch. Aber sie ist im Licht dessen, was heutige sowjetische Historiker über die damalige Haltung Stalins vorzulegen haben, nicht haltbar. 1947 machen die USA noch einmal den Versuch einer großangelegten Kooperation mit der Sowjetunion. Bei einer Außenministerkonferenz in Moskau, die im März und April tagt, kommt man einer Verständigung über Deutschland sehr nahe. Im letzten Moment scheitert die Konferenz an der von der Sowjetunion erneut erhobenen Forderung nach gewaltigen Reparationsleistungen aus der laufenden Produktion der gesamtdeutschen Wirtschaft. Und wieder sehen die USA darin den Versuch Moskaus, eine wirtschaftliche Erholung Europas zu verhindern. Die USA und Großbritannien sind darüber hinaus beunruhigt über die Angriffe kommunistischer Partisanen in Griechenland, die nach amerikanisch-britischer Einschätzung einen Versuch darstellen, auch Griechenland unter kommunistische Herrschaft zu bringen und die Sowjetunion damit in breiter Front an das Mittelmeer und an die Dardanellen vordringen zu lassen. Verstärkt wird dieses Mißtrauen durch eine weitere Festigung des kommunistischen Machtbereichs auf dem Balkan: In Jugoslawien errichtet Tito nicht nur eine Einparteienherrschaft der Kommunisten, sondern auch seine persönliche Einmanndiktatur. In Albanien geschieht gleiches. Dort ist es der KP-Chef Enver Hodscha, der sich zum Diktator über das Land macht. In Italien, in dem die Christdemokraten mit absoluter Mehrheit regieren, eröffnet die sehr starke Kommunistische Partei einen regelrechten Kleinkrieg gegen die Regierung. Mit kommunistisch geführten Streiks wird die wirtschaftliche Entwicklung behindert, während die früheren Partisanen da und dort schon wieder zu den Waffen greifen.

In all dem sehen vor allem die Amerikaner und die Briten einen Versuch der Sowjetunion, ihren Herrschaftsbereich über ganz Europa auszudehnen. Im März 1947 ersucht Präsident Truman den US-Kongreß um eine Soforthilfe für Griechenland, die Türkei und den Iran. George Kennan, ein guter Kenner der Lage auf dem Balkan und in Osteuropa, schlägt vor, der expansionistischen Politik der Sowjetunion mit einer Politik der Eindämmung, „containment", zu begegnen. Truman sieht die Welt in zwei Lager zerfallen. In seiner Botschaft an den Kongreß formuliert er das so: „Die eine Lebensform gründet sich auf den Willen der Mehrheit und ist gekennzeichnet durch freiheitliche Einrichtungen: eine repräsentative Regierung, unbeeinflußte Wahlen, Rechtsgarantien für die persönliche Freiheit, Rede- und Religionsfreiheit und Schutz vor politischer Unterdrückung. Die andere Lebensform gründet sich auf den von einer Minderheit der Mehrheit gewaltsam aufgezwungenen Willen, stützt sich auf Terror und Unterdrückung, auf die Gleichschaltung der Presse und des Rundfunks, auf vorgeschriebene Wahlen und den Entzug der persönlichen Freiheit." Die USA fühlt sich verpflichtet, allen Völkern zur Seite zu stehen, die sich zu Freiheit und Demokratie bekennen und in ihrer Existenz vom Lager der Unfreiheit bedroht würden. Der Grundsatz ist als „Truman-Doktrin" in die Geschichte eingegangen. Und sie ist die Basis der Containment-Politik.

Die Teilung Europas

Aber noch gibt es eine Chance, die sich zuspitzende Konfrontation zu überwinden: Die Sowjetunion wird eingeladen, mit Frankreich und Großbritannien das amerikanische Angebot zu studieren, das kriegszerstörte Europa mit Mitteln aus einem großzügigen amerikanischen Hilfsprogramm gemeinsam wiederaufzubauen. Die amerikanische Milliardenhilfe solle allen Staaten Europas zugute kommen, auch der Sowjetunion und allen Ländern innerhalb ihres Herrschaftsbereichs.

Der sowjetische Außenminister Molotow fliegt an der Spitze einer 90köpfigen sowjetischen Delegation nach Paris, wo er mit dem französischen Außenminister Georges Bidault und dem britischen Außenminister Ernest Bevin fünf Tage lang den von den USA vorgelegten Hilfsplan diskutiert. Die Amerikaner haben zwei zentrale Bedingungen an den Plan geknüpft: Voraussetzung ist eine gesamteuropäische Wirtschaftsplanung und enge wirtschaftliche Zusammenarbeit aller Länder und – die Verteilung der Hilfsgelder und -güter müßte unter amerikanischer Kontrolle erfolgen. Diese beiden amerikanischen Bedingungen stoßen auf den Widerstand Molotows. Er sieht darin den Versuch, das Wirtschaftssystem der Sowjetunion zu unterminieren und ihre weitere wirtschaftliche Entwicklung von außen zu beeinflussen. Und als völlig unakzeptabel bezeichnet er die amerikanische Kontrolle. Die Sowjetunion würde die Hilfsgelder und -güter schon annehmen, jedoch unter der Bedingung, daß deren Verteilung und Kontrolle allein durch die Sowjetbehörden erfolge. Weiters: Die Verteilung der Hilfsgelder und -güter für die Staaten innerhalb des sowjetischen Herrschaftsbereichs müsse ebenfalls der Sowjetunion übertragen werden. Der Westen ist nicht bereit, diese sowjetischen Bedingungen zu akzeptieren. In Paris gibt es keine Einigung, Molotow reist ab.

Polen, die Tschechoslowakei und Ungarn melden hingegen ihre Bereitschaft an, dem Marshall-Plan beizutreten. Die polnische und die ungarische Regierung sind von den Sowjets leicht zurückzupfeifen. Nicht so – zu diesem Zeitpunkt – die Tschechoslowakei. Und doch geschieht es: Stalin beordert Ministerpräsident Klement Gottwald und Außenminister Jan Masaryk zu einem Blitzbesuch nach Moskau und verbietet ihnen kategorisch, den Marshall-Plan anzunehmen. Die von den Kommunisten geführte Prager Regierung unterwirft sich dem Diktat, die nichtkommunistischen Parteien und Staatspräsident Beneš nehmen das hin. Wenige Monate später zementieren die Kommunisten ihre Herrschaft in der Tschechoslowakei durch den schon geschilderten Staatsstreich.

Die Entscheidung für oder gegen den Marshall-Plan teilt Europa. Für den Marshall-Plan entscheiden sich alle westlichen Demokratien, auch die neutrale Schweiz und das neutrale Schweden und – sehr mutig – auch das vierfach besetzte Österreich. Mutig, denn die Sowjetunion hätte auf diesen Beschluß der österreichischen Regierung mit einer Teilung des Landes antworten können, mit der Errichtung eines

Der amerikanische Außenminister George Marshall (links) bietet im Sommer 1947 allen europäischen Staaten ein Hilfsprogramm zum Wiederaufbau des kriegszerstörten Europas an. Auch die Sowjetunion ist eingeladen, sich an dem Programm zu beteiligen. Außenminister Molotow kommt an der Spitze einer 90köpfigen Sowjetdelegation nach Paris, um dort mit den Außenministern Englands und Frankreichs über den Plan zu verhandeln (oben). Moskau will die amerikanischen Hilfsgüter und Gelder akzeptieren, jedoch für deren Verteilung im gesamten Ostblock allein zuständig sein, eine Bedingung, die von beiden Außenministern zurückgewiesen wird. Darauf antwortet Stalin mit der Ablehnung des Marshall-Plans. Die Teilung Europas bahnt sich an.

Eisernen Vorhangs entlang ihrer Demarkationslinie an Enns und Donau. Sie tut es nicht; vielleicht war ihr die Ostzone Österreichs zu klein, vielleicht hätten die Sowjets mit dem vierfach besetzten Wien weniger anzufangen gewußt als mit dem vierfach besetzten Berlin; vielleicht ist es aber auch so, daß die Sowjetunion an eine Einbeziehung auch nur eines Teils Österreichs in ihren Herrschaftsbereich nie gedacht hat und daher bereit war, ganz Österreich unter westlichem Einfluß zu belassen.

Nicht so in Deutschland: Die Westzonen Deutschlands werden nun in den Marshall-Plan einbezogen. Eine der Voraussetzungen ist eine Währungsreform. Bis dahin ist in allen Teilen Deutschlands, also auch in der Sowjetzone, die alte Reichsmark gültig. Jetzt wird in den Westzonen und in Westberlin die Deutsche Mark, die D-Mark, eingeführt. Die Sowjetunion antwortet darauf mit einer Blockade Westberlins und mit der endgültigen wirtschaftlichen Abkoppelung ihrer Zone vom übrigen Deutschland. Die Blockade Berlins könnte ein Casus belli sein. Über zwei Millionen Menschen werden durch die sowjetischen Sperren von der Zufuhr von Lebensmitteln, Kohle und Rohstoffen abgeschnitten. Doch die Westalliierten kämpfen sich den Weg nach Berlin nicht frei, sie errichten eine Luftbrücke. Mit mehr als tausend Flügen pro Tag werden die Westberliner 398 Tage lang versorgt. Dann geben die Sowjets ihre Blockade auf. Die beiden Hälften Deutschlands aber gehören von nun an einander entgegengesetzten Wirtschaftsblöcken an. Die Teilung Europas ist vollzogen.

Sowjetische Historiker sind heute der Ansicht, daß die Ablehnung des Marshall-Plans durch Stalin ein Fehler und eine Tragödie war. Für den Wiederaufbau Westeuropas stellten die USA von 1948 bis 1952 Güter im Wert von über 13 Milliarden Dollar zur Verfügung. Das war damals ein ungeheuer großer Betrag. Hätte die Sowjetunion mitgetan, hätte es einen noch höheren amerikanischen Beitrag gegeben, dessen Löwenanteil wahrscheinlich der Sowjetunion zugute gekommen wäre, denn das Ausmaß der Hilfe richtete sich nach dem

Umfang der Kriegszerstörungen. Die von den Sowjets so angeprangerte amerikanische Kontrolle beschränkte sich im wesentlichen darauf, eine Verschwendung der Hilfsgüter nicht zuzulassen und daher auch auf die Koordination der Wirtschaftspläne und die Kooperation der Teilnehmerstaaten zu drängen. Der Marshall-Plan hat damit die Grundlage für die heutige Europäische Gemeinschaft wie auch für die Dachorganisation aller westlichen Industriestaaten, die OECD, gelegt. Gewiß, das ist gleichzeitig auch eine Wertegemeinschaft, alle ihre Mitglieder sind Demokratien westlicher Prägung, alle sind sie den Grundfreiheiten und den Menschenrechten verpflichtet. Eine Bedingung für die Aufnahme in den Marshall-Plan war dies jedoch nicht. Niemand hatte von der Sowjetunion und den anderen Ostblockstaaten eine Änderung ihrer Regierungs- oder Wirtschaftssysteme gefordert. Daß sich diese Systeme bei einer engeren wirtschaftlichen Verflechtung mit dem übrigen Europa anders entwickelt hätten als in der Isolation hinter dem Eisernen Vorhang, ist anzunehmen. Ende der achtziger Jahre unter Gorbatschow und Jelzin bedauert man in Moskau, daß die Sowjetunion diesen Weg nicht gegangen ist. Nichts wünscht man sehnlicher als ein diesbezügliches wirtschaftliches Nachholverfahren. Die Befürchtung Stalins, der frisch eroberte Herrschaftsbereich in Osteuropa könnte durch wirtschaftliche Infiltration verlorengehen, hat sich erfüllt, doch vermutlich gerade deshalb, weil er eine Einbeziehung dieses Raums in eine gesamteuropäische Entwicklung verhindert hat. Erst dadurch ist das Wohlstandsgefälle zwischen West- und Osteuropa so groß geworden. Und es ist nicht zuletzt die Verelendung Osteuropas, die zum Aufstand der Völker, zur Ablehnung des sozialistischen Systems geführt hat.

Stalins Bild von der Welt

Doch Stalins Absage an den Marshall-Plan entsprang nicht nur der Angst, die Sowjetunion könnte dadurch ihre kommunistische Identität verlieren. Nein, Stalin war der festen Überzeugung, daß die kapitalistischen Staaten des Westens – auch und zuallererst die USA – unmittelbar vor einer schweren wirtschaftlichen Krise stünden, die den Zusammenbruch des kapitalistischen Systems herbeiführen würde. Stalin war, so wie Lenin, ein wortgetreuer Anhänger des Marxismus. Laut Marx ist der Zusammenbruch des Kapitalismus unabwendbar, ja geradezu naturgesetzlich zu erwarten. Marx hat dafür keinen Zeitpunkt angegeben. Unter Lenin und Stalin aber haben marxistische Theoretiker diesen Zeitpunkt immer wieder zu errechnen versucht, sagten ihn schon für die zwanziger Jahre und dann für die späten vierziger Jahre als unvermeidbar voraus. Einer dieser Theoretiker ist Jewgenij Varga, orthodoxer Kommunist und Wirtschaftsexperte, jahrzehntelang Direktor des Instituts für Weltwirtschaft an der Akademie der Wissenschaften der UdSSR. Varga hat nachgewiesen, daß die Arbeiterklasse des Westens auf relativer und auf absoluter Ebene immer mehr verelendet und daß jeder Krieg die revolutionären Kräfte stärke und den Kapitalismus schwäche. Der Zweite Weltkrieg würde in Westeuropa und in den USA dieselbe Wirkung haben wie der Erste Weltkrieg in Rußland: den Zusammenbruch der Regierungssysteme, die Revolution des Proletariats, die Errichtung sozialistischer Systeme. Und so denkt auch Stalin, denkt sein ideologischer Chefberater Andrej Schdanow. Als Varga aufgrund der tatsächlichen Nachkriegsentwicklung der Wirtschaft in den USA seine These abschwächt und die Möglichkeit offenläßt, daß sich der Kapitalismus durch soziale Anpassung ändern und daher noch längere Zeit überleben könnte, wird er der Abweichung vom Marxismus-Leninismus beschuldigt, als Direktor seines Instituts abgesetzt, aus der KPdSU aus-

Auf die Einführung der D-Mark in Westdeutschland im Juni 1948 reagiert die Sowjetunion mit der Blockade aller Zufahrtswege nach Westberlin. Die Westalliierten errichten eine Luftbrücke, über die die Berliner Bevölkerung ein Jahr lang mit Lebensmitteln, Kohle und Rohstoffen versorgt wird. Täglich werden etwa tausend Flüge durchgeführt. Die Flugzeuge starten in kurzen Abständen (rechts). Die schwierigste Aufgabe hat die Luftraumkontrolle (ganz oben). 18 Flugzeuge stürzten im Zuge der Operation ab, 57 Amerikaner, Briten und Deutsche fanden dabei den Tod.

geschlossen und bezichtigt, „seine Hände mit dem Blut des russischen Volkes besudelt zu haben". Seine engsten Mitarbeiter werden entlassen, einige verhaftet, das Institut wird komplett umorganisiert. Die Heftigkeit, mit der die Partei auch nur auf die Andeutung Vargas reagiert, der Kapitalismus könnte noch eine Zeitlang überleben, läßt erkennen, wie sehr Stalin und die übrigen Parteiführer vom Gegenteil überzeugt sind und sich von dieser Überzeugung in ihren politischen Entscheidungen leiten lassen. Man kann daher annehmen, daß es nicht so sehr Stalins Angst vor dem Westen war, die ihm zu der rigorosen Ablehnung des Marshall-Plans und der weiteren Kooperation mit dem Westen bewogen hat, sondern vielmehr seine Überzeugung, daß das sozialistische System demnächst über das kapitalistische triumphieren werde und daß er diesen Triumph herbeizuführen habe. Diese Überzeugung zieht sich wie ein roter Faden durch jedes Handeln der Sowjetführer, von Lenin über Stalin und Chruschtschow bis Breschnew. Erst Gorbatschow wagt es, an dem Tabu zu rütteln.

Stalins Antwort auf den Marshall-Plan und die damit auch verbundene politische Festigung des Westens ist eine doppelte: Er stimmt dem Vorschlag Titos zu, die im Jahr 1943 aufgelöste Kommunistische Internationale wiederzubeleben, also die kommunistischen Parteien erneut zur Beschleunigung der Weltrevolution, heißt zur Destabilisierung der kapitalistischen Staaten einzusetzen. Und der Marshall-Plan-Organisation im Westen setzt Stalin einen Rat zur gegenseitigen Wirtschaftshilfe, RGW oder mit der englischen Kurzformel Comecon genannt, entgegen. Alle Ostblockstaaten treten zunächst dieser Organisation bei.

Die Nachfolgeorganisation der Komintern wird am 22. September 1947 auf dem Landsitz Szklarska Poreba, im jetzt polnischen Schlesien, unter dem Titel „Kommunistisches Informationsbüro" gegründet, abgekürzt Kominform genannt. Die Kominform hat nie die Bedeutung der seinerzeitigen Komintern erreicht. Einerseits, weil die Sowjetunion nunmehr als Großmacht, ja zweite Weltmacht durch ihre Vertretungen in allen Ländern einen viel direkteren Einfluß auf die dortige Politik und auch auf die lokalen kommunistischen Parteien nehmen konnte, also die Kominform dazu nicht mehr brauchte, andererseits weil die Kominform selbst bald schweren Erschütterungen ausgesetzt war. Wobei das eine mit dem anderen viel zu tun hat: Die von der Sowjetunion betriebene wirtschaftliche Durchdringung aller in ihrem Herrschaftsbereich liegenden Staaten führt 1948 zuerst zum Protest Jugoslawiens, dann zum offenen Bruch zwischen Tito und Stalin. Jugoslawien hat sich geweigert, seine Wirtschaftsunternehmen, so wie das in allen anderen Ostblockstaaten von den Sowjets erzwungen wird, Gesellschaften zu unterstellen, die zu 50 Prozent in sowjetischem Besitz zu sein haben. Tito weigert sich auch, das sowjetische Modell der zentralen Wirtschaftsplanung und Kommandowirtschaft in Jugoslawien zu kopieren. Er stützt sich auf die anfänglich unter Lenin eingeführte Arbeiterselbstverwaltung in den Betrieben und läßt auch Elemente der NEP in Jugoslawiens Wirtschaft zu. Darüber hinaus will er die noch aus der Vorkriegszeit bestehenden guten Wirtschaftsbeziehungen Jugoslawiens mit dem Westen für den Aufbau des Landes nützen. In den Augen der Sowjetführung ist das Häresie: Jede Abweichung vom sowjetischen Modell wird in Moskau so verfolgt wie jede Fraktionsbildung in der Partei. Der Altkommunist Tito, führendes Mitglied der Komintern und danach der Kominform, der Sieger im Partisanenkrieg, wird des Verrats am Marxismus-Leninismus bezichtigt und beschuldigt, ein Agent des Imperialismus und der westlichen Geheimdienste zu sein. Einen Einmarsch der Sowjetarmee in Jugoslawien soll Stalin erwogen haben, doch hat er ihn nicht gewagt. Vielleicht hatte er Respekt vor Titos Partisanen, vielleicht fürchtete er auch eine kriegerische Konfrontation mit dem Westen.

Im März 1948 kommt es zum Bruch zwischen der Sowjetführung und dem jugoslawischen Staatschef Tito. Tito hat die von Moskau geforderte Unterwerfung verweigert. In einem Brief an Tito listen Stalin und Molotow Titos ideologische Sünden auf (rechts unten).

- 8 -

Третье. Нам непонятно, почему английский шпион Велебит продолжает оставаться в системе мининдела Югославии в качестве первого помощника министра. Югославские товарищи знают, что Велебит является английским шпионом. Они знают и то, что представители Советского правительства также считают Велебита шпионом. И все же, несмотря на это, Велебит остается первым помощником мининдела Югославии. Возможно, что Югославское правительство думает использовать Велебита именно как шпиона Англии. Как известно, буржуазные правительства считают вполне допустимым иметь в своем составе шпионов великих империалистических держав, милость которых они хотят себе обеспечить, и согласны, таким образом, поставить себя под контроль этих держав. Мы считаем такую практику абсолютно недопустимой для марксистов. Как бы то ни было, Советское правительство не может поставить свою переписку с Югославским правительством под контроль английского шпиона. Понятно, что поскольку Велебит всё еще остается в составе руководства иностранными делами Югославии, Советское правительство считает себя поставленным в затруднительное положение и лишено возможности вести откровенную переписку с Югославским правительством через систему мининдела Югославии.

Таковы факты, вызывающие недовольство Советского правительства и ЦК ВКП(б) и ведущие к ухудшению в отношениях между СССР и Югославией.

Эти факты, как уже сказано выше, не связаны с вопросом об отзыве военных и гражданских специалистов, тем не менее они играют не малую роль в деле ухудшения отношений между нашими странами.

27 марта 1948 года. Москва.

По поручению ЦК ВКП(б)
В. Молотов.
И. Сталин.

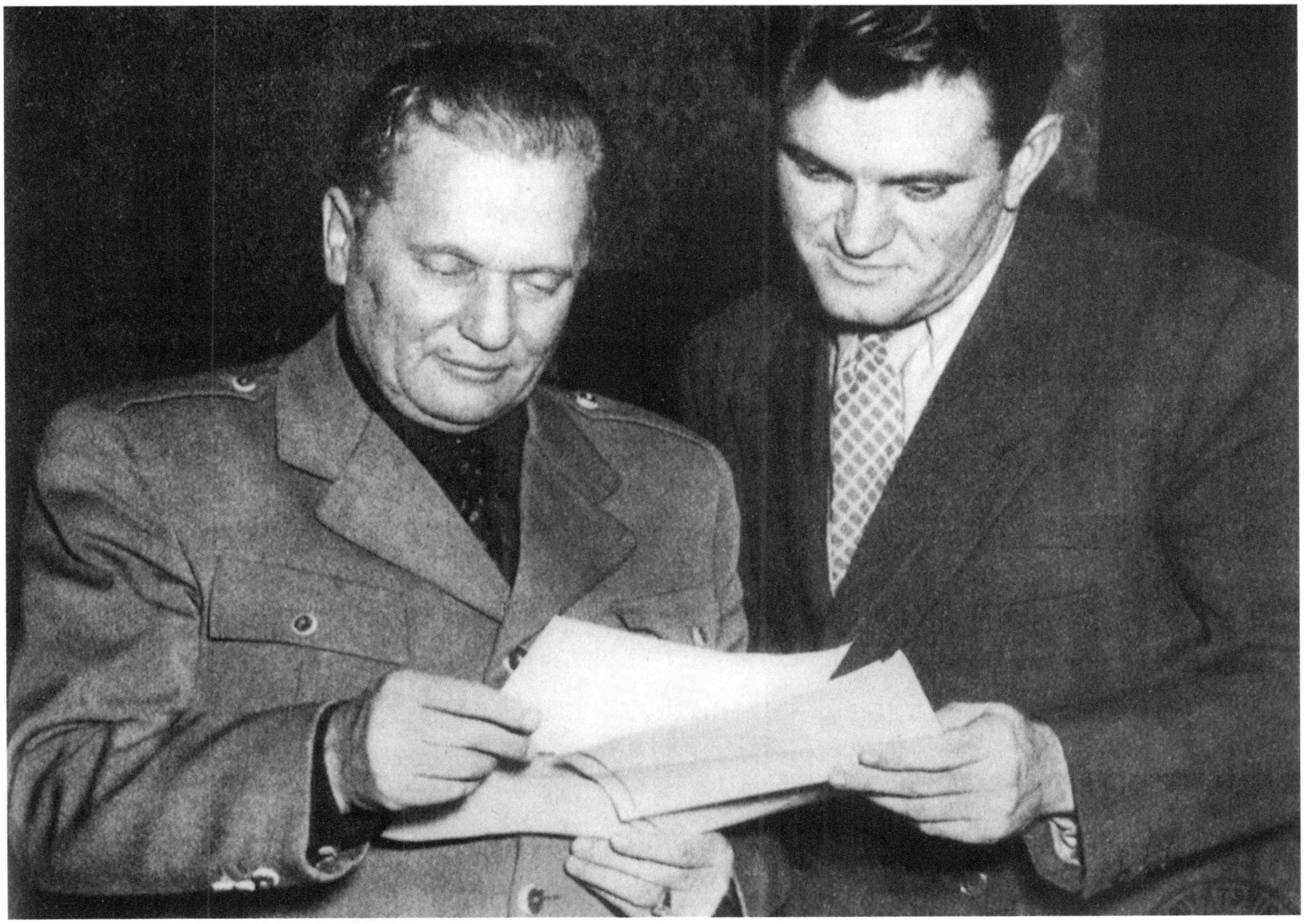

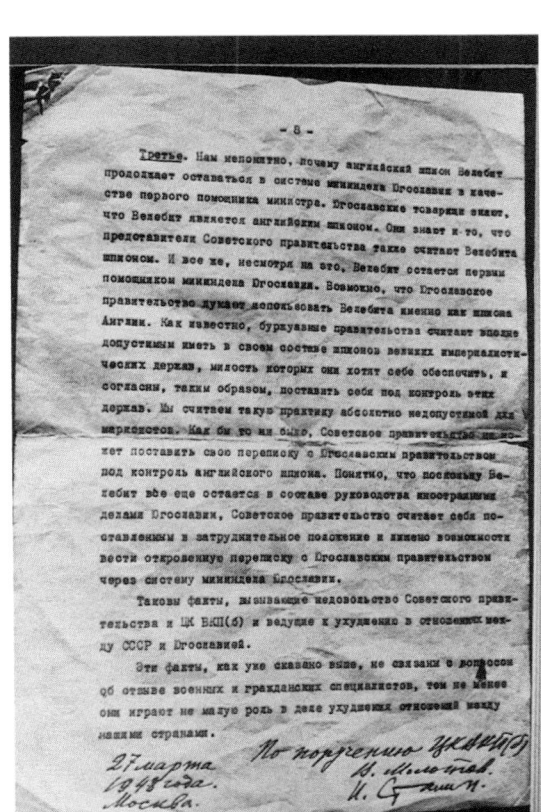

Den Westen auf die Probe gestellt

Obwohl Stalin diese Konfrontation zwei Jahre später, im Fernen Osten, wagt: Dort gibt er dem kommunistischen Regime in Nordkorea grünes Licht zum Überfall auf das prowestliche Südkorea. In Nordkorea waren im Zuge der sowjetischen Kriegshandlungen gegen Japan 1945 Sowjettruppen einmarschiert, während der Süden Koreas von amerikanischen Truppen besetzt wurde. Sowjets und Amerikaner zogen wieder ab. Beide hinterließen ihnen verbündete Regierungen. Zur gleichen Zeit tobt in China der Bürgerkrieg zwischen der offiziellen chinesischen Regierung Tschiang Kai-scheks und den kommunistischen Partisanenarmeen Mao Tse-tungs. Lange Zeit hat die Sowjetunion gezögert, Mao Tse-tung in größerem Umfang zu unterstützen. Tschiang Kai-schek ist ein Verbündeter der USA, die ihn auch mit gewaltigen Hilfslieferungen zur Seite stehen. Stalin hat wohl erwartet, daß die USA einen Sturz Tschiang Kai-scheks nicht zulassen würden, daß also Mao Tse-tungs Kommunisten letztlich nicht siegen könnten. Bis zuletzt anerkennt Moskau das Regime Tschiang Kai-schek als einzige legitime Regierung Chinas. Der Sowjetbotschafter begibt sich mit Tschiang Kai-schek sogar noch auf die Flucht nach Formosa, dem heutigen Taiwan. Im Herbst 1949 ruft Mao Tse-tung in Peking die Volksrepublik China aus, der Kommunismus hat im volkreichsten Staat der Welt gesiegt.

Im Juni 1950 schlägt Nordkorea gegen Südkorea los. Es ist bis heute ungeklärt, was Stalin bewogen hat, diesem Überfall seine Zustimmung zu geben: Wollte er damit einer befürchteten Konkurrenz Rotchinas vorbeugen und den sowjetischen Herrschaftsbereich in

Ostasien erweitern? Wollte er etwa gar durch diese Aktion China in einen Konflikt mit den USA treiben? Denn tatsächlich landen die Amerikaner in Südkorea – übrigens unter der Fahne der UNO so wie 1991 im Krieg gegen den Irak – und zwingen die nordkoreanischen Truppen zum Rückzug. Als die Amerikaner dann aber auch noch in Nordkorea eindringen – um den Aggressor zu bestrafen – und sich der chinesischen Grenze nähern, sendet China „Freiwilligenverbände" über diese Grenze, denen es gelingt, die Amerikaner und ihre Verbündeten wieder bis zum 38. Breitengrad, der ursprünglichen Grenze zwischen Nord- und Südkorea, zurückzuschlagen.

Der damalige Oberbefehlshaber in Korea, General MacArthur, drängt Präsident Truman, die Truppenkonzentrationen und Nachschublager in China mit Atombomben auszulöschen. Truman sagt nein und setzt MacArthur als Oberbefehlshaber ab. Sowohl in Berlin als auch in Korea haben die Amerikaner damit Stalin signalisiert, daß sie eine Eskalierung der Konflikte nicht wünschen. Stalin mag dies aber auch darauf zurückgeführt haben, daß die Sowjetunion inzwischen selbst über Atombomben verfügt.

Und das wiederum hat eine echt kommunistische Komponente: Die Atomgeheimnisse wurden zum größten Teil von Wissenschaftlern, die am amerikanischen Atombombenprojekt mitarbeiteten, an die Sowjetunion verraten. Es waren Amerikaner, Exildeutsche und Briten, sie alle waren Kommunisten oder sympathisierten zumindest mit der Sowjetunion. Sie empfanden es als ihre Pflicht, der Sowjetunion eine atomare Gegenrüstung zu ermöglichen. In ihren Augen durfte die Führungsmacht des westlichen Kapitalismus nicht im Be-

Mao Tse-tung errichtet in China 1949 seine eigene kommunistische Diktatur. Oben: Mao Tse-tung als Heerführer im Bürgerkrieg. Unten: Panzerparade nach dem Sieg.

Oben: *Chinesischer Grenzposten im Himalaya; doch bald stehen solche Posten auch entlang der Grenzen zur Sowjetunion im Namen Maos auf Wache.*

sitz eines Atommonopols bleiben, dies hätte zur Erpressung, ja zur kriegerischen Vernichtung der Sowjetunion führen können. Einige der prominenten Atomspione konnten in den Ostblock fliehen. Das amerikanische Ehepaar Ethel und Julius Rosenberg wurde wegen Atomspionage zum Tod verurteilt und endete am elektrischen Stuhl. Die Rosenbergs hatten bis zuletzt bestritten, der Sowjetunion Atomgeheimnisse verraten zu haben. Aber sie erhielten eine Ehrentafel an der Kremlmauer, und in späteren sowjetischen Schriften wurde ihnen für ihr Opfer gedankt.

Die Atommacht Sowjetunion grenzt 1949/50 ihren Herrschaftsbereich ab. Als Antwort auf die Gründung der Bundesrepublik Deutschland wird im Oktober 1949 in Ostberlin die Deutsche Demokratische Republik ausgerufen. Auch darüber gibt es einen Historikerstreit: Hat es tatsächlich zur Gründung zweier deutscher Staaten und damit zur Teilung Deutschlands kommen müssen? Hätte man nicht schon damals die Wiedervereinigung herbeiführen können, wenn der Westen und vor allem die westdeutschen Politiker auf die Vorstellungen der Sowjetunion eingegangen wären – nämlich ein vereinigtes Deutschland gemeinsam zu kontrollieren? Im März 1952 richtet Stalin überraschend eine Note an die Westmächte, in der er die Wiedervereinigung Deutschlands vorschlägt. Diesmal unter Bedingungen, die in erster Linie die deutschen Politiker beeindrucken sollen: Schaffung eines einheitlichen deutschen Staats, Abzug aller ausländischen Streitkräfte, Garantie aller demokratischen Rechte, freie Parteienbildung, keine Beschränkungen für die Wirtschaft; ja sogar eigene Streitkräfte sollen dem neuen deutschen Staat zugebilligt werden. Für all das stellt Stalin eine einzige Bedingung: Das wiedervereinigte Deutschland müsse neutral sein, dürfe sich keinem Militärblock anschließen. Weder der Westen noch die Regierung Adenauer in Bonn beantworten Stalins Note. Sie sei eine Leimrute, die Stalin ausgelegt habe, um den unmittelbar bevorstehenden Beitritt der Bundesrepublik Deutschland zur westlichen Verteidigungsgemeinschaft zu verhindern. Stalin habe nur Verwirrung im westlichen Lager schaffen wollen und darauf spekuliert, nicht nur die sowjetische Besatzungszone, sondern später das ganze Deutschland schlucken zu können.

Tatsächlich hat der Westen und hat insbesondere die neue Bonner Regierung unter Konrad Adenauer Angst vor einer weiteren Expansion der Sowjetunion. Die Staatsstreiche in den von den Sowjets besetzten Ländern, der Putsch in Prag, die Blockade Berlins, der Krieg in Korea, die Drohungen gegen Jugoslawien, all das sind für den Westen Zeichen einer fortgesetzten sowjetischen Aggression. Diese Angst wird durch die Aktivitäten der starken kommunistischen Parteien in Italien und in Frankreich noch gesteigert. Das Konzept der Weltrevolution wird von der Kominform so wie früher von der Komintern wieder vertreten. In den Ansprachen der Sowjetführer ist vom baldigen Zusammenbruch der kapitalistischen Staaten und vom Triumph des Kommunismus über sie immer wieder die Rede.

Revisionistische Historiker haben es später umgekehrt gesehen: Stalin hätte in der Truman-Doktrin, im Marshall-Plan, in der Teilung Deutschlands, in der NATO, aber auch schon in der Entwicklung und Erprobung amerikanischer Atombomben eine Einkreisung der Sowjetunion erkannt, einen Würgegriff, aus dem er sich durch die Festigung und Absicherung seines Herrschaftsbereichs zu befreien versuchte.

Die Teilung Deutschlands ist vollzogen. Bereits im Mai 1949 nimmt der Parlamentarische Rat für die drei Westzonen das neue deutsche Grundgesetz mit 53 gegen 12 Stimmen an (oben). Im September 1949 wird Konrad Adenauer als erster Bundeskanzler der Bundesrepublik Deutschland vereidigt (rechts). Am 7. Oktober beschließt der Deutsche Volksrat in Ostberlin die Ausrufung der Deutschen Demokratischen Republik (rechts unten). Trägerin der Regierungsgewalt in der DDR ist die „Nationale Front", der von der SED angeführte Parteienblock (unten).

ES LEBE
DIE NATIONALE FRONT
DES DEMOKRATISCHEN
DEUTSCHLAND

Das Ende der Stalin-Ära

Am 5. Oktober 1952 wird in Moskau der XIX. Parteitag der KPdSU einberufen – der erste Parteitag seit 13 Jahren. Stalin kommt nur kurz zu Besuch, läßt sich aber durch lang anhaltende Ovationen feiern, um dann in einer knappen Rede den Sieg des Kommunismus über den Kapitalismus vorauszusagen: In allen kapitalistischen Ländern würden die Kommunisten die Macht ergreifen. Es bestehe aller Grund, mit den Erfolgen und mit dem Sieg der Bruderparteien zu rechnen.

Drei Monate später gibt es eine Sensation in Moskau: Eine Verschwörung von Ärzten sei aufgedeckt worden, die das Ziel hatte, die höchsten Führer des Landes zu ermorden, auch Stalin. Angeführt werde die Verschwörung von jenen Ärzten, deren Aufgabe es sei, über die Gesundheit der höchsten Parteispitze zu wachen. Es sind also die Kreml-Ärzte, die da beschuldigt werden. In den Brandartikeln, die nun in der sowjetischen Presse gegen diese Ärzte erscheinen, wird betont, daß es sich fast durchwegs um Juden handle. Die starke antisemitische Note ist kein Zufall, sondern nur der Höhepunkt einer bereits seit langem immer wiederkehrenden Verfolgungstendenz. Im Zuge der schon beschriebenen Verfolgung sowjetischer Intellektueller nach dem Krieg kam bereits das Schlagwort von den „heimatlosen Kosmopoliten" auf, das gezielt auf jüdische Intellektuelle gemünzt war. Der Schriftstellerverband, der Künstlerverband, die Akademie der Wissenschaften, alle Fakultäten der Universitäten wurden im Zuge dieser Kampagne von solchen Kosmopoliten gesäubert. Hunderte Professoren und Wissenschaftler wurden abgesetzt, großteils verhaftet und in den Gulag verschickt. Vorgeworfen wird ihnen „bürgerlicher Objektivismus" und „Kosmopolitismus". Das eine bedeutet, daß die Wissenschaftler versuchen, die westlichen For-

schungsarbeiten und -ergebnisse auch zum Bestandteil sowjetischer Forschung zu machen, womit sie die Leistungen der Wissenschaft in den kapitalistischen Staaten anerkennen. Schon das wird nicht zugelassen, wird als Verrat am Marxismus-Leninismus gewertet, und mit Kosmopolitismus wird der Verdacht ausgesprochen, daß zwischen den sowjetischen Intellektuellen und Wissenschaftlern und denen des Westens Verbindungen bestünden, und niemand wird mehr verdächtigt, solche Verbindungen aufrechtzuerhalten als die Juden.

Der Antisemitismus eignet sich auch in der Sowjetunion dazu, die Verfolgungen wirkungsvoller zu gestalten.

Der Antisemitismus ist übrigens auch eine starke Komponente in fast allen Schauprozessen, die in Polen, der Tschechoslowakei, Ungarn und Rumänien gegen die sogenannten „titoistischen Verschwörer" durchgeführt werden. Die höchsten Parteiführer werden vor Gericht gestellt, Gomulka in Warschau, Slánský in Prag, Rajk in Budapest, Patrascanu in Bukarest, um nur die Spitzen zu nennen. Es wird ihnen Verbindung mit dem Westen und damit Hochverrat vorgeworfen, und der Versuch, die kommunistische Herrschaft zu unterminieren. Fast immer werden sie der Bekanntschaft mit jüdischen Emigranten beschuldigt, die in der Regel gute Kommunisten sind, doch in dieser Zeit reicht es aus, einmal im Westen gewesen zu sein, um schon den Verdacht Stalins und des NKWD zu erwecken. Dem gleichen Muster also folgt nun die Aufdeckung der Ärzteverschwörung im Kreml. Die verdächtigten Ärzte werden verhaftet, ein Schauprozeß wird gegen sie vorbereitet.

Doch dazu kommt es nicht mehr. Am 2. März 1953 erleidet Stalin eine Gehirnblutung. Die Umstände seines Todes sind bis heute nicht völlig geklärt. Wolkogonow wiederholt, was immer wieder einmal als Gerücht in Moskau aufgetaucht war: Stalins Geheimdienstchef Berija habe einige Stunden lang Stalins schwere Erkrankung verschwiegen und damit ärztliche Hilfe verhindert. Er hätte sicherstellen wollen, daß Stalin stirbt. Berija hätte diese Zeit dazu benützt, um Stalins Safe im Kreml zu öffnen und wichtige Dokumente zu beseitigen, angeblich Dokumente, die auch ihn, Berija, belastet hätten. Wie es

Stalin stirbt am 5. März 1953. Wie schon Lenin wird auch Stalin zunächst in der Säulenhalle des Gewerkschaftshauses aufgebahrt (rechts unten). Danach tragen die Mitglieder des Politbüros den Sarg in das Mausoleum, in dem der Leichnam Lenins ruht (oben). Die Reihenfolge der Sargträger zeigt eine neue Rangordnung: Malenkow und Berija haben sich an die Spitze gesetzt. Chruschtschow ist der dritte von links. Rechts oben: Die Menschenmenge bei der Trauerkundgebung auf dem Roten Platz. Schon am Tag der Beisetzung Stalins sind auf dem Mausoleum die Namen Lenins und Stalins zu sehen. Mit der Entfernung von Stalins Leichnam aus dem Mausoleum wurde 1961 auch sein Name entfernt.

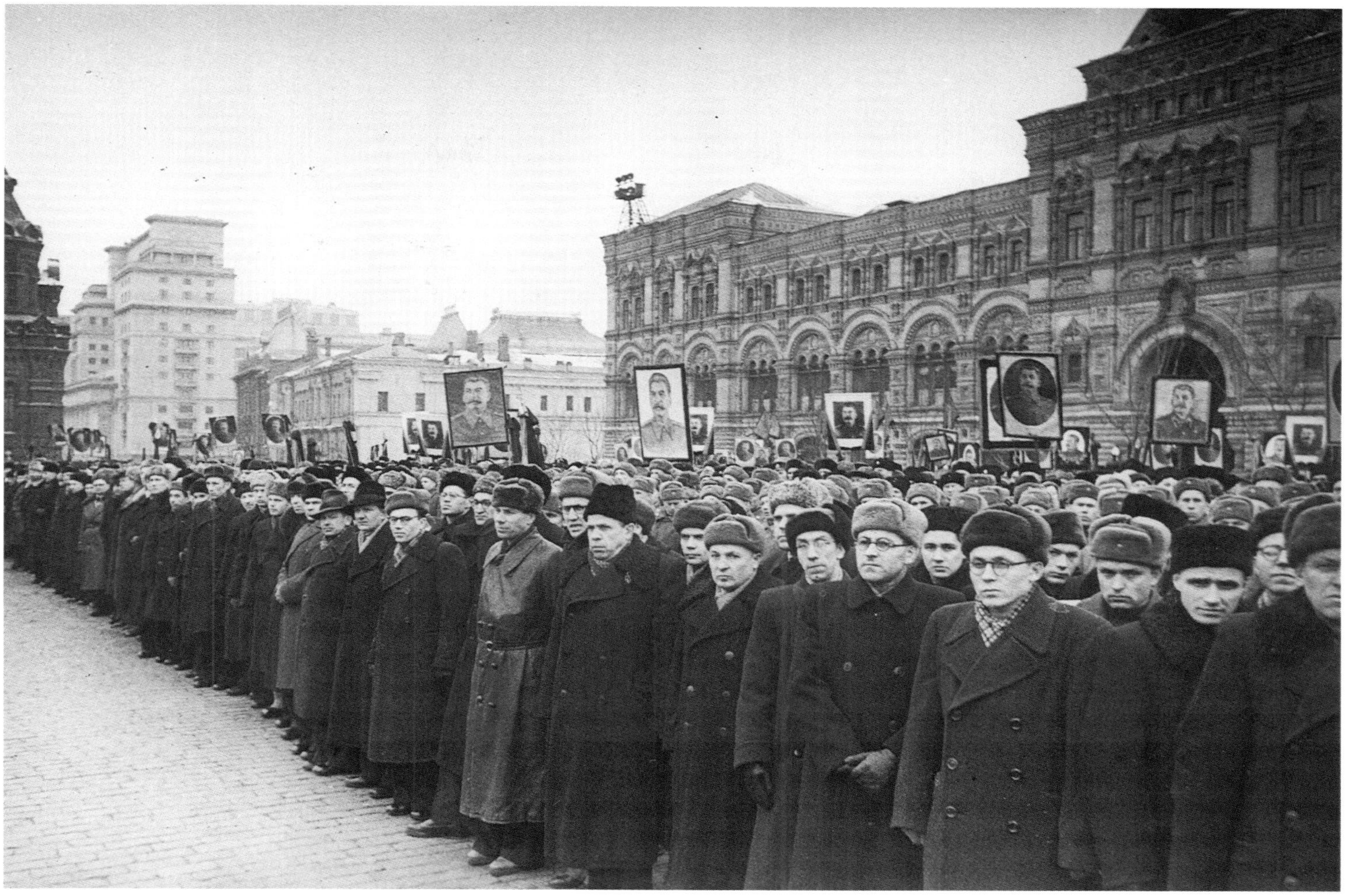

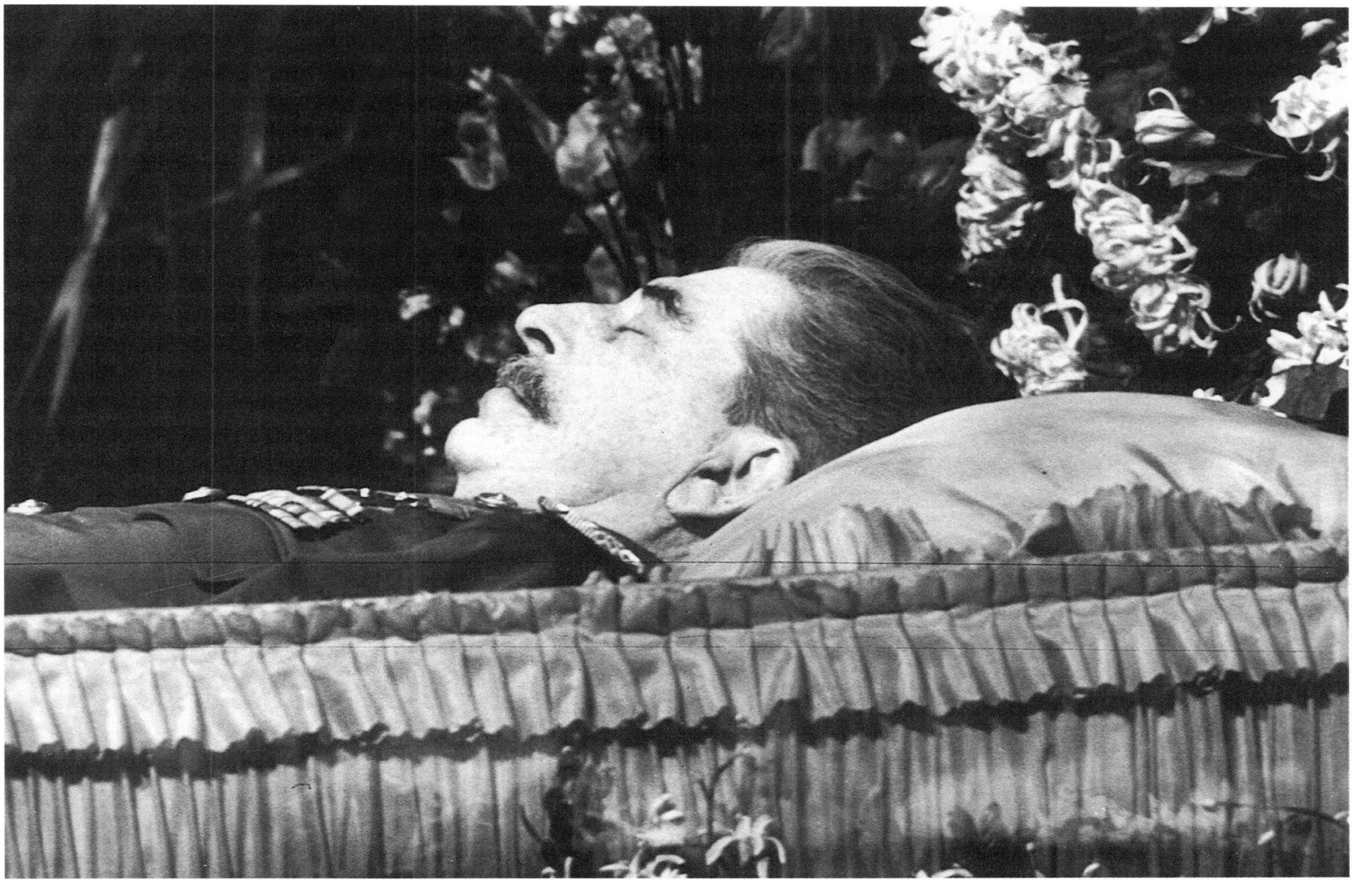

überhaupt Brauch hoher KP-Führer gewesen sei, belastende Materialien gegen andere KP-Führer zu sammeln, um diese in der Hand zu haben. Ob Berija bei Stalins Tod tatsächlich diese Rolle gespielt hat, bleibt vorderhand dahingestellt. Übereinstimmend wurde später berichtet, daß sich um das Sterbebett Stalins die Mitglieder des Politbüros einfanden. Woroschilow, Kaganowitsch, Chruschtschow sollen laut geweint haben. Berija habe sich immer wieder dem Sterbenden genähert und ihn angesprochen: „Genosse Stalin, hier befinden sich alle Politbüromitglieder, sag uns etwas!" In diesem Verhalten hätten die anderen Politbüromitglieder erkannt, daß sich Berija bereits als Nachfolger Stalins gefühlt habe. Als Innenminister und eigentlicher oberster Geheimdienstchef weiß er auch mehr als alle anderen. Und weiß auch mehr über sie.

Am 5. März um 9.50 Uhr stirbt Stalin. Die Anwesenden, so heißt es, verspürten zugleich Trauer und Erleichterung. Einen Nachfolger gibt es vorläufig nicht. So wie nach Lenins Tod wird wieder von einer kollektiven Führung gesprochen. Dennoch müssen die Führungspositionen in Regierung und Partei besetzt werden. Vorsitzender des Ministerrats und damit Regierungschef wird Georgij Malenkow. Er war Stalin in den letzten Jahren nahegestanden und hatte am XIX. Parteitag anstelle Stalins den Rechenschaftsbericht abgegeben. Aber er ist gleichzeitig auch eines der farblosesten Mitglieder des Politbüros. Zu seinen Stellvertretern werden Berija, Molotow, Bulganin, Mikojan und Kaganowitsch ernannt. Molotow übernimmt gleichzeitig wieder das Außenministerium und Bulganin das Verteidigungsministerium. Die bisherigen Ministerien des Inneren und der Staatssicherheit werden zusammengelegt, und als Leiter des Doppelministeriums wird Lawrentij Berija bestimmt. Chruschtschow übernimmt den Posten eines Sekretärs des Zentralkomitees. Stalin war dessen letzter Generalsekretär, aber er hat sich in dieser Funktion nie wieder wählen lassen. Wir erinnern uns noch an den Schock, den Stalin erlebte, als beim XVII. Parteitag im Jahr 1934 300 Stimmen gegen ihn abgegeben worden waren. Und auch welch verheerende Folgen das hatte. Viele Millionen Menschen sind im Zuge der Stalinschen Verfolgungsjagden ermordet worden, im Gulag ums Leben gekommen. Millionen befinden sich noch in Stalins Lagern.

Stalins Erbe und Stalins Erben

Stalin ist tot. Die Frage, die sich die Menschen in der Sowjetunion, ja im ganzen sowjetischen Machtbereich und in der Welt stellen, lautet: Ist mit Stalin auch dessen System gestorben? Oder wird der Sowjetstaat mit gleichen Mitteln aufrechterhalten, die Sowjetpolitik mit gleichen Zielen fortgeführt? Die heutigen sowjetischen Historiker, die bereits Zugang zu einem Teil des Parteiarchivs haben, schildern den Zustand der Sowjetunion zur Zeit von Stalins Tod als katastrophal. Die Versorgungslage war schlecht, lediglich Moskau sei als Aushängeschild gegenüber der Welt mit Müh und Not ausreichend mit Lebensmitteln beliefert worden. Die Führung wußte schon seit längerem, daß radikale Maßnahmen auf dem Gebiet der Landwirtschaft notwendig waren, um dieses zentrale Problem der Sowjetunion endlich zu lösen.

Es gibt ein zweites Problem: Die von Stalin und Berija nach dem Krieg wieder aufgenommenen Säuberungen hatten fast überall im Land Unruhe und aufkommenden Protest ausgelöst. Das war ungewöhnlich, denn in den dreißiger Jahren legte sich die Tschistka wie ein schweres Gefängnisgitter auf das Land, unter dem niemand mehr zu protestieren wagte. Solange Stalin lebte, war die Unruhe beherrschbar. Jetzt ist sie es nicht mehr. Im Zentralkomitee der KPdSU

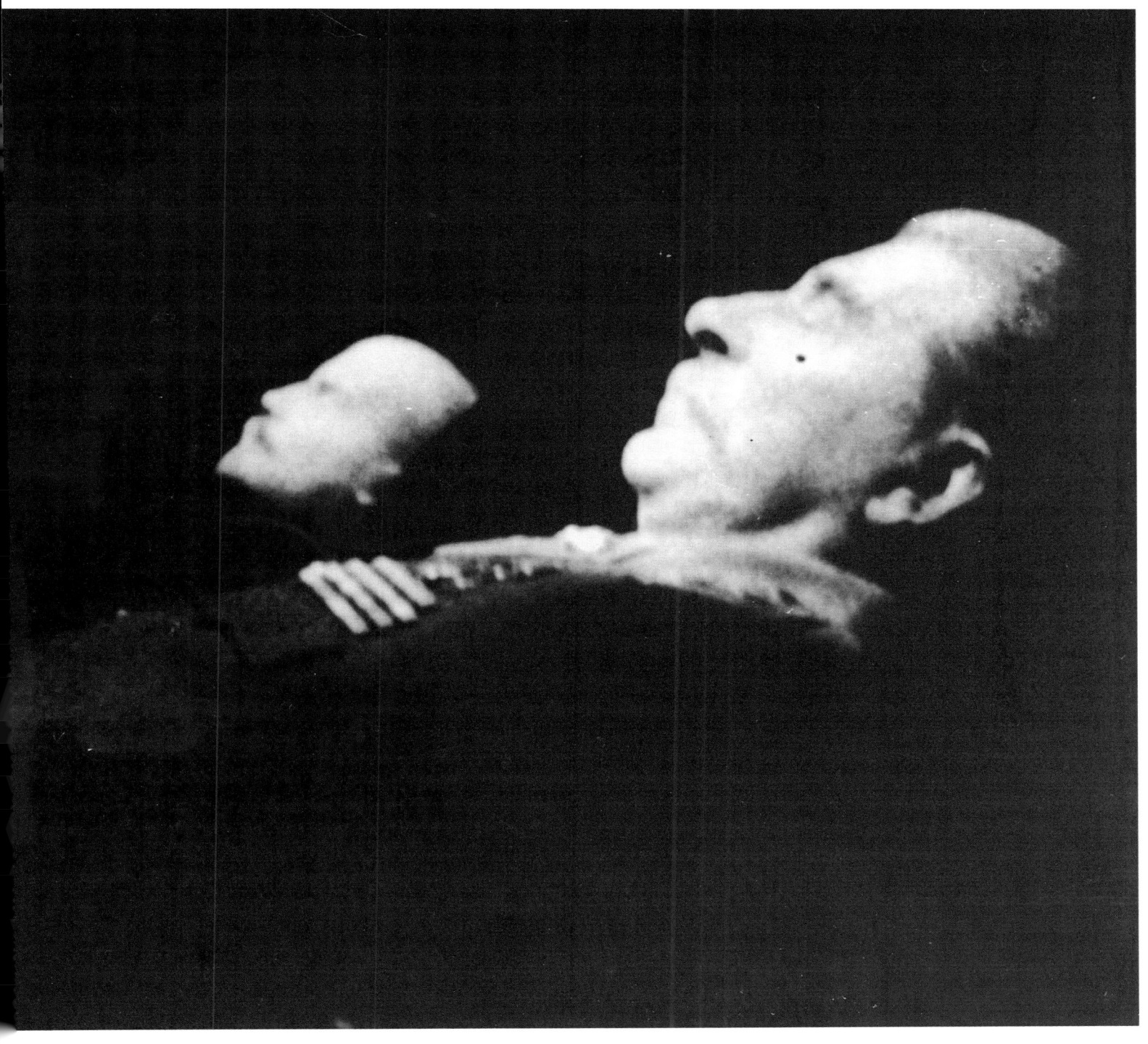

Von 1953 bis 1961 lag Stalins einbalsamier-ter Leichnam neben dem Lenins im Mauso-leum am Roten Platz; dann wird er im Zuge der Entstalinisierung aus dem Mausoleum ent-fernt und an der Kremlmauer bestattet.

laufen täglich Hunderte Telegramme und Briefe ein, in denen über die Unzufriedenheit der Arbeiter in den Betrieben, in den Kohlengruben, in der Landwirtschaft berichtet wird, mit der einhelligen Forderung, die Ursachen zu beheben. Zu denen zählen der erdrückende Bürokra-tismus, die Überheblichkeit der Parteifunktionäre, aber auch die Un-fähigkeit der Bürokraten und Apparatschiks, die Probleme in der Wirtschaft, in der Versorgung, im Transportwesen zu lösen.

Aus mehreren Lagern des Gulag werden Aufstände der Häftlinge gemeldet. Und diese mehren sich. Die Lagerkommandanten weigern sich da und dort, mit den von der Zentrale befohlenen rigorosen Mit-teln gegen die Häftlinge vorzugehen. Es geht auch nicht mehr darum, daß die geforderte Arbeitsnorm viel zu hoch und die Essensrationen zu klein sind, nein, der Lagerinsassen hat sich eine Aufbruchsstim-mung bemächtigt. Mit Stalins Tod verbinden sie auch das Ende der Repression, sie fordern ihre Rehabilitierung, ihre Freiheit. Die sowje-tische Historikerin Jelena Zubkowa schildert das so: „Ich habe Berichte gesehen, die damals im Zentralkomitee der Partei eintrafen. Aus ihnen geht eindeutig hervor, daß die Geduld des Volkes zu Ende war. Das Land befand sich am Vorabend einer Explosion. Unsere Führung saß auf zwei Pulverfässern: das war der schlechte Zustand der Landwirtschaft, und das war der Gulag. Nach Stalins Tod gab es eine Welle von Aufständen in den Zwangsarbeitslagern, und just in diesem Moment drohte auch die Landwirtschaft zusammenzubrechen. Jeder, der nach Stalin an die Macht gekommen wäre, hatte zuallererst diese zwei dringenden Probleme zu lösen: Die Ernährung und den Gulag. Das konnte nur durch eine Liberalisierung geschehen, verbunden mit einer Rehabilitierung der Opfer Stalins."

Jeder, der nach Stalin an die Macht gekommen wäre – einer strebt das besonders an, Berija. Als Chef des Staatssicherheitsdiensts weiß er besser als jeder andere über den Zustand des Landes Bescheid, und er dürfte auch wissen, mit welchen Maßnahmen man die Probleme in den Griff bekommen könnte. Berija bringt im Präsidium des Zentralkomitees, wie das Politbüro in Stalins letzten Jahren genannt wird, Vorschlag um Vorschlag ein. Und seine Vorschläge ergeben insgesamt ein kompaktes innen- und außenpolitisches Reformprogramm: sofortige Dezentralisierung der Wirtschaft; Übertragung eines Teils der Planungsaufgaben auf die einzelnen Republiken; dementsprechende Ausweitung der Rechte der Republiken; Einschränkung der Bevormundung durch Moskau; Förderung der Nationalitäten, Beendigung der Russifizierung in Partei, Wirtschaft, Bürokratie und Kultur; mehr Mittel für die Konsumgüterindustrie und vor allem für die Landwirtschaft. Um die Finanzierung dieser Reformen zu ermöglichen, müßten die Militärausgaben gekürzt werden. Dazu aber bedarf es der internationalen Entspannung. Die Stalinsche Außenpolitik hat das Gegenteil bewirkt: Die zum Teil brutale Sowjetisierung der Ostblockstaaten, die Berliner Blockade, der Krieg in Korea, der Bruch mit Tito, die Gründung der Kominform und die damit verbundenen Aktivitäten der kommunistischen Parteien haben nur zu einer Beschleunigung der westlichen Integration auf wirtschaftlichem und militärischem Gebiet geführt und damit zu einer weiteren Verschärfung der Konfrontation.

Berija soll nun vorgeschlagen haben, in der Frage Deutschlands nachzugeben, einer Wiedervereinigung Deutschlands zuzustimmen und dafür, wenn möglich, eine Neutralisierung Deutschlands zugestanden zu bekommen. Der längst überfällige Staatsvertrag mit Österreich sei abzuschließen, und die Sowjettruppen in Österreich seien zurückzuziehen. Dies werde auch eine Aussöhnung mit Tito erleichtern, der sich durch die Stationierung von Sowjettruppen rund um sein Land unter Druck gesetzt fühlt. Berija soll auch dafür plädiert haben, einen großen Ausgleich mit dem Westen zu suchen, um eine enge wirtschaftliche Zusammenarbeit zu ermöglichen.

Stück für Stück haben sowjetische Historiker dieses Bild von Berija zusammengetragen. Ob es der Wahrheit entspricht, ist noch immer offen. Aber daß diese Fragen und diese Art der Reformen in den Monaten unmittelbar nach Stalins Tod zur Debatte standen, darüber gibt es keine Zweifel mehr. Welch eine Parallele: Es war der KGB-Chef Juri Andropow, der als unmittelbarer Nachfolger Breschnews den schlechten Zustand der Sowjetunion besser kannte als jeder andere und der sehr ähnliche Vorstellungen von den nun notwendigen Reformen hatte. Er konnte sie kaum einleiten, sein Gesundheitszustand verschlimmerte sich schnell, und nach 15 Monaten Amtsdauer war er tot. Doch er hatte einen Schützling, dem er sein Wissen und seine Vorstellungen offenbar mit auf den Weg gegeben hat – Michail Gorbatschow. Es dürfte kein Zufall sein, daß die Impulse zur Reform nach Stalins wie nach Breschnews Tod gerade aus den Kreisen der Geheimpolizei kamen. Sie allein verfügt über alle Informationen, sie

Die sogenannte kollektive Führung nach Stalins Tod. In der vierten Reihe sitzen die Hauptproponenten: Chruschtschow, Mikojan, Malenkow, Berija und Bulganin.

allein ist daher in der Lage, den inneren und äußeren Zustand des Landes zu beurteilen.

Als Berija seine Reformvorschläge unterbreitet, wissen die anderen Mitglieder des Parteipräsidiums vermutlich, daß zumindest seine Beurteilung der Zustände richtig ist. Was ihnen nicht gefällt, ist der sich aus diesen Aktivitäten ergebende offensichtliche Anspruch Berijas, die Führung des Landes in die Hand zu nehmen: Der Chef des Staatssicherheitsdiensts als neuer Diktator, auch oder gerade wenn er sich als liberaler Reformer empfiehlt, war ihnen zu gefährlich. Und nun wiederholt sich, was in der Führungsspitze dieser Partei schon seit Lenins Tod Brauch ist: Nicht, weil die Vorschläge falsch wären, sondern weil damit ein Führungsanspruch verbunden ist, werden sie zurückgewiesen, werden Gegenpositionen bezogen, wird das Gegenteil gefordert. Als Berija erkennt, daß sich die anderen Präsidiumsmitglieder gegen ihn verbünden, zieht er seine Sondertruppen rund um Moskau zusammen. Ob er mit ihrer Hilfe einen Putsch geplant hat oder sie nur zu seinem Schutz herbeigeholt hat, steht auch heute noch nicht fest. Gesichert ist, daß die anderen Präsidiumsmitglieder sich in ihrer Angst vor Berija bestätigt fühlen. Berija wird von Armeeoffizieren unter persönlicher Teilnahme von Marschall Schukow verhaftet. Im Dezember 1953 macht man ihm einen angeblich ausführlichen Prozeß. Ihm und einem Gutteil seiner Mitarbeiter. Danach werden sie hingerichtet. Es geht also noch zu wie in Stalins düstersten Zeiten.

Der 17. Juni in der DDR

Der explosiven Lage innerhalb der Sowjetunion entspricht auch eine explosive Lage im sowjetischen Satellitenreich. Stalins Tod hat in allen von der Sowjetunion beherrschten Ländern eine tiefe psychologische Wirkung: Die Völker schöpfen Hoffnung, die Führungen haben Angst. So versuchen sie die in Moskau sichtbar gewordene Lockerung des Systems – dem Beispiel der Sowjetunion in gewohnter Weise folgend – auch im eigenen Bereich herbeizuführen: Die Versorgung der Bevölkerung soll verbessert werden, mehr Rücksicht auf die Lebensumstände, etwas weniger Unterdrückung soll es geben. Am 11. Juni 1953 befaßt sich auch das Zentralkomitee der SED in Ostberlin mit diesen Fragen. Es gibt eine umfassende Kritik am überhöhten Tempo der Sozialisierung, zu deutsch Kritik an den zahllosen Zwangsmaßnahmen, mit denen die früheren Gesellschaftsstrukturen zerschlagen wurden und noch werden. Nach sowjetischem Muster werden an die Stelle von Gewerbe- und Handwerksbetrieben staatliche Betriebsorganisationen gesetzt, die größeren Fabriken sind ohnedies schon sogenannte „Volkseigene Betriebe"; die Bauern werden gezwungen, sich und ihr Eigentum in landwirtschaftliche Produktionsgenossenschaften einzubringen. Selbst der Lebensstandard der Arbeiter wird durch die ständige Erhöhung der Normen bei gleichzeitiger Verschlechterung der Versorgungslage herabgesetzt.

Just nach der soeben erfolgten Selbstkritik der Partei wird eine erneute Anhebung der Arbeitsnorm angeordnet. Das kommunistische Paradestück für den Wiederaufbau in Ostberlin ist die sogenannte Stalin-Allee. Sie ist zu diesem Zeitpunkt gerade im Entstehen. Es sind die Bauarbeiter der Stalin-Allee, die auf die Erhöhung der Normen mit einem spontanen Streik antworten, ihre Baugerüste verlassen und demonstrierend durch die Stadt ziehen. Am nächsten Tag, es ist der 17. Juni 1953, weitet sich der Streik in Ostberlin zu einem Massenstreik in allen Teilen der DDR aus. Es gibt Protestkundgebungen, Demonstrationszüge. Parteilokale der SED werden belagert, einige gestürmt. Das Mobiliar wird auf die Straße geworfen und angezündet. Die Volkspolizei ist außerstande, der Unruhen Herr zu werden. Da und dort geraten Volkspolizisten in die Gewalt der Demonstranten und werden verprügelt. Noch schlimmer ergeht es bekannten Denunzianten und Spitzeln des Staatssicherheitsdiensts.

Die DDR-Führung ruft die sowjetische Besatzung zu Hilfe. Jetzt rollen die Panzer. Da und dort versuchen sich ihnen unbewaffnete Demonstranten entgegenzustellen, bewerfen sie mit Steinen. Dann wird geschossen und der Aufstand blutig unterdrückt. Es war ein Aufstand der Arbeiter, nicht der entrechteten Bourgeoisie. Eine Parallele zum Aufstand der Matrosen von Kronstadt: Jene, in deren Namen die Kommunisten zu herrschen vorgeben, stehen gegen sie auf, protestieren gegen die Art ihrer Herrschaft. Der Niederwalzung des Aufstands in den Straßen folgt die Verhaftung der angeblichen Rädelsführer. Einige Hundert sind es, darunter besonders viele junge Menschen. Nicht wenige werden zum Tod verurteilt, die anderen zu langjährigen Haftstrafen. 17. Juni 1953 – der erste Volksaufstand gegen die Sowjetherrschaft in Mitteleuropa. Er bestätigt nur, was heutige Historiker über die Gesamtlage der Sowjetunion nach Stalins Tod berichten – die Kremlführung sitzt auf einem Pulverfaß.

Chruschtschow löst Malenkow ab

Diese Führung versucht zu handeln. Der neue Regierungschef Malenkow kündigt eine entscheidende Wende in der Wirtschaftspolitik an: Ab sofort werde der Konsumgüterindustrie der Vorrang vor der

Drei Monate nach Stalins Tod kommt es in der deutschen Sowjetzone zu einem Volksaufstand. Die Demonstranten fordern zuerst bessere Arbeitsbedingungen, dann aber freie Wahlen und die Wiedervereinigung. Die DDR-Führung ruft die sowjetische Besatzungsmacht zu Hilfe, um den Aufstand niederzuschlagen. Rechts: Demonstranten bewerfen Sowjetpanzer mit Steinen.

Schwerindustrie eingeräumt. Es ist das Rütteln an einem Tabu. Seit Lenin galt der absolute Vorrang der Schwerindustrie als Voraussetzung für den Aufbau des Sozialismus. Erst seien die Maschinen und auch die Panzer und Flugzeuge zu bauen, ehe an eine Hebung des Lebensstandards der Bevölkerung gedacht werden könne. Jetzt kündigt Malenkow mit dem „neuen Kurs" die Umkehrung dieses Prinzips an: Zunächst müsse es den Menschen besser gehen, dann erst könnten sie weitere große Leistungen setzen.

Doch analog zum Fall Berija werden innerhalb des Parteipräsidiums Malenkows Pläne angegriffen, nicht weil sie schlecht oder falsch wären, nein, mit den Angriffen auf seine Politik soll Malenkow ausgeschaltet werden, der sich nach Berija geradezu automatisch als neuer Führer der Sowjetunion empfiehlt. Genaugenommen sind Berijas Reformvorschläge das einzig mögliche Programm für jeden nachfolgenden Sowjetführer. Doch solange der Machtkampf nicht entschieden ist, wird jeder Reformversuch zum Anlaß genommen, den jeweiligen neuen starken Mann zu fällen. Malenkow ergeht es nicht anders. Verkündet Malenkow den Vorrang der Konsumgüterindustrie und fordert einen Ausgleich mit dem Westen, so beharrt der neue Erste Sekretär der Partei, Nikita Chruschtschow, auf der Beibehaltung des Vorrangs der Schwerindustrie, und er ist auch gegen eine Annäherung an den Westen, wenn der Preis eine Schwächung der sowjetischen Position sein müßte. Schwerindustrie, das ist ja auch Rüstung. Der Kreml gibt zwar endlich das Signal zum Waffenstillstand in Korea und ermöglicht damit zum ersten Mal wieder einen Dialog mit dem Westen, aber fast gleichzeitig wird die erste sowjetische Wasserstoffbombe gezündet. Die Sowjetunion scheint auf dem Rüstungsgebiet die USA tatsächlich einzuholen. Das sollte der neuen Führung ausreichend Stärke und Prestige einbringen, um auch Kompromisse eingehen zu können. Man handelt nicht aus der Position eines Schwächeren.

Zehn Monate nach Stalins Tod wird auf sowjetisches Betreiben wieder eine Außenministerkonferenz der Großen Vier – USA, Sowjetunion, Großbritannien, Frankreich – einberufen. Sie nimmt am 25. Januar 1954 in Berlin ihren Anfang. Getagt wird abwechselnd in West- und in Ostberlin. Ziel der Tagung soll wieder einmal die Lösung der Deutschlandfrage sein. Es ist allen Seiten bewußt, daß es ohne eine Lösung für Deutschland keine Lösung für Europa geben wird, eine Beibehaltung der Spaltung Deutschlands bedeutet die Vertiefung der Spaltung Europas. Braucht die Sowjetunion Entspannung, so wird man die Deutschlandfrage lösen oder zumindest entschärfen müssen.

Die Berliner Konferenz ist aus zwei Gründen bemerkenswert: Die Sowjets schlagen zwar, wie schon Stalin in seinem Brief 1952 an die Westmächte, die Wiedervereinigung Deutschlands vor, beharren aber darauf, beide deutsche Regierungen, die der Bundesrepublik und die der DDR, gleichberechtigt in diesen Prozeß einzuschalten. Das ist nach damaliger bundesdeutscher und westlicher Auffassung unannehmbar: Versteht man sich in Bonn doch als die einzige vom Volk legitimierte Regierung Deutschlands, während die Regierung in der DDR ein von sowjetischen Panzern oktroyiertes Regime darstellt, vom Volk nicht nur nicht gewählt, sondern abgelehnt.

Die Sowjets sehen dies natürlich nicht so, aber eines verstehen sie sehr gut: Die von ihnen gestellte Vorbedingung einer gleichberechtigten Anerkennung der DDR-Regierung wird und muß die Verhandlungen zum Scheitern bringen. Moskau will zwar Entspannung und signalisiert das auch mit dieser Konferenz, aber es will zumindest in der Deutschlandfrage keine ernsthaften Zugeständnisse machen. Auch in anderen Fragen ist die sowjetische Außenpolitik noch zurückhaltend: Den seit Jahren in seinen wesentlichen Grundzügen ausgearbeiteten Staatsvertrag für Österreich, so erklärt Molotow, sei man nun bereit zu unterzeichnen – unter einer kleinen Bedingung: Solange es keinen Friedensvertrag mit Deutschland gebe, müßte in Österreich, auch nach Abschluß des Staatsvertrags, ein Kontingent sowjetischer Truppen stationiert bleiben. Als Schutz vor einem wiedererstehenden deutschen Militarismus, sagt Molotow. Das Angebot wird vom österreichischen Außenminister Leopold Figl und dessen Staatssekretär Bruno Kreisky gleich an Ort und Stelle, bei der Berliner Konferenz, abgelehnt.

Aber ein Wort ist gefallen: Neutralität. Die Sowjets zeigen sich prinzipiell bereit, Österreich in die Freiheit zu entlassen, wenn sich die Österreicher dafür zur Neutralität verpflichten. Und der amerikanische Außenminister John Foster Dulles, der Neutralität in der Auseinandersetzung zwischen gut und böse stets als höchst unmoralisch bezeichnet hat, zeigt sich bereit, eine Neutralität Österreichs zu akzeptieren, wenn sich die Sowjets dafür tatsächlich aus diesem Teil Mitteleuropas zurückziehen. Nach der Berliner Konferenz sind die Positionen abgesteckt. Im Kreml weiß man, daß man die gewünschte Entspannung nicht ohne entscheidende Konzessionen erhalten wird. Und dazu bedarf es einer entschlossenen handlungsfähigen Regierung.

Chruschtschow hält sich für den geeigneten Mann. Seine Kritik an Malenkow und dessen Politik wird schärfer, im Führungskollektiv zeichnet sich eine neue Konstellation ab: Im Februar 1955 tritt Malenkow vom Posten des Ministerpräsidenten zurück. Der Oberste Sowjet wird einberufen, um Malenkows Selbstkritik anzuhören: Sein „Neuer Kurs" habe das Land wirtschaftlich nicht vorangebracht, und insbesondere habe er die (immer noch anhaltende) kritische Lage der sowjetischen Landwirtschaft verschuldet. Zum ersten Mal aber wird ein gestürzter Sowjetführer weder verhaftet noch umgebracht. Malenkow behält seinen Sitz im Parteipräsidium und darf sogar in der Regierung bleiben. Er wird Minister für Energieversorgung. Drei Männer treten nun in den Vordergrund: Chruschtschow als Erster Sekretär übernimmt die Führungsrolle, wie einst Stalin. Der bisherige Verteidigungsminister Bulganin wird Ministerpräsident. Eine Zeitlang wird er Chruschtschow auf dessen Auslandsreisen noch begleiten, um neben dem dominanten Parteisekretär sozusagen doch auch noch die Sowjetregierung zu repräsentieren. Chruschtschow hat für seinen Machtkampf einen wichtigen Verbündeten vorgesehen. Georgij Schukow, Marschall und erfolgreichster Armeegeneral im Zweiten Weltkrieg. Er verteidigte Moskau, siegte bei Stalingrad und zog als Sieger in Berlin ein. Wie viele andere verdiente Kommandeure wurde auch Schukow nach dem Krieg von Stalin kaltgestellt. Sofort nach Stalins Tod ruft Chruschtschow Marschall Schukow nach Moskau, ernennt ihn zum stellvertretenden Verteidigungsminister und damit zum Leiter der Streitkräfte und überträgt ihm zwei Jahre später als Nachfolger Bulganins das Amt des Verteidigungsministers. Schukow stützt Chruschtschow mit dem Prestige und vermutlich auch mit der Macht der Armee.

Am Beispiel Österreich

Chruschtschow geht unverzüglich daran, die seit zwei Jahren angesteuerte, aber bisher nicht erreichte außenpolitische Entspannung herbeizuführen. Im April 1955, zwei Monate nach Malenkows Sturz, erhält die österreichische Bundesregierung überraschend die Einladung, eine repräsentative Delegation nach Moskau zu entsenden. Sowjetische Militärflugzeuge stünden für deren Transport bereit. Bundeskanzler Julius Raab, Vizekanzler Adolf Schärf, Außenminister

Leopold Figl und Staatsekretär Bruno Kreisky machen sich auf den Weg. Noch ist es die Regierung eines besetzten Landes, aber in Moskau werden die Österreicher mit allen militärischen Ehren empfangen, im Gästehaus der Sowjetregierung untergebracht und von Außenminister Molotow sogleich mit einem Angebot überrascht: Abschluß des Staatsvertrags ohne Zurücklassung sowjetischer Truppen, jedoch im Austausch für die künftige Neutralität Österreichs. Die Sowjets sind auch bereit, die von ihnen als deutsches Eigentum beschlagnahmten Industrien und Erdölfelder aufzugeben und sie gegen Geld und Warenlieferungen ablösen zu lassen. Es kennzeichnet die damalige internationale Lage und das tiefe Mißtrauen gegenüber der Sowjetunion, daß die Österreicher das Angebot Molotows keineswegs gleich annehmen. Insbesondere der sozialistische Vizekanzler Schärf hat Bedenken: Die geforderte Neutralität bedeute einen Verzicht auf den Schutz durch die Westmächte, Österreich werde seine westlichen Freunde verlieren. Man könne nicht sicher sein, ob nach Abzug aller Besatzungsmächte die Sowjets nicht eines Tags zurückkehren, in einem Augenblick, da der Westen nichts für Österreich tun könne.

Es ist Molotow, der den Österreichern am nächsten Tag in Erinnerung ruft, daß der US-Außenminister Dulles die Idee der Neutralität Österreichs bereits akzeptiert habe. In der Tat hatten sich der ame-

Die Sowjetunion erklärt sich überraschend bereit, ihre Besatzungstruppen aus Österreich abzuziehen und den seit langem vorbereiteten Staatsvertrag mit Österreich zu unterzeichnen. Der Preis ist die Verpflichtung Österreichs zur Neutralität. Ein entsprechendes Memorandum wird von einer österreichischen Regierungsdelegation in Moskau unterzeichnet. Die Unterzeichnung wird in der österreichischen Botschaft in Moskau gefeiert. Oben von links nach rechts: Staatssekretär Kreisky, Außenminister Molotow, Vizekanzler Schärf, Nikita Chruschtschow, Bundeskanzler Raab, Ministerpräsident Bulganin, die Minister Mikojan, Malenkow und Kaganowitsch, der österreichische Botschafter Bischoff, Parteipräsidiumsmitglied Perwuchin, Außenminister Figl, Marschall Konjew.

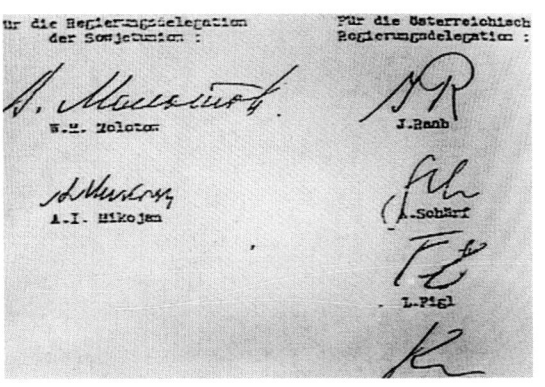

rikanische Präsident Eisenhower und sein Außenminister Dulles am Vorabend der Berliner Konferenz über diese Frage verständigt: Eine Neutralität, wie sie die Schweiz handhabt, sei auch für Österreich annehmbar, neutral, aber bewaffnet, und bereit, die Neutralität mit allen Mitteln zu verteidigen. Dann werde Österreich nicht zum militärischen Vakuum im Zentrum Europas, in das die Sowjets wieder leicht hineinstoßen könnten, dann wäre eine Überschreitung der österreichischen Grenze ein Casus belli. Der Abtausch – Abzug der Sowjets gegen österreichische Neutralität – wird in Moskau in einem noch geheimzuhaltenden Memorandum zwischen den Österreichern und den Sowjets vereinbart.

Die gesamte sowjetische Führungsspitze stellt sich bei einem Empfang in der österreichischen Botschaft ein, um die Vereinbarung zu feiern. Die Bilder gehen um die ganze Welt: Erstmals ist die Sowjetunion wieder bereit, einen Teil des von ihr eroberten Gebiets in Mitteleuropa freizugeben. Der Westen, einige Wochen lang noch mißtrauisch, akzeptiert den sowjetischen Schritt als Auftakt einer neuen Politik der Entspannung. Am 15. Mai 1955 wird im Wiener Schloß Belvedere von den Außenministern der vier Mächte und Österreichs der Staatsvertrag feierlich unterzeichnet. Die Menschen jubeln, und am Abend gibt es ein Festbankett im Schloß Schönbrunn. Am 26. Oktober beschließt der österreichische Nationalrat ein Gesetz, das die immerwährende Neutralität Österreichs verfassungsmäßig verankert. Die Vereinbarung von Moskau ist eingelöst.

Damals und seither ist immer wieder die Frage gestellt worden, ob die Sowjetführung mit dem österreichischen Staatsvertrag mehr im Sinn hatte, als nur eine Geste der Entspannung zu setzen. Sollte der Vertrag Modellcharakter haben für Deutschland? Bundeskanzler Raab reiste zu Adenauer nach Bonn, nicht um das österreichische Modell anzubieten, wohl aber um den deutschen Bundeskanzler über alles zu unterrichten, was in Moskau gesprochen und welche Eindrücke man dort empfangen habe. Adenauer wies jeden Gedanken einer Neutralisierung Deutschlands zurück. Der Fall Deutschland sei völlig anders gelagert. Und interessanterweise konnten sich die Österreicher bald davon überzeugen, daß auch die Sowjets so dachten. Der Vorsitzende der deutschen Sozialdemokraten, Erich Ollenhauer, ersuchte seinen Parteifreund Adolf Schärf, bei dessen nächstem Besuch in Moskau vertraulich nachzufragen, ob die Sowjets zu einer Lösung der Deutschlandfrage nach österreichischem Muster bereit wären. Schärf kam diesem Ersuchen nach und richtete diese Frage an den damaligen stellvertretenden sowjetischen Ministerpräsidenten Anastas Mikojan. Dieser lehnte rundweg ab: Österreich sei ein kleines Land, es werde sich hüten, eingegangene Verpflichtungen zu verletzen. Würde es dennoch seine Neutralitätspflicht brechen, wäre es rasch zur Ordnung zu rufen. Deutschland sei ein großes Land, auch ein neutrales Deutschland würde eine ansehnliche militärische Stärke entwickeln. Wenn es eines Tages seine Neutralität aufgäbe und sich auf die Seite der Gegner der Sowjetunion stelle, „was können wir dann schon tun?", stellt Mikojan die rhetorische Frage. „Einmarschieren, einen Krieg beginnen?" Eine eindeutige Antwort. Die allerdings wieder eine Frage aufwirft: Was hatte sich Stalin vorgestellt, als er die Wiedervereinigung Deutschlands im Austausch gegen Neutralität vorschlug?

Chruschtschow und Gorbatschow – eine Parallele

Erneut ist man versucht, zwischen der Situation von 1955 und der des Jahrs 1990 eine Parallele zu sehen: 1955 saß die Sowjetführung auf einem Pulverfaß, die Lage im eigenen Land und in ihrem Satellitenbereich war, wie wir heute wissen, hoch explosiv. Zuerst Stalin, dann Berija, beide dachten an eine Entspannung durch eine Lösung der Deutschlandfrage. Chruschtschow ging da nicht so weit, er hoffte, die Entspannung mit einem kleineren Opfer zu erreichen, mit dem Rückzug aus Österreich. Das große Opfer Deutschland wollte er (noch?) nicht darbringen. Um den sowjetischen Machtbereich zu sichern, ließ er auch bald die Panzer rollen – in Polen und in Ungarn, sein Nachfolger Breschnew später auch in der Tschechoslowakei. Als Gorbatschow die Führung der Sowjetunion übernahm, war die Lage im eigenen Land wie im Satellitenbereich vermutlich noch explosiver als zwischen 1953 und 1955. Um die Probleme der Sowjetunion zu lösen, mußte Gorbatschow den gleichen Kurs einschlagen wie Chruschtschow: Entspannung mit dem Westen und Abbau der Spannungen innerhalb des Ostblocks. Mit kleinen Konzessionen kam er da nicht mehr durch: Gorbatschow, der gewiß gehofft hatte, durch seine neue Politik den Ostblock zusammenhalten zu können, mußte den Rückzug antreten, den Rückzug von der Elbe bis an die sowjetischen Staatsgrenzen.

Eine Konsolidierung des mit Gewalt und gegen den Willen der Völker errichteten kommunistischen Systems war in den 45 Jahren seit Kriegsende nicht gelungen. Stalin, der sein eigenes Land und die von der Roten Armee eroberten Länder mit eiserner Faust regierte,

Die seit langem bestehenden militärischen Bündnisverträge zwischen der Sowjetunion und den einzelnen Ostblockstaaten werden im Mai 1955 in Warschau zu einem Gesamtbündnis zusammengefaßt, das als Warschauer Pakt in die Geschichte eingegangen ist. Unten: Für die Sowjetunion unterzeichnen Ministerpräsident Bulganin (Mitte), Molotow (links), Marschall Schukow (rechts). Oben: Marschall Schukow bei seinem Eintreffen in Warschau. Mitte: Walter Ulbricht vertritt die DDR, die damit ebenfalls fester Bestandteil des östlichen Militärbündnisses wird.

mochte sich noch der Illusion hingegeben haben, daß sich auf diese Weise das System werde halten lassen, bis der Aufbau des Sozialismus abgeschlossen ist. Das Füllhorn des Kommunismus würde sich über die beherrschten Völker ergießen, die sich dann höchst freiwillig zu dieser besseren und schöneren Welt bekennen würden. Das jedenfalls schien das von Stalin vorgegebene Ziel zu sein. Und alle seine Nachfolger bis Gorbatschow waren bestrebt, dieses Ziel zu erreichen. Sie setzten dazu unterschiedliche Mittel ein und waren doch immer wieder mit den gleichen Problemen konfrontiert: Nur eine militärisch starke Sowjetunion war imstande, den eigenen Herrschaftsbereich nach innen unter Kontrolle zu halten und nach außen abzusichern; die Hochrüstung aber verschlang Unsummen, und die wirtschaftliche Basis war nicht groß genug, gleichzeitig auch den Lebensstandard der Bevölkerung ausreichend zu erhöhen. Das niedrige Lebensniveau erforderte erneut Abschirmungs- und Unterdrückungsmaßnahmen, den Eisernen Vorhang, die Mauer in Berlin. Man setzte weiterhin auf Lenins Rezept – die Weltrevolution in das Lager des Feindes tragen, kommunistische Machtergreifungen herbeiführen, nationale Befreiungskriege unterstützen, den Kapitalismus zu Fall bringen, ein sozialistisches Weltsystem errichten. Das kostete erneut Unsummen an Geld und lief gleichzeitig permanent der anderen außenpolitischen Linie zuwider, die auf Entspannung bedacht sein mußte, auf den Ausbau der Wirtschaftsbeziehungen zum Westen, auf den Zugang zu Technologie und Krediten. Das war nichts Neues, damit war schon Lenin konfrontiert. Diese Doppelgleisigkeit, dieser immanente Widerspruch war seine Erfindung: Lenin rief zur Weltrevolution auf und gründete die III. Internationale, mit deren Hilfe die demokratischen Regierungen gestürzt werden sollten, und gleichzeitig mußte er den Vertrag von Rapallo schließen, mußte um die Anerkennung des Sowjetstaats durch die übrige Welt ringen, denn ohne raschen Ausbau der Wirtschaftsbeziehungen hätte sich der Sowjetstaat nicht halten können. Erst Gorbatschow hatte den Mut, die Unsinnigkeit dieses Widerspruchs einzusehen und zuzugeben, Abschied zu nehmen von einer doppelten Form des Imperialismus, vom russischen und vom international-kommunistischen. Es ist diese Erkenntnis von heute, die uns die Handlungen der Nachfolger Stalins um vieles besser verstehen lassen. Aber auch verstehen lassen, daß alle ihre Bemühungen immer wieder vom Scheitern bedroht waren, ja letztlich gescheitert sind. Chruschtschow will mit dem Abschluß des österreichischen Staatsvertrags die Entspannung mit dem Westen herbeiführen.

Gleichzeitig will Chruschtschow den eigenen Machtbereich absichern. Einen Tag vor Unterzeichnung des Staatsvertrags in Wien, am 14. Mai 1955, treten in Warschau die Ministerpräsidenten sowie die Außen- und Verteidigungsminister aller Ostblockstaaten mit Ausnahme Jugoslawiens zusammen, um ein Verteidigungsbündnis zu schließen. Die Sowjetdelegation wird von Bulganin, Molotow und Schukow geführt, die DDR ist durch Otto Grotewohl und Walter Ulbricht vertreten. Das Bündnis wird von nun an „Warschauer Pakt" genannt werden. Der Warschauer Pakt ist nicht, wie es offiziell heißt und gerne geglaubt wird, eine Antwort des Ostblocks auf die Gründung der NATO, das westliche Verteidigungsbündnis. Die NATO war schon 1949 gegründet worden, als Antwort des Westens auf den Putsch von Prag, auf die Berliner Blockade, und vor allem auf das bereits bestehende dichte Netz militärischer Bündnisverträge zwischen der Sowjetunion und allen ihren Satellitenstaaten. Selbst die DDR war in die Aufrüstung des Ostens zu diesem Zeitpunkt schon voll miteinbezogen. Nein, der Warschauer Pakt ist die Antwort auf die bereits eingeleitete Einbeziehung der Bundesrepublik Deutschland in die NATO. Im Osten, insbesondere in der DDR, in Polen und in der Tschechoslowakei, muß das Sicherheitsgefühl des Regimes in Anbetracht des militärischen Zusammenschlusses in Westeuropa gestärkt werden. An den Kräfteverhältnissen ändert der Pakt nichts mehr, außer daß von nun an beide deutsche Staaten ganz offiziell den Militärsystemen der beiden Blöcke angehören. In diesem Sinn ist der Abschluß des Warschauer Pakts kein neues Spannungselement, sondern eher ein Zeichen der Konsolidierung bestehender Machtverhältnisse in Europa. Daß der Warschauer Pakt 24 Stunden vor dem österreichischen Staatsvertrag unterzeichnet wird, kann im übrigen als ein weiteres Anzeichen dafür gewertet werden, daß an eine Freigabe Ostdeutschlands, der DDR, von seiten Moskaus kaum mehr gedacht wird.

Hingegen setzt Chruschtschow seine Entspannungsoffensive fort, nicht nur gegenüber dem Westen, auch im kommunistischen Bereich. Ende Mai trifft er gemeinsam mit Bulganin überraschend in Belgrad ein. Er wird von Tito auf dem Flughafen begrüßt, doch als Chruschtschow zu dem zwischen Kommunisten üblichen Bruderkuß ansetzt, weicht Tito zurück und läßt es bei einem kühlen Händedruck bewenden.

Chruschtschow ist gekommen, um den Konflikt mit Tito beizulegen. Es ist ein Canossagang. Chruschtschow muß zugeben, daß die Schuld an dem Konflikt die Sowjetunion trifft, auch wenn er dafür zunächst nicht Stalin, sondern den „Verräter" Berija verantwortlich macht. Doch von viel größerer Bedeutung ist, daß Chruschtschow hier in Belgrad Titos These akzeptiert, es gäbe nicht nur einen, sondern verschiedene Wege zum Sozialismus. Damit wird die von Lenin der III. Internationale auferlegte Pflicht, dem sowjetischen Modell zu folgen, aufgehoben. Mit nahezu unmittelbaren Folgen: Denn jetzt fragt man sich in Ungarn, in der Tschechoslowakei, was es dann auf sich hatte mit den Schauprozessen gegen die vielen prominenten KP-Führer – Slánský, Rajk und viele mehr –, denen man vorgeworfen hatte, Titoisten zu sein? Die man zum Tod verurteilt und hingerichtet hat, weil sie nur ansatzweise einen eigenen nationalen Weg einzuschlagen im Begriff waren. Unüberhörbar bereits die Kritik an Stalin und an dessen brutalem Vorgehen zur Bewahrung der sowjetischen Hegemonie.

Der XX. Parteitag: Abrechnung mit Stalin

In Moskau selbst spitzt sich die Lage zu: Chruschtschow würde als Verräter an der bis vor kurzem über alles gelobten Politik Stalins dastehen, wenn er nicht bald Beweise dafür erbringen kann, daß diese Politik falsch war und Stalin nicht so fehlerlos gewesen sei, wie man meinte. Vom 14. bis 25. Februar 1956 tagt der XX. Parteitag der KPdSU. Es ist der erste Parteitag nach Stalins Tod. Schon in seinem offiziellen Rechenschaftsbericht schlägt Chruschtschow kritische Töne gegenüber Stalin an. Dann meldet sich Chruschtschow zu einem zweiten Referat, diesmal in geschlossener Sitzung. Den Delegierten wird aufgetragen, nichts von dem, was hier gesagt wird, an die Öffentlichkeit zu tragen. Chruschtschow spricht über Stalin. Delegierte, die damals dabei waren, schildern heute noch erregt, wie der Saal in Schrecken erstarrte, als Chruschtschow Stalin beschuldigte, die großen Verschwörungen selbst ausgeheckt zu haben, daß all die Hingerichteten in Wirklichkeit unschuldig gewesen seien, daß Stalin den Befehl gegeben habe, ihre Geständnisse zu erpressen: „Die Methode war einfach, schlagen, schlagen, schlagen."

Chruschtschow zählt die Namen prominenter Parteiführer auf, Mitglieder des Politbüros, des Zentralkomitees, alle unschuldig hingerichtet. Jeder geringste Hinweis von irgendeinem Schreiber hätte genügt, um Stalins Mißtrauen zu erregen und dessen Terrormaschine

Chruschtschows Canossagang nach Belgrad im Mai 1955. Die Sowjetführung nimmt die Schuld für den Bruch mit Tito auf sich und bestätigt, daß es verschiedene Wege zum Sozialismus geben kann. Unser Bild zeigt die Sowjetdelegation nach ihrer Ankunft auf dem Belgrader Flughafen; links Tito, selbstbewußt und distanziert.

in Gang zu setzen. Zum ersten Mal wird vor dem Plenum eines Parteitags über Lenins Testament offen gesprochen, über dessen Warnung vor Stalin. Und wie recht Lenin hatte mit seiner Charakterisierung Stalins. Dieser habe „in einer ganzen Serie von Fällen seine Intoleranz, seine Brutalität und seinen Mißbrauch der Macht bewiesen". Er habe „oft den Weg der Unterdrückung, der physischen Beseitigung gewählt, und zwar nicht nur gegen tatsächliche Gegner, sondern auch gegen Menschen, die kein Verbrechen gegen die Partei oder die sowjetische Regierung begangen hatten". Chruschtschow schildert, wie die Verfahren fabriziert, die Geständnisse durch Folter erpreßt, die Urteile von vornherein anbefohlen waren. Er schildert Stalin als größenwahnsinnigen Sadisten, als einen zutiefst unmoralischen Menschen. Auch habe Stalin als Oberster Kriegsherr im Zweiten Weltkrieg grobe Fehler begangen, die gewaltige Menschenopfer gefordert hatten. Und Lawrentij Berija sei Stalins verbrecherischer Henkersknecht gewesen. Chruschtschow berichtet von einer Reihe bisher unbekannter Untaten Berijas. Chruschtschow stehen Tränen in den Augen, als er erzählt, wie er selbst auf Stalins Befehl auf den Tisch steigen und wie ein Bär tanzen mußte, um den Diktator zu erheitern.

Chruschtschow berichtet, aber er analysiert nicht. Er sagt zwar, an all dem sei der Personenkult schuld, „dieser Kult, der von einem gewissen Augenblick an die Ursache für eine ganze Serie von außerordentlich ernsthaften und schweren Verfälschungen der Parteiprinzipien, der Parteidemokratie und der revolutionären Gesetzlichkeit wurde". Tiefer aber geht er nicht. Da den Delegierten verboten ist, nach dem Parteitag über den Inhalt dieser Rede zu sprechen, gibt es auch innerhalb der Partei keine Diskussion. Nach und nach wird der Personenkult öffentlich verurteilt. Stalins Leichnam, den man so wie den Lenins einbalsamiert und neben Lenin in dessen Mausoleum aufgebahrt hatte, wird während des XXII. Parteitags 1961 aus der Nachbarschaft Lenins entfernt und an der Kremlmauer in einem gewöhnlichen Ehrengrab beigesetzt. Angeblich habe man eine meterdicke Be-

tondecke über den Sarg gelegt, um sicherzustellen, daß die Gebeine Stalins nicht eines Tages wieder zu Kultgegenständen würden. Chruschtschow hatte schon Ende 1953 gegen den Widerstand eines Teils des ZK–Präsidiums – Molotow, Malenkow und Kaganowitsch gehörten dazu – die Einsetzung einer Kommission zur Untersuchung der Verbrechen Stalins durchgesetzt. Sie wird von Pjotr Pospelow geleitet, einem früheren Prawda-Redakteur und eifrigsten Stalin-Verherrlicher. Doch Pospelow kommt nicht umhin, die Verbrechen Stalins aufzudecken. Die Resultate von Pospelows Untersuchungen ergaben die Grundlagen zu Chruschtschows Geheimrede am XX. Parteitag. Und Chruschtschow ordnet an, daß alle unschuldig Verurteilten aus den Gulags zu entlassen seien. Es sind Millionen. Wolkogonow schreibt zur Geheimrede Chruschtschows: „Er folgte dabei nicht dem Ruf seines Herzens, wie er uns später weismachen wollte. Vielmehr wurden das ZK und die Regierung überschwemmt von einer Welle von Protesten und Hoffnungen von Menschen, die sich hinter Stacheldraht befanden. Der Glaube an die Wiederherstellung der Gerechtigkeit war erwacht. Nun, nach Stalins und Berijas Tod glaubte niemand mehr daran, daß jemand sich erdreisten könnte, weiterhin Menschen in Verbannung und Lager verfaulen zu lassen." Gefangene werden entlassen, Hingerichtete posthum rehabilitiert, alle Schuld wird dem Diktator zugeschrieben. Die Frage, wieso Stalin so viele willige Helfer fand, wieso hohe und höchste Parteifunktionäre dies alles mitansehen und zulassen konnten, wieso es weder in der Partei noch im Staat irgendeine kontrollierende Macht gab, wieso selbst jetzt noch über all das nicht offen geredet werden sollte, diese Fragen wurden, wie wir heute wissen, zwar von vielen intelligenten Menschen in der Sowjetunion und im gesamten kommunistischen Lager gestellt, aber weitgehend hinter vorgehaltener Hand, nicht öffentlich.

Am XX. Parteitag der KPdSU 1956 überrascht Chruschtschow die Delegierten mit der Enthüllung der Verbrechen Stalins (rechts). Die Rede soll geheim bleiben, wird aber bald im Westen, später auch im Osten bekannt. In seiner Rede beklagt sich Chruschtschow unter anderem darüber, daß ihm Stalin bei Trinkgelagen befohlen habe, auf den Tisch zu steigen und wie ein Bär zu tanzen. Die Rede enthüllt die totale Unterwerfung der Führungsspitze unter Stalins Diktat (oben).

Der Personenkult war an allem schuld. Worin er bestand, wie er zustande kam, das durfte nicht erörtert werden. Verständlich, die gesamte Führungsgarnitur nicht nur der KPdSU, sondern aller kommunistischen Parteien des Ostblocks hätte daraufhin abgesetzt und ihrerseits angeklagt werden müssen. Auch hätte man selbst Abschied nehmen müssen von der Diktatur. Ohne sie aber kann sich kein einziges Ostblockregime halten. Das haben die Umbrüche der Jahre 1989/91 bewiesen. Und Chruschtschow selbst nimmt bald wieder Zuflucht zu den Mitteln der Diktatur.

Die Aufstände in Polen und in Ungarn

Chruschtschows Abrechnung mit Stalin und dem Personenkult bleibt natürlich nicht geheim. In der Sowjetunion wird Chruschtschows Geheimrede zwar erst 1989 in der „Iswestija" veröffentlicht, aber im Westen und auch in den Satellitenstaaten werden die wesentlichen Aussagen bald bekannt. Außerdem: Erneut dem sowjetischen Beispiel folgend, beginnen die einzelnen kommunistischen Parteien nun selbst mit der Entstalinisierung. Dieser Prozeß nimmt seltsame Formen an. Auf der 3. Parteikonferenz der SED betont Ulbricht das Prinzip der kollektiven Führung gegenüber der Herrschaft einer Person, ohne daran zu denken, seine eigene Herrschaft aufzugeben. In der Tschechoslowakei wird weder die Führung noch der Führungsstil in Frage gestellt, doch die Überlebenden des Slánský-Prozesses werden rehabilitiert, und es wird zugegeben, daß die Geständnisse bei diesem Prozeß erpreßt worden sind. In Ungarn versucht sich der Parteichef Mátyás Rákosi zu retten, indem er bei einer Massenveranstaltung öffentlich Selbstkritik übt und schwere Gesetzesbrüche eingesteht; an die 150 Sozialdemokraten, die seit Jahren im Gefängnis sitzen, werden freigelassen, versöhnliche Töne gegenüber der Kirche angeschlagen. Überall versuchen sich die stalinistischen Führungsgarnituren zu halten.

Doch die Entstalinisierung hat auch eine zweite Seite: Die Bevölkerung, die Menschen überwinden ihre Angst vor dem System. Im Juni 1956 kommt es in Polen, in Posen, zu Arbeiterunruhen. Als die Regierung die Polizei einsetzt, die in Anbetracht der gerade stattfindenden Posener Messe diese Unruhen so schnell wie möglich beenden will und daher brutal zuschlägt, wird aus den Unruhen ein Aufstand. Panzer werden eingesetzt, der Aufstand wird gebrochen. Die Bilanz – 53 Tote, über 300 Verletzte. Aber in ganz Polen wächst die Unruhe, wird der Ruf nach dem Sturz des Regimes laut. Dieses sucht seine Rettung mit einer Flucht nach hinten: Der 1948/49 wegen titoistischer Tendenzen entmachtete und diffamierte Wladislaw Gomulka wird rehabilitiert, erneut in das Zentralkomitee aufgenommen und zum Ersten Sekretär gewählt. Ein Opfer des Stalinismus an der Spitze der Partei, das sollte die Massen beruhigen. Chruschtschow fliegt nach Warschau, um Gomulka zu verhindern, aber die polnischen Kommunisten setzen sich durch. Erstmals ist Moskaus starker Arm nicht stark genug. Das hat Folgen.

Im Oktober kommt es in Budapest zu einer Sympathiekundgebung für die Aufständischen in Polen. Studenten ziehen zum Denkmal des polnischen Freiheitshelden Jozef Bem, der einst für Ungarn gegen Habsburg und gegen die Russen gekämpft hatte. Vor dem Denkmal wird aber nicht nur der Polen gedacht, die Menge ruft nach Reformen: Weg mit den Stalinisten! Mehr Demokratie! Der Dichter Sandor Petöfi wird zitiert: „Nie wieder werden wir Sklaven sein." Plötzlich kommen Sprechchöre auf: „Ruszkik haza!" – Russen nach Hause. Aus den Fahnen wird das Wappen der Diktatur herausgeschnitten. Immer wieder wird die ungarische Nationalhymne angestimmt, das Freiheitslied der Ungarn. Im ungarischen Schriftstellerverband werden Forderungen an die Regierung, an die Partei formuliert: Ja zum Sozialismus, aber weg mit der Tyrannei, weg mit den Stalinisten! Für Demokratie und geheime Wahlen!

András Hegedüs, der damalige ungarische Ministerpräsident, erinnert sich: „Als eine beschleunigte Demokratisierung gefordert wurde, von unseren eigenen kommunistischen Schriftstellern und Intellektuellen, gab ich zur Antwort, daß wir das nicht tun könnten, denn dann riskierten wir einen – damals sagte ich noch nicht Aufstand, damals sagte ich: eine Konterrevolution." Der Aufstand ist bereits voll im Gang. Die Menge zieht zum Denkmal Josef Stalins, einer

Ende Oktober 1956 wird aus einer Sympathiekundgebung ungarischer Studenten für die Aufständischen in Polen eine Demonstration zur Änderung der Verhältnisse in Ungarn

(oben). Der damalige Ministerpräsident András Hegedüs (unten links) erinnert sich an ein Gespräch mit dem KP-Chef Rákosi (unten rechts): „Wir sitzen auf einem Vulkan."

übergroßen Statue. Sie wird gestürmt und schließlich gestürzt. Vom Stalin-Denkmal zieht man zum Rundfunkgebäude, fordert eine wahrheitsgetreue Berichterstattung. Die Demonstranten wollen sich selbst über den Rundfunk an das Volk wenden. Da eröffnet die Polizei das Feuer. Es gibt die ersten Toten. Jetzt bewaffnen sich die Studenten. Arbeitermilizen kommen aus den Fabriken und nehmen an der Seite der Studenten den Kampf gegen die Polizei auf, vor allem gegen den verhaßten Staatssicherheitsdienst. Das Straßenpflaster wird aufgerissen, Barrikaden werden errichtet. Die Aufständischen schießen sich den Weg zu den Regierungszentren frei.

Unter diesem Druck gibt die Partei nach und versucht es den Polen gleichzutun: Zwei Verfolgte der Stalin-Ära, vor kurzem noch entmachtet, werden an die Spitze des Staats und der Partei gestellt: Imre Nagy wird neuer Ministerpräsident, János Kádár neuer Parteichef. Beide sind Kommunisten der ersten Stunde, doch beide gelten als Reformer. Die neue Führung verspricht auch, die geforderten Reformen durchzuführen. Aber die Sowjets warten nicht ab – ihre Besatzungstruppen greifen ein. Das läßt den Aufstand sofort wieder aufflammen. Nun stehen die Ungarn im Kampf mit der Sowjetarmee. Es ist der 25. Oktober 1956. Doch da stellt sich die ungarische Armee auf die Seite des Aufstands. Die Sowjets werden geschlagen, ihre Panzer räumen Budapest. Für ein paar Tage glauben die Ungarn, glaubt die Welt, daß die Revolution gesiegt hätte. Die politischen Gefangenen werden befreit, befreit auch der zu lebenslanger Kerkerstrafe verurteilte Fürstprimas Kardinal Mindszenty.

Doch die sowjetischen Panzer, die Budapest verlassen haben, machen auf ihrem Rückzug plötzlich Halt. Neue sowjetische Streitkräfte rollen zur Verstärkung nach Ungarn. Die ungarische Regierung ruft um Hilfe, sendet Telegramme an die UNO. Die Sowjets bieten Verhandlungen an. Der sowjetische Botschafter in Budapest heißt Juri Andropow. Der ungarische Verteidigungsminister Pál Maléter begibt sich zu den Sowjets, um zu verhandeln. Er fährt in eine Falle und kehrt nicht zurück. Statt dessen kommen die Sowjets, diesmal in großer Übermacht. Ihre Panzer walzen den ungarischen Widerstand nieder. Imre Nagy flieht in die Botschaft Jugoslawiens, Kardinal Mindszenty in die der USA. János Kádár, der Erste Sekretär des ZK der KP Ungarns, bildet eine neue Regierung. Die Amerikaner gewähren Mindszenty Exil im Budapester Botschaftsgebäude, die Jugoslawen liefern Imre Nagy aus. Nagy und Maléter werden hingerichtet.

Chruschtschow hat in Ungarn mit stalinistischen Methoden gesiegt. Doch weder in Moskau noch in Budapest gibt es eine Rückkehr zum Stalinismus. Chruschtschow hätte es vorgezogen, seine Reformen ohne Gewaltanwendung durchziehen zu können. Er ist, daran gibt es keinen Zweifel, ein überzeugter Marxist-Leninist. Das sozialistische System ist in seinen Augen dem kapitalistischen auf jeden Fall überlegen. Es gehe nur darum, dieses System endlich zur vollen Entfaltung zu bringen. Die Zeit dafür hält er für gekommen: Der unter Stalin erfolgte Aufbau der Industrie, ihre Forcierung durch die

356

Der erste Versuch der sowjetischen Besatzungs-macht, den Aufstand niederzuschlagen, schei-tert am hartnäckigen Widerstand der Ungarn. Links oben: Freiheitskämpfer auf einem erober-ten Sowjetpanzer. Rechts: Nach schweren Kämpfen mit der ungarischen Polizei haben die Aufständischen das Rundfunkgebäude er-obert; auf einem Transparent heißt es „Freies ungarisches Radio". Der Reformkommunist Imre Nagy übernimmt am 24. Oktober 1956 die ungarische Regierung (unten), erklärt Un-garn zur Demokratie und läßt die alten Par-teien wieder zu. Aufschriften in russischer Sprache fordern die Sowjetsoldaten auf, nach Hause zu gehen (links unten).

Kriegswirtschaft haben der Sowjetunion eine industrielle Basis gege-ben, von der aus nichts mehr unerreichbar erscheint. Jetzt müßte es nur noch gelingen, das Grundproblem Rußlands zu lösen – die Land-wirtschaft. Sie war schon Lenins Hauptsorge. Und er hatte verschie-dene Methoden angewendet, um die Ernährung der Bevölkerung (und der Armee) sicherzustellen: die unzulänglichste war die Auftei-lung des Bodens unter den armen Bauern. Die Aufsplitterung der großen Güter brachte keine Steigerung des Getreideertrags. Der Ver-such, durch die Gründung von Kooperativen den Ertrag zu steigern, scheiterte am Mangel an Werkzeugen und Maschinen. Mit den rigo-rosen Konfiskationen in der Zeit des Kriegskommunismus wurde je-der Ansatz zu einem systematischen Ausbau der Landwirtschaft zer-stört. Eine Erleichterung brachte zweifellos die Neue Ökonomische Politik, aber sie war gleichzeitig eine Abkehr vom Sozialismus. Ihre Fortführung hätte wahrscheinlich zur Ablösung des sozialistischen Systems durch ein kapitalistisches geführt. Ob sich spätere Sowjet-führer das eingestehen oder nicht, für die Menschen wäre das wohl besser gewesen, für die Partei und ihre Führer aber der Entzug ihrer Existenzberechtigung. Daher hat Stalin die Kollektivierung betrieben. Daß die Kolchosen noch immer nicht genügend Getreide und andere Nahrungsmittel produzieren, liegt nach Chruschtschows Ansicht daran, daß man ihnen zuwenig Mittel zur Verfügung stellt und ihnen keinen Anreiz gibt, mehr als ein Minimum zu produzieren.

Die Neulandgewinnung

In einem ersten Reformschritt soll dies grundsätzlich geändert werden. Nach einer ausführlichen Diskussion vor dem ZK-Plenum im September 1953 wird die Pflichtablieferung der Kolchosen gesenkt, die Investitionen in die Landwirtschaft um mehr als ein Drittel erhöht. Durch Zusammenlegungen werden die Kolchosenbetriebe zum Teil erheblich vergrößert, in der Annahme, daß dadurch die Maschinen – Traktoren, Mähdrescher usw. – rationeller eingesetzt werden können. Gleichzeitig wird den Mitgliedern der Kolchosen wieder verstärkt erlaubt, individuelle Nebenwirtschaft zu betreiben. Wie schon berichtet, werden jeder Familie in der Kolchose kleine Fleckchen Land zur Verfügung gestellt, auf denen sie Gemüse ziehen oder Futter für Hühner, Ziegen, Schweine, Kühe anbauen dürfen. Aus den sowjetischen Statistiken geht hervor, daß bis in die jüngste Zeit hinein an die 40 Prozent der Fleisch- und Milchversorgung von diesen kleinen Privatgärten aufgebracht werden. Zu Chruschtschows Zeiten beträgt dieser private Grundanteil in der gesamten Sowjetunion ca. 7 Millionen Hektar; im Vergleich dazu verfügen die Kolchosen und Sowchosen über rund eine Milliarde Hektar. Das spielt zu Gorbatschows Zeiten in der Auseinandersetzung über die Zukunft der Landwirtschaft keine geringe Rolle: Man müßte den Kolchosbauern ein viel größeres Stück Land zur Verfügung stellen, dann könnte die permanente Ernährungskrise überwunden werden. Mag sein. Aber die Kleinwirtschaften auf den Kolchosen sind meist deshalb so erfolgreich, weil die darauf gezüchteten Tiere nicht von den Erträgen des winzigen Privatbodens ernährt werden, sondern mit dem Saatgut und den Ernteerträgen der Kolchose. Die Gleichung – mehr Privatgrund bringt auch eine unverhältnismäßig höhere Produktion – würde in Anbetracht dieses Umstands nicht stimmen. Das dürfte auch schon zu Chruschtschows Zeiten ins Bewußtsein der Planer gedrungen sein. Chruschtschow setzt daher nicht nur auf die Steigerung der Produktion in den Kolchosen und auf den privaten Grundstücken; er ruft zur Erschließung neuer großer landwirtschaftlicher Nutzflächen auf.

Die bisher ungenutzten Grassteppen in Kasachstan sollen unter den Pflug genommen, riesige Gebiete in Sibirien und am Ural gerodet und in Ackerland verwandelt werden. Neulandgewinnung heißt das Projekt. Die schweren Arbeiten in Sibirien werden zunächst noch immer von Gulaghäftlingen ausgeführt. Gleichzeitig startet die Partei einen Propagandafeldzug, wie es ihn zum letzten Mal bei der großen Industrialisierungskampagne Stalins gegeben hat. Und wieder wendet man sich an die Jugend, diesmal mit dem Ruf „Aufbruch ins Neuland!" Innerhalb der kommunistischen Jugendorganisation Komsomol werden Zehntausende Mädchen und Burschen angeworben, die sich verpflichten, einige Jahre bei der Neulandgewinnung und Neulandbestellung mitzuarbeiten. Bei den Absolventen der höheren Schulen gibt es keine Freiwilligkeit, jeder Student ist verpflichtet, sich für das ihm gewährte Studium beim Staat zu bedanken: Gleichzeitig mit ihren Diplomen erhalten die Absolventen die sogenannte „Komandirowka", den Marschbefehl, mit dem sie in irgendein entlegenes Gebiet des Landes geschickt werden, um dort zwei Jahre lang ihr Studium abzuarbeiten. Wenn sie Glück haben, werden sie dabei in ihrem studierten Beruf eingesetzt, oft aber auch nicht. Diese Verpflichtung ist so bindend wie der Einberufungsbefehl zum Militär, der ihnen obendrein nicht erspart bleibt; wobei für den normalen Soldaten zwei Jahre Wehrdienst Pflicht sind, doch kann bei technischen Truppenteilen der Wehrdienst sogar bis auf fünf Jahre ausgedehnt werden.

Wie zur Zeit der Industrialisierung wird die erste Welle der Neulandgewinnung von großem Enthusiasmus getragen. Es beginnt ja auch romantisch: Irgendwo in diesen entfernten unendlichen Gebie-

Der ungarische Ministerpräsident Imre Nagy im Gespräch mit dem sowjetischen Botschafter in Budapest, Juri Andropow (rechts oben). Andropow wird später KGB-Chef und Nachfolger Breschnews. Am Höhepunkt des Aufstands wird der ungarische Verteidigungsminister, General Pál Maléter, zu Verhandlungen

ten werden große Zeltlager errichtet, und wenn es tagsüber auch harte Arbeit gibt, am Abend findet man sich um die Lagerfeuer, im Bewußtsein, für das Land eine große Tat zu vollbringen. Die Romantik vergeht nach einer Weile, vergeht in den Staubstürmen, in den endlosen Regengüssen, die die Steppen in große flache Seen verwandeln, vergeht in Sibirien bei 40 Grad Hitze im Sommer mit Myriaden Stechmücken und bei minus 30 Grad in den langen Winternächten.

Chruschtschow macht die Neulandgewinnung zu seinem persönlichen Anliegen. Immer wieder feuert er die jungen Menschen an, nicht aufzugeben, durchzuhalten. Und er versucht, sie über ihre Zeitverpflichtung hinaus im Neuland zu halten, das Neuland zu besiedeln: „Deshalb ist es wünschenswert, daß ihr euch dort verheiratet!" Seßhaft sollen sie werden, Familien gründen, viele Kinder bekommen: „Unser Land wird um so stärker sein, je mehr Menschen es hat. Die Ideologen der Bourgeoisie haben viele menschenfresserische Theorien erfunden. Zu ihnen gehört die Theorie von der Überbevölkerung . . . Bei uns, Genossen, ist das ganz anders. Wenn man unseren zweihundert Millionen noch einmal hundert Millionen zugibt, dann ist das noch zuwenig."

Bis Ende 1956 wurden rund 33 Millionen Hektar Neuland urbar gemacht. Durch die Neulanderschließung stieg die Getreideproduktion von 1954 bis 1964 fast um die Hälfte an. Doch dann kam der Rückschlag: Der Steppenboden in Kasachstan hat die Bebauung mit Kulturpflanzen schlecht vertragen; durch das Pflügen kamen Erdschichten an die Oberfläche, die sich als zunehmend unfruchtbar erwiesen. Die notwendige Bewässerung weiter Gebiete senkte das Grundwasser gefährlich ab und trocknete letztlich sogar den Aralsee aus, eine schwere Umweltkatastrophe. Auch in Sibirien war die Erde über dem Permafrost – etwa 70 Zentimeter unter der Erdoberfläche taut der Boden nie auf – nur beschränkt nutzbar. Dazu kamen die systemimmanenten Probleme der Sowjetunion: schwere Planungsfehler, Zeitverluste bei der Anlieferung von Saatgut, Mißwirtschaft beim Einsatz der Maschinen. Große Teile der Ernten verfaulten, weil die Getreidespeicher nicht rechtzeitig gebaut wurden. Der Einsatz der Technik und der Transportmittel verschlang Unsummen.

mit dem Oberbefehlshaber der Sowjettruppen in Ungarn, Generaloberst Michail Malinin, in das sowjetische Hauptquartier in Tököl bei Budapest berufen. Unsere Bilder zeigen die handelnden Personen: General Malèter (oben Mitte), Generaloberst Malinin (links oben und unten).

Die zunächst begeisterte Neulandjugend wohnt zwei und drei Jahre nach ihrer Ankunft teilweise noch immer in Zelten, die Romantik ist verflogen, die Lebensumstände sind miserabel. Aber ein Heer von Bürokraten hat sich auch dieses Projekts angenommen, wegen jedes Nagels und jeder Schraube gibt es Papierkrieg, selten wird das Notwendige geliefert und wenn, dann nicht rechtzeitg. Aber unentwegt wird gefordert, werden die Normen in unerfüllbare Höhen getrieben. Denn so ist es Brauch schon seit Stalins Industrialisierungszeiten: Der Plan muß stets übererfüllt werden, nur so gibt es dann die Erfolgsziffern, die bei den ZK-Sitzungen triumphal verkündet werden. Stimmen tun sie fast nie. Da Nichterfüllung schwer bestraft wird und Nur-Erfüllung noch immer Rügen einbringt, vor allem keine Privilegien schafft, werden fast alle dazu verleitet, die geleisteten Arbeitseinsätze und die erbrachten Erträge zu fälschen. Da ohnedies soviel auf dem Weg vom Feld bis zum Verbraucher verfault, erfriert, gestohlen wird, sind genaue Kontrollen fast nicht möglich, wobei auch die Kontrollore bestechlich sind.

Noch schlimmer wirkt sich dieses System in der industriellen Produktion aus. Dort ist die Schwindelei noch einfacher. Die vorgeschriebene Normleistung muß in der Regel in Tonnen oder Kilogramm erbracht werden. Beispiel: Zehn Tonnen Schrauben. Ob es große oder kleine Schrauben sind, wird nicht definiert oder ist vom Betriebsleiter festzulegen. Große Schrauben wiegen mehr als kleine, der Arbeitsaufwand für ihre Erzeugung aber ist fast der gleiche. Erzeugt man nur große Schrauben, ist das vorgeschriebene Plansoll erreichbar, ja kann übererfüllt werden; das bringt Prämien, das bringt Lob.

Jeder Betrieb, der sich auf Neuerungen einläßt, läuft Gefahr, das vorgeschriebene Plansoll nicht zu erreichen. Denn Neuerungen bedingen eine Umstellung des Maschinenparks, das Erlernen neuer Produktionsmethoden, einen zunächst höheren Ausschuß, ehe man genügend Erfahrung gesammelt und Fertigkeiten erlernt hat. Die meisten Betriebsleute versuchen daher neuen Ideen auszuweichen. So bleibt es jahre- und jahrzehntelang bei der Herstellung ein- und derselben Erzeugnisse, einerlei, wie unmodern oder unverwendbar sie schon geworden sind.

Fast alle Preise sind unrealistisch: Kohle, Strom, Gas, Erdöl werden den Betrieben zu Spottpreisen zur Verfügung gestellt, Verschwendung ist die Folge. Da auch die Rohstoffe und Halbfabrikate zu völlig unrealistischen Preisen geliefert werden, können für die eigenen Erzeugnisse keine echten Preise errechnet werden. Das Resultat ist eine totale Verzerrung des Preisniveaus und somit auch des gesamten Wirtschaftsgefüges. Es ist auch kaum ein Betrieb daran interessiert, anderen Betrieben rechtzeitig und in guter Qualität die Produkte zu liefern, die für dessen eigene Produktion notwendig sind. Anforderungen, Beschwerden, Urgenzen vermehren nur den Papierkrieg und bringen selten Erfolg. So hat sich innerhalb der Sowjetwirtschaft ein merkwürdiges System herausgebildet: Jeder größere Betrieb verfügt über Mittelsleute, die er in andere Betriebe entsendet, wo sie die notwendigen Zulieferungen sicherstellen sollen. Eine besondere Art von Tauschgeschäft ist das Mittel dazu: Ich brauche Reifen für meine Traktoren, was brauchst du? Er braucht drei Lastkraftwagen. Also ist in der nächsten Lkw-Fabrik zu fragen, was für drei Lastkraftwagen verlangt wird. Lacke, sagen die. Und hurra, die Traktorenfabrik verfügt über Lacke. Das Dreiecksgeschäft kommt zustande. Aber meist ist es kein Geschäft nur über drei Ecken, sondern über fünf und acht und zwölf.

Immer wieder spielen auch Lebensmittel ein Rolle. Die Betriebe haben größtes Interesse daran, ihre Arbeitnehmer zufriedenstellend zu ernähren. Das erfolgt nicht nur über die Werksküchen. In den

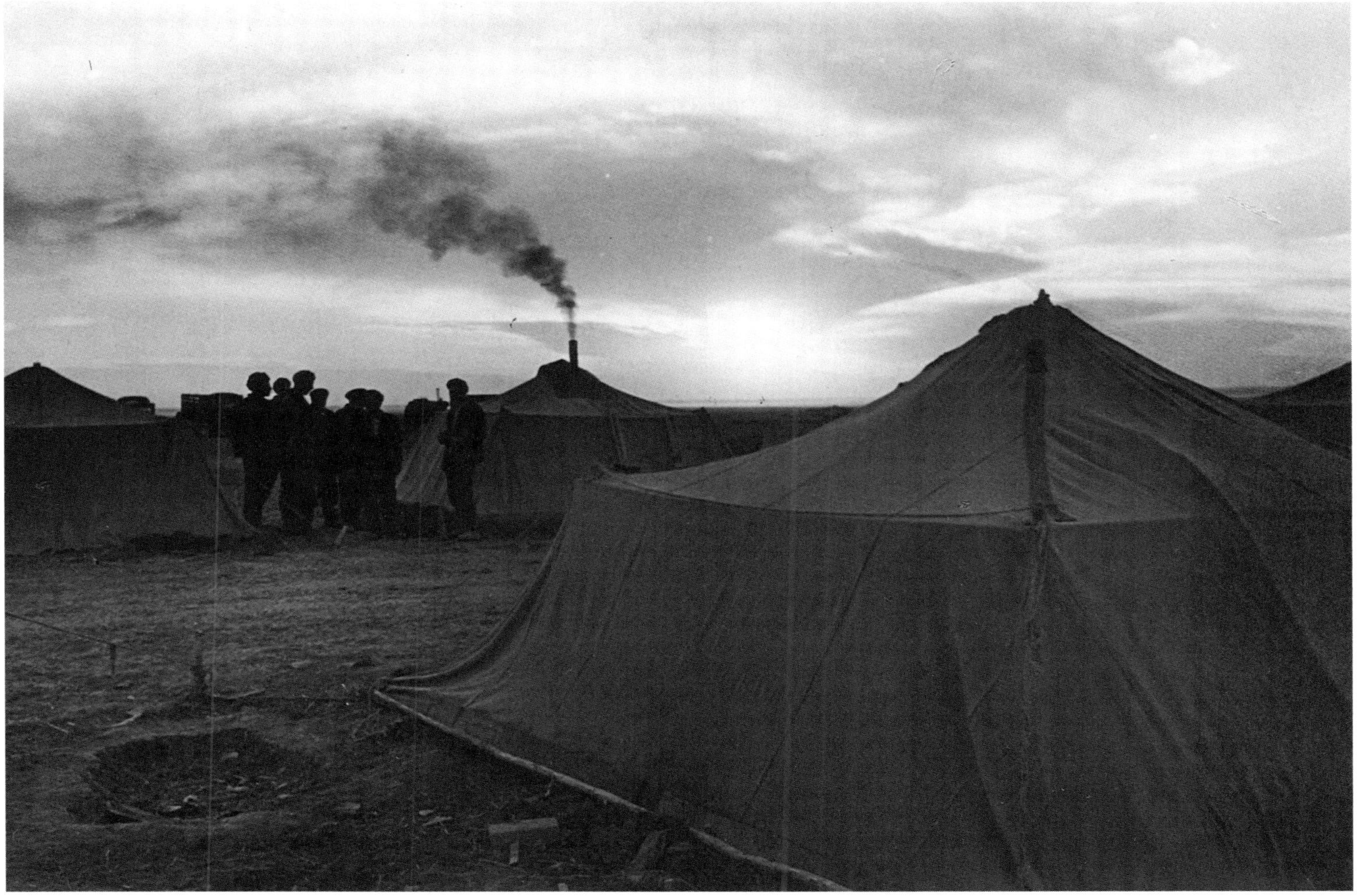

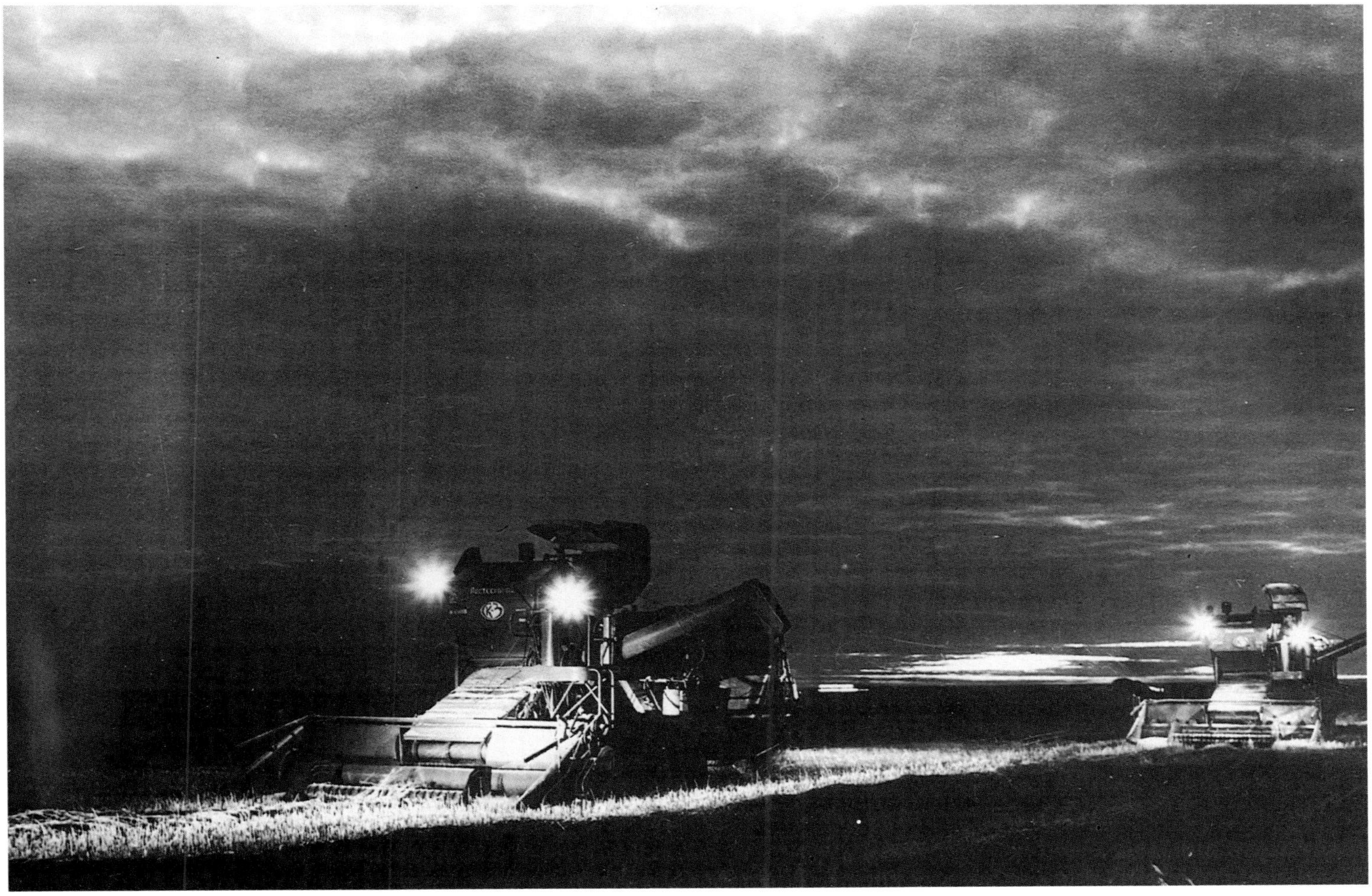

Kantinen werden meist wöchentlich einmal auch gewisse Grundnahrungsmittel an die Belegschaft verkauft. Ein Betrieb, der das nicht tut, riskiert den Ausfall vieler Arbeitsstunden, da die Arbeitnehmer unter allen nur erdenklichen Ausreden der Arbeit fernbleiben, um sich um Lebensmittel anzustellen, oft viele Stunden lang. Aber die Lebensmittel werden den Betrieben selten in den benötigten Mengen geliefert, auch da bedarf es einer Nachhilfe. Diese Mißstände sind den Planungsstellen und der Parteiführung natürlich bekannt. Unter Stalin hat man versucht, sie durch Strafandrohung und härteste Strafen abzustellen. Es ist nicht gelungen. Wäre es gelungen, hätte es gefährliche Stillstände in der Produktion gegeben.

Chruschtschow sieht in der zentralen Planung eine der wesentlichen Ursachen der schlechten Produktionsverhältnisse. Er setzt auf Dezentralisierung. Der Gosplan, dieses Planungsmonster, soll einen Teil seiner Kompetenzen an regionale Planungszentren abgeben. Das trifft auf erbitterten Widerstand im Gosplan und in den Ministerien. Doch im ZK-Plenum vom Februar 1957 setzt Chruschtschow eine Resolution durch, derzufolge der Industrialisierung nach dem Regionalprinzip der Vorzug zu geben ist. Das allein aber wird kaum die Qualität der Produkte erhöhen und die Betriebe auch nicht wirtschaftlicher machen. Chruschtschow läßt sich von Jewsei Liberman beraten. Liberman ist Professor an der Ingenieurs- und Wirtschaftshochschule von Charkow. Er schlägt vor, die Wirtschaftlichkeit eines Unternehmens zum Bewertungskriterium für dessen Leistung zu machen. Die Art der Produkte soll nach den Erfordernissen des Markts festgelegt werden. Das ist die Umschreibung für Angebot und Nachfrage. Wofür Nachfrage besteht, das soll angeboten werden. Soll das Prinzip funktionieren, muß es jedoch Konkurrenz geben: Wenn nämlich ein Produkt konkurrenzlos angeboten wird, kann die Nachfrage nichts entscheiden. Die Betriebe haben also gegen Konkurrenz zu bestehen, das heißt, sie haben ihre Produkte laufend zu verbessern. Das werden sie jedoch nur können, wenn sie ihre Arbeitnehmer durch entsprechende materielle Anreize zu erhöhter Leistung und qualitativ besserer Arbeit anspornen. Voraussetzung für all das ist die Einführung einer grundsätzlichen Preisehrlichkeit und die Gewährung einer weitgehenden Betriebsautonomie. Die Unternehmen sollen Gewinne erwirtschaften. Mit einem Teil der Gewinne sollen die Prämien für die Arbeitnehmer gedeckt werden, auch können die sozialen Einrichtungen, Kantinen, Kindergärten usw. verbessert werden. Der Rest dient der Akkumulation, das heißt der Investitionsreserve.

Die Liberman-Ideen werden zunächst in zwei Textilfabriken auf ihre Brauchbarkeit erprobt: Bei „Bolschewitschka" in Moskau und bei „Majak" in Gorki. Man würde annehmen, die Direktoren hätten die Reform erfreut begrüßt, und andere hätten danach gedrängt, in das Programm miteinbezogen zu werden. Mitnichten. Die Direktoren führten – auch gegenüber dem Autor dieses Buches – heftig Beschwerde darüber, daß man ihnen eine Verantwortung auferlegen wolle, die sie aus mehreren Gründen nicht tragen könnten: Das System sei ihnen unbekannt, man habe sie nicht darauf vorbereitet, sie wüßten es nicht zu handhaben. Bisher konnte ihnen der Parteisekretär des Betriebs immer sagen, was mit den Maßnahmen von oben gemeint sei und wie man sie umzusetzen habe. Doch der Parteisekretär sei jetzt ebenso überfragt wie sie selbst. Wo immer man versuche, nach den Vorschriften der Reform zu handeln, stoße man auf Schwierigkeiten, nichts funktioniere in diesem System. Und das ist nicht erstaunlich: Denn die gesamte Wirtschaft rund um diese Betriebe arbeitet nach den alten Prinzipien im Rahmen der alten Planwirtschaft, die Kaufhäuser erwarten Lieferungen und scheren sich nicht um modische Details oder Qualitäten, was kommt, wird verkauft; weshalb soll es auf einmal anders sein?

Mit der Zeit werden die Zelte durch Häuser ersetzt. Chruschtschow fordert die Neulanderschließer auf, seßhaft zu werden und die Gebiete zu besiedeln (oben). Nach anfänglichen Erfolgen gibt es im Neuland schwere Rückschläge. Chruschtschow feiert die Neulandgewinnung dennoch als einen Sieg des Sozialismus (unten).

Es sei vorweggenommen, daß die Liberman-Reformen unter Chruschtschow keinen besonderen Fortschritt machten, aber seine Nachfolger diese Reformen auf weite Teile der Sowjetwirtschaft anwenden wollten. Gleichzeitig jedoch waren sie darauf bedacht, die alten Gosplanstrukturen wiederherzustellen, die erboste Bürokratie zu besänftigen, sie in ihren alten Posten und Gewohnheiten zu bestätigen. Die Reformen sind kläglich gescheitert. Auch an diese Erfahrungen ist zu denken, wenn man die Anstrengungen der heutigen Sowjetführung verfolgt, die bisherige Kommandowirtschaft in eine freie Marktwirtschaft umzuwandeln. Chruschtschow wollte das gar nicht, er hatte nur im Sinn, durch einige Elemente guter betriebswirtschaftlicher Führung die Kommandowirtschaft erfolgreicher zu gestalten, und ist dabei keinen Schritt weitergekommen.

Die Tauwetterperiode und deren Ende

Chruschtschows Regierungszeit – er hat nicht nur als Parteisekretär die Regierungspolitik bestimmt, sondern im März 1958 auch das Amt des Ministerpräsidenten übernommen – ist von vielen Versuchen zur Reform gekennzeichnet. Einer der wichtigsten war der Versuch, das geistige Leben in der Sowjetunion zu liberalisieren. Die Periode, in der dieser Versuch unternommen wurde, ist unter dem Stichwort „Tauwetter" in die Geschichte eingegangen. „Tauwetter" ist der Titel einer Erzählung des Schriftstellers Ilja Ehrenburg. Ehrenburg, hochbegabt, aber immer auf Parteilinie, veröffentlicht diese Erzählung 1954. Zum großen Erstaunen seiner Kollegen und des Publikums. Da wird nicht mehr erzählt von den Helden sozialistischer Arbeit oder des großen Vaterländischen Kriegs, nicht mehr ist die Zukunft des sowjetischen Vaterlands oder des Sozialismus das Anliegen der Helden des Romans. Ehrenburg schreibt plötzlich nicht mehr im Stil des sozialistischen Realismus. Er erzählt von Menschen, die Menschen sind, die ganz persönliche Gefühle haben und über diese sogar reden können. Von Liebe ist die Rede, von Empfindungen, kritisch blicken

die Menschen um sich, äußern ihre Ansichten, setzen sich mit den Künsten auseinander. Der Titel „Tauwetter" ist zweifellos nicht zufällig gewählt, hier soll Eis gebrochen werden, soll zum Schmelzen gebracht werden. Die Schriftstellerkollegen verstehen, ebenso wie das Publikum: Ehrenburg würde so nicht schreiben, wenn es oben nicht erwünscht wäre. „Tauwetter" bleibt auch kein Einzelfall. „Der Mensch lebt nicht vom Brot allein", heißt ein neuer Roman von Wladimir Dudinzew, der in die gleiche Richtung zielt.

Die Kritik am Stalinismus setzt unter der intellektuellen Jugend heftige Diskussionen in Gang, es kommt zur Bildung von Zirkeln und Gruppen, die sich auch öffentlich versammeln und Lesungen veranstalten. Dabei gibt es politische Diskussionen. Im Sommer 1958 wird auf dem Majakowski-Platz in Moskau ein Denkmal des Dichters aufgestellt. Regelmäßig finden sich nun des Abends viele Menschen vor dem Denkmal ein, um zunächst Gedichte von Majakowski, dem großen Dichter der Revolution, zu hören, doch dann werden auch die Gedichte anderer Autoren vorgetragen. Viele dieser Autoren sind unter Stalin kritisiert, ihre Werke verboten worden, einige verschwanden im Gulag. Die Gedichte zweier Lyrikerinnen aus, wie man meinte, längst vergangener Zeit finden besonderen Anklang: Anna Achmatowa und Marina Zwetajewa. Schon vor der Revolution 1917 zählten sie zu den Großen der russischen Lyrik. Unter den Bolschewiki verstummten sie. Die Zwetajewa verläßt Rußland, geht in die Emigration zuerst nach Berlin, dann nach Paris, wo sie aber weiter schreibt. Ihre Gedichte, ihre Theaterstücke, ihre Essays erscheinen in der sehr vielfältigen russischen Exilpresse. Auch setzt sie sich laufend mit der in der Sowjetunion erscheinenden Literatur auseinander.

„Tauwetter" wird jene Periode genannt, in der unter Chruschtschow den Schriftstellern und den Kulturschaffenden etwas mehr Freiraum gewährt wird. Die Gedichte der seinerzeit berühmten, aber unter Stalin mundtot gemachten Lyrikerinnen Anna Achmatowa (links oben) und Marina Zwetajewa (oben) werden von Jewgenij Jewtuschenko rezitiert (rechts). Jewtuschenko ist selbst ein Dichter der Tauwetterperiode.

1939 geht sie unter dem Eindruck des bevorstehenden Kriegs in die Sowjetunion zurück. Dort trifft die volle Wucht der Tschistka ihre Familie: Schwester, Tochter und Sohn kommen in den Gulag, ihr Sohn wird erschossen. Nach Hitlers Überfall auf die Sowjetunion 1941 wird die Zwetajewa nach Jelabuga in die tatarische ASSR (Autonome Sozialistische Sowjetrepublik) evakuiert. Am 31. August 1941 hat sie sich erhängt. Aus ihrem Abschiedsbrief: „Ich möchte in Tarussa auf dem Chlysten Friedhof beerdigt werden unter einem Holunderstrauch, in einem Grab mit einer silbernen Taube, da, wo die größten und rotesten Walderdbeeren unserer Gegend wachsen." Sie hat Hunderte Gedichte und Essays hinterlassen, sie war mit allen großen Dichtern und Schriftstellern ihrer Zeit befreundet, von Rilke bis Pasternak. Ihre Gedichte, die in der Sowjetunion vorher nicht erscheinen durften, werden in der Tauwetterperiode von vielen jungen Leuten abgeschrieben, vervielfältigt und wandern von Hand zu Hand.

Und nicht nur die Gedichte der Zwetajewa, auch die der Anna Achmatowa. Wenn man wissen will, wer sie war und wofür sie stand, was sie schrieb und was ihre Gedichte bedeuteten, dann überläßt man das Wort am besten ihren Feinden. 1946, als Schdanow die Schriftsteller, Dichter und Künstler im Auftrag Stalins wieder hart an die Kandare nimmt, rechnet er auch mit der Achmatowa ab: „Die Thematik Anna Achmatowas ist durch und durch individualistisch. Das Register ihrer Poesie ist bis zur Armseligkeit beschränkt, es ist die Poesie der wild gewordenen Salondame, die sich zwischen Boudoir und Betstuhl bewegt. Ihre Grundlagen sind erotische Motive, die mit den Motiven der Trauer, der Schwermut, des Todes, der Mystik und der Verlorenheit verbunden sind. . . . . Das ist die geistige Welt Anna Achmatowas ... Sie ist halb Nonne, halb Dirne oder richtiger Dirne und Nonne, bei der sich Unzucht im Gebet verflechten."

Zum Beweis zitiert Schdanow aus einem ihrer Gedichte:

„Aber vor Dir, englischer Garten,
verneige ich mich,
verneige mich vorm wundertätigen Ikon
und unserer heißen Nächte Sohn ..."

Das ist, ruft Schdanow, die Anna Achmatowa „mit ihrem kleinen, engen, persönlichen Leben, mit ihren nichtigen Erlebnissen und ihrer religiös mystischen Erotik". Jetzt hat die russische Jugend Sehnsucht nach diesem kleinen, engen, persönlichen Leben, nach den nichtigen Erlebnissen und wohl auch nach der Religion und der Erotik.

Zu jenen, die diese Gedichte am Majakowski-Platz vortragen, gehört Jewgenij Jewtuschenko. Er ist selbst Lyriker, ein Dichter des Tauwetters. Und er paßt zunächst in Chruschtschows neue Linie, Jewtuschenko rechnet mit Stalin ab, aber er macht es sich nicht einfach: „Die Erben Stalins" heißt eines seiner Gedichte, das vom Publikum, vor allem von der Jugend enthusiastisch aufgenommen wird. Jewtuschenko liest auf öffentlichen Plätzen, er trägt in Fabriken vor, geht in Schulen. Bei einem seiner Gedichtabende im Moskauer Sportpalast hat er 14 000 Zuhörer.

Unter der Chefredaktion Alexander Twardowskis wird die Zeitschrift „Nowy Mir" zum Organ der neuen Avantgarde. Hier erscheint die Novelle eines literarischen Neulings namens Alexander Solschenizyn. Er kommt aus dem Gulag, und er schildert einen Tag im Gulag. Der Titel seiner Novelle: „Ein Tag im Leben des Iwan Denissowitsch". Chruschtschow selbst hat die Veröffentlichung dieser ersten niederschmetternden Schilderung des Gulag bewilligt. Doch die weiteren großen Werke Solschenizyns werden in der Sowjetunion nicht mehr gedruckt – „Der erste Kreis der Hölle" und „Krebsstation". Ein Schicksal, das Solschenizyn mit einem anderen großen Schriftsteller teilt, mit Boris Pasternak. Sein Roman „Doktor Schiwago", an dem er acht Jahre gearbeitet hat, darf ebenfalls nicht veröffentlicht werden, auch nicht unter Chruschtschow. Doch das Manuskript wird in den Westen geschmuggelt, und Doktor Schiwago wird in alle Weltsprachen übersetzt. 1958 erhält Pasternak den Nobelpreis für Literatur – und wird dafür vom Vorstand des sowjetischen Schriftstellerverbands scharf kritisiert. Um sich und sein Werk zu retten, lehnt Pasternak die Annahme des Nobelpreises ab. Zwei Jahre später stirbt er, zerbrochen an der gehässigen Auseinandersetzung mit seinen Kollegen. Solschenizyn erhält den Nobelpreis für Literatur zwölf Jahre später. Auch seine größeren Werke konnten nur im Westen erscheinen. 1973 ist es der „Archipel Gulag", die erste umfassende, literarisch-dokumentarische Darstellung des sowjetischen Zwangsarbeitssystems. Das ist zuviel für die Partei. Im Februar 1974 wird Solschenizyn verhaftet und ausgebürgert.

Einen weiteren Nobelpreis für Literatur gab es 1987 für Joseph Brodsky. Auch er ein Dichter der Tauwetterperiode. Doch im Gegensatz zu Jewtuschenko, der in dieser Zeit fast ein Hofpoet der Chruschtschow-Linie wird, findet Brodsky keine offizielle Anerkennung. Seine Gedichte werden in keiner der sowjetischen Literaturzeitschriften veröffentlicht, sie kursieren im Samisdat, im Untergrund. Obwohl sie unpolitisch sind – sie reichen von persönlicher Bekenntnislyrik über philosophische Dichtung bis zur metaphysischen Erzählung. Doch genau das kann die Partei auch unter Chruschtschow nicht gebrauchen. Der Samisdat ist eine Antwort auf diese Haltung – Untergrundliteratur, die von Hand zu Hand wandert. Jeder, der ein Exemplar bekommt, sieht es als Verpflichtung an, zumindest eine weitere

Alexander Solschenizyn (oben) veröffentlicht nach jahrelanger Haft im Gulag im November 1962 seine Novelle „Ein Tag im Leben des Iwan Denissowitsch" in der Zeitschrift „Nowy Mir" (unten). Der Schriftsteller Boris Pasternak (rechts) darf seinen großen Roman „Doktor Schiwago" in der Sowjetunion nicht veröffentlichen. Im Westen erscheint er in allen Weltsprachen, und 1958 erhält Pasternak den Nobelpreis für Literatur. Er darf den Preis nicht annehmen und zerbricht an den Anfeindungen.

А. СОЛЖЕНИЦЫН
★
ОДИН ДЕНЬ ИВАНА ДЕНИСОВИЧА

Повесть

ВМЕСТО ПРЕДИСЛОВИЯ

Жизненный материал, положенный в основу повести А. Солженицына, необычен в советской литературе. Он несет в себе отзвук тех болезненных явлений в нашем развитии, связанных с периодом развенчанного и отвергнутого партией культа личности, которые по времени хотя и отстоят от нас не так уже далеко, представляются нам далеким прошлым. Но прошлое, каким бы оно ни было, никогда не становится безразличным для настоящего. Залог полного и бесповоротного разрыва со всем тем в прошлом, чем оно было омрачено,— в правдивом и мужественном постижении до конца его последствий. Об этом именно говорил Н. С. Хрущев в своем памятном для всех нас заключительном слове на XXII съезде: «Наш долг тщательно и всесторонне разобраться в такого рода делах, связанных со злоупотреблением властью. Пройдет время, мы умрем, все мы смертны, но, пока работаем, мы можем и должны многое выяснить и сказать правду партии и народу .. Это надо сделать для того, чтобы подобные явления впредь никогда не повторялись».

«Один день Ивана Денисовича» — это не документ в мемуарном смысле, не записки или воспоминания о пережитом автором лично, в частности, отмечен горькой памятью тридцать седьмого года. Содержание «Одного дня», естественно, ограничено и смертью, но, пока работаем, мы можем и должны многое выяснить и сказать автора жизненного материала оно является свидетельством особой ценности, документом искусства, возможность которого на этом «специфическом материале» до сих пор представлялась маловероятной.

Читатель не найдет в повести А. Солженицына всеобъемлющего изображения того исторического периода, который, в частности, отмечен горькой памятью тридцать седьмого года. Содержание «Одного дня», естественно, ограничено и местом действия, и кругозором главного героя повести. Но один день из жизни лагерного заключенного Ивана Денисовича Шухова под пером А. Солженицына, впервые выступающего в литературе, вырастает в картину, наделенную необычайной живостью и верностью правде человеческих характеров. В этом прежде всего заключается редкостная впечатляющая сила произведения. Многих людей, обрисованных здесь в трагическом качестве «зэков», читатель может представить себе и в иной обстановке — на фронте или на стройках послевоенных лет. Это те же люди, волею обстоятельств поставленные в особые, крайние условия жестоких физических и моральных испытаний.

В этой повести нет нарочитого нагнетания ужасных фактов жестокости и произвола, явившихся следствием нарушения советской законности. Автором избран один из самых обычных дней лагерной жизни от подъема до отбоя. Однако этот «обычный» день не может не отозваться в сердце читателя горечью и болью за судьбу людей, которые встают перед ним со страниц повести такими живыми

Kopie anzufertigen. Vervielfältigen ist ein Problem – Kopiermaschinen dürfen nur die Partei und der Staat besitzen und werden stets unter strenger Kontrolle gehalten; damit eben nichts vervielfältigt werden kann, was der Partei und dem Staat nicht gefällt. Im Samisdat erscheinen zuweilen ganze Romane. Jewgenija Ginsburg schildert ihre Erlebnisse im Gulag: „Marschroute eines Lebens". Warlam Schalamow, ebenfalls lange Jahre Insasse des Gulag, schreibt im Samisdat „Erzählungen aus Kolyma".

Der Samisdat jagt der Parteispitze Schrecken ein. Chruschtschow schreibt darüber in seinen Memoiren: „Wir in der Führung, auch ich selbst, hatten das ‚Tauwetter' bewußt begünstigt. Aber dann waren wir aufgeschreckt. Wirklich, wir fürchteten, es könnte eine Flut auslösen . . . die alle Barrieren wegspült, die unsere Gesellschaft zusammenhalten. Deshalb wollten wir das Tauwetter lenken; es sollte nur jene schöpferischen Kräfte anspornen, die zur Stärkung des Sozialismus beitrugen." So bahnt sich schon unter Chruschtschow eine neue Eiszeit an, richtig zum Ausbruch kommt sie unter seinem Nachfolger Breschnew, doch davon später. Zunächst die Erklärung, weshalb Chruschtschow bald Angst vor der eigenen Courage bekommen mußte. Es ist die Literatur, in der die entscheidenden Fragen aufgeworfen werden, die Frage nach den geistigen Werten und die Frage nach der Freiheit. In den sehr alten und in den ganz neuen Gedichten ist das Streben des Menschen nach Freiheit das zentrale Thema, die Auflehnung gegen Gewalt und Unterdrückung. Damit wird das System in Frage gestellt. Die Partei hat Angst vor dem Verlust der Macht. Eine Angst, die das Handeln ihrer Funktionäre bis in die Tage Gorbatschows bestimmt.

Die zunehmende Unterdrückung des Tauwetters trifft nicht nur die Literatur. Noch früher und intensiver schaltet Chruschtschow auf dem Gebiet der Kunst zurück. Analog zur Literatur haben sich nämlich auch die Künstler vom sozialistischen Realismus entfernt, versuchen anzuknüpfen an die große Tradition der ursprünglichen russischen Avantgarde. Doch da bekommen sie es sehr rasch mit Chruschtschow zu tun. Er geht fleißig in Ausstellungen; Bilder, die ihm nicht gefallen – und es gefällt ihm nichts außerhalb des sozialistischen Realismus –, unterzieht er einer sofortigen harten Kritik. Sein Ausspruch, ein Esel mit seinem Schwanz hätte ein besseres Bild gemalt, ist berühmt geworden. Chruschtschow ladet die Künstler, aber auch die Schriftsteller, Dichter, Theater- und Filmleute zu Aussprachen mit der Parteiführung ein. Diese Treffen finden in feierlichem Rahmen statt, auf den Lenin-Bergen, im Kreml, in der Manege. Bis zu 600 Leute sind geladen. Chruschtschow tut hier, was er in seinen Memoiren als den Versuch beschreibt, das Tauwetter zu lenken: „In Fragen der Kunst bin ich Stalinist", sagt er bei einem dieser Treffen, und folgerichtig bezieht er auch einen stalinistischen Standpunkt: „Wer ist der Richter, wer wird beurteilen, ob die ideologische Arbeit die richtige Richtung einschlägt? Die Partei ist der Richter, die Partei und das Volk. Ihren Interessen, der Sache des Kommunismus muß die gesamte ideologische Arbeit, muß jedes Werk der Literatur und Kunst dienen! . . . In all das muß Ordnung gebracht werden."

Die beginnende Unterdrückung verstärkt die Tätigkeit im Samisdat. Es ist die Geburtsstunde dessen, was man später als Dissidententum bezeichnen wird. Dissidenten sind jene, die die richtigen Fragen stellen und auf sie Antwort zu geben versuchen. Wladimir Bukowski, einer jener Dissidenten, beschreibt das so: „Damals wurde viel von parteiinterner Demokratie geredet, aber für uns klang das alles wenig überzeugend. Warum soll die Demokratie nur parteiintern sein? Waren die anderen Menschen vielleicht nicht ebenso gute Menschen? Nicht wir wählen die Partei – sie wählt sich doch selbst, und es läuft darauf hinaus, daß dieselben Menschen, die Stalin groß wer-

Illustrierte Film-Bühne
VEREINIGT MIT Illustr. Film-Kurier
Nr. 4443

Der Einundvierzigste

EIN FARBFILM

In der Tauwetterperiode darf zum ersten Mal der sowjetische Film wieder persönliche Gefühle zum Ausdruck bringen. Als sensationell wird der Inhalt des Films „Der Einundvierzigste" des Regisseurs Grigorij Tschuchrai aufgenommen: Eine Rotarmistin verliebt sich in einen Weißgardisten, der von den Roten als Gefangener mitgeführt wird. Als der Weiße zu seinen Leuten fliehen könnte, erschießt sie ihn. Offizielle Inhaltsangabe: „Doch die Kugel, mit der Maria den Offizier tötet, kann ihre Liebe zu ihm nicht töten. Sie erfüllte ihre 'politische Pflicht', aber sie wird ihr ganzes Leben lang wissen, daß diese Pflicht unmenschlich ist."

den ließen und ihn unterstützten, heute die höchste Gerechtigkeit auf dem Wege parteiinterner Demokratie herstellen wollen. Dieselben Schurken, die uns 30 Jahre lang etwas über Stalin vorgelogen hatten, wollen künftig über parteiinterne Demokratie lügen. Wer kann noch an sie glauben?"

Die Menschen waren aufgerufen zum selbständigen Denken. Genau das hatte die Partei 30 Jahre lang ihnen abzugewöhnen versucht. Dennoch muß man Chruschtschow zugute halten, daß er den Mut besaß, die Frage des Stalinismus, des Personenkults zumindest parteiintern so offen zur Diskussion zu stellen. Vielleicht stimmt es, daß er das tun mußte, sonst wäre das Land, wie die Historikerin Jelena Zubkowa meint, explodiert. Es ist im Grunde genommen auch so explodiert – nicht gleich, aber die Lunte brannte seit dem XX. Parteitag. Die Versuche Chruschtschows, die Partei nach innen zu öffnen, die Wirtschaft zu reformieren, die Landwirtschaft anzukurbeln und die Beziehungen der Sowjetunion zum Westen wie auch zu den eigenen Satellitenstaaten zu verbessern, diese Bemühungen waren andauernd von Rückschlägen begleitet. Dennoch hat Chruschtschow viel bewegt, hat vieles in Ansätzen geschaffen, was erst unter Gorbatschow zur Entfaltung kam.

Der Sputnik und seine Wirkung

Und einiges kam unter Chruschtschow zur Entfaltung, was schon unter Stalin in Ansätzen geschaffen worden war. In irgendeiner Form allerdings hat es immer mit Rüstung zu tun. Am 4. Oktober 1957 horcht die Welt auf. Im wahrsten Sinn des Worts: Rund um die Erde kreist ein kleiner künstlicher Satellit, der allererste seiner Art. Eine sowjetische Rakete hat ihn in den Weltraum getragen, und die Sowjets haben ihm den Namen „Sputnik" gegeben – der Weggefährte. An Bord befindet sich eine einfache Sendeanlage, sie gibt ein eintöniges Piep-piep-piep von sich. Aber es ist überall auf der Erde zu hören. Der Sputnik umkreist die Erde je einmal in 90 Minuten. Im Westen, insbesondere in den USA, ist man schockiert: Die Sowjets haben allem Anschein nach die Amerikaner in der Raketentechnologie überholt. Eine Rakete, die einen Satelliten in den Weltraum tragen kann, ist auch imstande, eine Atombombe an jeden Ort der Welt zu befördern. Es kann nicht mehr lange dauern, dann werden die Sowjets auch diese Technologie beherrschen. Atom- und Wasserstoffbomben besitzen sie ohnedies schon.

Die Raketen, mit denen die Amerikaner den Vorstoß in den Weltraum versuchen, sind technisch noch nicht ausgereift. Die ersten Versuche dieser Art mißglücken. Das amerikanische Raketenprogramm basiert, ebenso wie das sowjetische, vorwiegend auf den Erkenntnissen und Entwicklungen der deutschen Raketentechniker, die während des Zweiten Weltkriegs in Peenemünde die V2-Rakete für Hitler entwickelt haben. Jene „Vergeltungswaffe", mit der der Nervenkrieg gegen England geführt wurde. Eine Zeitlang heißt es, die Sowjets hätten sich aus Peenemünde eben die besseren Leute geholt, auch wenn der Leiter des deutschen Projekts, Wernher von Braun, nun für die Amerikaner arbeitet. Die Antwort war, wie wir heute wissen, einfacher: Die sowjetischen Raketenbauer und ihre deutschen Helfer legten keinen Wert auf Perfektion. Ehe sie die erste allen Ansprüchen genügende Rakete gebaut hatten, holten sie sich den Erstlingserfolg des Sputniks mit einer einfachen, aber wirksamen Idee: Sie bündelten vier kleinere Raketen, gemeinsam richten deren Triebwerke, um den Sputnik auf eine Umlaufbahn um die Erde zu bringen. Genial war es trotzdem. Und es brachte den Sowjets wertvolle Erfahrungen in der Raketen- und Weltraumtechnik. Um es vorwegzunehmen: Zwei Jahre später erreicht die erste Rakete den Mond, auch sie eine sowjetische. Sie zerschellt zwar auf der Mondoberfläche, übermittelt aber vorher eine Reihe von Daten und wirft vor ihrem Ende einen Wimpel mit Sichel und Hammer ab; früher einmal war das Hissen von Fahnen ein Zeichen der Inbesitznahme. Und am 12. April 1961 gelingt den Sowjets der erste Weltraumflug eines Menschen. Juri Gagarin heißt er und ist Major der sowjetischen Luftwaffe. Sein Flug dauert von 9.07 Uhr bis 10.55 Uhr Moskauer Zeit. Der erste Mensch im All, ein Russe, ein Staatsbürger der Sowjetunion. Ein Kosmonaut, wie die Sowjets von nun an ihre Raumfahrer nennen werden.

Diese Erfolge bewirken zweierlei: Chruschtschow nützt sie, um sein Prestige zu festigen, er nützt sie zu außen- und innenpolitischen Offensiven. Aber gleichzeitig sind die Raketenerfolge für ihn und die Sowjetunion auch kontraproduktiv. Denn im Westen haben sie den Sputnik-Schock ausgelöst. In den USA werden nun alle Hebel in Bewegung gesetzt, um den echten bzw. vermeintlichen Vorsprung der Sowjets einzuholen. Das reicht von einer wesentlichen Verbesserung des Schulsystems vor allem der naturwissenschaftlichen Zweige bis zu einer Monsteranstrengung der gesamten amerikanischen Industrie, mit dem erklärten Ziel, die Sowjets wenigstens auf dem Weg zum Mond zu überholen. Was auch gelungen ist: Nicht nur brachten

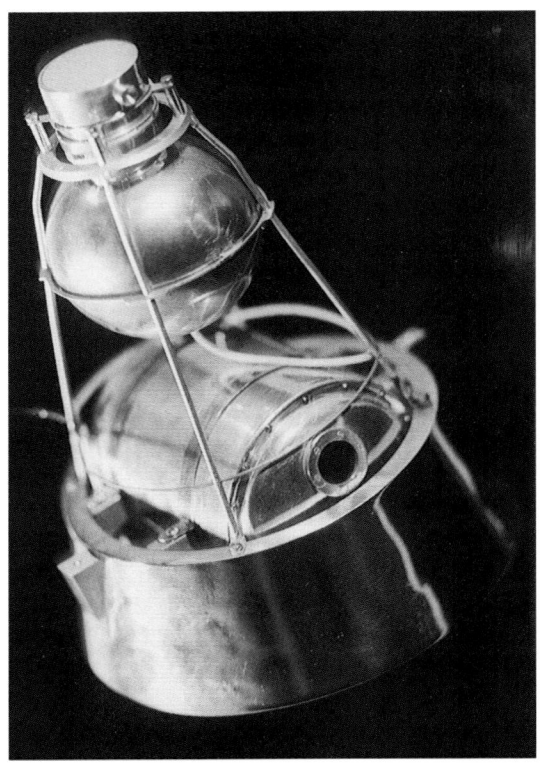

Die Sowjetunion überrascht die Welt mit ihrem Vorstoß in den Weltraum: Als erste bringt eine sowjetische Rakete am 4. Oktober 1957 einen künstlichen Trabanten in die Umlaufbahn um die Erde (rechts). Sputnik, der Weggefährte, nennen die Sowjets den künstlichen Satelliten (oben). Sergej Koroljow ist einer der Väter der sowjetischen Raumfahrt (unten).

Der Sowjetunion gelingt es auch, den ersten Menschen in den Weltraum zu bringen. Es ist der Luftwaffenmajor Juri Gagarin (links). Chruschtschow fühlt sich durch die Erfolge der sowjetischen Raumfahrt international gestärkt und beansprucht für die Sowjetunion den Status einer mit den USA gleichberechtigten Supermacht. Bei seinem Staatsbesuch in den Vereinigten Staaten übergibt er Präsident Eisenhower und Vizepräsident Nixon das Modell einer sowjetischen Raumkapsel als Gastgeschenk (rechts).

die USA den ersten Menschen auf den Mond, auch alle, die nach ihm kamen, waren Amerikaner, während die Sowjets diesen Wettlauf gar nicht mehr mitvollziehen wollten oder konnten.

Konkurrenzdenken löst der Sputnik nicht nur bei den Amerikanern aus. Er gibt vor allem Chruschtschow ein verstärktes Selbstvertrauen: Mehr denn je ist er davon überzeugt, daß der Sozialismus über den Kapitalismus triumphieren wird. Chruschtschow gibt der KPdSU ein neues Parteiprogramm. Es ist das dritte in der Geschichte der Partei, das erste offizielle Programm wurde 1903 beschlossen, als sich die Partei in Bolschewiki und Menschewiki spaltete, das zweite Programm haben Lenin und Trotzki ausgearbeitet, es wurde 1919 angenommen, aber 1921 mit der Neuen Ökonomischen Politik praktisch über den Haufen geworfen. Stalin ersetzte das Parteiprogramm durch seine Fünfjahrespläne und durch seinen Terror. Nach Stalin, das spürt Chruschtschow, benötigt die Partei wieder ein richtungweisendes Programm. Wie weit ist man gekommen, wohin soll der Weg führen?

Die USA überholen, im Kommunismus leben

Das Programm erklärt den Aufbau des Sozialismus in der Sowjetunion für abgeschlossen. Man befinde sich bereits in der Phase des Übergangs zum Kommunismus. Das hatte auch Lenin schon einmal geglaubt. Und er hatte bereits veranlaßt, was Chruschtschow im neuen Parteiprogramm erst in Aussicht stellt: Alle Dienstleistungen des Staats werden unentgeltlich sein, keine Mieten mehr für Wohnungen, kein Fahrpreis mehr auf Straßenbahnen, in Autobussen und Eisenbahnen. Vor allem Hebung des materiellen Wohlstands des

Volks – noch nicht auf kommunistischem Weg, noch nicht jedem nach seinen Bedürfnissen, jedoch durch Erhöhung der individuellen Entlohnung nach Menge und Qualität der Arbeit bei gleichzeitiger Senkung der Einzelhandelspreise und Abschaffung aller Steuern. Hand in Hand damit sollen die Klassenunterschiede verschwinden, auch alle Unterschiede zwischen Stadt und Land. Die allseitige Entwicklung der Wirtschaft und Kultur aller sowjetischen Nationen und Nationalitäten werde die soziale Gleichartigkeit dieser Nationen stärken und das gegenseitige Vertrauen sowie die Freundschaft zwischen ihnen fördern. Es werde zu einem „ununterbrochenen Hinüberwachsen des sozialistischen Staates des ganzen Volkes in die kommunistische Selbstverwaltung der Gesellschaft" kommen. Leider werde der Staat des ganzen Volks bis zum endgültigen Sieg des Kommunismus bestehen bleiben. Denn für das völlige Absterben des Staats, wie es Marx fordert, bedarf es nicht nur des jetzt in Angriff genommenen Aufbaus einer entwickelten kommunistischen Gesellschaft, nein, auch der äußeren Voraussetzungen, und das sei der Sieg und die Festigung des Sozialismus in der internationalen Arena. Wir sind wieder dort: Rief Lenin nach der Weltrevolution, so ruft Chruschtschow nach dem „Sieg des Sozialismus in der internationalen Arena". Die Außenpolitik der Sowjetunion bleibt demnach deutlich darauf ausgerichtet, alles zu unterstützen, was zu einem solchen Sieg führen könnte. Bevor wir uns damit befassen, hier die Abschlußsätze aus dem neuen Parteiprogramm: „Unter der erprobten Führung der Kommunistischen Partei, unter dem Banner des Marxismus-Leninismus hat das Sowjetvolk den Kommunismus aufgebaut. Unter der Führung der Partei, unter dem Banner des Marxismus-Leninismus wird das Sowjetvolk die kommunistische Gesellschaft errichten. Die Partei verkündet feierlich: Die heutige Generation der Sowjetmenschen wird im Kommunismus leben!" Gleichzeitig erklärt Chruschtschow, daß die Sowjetunion spätestens bis 1970 die Pro-Kopf-Produktion der USA erreichen werde. Danach würden die USA auf allen Gebieten von der Sowjetunion überholt werden.

Obwohl Chruschtschow weiß, daß das Neulandprojekt in größten Schwierigkeiten steckt, daß die von ihm angestrebte Wirtschaftsreform durch den Widerstand der Planungsbürokraten, aber auch der Parteiorgane bedroht erscheint, dürfte er dennoch daran glauben, daß die nächste Ausbaustufe die Sowjetwirtschaft über den Entwicklungsstand der amerikanischen Wirtschaft bringen werde. Nicht nur die Raketenerfolge lassen ihn daran glauben. Es gibt auch andere punktuelle Erfolge: Das Wolgakraftwerk bei Stalingrad, das nun – entstalinisiert – Wolgograd heißt, ist vorzeitig fertiggestellt worden und mit einer Kapazität von zweieinhalb Millionen Kilowatt das größte seiner Art in der Welt. Zu gleicher Zeit aber wird auch schon an dem Wasserkraftwerk in Bratsk an der Angara in Sibirien gearbeitet, es wird eine Kapazität von über vier Millionen Kilowatt haben und wird bald nach seiner Fertigstellung vom Kraftwerk bei Krasnojarsk mit einer Kapazität von sechs Millionen Kilowatt übertroffen werden. Wer so wie Lenin glaubt, daß die Herrschaft der Kommunistischen Partei und die Elektrifizierung des Landes bereits den Sozialismus ergeben, der kann in Anbetracht solcher Erwartungen wahrscheinlich wirklich schon vom Kommunismus träumen.

In der sowjetischen Außenpolitik verkündet Chruschtschow eine Formel, die es der Sowjetunion erlauben soll, mit dem Westen gute Wirtschaftsbeziehungen zu unterhalten, während man gleichzeitig doch alles daransetzt, das kapitalistische System zu diskreditieren und für eine Ausweitung des sozialistischen Staatensystems in der Welt zu sorgen. Chruschtschow übernimmt das Schlagwort: „Friedliche Koexistenz". Darunter versteht er das friedliche Nebeneinanderleben von Staaten unterschiedlicher Gesellschaftsordnung, genaugenommen die Vermeidung des Kriegs zwischen der NATO und dem Warschauer Pakt, zwischen den USA und der Sowjetunion. In der übrigen Welt aber könnten die beiden Systeme miteinander konkurrieren. Dabei setzt Chruschtschow auf eine Fortsetzung des kommunistischen Siegeszugs. Denn nach China zeichnet sich auch schon ein Sieg der Kommunisten in Indochina ab, eine Reihe afrikanischer Staaten bekennen sich zum Sozialismus und streben ein Gesellschafts- und Wirtschaftssystem nach sowjetischem, chinesischem oder jugoslawischem Muster an. Auf Kuba hat Fidel Castros Revolution gesiegt. Das war zunächst eine bürgerliche Revolution, die aber von den USA mit Wirtschaftsblockaden und mit einer von Washington unterstützten Invasion von Exilkubanern beantwortet worden war. So hat sich Castro zum Kommunisten erklärt, aus Kuba eine Volksdemokratie gemacht und die Sowjetunion um Schutz und Hilfe angerufen. Von Kuba aus werden sich die vielen revolutionären Bewegungen in Lateinamerika gut fördern lassen, Kuba wird zum revolutionären Vorbild, zum nachahmenswerten Modell werden.

Das alles tut sich nicht von allein, die Sowjetunion hilft kräftig mit. Genauer betrachtet, handelt es sich um die Fortsetzung der Leninschen Politik: Frieden, sprich friedliche Koexistenz, zur Sicherung des Sowjetstaats, der einer weltweiten gegnerischen Koalition in einem Krieg nicht standhalten könnte.

Endgültig gesichert wird die Sowjetmacht erst sein, wenn es eine solche Koalition gar nicht mehr geben kann, wenn sich der Sozialismus im Weltmaßstab durchgesetzt hat. Wie lange das dauert, kann niemand sagen. Aber anzustreben ist es unentwegt. Lenin verfolgte diese Politik, obwohl er sich nur auf eine wirtschaftlich und militärisch schwache Sowjetunion stützen konnte. Chruschtschows Sowjetunion ist militärisch stark und wirtschaftlich, wie er glaubt, demnächst auf der Überholspur. Gestützt auf diese Überzeugung meldet Chruschtschow den Anspruch der Sowjetunion auf Gleichberechtigung mit der anderen Supermacht, den USA, an. Ordnet man seine nächsten Handlungen in dieses Schema ein, werden sie verständlich.

Sein Vis-à-vis in Washington ist Präsident Dwight D. Eisenhower. Dieser ladet Chruschtschow zu einem Besuch in die USA ein; September 1959. In Camp David, dem Erholungsort der US-Präsidenten, führen Eisenhower und Chruschtschow Gespräche über die zwischen den Supermächten bestehenden offenen Fragen. Chruschtschow versucht Eisenhower klarzumachen, daß sich die Sowjetunion nicht mehr lange mit der Lage in Berlin werde abfinden können. Berlin hat zu diesem Zeitpunkt noch immer einen Viermächtestatus, obwohl der Ostteil, der Sowjetsektor, zur Hauptstadt der DDR erklärt worden ist. Für Bürger der DDR ist es nach wie vor ein Leichtes, vom sowjetischen Sektor in die Westsektoren Berlins hinüberzuwechseln. Je schlechter die wirtschaftliche Lage in der DDR ist, desto rigoroser werden die Unterdrückungsmaßnahmen der DDR-Behörden. Beides gemeinsam bewirkt das rasche Ansteigen der Fluchtbewegung, zuerst sind es Hunderte, dann Tausende, die Woche für Woche über die Berliner Sektorengrenzen in den Westen fliehen. Die DDR kann das wirtschaftlich nicht mehr lange durchhalten. Denn es sind vor allem die Spezialisten, die Fachleute, die das Land verlassen. So wächst auch der Druck der DDR auf die Sowjetführung, diesen Aderlaß zu stoppen. Ostberlin und Moskau denken da zunächst an eine Änderung des Status von Berlin: Man müßte die Westmächte dazu bringen abzuziehen, Berlin müßte eine Sondereinheit werden, völlig gelöst von der Bundesrepublik Deutschland. Wer also die Sektorengrenze überschreitet, wäre damit noch nicht im Westen. Eisenhower zeigt ein gewisses Verständnis für Chruschtschows Notlage. Chruschtschow hält dies für eine Zusage des US-Präsidenten, gemeinsam mit der Sowjetunion eine Lösung für Berlin zu finden. Eisenhower seinerseits versucht Chruschtschow für eine Idee zu gewinnen, die der US-Präsident erstmals beim Genfer Gipfeltreffen im Juli 1955 vorgeschlagen hat: In Anbetracht der beiderseitigen Raketenrüstung sollte der Angst, der Gegner könnte eine momentane militärische Überlegenheit zu einem Blitzangriff mit Raketen nützen, entgegengewirkt werden – durch ein ungewöhnliches Inspektionssystem. Die USA und die Sowjetunion sollten einander gestatten, regelmäßig Aufklärungsflugzeuge über das Territorium der anderen Macht zu entsenden, um sicher zu sein, daß dort keine Vorbereitungen für einen Raketenangriff getroffen werden. „Open Sky" nennt Eisenhower diesen Vorschlag, offener Himmel. Für Chruschtschow ist das legalisierte Spionage, und auf das Wort Spionage ist man in der Sowjetunion seit jeher allergisch.

Im übrigen ist Chruschtschows Reise durch die USA ein Erfolg: Sein äußerlich joviales, freundliches Auftreten und die sympathische Mütterlichkeit seiner Frau Nina machen die beiden schnell zu Publikumslieblingen. Doch Chruschtschow läßt keine Gelegenheit ungenützt, die Überlegenheit des Sozialismus gegenüber dem kapitalistischen System zu betonen und den baldigen Sieg des Sozialismus über den Kapitalismus vorauszusagen. „Wir werden euch alle noch begraben!", ruft er einer applaudierenden Menge in Los Angeles zu, die auf sein freundliches Gesicht, nicht auf die Worte reagiert, die sie nicht versteht.

Ein halbes Jahr später hat Chruschtschow allen Grund, auf Eisenhower böse zu sein. Von einem Einlenken in der Berlinfrage will der amerikanische Präsident nichts wissen, dergleichen habe er auch nie zugesagt. Hingegen hat Eisenhower insgeheim amerikanische Aufklärungsflüge über die Sowjetunion autorisiert. Sie werden mit Spezial-

flugzeugen des Typs U2 durchgeführt: Ein extrem leichtes Flugzeug, das nach dem Start sogar sein Fahrgestell abwirft, um große Höhen erreichen und weite Strecken zurücklegen zu können. Ausgerüstet ist es nicht nur mit hervorragenden Kameras, sondern auch mit anderen Geräten, die das Aufspüren von Hitzequellen und anderen Merkmalen für das Vorhandensein unterirdischer Betriebe ermöglichen. Die Amerikaner wagen diese Flüge in der Annahme, daß die Sowjets, selbst wenn sie das Flugzeug ausmachen, nicht in der Lage wären, es in dieser Höhe abzuschießen. Doch die Sowjets haben inzwischen eine Luftabwehrrakete entwickelt, die das kann. Und im Mai 1960 gibt Chruschtschow vor dem Obersten Sowjet bekannt, daß ein amerikanisches Spionageflugzeug den Luftraum der UdSSR verletzt habe und dabei abgeschossen worden sei. In Washington nimmt man an, daß das Flugzeug zerstört und der Pilot tot sei. Auf jeden Fall tot, denn alle diese Piloten haben Befehl, sich vor drohender Gefangennahme mit einer mitgeführten Giftphiole selbst zu töten. So gibt Washington lediglich bekannt, daß sich ein Wetterflugzeug offenbar verflogen habe und vermißt werde. Doch dann wird in Moskau Francis Gary Power vorgeführt, der Pilot der Maschine. Er konnte sich mit Fallschirm retten, und er hat sich nicht vergiftet. Die Weltsensation ist perfekt: Die USA haben sich schwer ins Unrecht gesetzt. Die Sowjetunion aber wird allgemein wegen ihrer Zurückhaltung gelobt,

hätte ein derartiger Zwischenfall doch einen Krieg auslösen können. Chruschtschow fordert das Eingeständnis der USA, einen aggressiven Akt gegen die UdSSR gesetzt zu haben, und er fordert eine Entschuldigung Präsident Eisenhowers. Dieser lehnt beides ab. Nikita Chruschtschow läßt eine bereits angesetzte Gipfelkonferenz in Paris platzen.

Kennedy, die Mauer und Kuba

Die Beziehungen zwischen den beiden Supermächten sind so schlecht wie selten zuvor. Beide Seiten wollen das ändern. Die Gelegenheit bietet sich mit der Wahl eines neuen Präsidenten in den USA, mit der Wahl John F. Kennedys. Am 3. Juni 1961 treffen Chruschtschow und Kennedy einander in Wien. Es ist die erste Begegnung des jungen US-Präsidenten mit einem Sowjetführer. Chruschtschow sieht in Kennedy einen Anfänger; er hingegen gibt sich als erfahrener Staatsmann. Forsch wiederholt Chruschtschow seine Forderung nach Abzug der Westmächte aus Berlin. Kennedy lehnt ab. Auch in anderen Fragen kommen die beiden einander keinen Schritt näher. Das Gipfeltreffen, nach außen hin freundlich, endet ohne Ergebnis. Doch Chruschtschow glaubt, bei Kennedy Unsicherheit und Schwäche entdeckt zu haben. Chruschtschow entschließt sich zu handeln.

In der Nacht auf den 13. August besetzen Einheiten der DDR-Volksarmee und der Volkspolizei schlagartig die Sektorengrenzen

zwischen Ost- und Westberlin. Unter ihrer Bewachung beginnen Bautrupps eine Mauer zu errichten, eine Mauer zwischen Ost- und Westberlin. Die Menschen können es nicht fassen, die Welt kann es nicht fassen: Da wird im 20. Jahrhundert quer durch eine große Stadt eine Mauer gezogen, um 17 Millionen Menschen die Möglichkeit des Weggehens zu nehmen. Die DDR-Führung bezeichnet die Mauer als „antifaschistischen Schutzwall" und behauptet, ihr einziger Zweck sei es, das Eindringen von Spionen und Saboteuren aus dem Westen in die DDR zu verhindern. Da die Volksarmee und die Volkspolizei den Befehl bekommen, auf jeden zu schießen und notfalls auch jeden zu erschießen, der versucht, über die Mauer hinweg zu fliehen, gelingt es tatsächlich, den großen Flüchtlingsstrom zu unterbinden: Zuletzt waren es 34 000, die innerhalb von vier Wochen die DDR verlassen hatten.

Die Westmächte protestieren gegen die Errichtung der Mauer, aber sehen in ihr keine Verletzung der interalliierten Berlin-Abkommen. Viele meinten damals, die westlichen Alliierten hätten den Mauerbau nicht zulassen dürfen, ihre Truppen hätten intervenieren sollen – Volksarmee und Volkspolizei hätten es nicht gewagt, amerikanischen, britischen und französischen Soldaten Widerstand zu leisten. Und die Sowjets hätten sich gehütet, mit eigenen Truppen einzugreifen. Mag sein. Der damalige Westberliner Oberbürgermeister Willy Brandt und sein Freund Egon Bahr wollen mit Tränen des Zorns in den Augen registriert haben, daß die westlichen Stadtkommandanten keinen Finger rührten, um den Mauerbau zu verhindern.

In der Nacht auf den 13. August 1961 zernieren Volkspolizei und Volksarmee der DDR die Sektorengrenzen in Berlin (oben). Unter ihrem Schutz wird eine Mauer errichtet, quer durch Berlin (rechts oben). Sie soll die Menschen der DDR an der Flucht in den Westen hindern: 17 Millionen werden eingesperrt. Die Westalliierten marschieren zwar auch mit ihren Panzern auf, aber verhindern den Mauerbau nicht (rechts unten).

Damals, so heißt es, hätten Brandt und Bahr erkannt, daß nur eine Änderung der deutschen Politik gegenüber dem Osten die deutsche Teilung überwinden und zumindest Erleichterungen für die Menschen jenseits der Mauer bringen könnte. Das sei die Geburtsstunde jener Ostpolitik gewesen, die Brandt als Bundeskanzler und Bahr als sein Unterhändler zehn Jahre später in die Tat umsetzen. 30 Jahre später wird es die Mauer nicht mehr geben. Unter Ulbricht konnte sie von Honecker errichtet werden, weil Chruschtschow seine schützende Hand über die DDR und deren Führung hielt. Unter Honeckers Nachfolger ist die Mauer gefallen, weil Gorbatschow die schützende Hand der Sowjetunion zurückzog.

Der Westen hat die Mauer stets als Schandmauer bezeichnet, zu Recht, denn schandbar war es bestimmt, 17 Millionen Menschen einzumauern. Der Osten hat die Mauer als Friedensmauer bezeichnet, vermutlich auch zu Recht, denn ohne die Mauer hätte die Fluchtbewegung aus der DDR Ausmaße angenommen, die die Sowjetunion vielleicht nur noch mit einer neuen Blockade Berlins, also mit militärischen Aktionen hätte beantworten können; wir wissen nicht, was daraus hätte entstehen können. Eines war die Mauer vor allem: Das Eingeständnis, daß der Sozialismus, wie er von den kommunistischen Regimen verwirklicht wird, nicht das Paradies auf Erden schafft, ja nicht einmal den marxistischen Mindestansprüchen genügt, die Proletarier, die Arbeiter, zu befreien und sie als Klasse ihr eigenes Schicksal in die Hand nehmen zu lassen. Da hat sich seit Lenins Zeiten nichts geändert: Die Diktatur des Proletariats ist eine Diktatur der Partei geblieben, und in der Partei diktiert das Politbüro, und dem Politbüro diktiert der jeweilige Führer. Chruschtschow allerdings glaubte mit dem Mauerbau noch einen Sieg errungen zu haben – fortan war die DDR-Führung und mit ihr die Sowjetunion die Sorge los, über das Flugloch Berlin die Lebenssubstanz der DDR einzubüßen und damit den gesamten Ostblock zu gefährden.

Chruschtschow holt zum nächsten Schlag aus – ermutigt durch Berlin will er jetzt auch die globale Gleichberechtigung der Sowjetunion mit den USA durchsetzen. Fidel Castro hat die Sowjetunion um Schutz und Schirm gebeten. Er soll sie erhalten. Und die Sowjetunion wird dies dazu nützen, sich in der Karibik einen Respekt gebietenden Stützpunkt anzulegen. Chruschtschow beschließt, in Kuba sowjetische Atomraketen zu stationieren. Ihre Reichweite beträgt 3 000 Kilometer. Dieser Radius schließt Washington und New York mit ein. Damit sind sie bedeutend besser placiert als die eben installierten amerikanischen Mittelstreckenraketen in Großbritannien und in der Türkei, deren Radius nicht bis Moskau und bis Leningrad reicht. Mit dieser Raketenstationierung verfolgt Chruschtschow mehrere Absichten: Zunächst ist sie eine Trumpfkarte gegenüber den USA, sowjetische Forderungen werden von Washington nicht so ohne weiteres abgewiesen werden können; notfalls lassen sich die Raketen auch gegen Erfüllung solcher Forderungen abtauschen. Die Raketen sind aber auch der sichtbare Beweis der globalen Gleichberechtigung der Sowjetunion mit den USA. Amerika hat in allen Weltmeeren und auf allen Kontinenten Stützpunkte, die Sowjetunion nimmt dasselbe Recht für sich in Anspruch. Und das wiederum muß den vielen neuen Staaten der dritten Welt großen Eindruck machen, Moskau ist in der Lage, seine Macht auch in weit entfernte, überseeische Gebiete zu projizieren. Mit sowjetischer Hilfe lassen sich nicht nur nationale Befreiungskriege führen, Moskau ist fähig und willens, die mit seiner Hilfe an die Macht gekommenen Regierungen auch zu schützen. Solcherart ist die Aufstellung der Raketen auf Kuba auch ein großer Sprung vorwärts zum Sieg des Sozialismus im Weltmaßstab.

Die Raketen auf Kuba sind in der Lage, atomare Sprengköpfe zu tragen. Daß ihre Stationierung nur 120 Kilometer vor der amerikanischen Küste in den USA höchsten Alarm auslösen würde, muß Chruschtschow klar gewesen sein. Denn er befiehlt, die Raketen heimlich auf die Karibikinsel zu bringen und sie dort ebenso heimlich zu stationieren. Doch die USA entsenden ihre Spionageflugzeuge nicht nur über die Sowjetunion, auch über Kuba. Und dort werden sie nicht abgeschossen. Die Luftaufnahmen, die sie heimbringen, lassen die auswertenden Spezialisten bald erkennen, daß auf Kuba 19 Raketenbasen gebaut werden und daß auch schon die dazugehörenden Raketen bereitstehen. Hatte Kennedy den Mauerbau in Berlin hingenommen, so zeigt er sich jetzt um so mehr entschlossen, die Stationierung der Sowjetraketen auf Kuba nicht zuzulassen.

Kennedy gibt der amerikanischen Flotte den Auftrag, alle sowjetischen Schiffe, die nach Kuba unterwegs sind, zum Abdrehen aufzufordern oder sie zu stoppen und auf Raketenfracht zu untersuchen. Und Kennedy fordert die Sowjetunion ultimativ auf, ihre bereits auf Kuba befindlichen Raketen unverzüglich abzuziehen. In früheren Zeiten hätte dies für eine Kriegserklärung ausgereicht. Und auch jetzt muß Kennedy mit einem Krieg rechnen. Vielleicht sogar mit einem, den er zu beginnen hat, falls Chruschtschow nicht nachgibt. Die amerikanischen Atomstreitkräfte werden in Alarmzustand versetzt, die eigenen Raketen startklar gemacht, die Atombomber starten und fliegen in ihre Bereitschaftsräume in die Nähe der sowjetischen Grenzen. Einige Tage lang befindet sich die Welt am Rand eines Atomkriegs. Doch auch alle Möglichkeiten der friedlichen Beilegung der Krise werden genützt. Der Sicherheitsrat der UNO wird eingeschaltet. Zwi-

Das Bündnis mit Fidel Castro auf Kuba (rechts) nützt Chruschtschow zur Stationierung sowjetischer Raketen auf der Insel, 150 Kilometer vor der US-Küste. Die Schiffe mit den Raketen werden von amerikanischen Aufklärungsflugzeugen entdeckt (rechts unten). Präsident Kennedy fordert den sofortigen Abzug der Sowjetraketen. Die Welt geht knapp an einem Atomkrieg vorbei.

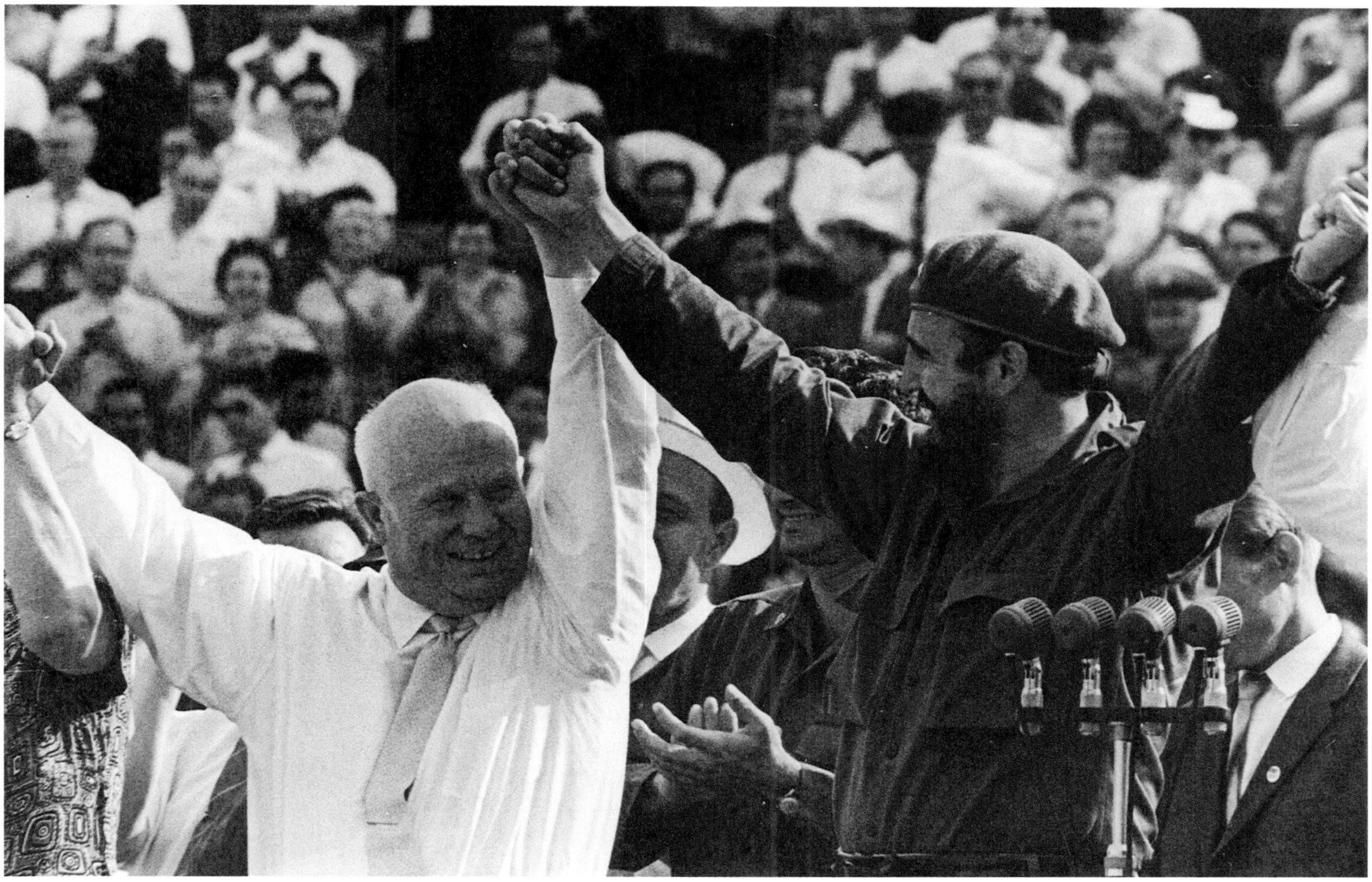

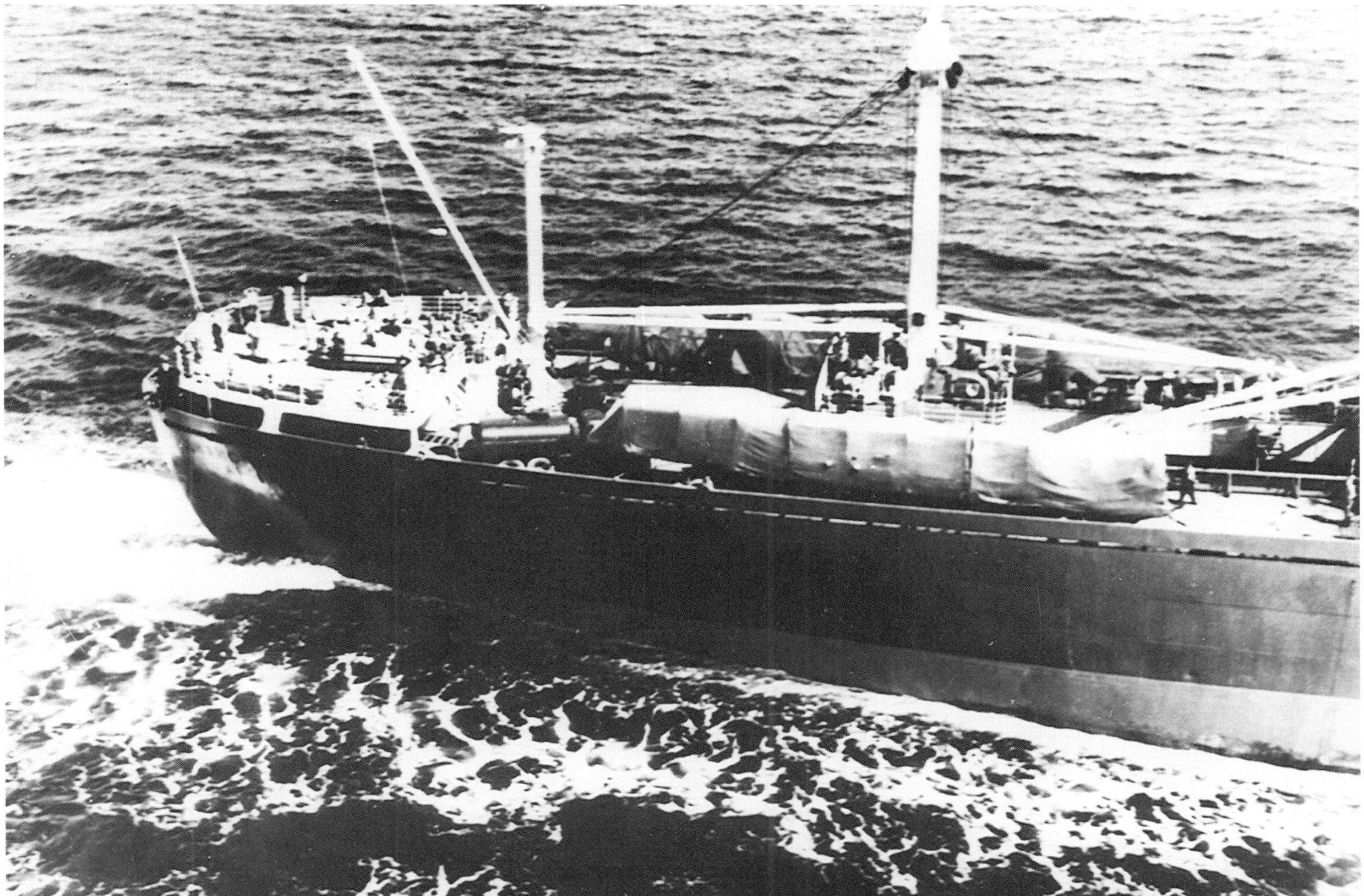

schen Chruschtschow und Kennedy kommt es zum Austausch geheimer Botschaften. Chruschtschow erklärt sich bereit, die Raketen abzuziehen, und er gibt auch die Zusage, auf Kuba nie wieder Raketen zu stationieren. Das sieht einerseits wie eine Niederlage aus, bringt aber andererseits Chruschtschow viel Anerkennung von einer Welt, die sich dadurch vom Schrecken eines Atomkriegs befreit sieht. In Wirklichkeit hat Chruschtschow nicht verloren, er hat zumindest einen der Zwecke dieser Stationierung erreicht: Für den Abzug und Chruschtschows Zukunftsgarantie gibt auch Kennedy eine Zusicherung – die USA werden Castros Kuba nie angreifen und auch keinen militärischen Druck auf Castro ausüben. Das ist vermutlich ein bedeutend besserer Schutz für das kommunistische Regime auf Kuba, als ihn die Raketen hätten gewähren können. Und selbst das Ziel, die Gleichberechtigung zwischen den USA und der Sowjetunion zu reklamieren, dürfte Chruschtschow partiell erreicht haben: Gewiß nicht zufällig ordnen die USA bald danach den Abzug ihrer Mittelstreckenraketen aus Norditalien und der Türkei an.

Der Konflikt mit China

Und doch hat die Kubakrise die Sowjetunion in große Schwierigkeiten gebracht. Während Moskau imstande ist, die kommunistisch regierten Staaten in Ostmitteleuropa (mit Ausnahme Albaniens und Jugoslawiens) militärisch und wirtschaftlich zu beherrschen, entwickelt sich das zweite kommunistisch regierte Großreich, China, weitgehend eigenständig. Weitgehend, denn wirtschaftlich benötigt China die Hilfe der Sowjetunion. Mao Tse-tung und die anderen chinesischen KP-Führer fordern diese Hilfe als Selbstverständlichkeit ein. So hatte sich doch Lenin die Rettung der Sowjetunion vorgestellt: Ein hochindustrialisiertes Sowjetdeutschland werde der wirtschaftlich unterentwickelten Sowjetunion zu Hilfe kommen und sie auf ein hohes industrielles Niveau heben. Denn Kommunisten in der ganzen Welt hätten solidarisch zu sein, nationale Grenzen dürften keine Bedeutung haben, das Ziel sei die Entwicklung eines einzigen gemeinsamen, sozialistischen Vaterlands. Was Lenin von einem hochindustrialisierten Sowjetdeutschland erwartete, das erwartet jetzt das wirtschaftlich schwache China von einer hochindustrialisierten Sowjetunion. Konkret: Sowjetische Ingenieure sollen Fabriken in China errichten, die sowjetische Industrie hat die Maschinen zu liefern, mit sowjetischer Hilfe sind die Kohlevorkommen und Erdölfelder Chinas zu erschließen, das chinesische Verkehrs- und Transportnetz ist mit sowjetischen Lokomotiven, Waggons, Lkws und Flugzeugen zu bestücken.

Die Sowjetunion versucht, diesen Forderungen nachzukommen. Sie sieht dabei auch auf ihren Vorteil, was immer China zu erzeugen und zu liefern fähig ist, wird im Austausch für die Sowjethilfe in Anspruch genommen. Trotzdem ist das Verhältnis Leistung–Nutzen ein recht einseitiges zugunsten Chinas. Dafür, so meint man in Moskau, hätte die chinesische Führung allen Grund, sich dankbar zu erweisen. Und am Anfang sieht es auch so aus, als würden die Chinesen das sowjetische Modell getreulich imitieren und den sowjetischen Führungsanspruch in der weltkommunistischen Bewegung akzeptieren. Jedoch nur kurze Zeit. Dann beginnt auch in China der Personenkult zu florieren: Mao Tse-tung hat die Revolution in China zum Sieg geführt. Er hat für China gleiches vollbracht wie Lenin für Rußland. Mao Tse-tung hat daher auch das Recht, den Marxismus für China neu zu interpretieren. Ein eigener chinesischer Weg zum Sozialismus zeichnet sich ab. Mehr noch: In Peking verkündet man, daß man den bisherigen Vorsprung der Sowjetunion mit einem „Großen Sprung nach vorn" einholen werde. Und tatsächlich ruft Mao die damals 750

Zwischen Peking und Moskau kommt es zu schweren Meinungsverschiedenheiten: Mao Tse-tung beansprucht eine eigene chinesische Führungsrolle in der weltkommunistischen Bewegung. Beim letzten Besuch Chruschtschows in Peking fordert Mao nochmals die atomare Bewaffnung Chinas. Chruschtschow verweigert dies. Das nach außen hin freundlich begonnene Gespräch endet mit dem Bruch zwischen China und der Sowjetunion.

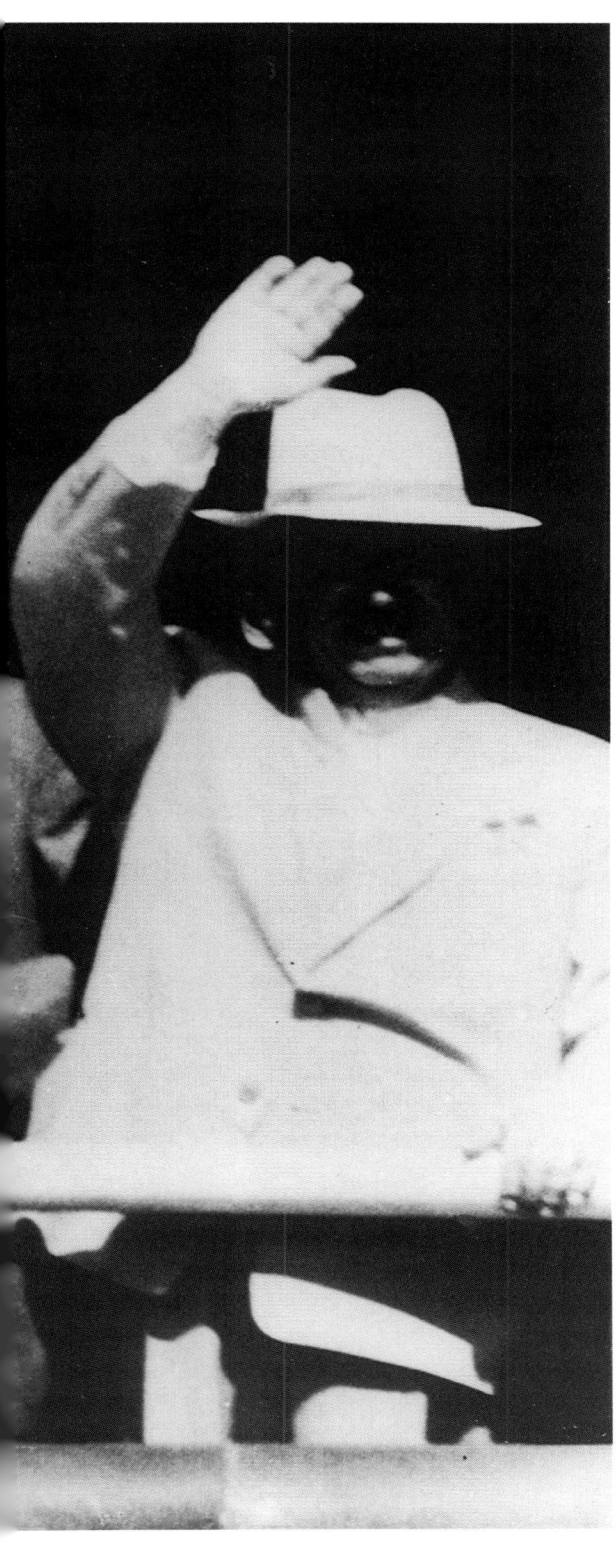

Millionen Chinesen auf, in einer Anstrengung ohnegleichen diesen großen Sprung zu verwirklichen: Eine Milliarde Hände und Füße sollen die fehlenden Maschinen ersetzen. Millionen schleppen Stein für Stein herbei und errichten Staudämme, Millionen graben Schächte und Stollen und fördern Erz und Kohle, Millionen errichten in ihren Hinterhöfen Öfen und schmelzen Eisen, Millionen bauen Straßen und legen Schienen, Millionen ziehen Pflüge anstelle der fehlenden Ochsen und Pferde, Millionen bauen Wagen aus Holz, spannen sich davor und schleppen Lasten quer durchs Land anstelle der fehlenden Lastkraftwagen. Da es für sie alle auch nur eine einheitliche, blaue, Bekleidung gibt, kommt das Schlagwort vom Reich der blauen Ameisen auf. Dergleichen hat die Welt noch nie gesehen.

Und vor dergleichen bekommt die Sowjetunion Angst. China meldet ungeheure Erfolge: Die Stahlproduktion ist in kürzester Frist vervierfacht worden, die Energieerzeugung verfünffacht, die Lebensmittelproduktion reicht erstmals aus, um alle Chinesen zu ernähren. Und dann kommt es: China hat nicht nur seine Produktion vervielfacht, es hat bereits eine höhere Stufe des Sozialismus erreicht. Überall im Land seien die Masseneinsätze bereits durch Kommunen organisiert, in den Städten seien die Menschen Straßenzug für Straßenzug in Kommunen zusammengefaßt, die Bauern haben Volkskommunen gebildet, die in ihrer Organisations- und Gesellschaftsform die sowjetischen Kolchosen weit überholt hätten. Und tatsächlich wird in diesen Volkskommunen nicht nur Bauernwirtschaft betrieben. Hier werden auch Kleinfabriken errichtet, hier gibt es nur noch Gemeinschaftsküchen, alle essen in Kantinen, alle Kinder werden gemeinschaftlich betreut, hier ist jeder für alles zuständig. Hier scheint sich das Marxsche Ideal zu erfüllen – der neue Mensch, der in Eigenverantwortung freiwillig für die Gemeinschaft leistet, die dafür auch für die Bedürfnisse jedes einzelnen aufkommt. Mao und die chinesischen Kommunisten hätten damit die Sowjetunion in ihrer gesellschaftlichen Entwicklung zumindest partiell überholt.

Damit wird der Führungsanspruch der KPdSU und Moskaus in Frage gestellt. Ab nun müßte es zumindest zwei kommunistische Weltzentren geben. Und die Chinesen melden auch schon ihre Führungsrolle an – ihr Modell sei das bessere für all die Entwicklungsländer, die wie China über keine breite industrielle Basis verfügen. Auf dem chinesischen Weg würden sie sehr rasch zum Sozialismus kommen. Natürlich würden sie dabei auf den Widerstand der kapitalistischen, der imperialistischen Mächte stoßen. Und so wie Lenin es vorausgesagt habe, werde der Krieg zwischen dem sozialistischen und dem kapitalistischen Lager unvermeidbar sein. Auf diesen Krieg hätten sich alle sozialistischen Länder vorzubereiten. China tut dies erneut auf seine eigene Weise: Es bildet praktisch das gesamte Volk zu einer einzigen Partisanenarmee aus. Männer, Frauen, Kinder, alle müssen schießen können, alle wissen, wie eine invadierende Armee zu bekämpfen ist und wie man sie besiegt. So wie Mao die Japaner und Tschiang Kai-schek besiegt hat mit seinen Partisanen. China könne sich daher den Krieg mit den kapitalistischen Ländern leisten, niemals würden diese imstande sein, das Riesenreich zu besetzen oder gar zu besiegen. In China würde der Kapitalismus, der Imperialismus, seine tödliche Niederlage erleiden. Zum ideologischen Konflikt zwischen Peking und Moskau gesellt sich damit auch eine gar nicht ungefährliche Interpretation der Weltpolitik. China ist in der Lage, einen Weltkonflikt zu provozieren: Die Amerikaner schützen Tschiang Kai-schek auf Taiwan und halten zwei dem chinesischen Festland vorgelagerte Inseln besetzt, Quemoy und Matsu. Der Versuch einer kommunistisch-chinesischen Invasion könnte einen Krieg mit den USA auslösen. In diesem Fall wäre die Sowjetunion verpflichtet, dem kommunistischen Bruderstaat militärisch zu Hilfe zu

eilen. Auch in Korea gibt es vorläufig nur einen Waffenstillstand. Auch diesen Krieg könnte China jederzeit wieder aufflammen lassen.

China zeigt, daß es Konflikte nicht scheut: Maos Truppen dringen in der Himalajaregion in Gebiete ein, die ursprünglich chinesisch waren, aber jetzt von Indien beansprucht werden und besetzt sind. Es kommt zu einem kurzen, aber heftigen Krieg zwischen China und Indien. Die indische Armee wird geschlagen und ersucht um einen Waffenstillstand.

Solcherart ist das chinesisch-sowjetische Verhältnis beschaffen, als Chruschtschow seine Raketen aus Kuba wieder abzieht und dem amerikanischen Druck anscheinend nachgibt. In Peking gibt es dafür kein Verständnis. Chruschtschow hätte hart bleiben müssen. Die USA hätten nachgegeben. Wenn nicht, dann hätte es eben den Krieg gegeben, der ohnedies unvermeidbar sei. Die Sowjetunion und China ge-

Breschnew, Podgorny und Kossygin als Troika treten die Nachfolge Chruschtschows an. Wie bisher bei allen kollektiven Führungen setzt sich recht bald der Erste Sekretär der Partei als starker Mann durch, und das ist Leonid Breschnew. Unser Bild zeigt die Troika beim Empfang von Kosmonauten, die noch von Chruschtschow für den Weltraumflug ausgewählt worden waren.

meinsam mit ihren gewaltigen Menschenmassen, im Besitz von Wasserstoffbomben und Raketen, hätten diesen Krieg gewonnen.

Ob ernst gemeint oder nicht, die Vorwürfe allein erschrecken Chruschtschow. Dazu kommt noch die Forderung der Chinesen, die Sowjetunion möge zur industriellen Hilfe und konventionellen Aufrüstung den Chinesen auch die Atomgeheimnisse ausliefern. Und zwar nicht nur zum Bau von Atomkraftwerken, auch zur Erzeugung von Nuklearwaffen. Chruschtschow lehnt rundweg ab. Der Bruch zwischen Moskau und Peking ist perfekt. Die Sowjetunion zieht in kürzester Zeit alle ihre Experten und Fachkräfte aus China ab und stellt die Maschinenlieferungen ein. In Hunderten Betrieben kommt es daraufhin zur Verlangsamung oder gar zum Stillstand der Produktion. An der chinesisch-sowjetischen Grenze gibt es die ersten Zwischenfälle: Tausende Chinesen überschreiten unbewaffnet diese Grenze und versuchen, Gebiete zu besetzen, die früher einmal zu China gehörten. Später wird an dieser Grenze auch geschossen werden. Soldaten eines kommunistisch regierten Landes werden Soldaten eines anderen kommunistischen Landes töten und verwunden. Erst unter Gorbatschow wird der sowjetisch-chinesische Konflikt beigelegt und die sowjetisch-chinesischen Beziehungen normalisiert werden. Und selbst das geschieht nicht konfliktfrei.

Gorbatschows Staatsbesuch in Peking wird von chinesischen Studenten und wohl auch von den Reformern in der Partei zum Anlaß genommen, um auch für China nach einer Perestroika, nach einer Glasnost zu rufen, um in China die Demokratie zu fordern. Gorbatschow mischt sich nicht ein. Doch kaum sind er und die ihn begleitenden Journalisten aus aller Welt abgereist, da wird die Demokratiebewegung in China mit Panzern niedergewalzt.

Chruschtschow wird gestürzt

Chruschtschow hatte es vorgezogen, eher den Konflikt mit China zu riskieren als einen Krieg mit den USA. Die Kubakrise war ihm eine Lehre: Er hatte seine eigenen Kräfte überschätzt und die militärische Stärke der USA unterschätzt, unterschätzt auch die Entschlußkraft des Präsidenten Kennedy. Von jetzt an ist der Kremlchef wieder auf dem Kurs der friedlichen Koexistenz und will auch sicherstellen, daß sich eine gefährliche atomare Konfrontation wie bei der Kubakrise nicht mehr ergibt.

Die Sowjetunion, die USA und Großbritannien kommen überein, alle Kernwaffenversuche in der Atmosphäre, im Weltraum und unter Wasser einzustellen. Gleichzeitig erwägt man eine weitergehende Vereinbarung, die den drei Vertragspartnern und allen anderen Staaten verbietet, Kernwaffen und Kernwaffentechnologie an Dritte weiterzugeben. Nonproliferation heißt das. Daß damit in erster Linie China gemeint ist, liegt auf der Hand. Doch als der Nonproliferationsvertrag (Atomwaffensperrvertrag) im Juli 1968 unterzeichnet wird, hat China bereits seine eigene Atombombe entwickelt, mit Hilfe von Chinesen, die an amerikanischen und an britischen technischen Schulen ausgebildet worden sind. Dennoch hat der Nonproliferationsvertrag viel dazu beigetragen, eine generelle Atombewaffnung der Welt zu verhindern.

Im Oktober 1964 wird Chruschtschow gestürzt. Der Versuch, ihn zu stürzen, wurde schon einmal gemacht, 1957, als sich im Präsidium des ZK eine solide Mehrheit gegen Chruschtschows Reformpolitik aussprach. Molotow, Malenkow, Kaganowitsch, Woroschilow, Bulganin, die alten Paladine Stalins, gingen mit Chruschtschows Entstalinisierungspolitik nicht mehr mit. Damals ließ Chruschtschow mit Hilfe des Marschalls Schukow und des KGB-Chefs Serow die Mit-

glieder des Zentralkomitees aus allen Ecken und Enden der Sowjetunion nach Moskau einfliegen, um sich vom Plenum des ZK bestätigen zu lassen. Er bekam die gewünschte Mehrheit, Molotow, Malenkow und Kaganowitsch wurden aus dem ZK-Präsidium und der
Regierung entfernt, Molotow zuerst als Botschafter in die Mongolische Volksrepublik und danach zur Atomenergiebehörde nach Wien
gesandt.

Durch die damaligen Ereignisse schlau geworden, stellte es die
Opposition im Oktober 1963 geschickter an: Chruschtschow befindet
sich auf Urlaub am Schwarzen Meer. Und diesmal beruft nicht er,
sondern berufen die Verschwörer die Mitglieder des Zentralkomitees
zu einer Sondersitzung nach Moskau ein. Sie haben es leicht, eine
Mehrheit gegen Chruschtschow zustande zu bringen. Viele der Funktionäre sind über Chruschtschows Politik seit langem erbittert: Sind
sie doch durch seine Reformideen in ihren Funktionen bedroht und
müssen befürchten, ihre Posten und Privilegien zu verlieren. Als
Chruschtschow auch noch vorschlägt, von Parteitag zu Parteitag je
ein Drittel aller Funktionäre abzulösen und durch neue Leute zu ersetzen – um die Partei zu verjüngen, um sie schlagkräftiger zu machen –, hat er endgültig eine solide Mehrheit gegen sich.

Chruschtschow wird von seinem Urlaub zu einer dringenden
Sondersitzung des Parteipräsidiums mit anschließendem ZK-Plenum
nach Moskau beordert. Dort wird ihm vom Chefideologen der Partei,
Suslow, die Liste seiner Verfehlungen vorgehalten: Chruschtschow
habe begonnen, sich ebenso wie Stalin dem Personenkult hinzugeben, er habe keine Rücksicht mehr auf die Parteiinstitutionen genom-

*Zum 50. Jahrestag der Oktoberrevolution hat
die Sowjetführung die Spitzenpolitiker der
Ostblockstaaten eingeladen, mit ihr gemeinsam
die große Parade auf dem Roten Platz abzunehmen (oben). Auf dem Lenin-Mausoleum
sind rechts die Sowjetpolitiker und links die
Staatsmänner des Ostblocks zu sehen, angeführt von Walter Ulbricht. Rechts: Im Mittelpunkt der Parade stehen die Raketen. Es ist
die Raketenrüstung, mit der Breschnew den
sowjetischen Globalanspruch durchzusetzen
versucht.*

men, nicht auf das Präsidium, nicht auf das ZK. Er sei selbstherrlich vorgegangen. Sein Führungsstil sei vom Subjektivismus, von Prahlerei und Fantasterei geprägt. Seine Neulandpolitik sei gescheitert. Seine Weltpolitik habe die Sowjetunion in gefährliche Situationen gebracht, aus denen sie beschämende Rückzüge antreten mußte. Auch der Bruch mit China sei das Resultat einer verfehlten Politik. Chruschtschow wird nahegelegt, sein Amt aus Gesundheitsgründen zurückzulegen. Er tut es, wird aus dem Parteipräsidium ausgeschlossen und zwei Jahre später aus dem Zentralkomitee.

Das von Chruschtschow eingeführte Prinzip, daß abgesetzte Spitzenführer nicht weiter verfolgt oder gar wie unter Stalin liquidiert werden, wird auch ihm gegenüber eingehalten. Chruschtschow wird Pensionist, als solcher diktiert er seine Memoiren und versteht es, die Tonbänder in den Westen schmuggeln zu lassen. Die Partei hat ihm seine Reformversuche, aber vor allem die Entlarvung Stalins nicht verziehen. Nach seinem Tod wird er nicht einmal an der Kremlmauer beigesetzt, er erhält eine Grabstätte auf dem Nowodewitschi-Friedhof.

Die Breschnew-Ära

Wie immer bei einem Führungswechsel an der Spitze der KPdSU tritt zunächst nicht ein einzelner die Nachfolge an. Wie nach Lenins und nach Stalins Tod wird wieder von einer kollektiven Führung gesprochen. Wie nach Lenins und nach Stalins Tod übernimmt eine Troika

die Führung. Diesmal sind es der bisherige Staatspräsident Leonid Breschnew, der nun zum Ersten Sekretär der Partei gewählt wird, Alexej Kossygin, als Vorsitzender des Ministerrats, und Anastas Mikojan, als neugewählter Präsident des Obersten Sowjets, dem ein Jahr später Nikolaj Podgorny folgt. Es dauert nicht lange, da ist, wie nach Lenin und wie nach Stalin, der Erste Sekretär auch der beherrschende Mann in der Partei und im Staat: Breschnew. Sein Aufstieg setzt mit dem XXIII. Parteitag der KPdSU im Jahr 1966 ein. Breschnews Hauptbestreben ist es, die von Chruschtschow immer wieder aufgewirbelte Partei und in Frage gestellte Parteistruktur ruhigzustellen. Hatte sich unter Stalin jeder Parteifunktionär physisch bedroht gefühlt, mußten unter Chruschtschow viele Parteifunktionäre um ihre Posten zittern, unter Breschnew brauchen sie alle keine Angst mehr zu haben, weder um ihr Leben noch um ihre Posten. Ihre Privilegien hingegen werden noch vermehrt.

Um besser zu verstehen, weshalb die Sowjetunion, die unter Chruschtschow einen Anstieg ihres technischen Niveaus erreicht und unter Breschnew einen sehr stabilen Eindruck macht, beim Amtsantritt Gorbatschows bereits am Rand des wirtschaftlichen Zusammenbruchs war, ist vor allem der Blick auf diese Funktionärsschicht zu richten.

Nomenklatura wird sie genannt. Sie begann sich bereits unter Lenin zu formieren, schon er warnte vor dem zunehmenden Bürokratismus. Stalin hat sie gefördert, er verdankte seine Macht dem Gehor-

Bei den Feiern zum 50. Jahrestag der Oktoberrevolution läßt sich an Zahl und Zusammensetzung der Gäste die Weltgeltung der Sowjetunion ablesen. Erschienen sind nicht nur die Parteichefs aus den Ostblockstaaten, sondern auch prominente Vertreter der dritten Welt, an ihrer Spitze Premierministerin Indira Gandhi. Josip Broz Tito, zweiter von rechts, hat pikanterweise neben dem Chefideologen der KPdSU, Suslow, Aufstellung genommen.

sam der Nomenklatura. Stalin war es, der als Generalsekretär der Partei den gesamten Apparat mit seinen Leuten durchsetzte. Mit Hilfe dieser breiten Funktionärsschicht bestand er seine Machtkämpfe, schaltete zuerst Trotzki, dann Kamenew und Sinowjew, schließlich Bucharin, Rykow und Tomski aus. Mit Hilfe der Funktionäre wurde die große Tschistka durchgeführt. Und nur weil die Funktionärsschicht allen Befehlen willfährig nachkam, konnte sich Stalin sein Wüten gegen die Offiziere der Roten Armee erlauben, und nach dem Krieg die nächste große Säuberungswelle gegen die Intelligenz, die Schriftsteller, die Kulturschaffenden. Stalin sicherte sich die bedingungslose Loyalität dieser Funktionäre durch ein Doppelsystem: Keiner erhielt seinen Posten aufgrund erworbener Verdienste, die gehörten vielleicht auch dazu, aber alle wußten, daß sie ihr Amt nur der Partei zu verdanken haben. Und innerhalb der Partei der Hierarchie. Die Hierarchie wurde von Stalin gegliedert wie das Offizierskorps der Armee. Er sprach auch von einem „Kommandostand der Partei". Auf dem ZK-Plenum 1937 bezeichnete er die 3 000 bis 4 000 höheren Parteiführer als „Generalität", die 30 000 bis 40 000 Führer mittleren Rangs als „Offizierskorps" und die rund 150 000 Führer niedrigeren Rangs als „Unteroffiziere". Schon unter Stalin wurden die Funktionäre für ihre Loyalität materiell belohnt. Jeder von ihnen verdiente je nach Rang bedeutend mehr als ein durchschnittlicher Arbeiter oder auch höherer Angestellter. Und je höher die Funktion, desto mehr Geld gibt es.

Im Gegensatz zu den Durchschnittsbürgern werden der Nomenklatura zusätzliche Monatsgehälter ausgezahlt, werden den Funktionären vor dem Urlaubsantritt Kurgelder ausgehändigt. Funktionäre dürfen reisen, zunächst im Inland: Ihnen stehen Plätze in den Eisenbahnzügen und in den Flugzeugen zur Verfügung. Für sie sind immer Hotelzimmer reserviert und Tische in den Restaurants. Eigene Kurhäuser, Sanatorien und selbst Krankenhäuser stehen zu ihrer Verfügung. Besonders Privilegierten werden Auslandsreisen gestattet mit einer ausreichenden Zuteilung an Devisen. Parteiinstitutionen verfügen über eigene Kantinen, die mit besonderen Leckerbissen versorgt werden, einschließlich Importwaren aus dem kapitalistischen Westen. Die Nomenklatura kann in Warenhäusern einkaufen, die dem normalen Sowjetbürger nicht zugänglich sind, auch dort gibt es ein Angebot, das weit über dem sowjetischen Durchschnitt liegt. Mit „Warenschecks" kann die Nomenklatura auch in Devisenläden kaufen, die sonst nur Ausländer mit harter Währung betreten dürfen. Die allge-

In der Breschnew-Ära wird die Nomenklatura, die Parteihierarchie, in besonderer Weise verfestigt. Die Posten sind gesichert, die Privilegien werden vermehrt, es gibt viel Lob und Orden. Breschnew nimmt sich vor allem des Militärs an und zeigt sich selbst gerne in Marschalluniform (rechts). Oben: Wo einst die Generäle der Roten Armee zu Fuß oder zu Pferd die Paraden abnahmen, fahren die heutigen Generäle in offenen Limousinen die Front der Truppe ab.

meine bittere Wohnungsnot betrifft die Funktionäre nicht: Die Nomenklatura wohnt nicht in rasch errichteten standardisierten Häusern, und sie hat sich auch nicht mit wenigen Quadratmetern Wohnfläche zu begnügen. Ihnen werden Komfortwohnungen zur Verfügung gestellt, je nach Rang mit drei bis acht Zimmern. Leute mit hohem Rang in der Nomenklatura erhalten zu ihrer Wohnung auch noch ein Landhaus, eine Datscha, entweder zum ständigen Gebrauch, oder sie wird ihnen für den Sommer überlassen. Den höheren Funktionären steht auch Dienstpersonal zur Verfügung, Dienstmädchen, Köchinnen, Gärtner, Chauffeure. Das Dienstauto ist ein weiteres Privileg, je höher der Rang, desto größer der Wagen. Für die oberste Spitze der Nomenklatura gibt es gepanzerte SIL-Limousinen mit kugelsicherem Glas und Begleitschutz. Sie mögen motorisch mit den Luxusfahrzeugen des Westens nicht ganz Schritt halten, aber ihr Komfort läßt nichts zu wünschen übrig: Klimaanlage, Bar, Radio, Fernsehgerät sind eingebaut. Zu den Privilegien zählt auch der meist mehrfache Telefonanschluß, Telefone, die immer funktionieren, und das nicht nur im Stadtbereich, auch interurban. Hohe und höchste Funktionäre erhalten Direktlinien eingerichtet, über die sie einander störungsfrei erreichen können. In die Privilegien sind natürlich auch die Familienmitglieder einbezogen, die Damen haben Zugang zu besonderen Kosmetiksalons und Friseuren, zu modischen Stoffen und Schuhen, zu Schneidereien. Sie müssen für nichts Schlange stehen, in den Läden, in denen sie einkaufen, gibt es keinen Mangel. Vieles wird auch ins Haus geliefert. Um die Kinder muß man sich keine Sorgen machen. Sie haben Zutritt zu besonderen Schulen. Damit auch sie dereinst zur Nomenklatura gehören und vor allem das höchste Privileg in Anspruch nehmen können, ins Ausland zu reisen oder gar im Ausland einige Jahre zu leben, steht ihnen die „Hochschule für internationale Beziehungen" in Moskau zur Verfügung; und die Diplomatische Akademie des Außenministeriums, auch die Parteihochschulen.

Der Verfall setzt ein

In kapitalistischen Staaten wäre das meiste von all dem kein Privileg, sondern für jeden erreichbar, der einen besser dotierten Job bekleidet. In der Sowjetunion ist der Unterschied zwischen dieser Art von privilegiertem Leben und dem Leben eines Normalbürgers so gewaltig, daß ein Verlust der Privilegien praktisch einem Absturz in die Hölle der Armut gleichkommt. Um so verständlicher, daß die Funktionäre um ihre Posten zittern, ihre Privilegien verteidigen. Stalin hat die Vergabe oder den Entzug eines Postens zur Belohnung oder Bestrafung benützt und sorgte für eine Umschichtung oder Verjüngung durch Säuberungen. Chruschtschow wollte sich dieser brutalen Methode nicht mehr bedienen, er wollte die in diesen Funktionären verkörperte Bürokratie durch Reformen sprengen. Das ist ihm nicht gut bekommen. Letztlich war es die Solidarität der Nomenklatura, an der Chruschtschow gescheitert ist. Die anderen Mitglieder des Parteipräsidiums haben das nicht nur gesehen und miterlebt, sie haben sich auch der Funktionärsschicht bedient, um Chruschtschow zu stürzen. Jetzt statten sie der Nomenklatura, zu der sie selbst gehören, ihren Dank ab: Wie gesagt, Breschnew garantiert die Posten und die Privilegien. Selbst wenn da und dort ein Funktionär durch schuldhaftes Verhalten seinen Posten verliert, fällt er nicht wie früher ins Bodenlose, irgendwo, und sei es auch in entfernterer Provinz, ist für ihn noch ein warmes Eckchen reserviert.

Das öffnet der Korruption Tür und Tor. Wer Strafe nicht mehr zu befürchten hat, wer seines Postens gar so sicher ist, ist bereit, Gefäl-

Das Hauptgewicht der sowjetischen Wirtschaft liegt in der Breschnew-Ära wieder bei der Schwerindustrie. Der Konsumgütersektor wird erneut vernachlässigt. Während in den Städten, insbesondere in Moskau, aus Fertigbauteilen riesige Wohnblöcke errichtet werden, bleiben die Arbeiter rund um die Industriezentren in fast jeder Beziehung unterbetreut. Das wird unter Gorbatschow zu ausgedehnten Proteststreiks führen.

ligkeiten zu erweisen für entsprechendes Entgelt oder im Austausch für andere Gefälligkeiten. 18 Jahre lang steht Breschnew an der Spitze des Sowjetstaats. 18 Jahre lang garantiert er in seiner Person die Unantastbarkeit der Nomenklatura. 18 Jahre lang wuchert das System der gegenseitigen Bevorzugung bei immer geringerer Leistung. 18 Jahre lang bleibt das Land ohne wesentliche Reformen.

Reformansätze, wie die Fortführung der Liberman-Ideen, scheitern bald und werden aufgegeben. Die Neulandgewinnung wird noch einmal angekurbelt, ohne zu besseren Resultaten zu führen. Die ständig sinkende Getreideaufbringung wird durch Getreideankäufe in den USA ersetzt. Der Niedergang der Wirtschaft hätte sich wahrscheinlich viel früher gezeigt, hätte es nicht den Ölschock des Jahrs 1973 gegeben. Mit der Vervielfachung der Preise für Erdöl und Erdgas erzielt auch die Sowjetunion unerwartet hohe Deviseneingänge. Mit dem Geld läßt sich viel erwerben, was im eigenen Land nicht mehr zu schaffen ist. Und die hohen Einnahmen kommen wieder der Nomenklatura zugute.

Eines allerdings läßt sich nicht verhindern: Der langsame, aber sichere Verfall. Die Nomenklatura versucht, ihre Privilegien zu verstecken, sich vom Volk nicht in den Suppentopf schauen zu lassen, schon gar nicht in die Wohnungen und in die Kühlschränke. Doch solche Dinge bleiben nicht geheim, und je mehr man sie zu verschleiern versucht, desto mehr wird über sie gesprochen. Desto größer wird auch der Neid und desto weniger Lust zeigt ein Normalbürger, seine Arbeitskraft für einen Spottlohn zu verkaufen. Es wird immer weniger gearbeitet in der Sowjetunion. Und immer mehr gestohlen, wobei das Abzweigen von Baumaterialien oder Saatgut, das Mitnehmen von Büroartikeln oder Lebensmitteln gar nicht mehr als Diebstahl empfunden wird. Da alles dem Staat gehört und der Staat die Menschen weder ausreichend entlohnt noch ihnen die Güter gibt, die sie sich für ihr Leben wünschen, holen sie sich vom Staat, was sie für ihr Leben brauchen. Nur noch wenige sind bereit, Verantwortung zu tragen, Entscheidungen zu treffen, sich für Projekte einzusetzen und diese auch noch durchzuziehen.

Rußlandreisende lernen sehr rasch die Bedeutung dreier russischer Wörter kennen: Zakryto – Geschlossen, Remont – Reparatur, Ne rabotaet – Außer Betrieb. In Moskau geht ein gutes Drittel, wenn nicht mehr, der Wasserversorgung, der Erdgasversorgung, der Fernwärme verloren, weil die im Boden verlegten Leitungsnetze verrottet sind; und sie sind verrottet, weil man sie schlampig verlegt hat. Neubauten in den Großstädten sind oft schon Slums, ehe sie bezogen werden, weil ihre Mauern auseinanderklaffen, die Kacheln in den Bädern von den Mauern fallen, die Leitungsrohre undicht sind, die Aufzüge nicht funktionieren.

Die Hochrüstung als Ausdruck der Idee

Die Beispiele ließen sich fortsetzen. An ihnen erkennt man die wahre Bedeutung des Worts Perestroika, Erneuerung. Erneuerung an allen Ecken und Enden ist das, was die Sowjetunion nach den Breschnew-Jahren dringendst benötigt, soll nicht alles total verfallen. Aber mit dieser Schicht von Funktionären, mit diesen Methoden der Wirtschaftsplanung und Wirtschaftsführung ist Erneuerung nicht mehr herbeizuzwingen. Vor allem sind die Menschen nicht mehr motivierbar. Als Lenin wirtschaftlich nicht mehr aus und ein wußte, suchte er Zuflucht in der Neuen Ökonomischen Politik. Es war ein Rückgriff auf kapitalistische Einrichtungen und Methoden. Stalin schaffte die NEP wieder ab und setzte an ihre Stelle die totale Planung, die zentrale Lenkung, die Kommandowirtschaft. Ihre unbestreitbaren Erfolge

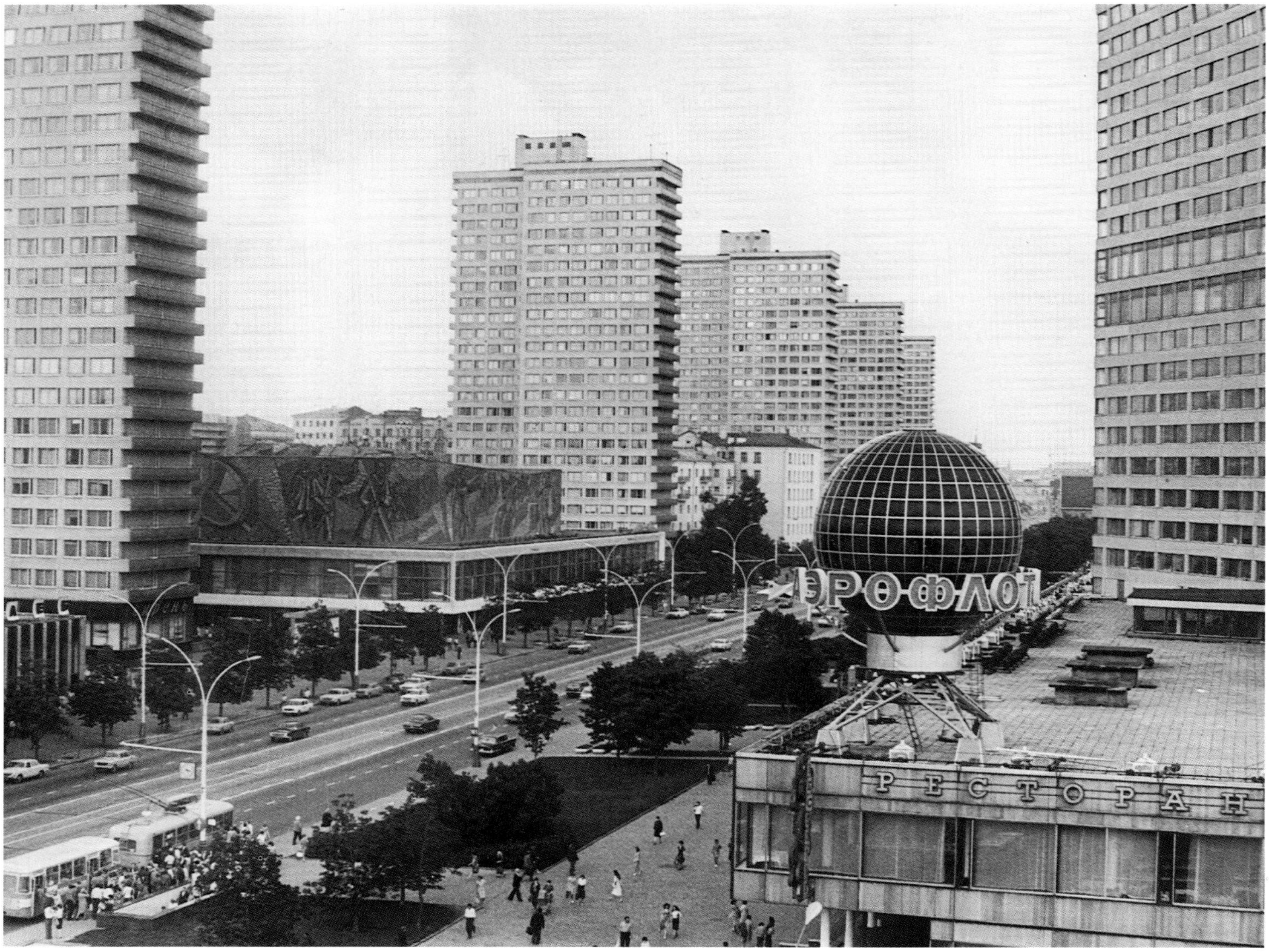
ЭРОФЛОТ
РЕСТОРАН

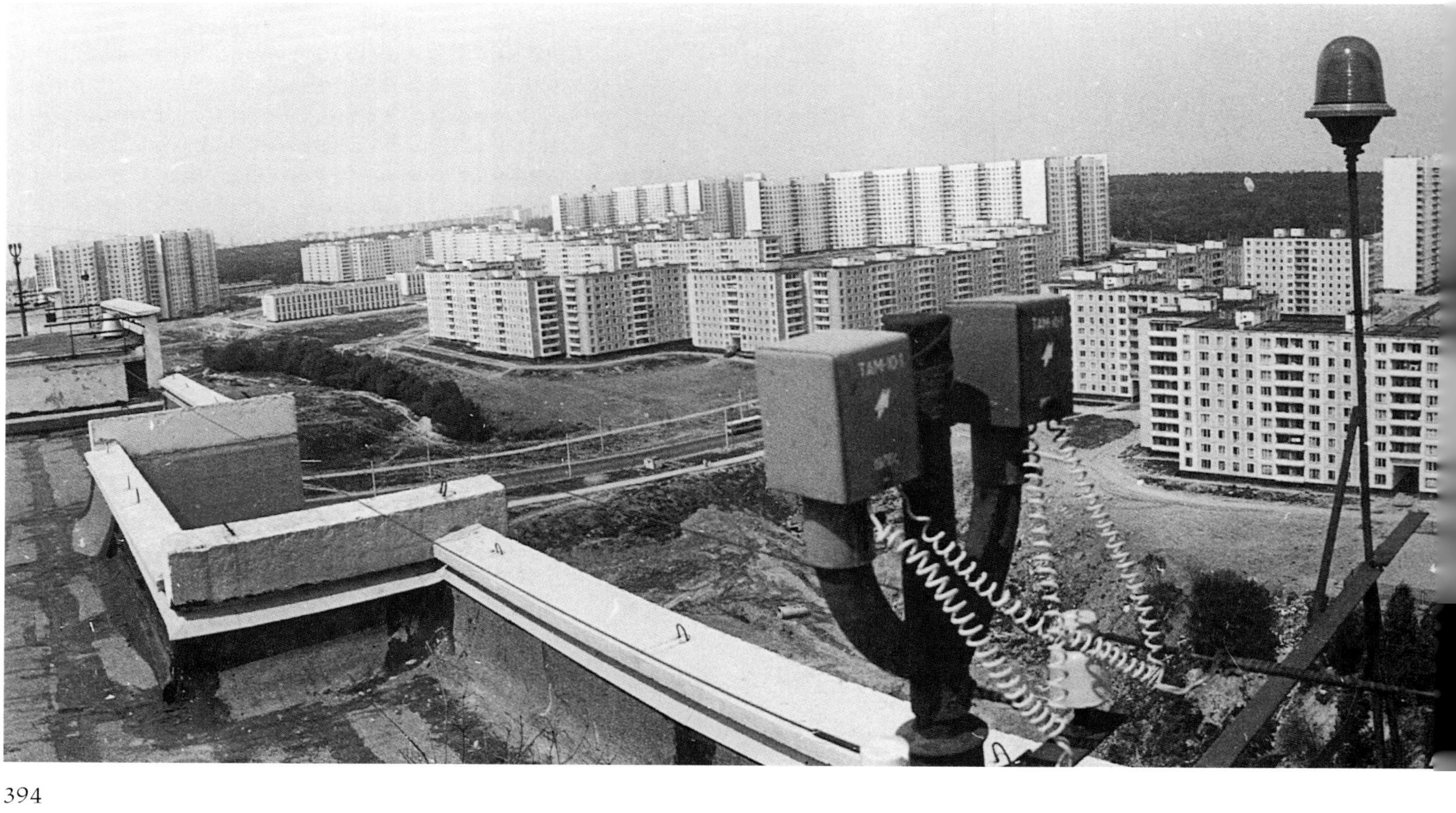

Um dem Anspruch auf Weltgeltung gerecht zu werden, wird die Hauptstadt Moskau zu einer modernen Metropole ausgebaut, obwohl auch dieser Ausbau durch die zentrale Planung eine gewisse Einförmigkeit aufweist. Links oben: Der Kalinin-Prospekt. Rechts: Das Olympische „Dorf", das anläßlich der von der Sowjetunion ausgerichteten Olympischen Spiele 1980 fertiggestellt wurde und heute Wohnzwecken dient. Unten: Eine der Satellitenstädte am Stadtrand von Moskau. Die Häuser werden nach ein und demselben Schema gebaut.

sind nicht zuletzt auf die Anwendung von Gewalt und Terror, auf den Einsatz von vielen Millionen Zwangsarbeitern zurückzuführen. Dennoch: Die Grundlagen, die dabei geschaffen wurden, hätten ausgereicht, der Sowjetwirtschaft ein stetes Wachstum zu sichern, den Lebensstandard der Bevölkerung laufend zu erhöhen, den Menschen in der Sowjetunion einen angemessenen Wohlstand zu sichern. Aber das hätte bedeutet, von einer fixen Idee Abschied zu nehmen, die Lenin zur Doktrin erhoben hatte, eine Doktrin, der sich auch alle seine Nachfolger bedingungslos unterworfen haben. Die Idee, daß die Sowjetmacht stets bedroht sei, auch von innen, aber ganz besonders von außen, daß die Sowjetunion stets bis an die Zähne gerüstet sein müsse, um dieser Bedrohung entgegentreten zu können, daß sie ihre Sicherheit erst finden werde, wenn sie stärker ist als alle ihre Gegner zusammengenommen.

Das ist die eine Seite der fixen Idee. Die andere: Endgültige Sicherheit werde es erst geben, wenn der Kapitalismus untergegangen sei und der Sozialismus gesiegt habe. So ist der Untergang des Kapitalismus mit allen Mitteln herbeizuführen, der Sieg des Sozialismus, wo immer möglich in der Welt, sicherzustellen. Alle Parteien, alle Bewegungen, alle Regimes, die diesem Doppelziel dienen, sind daher von der Sowjetunion zu fördern, an der Macht zu halten, zu verteidigen. Diese einander ergänzenden Seiten ein und derselben Idee, haben die Sowjetunion unendliche Summen Geldes gekostet, einerseits für die Rüstung, andererseits für den Unterhalt zahlloser Klienten in aller Welt. Die Rüstung hat auch nicht nur Geld gekostet. Sie hat die materiellen und menschlichen Ressourcen der Sowjetunion im allerhöchsten Maß in Anspruch genommen und verschlungen. Die besten Facharbeiter mußten der Rüstung dienen, die besten Ingenieure Maschinen konstruieren für die Waffenerzeugung, die besten Konstrukteure und Erfinder die Kampfmaschinen, die Flugzeuge, die Raketen entwerfen, die es der Sowjetunion erlauben, mit der Rüstung der anderen Supermacht, der USA, Schritt zu halten. Immer mit dem Ziel, diese, wenn möglich, zu überholen, zu übertrumpfen.

Es ist nur bedingt wahr, daß die Sowjetunion der westlichen Rüstung nachgelaufen sei, gerade in den modernsten Waffengattungen versuchte sie ihr davonzulaufen: Auf jedes Raketensystem der USA kamen zwei bis drei Raketensysteme der Sowjetunion. Und niemand hat dieses Einholen und Überholen westlicher Rüstung so sehr betrieben wie Leonid Breschnew. Er wollte erreichen, was Chruschtschow nicht gelungen war: das Gleichziehen mit der anderen Supermacht, die globale Projektion der militärischen Macht der Sowjetunion.

Im konventionellen Bereich hatte die Sowjetunion seit dem Zweiten Weltkrieg einen erheblichen Vorsprung, im Bereich der Raketen gelang es ihr nach anfänglichem Vorsprung, die Gleichrangigkeit mit den USA zu halten. Breschnew setzte seinen Ehrgeiz darein, die USA auch zur See einzuholen, den sowjetischen Luft- und Seestreitkräften einen weltweiten Operationsradius zu geben. Und hier waren die Rüstungsziele wieder deckungsgleich mit den revolutionären Expansionszielen. Mit jedem Regime, das mit sowjetischer Hilfe in Asien, in Afrika, in Lateinamerika an die Macht kam, gewann die Sowjetunion neben politischem Einfluß auch militärische Basen. Versuchte Stalin noch in harten Verhandlungen mit Hitler, der Sowjetunion eine Einflußsphäre in Osteuropa und im Osten des Balkans zu sichern, so betrachtete Moskau, schon unter Chruschtschow, aber vor allem unter Breschnew, alle ehemaligen kolonialen und halbkolonialen Gebiete der Welt als Hoffnungsgebiete für den Sozialismus und daher als Interessensphäre der Sowjetunion. Ein kleines Heer von politischen und militärischen Beratern wurde in diese Gebiete entsandt, meist gefolgt von umfangreichen Waffenlieferungen.

Das Ringen um die dritte Welt

Die Resultate konnten sich sehen lassen. In Vietnam nagelte der vorwiegend mit sowjetischen Waffen versorgte Vietcong die Amerikaner acht Jahre lang fest. In einem Krieg, der nicht nur mehr als 50 000 Amerikanern das Leben kostete, sondern auch die amerikanische Gesellschaft in ihren Grundfesten erschütterte und die USA als moralische Führungskraft des Westens in Frage stellte. Am Ende dieses Kriegs stand der Sieg der Kommunisten, nicht nur in Vietnam, auch in Laos und in Kambodscha; mit entsprechender Ausstrahlung in den ganzen südostasiatischen Raum.

In Afrika ließ es Breschnew nicht nur bei der politisch-militärischen Beratung und Waffenhilfe bewenden: Er entsandte Hilfstruppen zur Stützung moskauhöriger Regimes; Hilfstruppen, die ihm Fidel Castro zur Verfügung stellte, wohl als Gegenleistung für die gewaltige Wirtschafts- und Militärhilfe, mit der die Sowjetunion das kommunistische Regime auf Kuba am Leben erhält.

Mit Hilfe der kubanischen Soldaten konnte sich das MPLA-Regime in Angola halten und gleichzeitig der SWAPO, der ebenfalls zunächst kommunistisch infiltrierten Befreiungsorganisation für Südwestafrika, Namibia, die Operationsbasen zur Verfügung stellen. Mehr als ein Jahrzehnt führte die SWAPO Krieg gegen Südafrika. Ein Krieg, der Südafrika viel an Prestige kostete und mit Südafrika auch die westliche Position im Süden Afrikas schwächte. Erst als die Sowjetunion unter Gorbatschow ihre Unterstützung für Angola und die SWAPO einstellte und die kubanischen Truppen an den Abzug den-

Nationale Befreiungsbewegungen können auf die Waffenhilfe der Sowjetunion zählen, besonders dann, wenn sie von Kommunisten geführt werden oder einen moskaufreundlichen sozialistischen Kurs einschlagen. Für viele Politiker der dritten Welt wird die Sowjetunion damit zu einem unverzichtbaren Verbündeten. Links oben: Der algerische Staatspräsident und Führer der nationalen Befreiungsfront Ben Bella mit Breschnew bei einer Maifeier auf dem Roten Platz. Der vietnamesische Staats- und Parteichef Ho Chi Minh führt mit sowjetischer Waffenhilfe einen jahrelangen Krieg gegen die USA, den er auch gewinnt. In Moskau wird er mit höchsten Ehren empfangen (unten). Der Sowjetunion gelingt es auch, in vielen Staaten Afrikas Fuß zu fassen. Links Mitte: Der ugandische Ministerpräsident Obote wird vom sowjetischen Ministerpräsidenten Kossygin begrüßt.

ken mußten, ging auch der Krieg zu Ende. Und aus der bis dahin nach Moskau und Ostberlin orientierten SWAPO wurde ein akzeptabler afrikanischer Partner und Nachbar für alle, auch für Südafrika.

Aktive Unterstützung der Sowjetunion unter Breschnew gab es auch für den anderen an Südafrika grenzenden Frontstaat, für Mozambique. Auch hier wurde versucht, einen afrikanisch adaptierten Sozialismus einzuführen, der sich nichtsdestoweniger am Moskauer Vorbild orientierte. In Äthiopien kam das Militärregime des Oberstleutnants Mengistu Haile Mariam mit massiver sowjetischer Hilfe an die Macht und wurde vorwiegend durch sowjetische Waffenlieferungen in die Lage versetzt, über ein Jahrzehnt lang dem Ansturm verschiedener Befreiungsbewegungen zu trotzen.

In diesen Ländern trug das sowjetische Engagement unmittelbar Früchte, in der Form sozialistischer Regimes, die im Lande selbst den Kommunismus anstrebten und ihre Außen- und Militärpolitik nach sowjetischen Wünschen ausrichteten. Viele andere afrikanische Länder konnten sich ebenfalls auf politisch-militärische Beratung und Waffenhilfe aus der Sowjetunion stützen und sind dafür in unterschiedlich starkem Maß in ihrer inneren Entwicklung und in ihrer Außenpolitik Moskauer Vorstellungen nachgekommen.

Eine besondere Rolle kam in den Breschnew-Jahren Nordafrika zu. Chruschtschow war es gelungen, den arabisch-israelischen Konflikt zu nützen, um die Hauptgegner Israels, Ägypten, Syrien und den Irak, auch zu Hauptabnehmern sowjetischer Rüstung zu machen, aber auch zu Klienten der sowjetischen Politik im Nahen Osten. Erst der ägyptische Präsident Sadat befreite Ägypten nicht nur vom Kriegszustand mit Israel, sondern auch aus der Abhängigkeit von der Sowjetunion.

Um so stärker ist das Engagement der Sowjets im benachbarten Libyen, wo Ghaddafi zu einem der größten Importeure modernster sowjetischer Waffentechnologie wird und dafür mit großen Summen an Petrodollars bezahlt. Sowjetische Waffenexporte gehen auch nach Algerien und da insbesondere an die im benachbarten Marokko um ihre Unabhängigkeit kämpfende Polisario. In Lateinamerika gehört der Sieg der Sandinisten in Nicaragua wohl zum größten Erfolg der mit sowjetischer Hilfe von Kuba aus betriebenen Befreiungspolitik. Auch die Sandinisten haben die Errichtung eines sozialistischen Systems zum Ziel und sind bereit, die Guerillas in den Nachbarstaaten, vor allem in El Salvador, zu unterstützen, mit Kalaschnikows und was sonst aus den sowjetischen Rüstungsfabriken geliefert wird.

Um kein falsches Bild aufkommen zu lassen: Die sowjetische Politik wäre weltweit kaum so erfolgreich gewesen, hätte der Westen ihr nicht durch schwere Fehler immer wieder den Weg geebnet. Fidel Castro wäre vermutlich nie Kommunist geworden, hätten die USA seine Revolution richtigerweise als eine bürgerliche verstanden und die Übereinstimmung seiner Ziele mit ihrer eigenen Unabhängigkeitserklärung festgestellt. Die Sandinisten hätte es entweder nicht gegeben oder sie hätten sich nicht kommunistisch orientiert, hätten die USA die Somoza-Diktatur nicht an der Macht gehalten. Angola und Mozambique hätten demokratischen Politikern überantwortet werden können, wäre Portugal bereit gewesen, auf seine Kolonien rechtzeitig zu verzichten. Und die große Tragödie in Indochina wäre allen Seiten erspart geblieben, hätte Frankreich nicht so viele Jahre lang versucht, sich an seinem südostasiatischen Kolonialbesitz festzuklammern; und hätten die USA verstanden, daß asiatischer Kommunismus etwas anderes ist als europäischer.

Es ist der Sowjetpolitik gewiß kein Vorwurf zu machen, daß sie versucht hat, diese Fehler und Schwächen des Westens für sich zu nützen. Vorwerfen könnte man ihr, daß sie ihre Politik gegenüber diesen Staaten vorwiegend mit Waffenlieferungen durchzusetzen ver-

suchte. Die viel dringender benötigte Wirtschaftshilfe wurde, mit wenigen Ausnahmen, von der Sowjetunion nur in sehr geringem Maß geleistet. Die weltweite Projektion sowjetischer Macht läßt sich auf eine einfache Formel bringen: Sie basiert auf dem Export des einzigen Sektors der sowjetischen Wirtschaft, der international konkurrenzfähig war, der Rüstungsindustrie. Und sie war noch konkurrenzfähig, weil ihr das beste an menschlichem Talent und Fachwissen und das teuerste an Energie und Ressourcen geopfert worden ist, was die Sowjetunion in all den Jahren aufzubringen in der Lage war.

Die Breschnew-Doktrin

Auch die sowjetische Politik gegenüber Westeuropa und den USA stützte sich auf die Kraft der sowjetischen Rüstung. Untersucht man die amerikanisch-sowjetischen Beziehungen während der Breschnew-Jahre, so konzentrieren sie sich fast ausschließlich auf Verhandlungen, die zu einer Begrenzung der Rüstung führen sollen, vor allem der Nuklear- und Raketenrüstung. Und so zählt auch der Abschluß der beiden Rüstungsbeschränkungsverträge SALT I und SALT II zu den größten Erfolgen amerikanisch-sowjetischer Verhandlungspolitik. SALT I brachte mit dem ABM-Vertrag wenigstens mit sich, daß beide Seiten auf den Ausbau von Raketenabwehrsystemen verzichteten, wenn auch nicht auf deren weitere Entwicklung! Die übrigen Bestimmungen der beiden SALT-Verträge brachten keineswegs eine Abrüstung mit sich, auch keinen Stopp auf dem jeweils gegebenen Rüstungsniveau, nein, es wurden künftige Limits vereinbart, Höchstgrenzen, bis zu denen die strategischen Atomwaffensysteme vermehrt werden durften. Die Verträge wurden dennoch als Erfolg gefei-

In Prag übernimmt 1968 eine Garnitur von
Reformkommunisten die Führung. Sie streben
für die Tschechoslowakei an, was 20 Jahre
später Gorbatschow in der Sowjetunion selbst
einzuführen versucht: eine Erneuerung von
Wirtschaft und Politik, die Aufhebung der
Pressezensur und demokratische Spielregeln.
Doch die Sowjetführung unter Breschnew sieht
darin eine Bedrohung des sozialistischen Systems. Oben: Der kommunistische Maiumzug
steht 1968 im Zeichen des Prager Frühlings,
in der Mitte Staatspräsident Ludwik Svoboda
und Parteichef Alexander Dubček. Links oben
und unten: Als die tschechoslowakische Führung von den Sowjets zu Verhandlungen zitiert wird, stellt sich das Volk mit Durchhalte-
parolen hinter die KP-Führung.

ert, weil sie als Beweis galten, daß es zwischen den beiden Supermächten noch eine Verständigungsbasis gibt. SALT II wurde übrigens
vom amerikanischen Senat nicht ratifiziert, als Antwort auf den sowjetischen Einmarsch in Afghanistan.

Damit sind wir bei einem Grundpfeiler der sowjetischen Politik
unter Breschnew: bei der Breschnew-Doktrin. Sie ist geradezu die
Quintessenz der von Breschnew vertretenen Beharrungspolitik. Formuliert wurde sie als Rechtfertigung für den Einmarsch der Truppen
des Warschauer Pakts in die Tschechoslowakei im Jahr 1968: Es sei
die Verpflichtung aller sozialistischen Staaten, jedem sozialistisch regierten Land zu Hilfe zu kommen, wenn die sozialistische Entwicklung dieses Landes, aus welchen Gründen immer, bedroht sei. Mit
dieser Formel nimmt sich die Sowjetunion das Recht, in jedem Staat
zu intervenieren, in dem eine von Moskau gestützte kommunistische
Regierung Gefahr läuft, vom eigenen Volk oder sogar von der eigenen Partei abgewählt oder gestürzt zu werden. Am extensivsten ist
diese Formel anläßlich der Besetzung der Tschechoslowakei angewendet worden.

In Prag hatte sich das stalinistische Regime des Staatspräsidenten Antonin Novotný um mehr als zehn Jahre länger gehalten als die
stalinistischen Regimes in Budapest und in Warschau. Aber 1967 erreichte die Reformwelle auch Prag, und im Januar 1968 wurde Alexander Dubček zum neuen Ersten Sekretär des ZK der tschechoslowakischen KP bestellt. Mit ihm kam eine Garnitur von Reformern in
Partei und Regierung ans Ruder. Sie alle waren Kommunisten. Und
sie waren Moskau gegenüber freundschaftlich eingestellt. Sie hatten
nur ihre eigenen Vorstellungen, wie man die bereits darniederliegende tschechoslowakische Wirtschaft retten und wieder zum Blühen
bringen könnte. Professor Ota Šik, ZK-Mitglied und Wirtschaftsfach-

mann, nannte schon damals die Formel, die 20 Jahre später Gorbatschow auch für die Sowjetunion als gültig wird anerkennen müssen: Es gibt keine Sanierung der stalinistischen Kommandowirtschaft außer ihrer Auflösung. Šik hatte dabei sehr begrenzte Ziele im Auge, keineswegs eine Reprivatisierung im großen Stil. Wohl aber wußte er und wußte die neue KP-Führung, daß selbst die begrenzten Wirtschaftsreformen nur dann Erfolg haben würden, wenn man sie gleichzeitig mit einer umfassenden Demokratisierung der Gesellschaft verband. Alle in der Tschechoslowakei zugelassenen Parteien sollten wieder echte politische Vertretungen werden, freie Wahlen sollten stattfinden, die nächste Regierung sollte aufgrund der Wahlresultate zusammengesetzt werden. Die Kommunistische Partei würde mit den anderen Parteien in Konkurrenz treten und müßte sich eben aufgrund ihrer Programme und ihrer Tätigkeit die Wählergunst erwerben.

Jubel herrschte im ganzen Land, als die Kommunistische Partei unter ihrer neuen Führung diese Grundsätze akzeptierte. Und allein schon dadurch sicherten sich die Reformkommunisten eine breite Zustimmung in der Bevölkerung. Es war vermutlich die einzige Chance, die regierende Kommunisten je hatten, von einer Mehrheit des Volks unterstützt zu werden. Sie kündigten auch an, daß der Kommunismus künftig anders aussehen müßte: Es sollte ein Sozialismus mit menschlichem Antlitz sein. Das war eine Kampfansage an das, was aus dem Kommunismus seit Lenin geworden ist: An seine äußere und innere Diktatur, an die ständige Gewaltanwendung zum Zweck der Machterhaltung, an die alles beherrschende Bürokratie, an die Privilegien der Nomenklatura, vor allem auch an die verfehlte Kommandowirtschaft, die zentralistische Planung, an die Zwänge in den Betrieben und in der Landwirtschaft. Es waren Kommunisten, die zu dieser umfassenden Reform aufriefen. Und die Reform sollte der Erhaltung des Sozialismus dienen und damit auch der weiteren Machtausübung der Kommunisten. Aber es war eben eine Kampfansage an alles, wofür Breschnew in der Sowjetunion stand und an alle, deren Posten und Privilegien er mit seiner Politik zu erhalten und zu schützen versprochen hatte.

Breschnew konnte nicht dulden, daß innerhalb des sowjetischen Machtbereichs ein sozialistisches Modell entsteht, das anders geartet und vielleicht sogar erfolgreicher sein würde als das sowjetische. Breschnew führte Scheinverhandlungen mit der tschechoslowakischen Führung, ließ sie im Glauben, man habe sich in Moskau mit der neuen Entwicklung in der Tschechoslowakei abgefunden, warnte aber doch unüberhörbar vor der Gefahr einer „Konterrevolution". Als Dubček am 4. Mai nach Moskau zitiert wird, hört er schon wesentlich schärfere Töne, kann aber den tschechoslowakischen Kommunismus noch verteidigen. Dabei bleibt es auch, bei den Verhandlungen der Sowjets mit den tschechoslowakischen Reformern im Juli 1968 in dem tschechoslowakisch-ukrainischen Grenzort Čierna nad Tisou. Bei einem Gipfeltreffen in der slowakischen Hauptstadt Preßburg sprechen alle Ostblockführer – mit Ausnahme des rumänischen Staatschefs Ceaușescu, der sich weigern wird, an der Besetzung der Tschechoslowakei teilzunehmen – der tschechoslowakischen Führung das Vertrauen aus. Das war am 3. August 1968. In der Nacht auf den 21. August werden die Flugplätze in der Tschechoslowakei schlagartig von sowjetischen Luftlandetruppen besetzt, rollen die Panzer aus der DDR, aus Polen, aus Ungarn über die tschechoslowakischen Grenzen. Es sind vor allem sowjetische Verbände, aber sie werden von Kontingenten der anderen Ostblockstaaten mit Ausnahme Rumäniens unterstützt. Die Reformkommunisten in Prag werden festgenommen und praktisch als Gefangene nach Moskau gebracht. Dort müssen sie den Einmarsch der Warschauer-Pakt-Truppen nachträglich gutheißen. Der Sozialismus hatte wieder sein gewohntes Antlitz.

Am 22. August 1968 marschieren Truppen des Warschauer Pakts, vor allem sowjetische Panzerverbände, in die Tschechoslowakei ein. Die Bevölkerung kann es nicht fassen: Sowjetsoldaten werden gegen eine kommunistische Führung eingesetzt, ein verbündetes Land wird überfallen. Ein ehemaliger KZ-Häftling stellt sich in Prag einem Panzer entgegen und vergleicht dadurch die Okkupation mit Hitlers seinerzeitigem Einmarsch in der Tschechoslowakei.

Von der deutschen Ostpolitik zur KSZE

Erstaunlich, wie schnell sich die übrige Welt, wie schnell sich der Westen mit diesem dem Völkerrecht hohnsprechenden Überfall abgefunden hat. Ja man kann sogar sagen, daß Breschnew gerade mit dieser Aktion auch international einen Erfolg für sich buchen konnte. In der Bundesrepublik Deutschland hatten Willy Brandt und Egon Bahr dasselbe Gefühl, das ihnen 1961 beim Bau der Berliner Mauer die Tränen des Zorns in die Augen getrieben hatte: Ausgelöst durch die sichtbare Ohnmacht, mit der die Gewaltakte des Ostens hingenommen werden müssen. Willy Brandt, aber auch der Vorsitzende der Freien Demokraten, Walter Scheel, und mit ihnen weite Kreise der deutschen Sozialdemokratie und der Liberalen, zogen daraus den Schluß, daß nur die Anerkennung der sowjetischen Dominanz Moskau bewegen könnte, Konzessionen in den Fragen Berlin und der Beziehungen zwischen den beiden deutschen Staaten zu machen. Wandel durch Annäherung müßte das Ziel sein. Zwar auch schon von den vorhergehenden deutschen Regierungen angebahnt, steuerte jetzt die kleine Koalition Brandt–Scheel der Sowjetunion und dem Ostblock gegenüber einen Kurs, der als neue Ostpolitik in die Geschichte eingegangen ist. Und diese Ostpolitik setzt mehr in Bewegung, als man ursprünglich von ihr erwartet hatte. Zunächst bestätigt sie, was zu bestätigen sich bisher alle westdeutschen Regierungen geweigert hatten: die bestehenden Machtverhältnisse in der DDR, aber auch die bestehenden Grenzen des kommunistischen Herrschaftsbereichs im Osten, die polnische Grenze an der Oder–Neiße, die Grenzen der DDR an der Elbe und an der Spree. Gewiß, vorbehaltlich späterer Verträge. Aber es ist die von Moskau seit Jahrzehnten angestrebte De-facto-Anerkennung ihres Machtbereichs. Die Deutschen erhalten dafür die Stillegung der Frage Berlin, die Sowjetunion garantiert die freien Zugangswege und findet sich mit der Dauerpräsenz des Westens in Berlin ab. Und es gibt eine Reihe von Erleichterungen in den menschlichen und den wirtschaftlichen Beziehungen zwischen der Bundesrepublik und der DDR. Mit der Anerkennung der DDR durch die Bundesrepublik aber ändert sich schlagartig die gesamte politische Atmosphäre in Europa. Die Sowjetunion kann ihre These, von der Bundesrepublik gehe eine konstante „revanchistische" Kriegsdrohung aus, nicht mehr aufrechterhalten. Dieses Feindbild aber war es, mit dem Moskau die anderen kommunistisch regierten Länder immer wieder zur Ordnung rufen und der sowjetischen Führung unterwerfen konnte. Die Besetzung der Tschechoslowakei durch die Truppen des Warschauer Pakts war auch damit begründet worden, daß eine militärische Intervention von seiten der Bundesrepublik unmittelbar bevorstünde. Künftig wird es der Sowjetunion schwerer fallen, ihren Führungsanspruch innerhalb des sozialistischen Lagers unangefochten durchzusetzen.

Das hat seine Entsprechung auch auf westlicher Seite. Die deutsche Ostpolitik hat den EG-Partnern der Bundesrepublik gezeigt, daß es für die Europäer durchaus einen Spielraum gibt zwischen den beiden Supermächten. Die USA, die die deutsche Initiative zunächst skeptisch verfolgt hatten, begreifen, daß der gesamtwestliche Zusammenhalt gefährdet werden könnte, wenn sie selbst an der Konfrontationspolitik gegenüber der Sowjetunion festhielten. Der Sicherheitsberater im Weißen Haus und spätere Außenminister, Henry Kissinger, entwickelt eine pentagonale Weltsicht: Die Weltpolitik dürfe nicht mehr vom konkurrierenden Dualismus zwischen den USA und der Sowjetunion allein beherrscht werden, sondern müsse drei weitere erstarkende Zentren miteinbeziehen – Westeuropa (die Europäische Gemeinschaft), Japan und China.

Kissinger ist es, der China aus der zum Teil selbstgewählten Isolation herausholt und in die weltpolitische Arena führt; er fliegt in geheimer Mission nach Peking und vereinbart eine Begegnung seines Präsidenten Richard Nixon mit Mao Tse-tung. Die Weltsensation ist perfekt: Die zweite große kommunistische Macht, die sich besonders revolutionär gebärdende Volksrepublik China, verständigt sich mit der Führungsmacht des Kapitalismus, den USA. Es ist ein wichtiger Beitrag zur Entspannung. Denn die Verständigung zwischen Washington und Peking stellt Moskau vor die Wahl, mit demonstrativer Stärke und neuer Konfrontation zu reagieren, oder nun selbst innerhalb dieser pentagonalen Struktur den Ausgleich zu suchen, die Entspannung, für die jetzt weltweit das Wort Détente verwendet wird. Als Instrument für einen solchen Ausgleich hat Breschnew be-

Die deutsche Regierung Brandt–Scheel leitet eine neue Politik gegenüber der Sowjetunion und dem gesamten Osten ein. „Wandel durch Annäherung" ist das Ziel, konkret durch De-facto-Anerkennung der DDR und der neuen Grenzen im Osten. Als Architekten der neuen Ostpolitik gelten Bundeskanzler Willy Brandt und sein Staatssekretär Egon Bahr; rechts bei einer Motorbootfahrt mit Präsident Breschnew auf dem Schwarzen Meer vor der Krimküste.

reits seit längerem eine Konferenz für Sicherheit und Zusammenarbeit in Europa gefordert. Der Westen vermutete in dieser Forderung den Versuch Moskaus, von seiner stark wachsenden Aufrüstung abzulenken, und mit Sicherheits- und Kooperationsangeboten in alter Manier die Einheit des Westens schwächen zu wollen. Aber jetzt sieht man sich die sowjetischen Vorschläge genauer an.

Das Wunschziel Moskaus ist klar zu erkennen: Nach der Defacto-Anerkennung der DDR durch Bonn sollen alle europäischen Staaten sowie die USA und Kanada (und damit die gesamte NATO) den kommunistischen Herrschaftsbereich in Europa ebenfalls anerkennen und in seinen jetzigen Grenzen festschreiben. Die Formel ist einfach: Alle in Europa bestehenden Staaten, einschließlich der DDR, anerkennen sich gegenseitig und verpflichten sich, keine der bestehenden Grenzen mit Gewalt zu ändern. Nach dem deutsch-deutschen Ausgleich kann diese Formel auch von allen westlichen Regierungen akzeptiert werden. Sie sind sich bewußt, daß sie damit der Sowjetunion ein lang ersehntes Geschenk machen. Denn obwohl eine solche vom Westen ausdrücklich ausgesprochene Garantie gar nichts an der bestehenden Lage in Europa ändert, kommt sie doch psychologisch einem Abschreiben der Völker hinter dem Eisernen Vorhang durch den Westen gleich; einer ausdrücklichen Bestätigung des Machtanspruchs der Sowjetunion.

Dessen ist man sich in den westlichen Staatskanzleien bewußt und stellt eine Gegenforderung: Die vom Westen garantierten Grenzen müssen für die Menschen im Osten überwindbar sein. Moskau soll dem freien Austausch von Menschen und Informationen über diese Grenzen hinweg zustimmen. Alle Unterzeichnerstaaten eines solchen Abkommens müßten sich auch zur Respektierung der Menschenrechte verpflichten. Ein Katalog solcher Rechte ist festzulegen. Die Verhandlungen über ein solch umfassendes Abkommen nehmen mehr als zwei Jahre in Anspruch. Doch dann ist es soweit. Am 1. August 1975 treten, mit Ausnahme Albaniens, die Staats- und Regierungschefs aller europäischen Länder sowie der USA und Kanadas in Helsinki zusammen, um die Schlußakte der Konferenz für Sicherheit und Zusammenarbeit in Europa, KSZE, zu unterzeichnen.

Die Einschätzung dieses Ereignisses ist unterschiedlich: Im Ostblock wird es als ein Sieg der Breschnew-Politik eingestuft, als eine Absicherung der kommunistischen Herrschaft nicht nur nach außen, sondern durch die weltweite Anerkennung auch nach innen. Im Westen bestehen Zweifel, ob das Abkommen viel mehr wert sei als das Papier, auf dem es stünde. Man habe Breschnew einen Prestigeerfolg erlaubt, ohne dafür Konkretes zu bekommen. Das Abkommen täusche eine Entspannung vor, die es in Anbetracht der sowjetischen Überrüstung gar nicht geben könne. Heute ist es einfach, den wirklichen Wert dieses Vertrags einzuschätzen: Er hat wesentlich dazu beigetragen, die Bürgerrechtsbewegungen in den Ostblockstaaten zu stärken, ja einige von ihnen sogar erst ins Leben gerufen. Und es war nicht zuletzt der Druck dieser Bewegungen, der die großen politischen Umwälzungen in den kommunistisch regierten Ländern mit herbeigeführt hat. Was man ursprünglich für eine kraftlose Alibihandlung hielt – das Bestehen auf der Einhaltung der Menschenrechte, das Verlangen nach freiem Austausch von Personen und Informationen über die Grenzen hinweg –, wird von den Menschen im Osten durchaus ernst genommen. In fast allen Staaten, einschließlich der Sowjetunion, organisieren sich Helsinki-Beobachtungsgruppen, die die eigenen Regierungen zur Einhaltung der in Helsinki eingegangenen Verpflichtungen auffordern, ihre Säumigkeit öffentlich anprangern und dadurch internationale Interventionen erzwingen.

Denn mit der KSZE-Schlußakte ist – gewollt oder ungewollt – eine völlig neue Qualität in die internationalen Beziehungen eingeführt worden: Der Vertrag billigt jedem Unterzeichnerstaat das Recht zu, die Einhaltung der Helsinki-Verpflichtungen durch die anderen Staaten einzumahnen, ja einzuklagen und sich damit eo ipso erstmals in die Innenpolitik der anderen Staaten einmischen zu dürfen. Von nun an ist die Handhabung der Menschenrechte nicht mehr alleinige Angelegenheit der einzelnen Staaten, die Frage ist internationalisiert.

Die Dissidentenbewegung

Breschnew mag das zunächst auf die leichte Schulter genommen haben: Die sich in der Sowjetunion regende Opposition, die Mahnrufe der Schriftsteller, Wissenschaftler und Künstler, die zunehmende Dissidentenbewegung, sie können dem mächtigen Staatsapparat und dem nach wie vor bestens funktionierenden KGB wenig anhaben. Bald nach seiner Machtübernahme demonstriert Breschnew, daß die ohnedies schon wieder sehr frostig gewordene Tauwetterperiode endgültig zu Ende ist. Die Schriftsteller Andrej Sinjawski und Juri Daniel werden verhaftet und 1966 zu sieben bzw. fünf Jahren Lagerhaft verurteilt. Es ist der erste politische Prozeß der Nach-Stalin-Ära, der öffentlich stattfindet. Der Anklagepunkt ist eine Warnung an alle Intellektuellen und Kulturschaffenden. Sinjawski und Daniel werden beschuldigt, „Agitation oder Propaganda zum Zwecke der Schwächung der Sowjetmacht" betrieben zu haben. Unter diese Bezeichnung läßt sich jedwede Kritik einreihen. Mit dieser Formulierung wird praktisch das gesamte literarische und künstlerische Leben in der Sowjetunion erneut scharf an das Gängelband der Partei genommen. Twardowski, der Chefredakteur von „Nowy Mir", der Kulturzeitschrift, die das Tauwetter getragen

Die Regierungschefs von 33 europäischen Staaten sowie der USA und Kanadas treten 1975 in Helsinki zusammen, um die Schlußakte der Konferenz für Sicherheit und Zusammenarbeit in Europa, KSZE, zu unterzeichnen (rechts). Breschnew hat sein Ziel erreicht: Die Anerkennung des kommunistischen Herrschaftsbereichs in Europa. Doch der Westen knüpft daran Bedingungen: Öffnung der Grenzen für Personen und Informationen, Einhaltung der Menschenrechte und damit verbunden gegenseitige Kontrolle. Die Langzeitwirkung dieser Bedingungen trägt viel zum Zerfall des Ostblocks bei. Oben: Durch eine merkwürdige Anwendung des Staatenalphabets kommen sie nebeneinander zu sitzen: Bundeskanzler Helmut Schmidt, Staatsratsvorsitzender Erich Honecker, US-Präsident Gerald Ford und Bundeskanzler Bruno Kreisky.

hatte, wird aus dem Zentralkomitee der KPdSU ausgeschlossen und muß die Leitung der Zeitung aufgeben. Alexander Ginsburg, der alle Proteste gegen den Prozeß Sinjawski–Daniel in einem Weißbuch veröffentlicht, wird verhaftet und zu fünf Jahren Lager verurteilt. Sein Freund Pawel Litwinow, Enkel des Außenministers Litwinow, sammelt das Material über den Prozeß gegen Ginsburg, wird verhaftet und zu fünf Jahren Verbannung verurteilt.

Der Atomphysiker Andrej Sacharow verfaßt ein Memorandum, in dem er vor der weiteren Hochrüstung warnt, echte Abrüstungsschritte fordert und für eine Liberalisierung des gesellschaftlichen Lebens, für Freiheit und Bürgerrechte eintritt. Sacharow ist Akademiemitglied und Träger höchster sowjetischer Auszeichnungen. Man kann ihm schwer an. In der Nach-Stalin-Ära kann man einen Mann wie ihn nicht verhaften und ihm den Prozeß machen. Man kann nur dafür sorgen, daß seine Reden und Schriften nicht publiziert werden, und man kann versuchen, ihn von der Außenwelt zu isolieren durch dauernde KGB-Überwachung. Aber im Fall Sacharow nützt auch das nichts. Was er sagt und schreibt, erscheint im Samisdat und immer wieder im Westen. So auch seine „Gedanken über Fortschritt, friedliche Koexistenz und geistige Freiheit". 1975 wird Sacharow für sein Eintreten zur Wahrung der Menschenrechte der Friedensnobelpreis zuerkannt. Er darf ihn nicht selbst abholen, doch seiner Frau, Jelena Bonner, wird die Reise nach Oslo erlaubt, wo sie an Sacharows Stelle den Preis entgegennimmt.

Im Samisdat erscheint eine „Chronik der laufenden Ereignisse", die viele Autoren hat und laufend über die Gesetzesverletzungen der sowjetischen Behörden berichtet. Solschenizyn protestiert in einem offenen Brief an den vierten Kongreß des Schriftstellerverbands gegen die Zensur. Der Brief wird dort selbstverständlich nicht verlesen, aber viele ausländische Delegierte tragen ihn in alle Welt. Als Solschenizyn seinen Nobelpreis für Literatur entgegennimmt, sagt er in einem Satz, womit sich das Breschnew-Regime konfrontiert sieht: „Ein einziges Wort der Wahrheit kann die ganze Welt aufwiegen."

Die Worte der Wahrheit sind in der Sowjetunion nicht mehr zu unterdrücken. Andrej Amalrik schreibt in Anlehnung an den Orwell-Titel „1984" den Essay „Kann die Sowjetunion das Jahr 1984 überleben?" und kommt zu dem Schluß, daß sie das nicht kann, wenn das gegenwärtige Machtsystem beibehalten wird. Als die Sowjetunion das Jahr 1984 anscheinend gut überlebt hat, meinte man, Amalrik habe sich geirrt. Das hat er, jedoch nur um sieben Jahre.

Hat man zu Beginn der Breschnew-Ära die protestierenden Schriftsteller auf die Anklagebank und ins Lager gebracht, so kann man sich das nach Helsinki nicht mehr gut leisten, vor allem nicht mit der international bekannten Prominenz. Der KGB verfeinert seine Methoden: Statt der Einlieferung ins Gericht gibt es die Einlieferung in die psychiatrische Klinik. Dutzendweise verschwinden Autoren des Samisdat, protestierende Künstler und Wissenschaftler in den Nervenheilanstalten. Die Diagnose: Wer den wissenschaftlich fundierten Sozialismus in Frage stellt, kann nicht normal sein. Mit anderen Worten: Nur Narren können am Sowjetsystem und dem von ihm verkörperten realen Sozialismus zweifeln. Doch auch diese Methode löst heftige Kritik in der Weltöffentlichkeit aus, nicht zuletzt in den kommunistischen Parteien Westeuropas. Und so erinnert man sich offenbar der Methode, der sich die Tscheka in ihren Anfangsjahren bedient hatte, um international bekannte Oppositionelle loszuwerden: Man schob sie zu Hunderten über die Grenze ab. Und einige hundert sind es auch jetzt. Die Berühmtesten unter ihnen machen im Westen Schlagzeilen: Solschenizyn gehört dazu, Amalrik, Wladimir Bukowski, Sinjawski nach seiner Haftverbüßung, Wladimir Maxi-

mow, Joseph Brodsky u. a. Doch nicht nur Schriftsteller werden abgeschoben, oder es wird ihnen während eines Auslandsaufenthalts die
Staatsbürgerschaft aberkannt. Das Schicksal ereilt auch den Tänzer
Nurejew, der in Paris sein Ensemble verläßt, den Musiker Mstislaw
Rostropowitsch, den Biologen Zhores Medwedjew, den Mathematiker Leonid Pljuschtsch, den Historiker Roy Medwedjew, den Germa-
nisten Lew Kopelew und viele andere mehr. Einige der Dissidenten
werden nicht abgeschoben, sondern gegen im Westen gefangene So-
wjetspione oder, wie Bukowski, gegen den chilenischen Kommuni-
stenführer Corvalan ausgetauscht. Die Opposition wird exportiert.
Die Parteiführung meint wohl, sich damit die Ruhe sichern zu können, ohne zu den harten stalinistischen Methoden zurückkehren zu
müssen.

Der Eurokommunismus

Es fehlt auch nicht an Versuchen, die Führungsrolle Moskaus in der
weltkommunistischen Bewegung wieder zu festigen. Eine Versöhnung mit China wäre möglich, jedoch nur um den Preis der Anerkennung eines eigenen chinesischen Wegs zum Sozialismus, was gleichbedeutend wäre mit einer Anerkennung Pekings als zweitem kommunistischen Führungszentrum in der Welt. Denn China preist seinen
Weg zum Sozialismus als den einzig gangbaren für die Länder der
dritten Welt an. So wäre Moskau für den Sozialismus in den entwik-
kelten und China für den Sozialismus in den unterentwickelten Ländern zuständig. Breschnew lehnt eine Versöhnung mit der chinesi-

Die Dichterin Anna Achmatowa stirbt im März 1966. Mit ihr wird auch das „Tauwetter" zu Grabe getragen. An ihrem Sarg finden sich die Dichter und Schriftsteller des Tauwetters ein. Auf dem linken Bild von links nach rechts: Die Dichter Jewgenij Rein und Arseni Tarkowski, Anja Kaminskaja und Irina Punina, Verwandte der Dichterin, der Dichter Joseph Brodsky. Solschenizyn (rechts) ist einer der Sargträger.

schen Parteiführung um diesen Preis ab. Und er drängt darauf, eine weltkommunistische Konferenz einzuberufen, bei der das sowjetische Modell und der Führungsanspruch Moskaus wieder einmal bestätigt werden sollen. Im Juni 1976 kommt sie zustande und findet in Ostberlin statt, mit prominenter Besetzung: Tito persönlich vertritt Jugoslawien, Ceaușescu Rumänien, alle Ostblockstaaten sind durch ihre Spitzenführer repräsentiert, die Italiener werden von Enrico Berlinguer geführt, Maurice Marchais vertritt die französische, Santiago Carillo die spanische KP. Alle europäischen Parteien sind vertreten mit Ausnahme der Albaner, der Holländer und der Isländer.

Jedoch die von den Sowjets angestrebte Bestätigung ihres Führungsanspruchs wird von den meisten westeuropäischen kommunistischen Parteien, aber auch von Tito und Ceaușescu verweigert. Auch die Aufnahme der Breschnew-Doktrin in das Schlußdokument wird abgelehnt. Statt der Formel, der „proletarische Internationalismus" verpflichte alle sozialistischen Länder, für die Sicherheit des Sozialismus in jedem anderen Land zu sorgen, lassen die Westeuropäer nur die „internationalistische, kameradschaftliche, freiwillige Zusammenarbeit und Solidarität auf der Grundlage der großen Ideen von Marx, Engels und Lenin, bei strenger Wahrung der Gleichberechtigung und souveräner Unabhängigkeit jeder Partei und der Nichteinmischung in die inneren Angelegenheiten" zu. Auch die „Achtung der freien Wahl verschiedener Wege im Kampf um fortschrittliche gesellschaftliche Umgestaltungen und für den Sozialismus" wird festgeschrieben. Die italienische und die französische KP, bei den letzten Wahlen außerordentlich gestärkt, wollen sich keiner Doktrin anschließen, die eine Hegemonie der Arbeiterklasse oder gar die Dikta-

tur des Proletariats vorschreibt: Auf ihrem Weg zur Regierungsfähigkeit wäre dies ein großes Hindernis. Die meisten anderen europäischen Parteien schließen sich dieser Auffassung an. Mit dem Ruf nach Diktatur ist in Westeuropa nichts mehr zu holen, auch nicht im Proletariat. Es gilt den Eindruck zu vermeiden, man hinge noch immer am Gängelband Moskaus: Hier zeigen sich die Auswirkungen der Niederschlagung des Prager Frühlings.

Für Breschnew sind das offenbar alles keine Warnzeichen. Obwohl es in der Sowjetunion zunehmend wirtschaftliche Schwierigkeiten gibt – vor allem weil die Rüstungsindustrie den Großteil an Geld und Talent verschlingt –, glaubt Breschnew in seiner Außen- wie Innenpolitik erfolgreicher zu sein als Stalin oder Chruschtschow: Präsident Nixon selbst hat die Parität der Sowjetunion mit den USA als Supermacht anerkannt, die Rüstungsbegrenzungsverträge SALT I und SALT II gehen von dieser Parität aus; nach seinem Verständnis hat Breschnew in Helsinki die Anerkennung des kommunistischen Machtbereichs in Europa und damit auch die Dominanz Moskaus in diesem Bereich durchgesetzt; die Besetzung der Tschechoslowakei hat einen möglichen Zerfall des Ostblocks durch Verselbständigung der einzelnen Länder verhindert. Die starke Bindung Breschnews an das Militär spricht aus allen diesen Erfolgen – er hat diese Erfolge durchwegs aufgrund der militärischen Stärke der Sowjetunion erzielt. Der Kurs wird beibehalten, trotz der Verständigungsbereitschaft der USA, trotz KSZE, trotz der vielversprechenden Erfolge der Kommunisten in Italien, in Frankreich, in der dritten Welt, die ja auch eine Folge der Entspannung sind. Der Breschnew-Staat setzt weiterhin auf Rüstung.

Am 65. Jahrestag der Oktoberrevolution im Jahr 1982: Auf der Balustrade des Leninmausoleums die Repräsentanten der Breschnew-Ära. Links das Militär, rechts das Politbüro. Das Durchschnittsalter in der Parteispitze beträgt mehr als 70 Jahre. Es ist der letzte offizielle Auftritt Breschnews. Sein Nachfolger wird Juri Andropow (vierter von rechts), links neben Andropow dessen Nachfolger Konstantin Tschernenko.

Der Einmarsch in Afghanistan

Das Ansehen und der Einfluß des Militärs kommen vielfach zum Ausdruck, nicht nur in den immer größer und glänzender werdenden Paraden, auch in der erstaunlich gut funktionierenden, computergesteuerten Zusammenarbeit der Luft-, See- und Landstreitkräfte bei den regelmäßig abgehaltenen Großmanövern. Im Bewußtsein dieser Stärke geht Breschnew Ende der siebziger Jahre um zwei Schritte zu weit. Als in Afghanistan eine mit sowjetischer Unterstützung ans Ru-

der gekommene kommunistische Regierung in Gefahr gerät, gestürzt zu werden, läßt Breschnew erneut die Panzer rollen; und die gegen Westeuropa gerichteten Mittelstreckenraketen, die schon älteren Typs sind, unbeweglich und nur mit einem atomaren Sprengkopf versehen, läßt Breschnew durch hochmoderne Raketen des Typs SS 20 ersetzen, die beweglich sind, eine Reichweite von 5 000 Kilometern haben und je drei Sprengköpfe tragen. Mit diesen beiden Entscheidungen setzt Breschnew alles aufs Spiel, was er weltpolitisch bisher gewonnen hat.

Der Einmarsch in Afghanistan wird von der gesamten übrigen Welt als ein Akt der Aggression verurteilt. Zum ersten Mal seit langem stimmen in der UNO die Länder der dritten Welt gemeinsam mit dem Westen gegen die Sowjetunion. Auch dürfte die Sowjetführung wieder einmal die Entschlußkraft eines amerikanischen Präsidenten falsch eingeschätzt haben. Denn der bisher nachgiebige und daher schwach erscheinende Präsident Jimmy Carter antwortet auf die Invasion in Afghanistan mit einem Exportembargo für Getreide und mit dem Lieferverbot einer langen Reihe hochtechnologischer Industriegüter, einem Embargo, dem sich die NATO-Staaten weitgehend anschließen. Auch die Teilnahme an den von Moskau erstmals ausgerichteten Olympischen Spielen wird von 50 Staaten, darunter die USA und die Bundesrepublik Deutschland, abgesagt. Und Moskau muß im Dezember 1979 den auf Antrag des deutschen Bundeskanzlers Helmut Schmidt gefaßten NATO-Doppelbeschluß zur Kenntnis nehmen: Entweder die Sowjetunion stellt die Stationierung der SS-20-Raketen ein, oder die NATO werde als Gegengewicht eigene Mittelstreckenraketen gegen die Sowjetunion richten. Breschnew läßt in Afghanistan weiterkämpfen und alle zwei Wochen eine weitere SS-20-Rakete aufstellen.

Die Folge ist eine neue Konfrontation zwischen Ost und West und die zunehmende wirtschaftliche Isolierung der Sowjetunion. Das aber schadet der sowjetischen Wirtschaft mehr, als es nach außen hin den Anschein hat. Es kommt zu Produktionsstockungen und damit zu Lieferschwierigkeiten gegenüber den anderen RGW-Mitgliedern. Das wieder löst Engpässe in der Versorgung aus, die in Polen zu schweren Arbeiterunruhen führen. Der polnische Staats- und Parteichef Wojciech Jaruzelski, selbst ein General, verhängt das Kriegsrecht, und dieses wird vom Westen mit zusätzlichen Wirtschaftsblokkaden gegen Polen und die Sowjetunion beantwortet. Der neue amerikanische Präsident Ronald Reagan bleibt in der Rüstungsfrage hart: Der Doppelbeschluß der NATO wird verwirklicht, jetzt werden amerikanische Mittelstreckenraketen des Typs Pershing II in Europa stationiert, vorwiegend in der Bundesrepublik; Marschflugkörper mit Reichweiten bis zum Ural werden in Großbritannien und in Italien in Stellung gebracht. Breschnew antwortet mit dem Abbruch aller Rüstungsbegrenzungsverhandlungen. In Westeuropa gehen Hunderttausende auf die Straße, demonstrieren für den Frieden und setzen ihre Regierungen unter erheblichen Druck. In Moskau mag man damit gerechnet haben, daß dieser Druck der Straße einen ähnlich destabilisierenden Effekt haben werde wie seinerzeit die Anti-Vietnam-Demonstrationen. Doch die westlichen Regierungen bleiben hart. Breschnew hat das Resultat dieser Konfrontation nicht mehr erlebt. In den letzten Lebensjahren gezeichnet von schwerer Krankheit, stirbt er am 10. November 1982.

Der Übergang: Andropow und Tschernenko

Breschnews Nachfolger wird der 68jährige Juri Andropow. Seit 15 Jahren leitet er den KGB. Als Chef des KGB weiß er besser als alle anderen Bescheid über den inneren und äußeren Zustand der Sowjetunion. Durch die forcierte Rüstung konnten selbst die bescheidenen Ansprüche der Bevölkerung an die Versorgung mit Konsumgütern nicht mehr erfüllt werden, ihr Lebensstandard stagniert. Die wirtschaftliche Isolierung der Sowjetunion bringt weitere Engpässe mit sich. Nicht nur die Sowjetunion, der gesamte Ostblock ist wirtschaftlich ausgeblutet. Früher konnte die Sowjetunion noch helfend einspringen, vor allem durch billige Erdöllieferungen. Jetzt kann sie sich das nicht mehr leisten, sie benötigt selbst jeden Dollar, der sich aus dem Erdölgeschäft herausholen läßt.

Für Andropow ist es ein klar erkennbarer Teufelskreis: Die Rüstung erlaubt die Projektion der Macht, nicht nur in Afghanistan, nicht nur in der Raketenfrage, sondern überall in der Welt, von Vietnam über Angola bis Kuba und Nicaragua. Das wieder verlangt nach noch mehr Rüstung, da dieser Machtanspruch gesichert werden muß; Machtanspruch und Rüstung führen zur Konfrontation mit dem Westen, mit schwerwiegenden wirtschaftlichen Auswirkungen. Die wegen des hohen Rüstungsanteils vernachlässigten zivilen Zweige der Sowjetwirtschaft, einschließlich der Landwirtschaft, sind nicht mehr in der Lage, diese Auswirkungen zu verkraften.

Der Teufelskreis muß durchbrochen werden. Doch dazu muß Andropow selbst erst an Autorität gewinnen, seine eigene Machtposition festigen. Das ist schwer in einem Politbüro, dessen Mitglieder ein Durchschnittsalter von 72 Jahren aufweisen. Fast alle von ihnen sind mit und durch Breschnew zur Macht gelangt, haben den Breschnew-Kurs mitbestimmt und mitgetragen. Sie wollen ihn auch fortsetzen, im Inneren wie nach außen. Es ist das Festhalten an der Immobilität. Dennoch weiß der neue Generalsekretär, weiß Andropow, daß nur einschneidende Veränderungen die sowjetische Wirtschaft vor einem weiteren Niedergang retten können. Andropow läßt Studien ausarbeiten, die den Zustand der Sowjetwirtschaft genau erfassen, die Ursachen ihres Verfalls aufdecken und entsprechende Empfehlungen für deren Behebung geben. Die Berichte sind entmutigend: Alle unter Breschnew versuchten Reformen sind am Widerstand der Apparatschiks und Bürokraten gescheitert. Die Hauptfehler liegen in der staatlichen Wirtschaftslenkung, in der zentralen Planung. Dem Apparat ist also offenbar mit Reformen nicht beizukommen. Schon das Wort Reform schreckt die Bürokraten.

Zu den Maifeiern im Jahr 1983 empfängt bereits Juri Andropow als neuer Generalsekretär der KPdSU den Staatsratsvorsitzenden der DDR, Erich Honecker, in Moskau. Der frühere Botschafter in Budapest und bisherige KGB-Chef Andropow weiß, wie es um die Sowjetunion bestellt ist. Doch seine Reformpläne kommen nicht zum Tragen. Nach 15monatiger Amtszeit stirbt er.

Der 72jährige Konstantin Tschernenko tritt die Nachfolge Andropows an. Er ist der letzte Generalsekretär aus der alten Garnitur des Politbüros. Auch Tschernenko stirbt nach kurzer Amtszeit. Sein Nachfolger wird Michail Gorbatschow, mit 54 Jahren ist er für sowjetische Verhältnisse ein erstaunlich junger Generalsekretär.

Andropow versucht es anders. Er ruft auf zur „Vervollkommnung der Produktionsverhältnisse" und zur „Verbesserung des Wirtschaftsmechanismus". Er fordert, was bisher alle Generalsekretäre bei ihrem Amtsantritt gefordert haben: eine Erhöhung der Arbeitsproduktivität – mehr arbeiten, besser arbeiten. Gleichzeitig leitet er eine Kampagne gegen Korruption, Vetternwirtschaft und Privilegienmißbrauch ein. Als früherer KGB-Chef weiß er, wo da anzusetzen ist. Nämlich ganz oben, schon bei der Familie Breschnew. Aber nun zeigt sich, in welchem Ausmaß die Autorität der Partei und damit auch des Staats in den Jahren der Stagnation verfallen ist. Andropows Durchgreifen in Wirtschaft und Gesellschaft wird nicht als Signal zu neuem Aufbruch verstanden, sondern als Bestätigung, daß so vieles nicht mehr stimmt in der sowjetischen Wirtschaft und Gesellschaft. Die Aufrufe, mehr zu arbeiten, und das Aufdecken der Korruptionsfälle fördern eher die Kritik am System, den Protest gegen die Zustände.

Die Außenpolitik der Sowjetunion verschärft die Situation noch. Denn in Anbetracht des Zustands der Wirtschaft in der Sowjetunion wie im gesamten Ostblock sollte rasch wieder eine Gesprächsbasis mit dem Westen, sollte Kooperation statt Konfrontation gesucht werden. Die Parteichefs der kleineren Ostblockstaaten scheuen sich nicht, dies öffentlich einzufordern, bei Tagungen des Rats für gegenseitige Wirtschaftshilfe, sogar bei Zusammenkünften des Warschauer Pakts. In Polen, in Ungarn, in Rumänien steht der wirtschaftliche Bankrott vor der Tür, die DDR kann sich nur durch Milliardenkredite von seiten der Bundesrepublik wirtschaftlich über Wasser halten. Doch in der Außenpolitik halten die alten Breschnew-Leute im Politbüro an ihrem Kurs fest: Sie glauben noch immer daran, daß der Westen in Anbetracht der sowjetischen Raketenrüstung nachgeben wird, wenn man selbst lange genug unnachgiebig bleibt. Wieder unterschätzen sie die Widerstandskraft der Demokratien, wenn sie sich einmal zum Widerstand aufgerafft haben.

Auch in Afghanistan läßt das Politbüro weiterkämpfen. Und immer mehr sowjetische Familien erhalten die Nachricht vom Heldentod ihrer Söhne. Die von der Sowjetunion selbst geschürte Angst, daß die Raketenkonfrontation zu einem atomaren, alles vernichtenden Krieg führen könnte, für die westliche Öffentlichkeit bestimmt und als Druckmittel gedacht, lähmt nicht zuletzt die Menschen in der Sowjetunion, und der afghanische Krieg steigert die Verzweiflung noch. Andropow kann dies nicht mehr ändern, obwohl er die Zusammenhänge deutlich sieht und die Ursachen beim Namen nennt, wenn er die Situation mit anderen Ostblockführern berät. Andropow hat sein Amt bereits als kranker Mann angetreten, 15 Monate später, am 9. Februar 1984, stirbt er.

Der 72jährige Konstantin Tschernenko tritt die Nachfolge Andropows an. Auch er schon bei seinem Amtsantritt von Krankheit gezeichnet. Die Welt sieht in Tschernenko den Vertreter der alten Breschnew-Garde im Politbüro, geradezu symbolisch für die Vergreisung der Sowjetführung, für das Bestreben dieser alten Männer, an der Macht festzuhalten bis zum letzten Atemzug. Aber es steckt mehr in diesem Tschernenko, als sein Äußeres vermuten läßt: Er hält an den von Andropow eingeleiteten Reformversuchen in Wirtschaft und Gesellschaft fest, versucht sie sogar zu beschleunigen. Und wirksamer als Andropow tritt er dem außenpolitischen Hardliner Gromyko und den militärischen Hardlinern im Politbüro und im Generalstab entgegen und fordert die Wiederaufnahme der Abrüstungsverhandlungen mit dem Westen. Er tritt auch für den Rückzug der Sowjetunion aus Afghanistan ein.

Der Versuch, den Westen mit der Raketenstationierung einzuschüchtern, ist damit gescheitert. Die Sowjetunion hat dadurch viel verloren: Denn anfangs war der Westen durchaus bereit, für einen

Stopp der Raketenstationierung oder gar für deren teilweisen Abbau nicht wenig auf den Tisch zu legen. Jetzt kann die Sowjetunion für ihr Einlenken höchstens ein Rüstungsbegrenzungsabkommen erhalten. Einen Abbau der amerikanischen Raketen in Europa kann es, wie Präsident Reagan sagt, nur dann geben, wenn auch die Sowjetunion ihre Mittelstreckenraketen auf Null reduziert. Und das ist wohl nicht zu erwarten – denn inzwischen haben die Sowjets fast 500 SS-20-Systeme zur Aufstellung gebracht.

Gorbatschow wirft das Steuer herum

Doch die weitere sowjetische Politik wird nicht mehr von Tschernenko entschieden. Hatte Andropows Amtszeit 15 Monate betragen, so endet die Tschernenkos bereits nach 13 Monaten. Am 10. März 1985 stirbt er. Und jetzt glaubt man es sich nicht mehr leisten zu können, erneut einen Mann aus der greisen Breschnew-Garnitur an die Spitze von Partei und Staat zu stellen. Die Generationsablöse ist zwingend geworden. Der Nachfolger Tschernenkos ist überraschend jung, 54 Jahre alt, und er heißt Michail Gorbatschow. Im Westen seit einiger Zeit bekannt. Im Dezember 1984 hatte Gorbatschow, in Begleitung seiner Frau Raissa, Großbritannien besucht und dabei seine Gastgeberin, Premierministerin Margaret Thatcher, durch seine Intelligenz und seine Offenheit außerordentlich beeindruckt. Sie begriff, daß sie es hier vermutlich schon mit dem nächsten Kremlchef zu tun hatte, und sie ließ den amerikanischen Präsidenten Reagan wissen, daß man „mit diesem Mann durchaus ins Geschäft kommen könne".

Dieser Mann ist nun der neue Generalsekretär der KPdSU. In der Sowjetunion heißt das noch immer, daß er auch an der Spitze des Staats steht; alle anderen Funktionäre bis zum nominellen Staatsoberhaupt und zum Ministerpräsidenten sind von der Parteiführung bestellt, auf Vorschlag oder im Einvernehmen mit dem Generalsekretär. Lenins „demokratischer Zentralismus", also die Diktatur innerhalb der Partei, ist uneingeschränkt in Kraft. Heute muß man sich das schon in Erinnerung rufen, denn die Führungsstruktur in der Sowjetunion hat sich seither total gewandelt: Die KPdSU hat seit dem Putschversuch gegen Gorbatschow im August 1991 ihre Macht verloren, und gilt als ebenso diffamiert wie schon vorher die kommunistischen Parteien in den anderen früheren Ostblockländern. Der Prozeß, der letztlich zum Verfall der kommunistischen Macht führte, wurde von Gorbatschow selbst eingeleitet.

Gorbatschow tritt das Erbe Lenins, Stalins, Chruschtschows, Breschnews an – mit allem, was unter deren Anleitung geschaffen worden ist, aber auch mit all den Fehlentwicklungen, die es dabei gab. Bei der Analyse der sowjetischen Wirklichkeit kommt er zu sehr ähnlichen Schlüssen wie seinerzeit Chruschtschow: Das System bedarf grundlegender Reformen, wenn es künftig funktionieren soll. Was jedoch die Art der Reformen und die Mittel ihrer Durchsetzung betrifft, so nimmt sich Gorbatschow nicht Chruschtschow, sondern teilweise Lenin als Vorbild: Was notwendig ist, was man als richtig erkennt, das ist durchzusetzen, ohne Rücksicht auf Ideologie und Theorie. Gorbatschow faßt das bald in dem Satz zusammen: „Wer zu spät kommt, den bestraft das Leben." Jede Theorie sei an der Praxis zu messen. Lenin hatte sich nicht gescheut, die Landreform der Sozialrevolutionäre zu übernehmen, obwohl dies marxistischen Prinzipien widersprach; und er stellte mit der Neuen Ökonomischen Politik sogar die kapitalistische Marktwirtschaft teilweise wieder her. Alles, um das Überleben der kommunistischen Herrschaft zu sichern.

Gorbatschow geht die Probleme der Sowjetunion nun in ähnlicher Weise an, ohne Rücksicht auf bisherige Dogmen. Zunächst be-

Der neue Mann im Kreml – Michail Gorba-
tschow. Mit neuen Ideen: Alle Bereiche des
sowjetischen Lebens sollen erneuert werden.
Perestroika, Erneuerung, heißt Gorbatschows
Parole, mit der er das sozialistische System
festigen will; Gorbatschow stützt sich zunächst
weiterhin auf den Marxismus-Leninismus und
auch auf die Vormachtstellung der KPdSU.

freit er die Sowjetunion aus der Sackgasse, in die sie sich in den letzten Jahren unter Breschnew international begeben hatte: Er akzeptiert
Ronald Reagans Nullösung, was die Aufstellung von Raketen mittlerer Reichweite betrifft; praktisch mit einem Federstrich gibt Gorbatschow die nun schon mehr als 500 SS-20-Raketen auf, die Europa
und die Welt die letzten Jahre in Atem gehalten hatten. Das ist ein
einzigartiger Durchbruch in der Geschichte der Rüstungsbegrenzung,
nämlich zum ersten Mal ein echter Abrüstungsschritt, die Vernichtung einer ganzen Waffenkategorie. Gleichzeitig schlägt Gorbatschow
die Halbierung auch aller strategischen Raketen vor, verbunden mit
einer Halbierung der atomaren Sprengköpfe. Bis zum Jahr 2000, so
meint Michail Gorbatschow, sollen sämtliche Atomwaffen abgeschafft sein.

In der Praxis geht das dann nicht so schnell, nicht nur wegen des
Widerstands der Militärs und der konservativen Kräfte auf beiden
Seiten, sondern auch weil die Zerstörung dieser Waffen kompliziert
und sehr teuer ist. Aber Gorbatschow hat mit diesen Abrüstungsvor-
schlägen bereits die Welt verändert.

Er verändert sie weiter: Er ordnet den Rückzug der sowjetischen
Truppen aus Afghanistan an. Aber noch hat er im Sinn, die durch
diese Maßnahmen gewonnene Handlungsfreiheit für die wirtschaftliche und politische Stärkung des Sowjetsystems zu nützen. Sein
Hauptaugenmerk gilt der sowjetischen Wirtschaft. Gorbatschow
weiß, was Chruschtschow, Breschnew und Andropow vielleicht auch
wußten, aber nicht wahrhaben wollten: Das Lenkungssystem in der
Sowjetwirtschaft ist ohne Mitwirkung der in dieser Wirtschaft tätigen Menschen nicht wirksam zu verändern. Will man die Menschen
aber zur Mitwirkung gewinnen, muß man ihnen Mitsprache gewähren. Mitsprechen jedoch können nur die, die informiert sind und ihre
Ansichten frei äußern dürfen. Wirksame Reformen gibt es infolge-
dessen nur in Verbindung mit Demokratie.

Perestroika und Glasnost

Gorbatschow fordert damit eine weitgehende Umgestaltung nicht nur der Wirtschaft, sondern auch der Gesellschaft. Er nennt das Perestroika, Erneuerung. Erneuerung, nicht Ablösung, nicht Zerstörung des bisherigen Systems. Gorbatschow will nur dafür sorgen, daß alles besser funktioniert, aber seine Zielsetzung ist mit der Lenins noch immer identisch: Es gilt, den Sozialismus zu vollenden und den Kommunismus herbeizuführen.

Gorbatschows Perestroika sieht einschneidende Maßnahmen vor: Das staatliche Planungssystem der UdSSR, der Gosplan, soll künftig nur noch die Planungsperspektiven erstellen, nach denen die Wirtschaft auszurichten ist. Die Detailplanung soll sich nach den gewünschten Endprodukten richten, also marktgerecht sein, und ist daher örtlichen Organen zu übertragen.

Gorbatschow geht die Reformen mit Schwung an. Und er kann sich dabei auf Rat und Hilfe einer Garnitur von kommunistischen Politikern stützen, die, so wie er, erkannt haben, daß der Staat, die Wirtschaft und auch die KPdSU einer tiefgreifenden Demokratisierung bedürfen, soll das Sowjetsystem überleben, ohne sich stets auf Gewalt stützen zu müssen. Die Verfechter der Perestroika sind entschlossen, die Militärausgaben zu kürzen, das teure weltpolitische Engagement der Sowjetunion zurückzunehmen und die damit eingesparten Mittel für eine Erneuerung der Wirtschaft zu verwenden. Und obendrein auch noch westliche Hilfe zu mobilisieren. Alles, wie gesagt, mit dem Ziel, das System als solches zu erhalten, weiterhin den Sozialismus aufzubauen, Lenins Staat zu verwirklichen. Das bedingt, daß man nach wie vor auch die Meinung der Menschen kontrolliert, mit Hilfe der Presse, des Radios und des Fernsehens. Sie bleiben zentral gesteuert, auch wenn ihnen jetzt erlaubt wird, Kritik zu üben, die Zustände des Landes, die Lebensumstände der Menschen zu schildern. Gesteuert bleiben sie dennoch.

Doch auch auf diesem Gebiet schlägt die Stunde der Wahrheit. Und welch eine Wahrheit! In Tschernobyl, einem kleinen Ort nicht weit von Kiew, kommt es zum bisher schlimmsten Atomreaktorunglück der Welt. Durch Nachlässigkeit werden wichtige Sicherheitsvorkehrungen nicht beachtet, und ein Reaktor explodiert. Eine gewaltige radioaktive Wolke steigt auf, wird vom Wind zunächst nach Norden getrieben. In Schweden erst werden die hohen radioaktiven Werte gemessen, wird der Atomalarm ausgelöst. Im Politbüro soll es daraufhin zu schweren Auseinandersetzungen gekommen sein: Die alte Garde war strikt dagegen, das Unglück zuzugeben und mit der übrigen Welt in der Schadensbegrenzung zu kooperieren. Mit Mühe, aber doch, haben sich die Gorbatschow-Leute durchgesetzt: Jetzt kann man nur eingestehen, was geschehen ist, jetzt muß man vor allem die eigene Bevölkerung, aber auch die Welt voll informieren. Die Auseinandersetzung hatte einen tragischen Hintergrund: Weil man versuchte, in alter kommunistischer Manier, alles zu vertuschen, hatte man auch die örtliche Bevölkerung zunächst nicht informiert, hatte wertvolle Zeit verstreichen lassen und damit das Leben Tausender Familien in höchste Gefahr gebracht. In Kiew, wo die örtliche Parteiführung von dem Unglück und seinen möglichen Auswirkungen Bescheid wußte, ließ der Parteichef Zehntausende Menschen noch zum 1.-Mai-Aufmarsch ausrücken, während er seine eigene Familie eilends in Sicherheit brachte. Bei dieser Auseinandersetzung ging es nicht nur um die Informationspolitik der Partei, sondern auch um deren Haltung gegenüber den Menschen. Eines wurde dabei klar: Perestroika, Umgestaltung, wird nur möglich sein, wenn man sie verbindet mit einer aufrichtigen Haltung gegenüber der Bevölkerung, wenn man die Führung der Partei und des Staats ihr gegenüber ver-

Mit diesem Mann kann man ins Geschäft kommen, erklärt die britische Premierministe-rin Margaret Thatcher nach ihrer ersten Be-gegnung mit Gorbatschow und dessen Frau Raissa. Gorbatschow reist als Vorsitzender der Außenpolitischen Kommission des Obersten Sowjets erstmals nach London. Wenige Mo-nate später wird er Nachfolger Tschernenkos als Generalsekretär der Partei.

antwortlich macht. Und das wird nur möglich sein, wenn man diese Führung der Kontrolle der Öffentlichkeit unterstellt, heißt, der Presse, den Medien die Freiheit gibt, alles zu melden, aufzuklären und zu kritisieren.

Ein neuer Begriff wird in die Perestroika eingeführt – Glasnost, Offenheit, Transparenz. Von nun an sollen die Zeitungen, sollen Ra-dio und Fernsehen Vermittler der Wirklichkeit sein und nicht Instru-mente einer schönfärberischen und kritiklosen Propaganda: „Offen-heit ist keine einmalige Maßnahme, sondern eine Norm des gegen-wärtigen sowjetischen Lebens, ein ständiger, ununterbrochener Pro-zeß, in dessen Verlauf Aufgaben gelöst werden und gleichzeitig neue auf die Tagesordnung treten, die in der Regel noch komplizierter sind." Doch Offenheit kann nicht erwartet werden, wenn die Men-schen fürchten müssen, dafür getadelt, verfolgt, bestraft zu werden. Offenheit gibt es nur bei voller Einhaltung der Menschenrechte und der Grundfreiheiten: Redefreiheit, Versammlungsfreiheit, Pressefrei-heit, Religionsfreiheit und das Recht auf freie Wahlen von Vertretern des Volks auf sämtlichen Ebenen.

Hier weicht Gorbatschow weit von Lenin ab: Freie Wahlen be-deuten zwar auch bei Gorbatschow noch nicht Wahlen von Vertretern verschiedener Parteien, sondern zunächst nur Wahlen zwischen kon-kurrierenden Ansichten innerhalb des sozialistischen Systems. Aber es liegt auf der Hand, daß die weitgehende Aufhebung der Zensur, die Zulassung öffentlicher Kritik und Diskussion der strikten Gänge-lung widerspricht, die Lenin für das gesamte Pressewesen der Sowjet-union und eben auch dem Innenleben der Partei verordnet hatte. Gorbatschow und seine Berater wagen den Sprung über Lenins Schatten. Die Folge der Perestroika und der Glasnost ist ein Auf-bruch, wie es ihn in der russischen Gesellschaft seit den Februartagen des Jahrs 1917 nicht mehr gegeben hat.

Die Sowjetunion unter Gorbatschow ist noch nicht das freieste Land der Welt. Die Grundfreiheiten und Grundrechte sind zum Teil noch beschränkt: Die Medien, Presse wie Rundfunk, sind weiterhin in der Hand der Partei und des Staats, auch wenn sie offen Kritik üben und über fast alles berichten dürfen; Oppositionsgruppen dürfen sich versammeln und auch demonstrieren, aber nicht immer und nicht überall; politische Parteien formieren sich, aber die Rechtsgrundlagen für ihre Rolle in einem demokratischen Staatswesen fehlen noch; die Arbeiter können erstmals wieder streiken, das Streikrecht muß ihnen aber erst verbrieft werden. Die Reisefreiheit wird allen Sowjetbürgern gesetzlich zugestanden, jedoch Reisepässe soll es erst zwei Jahre nach diesem Gesetzesbeschluß geben.

Dennoch stellen Gorbatschows Perestroika und Glasnost das gesamte Sowjetsystem auf den Kopf. Und jetzt werden die Fragen gestellt, die seit Chruschtschows Kritik am Personenkult die Sowjetbürger zwar bewegten, die öffentlich aber nicht gestellt werden durften: Sind die Fehlentwicklungen in der sowjetischen Gesellschaft, in der Wirtschaft, im Kulturschaffen, in den Außenbeziehungen tatsächlich nur auf die Fehler eines einzigen Mannes, nämlich Stalin, zurückzuführen? Oder entspringt nicht ein Großteil dieser Fehlentwicklungen Unzulänglichkeiten des Systems? Haben nicht schon Marx und Engels versagt, Dinge falsch gesehen, falsch analysiert, falsch prognostiziert? Hätte man ihre Ansichten, die auf den Erfahrungen der ersten Hälfte des 19. Jahrhunderts basierten, nicht in einem viel höheren Maß den Realitäten des 20. Jahrhunderts anzupassen gehabt? Oder haben Marx und Engels in vielem richtig gesehen, richtig analysiert, richtig prognostiziert, aber Lenin hat es bewußt vielfach anders umgesetzt, um seine eigenen Machtvorstellungen und Machtbedürfnisse zu befriedigen? Durfte die Kommunistische Partei sich anmaßen, die einzige Vertreterin des Proletariats zu sein, und durfte sie im Namen des Proletariats die Diktatur ausüben? War es überhaupt noch die Partei, die die Diktatur ausübte, oder nicht ein kleiner Klüngel von

Mit Perestroika und Glasnost verändert Gorbatschow in kurzer Zeit die politische Struktur der Sowjetunion. Versammlungsfreiheit, Redefreiheit und zu einem guten Teil auch Pressefreiheit werden erstmals seit 1917 wieder gewährt. Als Vorkämpfer für die Bürgerrechte gilt der Physiker Andrej Sacharow. Sacharow setzt sich auch für Abrüstung und die Reduzierung der Sowjetarmee ein. Oben: Soldatenmütter demonstrieren mit dem Bild Sacharows für die gleichen Ziele. Sacharow wurde unter Breschnew nach Gorki verbannt und sollte solcherart von der Welt isoliert werden. Gorbatschow hebt die Verbannung auf, und Sacharow wird gegen den Widerstand der orthodoxen Kommunisten zum Abgeordneten in den Kongreß der Volksdeputierten gewählt (rechts).

Spitzenfunktionären? Waren die polizeistaatlichen, ja, terroristischen Maßnahmen, die diese Funktionäre den Völkern der Sowjetunion verordneten, nicht höchst persönliche, aus Machtkämpfen geborene Willkürakte? Wer hatte das Recht, die Menschen zu entmündigen, ihnen die Kritikfähigkeit abzusprechen, sie von der Mitgestaltung der Politik, der Wirtschaft und des Lebens auszuschließen? Wer hatte das Recht, ihnen die Grundfreiheiten zu nehmen, ihnen die Menschenrechte zu verweigern?

Alle diese Fragen werden nun gestellt. Und viele Antworten gegeben. Teils erklärende, teils beschwichtigende, teils entschuldigende, aber auch sehr anklagende, enthüllende, zornige, verzweifelte, fassungslose. Und während die einen aufatmen, sich der neuen Freiheiten bewußt werden, sich ihrer erfreuen und auch beginnen, diese Freiheiten zu nützen, fühlen sich viele auf die Anklagebank gesetzt – die Funktionäre, die Apparatschiks in der Partei, in der Wirtschafts- und in der Staatsbürokratie. Auf die Frage, wer sich denn gegen Gorbatschows Perestroika stelle, antwortete einer der engsten Berater Gorbatschows: „18 Millionen Bürokraten". Sie stellen sich nicht nur gegen die Perestroika, sie sabotieren sie, sabotieren sie auf allen Ebenen. Gorbatschows Reformen werden großteils nicht umgesetzt, aber es wird auch nicht mehr so weitergearbeitet wie bisher. Das Alte funktioniert also nicht mehr, das Neue noch nicht. Das bringt schwere Einbußen in der Produktion, noch höhere Verluste als die gewohnten in der Landwirtschaft. Ernten bleiben liegen und verfaulen, Produkte werden nicht befördert, Vorräte nicht verteilt. Erstmals seit den großen Hungersnöten versagt stellenweise sogar die Versorgung mit Brot.

Der Koloß steht auf tönernen Füßen

All das bleibt nicht ohne Rückwirkung auf die anderen kommunistisch regierten Staaten. In Polen, in Ungarn hat man schon 1956 nach Perestroika und Glasnost gerufen, forderte damals schon Demokratie und Freiheit. Jetzt sind sie die ersten, die sich aus der sowjetischen Bevormundung lösen, das Wort „sozialistisch" aus ihrer Staatsbezeichnung streichen und sich eine parlamentarisch demokratische Verfassung geben.

Das bringt die DDR-Führung in eine schwierige Lage. Mit großem Aufwand war es ihr bis jetzt gelungen, die DDR gegenüber dem Westen und da vor allem gegenüber der Bundesrepublik Deutschland abzuschirmen. Jetzt müßte sie das auch gegenüber den bisherigen sozialistischen Bruderländern tun. Damit droht die ideologische Grundlage dieses Staats zu zerbrechen. Daher tut man wenigstens so, als ob sich an der großen Einheit des sozialistischen Lagers prinzipiell nichts geändert hätte. DDR-Bürger dürfen weiterhin nach Polen, in die Tschechoslowakei, nach Ungarn ausreisen. Doch viele tausend nützen die Ausreise, um auszureißen: Sie belagern die bundesdeutschen Botschaften in Warschau, Prag und Budapest, klettern über die Zäune, suchen Schutz auf dem Botschaftsgelände und fordern freie Ausreise nach dem Westen. Die ungarische Regierung gewährt sie als erste, und zu Tausenden überqueren nun DDR-Deutsche die ungarisch-österreichische Grenze in Richtung Bundesrepublik. Auch Prag gibt nach, obwohl sich auch dort der Reformkurs noch nicht durchgesetzt hat.

Lange jedoch dauert es nicht mehr, da fordern Zehntausende, bald Hunderttausende auch in der Tschechoslowakei das Ende des realen Sozialismus, das Ende der kommunistischen Herrschaft über das Land. Das tschechische „Bürgerforum" in Böhmen und Mähren und „Öffentlichkeit gegen Gewalt" in der Slowakei vollenden den

Umsturz. Der Schriftsteller und langjährige Bürgerrechtskämpfer Václav Havel wird neuer Staatspräsident einer „Tschechischen und Slowakischen Föderativen Republik", die in ihrem Staatsnamen „sozialistisch" durch „föderativ" ersetzt hat, zum Zeichen einer reformierten Zusammenarbeit zwischen Tschechen und Slowaken.

Zunehmend kommt nun auch das SED-Regime in der DDR unter Druck. Die Erneuerung vollzieht sich dort im Rahmen und unter dem Schutz der Kirche. In Leipzig trifft sich die Opposition jede Woche zur Montagsandacht, und bald zieht sie aus der Kirche durch die Straßen. Sie antwortet auf den Exodus der vielen tausend DDR-Bürger mit dem Ruf „Wir bleiben hier!" Aber es ist nicht ein Ruf zur Unterstützung des Regimes, es ist eine Drohung. Sie bleiben hier, weil sie die Verhältnisse ändern wollen, sie bleiben hier, weil sie das Land von der kommunistischen Vorherrschaft befreien wollen.

Zum 40. Jahrestag der Gründung der DDR, 1989, kommt Gorbatschow auf Staatsbesuch nach Ostberlin. Der Staatsratsvorsitzende Erich Honecker und das Politbüro der SED wollen dem reformwütigen Generalsekretär aus Moskau vorführen, wie der reale Sozialismus ohne Perestroika und Glasnost tadellos funktioniert. Die Militärparade ist zackig wie immer, der Applaus in der Volkskammer rhythmisch wie immer. Aber auf den Straßen sammeln sich die Menschen zu großen Demonstrationen und rufen: „Gorbi! Gorbi!" Ein Ruf, der in Wirklichkeit bereits „Freiheit, Freiheit" bedeutet. Und Gorbatschow ermahnt die DDR-Führung mit seinem Wahlspruch: „Gefahren warten nur auf jene, die nicht auf das Leben reagieren." Die DDR-Führung hat versucht, nicht zu reagieren. Wie die DDR-Führung dafür vom Leben bestraft wurde, wissen wir: Aus dem Ruf nach Freiheit und Demokratie wird bald der Ruf nach dem „Einig Vaterland", nach der deutschen Einheit.

Honecker wird abgelöst, aber auch seine Nachfolger Krenz und Modrow können das Regime nicht halten. Die Berliner Mauer fällt

In den großen Industriebezirken, in den Koh-
lebergwerken und auf den Erdölfeldern kommt
es zu ausgedehnten Streiks. Die Arbeiter fordern bessere Lebensbedingungen, eine höhere
Entlohnung, eine ausreichende Versorgung mit
Lebensmitteln und Gebrauchsgütern. Vielfach
fehlt es an Kleidung, Schuhen und sogar Seife.
Gorbatschow versucht in persönlicher Aus-
sprache, die Streikenden zur Wiederaufnahme
der Arbeit zu bewegen. Streiks waren seit Lenins Zeiten in der Sowjetunion verboten – Arbeiter durften nicht gegen den Arbeiterstaat
streiken. Links unten: Einwohner von Wor-
kuta, einer Stadt jenseits des Polarkreises, die
lange Zeit auch wegen des dort befindlichen
Gulag berüchtigt war, sammeln Geld für den
Streikfonds der Bergarbeiter.

und der Zaun, der Deutschland teilt. Der Weg zur Vereinigung
Deutschlands ist frei. Sie wird von Bundeskanzler Helmut Kohl und
Präsident Gorbatschow vereinbart, von den Westalliierten begrüßt. 49
Jahre nach Hitlers Überfall auf die Sowjetunion gibt Moskau die Ge-
biete auf, die die Rote Armee in ihrem Kampf gegen Hitler erobert
und besetzt hat.

Nunmehr wird auch der Abzug der Sowjettruppen aus Ungarn
und der ČSFR vereinbart. Und nun können sich auch die kommunistischen Regimes in den südosteuropäischen Ländern nicht mehr halten. In Rumänien kommt es zum blutigen Aufstand gegen das Regime Ceaușescu, Ceaușescu selbst und seine Frau werden standrechtlich erschossen. Die Bulgaren rufen nach Demokratie und setzen eine
demokratische Verfassung durch, wenn auch die Kommunisten – inzwischen zu Sozialisten gemausert – die ersten freien Wahlen noch
für sich entscheiden können.

Das ist in allen bisherigen Ostblockstaaten ein zentrales Problem: In den 45 Jahren, in denen sie kommunistisch beherrscht waren, sind so gut wie alle wichtigen Positionen in der Staats- und Wirtschaftsverwaltung von Kommunisten oder deren Protegés besetzt
worden; sie sind auch nach den demokratischen Umstürzen, gerade
weil die sich meist friedlich vollziehen, auf ihren Posten. Und sie werden noch längere Zeit ihren Einfluß geltend machen können. Die Forderung der Völker nach Freiheit und Demokratie allerdings können
sie nirgendwo mehr unterdrücken. Selbst das stalinistische Regime in
Albanien fällt unter dem Druck der Straße. Die letzten Kommunisten,
die sich in Südosteuropa noch an der Macht halten, sind die Erben
Titos in Belgrad. Gegen sie erheben sich die einzelnen Völker Jugoslawiens, zuerst die Slowenen, dann die Kroaten.

Der schon zitierte enge Berater Gorbatschows, danach gefragt,
wieso der Verfall des sowjetischen Imperiums so schnell vor sich gehen konnte, hatte dafür eine einfache Erklärung: „Wenn Sie bei einem

Elektromagneten den Strom abschalten, hört er auf, ein Magnet zu sein. Wenn Sie in unserer Art des Sozialismus die Gewalt aufgeben, bricht er zusammen." Lenin hatte die Gewalt eingeführt, Gorbatschow hat sie aufgegeben, oder doch weitgehend. Weshalb? Weil man heutzutage nicht mehr so leben kann, beurteilte Gorbatschow damals den Zustand der Sowjetgesellschaft.

Dabei hat Gorbatschow versucht, am sozialistischen Wirtschafts- und Gesellschaftsmodell festzuhalten, seine Perestroika sollte es nur erneuern, verbessern, gewiß nicht zerstören. Und Gorbatschow bezeichnet sich weiterhin als Marxist und Leninist, der, wenn er von Sorgen gequält sei, immer noch Rat und Orientierung bei Lenin finde. Das ist das Dilemma Gorbatschows. Er ist der Generalsekretär der KPdSU, der Partei Lenins, und so fühlt er sich verpflichtet, ja dazu berufen, die Einheit dieser Partei zu bewahren, ihren Einfluß zu verteidigen, ihre Ziele weiterhin anzustreben. Doch mit dem Aufgeben der Gewaltanwendung, mit der Zulassung der Demokratie wird nicht nur außerhalb der Partei vieles, wenn nicht alles in Frage gestellt, was diese Partei von Lenin bis Gorbatschow in und aus Rußland gemacht hat, auch innerhalb der Partei werden die alten Wege kritisch betrachtet und wird nach neuen Wegen gesucht. Das führt automatisch zur Fraktionsbildung, zum Entstehen von Opposition. Lenin wußte, warum er beides auf dem X. Parteitag 1921 verbieten ließ: Fraktionen und Opposition müssen diese Partei sprengen.

Gorbatschow versucht das Unmögliche, nämlich die Einheit der Partei trotz Opposition und Fraktionsbildung zu bewahren. Und das kann er zunächst nur, indem er seine eigenen Vorstellungen, wie es mit den Reformen in der Sowjetunion weitergehen soll, immer wieder zurücknimmt, um es im Streit über diese Reformen nicht zur Spaltung der Partei kommen zu lassen. Die Folge sind halbherzige Maßnahmen, die zum Teil auch bald wieder rückgängig gemacht wer-

Gorbatschow setzt eine große historische Tat, indem er die militärische Konfrontation mit dem Westen abbaut und die Staaten des Ostblocks, einschließlich der DDR, freigibt. Er findet dankbare und verständnisvolle Partner im Westen: US-Präsident Ronald Reagan (oben), mit dem Gorbatschow das erste große

Abrüstungsabkommen aushandelt, die Zerstörung aller Mittelstreckenraketen in Europa. Bundeskanzler Helmut Kohl (oben), mit dem Gorbatschow die Wiedervereinigung Deutschlands vereinbart. Gemeinsam mit US-Präsident George Bush erklärt Gorbatschow den kalten Krieg für beendet (unten).

den müssen, weil sie nicht greifen. Jene aber, die sich innerhalb der Partei nicht mehr beruhigen lassen, die die Einheit der Partei nicht mehr über das Wohlergehen der Völker der Sowjetunion stellen, treten nun aus der Partei aus, verlassen auch die höchsten Ämter in dieser Partei: Boris Jelzin, Edward Schewardnadse, Alexander Jakowlew. Gorbatschow hatte sie geholt, um mit ihnen die Perestroika durchzuziehen – Jelzin als Parteichef in Moskau, Schewardnadse als Außenminister, Jakowlew als den Mann, der die Glasnost zu verwirklichen hatte, als Leiter für Agitation und Propaganda. Sie als prominenteste, aber auch viele andere verlassen jetzt das Gorbatschow-Lager.

Sie waren hohe kommunistische Funktionäre und halten dennoch den von Lenin und Stalin gezimmerten Sowjetstaat für eine Fehlkonstruktion, und den Machtanspruch der Kommunistischen Partei machen sie für die Korrumpierung und den Verfall dieser Partei verantwortlich. Sie stimmen mit ein in den Chor der vielen Völker, die in diesem Reich leben und die nun ihre Unabhängigkeit, ihre Eigenständigkeit und zum Teil auch ihre Eigenstaatlichkeit fordern.

Allen voran sind das – wie in der Zeit nach dem Sturz des Zaren – die Balten, die Litauer, die Letten und die Esten, und das sind die Völker des Kaukasus, die Georgier, die Armenier, die Aserbeidschaner. Es sind die Randvölker, die die Sowjetunion verlassen wollen, die gleichen, die schon versucht haben, sich unter Lenin abzumelden und die Lenin und Stalin mit Gewalt wieder zurückgeholt haben. Auch Gorbatschow versucht dies zunächst, auch er weigert sich, die Unabhängigkeitserklärungen der Republiken im Baltikum und im Kaukasus anzuerkennen. Im Baltikum wie im Kaukasus kommt es zum Einsatz von Polizei und Militär, um den Souveränitätsanspruch der Sowjetmacht zunächst durchzusetzen.

Doch diesmal laufen die Dinge anders. Diesmal beanspruchen auch die Kernländer des Sowjetreichs ihre Eigenständigkeit, ihre Sou-

veränität. Im Mai 1990 wird Boris Jelzin noch nach der alten Verfassung als Vorsitzender des russischen Sowjets Staatschef der Russischen Sozialistischen Föderativen Republik. 14 Tage später erklärt sich diese größte Teilrepublik der Sowjetunion für souverän mit dem Recht auf Austritt aus der Union. Viele andere folgen diesem Beispiel: die Ukraine, Weißrußland, Usbekistan, Moldawien. Gorbatschow hatte gehofft, mit einer Änderung der gesamtsowjetischen Verfassung und einer Regierungsstruktur, die ihr Vorbild ebenfalls in den Vereinigten Staaten sucht, den zentrifugalen Kräften entgegenwirken zu können. Wohl schon in der Annahme, daß die KPdSU ihren politischen Monopolanspruch nicht werde aufrechterhalten können, hat Gorbatschow die auf dieser Vormachtstellung beruhende Regierungsstruktur abgeschafft. Er hat das Amt eines Staatspräsidenten geschaffen mit der gleichen Machtfülle, wie sie ein amerikanischer Präsident besitzt. Und er hat sich noch mit den Stimmen der dominierenden Kommunisten zum ersten Präsidenten der Sowjetunion machen lassen; der nächste Präsident sollte durch das Volk gewählt werden.

Man könnte meinen, Gorbatschow würde nun seine neue Macht als Präsident dazu nützen, Reformen durchzuziehen, die der Generalsekretär der Partei nicht durchziehen konnte, da die Partei ihm nicht gefolgt wäre oder sich gespalten hätte. Tatsächlich nützt Gorbatschow seinen neuen Status zu einer weltpolitischen Blitzoffensive: Die Konfrontation mit dem Westen, der kalte Krieg wird abgebrochen, die Sowjetunion stellt ihr bisheriges globales Engagement weitgehend ein. Langjährige Konflikte können nun beigelegt werden, die kubanischen Söldner Moskaus in Angola, Mozambique, Äthiopien werden zurückgezogen. In Nicaragua lenken die Sandinisten ein, gestatten freie Wahlen, der Bürgerkrieg wird beendet. Am deutlichsten ist die Kehrtwendung der Sowjetpolitik im Nahen Osten zu erkennen. Als einer der wichtigsten Nahostverbündeten der Sowjetunion, der Irak, Kuwait überfällt und die USA zu einer weltweiten Koalition gegen den Aggressor aufrufen, schließt sich die Sowjetunion dieser Koalition an, macht sich im Sicherheitsrat der UNO gemeinsam mit den USA zum Wächter über das Völkerrecht und die Normen zivilisierten Benehmens in der Weltpolitik. Das alles in Verbindung mit der größten weltpolitischen Tat Gorbatschows, dem Rückzug der Sowjetunion aus Mittel- und Südosteuropa. Das bringt Gorbatschow

422

Am 19. August wird Moskau schlagartig von Panzern und Fallschirmjägern besetzt. Die Putschisten glauben mit dieser Machtdemonstration ihre Herrschaft bereits abgesichert.

Gorbatschow wird am 18. August 1991 auf der Krim unter Hausarrest gestellt, in Moskau übernimmt ein Putschistenkomitee die Macht (links oben). Von rechts nach links: Der Chef der Staatsbetriebe Alexander Tisjakow, der Chef des Kolchosenverbands Wassilij Starodubzew, Innenminister Boris Pugo, Vizepräsident und nomineller Anführer des Putschs Gennadi Janajew, Rüstungschef Oleg Baklanow. Die beiden mächtigsten Männer des Putschs aber sind KGB-Chef Wladimir Krjutschkow (links Mitte) und Verteidigungsminister Marschall Dimitri Jasow (links unten).

die Wertschätzung und Dankbarkeit des Westens ein und echte Popularität. Bei den eigenen Politikern an der Spitze der KPdSU, in der Armeeführung, beim KGB ist dies alles zum Teil auf starken Widerstand gestoßen. Aber Gorbatschow und die Reformer wissen, daß die Sowjetpolitik, selbst wenn man sie sich wirtschaftlich leisten könnte, in der heutigen, allseits zusammenwachsenden Welt, nicht mehr durchzuhalten ist, es sei denn, man läßt immer wieder die Panzer rollen. Und das ist der Sowjetunion schon bei der Besetzung der Tschechoslowakei nicht mehr gut bekommen – weder in der eigenen Bevölkerung noch in der weltkommunistischen Bewegung. Gorbatschow gelingt es, für seine Politik Mehrheiten zu erhalten, und zähneknirschend müssen sich auch die orthodoxen Kräfte in Partei, Armee und KGB mit der Wende abfinden; stellt Gorbatschow doch dafür die Rettung des Sowjetsystems, die wirtschaftliche Erholung und die Festigung der Partei in Aussicht.

Der Westen befürchtet genau das, was Gorbatschow mit der Perestroika zu erreichen verspricht: Die Rettung des Sowjetsystems, das Wiedererstarken der Partei und damit – nach einer Ablösung Gorbatschows – auch wieder die mögliche Rückkehr zur Diktatur. In seinen Befürchtungen wird er bestärkt durch die Beibehaltung der außerordentlich hohen Ausgaben für Rüstung und Militär, mindestens 25 Prozent des sowjetischen Gesamtbudgets. Obwohl einige Regierungen der westlichen Allianz dazu drängen, Gorbatschow durch rasche Hilfe in Milliardenhöhe unter die Arme zu greifen, verweigern dies vor allem die USA und Großbritannien: Noch ist vieles in der Sowjetunion wieder rückgängig zu machen, noch besteht die Gefahr, daß gerade diese Hilfe die alte Politik wieder ermöglichen könnte. Den Worten Gorbatschows glaubt man gerne, aber wo bleiben die Absicherungen, die auch halten, wenn es Gorbatschow nicht mehr geben sollte? So fordert der Westen von der Sowjetunion die Verankerung der Marktwirtschaft, des Privateigentums, der Demokratie und des Rechtsstaats. Die Aufgabe des Machtmonopols der

KPdSU sei dafür noch keine Garantie, die Partei und ihre Funktionäre sind weiterhin überall präsent, in den Betrieben, im Staatsapparat, in der Wirtschaftslenkung, im KGB, im Militär. Vorrang und Allmacht der Partei seien daher leicht wiederherzustellen. Diese Skepsis gibt es nicht nur im Westen, skeptisch sind auch die Reformer im Kreise Gorbatschows. Gorbatschow zeigt sich in der Innenpolitik und auch in der Partei bei weitem nicht so entschlossen zu radikalen Änderungen wie in der Außenpolitik. Immer wieder nimmt er Reformansätze zurück, um die Radikalen in der eigenen Partei zu befriedigen, schließt Kompromisse, die keine mehr sind, sondern nur noch ein Nachgeben. Auch seine Personalpolitik sieht entsprechend aus: Die Leute, die er in die führenden Positionen des Staats, des KGB, der Armee hievt, sind Leute, die eben auch den Hardlinern zu Gesicht stehen sollen. Für die Perestroika sind sie folglich nicht zu brauchen. So hat die Perestroika in den fünf Jahren ihres Daseins für die Sowjetbürger nicht viel gebracht, außer daß in den Regalen der Geschäfte noch weniger liegt als zuvor und die Schlangen vor den Geschäften noch länger geworden sind.

Während also Gorbatschow im Ausland höchste Anerkennung genießt als ein Staatsmann, der die Welt schlagartig verändert hat, verfallen daheim sein Prestige und seine Autorität, sowohl bei den Reformern, die in Gorbatschows Kompromißpolitik das Ende der Erneuerungsbewegung sehen, als auch bei den Parteifunktionären, die es Gorbatschow nie mehr verzeihen werden, an ihren Machtpositionen und Privilegien so unverschämt gerüttelt zu haben. Im April 1991 wird der Aufstand geprobt. Die orthodoxe Abgeordnetengruppe „Sojus" fordert die Ausrufung eines sechsmonatigen Ausnahmezustands. Falls Gorbatschow dazu nicht willens sei, soll er durch seinen Stellvertreter, den Vizepräsidenten Gennadi Janajew, abgelöst werden. Sojus lehnt auch den von Gorbatschow vorgeschlagenen Unionsvertrag ab. Mit diesem Vertrag versucht Gorbatschow die Sowjetunion zu erhalten, die Zentralregierung würde eine Reihe von Rechten an die Einzelrepubliken abtreten, wenn sich diese dafür verpflichten, weiterhin in der Union zu bleiben. Sojus ist da anderer Ansicht: Die Abgabe von Souveränitätsrechten an die Einzelrepubliken würde zur Auflösung der Sowjetunion führen. Gorbatschow gelingt es, die Führungen von neun Unionsrepubliken für den Abschluß eines solchen Vertrags zu gewinnen. Rußland, die Ukraine, Weißrußland, Kasachstan, Usbekistan, Aserbeidschan, Kirgisistan, Turkmenistan und Tadschikistan sind zum Abschluß des Vertrags bereit. Und das stimmt schon: Mit dem Unionsvertrag wird die Zentralmacht stark eingeschränkt, während die Republiken in vielen Bereichen künftig autonom und souverän handeln können. Aber es ist wohl auch die einzige Möglichkeit, die Sowjetunion als solche zu erhalten, viel zu stark sind bereits die zentrifugalen Kräfte, ist der alte bisher nur unterdrückte Nationalismus, ist die Sehnsucht nach einer Befreiung vom russisch-sowjetischen Imperialismus. Der 20. August 1991 wird als Datum für die Unterzeichnung des Unionsvertrags festgelegt, unter dem Stichwort „Neun plus eins", neun Republiken, die bereit sind, in der Union zu bleiben, gemeinsam diese Union zu formen.

Die Panzerkolonnen sollen zum Sturm auf das russische Parlament antreten (oben). Aber Boris Jelzin, der Präsident der russischen Republik, leistet Widerstand. Vor dem russischen Parlament, dem „Weißen Haus", ruft Jelzin die Bevölkerung auf, sich den Panzern der Putschisten als lebende Mauer entgegenzustellen (rechts oben). Tausende folgen seinem Ruf und jubeln Jelzin zu (rechts unten).

Das Ende des Lenin-Staats

Auch die Reformer lassen sich von ihrem Kurs nicht abbringen. Die früheren Gorbatschow-Berater Alexander Jakowlew, Edward Schewardnadse und Stanislaw Schatalin, der russische Ministerpräsident Iwan Silajew, der russische Vizepräsident Alexander Ruzkoi, der Bürgermeister von Leningrad Anatoli Sobtschak, der Moskauer Bürgermeister Gawril Popow und mehrere andere gründen eine „Bewegung

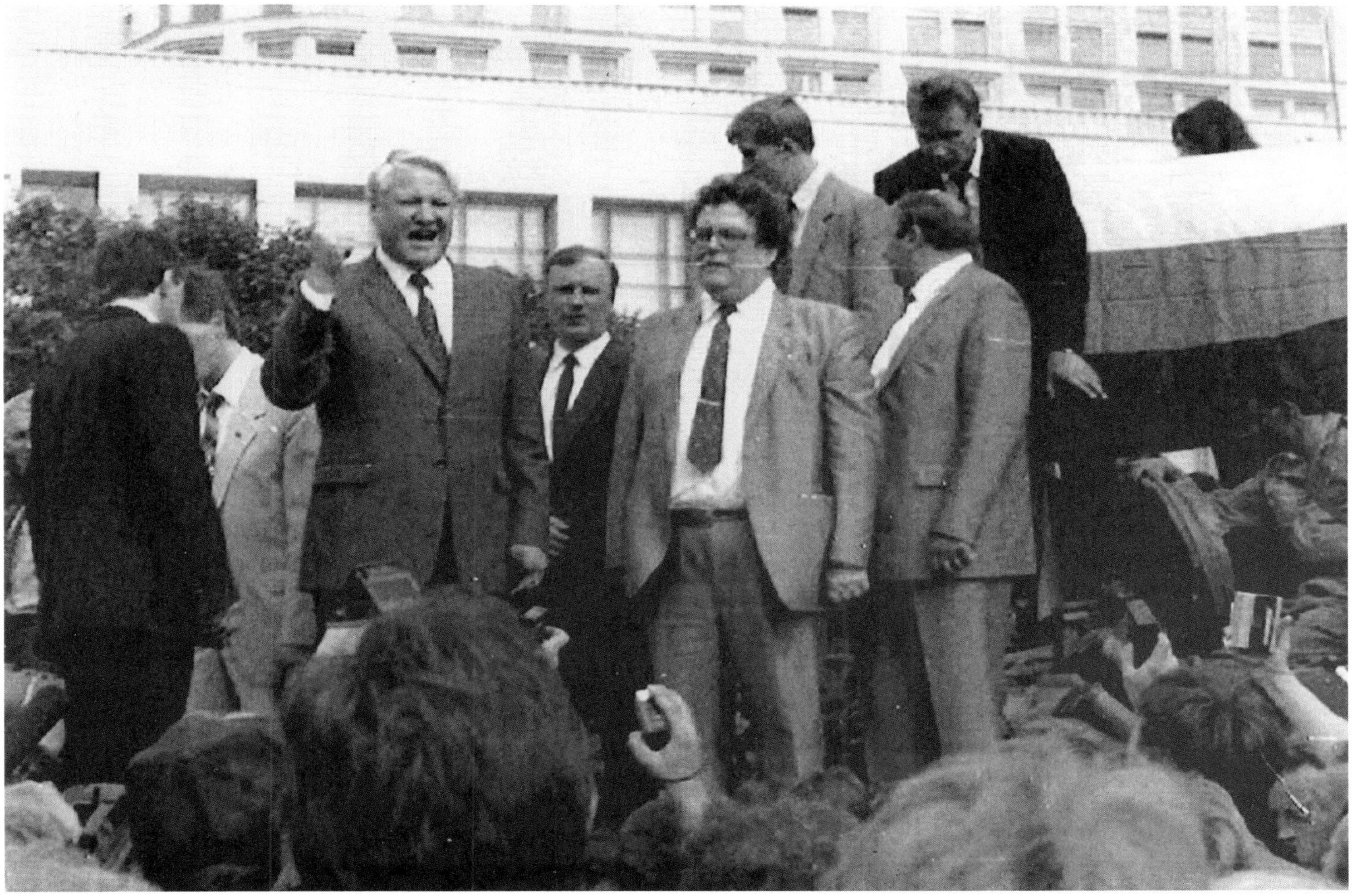

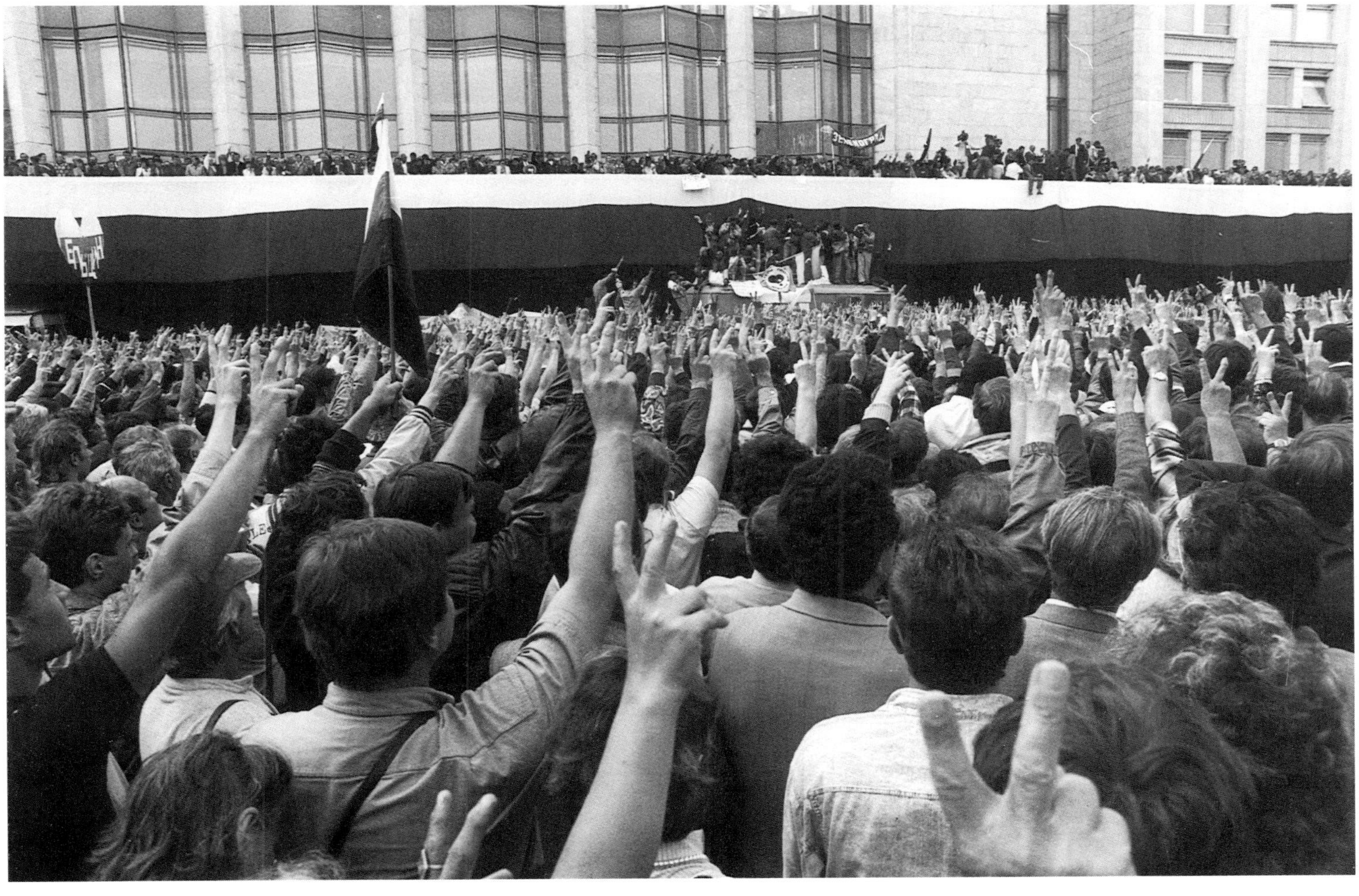

für demokratische Reformen". Sie alle stellen sich hinter Boris Jelzin.
Dieser ist im Juni mit 57,3 Prozent aller Stimmen zum ersten Präsidenten der Russischen Föderativen Republik gewählt worden, der erste frei gewählte Spitzenfunktionär innerhalb des sowjetischen
Staatsverbands! Jelzin, früher prominenter KP-Funktionär, Mitglied
des Politbüros und Moskauer Parteivorsitzender, hat der Partei endgültig den Rücken gekehrt, schwört dem Kommunismus ab, hält
Marxismus und Sozialismus für Fehlentwicklungen. Jelzin glaubt
nicht mehr an die Perestroika: Weder der Sowjetstaat noch die
KPdSU sind reformfähig, sie können nicht erneuert, sie können nur
noch ersetzt werden. Die „Bewegung für demokratische Reformen"
mit den früheren Beratern Gorbatschows teilt diese Meinung Jelzins.
Am 16. August tritt Jakowlew, ein Mitstreiter Gorbatschows von der
ersten Stunde der Perestroika an, aus der KPdSU aus. Jakowlew
warnt, wie vorher der ebenfalls zurückgetretene Außenminister Schewardnadse, vor einem bevorstehenden Staatsstreich des stalinistischen Flügels der Partei.

*Die Moskauer errichten Barrikaden, hier auf
dem Kalinin-Prospekt vor dem Gebäude des
russischen föderativen Ministerrats. Es ist wie
1905 und 1917. Revolution gab es damals
und Barrikaden. Und auch diesmal ist es eine
Revolution.*

426

Der versuchte Putsch

Gorbatschow reist anscheinend unbesorgt in den Urlaub auf der Krim. Er und seine Familie – Frau Raissa, Tochter Irina, Schwiegersohn Anatoli und zwei Enkeltöchter – befinden sich auf der Präsidenten-Datscha in Foros. Am 18. August wird Gorbatschow der Besuch einer Delegation aus Moskau gemeldet. Er weiß von nichts, niemand hat sich angemeldet, niemand ist bestellt. Die Delegation betritt Gorbatschows Arbeitszimmer ohne Erlaubnis, Gorbatschow greift zum Telefon, die Leitung ist tot. Die Delegation fordert Gorbatschow auf, den Ausnahmezustand zu verkünden oder seine Vollmachten an Vizepräsident Janajew zu übertragen. Das sei notwendig, das Land befinde sich vor dem wirtschaftlichen Zusammenbruch, es sei unregierbar geworden. Gorbatschow weist die Forderung zurück, lehnt auch seinen Rücktritt ab. Es ist klar, was die Putschisten bezwecken: Die für den 20. August vorgesehene Unterzeichnung des Unionsvertrags, Neun plus eins, soll verhindert werden. Gorbatschow wird unter Hausarrest gestellt. Im Morgengrauen des 19. August wird über die sowjetischen Medien verkündet, daß Vizepräsident Janajew die Funktionen Gorbatschows übernommen habe, da dieser „seine Pflichten aus Gesundheitsgründen nicht weiter erfüllen könne". Zur „Verhinderung einer gesamtnationalen Katastrophe" werde über einzelne Gebiete der UdSSR der Ausnahmezustand verhängt. Die Führung des Landes übernehme ein „Staatskomitee für den Ausnahmezustand".

Dem Komitee gehören acht Leute an: der geschäftsführende Präsident Janajew, der Verteidigungsminister Marschall Jasow, der Vorsitzende des KGB Krjutschkow, der sowjetische Ministerpräsident Pawlow, der Innenminister Pugo, der Chef der Staatsbetriebe, des Verkehrs- und Fernmeldewesens Tisjakow, der ZK-Sekretär für Rüstung Baklanow, der Vorsitzende des Kolchosenverbands Starodubzew. Sie wenden sich mit einem Appell an das sowjetische Volk: „Landsleute! Staatsbürger der Sowjetunion! Unsere große Heimat schwebt in Todesgefahr! Die von M. Gorbatschow initiierte Politik der Reformen ist . . . in der Sackgasse gelandet . . . Das Land ist im Grunde genommen unlenkbar geworden." Lang und breit setzt sich der Aufruf mit der Zerstörung der sowjetischen Gesellschaft, mit der Demontage des Sowjetstaats durch die Perestroika auseinander. Die Kriminalität wuchere, das Land versinke in Gewalt und Gesetzlosigkeit. Mit all dem soll jetzt Schluß gemacht werden. Stolz und Ehre des sowjetischen Menschen würden in vollem Maß wiederhergestellt. Das Staatliche Komitee für den Ausnahmezustand übernehme die Verantwortung für die Geschicke der Heimat. Interessant ist, daß die Putschisten mit keinem einzigen Wort den Sozialismus erwähnen, den Kommunismus, den Leninismus. Im Gegenteil: Auch sie berufen sich auf die Perestroika, versprechen Reformen, Erhöhung des Lebensstandards, Privatisierung, sogar einen Unionsvertrag. Sie müssen also wissen, daß ein Großteil der Bevölkerung anders denkt als sie. Und offenbar, weil sie von ihren eigenen Zielsetzungen nicht überzeugt sind, zögern sie auch. Verteidigungsminister Jasow setzt zwar einige zehntausend Soldaten und Fallschirmjäger in Marsch, läßt über 3 500 Panzer und Schützenpanzer allein in Moskau auffahren, KGB und Militär besetzen die Fernseh- und Radiostation, die Redaktionen aller Zeitungen, die Telefonzentrale, die Flugplätze. Sie besetzen sie, aber sie handeln nicht: Alle Telefonverbindungen, sowohl im Inland wie nach dem Ausland, bleiben offen. Der russische Präsident Jelzin kann ungehindert mit den Bürgermeistern von Moskau und von Leningrad sprechen und mit allen anderen russischen Städten Verbindung halten, kann Weisungen erteilen. Die Auslandskorrespondenten können aus dem russischen Parlament, aus dem Hauptquartier Jelzins direkt an ihre Zeitungen, Radio- und Fernsehstationen berichten, und

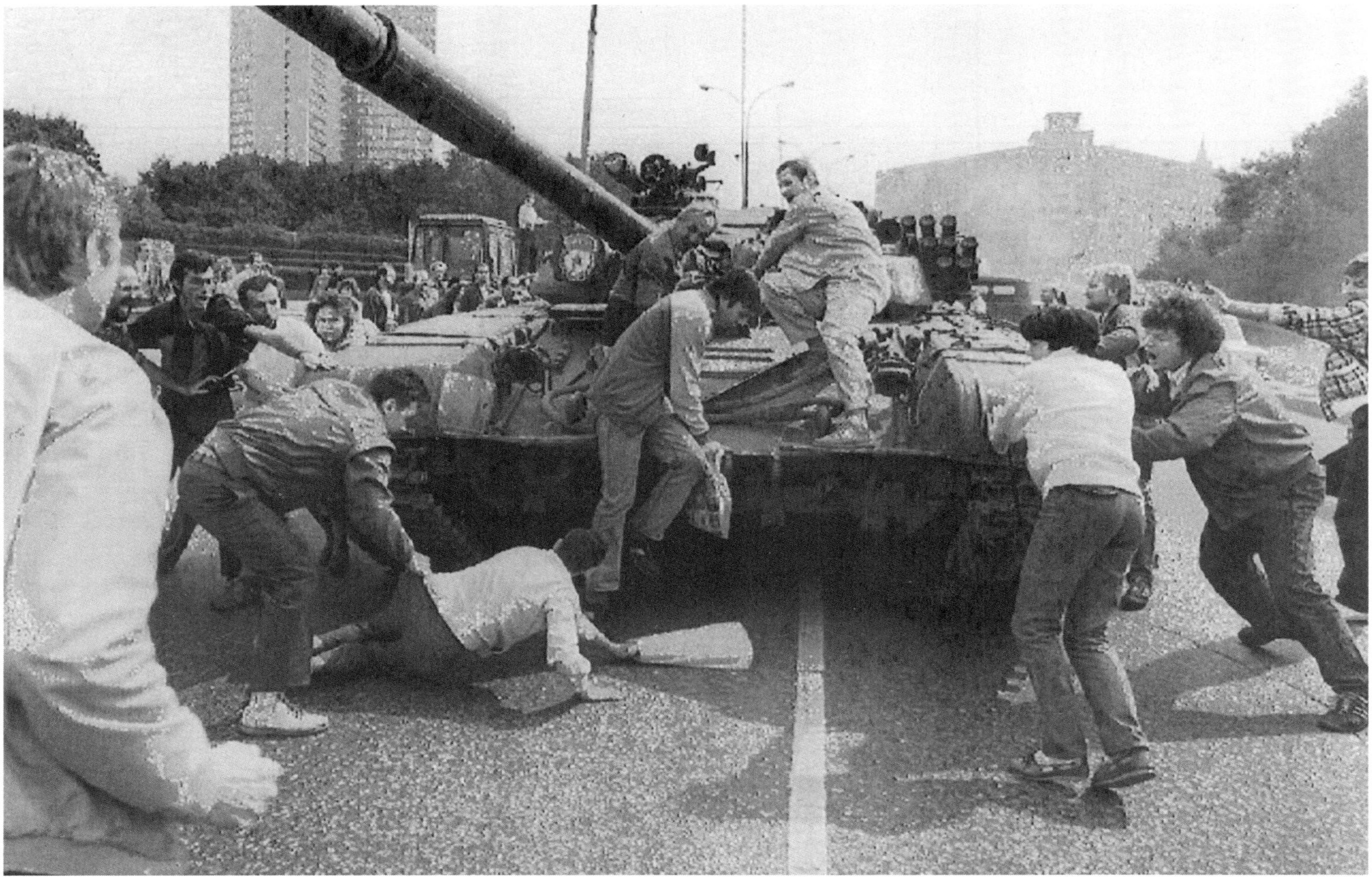

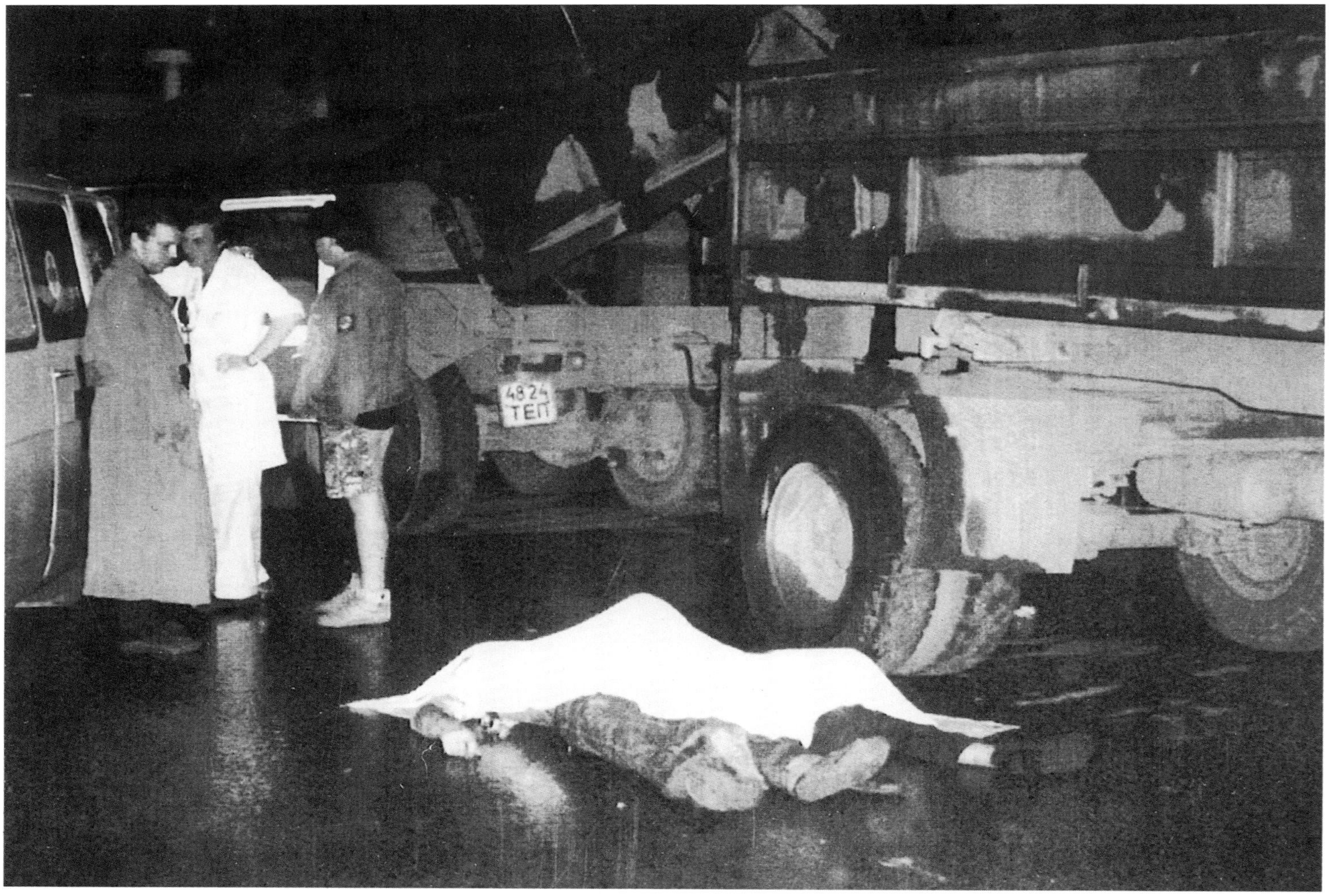
48 24
ТЕП

Tapfere Moskauer werfen sich vor die Panzer (links oben), die auch prompt nicht weiterfahren. Bis auf einen, der zwei Menschen überrollt und sie tötet. Der Vorfall bewegt viele Offiziere, den Gehorsam zu verweigern, nicht wenige der Panzerbesatzungen und Fallschirmjäger gehen in das Lager Jelzins über. Rechts: Eine Frau weint um die Toten.

diese strahlen die Berichte auch in russischer Sprache in die Sowjetunion zurück. Die ganze Welt nimmt dadurch an den dramatischen Vorgängen in Moskau unmittelbar teil. Und eben nicht nur die Welt außerhalb der Sowjetunion, auch alle Sowjetbürger, die ein Radio besitzen.

Jelzin ruft zum Widerstand

Als sich die Panzerkolonnen auf das russische Parlament zubewegen, fordert Jelzin die Moskauer auf, sich um dieses Parlament zu scharen, eine lebende Mauer gegen die Panzer zu errichten. Tausende folgen dem Aufruf, bauen Barrikaden, bilden Menschenketten rund um das Parlament. Die Panzer halten inne. Die Putschisten wagen entweder den Befehl zum Angriff nicht, oder er wird von den Militäreinheiten nicht befolgt. Nur einer der Panzer rollt weiter, tötet zwei Menschen, die sich ihm in den Weg gestellt haben, ein Demonstrant wird erschossen. Sie sind schließlich die einzigen Opfer des Putschversuchs. Hätten Lenin und Trotzki den Staatsstreich zu leiten gehabt, sie wären wohl vorgegangen wie im Oktober 1917: Sie hätten kein Telefongespräch mehr zugelassen, hätten ihre Gegner schlagartig verhaftet und jeden Widerstand mit Gewalt im Keim erstickt. Lenin nannte dies „den Staatsstreich als Kunstwerk", eine Kunst, die seine Jünger im Jahr 1991 offenbar nicht mehr beherrschen. Weil die Weltöffentlichkeit an den Vorgängen in der Sowjetunion so unmittelbar teilnehmen kann, fassen die Staatsmänner des Westens auch mehr Mut, als sie ihn wahrscheinlich andernfalls aufgebracht hätten. Sie telefonieren mit Jelzin, lassen sich unterrichten, erkennen, daß der Widerstand in der Sowjetunion nicht ohne Aussicht ist. Und sie erinnern sich auch der großen politischen Schuld gegenüber dem Mann, der den Mut besaß, die Welt über Nacht zu einer anderen zu machen, gegenüber Michail Gorbatschow. US-Präsident Bush ist der erste, der den Staatsstreich in Moskau verurteilt und die Wiederherstellung der konstitutionellen Ordnung, die Wiedereinsetzung des Präsidenten Gorbatschow fordert. Bald gefolgt von den Außenministern der EG-Staaten. Der gesamte Westen, ja die Welt mit wenigen Ausnahmen, stellt sich hinter Jelzin, tritt für Gorbatschow ein und verweigert den Putschisten die Anerkennung. Eine bereits anlaufende 2,3 Milliarden D-Mark-Hilfe der EG für die Sowjetunion wird gestoppt. Ebenso jegliche US-Hilfe. Den Putschisten wird klar gemacht, daß sie sich mit ihrer Aktion von der übrigen Welt isoliert haben, daß sie weder auf Anerkennung noch auf irgendwelche finanzielle Hilfe rechnen könnten. Der Putsch bricht zusammen, durch den Widerstand Jelzins, aber auch und besonders des Bürgermeisters von Leningrad, Sobtschak, und der ganzen ursprünglichen Perestroika-Garnitur, ein Widerstand, der in der Bevölkerung rasch und zunehmend Unterstützung findet. Waren es erst Tausende, so sind es bald Zehntausende, die sich in Moskau und in Leningrad zur Verteidigung der gerade erst errungenen Freiheiten den Panzern entgegenstellen. Und es ist auch die entschlossene Haltung der übrigen Welt, die den Putschisten klarmachen müßte, daß sie auf verlorenem Posten stehen.

Ein Teil des KGB geht zu Jelzin über, einige der Putschisten werden verhaftet. Gorbatschow und seine Familie werden aus dem Hausarrest entlassen, kehren nach Moskau zurück. Ein zutiefst schockierter Gorbatschow schildert, wie es ihm und den Seinen ergangen

Aus dem Hausarrest befreit, kommen Gorbatschow und seine Familie (Frau Raissa, Tochter und Enkelin) nach Moskau zurück. Der Schock der letzten Tage steht ihnen noch in den Gesichtern (oben). Doch in Moskau hat sich viel verändert. Nicht mehr Gorbatschow,

sondern Jelzin ist der neue starke Mann. Er hat mit seinem Widerstand den Staatsstreich vereitelt. Gorbatschow hingegen muß eingestehen, daß jeder der Putschisten ein Mann seiner eigenen Wahl war: „Sie alle sind Verräter" (rechts oben und unten).

ist. Wie schrecklich es war, als seine Telefone nicht mehr funktionierten, als er seine Familie zusammenrief, um sie auf das Ärgste vorzubereiten. Doch weder ihm noch seiner Familie war dabei etwas zugestoßen, sie standen nur unter Hausarrest. Vielleicht war es diese Schilderung Gorbatschows vor laufenden Fernsehkameras, die dem Lenin-Stalin-Staat erst den Todesstoß gegeben hat: Da hat der Staats- und Parteiführer, der Präsident, erlebt, was viele Millionen Sowjetbürger mit unendlich schlimmeren Konsequenzen Jahrzehnte hindurch zu erleiden oder zu befürchten hatten, und war darüber entsetzt, und erschüttert. Viele haben erst in diesem Moment voll begriffen, wie demütigend, entwürdigend, menschenvernichtend dieses Regime in Wirklichkeit immer war.

Gorbatschow wurde von den Abgeordneten im russischen Parlament und nicht zuletzt von Jelzin selbst hart befragt über seine Mitschuld an dieser Entwicklung, über seine Nachgiebigkeit gegenüber genau jenen Kreisen, die dann zum Staatsstreich angetreten sind.

Jelzin hatte schon gehandelt: Bereits vor dem Putsch hatte er der Kommunistischen Partei jede weitere politische Betätigung in den Staatsämtern und Betrieben in der russischen Republik untersagt. Jetzt beantragt er das Verbot der KPdSU. Und Gorbatschow folgt. In einer dramatischen Rede verkündet er seinen Rücktritt als Generalsekretär der KPdSU und empfiehlt, das Zentralkomitee der Partei aufzulösen. Der Partei wird zunächst die weitere Betätigung untersagt, alle Parteilokale, einschließlich der gewaltigen Zentrale, von der aus die Geschicke des Landes und seiner Bürger jahrzehntelang bestimmt worden sind, werden zugesperrt und versiegelt. Das gesamte Vermögen der Partei, einschließlich Dutzender Krankenhäuser, die allein für ihre Funktionäre reserviert waren, eines Fuhrparks von Tausenden Limousinen, fast 200 Druckereien und Zeitungen, alle Sonderläden, über die die Nomenklatura bestens mit Leckerbissen und Importwaren versorgt worden ist, viele hundert Datschas, Ferienhäuser und Sanatorien und was sonst noch alles zum Parteivermögen gehörte, all das wird beschlagnahmt. Das ist das Ende der Partei Lenins.

Als am 2. September der Kongreß der Volksdeputierten zu einer vom Obersten Sowjet einberufenen Sondersitzung zusammentritt, 2 250 Abgeordnete, die das höchste gesetzgebende Organ der Sowjetunion stellen, wird ihnen auch das Ende der Sowjetunion, wie sie die Welt bisher gekannt hat, kundgetan. Gorbatschow und Jelzin und die Präsidenten von weiteren neun der insgesamt 15 Sowjetrepubliken haben sich praktisch über Nacht geeinigt, an die Stelle der Sowjetunion ein neues Gebilde treten zu lassen – eine Gemeinschaft freier souveräner Staaten. Jede der bisherigen Sowjetrepubliken könne für sich entscheiden, ob sie dieser Gemeinschaft angehören wolle und in welcher Form. Allesamt sind aufgefordert, eine Wirtschaftsgemeinschaft zu bilden, beizubehalten, was man schon errungen hat und was etwa die EG erst erringen will: den gemeinsamen Markt ohne alle Zollgrenzen, die gemeinsame Währung, eine weitgehende Abstimmung der Außen- und der Verteidigungspolitik. Nicht alle Republiken werden an dieser vorgeschlagenen Gemeinschaft im gleichen Maße teilnehmen: Die baltischen Staaten beanspruchen ihre volle Souveränität, ebenso Georgien und Moldawien, obwohl auch sie der Wirtschaftsgemeinschaft der bisherigen Sowjetrepubliken angehören wollen.

Fünf Jahre lang hat Gorbatschow versucht, das Sowjetsystem zu reformieren, die Partei zu erneuern, den Sozialismus zu erhalten. Der Versuch ist gescheitert. Weder die Partei noch die Sowjetunion haben sich als reformfähig erwiesen. Sie konnten nicht erneuert, sie konnten nur abgelöst, ersetzt werden. Das große Experiment, nach marxistischen Vorstellungen eine neue, bessere Welt zu schaffen, muß damit als gescheitert angesehen werden. Lenin hat geglaubt, dieses Ziel mit Gewalt erringen zu müssen. Denn offenbar war es auch, wenn überhaupt, nur mit Gewalt zu erreichen. Ein tragischer Irrtum. Statt den neuen Menschen in einer neuen Welt zu schaffen, wurden Hunderte Millionen Menschen ihrer Freiheit und Dutzende Millionen ihres Lebens beraubt. Hat damit der Kapitalismus über den Sozialismus gesiegt? Auch das nicht. Gesiegt, durchgesetzt haben sich menschliche Grundwerte – das Streben nach Freiheit, nach Gerechtigkeit, nach Humanität, nach Selbstbestimmung, nach individueller Entfaltung. Werte, die lange Zeit auch vom Kapitalismus mißachtet worden sind und die auch gegenüber dem Kapitalismus erst erkämpft und durchgesetzt werden mußten. Das Mittel dazu war die Demokratie, der Versuch, politische Ziele durch gewählte Mehrheiten, ohne Gewaltanwendung zu erreichen, mit Toleranz und Respekt vor dem Gegner. Wie schwer dies ist, das beweisen die Irrwege, die viele Völker gegangen sind – oder besser, auf die sie geführt worden sind –, ehe sie Demokratie erlernt haben. Zu diesem Lernprozeß haben auch marxistische Parteien einen wesentlichen Beitrag geleistet, vor allem die Sozialdemokraten, die von einem marxistischen Leitbild ausgegangen sind und auch deren Ziel der Sozialismus war und noch ist. Nur haben sie Marx nicht als Dogma angesehen und waren bereit, den demokratischen Grundsätzen den Vorrang vor den marxistischen einzuräumen.

Das sagt sich leicht. In der Praxis war das ein schwieriger, oft leidvoller Prozeß. Denn der Gegensatz zwischen Kapital und Arbeit war im Prinzip ein lebensbedrohender für beide Seiten, soziale Gerechtigkeit alles andere als eine Selbstverständlichkeit. Die revolutionären Ansätze in der sozialdemokratischen Bewegung waren daher verständlich. Und nicht immer ist Gewaltanwendung vermieden worden. Man muß hinzufügen: Der Kommunismus und seine Art der Gewaltanwendung, sein Ruf nach Weltrevolution und die damit von

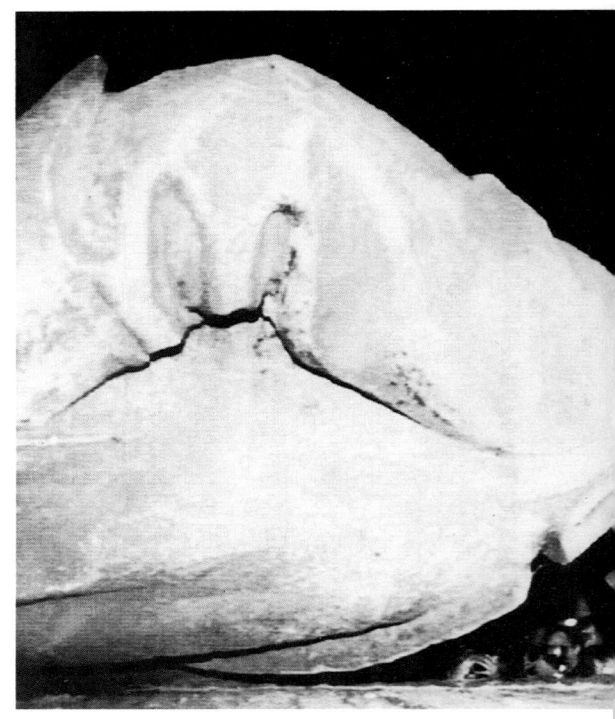

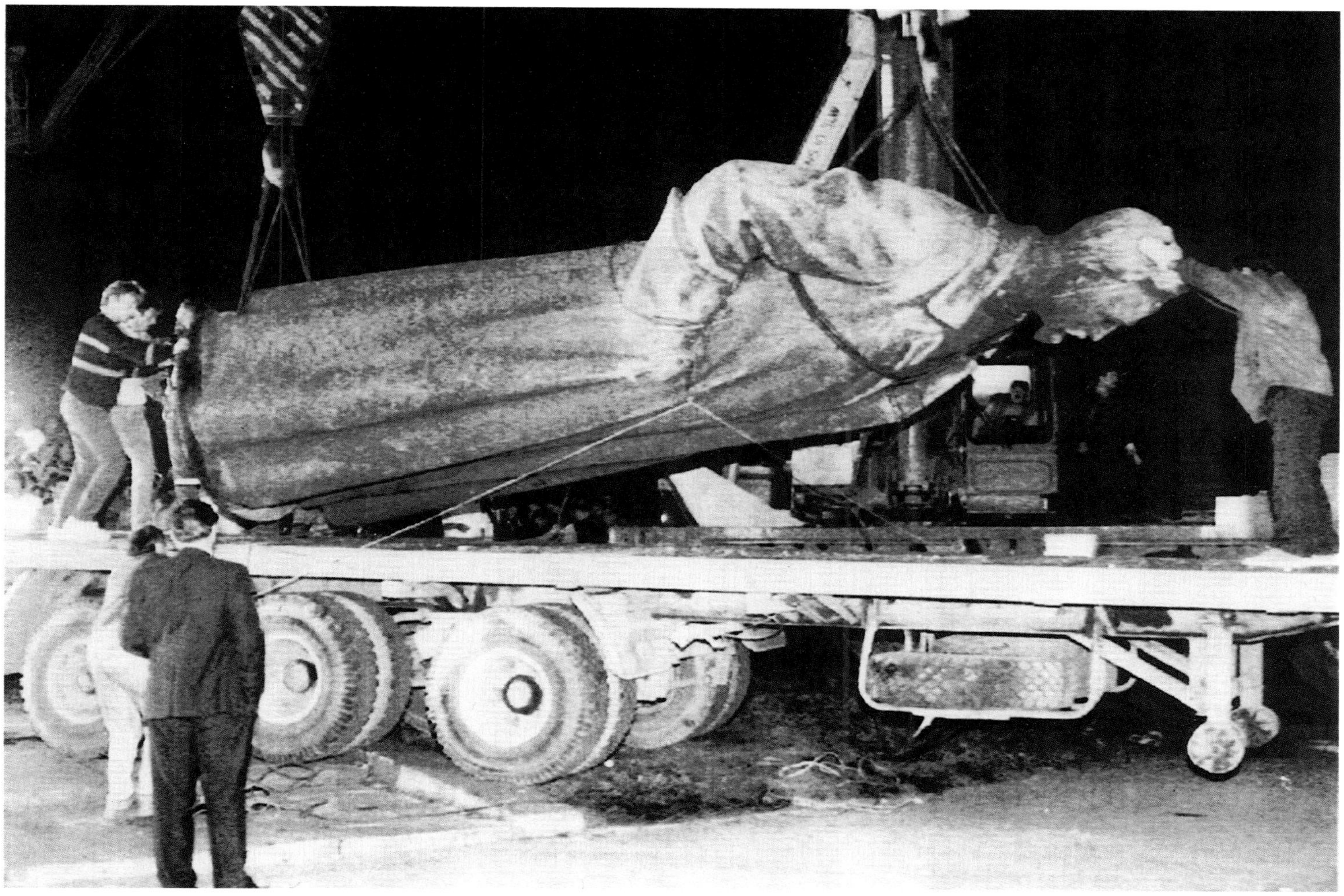

Das Ende der Gewaltherrschaft: Vor dem KGB-Hauptquartier wird das Denkmal Dserschinskis, des ersten Chefs der Tscheka, der von Lenin geschaffenen Geheimpolizei, gestürzt. Die Denkmäler Lenins folgen ihm.

ihm ausgehende Drohung hat die kapitalistischen Kräfte bewogen, den sozialen Forderungen der Demokraten nachzukommen. Das klingt zynisch. Denn dann wäre der Sieg freiheitlicher und sozialer Werte im Westen auch mit den Opfern erkauft, die die Völker des Ostens erbracht haben. Wahr ist es doch. Und als Autor dieses Buchs wage ich die Schlußfolgerung, daß es nicht zuletzt die Sorge vor revolutionären Unruhen und die Angst vor dem Kommunismus war, die in den USA den New Deal ermöglichten, das erste geglückte Experiment im kapitalistischesten Land der Welt, der Konkurrenzwirtschaft eine soziale Komponente zu geben und den Staat als intervenierenden Vermittler einzusetzen. In mancherlei Form hat es das auch in europäischen Staaten gegeben, die ersten Ansätze zu einer Sozialpartnerschaft, der Beginn einer sozialen Marktwirtschaft. Kein Sieg des Kapitalismus über den Sozialismus, nur das Resultat besserer Einsicht bei entsprechender Toleranz. Vor allem weil es in den westlichen Staaten gelungen ist, die gesamte oder fast die gesamte Bevölkerung an Politik und Wohlstand teilhaben zu lassen, weil Freiheit mit Wohlergehen kombiniert werden konnte, hat sich das westliche Gesellschaftsmodell gegenüber dem kommunistischen durchgesetzt.

Nach strengem marxistischen Maßstab ist die Gesellschaftsordnung des Westens noch immer eine kapitalistische. In Wirklichkeit ist sie längst schon etwas Neues, für das wir zur Zeit nur Hilfsbegriffe haben: soziale Marktwirtschaft, Sozialpartnerschaft, Konsensdemokratie. Wenn die Völker der bisherigen Sowjetunion nun dieses Modell teilweise oder zur Gänze übernehmen, bedeutet das nicht den „Rückfall in den Kapitalismus", wie das von den doktrinären Kommunisten gesehen wird. Es ist vielmehr das Beschreiten eines Weges, den sich auch die Völker der westlichen, der sogenannten kapitalistischen Welt, erst mühsam haben bahnen müssen.

„Hört die Signale" in Karten

Der Friede von Brest-Litowsk (3. März 1918)

Legende:

- Mittelmächte
- Rußland und Verbündete
- ▲▲▲▲▲ Front am Tag des Waffenstillstands (15. 12. 1917)
- ▬▬▬ Weitestes Vordringen der Mittelmächte (Stand bei Kriegsende, November 1918)
- ⁄⁄⁄ Durch den Frieden von Brest-Litowsk neu entstandene Staaten

0 ———————— 500 km

NORWEGEN

Murmansk

Archangelsk

SCHWEDEN

FINNLAND
unabhängig 19. 12. 1917

Helsingfors

Petrograd

ESTLAND unabh. 24. 2. 1918

LETTLAND unabh. 11. 11. 1918

LITAUEN unabh. 11. 12. 1917

Minsk

WEISS-RUSSLAND

SOWJETRUSSLAND

Moskau

DEUTSCHES REICH

POLEN
unabhängig 11. 11. 1918

Brest-Litowsk

Kiew

VOLKSRPUBLIK UKRAINE
unabh. 22. 1. 1918

Wien

ÖSTERREICH -

UNGARN

Odessa

Krim

RUMÄNIEN

Kaspisches Meer

SERBIEN

BULGARIEN

MONTE-NEGRO

Schwarzes Meer

KAUKASUS

ALBANIEN

Konstantinopel

TÜRKEI

PERSIEN

GRIECHENLAND

1 1917:
Die »Februar-Revolution« eröffnet Friedenschancen.

3 1917:
»Oktober-Revolution«.
20. 11. 1917: Bolschewiki wollen Friedensverhandlungen.
23. 11. 1917: »Pravda« ruft Soldaten zur Waffenruhe auf.
28. 11. 1917: Lenin und Trotzki bieten Friedensverhandlungen an; Die Mittelmächte stimmen zu (29. 11. 1917).

4 3. 12. bis 15. 12. 1917:
Waffenstillstandsverhandlungen
22. 12. 1917: Erste Friedensverhandlungen. Harte Bedingungen der Mittelmächte.
(22. 1. 1918: Ukraine unabhängig.)
9. 2. 1918: Mittelmächte schließen Frieden mit der Ukraine. Ludendorff läßt Verhandlungen mit Rußland abbrechen. Wilhelm II. fordert russische Räumung von Livland und Estland.
10. 2. 1918: Trotzki erklärt „Weder Krieg noch Frieden" und reist nach Petrograd ab.

13. 2. 1918:
Ludendorff befiehlt deutschen Vormarsch.
18. 2. 1918:
Vormarsch der Mittelmächte beginnt (»Eisenbahnkrieg«).

5

2 Frühjahr 1917:
Wien drängt auf Frieden

6 19./20. 2. 1918:
Sowjetrußland anerkennt den bedingungslosen Frieden mit den Mittelmächten.

7 3. 3. 1918:
Friedensschluß

Quellen: J. Engel, Großer Historischer Weltatlas, Teil III, München 1967. W. Bihl, Österreich-Ungarn und die Friedensschlüsse von Brest-Litowsk, Wien 1970. F. Fischer, Griff nach der Weltmacht, Düsseldorf 1984. A. F. Chew, An Atlas of Russian History, New Haven 1967. Westermann Großer Atlas zur Weltgeschichte, Braunschweig 1972.

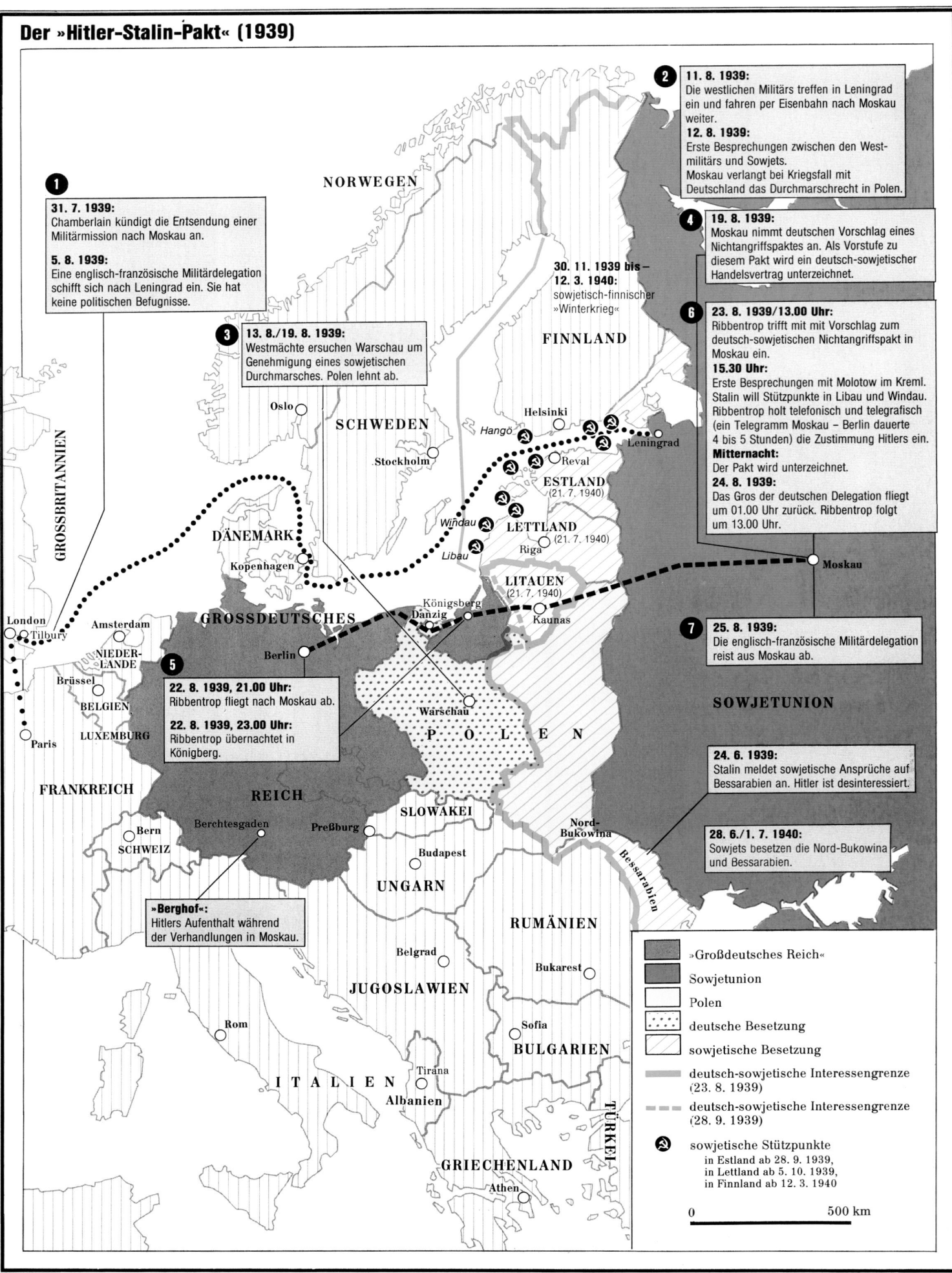

Der »Hitler-Stalin-Pakt« (1939)

NORWEGEN

1

31. 7. 1939:
Chamberlain kündigt die Entsendung einer Militärmission nach Moskau an.

5. 8. 1939:
Eine englisch-französische Militärdelegation schifft sich nach Leningrad ein. Sie hat keine politischen Befugnisse.

2

11. 8. 1939:
Die westlichen Militärs treffen in Leningrad ein und fahren per Eisenbahn nach Moskau weiter.

12. 8. 1939:
Erste Besprechungen zwischen den Westmilitärs und Sowjets.
Moskau verlangt bei Kriegsfall mit Deutschland das Durchmarschrecht in Polen.

4

19. 8. 1939:
Moskau nimmt deutschen Vorschlag eines Nichtangriffspaktes an. Als Vorstufe zu diesem Pakt wird ein deutsch-sowjetischer Handelsvertrag unterzeichnet.

3

13. 8./19. 8. 1939:
Westmächte ersuchen Warschau um Genehmigung eines sowjetischen Durchmarsches. Polen lehnt ab.

30. 11. 1939 bis –
12. 3. 1940:
sowjetisch-finnischer »Winterkrieg«

FINNLAND

6

23. 8. 1939/13.00 Uhr:
Ribbentrop trifft mit mit Vorschlag zum deutsch-sowjetischen Nichtangriffspakt in Moskau ein.

15.30 Uhr:
Erste Besprechungen mit Molotow im Kreml. Stalin will Stützpunkte in Libau und Windau. Ribbentrop holt telefonisch und telegrafisch (ein Telegramm Moskau – Berlin dauerte 4 bis 5 Stunden) die Zustimmung Hitlers ein.

Mitternacht:
Der Pakt wird unterzeichnet.

24. 8. 1939:
Das Gros der deutschen Delegation fliegt um 01.00 Uhr zurück. Ribbentrop folgt um 13.00 Uhr.

Oslo

SCHWEDEN

Helsinki

Hangö

Leningrad

Stockholm

Reval

ESTLAND
(21. 7. 1940)

DÄNEMARK

Windau

LETTLAND
(21. 7. 1940)

Libau

Riga

Kopenhagen

LITAUEN
(21. 7. 1940)

Moskau

London

Tilbury

Amsterdam

**NIEDER-
LANDE**

Königsberg

Danzig

Kaunas

GROSSDEUTSCHES

5

22. 8. 1939, 21.00 Uhr:
Ribbentrop fliegt nach Moskau ab.

22. 8. 1939, 23.00 Uhr:
Ribbentrop übernachtet in Königberg.

Berlin

7

25. 8. 1939:
Die englisch-französische Militärdelegation reist aus Moskau ab.

Brüssel

BELGIEN

SOWJETUNION

Paris

LUXEMBURG

Warschau

P O L E N

FRANKREICH

REICH

24. 6. 1939:
Stalin meldet sowjetische Ansprüche auf Bessarabien an. Hitler ist desinteressiert.

Bern

SCHWEIZ

Berchtesgaden

SLOWAKEI

Preßburg

Nord-
Bukowina

28. 6./1. 7. 1940:
Sowjets besetzen die Nord-Bukowina und Bessarabien.

»Berghof«:
Hitlers Aufenthalt während der Verhandlungen in Moskau.

Budapest

UNGARN

Bessarabien

RUMÄNIEN

Belgrad

Bukarest

JUGOSLAWIEN

Rom

Sofia

BULGARIEN

I T A L I E N

Tirana

Albanien

TÜRKEI

GRIECHENLAND

Athen

»Großdeutsches Reich«

Sowjetunion

Polen

deutsche Besetzung

sowjetische Besetzung

deutsch-sowjetische Interessengrenze (23. 8. 1939)

deutsch-sowjetische Interessengrenze (28. 9. 1939)

sowjetische Stützpunkte
in Estland ab 28. 9. 1939,
in Lettland ab 5. 10. 1939,
in Finnland ab 12. 3. 1940

0   500 km

GROSSBRITANNIEN

Unternehmen »Barbarossa« (22. Juni 1941)

»Großdeutsches Reich«
und Verbündete 1941
besetzte Gebiete
Sowjetunion
Frontverlauf November 1942

0   500 km

NORWEGEN

SCHWEDEN

Petsamo
Narvik
Murmansk
Kandalakscha
Salla
Lulea
Uhtua
Suomussalmi
Rukarjavi
Archangelsk

FINNLAND

Bottnischer Meerbusen

Petrosawodsk
Onega See

SOWJETUNION

Helsinki
Oslo
Viipuri
Leningrad
Tichwin
Wologda

Stockholm
Reval
Narwa
Nowgorod
Rybinsk

Peipus
See
Pleskau
Demjansk
Kalinin
Gorkij
Kasan

Kopenhagen
Libau
Riga
Rshew
Kujbyschew

Ostsee
Königsberg
Kowno
Witebsk
Wjasma
Moskau

Danzig
Wilna
Smolensk
Tula

Stettin
Minsk
Brjansk
Saratow

Berlin
Bialystok
Orel
Woronesch

GROSSDEUTSCHES
Warschau
Baranowitschi
Gomel
Kursk

Brest
Bjelgorod
Stalingrad

Breslau
Shitomir
Kiew
Charkow

Prag
Lemberg
Woroschilowgrad
Astrachan

REICH
Przemysl
Uman
Dnjepropetrowsk

SLOWAKEI
Preßburg
Saporoshe
Rostow
Ellista

Wien
Jassy
Cherson
Asowsches
Meer
Krasnodar

Budapest
Odessa
Perekop
Kertsch
Pjatigorsk
Mosdok

UNGARN
Eupatoria
Majkop

Agram
Sewastopol
Noworossijsk
Tuapse

Kaspisches Meer

KROATIEN
RUMÄNIEN
Bukarest

Sarajewo
Belgrad
SERBIEN
Schwarzes Meer
Batum

MONTE-
NEGRO
Adria

Sofia
BULGARIEN

ITALIEN
Tirana

Saloniki
Istanbul

IRAN

Ankara

TÜRKEI

Athen

GRIECHENLAND
Ägäis

Ionisches Meer

IRAK

SYRIEN

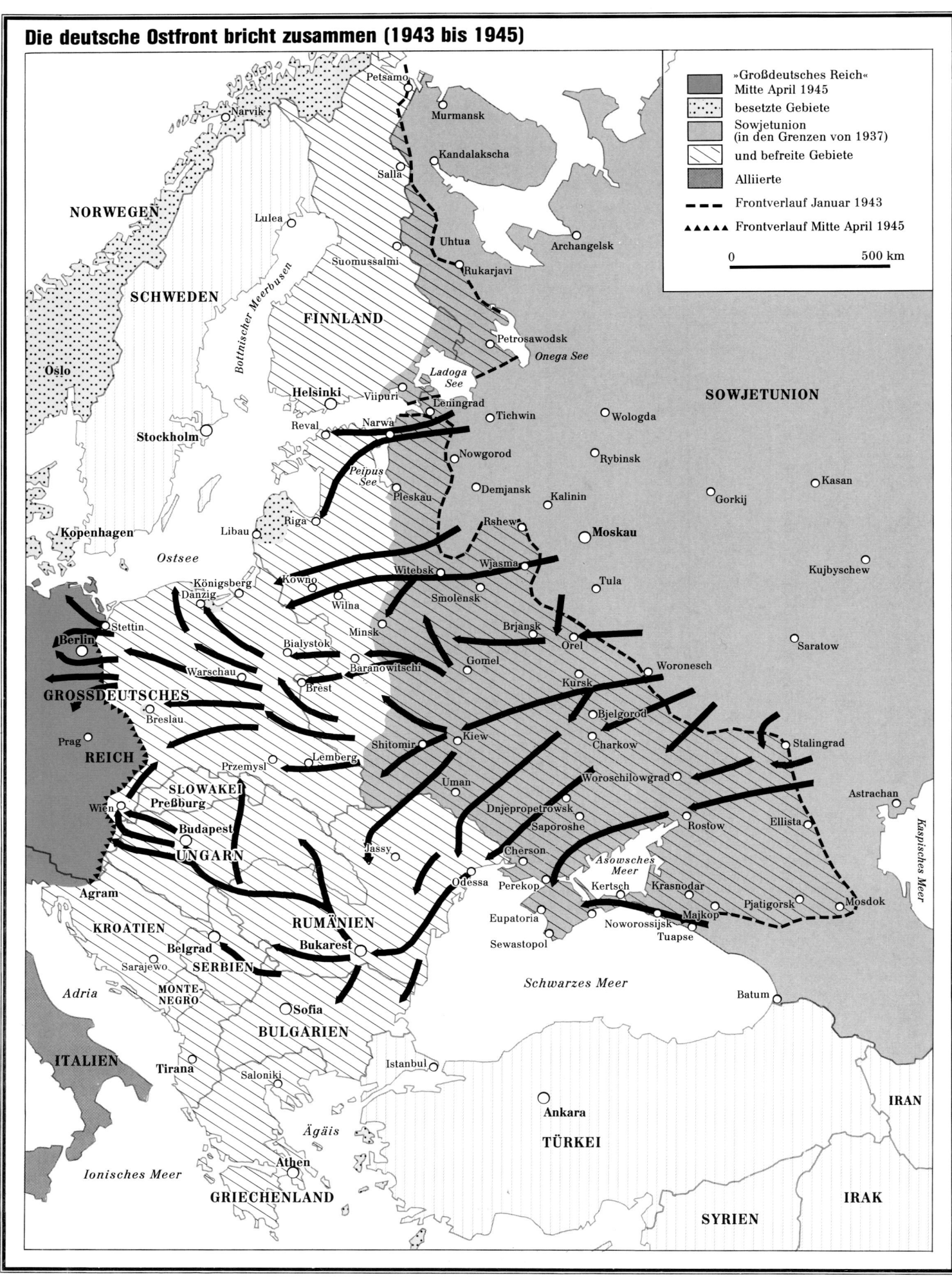

Die deutsche Ostfront bricht zusammen (1943 bis 1945)

Legende:

- »Großdeutsches Reich« Mitte April 1945
- besetzte Gebiete
- Sowjetunion (in den Grenzen von 1937)
- und befreite Gebiete
- Alliierte
- Frontverlauf Januar 1943
- ▲▲▲▲ Frontverlauf Mitte April 1945

0 — 500 km

NORWEGEN
Narvik
Petsamo
Murmansk
Kandalakscha
Salla
Lulea
Uhtua
Archangelsk
SCHWEDEN
Suomussalmi
Rukarjavi
FINNLAND
Bottnischer Meerbusen
Petrosawodsk
Onega See
Helsinki
Viipuri
Ladoga See
Leningrad
SOWJETUNION
Tichwin
Reval
Narwa
Nowgorod
Wologda
Stockholm
Peipus See
Rybinsk
Demjansk
Kalinin
Pleskau
Gorkij
Kasan
Kopenhagen
Libau
Riga
Rshew
Moskau
Ostsee
Witebsk
Wjasma
Kujbyschew
Königsberg
Kowno
Tula
Danzig
Wilna
Smolensk
Stettin
Minsk
Brjansk
Saratow
Berlin
Bialystok
Orel
Baranowitschi
Gomel
Woronesch
GROSSDEUTSCHES
Warschau
Kursk
Breslau
Brest
Bjelgorod
Stalingrad
Prag
Shitomir
Kiew
Charkow
REICH
Przemysl
Lemberg
Uman
Woroschilowgrad
Astrachan
SLOWAKEI
Preßburg
Dnjepropetrowsk
Wien
Saporoshe
Rostow
Ellista
Budapest
Jassy
Cherson
UNGARN
Odessa
Asowsches Meer
Perekop
Kertsch
Krasnodar
Pjatigorsk
Mosdok
Agram
Majkop
KROATIEN
RUMÄNIEN
Eupatoria
Noworossijsk
Belgrad
Bukarest
Sewastopol
Tuapse
Sarajewo
SERBIEN
Schwarzes Meer
Batum
MONTE-NEGRO
Kaspisches Meer
Sofia
Adria
BULGARIEN
ITALIEN
Tirana
Istanbul
Saloniki
Ankara
IRAN
Ägäis
TÜRKEI
Athen
IRAK
Ionisches Meer
GRIECHENLAND
SYRIEN

438

Kommunistische Machtübernahmen nach 1945

Quellen: Kinder/Hilgemann, Atlas zur Weltgeschichte, München 1982; Ploetz, Auszug
aus der Geschichte, Würzburg 1968;
Großer Atlas zur Weltgeschichte, 3. Teil,
München 1967.

Grenze der Sowjetunion 1939
Grenze der Sowjetunion 1945
Sowjetunion
Volksdemokratien
Bürgerkrieg

0   300 km

SCHWEDEN

FINNLAND

NORWEGEN

Nordsee

DÄNEMARK

Ostsee

GROSS-
BRITANNIEN

SOWJET-
UNION

NIEDER-
LANDE

sowjetisch

britisch

DDR
7. Okt. 1949

POLEN
19. Jän. 1947

BELGIEN

BRD

LUXEM-
BURG

französisch

TSCHECHO-
SLOWAKEI
9. Mai 1948

amerikanisch

FRANKREICH

SCHWEIZ

ÖSTERREICH

UNGARN
20. Aug.
1949

RUMÄNIEN
30. Dez. 1947

TRIEST

JUGOSLAWIEN
29. Nov. 1945

Schwarzes Meer

SPANIEN

ITALIEN

BULGARIEN
15. Sept. 1946

ALBANIEN
11. Jän. 1946

Waffenhilfe

1945–9. Okt. 1949

TÜRKEI

GRIECHENLAND

439

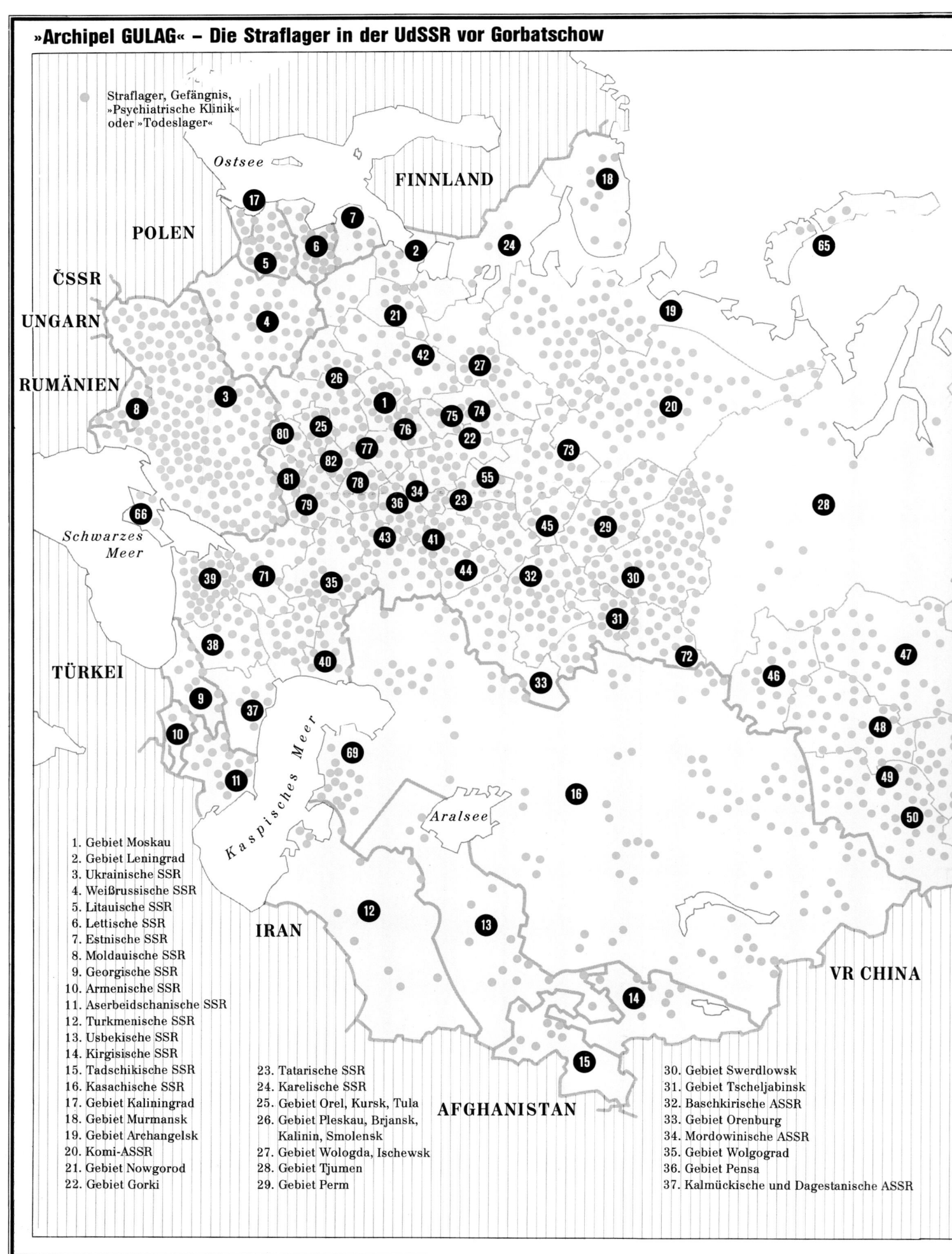

»Archipel GULAG« – Die Straflager in der UdSSR vor Gorbatschow

● Straflager, Gefängnis,
»Psychiatrische Klinik«
oder »Todeslager«

Ostsee

FINNLAND

POLEN

ČSSR

UNGARN

RUMÄNIEN

Schwarzes Meer

TÜRKEI

IRAN

Kaspisches Meer

Aralsee

AFGHANISTAN

VR CHINA

1. Gebiet Moskau
2. Gebiet Leningrad
3. Ukrainische SSR
4. Weißrussische SSR
5. Litauische SSR
6. Lettische SSR
7. Estnische SSR
8. Moldauische SSR
9. Georgische SSR
10. Armenische SSR
11. Aserbeidschanische SSR
12. Turkmenische SSR
13. Usbekische SSR
14. Kirgisische SSR
15. Tadschikische SSR
16. Kasachische SSR
17. Gebiet Kaliningrad
18. Gebiet Murmansk
19. Gebiet Archangelsk
20. Komi-ASSR
21. Gebiet Nowgorod
22. Gebiet Gorki

23. Tatarische SSR
24. Karelische SSR
25. Gebiet Orel, Kursk, Tula
26. Gebiet Pleskau, Brjansk,
    Kalinin, Smolensk
27. Gebiet Wologda, Ischewsk
28. Gebiet Tjumen
29. Gebiet Perm

30. Gebiet Swerdlowsk
31. Gebiet Tscheljabinsk
32. Baschkirische ASSR
33. Gebiet Orenburg
34. Mordowinische ASSR
35. Gebiet Wolgograd
36. Gebiet Pensa
37. Kalmückische und Dagestanische ASSR

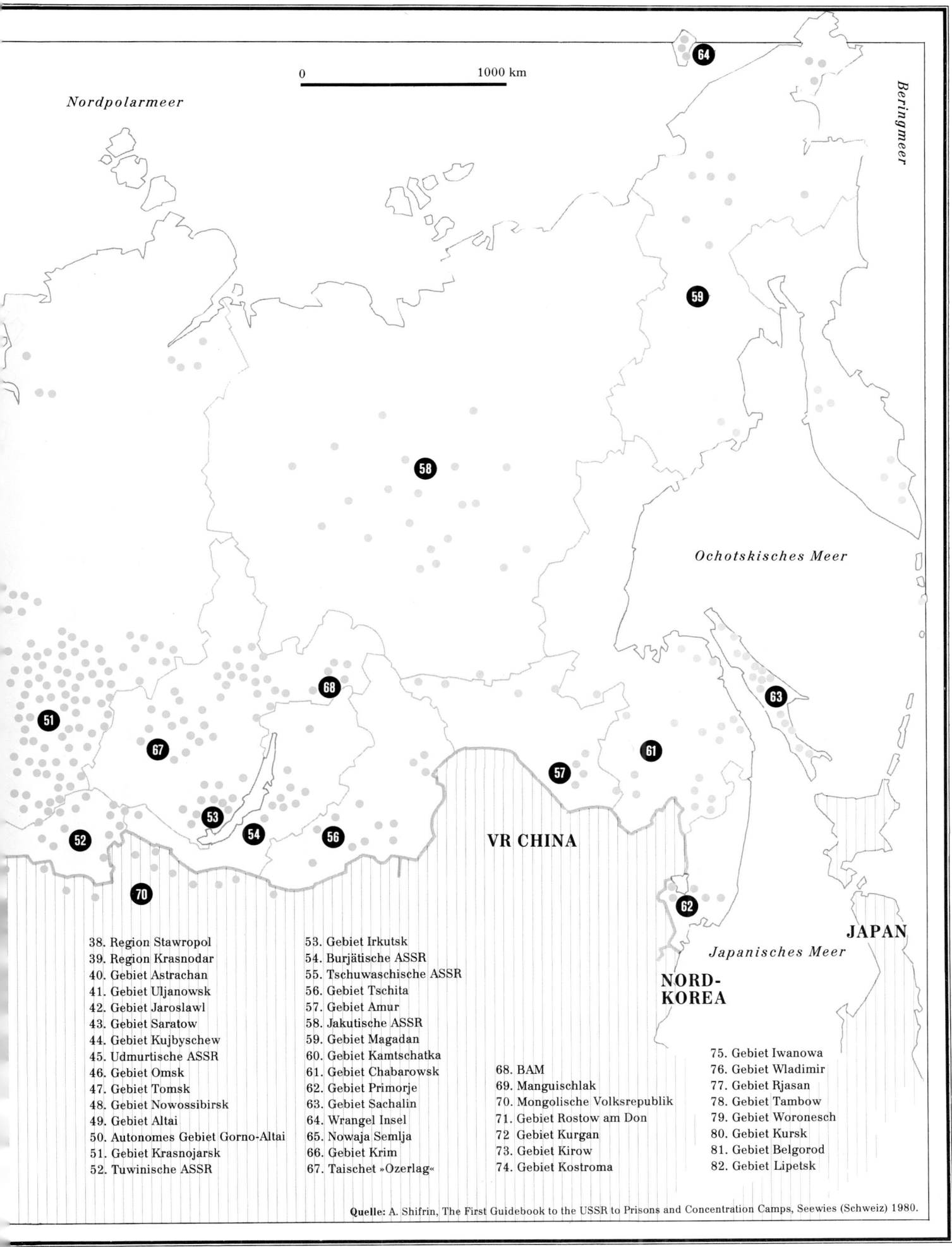

0   1000 km

Nordpolarmeer

Beringmeer

Ochotskisches Meer

VR CHINA

Japanisches Meer

JAPAN

**NORD-
KOREA**

38. Region Stawropol
39. Region Krasnodar
40. Gebiet Astrachan
41. Gebiet Uljanowsk
42. Gebiet Jaroslawl
43. Gebiet Saratow
44. Gebiet Kujbyschew
45. Udmurtische ASSR
46. Gebiet Omsk
47. Gebiet Tomsk
48. Gebiet Nowossibirsk
49. Gebiet Altai
50. Autonomes Gebiet Gorno-Altai
51. Gebiet Krasnojarsk
52. Tuwinische ASSR

53. Gebiet Irkutsk
54. Burjätische ASSR
55. Tschuwaschische ASSR
56. Gebiet Tschita
57. Gebiet Amur
58. Jakutische ASSR
59. Gebiet Magadan
60. Gebiet Kamtschatka
61. Gebiet Chabarowsk
62. Gebiet Primorje
63. Gebiet Sachalin
64. Wrangel Insel
65. Nowaja Semlja
66. Gebiet Krim
67. Taischet »Ozerlag«

68. BAM
69. Manguischlak
70. Mongolische Volksrepublik
71. Gebiet Rostow am Don
72. Gebiet Kurgan
73. Gebiet Kirow
74. Gebiet Kostroma

75. Gebiet Iwanowa
76. Gebiet Wladimir
77. Gebiet Rjasan
78. Gebiet Tambow
79. Gebiet Woronesch
80. Gebiet Kursk
81. Gebiet Belgorod
82. Gebiet Lipetsk

Quelle: A. Shifrin, The First Guidebook to the USSR to Prisons and Concentration Camps, Seewies (Schweiz) 1980.

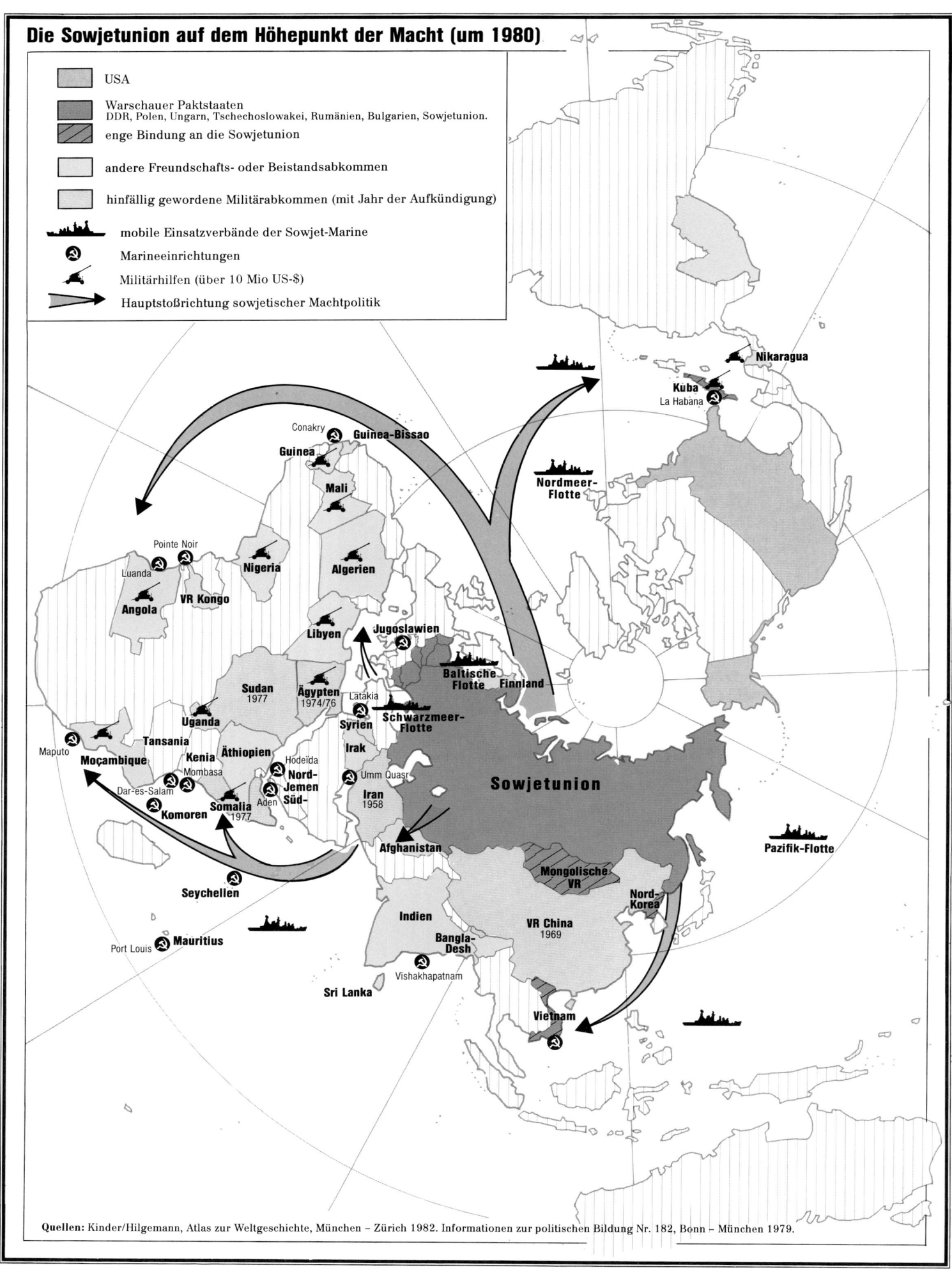

Die Sowjetunion auf dem Höhepunkt der Macht (um 1980)

USA

Warschauer Paktstaaten
DDR, Polen, Ungarn, Tschechoslowakei, Rumänien, Bulgarien, Sowjetunion.

enge Bindung an die Sowjetunion

andere Freundschafts- oder Beistandsabkommen

hinfällig gewordene Militärabkommen (mit Jahr der Aufkündigung)

mobile Einsatzverbände der Sowjet-Marine

Marineeinrichtungen

Militärhilfen (über 10 Mio US-$)

Hauptstoßrichtung sowjetischer Machtpolitik

Nikaragua
Kuba
La Habana
Nordmeer-Flotte
Conakry
Guinea-Bissao
Guinea
Mali
Pointe Noir
Luanda
Nigeria
Algerien
Angola
VR Kongo
Libyen
Jugoslawien
Baltische Flotte
Finnland
Sudan 1977
Ägypten 1974/76
Latakia
Sowjetunion
Syrien
Schwarzmeer-Flotte
Uganda
Irak
Tansania
Maputo
Äthiopien
Kenia
Moçambique
Hodeïda
Nord-Jemen Süd-
Umm Quasr
Dar-es-Salam
Mombasa
Iran 1958
Komoren
Somalia 1977
Aden
Afghanistan
Mongolische VR
Nord-Korea
Pazifik-Flotte
Seychellen
Indien
VR China 1969
Port Louis
Mauritius
Bangla-Desh
Vishakhapatnam
Sri Lanka
Vietnam

Quellen: Kinder/Hilgemann, Atlas zur Weltgeschichte, München – Zürich 1982. Informationen zur politischen Bildung Nr. 182, Bonn – München 1979.

442

Das Projekt und seine Helfer – eine Danksagung

Dem Buch „Hört die Signale" ging die Fernsehserie gleichen Titels voraus. Es sei mir gestattet, das Erscheinen des Buchs zu nützen, um allen zu danken, die mit ihrem Wissen, ihrer Arbeit, ihrem Rat entscheidend mitgeholfen haben, die Fernsehdokumentation und das Buch entstehen zu lassen.

Im ORF

Bei den Generalintendanten des ORF, Gerd Bacher und Thaddäus Podgorski, fanden wir für dieses Projekt jedes Verständnis und jede Hilfe. Informationsintendant Johannes Kunz hat das Projekt geplant und seine Durchführung auf vielfache Weise ermöglicht und gefördert. Der kaufmännische Direktor Dr. Peter Radel hat nicht nur für die Finanzierung, sondern auch für die Homevideo-Ausgabe der TV-Serie gesorgt. In der Hauptabteilung Wissenschaft, unter der erfahrenen Leitung von Alfred Payrleitner, ist das Projekt entstanden. Dr. Henric L. Wuermeling stand dem Projekt in derselben Funktion beim Bayerischen Rundfunk zur Seite. Programmkoordinator und Art Director Wolfgang Lorenz half mit der Programmierung und der Ausstattung der Dokumentation, unterstützt von Heinrich Landauer. In der Programmintendanz betreute uns Christa Neukomm, in der Hauptabteilung Wissenschaft Erika Wöss, Elisabeth Antoniacomi und Ursula Pokorny. Der Leiter der Öffentlichkeitsarbeit, Andreas Rudas, sorgte für die hervorragende Aufnahme der Produktion in den in- und ausländischen Medien, unterstützt von Thomas Prantner und Dr. Eleonore Schenk. Im ORF-Archiv unterstützten uns vorbildlich dessen Leiter Dr. Peter Dusek, die Produktionswirtschaftliche Leiterin Eva Waschitschek und die Fachbearbeiter Vera Wallisch und Dr. Jan Przegralek. Als Chefproducer betreute uns Peter Müller und als Produktionswirtschaftlicher Leiter Mag. Peter Michael Pfannenstiel mit Elisabeth Weinberger. Dr. Elfriede Hufnagel und Dkfm. Heinz Donnenberg halfen, die komplizierten Rechtsfragen zu klären. Mit Rat und Tat standen uns Dr. Raimund Löw und Christian Schüller im ORF-Büro Moskau, Dr. Franz Kössler im ORF-Büro Washington und Max Eissler in Wien zur Seite. Der Promotion nahmen sich Ingeborg Lauscher und ihr Team an, viel Arbeit mit uns hatten die Damen und Herren des Kundendiensts und die Nachlese-Redaktion. Technisch betreuten uns Helmut Rinnerhofer und Heinz Hoflehner. Thomas Ramstorfer betreute die Promotion der Serie und das Buch mit seinem besonderen fotografischen Können.

Die Dreharbeiten in der Sowjetunion

Anatol Strelianyi, Schriftsteller und Vizepräsident des PEN-Clubs Moskau, stand mit seinem eigenen reichen Wissen zur Seite und half uns bei den Gesprächen mit den sowjetischen Historikern. Dr. Elisabeth Guggenberger und Helmut Voitl, Schöpfer vieler eigener Dokumentationen, Stefan Mussil, Monika Willi und Ulla Tschepego sorgten für die Durchführung der oft sehr schwierigen Aufnahmen und halfen mit ihrer eigenen großen Erfahrung. Prof. Anatol Koloschin erschloß uns wertvolles Archivmaterial, unterstützt von Irina Schröder. Irina Kamenskaja ermöglichte uns den Zugang zu Fotoarchiven und Kunstsammlungen.

Das Heimatteam

Ihm gilt mein besonderer Dank. Für die Erstellung der vierteiligen Fernsehserie und des Buchs standen uns 15 Monate zur Verfügung, drei Monate pro Projekt, aber wir waren an allen fünf Projekten unablässig tätig. Das hieß Arbeit rund um die Uhr, ohne Wochenenden und ohne Feiertage. Doch das Team gab mehr als Arbeit und Zeit, um der Fernsehserie jenen Erfolg zu bringen, den sie hatte, und das Buch mit jener Aussagekraft und Ausstattung zu versehen, die es hat. Die Produktionsleitung der Fernsehdokumentation und des Buchs lag in den Händen von Christine Graf, die auch die internationale Zusammenarbeit koordinierte und das Projekt in Österreich und in der Sowjetunion in unermüdlicher Arbeit hervorragend betreute. In bewährten Händen lag auch die historische Recherche für beide Projekte: Dr. Maria Magdalena Koller ermöglichte uns als erfahrene Historikerin die Sicht auf viele Entwicklungen und Schlüsselereignisse in der sowjetischen Geschichte, Maria Sporrer stellte ihr reiches Wissen sowohl auf dem Gebiet der historischen Recherche als auch auf dem des politischen Buchs mit außergewöhnlichem Einsatz zur Verfügung; auch die reichhaltige Illustration des Buchs ist weitgehend ihr zu verdanken. Christine Maxa hatte die schwierige Aufgabe, Hunderte Filme aus allen Weltarchiven zu sichten, auf ihre Originalität und Qualität zu prüfen und sie für das Projekt zu archivieren; umsichtig und mit großem Einsatz koordinierte sie unsere internationale Archivsuche, insbesondere auch in der Sowjetunion. Mit großem fachlichen Wissen erschloß uns Dr. Gertrud Pott Kunst und Kultur der Sowjetunion. Ihre Recherchen waren so umfassend und reichhaltig, daß sie – wie sie es auch bei „Österreich I" tat – daraus ein nur diesem Themenkreis gewidmetes weiteres Buch verfassen sollte; der Tod nahm ihr die Feder aus der Hand. Gertrude Zelinka hat für TV-Serie und Buch das Sekretariat geführt und die für beide Projekte erforderliche umfangreiche Korrespondenz ebenso im verantwortungsvollen Alleingang bewältigt wie die Betreuung der Öffentlichkeitsarbeit. Dr. Manfred Jochum, als Historiker und Journalist Schöpfer vieler eigener Radiosendungen und Bücher, erstellte mit Umsicht und Erfahrung das geschichtliche Kalendarium, das uns gleichsam als historischer roter Faden unentbehrlich war. Ludwig Stecewicz ging mit dem Spürsinn des erfahrenen Journalisten und den Kenntnissen des erfahrenen Zeitzeugen auf die Suche nach dem Außergewöhnlichen und fand dabei in Archiven und Bibliotheken historische Juwele. Prof. György Sebestyén entwarf mit Erfahrung und großem Können die Dramaturgie der TV-Serie; er hat ihren Erfolg nicht mehr erlebt. Eberhard Strohal hat mit seinen geschichtlichen Kenntnissen und persönlichen Kontakten viel zum Gelingen des Projekts beigetragen. Wilhelm J. Wagner hat in der ihm eigenen hohen Qualität die historischen Kartenwerke sowohl für die TV-Dokumentation als auch für dieses Buch erstellt, Karten, die mit ihrer eigenen starken Aussage wesentlich zum besseren Verständnis der geschichtlichen Abläufe beitragen.

Karen Wyatt fand für uns auch für diese Dokumentation filmische Kostbarkeiten in den amerikanischen Archiven.

Wissenschaftliche Beratung

Hervorragende Kenner der Materie standen uns als wissenschaftliche Berater mit ihrem Rat, ihrem Wissen, ihren eigenen Forschungsergebnissen und Publikationen zur Seite. Wir danken

Dr. Peter Gosztony, Leiter des eidgenössischen Osteuropainstituts, Bern

Dr. Larissa Lissjutkina, Soziologin am Institut für Geschichte der Arbeiterbewegung, Akademie der Wissenschaften der UdSSR, Moskau

Univ.-Doz. Prof. Dr. Herbert Steiner, Institut für Geschichte, Universität Wien

Prof. Dr. Michael Voslensky, Leiter des Instituts für sowjetische Gegenwartsforschung, Bonn

Dokumente und Übersetzung

Mit ihrer Erfahrung und ihrem Wissen stand uns Dr. Elisabeth Heresch in mehrfacher Weise zur Seite: als Autorin ihrer auf neuesten Erkenntnissen beruhenden Bücher „Blutiger Schnee" und „Das Zarenreich in Bildern"; als Expertin für die Hintergründe der deutschen Unterstützung der Revolutionen in Rußland und als hervorragende Übersetzerin und Simultandolmetscherin der russischen Sprache.

443

Das technische Team

Sepp Riff sorgte für die exzellente technische Betreuung der Fernsehdokumentation, setzte dafür die modernste Videotechnik ein, und seiner videotechnischen Bearbeitung ist die hohe filmische Qualität der Fernsehfolgen zu danken.
Im technischen Team danken wir weiters: Mag. Gerlinde Repl und Gundi Lamprecht in der Produktion, Adi Wallisch im außerordentlichen Videoschnitt. Karl Schlifelner sorgte für die hervorragende tontechnische Fertigstellung der Fernsehserie; das Studio Houdek und Kurek für die Videoüberspielungen.

Sprecher

Otto Clemens lieh seine außergewöhnliche Stimme den Texten der Fernsehserie und der Videoausgabe. Ernst Harmannstein und Rotraut Ziffer gaben mit großem Einfühlungsvermögen die Stimmen unserer Interviewpartner wieder.

Joint venture

Das Fernsehprojekt schuldet besonderen Dank der Zusammenarbeit mit der Ökomedia Wien und deren Leiter Dr. Michael Kraus. Sie haben den Zugang zu vielen bisher noch nie gezeigten, außergewöhnlichen Archivfilmen in der Sowjetunion ermöglicht. Dies geschah in Zusammenarbeit mit dem Zentralstudio für Dokumentarfilm und dem Gorki-Studio in Moskau. Zu danken ist auch dem Zentralen Filmarchiv der UdSSR in Krasnogorsk. Das Studio Saldo in Budapest ermöglichte uns einen Großteil der Filmaufnahmen in der UdSSR im Rahmen eines Joint venture mit dem Zentralstudio für Dokumentarfilm in Moskau. Dafür danken wir Marta Mokos, Susanna Sipos, Dr. Petra Thorbrietz-Pasztory, Janos Pasztory in Budapest und Valentina Buchraschwili in Moskau.

Experten und Archive

In der Fernsehserie und im Buch stützten wir uns auf viele Bilder, Dokumente, Akten und Korrespondenzen. Wir konnten das nur tun, weil uns ein großer Kreis von Experten persönlich und mit ihren Institutionen geholfen hat. Unser Dank dafür ergeht sowohl an die Personen als auch an ihre Institutionen.

Bundesarchiv Koblenz

Chronos-Film GmbH., Berlin

Hoover Institution, Stanford, California

National Archives, Washington

Österreichisches Filmarchiv, Wien

Österreichisches Filmmuseum, Wien

Bibliothek der Kammer der gewerblichen Wirtschaft für Wien

Dokumentationsarchiv des österreichischen Widerstands, Wien: Dr. Wolfgang Neugebauer, Dr. Elisabeth Klamper

Univ.-Prof. Dr. Hans Hautmann, Universität Linz

Institut für Politikwissenschaften, Marburg an der Lahn: Univ.-Prof. Dr. Hans Karl Rupp; Univ.-Ass. Dr. Thomas Noetzel

Institut für Slawistik, Wien: Dr. Rudolf Preinerstorfer

Kammer für Arbeiter und Angestellte, Wien: Dr. Eckart Früh

Österreichischer Gewerkschaftsbund, Wien

Österreichisches Museum für angewandte Kunst, Wien

Österreichische Nationalbibliothek, Wien

Österreichisches Ost- und Südosteuropainstitut, Wien: Mag. Josef Raabl

Österreichisches Staatsarchiv, Wien

Politisches Archiv des Auswärtigen Amtes, Bonn: Dr. Theodor Gehling

Presseagentur Nowosti, Wien: Wladimir Uljew; Mag. Eva Tauber

Joann Rumpel vom erzbisch. Ord. der Russisch-Orth. Kirche des Moskauer Patriarchats, Wien

Dr. Franz Schafranek, Wien

Stiftung Schweizerische Osteuropa-Bibliothek, Bern

Univ.-Prof. Dr. Henn-Jüri Uibopuu, Universität Salzburg

Universitätsbibliothek Wien

Verein für Geschichte der Arbeiterbewegung, Wien: Dr. Wolfgang Maderthaner

Ihnen allen meinen Dank.   Hugo Portisch

Literatur

Altrichter, Helmut (Hg.), Die Sowjetunion. Von der Oktoberrevolution bis zu Stalins Tod. Bd. 1: Staat und Partei, München 1986

Altrichter, Helmut – Haumann, Heiko (Hg.), Die Sowjetunion. Von der Oktoberrevolution bis zu Stalins Tod. Bd. 2: Wirtschaft und Gesellschaft, München 1987

Andrew, Christopher – Gordiewsky Oleg, KGB. Die Geschichte seiner Auslandsoperationen von Lenin bis Gorbatschow, München 1990

Angermann, Erich, Die Vereinigten Staaten von Amerika seit 1917, München 1966

Antonow-Owssejenko, Anton, Stalin. Portrait einer Tyrannei, Berlin 1986

Astrow, W. – Slepkow, A. – Thomas, J. (Hg.), Illustrierte Geschichte der Russischen Revolution 1917, Berlin 1928

Barkewitch, J. M., 13 Jahre lebte ich unter den Sowjets!, o. O. 1932

Barmine, Alexander, Einer, der entkam. Lebensgeschichte eines Russen unter den Sowjets, Wien 1946

Beckherrn, Eberhard, Pulverfaß Sowjetunion. Der Nationalitätenkonflikt und seine Ursachen, München 1990

Berchin, I. B., Geschichte der UdSSR 1917-1970, Berlin 1971

Bereschkow, Valentin M., Ich war Stalins Dolmetscher. Hinter den Kulissen der politischen Weltbühne, München 1991

Bergmann, Theodor – Schäfer, Gert (Hg.), „Liebling der Partei". Bucharin – Theoretiker des Sozialismus, Beiträge zum internationalen Bucharin-Symposium, Wuppertal 1988, Hamburg 1989

Bihl, Wolfdieter, Österreich-Ungarn und die Friedensschlüsse von Brest-Litowsk, Graz–Wien–Köln 1970

Bisovsky, Gerhard – Schafranek, Hans – Streibel, Robert, Der Hitler-Stalin-Pakt. Voraussetzungen, Hintergründe, Auswirkungen, Wien 1990

Borkowski, Dieter, Erich Honecker. Statthalter Moskaus oder deutscher Patriot?, München 1987

Bown, Matthew Cullerne, Kunst unter Stalin 1924-1956, München 1991

Bracher, Karl Dietrich, Zeit der Ideologien. Eine Geschichte des politischen Denkens im 20. Jahrhundert, München 1985

Bretholz, Wolfgang, Ich sah sie stürzen, München–Wien–Basel 1955

Buber-Neumann, Margarete, Als Gefangene bei Stalin und Hitler, Stuttgart 1958

Buber-Neumann, Margarete, Von Potsdam nach Moskau – Stationen eines Irrweges, Frankfurt am Main 1985

Bucharina, Anna Larina, Nun bin ich schon weit über zwanzig. Erinnerungen, Göttingen 1989

Carr, Edward Hallett, Die Russische Revolution. Lenin und Stalin 1917-1929, Stuttgart–Berlin–Köln–Mainz 1980

Chagall Discovered (Katalog), herausgegeben von Marina Bessonova, Moskau 1989

Chan-Magomedow, Selim O., Pioniere der sowjetischen Architektur. Der Weg zur neuen sowjetischen Architektur in den zwanziger und zu Beginn der dreißiger Jahre, Wien–Berlin 1983

Chasanow, Boris, Mythos Rußland. Betrachtungen aus deutscher Zuflucht, Mainz 1986

Chruschtschow, Nikita Sergejewitsch, Skizzen zur Biographie, Berlin 1990

Chruschtschow erinnert sich, herausgegeben von Strobe Talbott, eingeleitet und kommentiert von Edward Crankshaw, Hamburg 1971

Claudin, Fernando, Die Krise der kommunistischen Bewegung. Von der Komintern zur Kominform, Bd. 1: Die Krise der Kommunistischen Internationale, Berlin 1977, Bd. 2: Der Stalinismus auf dem Gipfel seiner Macht, Berlin 1978

Dallin, David J. – Nikolaevsky, Boris I., Zwangsarbeit in Sowjetrußland, Wien o. J.

Deutscher, Isaac, Trotzki. Bd. I: Der bewaffnete Prophet, Stuttgart 1962, Bd. II: Der unbewaffnete Prophet, Stuttgart 1962, Bd. III: Der verstoßene Prophet, Stuttgart 1963

Dickler, Gerald, Dreizehn Prozesse, die Geschichte machten, München o. J.

Die Kommunistische Internationale 1919-1943, Berlin 1984

Die Sowjetunion, Beiträge von Adolf Karger u. a., herausgegeben von der Landeszentrale für politische Bildung Baden-Württemberg, Stuttgart–Berlin–Köln–Mainz 1981

Dietz, Barbara (Hg.), Zukunftsperspektiven der Sowjetunion. Programm und Wirklichkeit, München 1984

Dirnecker, Rupert, Sowjetische Weltpolitik unter Breschnew, Berlin 1981

Doernberg, Stefan – Köhler, Franz, Sturmglocken der Weltgeschichte, Leipzig–Jena–Berlin 1984

Düchting, Hajo, Wassily Kandinsky. 1966-1944 Revolution der Malerei, Köln 1990

Elleinstein, Jean, Geschichte des Stalinismus, Berlin 1977

Enzensberger, Hans Magnus (Hg.), Gespräche mit Marx und Engels, Frankfurt am Main 1981

Federau, Fritz, Von Versailles bis Moskau. Politik und Wirtschaft in Deutschland 1919-1970, Berlin 1971

Fenske–Mertens–Reinhard–Rosen (Hg.), Geschichte der politischen Ideen. Von Homer bis zur Gegenwart, Königstein/Ts. 1981

Fischer, Ernst – Marek, Franz, Was Lenin wirklich sagte, Wien–München–Zürich 1969

Fischer, Ernst – Marek, Franz, Was Marx wirklich sagte, Wien–München–Zürich 1968

Fischer, Kurt, Deutsche Truppen und Entente-Intervention in Südrußland 1918/19. In: Militärgeschichtliche Studien 16, Boppard am Rhein 1973

Flechtheim, Ossip K., Rosa Luxemburg. Politische Schriften I und II, Frankfurt am Main 1966

Fleischhauer, Ingeborg, Die Chance des Sonderfriedens. Deutsch-sowjetische Geheimgespräche 1941–1945, Berlin 1986

Für Spaniens Freiheit. Österreicher an der Seite der Spanischen Republik 1936–1939, Eine Dokumentation, herausgegeben vom Dokumentationsarchiv des österreichischen Widerstandes, Wien 1986

Gabert, Josef – Prieß, Lutz (Hg.), SED und Stalinismus. Dokumente aus dem Jahre 1956, Berlin 1990

German, Michail, Die Kunst der Oktoberrevolution (1917–1921) (Katalog), Leningrad 1979

Geschichte der Kommunistischen Partei der Sowjetunion (Bolschewiki). Kurzer Lehrgang, Berlin 1946

Ginsburg, Jewgenia, Gratwanderung, München 1980

Gorbatschow, Michail, Aufbruch ins Jahr 2000. Der sowjetische Abrüstungsplan, die innere Reform der Sowjetunion und Westeuropa, Köln 1986

Gorbatschow, Michail, Perestroika. Die zweite russische Revolution. Eine neue Politik für Europa und die Welt, München 1987

Gosztony, Peter, Die Rote Armee. Geschichte und Aufbau der sowjetischen Streitkräfte seit 1917, Wien–München–Zürich–New York 1980

Gosztony, Peter, Stalins fremde Heere, Bonn 1991

Grebing, Helga, Geschichte der deutschen Arbeiterbewegung, München 1970

Gromyko, Andrej, Erinnerungen, Düsseldorf–Wien–New York 1989

Gruchmann, Lothar, Der Zweite Weltkrieg. Kriegsführung und Politik, München 1982

Gruner, Gert – Wilke, Manfred (Hg.), Sozialdemokraten im Kampf um die Freiheit. Die Auseinandersetzungen zwischen SPD und KPD in Berlin 1945/46. Stenographische Niederschrift der Sechziger-Konferenz am 20./21. Dezember 1945, München 1981

Guldimann, Tim, Moral und Herrschaft in der Sowjetunion. Erlebnis und Theorie, Frankfurt am Main 1984

Heller, Michail, Stacheldraht der Revolution. Die Welt der Konzentrationslager in der sowjetischen Literatur, Stuttgart–Degerloch 1975

Heller, Michail – Nekrich, Alexander, Geschichte der Sowjetunion, Königstein/Ts. 1981

Heresch, Elisabeth, Blutiger Schnee. Die russische Oktoberrevolution in Augenzeugenberichten, Graz–Wien–Köln 1987

Heresch, Elisabeth, Das Zarenreich. Glanz und Untergang. Bilder und Dokumente von 1896 bis 1920, München 1991

Herzfeld, Hans, Der Erste Weltkrieg. In: dtv-Weltgeschichte des 20. Jahrhunderts, Bd. 1, München 1968

Hodos, Georg Hermann, Schauprozesse. Stalinistische Säuberungen in Osteuropa 1948-1954, Frankfurt am Main–New York 1988

Honecker, Erich, Aus meinem Leben, Berlin 1980

Hörmann, Otto, Von Breschnew zu Gorbatschow. Als Reporter in Moskau, Graz–Wien–Köln 1987

Hortzschansky, Günter, u. a. (Hg.), Ernst Thälmann. Eine Biographie, Berlin 1980

Huppert, Hugo, Einmal Moskau und zurück. Stationen meines Lebens, Wien 1987

Jänicke, Martin, Der Dritte Weg. Die antistalinistische Opposition gegen Ulbricht seit 1953, Köln 1964

Jesse, Eckhard (Hg.), Bundesrepublik Deutschland und Deutsche Demokratische Republik. Die beiden deutschen Staaten im Vergleich. In: Schriftenreihe der Bundeszentrale für politische Bildung 167, Bonn 1980

Kade, Gerhard, Die Bedrohungslüge. Zur Legende von der „Gefahr aus dem Osten", Köln 1979

Karewa, M. P., Die Verfassung der UdSSR, Moskau 1950

Kerenski-Memoiren. Rußland und der Wendepunkt der Geschichte, Wien–Hamburg 1966

Kirstein, Tatjana, Sowjetische Industrialisierung – geplanter oder spontaner Prozeß? Eine Strukturanalyse des wirtschafts-politischen Entscheidungsprozesses beim Aufbau des Ural-Kuzneck-Kombinats 1918–1930, Baden-Baden 1979

Kolakowski, Leszek, Die Hauptströmungen des Marxismus. Entstehung – Entwicklung – Zerfall, 3 Bde., München 1988

Kolman, Arnost, Die verirrte Generation. So hätten wir nicht leben sollen. Eine Biographie, Frankfurt am Main 1979

Kopelew, Lew, Aufbewahren für alle Zeit, München 1979

Kopelew, Lew, Und schuf mir einen Götzen. Lehrjahre eines Kommunisten, München 1981

Kramer, Dieter, Reform und Revolution bei Marx und Engels, Köln 1971

Kunst und Revolution. Russische und sowjetische Kunst 1910–1932, Katalog zur Ausstellung im Museum für angewandte Kunst, Wien 1988

Kuusinen, Aino, Der Gott schickt seine Engel, herausgegeben und eingeleitet von Wolfgang Leonhard, Wien–München–Zürich 1972

Lang, Jochen von, Und willst du nicht mein Bruder sein . . . Der Terror in der Weimarer Republik, Wien–Darmstadt 1989

Laqueur, Walter, Stalin. Abrechnung im Zeichen von Glasnost, München 1990

Laschitza, Annelies – Keller, Elke, Karl Liebknecht. Eine Biographie in Dokumenten, Berlin 1982

Launay, Jacques de, Die großen Kontroversen unseres Jahrhunderts 1914–1945, Lausanne 1969

Lehmann, Lutz, Wie die Luft zum Atmen. Ein Journalist erlebt die Perestroika, Hamburg 1988

Lenin, W. I., Ausgewählte Werke, Moskau 1970

Lenin, W. I., Erzählt von vielen, Moskau o. J.

Lenin, Über die internationale Bedeutung der Erfahrungen der KPdSU, Sammelband, Moskau 1977

Lenin und die Internationale, Erinnerungen von Zeitgenossen, Berlin 1983

Leonhard, Wolfgang, Die Revolution entläßt ihre Kinder, Köln–Berlin 1955

Leonhard, Wolfgang, Völker hört die Signale. Die Anfänge des Weltkommunismus 1919–1924, München 1981

Liberman, Evsej G., Methoden der Wirtschaftslenkung im Sozialismus. Ein Versuch über die Stimulierung der gesellschaftlichen Produktion, Frankfurt am Main 1974

Lorenz, Richard – Boetticher, Manfred von – Pietrow, Bianka (Hg.), Die russische Revolution 1917. Der Aufstand der Arbeiter, Bauern und Soldaten. Eine Dokumentation, München 1981

Lunatscharski, Anatoli W., Profile der Revolution, Frankfurt am Main 1968

Majakowski, Wladimir, Her mit dem schönen Leben. Gedichte, Poeme, Aufsätze, Reden, Briefe und Stücke, Frankfurt am Main 1982

Marx, Karl – Engels, Friedrich, Ausgewählte Werke, Wien 1983

Marx, Karl – Engels, Friedrich, Manifest der Kommunistischen Partei, Moskau 1939

Maser, Werner, Friedrich Ebert, der erste deutsche Reichspräsident. Eine politische Biographie, München 1987

Mayenburg, Ruth von, Hotel Lux, Frankfurt am Main-Berlin-Wien 1981

Medwedew, Roy, A., Let History judge, The origins and Consequences of Stalinism, New York 1972

Medwedjew, Roy, Chruschtschow. Eine politische Biographie, Stuttgart–Herford 1984

Medwedjew, Zhores, Der Generalsekretär. Michail Gorbatschow. Eine politische Biographie, Darmstadt 1978

Memorial, Österreichische Stalin-Opfer, Wien 1990

Mitchell, Judson R., Ideology of a Superpower. Contemporary Soviet Doctrine on International Relations. In: Hoover Press Publication 262, Stanford, California 1982

Mommsen, Margareta – Schröder, Hans-Henning (Hg.), Gorbatschows Revolution von oben. Dynamik und Widerstände im Reformprozeß der UdSSR, Frankfurt am Main–Berlin 1987,

Mühlen, Patrik von zur, Zwischen Hakenkreuz und Sowjetstern. Der Nationalsozialismus der sowjetischen Orientvölker im Zweiten Weltkrieg. In: Bonner Schriften zur Politik und Zeitgeschichte, Düsseldorf 1971

Museum of Russian Art (Katalog), Kiew 1979

Neumann-Hoditz, Reinhold, Nikita S. Chruschtschow in Selbstzeugnissen und Bilddokumenten, Hamburg 1980

Offene Worte, Gorbatschow, Ligatschow, Jelzin und 4 991 Delegierte diskutieren über den richtigen Weg. Sämtliche Beiträge und Reden der 19. Gesamtsowjetischen Konferenz der KPdSU in Moskau, Nördlingen 1988

Oktoberrevolution – Auftakt einer neuen Ära im Leben der Menschheit 1917–1987. In: Sozialismus Theorie und Praxis 11, Moskau 1987

Osteuropa, Zeitschrift für Gegenwartsfragen des Ostens, Heft 2 und 3, Stuttgart 1990

Payne, Robert, The life and death of Lenin, London 1967

Pearson, Michael, Der plombierte Waggon. Lenins Weg aus dem Exil zur Macht, München 1990

Pipes, Richard, The formation of the Soviet Union. Communism and Nationalism 1917–1923, Cambridge, Massachusetts 1954

Pirker, Theo (Hg.), Utopie und Mythos der Weltrevolution. Zur Geschichte der Komintern 1920–1940, München 1964

Poljanski, Nikolai – Rahr, Alexander, Gorbatschow. Der neue Mann, Frankfurt am Main 1987

Pollock, Friedrich, Die planwirtschaftlichen Versuche in der Sowjetunion 1917–1927. In: Archiv sozialistischer Literatur 21, Frankfurt am Main 1971

Popoff, George, Ich sah die Revolutionäre. Moskauer Erinnerungen und Begegnungen während der Revolutionsjahre, Bern 1967

Portisch, Hugo, So sah ich China. Ein Tatsachen- und Erlebnisbericht aus dem Reich Mao Tse-tungs, Wien 1965

Portisch, Hugo, So sah ich Sibirien, Wien 1967

Portisch, Hugo, So sah ich die Sowjetunion, Afrika, Südamerika, Wien 1964

Radenkova, Petra, Georgi Dimitroff. Kurzbiographie, Sofia 1982

Rauch, Georg von, Geschichte des Sowjetunion, Stuttgart 1987

Reed, John, Zehn Tage, die die Welt erschütterten, Berlin 1957

Reiman, Michal, Die Geburt des Stalinismus. Die UdSSR am Vorabend der „zweiten Revolution", Frankfurt am Main 1979

Reuter, Jule, Gegenkunst in Leningrad. Zeitgenössische Bilder aus der inneren Emigration, München 1990

Riddell, John (Hg.), The German Revolution and the debate on Soviet power. Documents: 1918–1919. Preparing the Founding Congress, New York 1986

Rosenberg, Arthur, Geschichte des Bolschewismus, Frankfurt am Main 1987

Rosenfeld, Günter, Sowjetrußland und Deutschland 1917–1922, Köln 1984

Rosenfeld, Günter, Sowjetunion und Deutschland 1922–1933, Köln 1984

Rubel, Maximilien, Josef W. Stalin mit Selbstzeugnissen und Bilddokumenten, Hamburg 1975

Ruffmann, Karl-Heinz, Fragen an die sowjetische Geschichte. Von Lenin bis Gorbatschow, München 1987

Ruhl, Klaus-Jörg (Hg.), „Mein Gott, was soll aus Deutschland werden?" Die Adenauer-Ära von 1949–1963, München 1985

Rühle, Jürgen, Literatur und Revolution. Die Schriftsteller und der Kommunismus, München–Zürich 1963

Rupp, Hans Karl, Politische Geschichte der Bundesrepublik Deutschland. Entstehung und Entwicklung. Eine Einführung, Stuttgart–Berlin–Köln–Mainz 1982

Rybakow, Anatolij, Die Kinder vom Arbat, München 1990

Rybakow, Anatolij, Jahre des Terrors, Köln 1990

Sacharow, Andrej, Ein Porträt aus Dokumenten, Erinnerungen und Fotos, Leipzig–Weimar 1991

Sakharow, Andrei D., Sakharov speaks, herausgegeben von Harrison E. Salisbury, New York 1974

Saslwskaja, Tatjana, Die Gorbatschow-Strategie. Wirtschafts- und Sozialpolitik in der UdSSR, Wien 1989

Schafranek, Hans, Zwischen NKWD und Gestapo. Die Auslieferung deutscher und österreichischer Antifaschisten aus der Sowjetunion an Nazideutschland 1937–1941, Frankfrut am Main 1990

Scheibert, Peter, Lenin an der Macht. Das russische Volk in der Revolution 1918–1922, Weinheim 1984

Scheuer, Georg, Von Lenin bis . . .? Die Geschichte einer Konterrevolution, Wien 1957

Schirwindt, E., Gefängnisse in der Sowjetunion, Berlin 1927

Schmieding, Walther, Aufstand der Töchter. Russische Revolutionärinnen im 19. Jahrhundert, München 1979

Schneider, Wolfgang, Einführung in Lenins Schrift „Staat und Revolution", Berlin 1977

Schulze, Hagen, Weimar. Deutschland 1917–1933, Berlin 1982

Schütte-Lihotzky, Margarete, Erinnerungen aus dem Widerstand 1938–1945. Mit einem Gespräch zwischen M. Schütte-Lihotzky und Chup Friemert, Hamburg 1985

Segbers, Klaus (Hg.), Perestrojka: Zwischenbilanz, Frankfurt am Main 1990

Shub, David, Lenin. Geburt des Bolschewismus, München 1978

Shukow, G. K. Marschall der Sowjetunion, Erinnerungen und Gedanken, Berlin 1976

Sievers, Leo, Deutsche und Russen. Tausend Jahre gemeinsame Geschichte von Otto dem Großen bis Gorbatschow, Hamburg 1991

Sie waren nicht nur Gegner. Deutsche & Russen in zwei Jahrhunderten, Dortmund–Erlangen–Bonn–Wien 1990

Sinjawskij, Andrej, Der Traum vom neuen Menschen oder Die Sowjetzivilisation, Frankfurt am Main 1989

Sinowjew, Alexander, Katastroika. Gorbatschows Potemkinsche Dörfer, Frankfurt am Main–Berlin 1988

Smith, Edward Ellis, Der junge Stalin, München–Zürich 1979

Solschenizyn, Alexander, Der Achipel Gulag, Bern–München 1974

Solschenizyn, Alexander, Ein Tag im Leben des Iwan Denissowitsch, Gütersloh–Stuttgart–Wien 1971

Solschenizyn, Alexander, Lenin in Zürich. Die entscheidenden Jahre vor der Oktoberrevolution, Bern–München 1977

Soviet Art of the 1920s–30s (Katalog), Leningrad 1988

Sowjetliteratur, Monatsschrift des Schriftstellerverbandes der UdSSR 12, Moskau 1989

Spira, Leopold, Ein gescheiterter Versuch. Der Austro-Eurokommunismus, Wien–München 1979

Stadler, Karl R., Opfer verlorener Zeiten. Geschichte der Schutzbund-Emigration 1934, Wien 1974

Steiner, Herbert – Sporrer, Maria (Hg.), Michail Gorbatschow: „Was ich wirklich will", Wien 1987

Stökl, Günther, Russische Geschichte. Von den Anfängen bis zur Gegenwart, Stuttgart 1983

Ströbinger, Rudolf, Schicksalsjahre an der Moldau. Die Tschechoslowakei. Siebzig Jahre einer Republik, Gernsbach 1988

Ströbinger, Rudolf, Stalin enthauptet die Rote Armee. Der Fall Tuchatschewskij, Stuttgart 1990

Suworow, Viktor, Der Eisbrecher. Hitler in Stalins Kalkül, Stuttgart 1989

Tatu, Michel, Macht und Ohnmacht im Kreml. Von Chruschtschow zur kollektiven Führung. Frankfurt am Main–Berlin 1968

Thomas, J. (Hg.), Illustrierte Geschichte des Bürgerkrieges in Rußland 1917–1921, Berlin 1929

Trotnow, Helmut, Karl Liebknecht. Eine politische Biographie, München 1982

Trotzki, Leo, Geschichte der russischen Revolution, Zweiter Teil: Oktoberrevolution, Frankfurt am Main 1960

Ulam, Adam B., Rußlands gescheiterte Revolutionen. Von den Dekabristen bis zu den Dissidenten, München 1985

Uschakow, Alexander (Hg.), Polen – Das Ende der Erneuerung? Gesellschaft, Wirtschaft und Kultur im Wandel, München 1982

Uschakow, Alexander – Frenzke, Dietrich, Der Warschauer Pakt und seine bilateralen Bündnisverträge, Berlin 1987

Venohr, Wolfgang (Hg.), Ein Deutschland wird es sein, Erlangen–Bonn–Wien 1990

Volkow, Solomon (Hg.), Zeugenaussage: Die Memoiren des Dmitrij Schostakowitsch, Hamburg 1979

Voslensky, Michael, Nomenklatura. Die herrschende Klasse der Sowjetunion in Geschichte und Gegenwart, München 1987

Voslensky, Michael, Sterbliche Götter. Die Lehrmeister der Nomenklatura, Erlangen–Bonn–Wien 1989

Waksberg, Arkadi, Gnadenlos. Andrei Wyschinski – Mörder im Dienste Stalins, Bergisch Gladbach 1991

Weber, Hermann, Hauptfeind Sozialdemokratie. Strategie und Taktik der KPD 1929–1933, Düsseldorf 1982

Weber, Hermann, Lenin mit Selbstzeugnissen und Bilddokumenten, Hamburg 1970

Weber, Hermann, „Weiße Flecken" in der Geschichte. Die KPD-Opfer der Stalinschen Säuberungen und ihre Rehabilitierung, Frankfurt am Main 1990

Westoby, Adam, The Evolution of Communism, Cambridge 1990

Wilde, Harry, Leo Trotzki mit Selbstzeugnissen und Bilddokumenten, Hamburg 1969

Wilde, Harry, Rosa Luxemburg. Ich war – ich bin – ich werde sein. Eine Biographie mit Auszügen aus Rosa Luxemburgs Reden und Schriften, Wien–München–Zürich 1970

Witt, Peter-Christian, Friedrich Ebert. Parteiführer, Reichskanzler, Volksbeauftragter, Reichspräsident, Bonn 1987

Wolkogonow, Dimitri, Stalin. Triumph und Tragödie. Ein politisches Porträt, Düsseldorf 1989

Ziebura, Gilbert, Weltwirtschaft und Weltpolitik 1922/24–1931. Zwischen Rekonstruktion und Zusammenbruch, Frankfurt am Main 1984

Personenregister

Die kursiven Seitenangaben beziehen sich auf die Bildlegenden.

447

Bildnachweis